Lexikon der feministischen Irrtümer

Politisch korrekte Vorurteile und männerfeindliche Mythen auf dem Prüfstand der Wissenschaft

Arne Hoffmann

Hahnweg 2
65321 Springen
Cagliostro3@hotmail.com
Vertrieb: Amazon

Der Autor

Arne Hoffmann ist ein linksliberaler Wissenschaftsjournalist und Geschlechterforscher. Er wurde vor allem durch sein Engagement für sexuelle Minderheiten sowie die Begründung der Männerrechtsbewegung ("Maskulismus") in Deutschland bekannt. Außer zahlreichen Artikeln veröffentlichte er über 50 Bücher – mit den Geschlechterbeziehungen als Schwerpunkt – bei Verlagen wie Bertelsmann und Heyne. Hoffmann betreibt seit 2004 das Blog Genderama.

Hoffmanns Buch "Sind Frauen bessere Menschen?" (2001) behandelte Fragen von der Jungendiskriminierung bis zu häuslicher Gewalt durch weibliche Täter Jahre bevor sie von Leitmedien entdeckt wurden. Sein Buch "Männerbeben" (2007) stellte die damals entstehende deutsche Männerrechtsbewegung vor. Neben Professor Gerhard Amendt, Professor Klaus Hurrelmann und anderen Autoren wirkte Hoffmann an dem wissenschaftlichen Sammelband "Befreiungsbewegung für Männer" (2009) mit. 2014 erschien Hoffmanns Buch "Plädoyer für eine linke Männerpolitik", in der er die Linke dazu anregt, Geschlechterpolitik weniger einseitig zu betreiben als bislang. Im Jahr 2019 gab er den von Feministinnen, Maskulisten, Konfliktforschern und Paarberatern gestalteten Sammelband "Gleichberechtigung beginnt zu zweit" heraus, in dem Feministinnen, Männerrechtler und andere Autoren Beiträge zu der Frage liefern, wie eine geschlechtergerechte Politik für *alle* Menschen aussehen kann.

Hoffmann ist per Mail erreichbar unter geschlechterdialog@gmail.com.

Inhalt

"Gläserne Decken" halten Frauen von Spitzenpositionen fern

Frauen werden in die Teilzeitarbeit gedrängt

Weibliche Vorgesetzte sind in vielerlei Hinsicht kompetenter als Männer und daher eine Bereicherung für jede Firma

Vor allem Männer tun sich mit weiblichen Vorgesetzten schwer

Frauenfeindlichkeit am Arbeitsplatz geht vor allem von Männern aus

Die Frauenquote ist eine geeignete Maßnahme, um die Karriere vieler kompetenter Frauen anzustoßen

Eine Frauenquote im Management nützt auch Mitarbeiterinnen in unteren Positionen

Wir haben es dem Feminismus zu verdanken, dass es überhaupt so viele Frauen in Führungspositionen geschafft haben

BESCHNEIDUNG

Die Beschneidung von Jungen ist legitim, da sie sehr viel harmloser als die Beschneidung von Mädchen ist

BESITZ

Einer UN-Statistik zufolge verrichten Frauen weltweit 66 Prozent der Arbeit, besitzen aber nur ein Prozent des Vermögens

DEPRESSIONEN

Frauen sind von Depressionen besonders stark betroffen

DISKRIMINIERUNG

Frauen erleiden mehr Diskriminierung als Männer

DIVERSITY

Diversity-Politik in Unternehmen hilft Frauen beim Aufstieg

DOPPELBELASTUNG

Frauen sind durch Beruf und Familie stärker belastet als Männer

EHRENMORDE

Bei Ehrenmorden sind die Täter Männer und die Opfer Frauen

ESSSTÖRUNGEN

Frauen entwickeln Essstörungen, weil Männer so scharf auf schlanke Figuren sind

FRAUENFEINDLICHKEIT

Unsere Gesellschaft ist von Frauenfeindlichkeit geprägt

GANZTAGSSCHULE

Mit der Ganztagsbeschulung kann man erreichen, dass mehr Mütter ganztags arbeiten

GEHALT

Frauen werden beim Gehalt diskriminiert: Sie erhalten für dieselbe Leistung über zwanzig Prozent weniger als Männer

Frauenberufe werden schlechter bezahlt

Bei Gehaltsverhandlungen haben Frauen schlechtere Chancen als Männer

GESCHLECHTERROLLEN

Je mehr Gleichberechtigung, desto ausgewogener die Geschlechterrollen

Es sind die Männer, die an überholten Geschlechterrollen festhalten

GEWALT

Gewalt und Aggression sind typisch männlich

Frauen sind am häufigsten Opfer von Gewalt

GIRLS DAY

Der Girls Day ist eine sinnvolle Maßnahme, um mehr Mädchen für Männerberufe zu werben

GLEICHSTELLUNG

Die Gleichstellung der Frau steht als Forderung im Grundgesetz

GLÜCK

Der Feminismus hat die Frauen glücklicher gemacht

HÄUSLICHE GEWALT

Häusliche Gewalt geht überwiegend von Männern aus

HOCHSCHULEN

Frauen werden bei der Hochschulkarriere benachteiligt

Der Frauenmangel im naturwissenschaftlich-technischen Bereich zeigt, dass unsere Gesellschaft von Geschlechtergerechtigkeit weit entfernt ist

INTERNET

Wenn es um Online-Attacken geht, sind Frauen Opfer und Männer Täter

Die Opfer von "Rachepornos" sind überwiegend weiblich

JUNGEN UND MÄDCHEN

Weltweit sind vor allem Mädchen Opfer von Vernachlässigung, Missbrauch und Gewalt

JUSTIZ

Unser Rechtssystem ist frauenfeindlich

KRIEG

Das männliche Geschlecht ist besonders kriegsgeil

Sexuelle Gewalt im Krieg bedeutet männliche Täter und weibliche Opfer

MÄNNERÜBERSCHUSS

Wenn es in einer Gesellschaft sehr viele Männer gibt, führt dies zur Gewalt

MASKULISMUS

Männerrechtler sind frauenfeindlich und reaktionär

MENSCHENHANDEL UND ZWANGSPROSTITUTION

Bei Menschenhandel und Zwangsprostitution sind die Täter Männer und die Opfer Frauen

MIKROAGGRESSIONEN

Mikroaggressionen schaden Frauen

POLITIK

Frauen werden in den politischen Parteien diskriminiert

Parteien können durch betont frauenfreundliche Politik Wähler gewinnen

PORNOGRAPHIE

Pornos machen Männer zu Triebtätern und Frauen zu Objekten

Der leichte Zugang zu Internet-Pornos schadet Jugendlichen

Pornos mit Gewalt gegen Frauen sind vor allem bei Männern beliebt

Pornodarstellerinnen sind traumatisiert und leiden unter ihrem Beruf

PROSTITUTION

Wer in der Prostitution tätig ist, leidet entsetzlich

SÄUREATTACKEN

Säureattacken sind ein Verbrechen gegen Frauen

SCHLAMPEN

Männer verurteilen sexuell besonders aktive Frauen als "Schlampen"

SCHÖNHEIT

Männern ist es vor allem wichtig, wie gut eine Frau aussieht

SCHULE

Mädchen werden in der Schule benachteiligt

Aggressives Klima in Schulen wird von Jungen geprägt

SCHWANGERSCHAFTSABBRUCH

Wenn ein Politiker Abtreibungen erschweren will, ist er frauenfeindlich

Eine Abtreibung belastet die Mutter grundsätzlich mehr als den Vater

SEXISMUS

Es schadet Frauen, wenn sie von Männern als "Sexobjekt" betrachtet werden

Feministinnen finden sexistische Männer abstoßend

SEXTOURISMUS

Sextourismus ist Männersache

SEXUELLER MISSBRAUCH

Sexueller Missbrauch wird fast ausschließlich von Männern begangen

STALKING

Beim Stalking sind die Täter in der Regel Männer und die Opfer Frauen

TASCHENGELD

Schon Taschengeld bekommen Jungen mehr als Mädchen

TESTOSTERON

Testosteron verleitet Männer zu aggressivem und riskantem Verhalten

TRIGGERWARNUNGEN

Triggerwarnungen schützen empfindliche Gemüter

TRÜMMERFRAUEN

"Trümmerfrauen" müssen wieder aufbauen, was Männer kaputt gemacht haben

UNTERHALT

Jeder zweite Vater enthält seiner Expartnerin den Unterhalt vor

VÄTERZEIT

Vätermonate sind gut dazu geeignet, die traditionelle Rollenverteilung aufzubrechen

VERGEWALTIGUNG

Die Opfer von Vergewaltigungen sind weit überwiegend Frauen, die Täter Männer

Wenn Frauen "nein" sagen, meinen sie immer auch "nein"

Falschbeschuldigungen kommen ausgesprochen selten vor, wenn Männer einer Vergewaltigung bezichtigt werden

VIDEOSPIELE

Videospiele machen die Spieler sexistisch

Sexualisierte Videospiele verleiten vor allem Männer zu sexueller Belästigung

Nachwort: Wie schützt man sich am effektivsten vor Fehlinformationen?

Was können Feministinnen und Genderforscher tun?

Was können Journalisten tun?

Was kann jeder von uns tun?

Einleitung: Wie Wissenschaftsfeindlichkeit aus den USA nach Deutschland gedrungen ist

"Nichts ist unbeständiger als ein politisches Regime, dem die Wahrheit gleichgültig ist; doch nichts ist gefährlicher als ein politisches System, das die Wahrheit vorschreiben will." [1]

(Michel Foucault)

"Wir sollten niemals Angst davor haben, die Wahrheit über Fakten oder Wissenschaft zu sagen. Aber das ist die Richtung, in die wir uns bewegen."[2]

(Die Sexualforscherin und Neurowissenschaftlerin Debrah Soh)

"Die Studenten sind in eine Art Verschwörungstheorie eingetaucht. Sie hören keinen Widerspruch mehr, denn Widerspruch gilt per Definition als Gegenschlag."[3]

(Die feministische Professorin für Ethik Christina Hoff Sommers zum Stand der "Genderstudien")

"Der Rahmen des Sagbaren im akademischen und öffentlichen Raum hat sich in den letzten Jahren drastisch verengt. Evidenzbasierte Argumente spielen keine Rolle mehr. Es gewinnt, wer die lautesten Unterstützer hat, und es verliert, wer um seine Reputation fürchten muss."[4]

(Der weltweit renommierte Historiker Niall Ferguson)

"Wir sollten als Linke und Feministinnen unsere Ideen und Mantras hinterfragen, uns also nicht komfortabel in unserer Echokammer einrichten. Wenn wir wollen, dass unsere Argumente überzeugen, sollten wir sie der Kritik aussetzen – auch auf die Gefahr hin, dass wir unsere Meinung ändern müssen."[5]

(Die feministische Publizistin Meghan Murphy)

Der Begriff "postfaktische Gesellschaft" ist vor allem seit Beginn der Präsidentschaft Donald Trumps immer häufiger zu hören. Das mächtigste Land der westlichen Welt wird von einem Menschen gelenkt, der seine eigene Auffassung von Wahrheit pflegt, eben einer "alternativen Wahrheit".[6] Die Schuld daran geben viele den sogenannten "Fake News", mit denen das Internet gepflastert zu sein scheint, und deutsche Politiker überlegen sogar, Gesetze dagegen zu installieren.[7]
Tatsächlich aber gab es ein Übermaß solcher Fake News schon deutlich vor der Ära Trump. In derjenigen Ideologie beispielsweise, die unsere Geschlechterdebatte bis heute beherrscht – dem Feminismus -, finden sich zuhauf Behauptungen, die viele glauben, weil sie beständig wiederholt werden, die tatsächlich aber mit der Wirklichkeit wenig zu tun haben.
Natürlich kann man hier eine philosophische Diskussion beginnen, was genau als "Wahrheit" und "Wirklichkeit" gilt. Dieses Lexikon wird feministischen Behauptungen schlicht den Stand der wissenschaftlichen Forschung gegenüberstellen, also akademischen Untersuchungen und Studien. Dabei werden sämtliche Behauptungen dieses Buches minutiös belegt. Nur so sind sie überprüfbar.

Wie Gender & Co. immer stärker die Freiheit der Wissenschaft bedrohen

Wie sich eine wissenschaftsfeindliche Geisteshaltung seit mehreren Jahren im feministischen und Gender-Lager ausbreitet, schildert die Professorin für Biologie Heather Heying in ihrem Artikel "First, They Came for the Biologists", der im Oktober 2017 vom *Wall Street Journal* veröffentlicht wurde.[8] Darin berichtet Heying, wie identitätspolitische Linke an amerikanischen Universitäten inzwischen Front gegen abweichende Meinungen machen:

"Was außerhalb des akademischen Betriebs vielleicht nicht offensichtlich ist, ist, dass diese Revolution einen Angriff auf die Werte der Aufklärung selbst darstellt: Verstand, kritische Forschung und Widerspruch. (...) Warum? Weil die Wissenschaft nach der Wahrheit sucht, und Wahrheit nicht immer bequem ist. Lange Zeit hat die Linke den Leugnern des Klimawandels und der Evolutionslehre gezeigt, dass hier bei uns Wahrheit einen zentralen Wert darstellt. Aber das ist offenkundig immer weniger der Fall."

Debra Soh, Neurowissenschaftlerin mit dem Schwerpunkt Geschlechterforschung, verdeutlicht das Problem in einem Beitrag für die kanadische Zeitung *Globe and Mail*:

"Politische Zensur erlegt Akademikern nach wie vor ernstzunehmende Zwänge auf, weil der Druck auf die wissenschaftliche Forschung zunimmt, die Parteilinie einzuhalten. Emotionale Beschwerden erhalten gegenüber Logik und Fakten den Vorrang. In meinem Bereich der Sexualwissenschaft zum Beispiel meiden akademische Forscher, selbst wenn sie eine Festanstellung haben, bestimmte Studienbereiche komplett (wie zum Beispiel die Themen Geschlechtsdysphorie bei Kindern oder biologische Geschlechtsunterschiede im Gehirn), weil sie wissen, dass ihr beruflicher - und persönlicher - Ruf auf dem Spiel steht, wenn ihre Ergebnisse nicht sozial verträglich sind.
Viele meiner Kollegen wurden zum Schweigen gebracht, weil sie Angst hatten, das neueste Opfer in diesem unvorhersehbaren Krieg zu werden. Ich kann die Anzahl der Leute nicht zählen, die mir erzählt haben, dass sie auf Eierschalen laufen, sich unauffällig verhalten sowie soziale Medien und Interviewanfragen vermeiden, aus Angst, versehentlich den Mob zu provozieren. Das ist zu einer Form der Gedankenkontrolle geworden.

(...) Der Mainstream-Diskurs leidet darunter, dass nur jene 'Experten' mit politisch korrekten Botschaften zu hören sind. Dies führt zu einer Verzerrung der Informationen, die der Öffentlichkeit zur Verfügung stehen, und zu einer weiteren Indoktrination einer Generation von Studenten, die bereits vor abweichenden Ansichten abgeschirmt sind.
(...) Wir treiben auf eine Zukunft zu, in der die klügsten Köpfe mehr damit beschäftigt sein müssen, wen ihre Ideen vielleicht beleidigen könnten, als damit, ob sie sachlich korrekt sind. Das Verbot von kontroversen Rednern und unpopulären Meinungen mag auf den ersten Blick harmlos erscheinen, aber es jagt eine Eiseskälte über den Campus, eine anti-intellektuelle Verschiebung, die unser wichtiges Streben nach Wissen und Wahrheit entgleisen lässt."[9]

Wie das, was Debra Soh schildert, konkret aussieht, ergründete die Kulturwissenschaftlerin Helen Pluckrose, um ihre Erfahrungen danach in mehreren Artikeln öffentlich zu machen. Pluckrose suchte über Twitter und Internetforen für eine Befragung Wissenschaftlerinnen oder Studentinnen, die auf dem Campus Selbstzensur betreiben, weil sie Angst vor sozialen oder beruflichen Konsequenzen haben, wenn sie Meinungen äußern, die in Bezug auf Dinge wie Geschlechtergleichheit, Vielfalt und Inklusion als nicht politisch korrekt genug gesehen werden. Die Frauen, die darauf antworteten, fragte Pluckrose, wie sie sich selbst zensieren und, welche Konsequenzen sie befürchten, wenn sie das nicht tun.
Am häufigsten wichen die befragten Studentinnen mit ihrer Auffassung, dass es nur zwei Geschlechter gibt, von der gegenwärtig im Feminismus vorherrschenden Ansicht ab. Andere abweichende Meinungen betrafen eine Vorliebe für intellektuelle und ideologische Vielfalt, den Respekt vor wissenschaftlichen und evidenzbasierten Ansätzen und Widerspruch gegen die Dämonisierung und Diskriminierung von Männern.
Die Studentinnen berichteten, einfach nur zu schweigen, wenn es um solche Themen ging, oder ihre Ansichten zumindest nur in abgeschwächter Form und vertrauenswürdiger Gesellschaft auszudrücken. Die negative Folge, die am meisten befürchtet wurde, war soziale Ausgrenzung, Feindseligkeit oder Nachteile für die eigene Karriere. Am zweithäufigsten wurden Gewalt und öffentliches Anprangern befürchtet. Mehrere Frauen hatten bereits

Feindseligkeiten erfahren, weil sie unorthodoxe Ansichten geäußert hatten. Typische Antworten, die Pluckrose bei ihrer Befragung erhielt, waren die folgenden:

"Ich bin eine Befürworterin von Männerrechten und Männlichkeitsstudien und bin der festen Überzeugung, dass wir das Verhalten und die Einstellungen von Frauen und Männern bei der Schaffung verschiedener Formen und Erfahrungen von Diskriminierung berücksichtigen müssen."

"Ich fühle mich, als ob ich weiße Männer hassen soll, und dass Frauen nicht für Gleichberechtigung kämpfen, sondern besser als Männer sein sollen."

"Ich soll weiße Männer diskriminieren, auch wenn ich es verabscheuenswürdig finde."

Die meisten Befragten zitierten als Grund dafür, ihre Meinung nicht zu sagen eine Mischung aus sozialen und beruflichen Ängsten:

"Mein Ruf würde beschädigt werden, und die könnten mit meinen Professoren reden und mich feuern lassen. Ich würde viele Freunde verlieren."

"Ich würde sozialen Druck von anderen Studenten erfahren, und der Backlash könnte seinen Weg zu meinem akademischen Berater finden, um ihn zu veranlassen, mich anders zu behandeln und möglichen zukünftigen Arbeitgebern eine weniger gute Empfehlung über mich auszustellen."

"Ich fürchte akademische Konsequenzen wie bestraft, suspendiert oder vom Weiterstudium ausgeschlossen zu werden, wenn ich die falschen Leute verärgere. Ich fürchte, dass meine Freunde sich gegen mich wenden und dass sich auf dem Arbeitsmarkt herumspricht, dass ich 'problematisch' wäre, und dass ich auf schwarze Listen komme."

"Die Leute nennen dich einen Fanatiker und Nazi. Das sagen sie dir ins Gesicht. Leute, die dich wirklich mögen, sagen dir, dass es

gefährlich ist, über diese Dinge zu sprechen. dass du alles sehr schnell verlieren könntest. Sie flehen dich an, die Klappe zu halten. Sich nicht mehr aktiv auszudrücken reicht allerdings nicht mehr aus. Es gibt eine neue Entwicklung: Einige Studenten sind nicht mehr glücklich mit Menschen, die Probleme völlig vermeiden. Sie werfen knifflige Themen indirekt auf und erwarten von dir, dass du die richtigen Tugendsignale zurückmeldest. Wenn du neutral bleibst, regen sie sich sichtlich auf und erhalten ihre Tugendsignale aufrecht, bis sie merken, dass du sie nicht erwidern wirst. Dann flüstern sie untereinander: Sie ist ein Nazi."

"Ich werde bereits von den meisten meiner alten Freunde gemieden, nachdem sie herausgefunden hatten, dass ich nicht mehr auf die Social-Justice-Schiene stehe. Auf meinem Campus wurden Leute mit ähnlichen Ansichten wie ich von der Antifa verleumdet, die haben bedrohliche Plakate mit ihren Gesichtern und vollständigen Namen aufgehängt. Ich fürchte, wenn die Nachricht über meine Ansichten verbreitet wird, könnte es auch mir passieren."[10]

Dieses Meinungsklima wird von vielen Lehrkräften an Universitäten häufig unterstützt – etwa wenn diese Lehrkräfte ihre Studenten anweisen, zu Themen wie der angeblichen "Gehaltslücke" zu Lasten von Frauen nur feministische Quellen heranzuziehen und keine aus der nicht-feministischen Wirtschaftsforschung.[11] Andere Lehrkräfte hingegen sind über diese Entwicklung alarmiert. So schildert Professorin Rajshree Agarwal in der *Washington Post*, wie sie und viele Kollegen sich durch das totalitäre Meinungsklima an Universitäten mittlerweile davon abhalten lassen, eine politisch nicht genehme Meinung zu äußern:

"Als Assistenzprofessorin, die die Ränge in der Hochschulbildung erklimmt, habe ich oft die lautesten Stimmen im Raum herausgefordert, wenn ich dachte, dass sie falsch lagen. Jetzt habe ich eine Festanstellung, die mir eine noch größere akademische Freiheit garantiert. Aber im gegenwärtigen Campusklima der Safe Spaces, Triggerwarnungen und Empörung über irgendetwas politisch Unkorrektes halte ich mich immer mehr zurück und zweifle an mir selbst. Ich bin nicht die Einzige. Eine Studie der American Association of Colleges and Universities aus dem Jahr 2010 zeigt,

dass nur 30 Prozent der College-Senioren und 17 Prozent der Professoren der Meinung sind, dass es sicher ist, unpopuläre Standpunkte auf dem Campus zu vertreten."[12]

Und eine andere Akademikerin berichtet im liberalen Magazin *Reason*:

"Ich werde von diesen Schülern eingeschüchtert. Ich habe Angst davor, Kurse über Fragen zu ethnischen Hintergründen, Geschlecht oder Sexualität zu unterrichten, oder sogar Texte, die diese Themen in irgendeiner Weise ansprechen - und ich bin eine lesbische Frau mit gemischter ethnischer Herkunft. Es gibt ein ernstes Problem hier und an anderen linksliberalen Kunsthochschulen, und ich bin ratlos, wie ich anfangen soll, es anzusprechen, besonders da viele dieser Studenten weder an Historizität noch an objektive Fakten glauben. (Sie prangern letztere als Werkzeug des weißen Cisheteropatriarchiats an.)" [13]

"Ist die freie Lehre bedroht?" fragte Andrea Köhler in der *Neuen Zürcher Zeitung* und berichtet:

"Es handelt sich bei den Protagonisten dieses Gesinnungsterrors wohlgemerkt um eine Minderheit, doch scheint diese die Mehrheit nicht zuletzt durch die Echowirkung der sozialen Netzwerke im Griff zu haben. Sowohl die Professoren, die um ihre Ratings fürchten und jederzeit anonym angezeigt werden können, als auch die Studenten, die mehrheitlich die Redefreiheit befürworten, haben Angst, als rassistisch oder frauenfeindlich verunglimpft zu werden."[14]

Immerhin wächst in den USA die Aufmerksamkeit für dieses Problem. So erklärte der Jura-Professor Glenn Reynolds im Mai 2017 in der auflagenstarken Zeitung *USA Today*, dass Universitäten insbesondere für Männer inzwischen eine "feindselige Umgebung" darstellen.[15] Und im August 2017 berichteten mehrere Medien, darunter das *Wall Street Journal*[16], über eine Erklärung, die von 15 Professoren an Elite-Universitäten wie Princeton und Harvard unterschrieben wurde. In dieser Erklärung heißt es:

"An vielen Colleges und Universitäten schreckt das, was John Stuart

Mill 'die Tyrannei der öffentlichen Meinung' nannte, Studenten nicht nur davon ab, von der herrschenden Sicht auf moralische, politische und andere Fragen abzuweichen. Sie verführt sie auch zu der Annahme, dass die herrschende Sichtweise so offenkundig richtig ist, dass nur ein Fanatiker oder Spinner sie infrage stellen könnte. Weil niemand ein Fanatiker oder Spinner sein oder so gesehen werden möchte, besteht die einfache, faule Vorgehensweise darin, sich dem auf dem Campus herrschenden Glauben anzuschließen. Tut das nicht. Denkt selbst.
Für sich selbst zu denken bedeutet, die herrschenden Vorstellungen selbst dann infrage zu stellen, wenn andere darauf bestehen, dass sie als unbestreitbar behandelt werden sollten. Es bedeutet, sich nicht deshalb für eine Sichtweise zu entscheiden, weil man sich den aktuellen Modemeinungen anpasst, sondern indem man sich die Mühe macht, die stärksten Argumente beider oder aller Seiten eines Problems zu erfahren und ehrlich zu untersuchen – einschließlich der Argumente für Positionen, die andere verunglimpfen und stigmatisieren möchten, sowie gegen Positionen, die andere gegen eine kritische Überprüfung immunisieren möchten."

"Denkt selbst" – eine Forderung nicht aus dem Jahr 1789, sondern aus dem Jahr 2017. An amerikanischen Elite-Universitäten. Wo der politisch korrekte Meinungsdruck inzwischen so stark ist, dass es Anstrengung und Mut erfordert, eigene Gedanken zu formulieren und sie öffentlich zu äußern.
Im Jahr 2018 war die Wissenschaftsfeindlichkeit an Hochschulen, sobald es um politisch inkorrekte Erkenntnisse geht, so weit gediehen, dass ein eigenes Fachmagazin aus der Taufe gehoben wurde, in dem Wissenschaftler unter Pseudonymen politisch unerwünschte Gedanken veröffentlichen können. Darüber berichtete die *Süddeutsche Zeitung* unter der Schlagzeile "Kapitulation vor Wissenschaftsfeindlichkeit":

"Wer beispielsweise über biologische oder psychologische Besonderheiten von Ethnien oder Geschlechtern publizieren will, und sei es nur die unterschiedliche Wirkung eines Arzneimittels, muss mit heftigen Anwürfen rechnen - und zwar aus jeder Ecke. Sobald sich ein hauchdünner Unterschied zwischen Mann und Frau zeigt, gibt es jene, die das nicht akzeptieren wollen. In der

akademischen Welt ebenso wie draußen. Es ist also keineswegs mehr nur so, dass sich die Wissenschaft gegen äußeren Druck hüten muss, gegen die Attacken wissenschaftsfeindlicher Extremisten. Es gibt mittlerweile innerhalb des akademischen Betriebs Zwänge, die manche sachliche Auseinandersetzung im Keim ersticken. Und statt Daten oder Thesen, die man anzweifelt, rational mit den Methoden der Wissenschaft zu entkräften, geht man die dahinterstehenden Forscher persönlich an."[17]

Diese Entwicklung blieb nicht auf die USA beschränkt, sondern entwickelte sich zu einem länderübergreifenden Problem. Universitäten sollten "den Verstand öffnen und nicht schließen" forderte deshalb am 26. Dezember 2017 auch der damalige britische Wissenschaftsminister Jo Johnson und führte weiter dazu aus: "An den Universitäten in Amerika und Großbritannien haben wir gesehen, wie verschiedene Gruppen versuchen, diejenigen zum Schweigen zu bringen, mit denen sie nicht einverstanden sind. Junge Menschen sollten aber die Widerstandsfähigkeit und das Selbstvertrauen besitzen, um kontroverse Meinungen anzufechten und an offenen und rigorosen Diskussionen teilzunehmen."[18]
Was an Harvard und Yale gelehrt wird, wandert auch in den akademischen Betrieb und die Medien unseres Landes, und welche Haltung dort die Herrschaft gewinnt, beeinflusst das deutsche Meinungsklima. Im Zeitalter des globalen Dorfes haben wir blitzschnell mit denselben Problemen zu kämpfen wie die USA. So macht sich auch der Deutsche Hochschulverband Sorgen um den Niedergang der Meinungsfreiheit an Universitäten. Dessen Verbandspräsident Kempen sieht den offenen Meinungsaustausch durch ein Meinungsklima gefährdet, in dem sich "der Anspruch von Toleranz und Offenheit in das Gegenteil verkehrt" hat. Geistige oder ideologische Komfortzonen, in denen Studierende vor unbequemen Inhalten behütet werden", betont Kempen, kann es an Universitäten nicht geben, weil "kritisches Denken", das dort "gelehrt und eingeübt wird, (…) die Fähigkeit zur Selbstkritik" voraussetzt: "Wer eine Universität betritt", so Kempen, "muss bereit sein, mit Vorstellungen konfrontiert zu werden, die dem persönlichen Weltbild zuwiderlaufen, und in der Lage sein, sich mit ihnen sachlich auseinanderzusetzen". Dass Wissenschaftler inzwischen auch in Deutschland an Vorträgen gehindert werden, ist für Kempen ein

"alarmierendes Anzeichen" für eine Entwicklung, die zu einer Situation wie in den USA führen könne, wo Ideologen die Zensur von Lehrinhalten fordern, die bei Studenten unangenehme Assoziationen "triggern" könnten.[19]
Auch Josef Kraus, der Präsident des Deutschen Lehrerverbandes, sieht die Pädagogik unter dem Druck eines sich abzeichnenden Kulturkampfes durch das Gender-Lager:

"Nur mit Einschränkungen scheint leider auch zu gelten das Grundrecht auf freie Meinungsäußerung. Jedenfalls kann derjenige nicht mit Toleranz rechnen, der sich gegen das repressive Toleranzverständnis und die Deutungshoheit der Protagonisten der Gender-Theorie stellt."[20]

Auch Dr. Alexander Korte, Leitender Oberarzt der Klinik für Kinder und Jugendpsychiatrie der Ludwig-Maximilians-Universität München, äußert mit Blick auf den vorherrschenden Genderdiskurs schwere Bedenken. So mache "die vorwiegend ideologisch geführte Diskussion eine sachliche, wissenschaftliche Auseinandersetzung mit dem Thema zunehmend unmöglich: Ideologie bedeutet den Tod der Wissenschaft – ähnlich wie Populismus den Tod der Demokratie bedeutet."[21] Ähnliche Sorge äußert Hans-Peter Klein, Lehrer für Didaktik der Biowissenschaften an der Johann Wolfgang Goethe-Universität Frankfurt am Main:

"Diejenigen, die in dieser Geschlechterforschung ihre Mission sehen, (...) wollen, dass alle Menschen so denken wie sie, weil sie sich im Besitze einer Wahrheit wähnen, die alle anderen missachten oder nicht zur Kenntnis nehmen wollen. Dahinter steckt ein Erziehungsprogramm, für das die Vertreter dieser Position keine demokratische Legitimation besitzen. Es ist erstaunlich, wie Minoritäten, offenbar mit politischer Unterstützung, der Mehrheit ihre Vorstellungen mit fast religiösem Eifer diktieren können. Um ihre Überzeugungen durchsetzen zu können, schaffen sie ein Klima, in dem nicht mehr der Diskurs gedeiht, sondern Andersdenkende durch Verdächtigungen und Anschuldigungen eingeschüchtert und verängstigt werden. Wer dagegen aufbegehrt, muss mit der Diffamierung und Diskreditierung der eigenen Person oder der Zensur kritischer Beiträge rechnen."[22]

Der österreichische Psychotherapeut Josef Aigner erklärt im ersten Kapitel seines im Psychosozialverlag erschienenen Fachbuchs "Der andere Mann" ebenfalls, wie kritisch das gegenwärtige Meinungsklima an Hochschulen geworden ist:

"Überhaupt scheint mir der akademische Bereich, in dem ich seit Jahrzehnten tätig bin, besonders betroffen von einseitiger Verfolgung von Gender-Interessen, wobei ich mich des Eindrucks nicht erwehren kann, dass manche Kollegen Angst hätten, sich hier mehr in den Diskurs und die immer konflikthafte Materie hineinzubegeben und sich stattdessen lieber mit den gegenwärtigen Bedingungen abfinden, um nicht selbst Schaden zu erleiden."[23]

Konrad Paul Liessmann, Professor für Methoden der Vermittlung von Philosophie und Ethik an der Universität Wien, weiß ähnlich Alarmierendes zu berichten:

"Gerade an Universitäten, die die Freiheit von Forschung und Lehre noch irgendwo in ihren Satzungen verankert haben, macht sich ein Ungeist breit, der besorgniserregend ist. Der Ruf nach Vorschriften, nach Verboten, nach Regelungen des Sprachgebrauchs, nach Normierung von Leselisten, nach Verbannung aller Positionen, die einem vermeintlich unfehlbaren Zeitgeist widersprechen, wird dabei nicht von übergeordneten Instanzen autoritär vorgeschrieben, sondern er kommt von unten. Von der Basis. Von den Studenten. Von kleinen, aber lautstarken Gruppierungen. Dass Universitätsleitungen auf solche Rufe, mit der Freiheit des Denkens, Sprechens und Schreibens doch endlich Schluss zu machen, nur sehr zögerlich reagieren, wenn sie sich diesen illiberalen Anliegen gegenüber nicht überhaupt als willfährig erweisen, kann durchaus als fatales Signal gewertet werden. Und dass jene, die sonst mit der Phrase 'Wehret den Anfängen' schnell bei der Hand sind, hierzu schweigen und keine Anfänge sehen wollen oder können, stimmt auch nicht gerade zuversichtlich."[24]

Im *Weser-Kurier* bezieht Jürgen Theiner Stellung zu der auch in Deutschland wachsenden Häufigkeit von Fällen, bei denen

Ideologen universitäre Veranstaltungen sprengen, deren Inhalte ihnen nicht genehm sind:

"Sie beanspruchen für sich, verbindlich zu definieren, welche Positionen in der gesellschaftspolitischen Debatte noch zulässig sind. (...) In der Logik der selbst ernannten Diskurswächter ist das Niederbrüllen Andersdenkender, das Sprengen ihrer Veranstaltungen legitim. Die Leute, die am Montagabend im Schnoor krakeelten, halten sich vermutlich für links. Dabei sind sie einfach nur engstirnig und borniert. (...) Viele geistreiche, gebildete Linke früherer Jahre sahen ihr Ziel darin, den politischen Gegner mit ihrem Intellekt in die Knie zu zwingen. Ihre kümmerlichen Nachfahren entziehen sich der Auseinandersetzung. Es reicht ihnen, auf dem hohen Ross moralischer Überlegenheit zu sitzen."[25]

Ich bin selbst seit Jahren eine zentrale Zielscheibe des geschilderten Meinungsterrors und mehrere Male Zeuge davon geworden, wie feministische Stoßtrupps wissenschaftliche Diskussionsveranstaltungen aufmischten – beispielsweise bei Genderkongressen in Nürnberg, die auch die Anliegen von Männern in den Blick nehmen sollten. Im Jahr 2015 konnte ein solcher ganzheitlicher Genderkongress aufgrund von Bedrohungen nur mit der Unterstützung von Polizei und Staatsschutz stattfinden (die Protestler verwüsteten trotzdem den Vorraum der Konferenzhalle) ,[26] zwei Jahre später kam es bei einem weiteren Kongress zu einer gewalttätigen Auseinandersetzung zwischen Randalierern und dem Sicherheitspersonal. Ein von mir angebotenes Gespräch verweigerten die Krawallmacher: Sie wussten ja bereits, dass sie Recht hatten, und sahen deshalb nicht, was ihnen eine Unterhaltung noch weiter bringen sollte.
Wenn ich in meinen Büchern und Artikeln vermeintliche Weisheiten aus dem feministischen und Gender-Spektrum hinterfrage, passiert Ähnliches. Es wird einem für das Zusammenstellen solcher Studien nicht etwa gedankt, weil man auf der Grundlage wissenschaftlicher Erkenntnisse den Feminismus weiterentwickeln und wirklichkeitsnäher gestalten könnte. Es wird auch nicht auf der Sachebene diskutiert. Stattdessen erfahre ich seit langen Jahren Attacken auf persönlicher Ebene mit Unterstellungen wie "Antifeminist", "antiemanzipatorisch", "rechts" und Gleichsetzungen

mit dem Nationalsozialismus. Natürlich trifft dieses Vorgehen nicht nur mich, sondern auch viele andere. Der in *Zeit* und *Tagesspiegel* veröffentlichende Journalist Harald Martenstein etwa berichtet:

"Wegen eines kritischen 'Zeit'-Artikels über die Genderforschung wurde ich von der den Grünen nahestehenden Heinrich-Böll-Stiftung als NPD-nah eingestuft. Und diese Grünen hatte ich, verdammt noch mal, davor rund zehn Mal gewählt."[27]

Im Sommer 2017 stellte die Heinrich-Böll-Stiftung eine Website online, die Journalisten wie Harald Martenstein und mich auf denselben schwarzen Listen wie etwa den AfD-Rechtsaußen Björn Höcke führte. Auch für Journalisten wie Jan Fleischhauer (*Spiegel*), Volker Zastrow (*FAZ*) und Ulf Poschardt (*Welt*) waren Einträge vorgesehen.[28] Seitens der Medien hagelte es daraufhin Kritik. Der Berliner *Tagesspiegel* etwa sprach von einem "Verfassungsschutzbericht der Gender-Szene", den man nur als "denunziatorisch" bezeichnen könne.[29] Der Bonner *General-Anzeiger* beklagte, dass diese "gruselige Konstruktion (...) das Recht auf freie Meinungsäußerung zur Disposition" stelle.[30] Und die Professorin für Journalistik Marlis Prinzing erklärte:

"Das ist eindeutig eine Form des Online-Prangers, bei der es um Ausgrenzung und Denunziation geht. Das hat mit einer demokratischen Auseinandersetzung wenig zu tun.
Es ist erschreckend, was die Heinrich-Böll-Stiftung geliefert hat – dass eine Stiftung sich derart im Ton vergreift. (...) Wir können es nicht gut finden, wenn jeder beginnt, Leute an den Pranger zu stellen, mit deren Auffassungen er nicht einverstanden ist. Da übernehmen Bürgerinnen und Bürger Funktionen, die nicht die ihren sind. (...) Der digitale Pranger führt uns wieder in mittelalterliche Verhältnisse zurück. (...) Da gehen Hetzjagden los, die niemand mehr kontrollieren kann. Das kann zu Cybermobbing führen. Man wird online gejagt und empfindet derart Gewalt, dass man keinen anderen Ausweg mehr sieht, als sich etwas anzutun, sich umzubringen. Dafür gibt es Beispiele."[31]

Für derartige Enthemmung genügte, dass Einzelne den feministisch geprägten Fachbereich "Genderstudien" hinterfragten. Vorläufer

solcher Angriffe hatte es in kleinerem Ausmaß bereits in den Jahren zuvor gegen Feminismuskritiker und dabei insbesondere Männerrechtler gegeben, aber vielleicht weil damals keine wirklich bekannten Journalisten betroffen waren, blieben diese Attacken von breiter Kritik in den Medien verschont. Stattdessen wurden sie von feministisch geprägten Blättern unter unseren Leitmedien aufgegriffen und multipliziert.
Einige weitere Beispiele: Die renommierte Publizistin Dr. Karin Jäckel berichtet, dass sie in einer stiftungsgetragenen Studie als nazinah diskreditiert worden sei, weil sie die Meinung vertrete, dass Kinder ein Geburtsrecht auf beide Eltern haben. Weil sie sich gegen die Benachteiligung von Jungen ausgesprochen habe, sei sie zudem Opfer von Morddrohungen geworden, und ihre Telefonnummer sei als Sex-Sells-Nummer verbreitet worden. Diese und andere Attacken seien von "Feminist/innen" ausgegangen, meist von Bekennerschreiben oder -anrufen begleitet: "Als Strafaktion, weil ich eine Verräterin an der guten Sache der Frauen und Mädchen sei."[32]
Als die ehemalige Goslarer Gleichstellungsbeauftragte Monika Ebeling einen Vortrag an der Mainzer Johannes-Gutenberg-Universität ankündigte, in dem es auch um die Anliegen des männlichen Geschlechts ging, rief die Antifaschistische Initiative Mainz-Wiesbaden dazu auf, ihn zu stören, da hier Positionen vertreten werden, "die für uns nicht tragbar sind, und denen kein Raum gegeben werden darf". – "Hoffen Sie, dass eingeladene Gäste aus Sorge um ihre körperliche Unversehrtheit womöglich von sich aus absagen?" fragte Monika Ebeling einen an diesen Protesten beteiligten Studenten in einem offenen Brief.[33] An anderen Hochschulen herrschte ein ähnlich beängstigendes Klima, weiß Ebeling zu berichten:

"In Berlin nahm ich auf Einladung des damaligen Leiters im Wissenschaftszentrum an einer Podiumsdiskussion teil. Die Moderatorin der Veranstaltung entschuldigte sich gleich zu Beginn vor dem Publikum und distanzierte sich öffentlich von mir und Mitdiskutanten. (...) In Köln war ich zu einer Podiumsdiskussion eingeladen worden. Man hatte mir einen Bodyguard zur Seite gestellt, weil es im Vorfeld erheblichen Widerstand gegen diese Veranstaltung gab.

An der Universität in Nürnberg gab es bereits im Vorfeld lautstarke Forderungen mich wieder auszuladen. (...) Im Nachgang der Veranstaltung sprach mich eine Professorin an und räumte ein, dass man in der Uni nicht mehr frei reden könne. In Wiesbaden gab es ebenfalls bereits vor der Veranstaltung in der Uni Aufrufe und Tumulte, die sich auch während meines Vortrages fortsetzten. Es war nur schwer möglich, den Vortrag zu halten, da ich immer wieder lautstark unterbrochen wurde.
Ein Interview zur Diskriminierung von Männern, das ein Redakteur einer Unizeitung telefonisch mit mir führte, wurde nicht veröffentlicht, nachdem der Interviewer von seiner Redaktion zurückgepfiffen wurde, wie er mir persönlich mitteilte. Er war leider nicht bereit, das Interview auf andere Weise als in der Unizeitung zu veröffentlichen. An der Uni Frankfurt/Oder gab es keinen öffentlichen Widerstand, aber letztlich einen Boykott. Es kam einfach niemand. An der Uni Düsseldorf, wo ich an einem Männerkongress teilnehmen wollte, wurde ich als Gast dieser Veranstaltung von etwa 20 protestierenden jungen Leuten davon abgehalten, das Gebäude betreten zu können. Bereits im Vorfeld hatte es massive Drohungen gegeben, sogar persönlich gegen Referenten. Nur mit Polizeischutz gelang es, in das Gebäude zu kommen.
(...) Teilweise haben die Personen, die mich eingeladen hatten, im Vorfeld und im Nachgang zur Veranstaltung viel Ärger auszuhalten.
(...) So hatte ich mir das Universitätswesen und die freie Rede in Deutschland nicht vorgestellt."[34]

Auf zwei Männerkongressen in Düsseldorf hatte auch der Soziologieprofessor Gerhard Amendt nach diversen Drohungen auf Anraten von Kriminalpolizei und Staatsschutz nur mit Leibwächtern erscheinen können.[35]
Vorbild für derlei Attacken waren eben jene Aktionen an US-amerikanischen und kanadischen Universitäten gewesen, die in den letzten Jahren so stark zugenommen hatten. Immer wieder richteten sich die Angriffe gegen Menschen, die aus einem einseitigen Feminismus ausscherten: gegen die Therapeutin Lynne MacDonell wegen eines Vortrags zum Thema "Gewalt und sexuelle Übergriffe gegen Jungen und Männer" (nur unter Polizeischutz möglich)[36], gegen den Männerforscher Dr. Warren Farrell wegen eines Vortrags zur Jungenkrise (die Protestler verbarrikadierten die Zugänge zum

Universitätsgebäude und lieferten sich Rangeleien mit der Polizei)[37] sowie gegen die Historiker Paul Nathanson und Katherine Young anlässlich ihres Vortrags "Von Frauenfeindlichkeit und Männerfeindlichkeit zum Dialog zwischen den Geschlechtern" (wegen Gewaltdrohungen von militanten Mitgliedern der feministischen Bewegung konnten die Forscher die Veranstaltung ebenfalls nur unter Polizeischutz durchführen).[38]
Der emeritierte Professor Günter Buchholz hatte zu dieser Entwicklung bereits 2012 angemerkt:

"Die gesamte Kampagne ist im Kern eine Kritiker-Beschimpfung, die eine auf sachlicher Ebene fehlende Antikritik ersetzen soll. Es geht sozusagen um die politische Tötung der Kritiker mittels Diffamierung. Denn es fällt auf, dass nicht über die strittigen Fragen selbst geredet worden ist, sondern nur auf einer Metaebene über diejenigen Personen, die als Kritiker des Feminismus identifiziert werden. Es wird offensichtlich versucht, die Kritiker nicht durch inhaltliche Argumente logischer und empirischer Art, sondern durch Diffamierung unschädlich zu machen. Und das zeigt, dass auf der inhaltlichen Ebene eine Auseinandersetzung gescheut wird – aus guten Gründen, wie ich hinzufügen möchte."[39]

Vermutlich resultiert die Heftigkeit persönlicher Angriffe gegen Andersdenkende im feministischen Lager gerade aus einer Hilflosigkeit auf Sachebene. Wissenschaft speist sich immer daraus, dass Annahmen hinterfragt, kritisiert, widerlegt, verworfen, verbessert und verfeinert werden. Die Behauptung, an einer bestimmten Weltsicht könne man gar nichts mehr verbessern, ist unwissenschaftlich und ein verlässlicher Hinweis auf ideologische Scheuklappen. Sobald man aber den vorherrschenden Feminismus kritisiert, wird einem Frauenhass beziehungsweise "Hate Speech" nach eben jener Methode unterstellt, die der Gymnasiallehrer und Blogger Lucas Schoppe folgendermaßen karikierte:

"Zwei plus zwei ist drei." – "Nein, vier." – "Das sagst du nur, weil du die Drei hasst!"[40]

Diese Denkweise findet sich nicht nur in studentischen Splittergruppen. Schlimmer noch: Sie gehört zum gegenwärtigen

Handeln der deutschen Bundesregierung. Aktuell etwa unterstützt das Bundesministerium für Bildung und Forschung das Zentrum für Gender Studies und feministische Zukunftsforschung der Philipps-Universität Marburg mit knapp einer Million Euro für die Erforschung "antifeministischer Diskurse". Die Argumentation, mit der diese Verwendung von Steuergeldern gerechtfertigt wurde, lautete allen Ernstes, wer den Fachbereich Genderstudien als "unwissenschaftlich" kritisiere, gefährde den gesellschaftlichen Zusammenhalt. Die Kritik an der vorherrschenden feministischen Ideologie habe eine zersetzende Auswirkung auf unsere Gesellschaft, gefährde Pluralität und damit unsere Demokratie. Jetzt sollen mit dem millionenschweren Projekt "die verschiedenen Dimensionen des Anti-Feminismus ausdifferenziert und Handlungsempfehlungen entwickelt" werden.[41]
Noch einmal: Widerspruch zu einer bestimmten Ideologie gefährde Pluralität! Das hätte sich George Orwell nicht besser ausdenken können. Wen wundert es da, dass sich Ideologen, die nicht-feministische Veranstaltungen aufmischen, im Recht fühlen? Ihre Denkweise wird ja sogar von der Bundesregierung unterstützt.
Tatsächlich sind es nicht die Vertreter der Genderstudien, sondern die Ketzer gegen deren Lehre, die immer wieder mit den schärfsten Sanktionen belegt wurden. Drei prominente Beispiele:
* Professor Lawrence Summers hielt im Januar 2005 bei einer Wissenschaftskonferenz eine Rede über die Frage, woran es liege, dass Frauen in den oberen universitären Rängen der Naturwissenschaften sowie der Mathematik unterrepräsentiert seien. Als einen von mehreren denkbaren Gründen nannte er, dass Frauen aufgrund angeborener Eigenschaften im Schnitt weniger Zugang zu Mathematik und Naturwissenschaften finden als Männer (aber dafür z.B. sprachlich begabter sind), was auch aufgrund verschiedener Forschungsergebnisse belegt sei. Ob diese These richtig war oder falsch, wurde daraufhin nicht auf der Basis wissenschaftlicher Argumente diskutiert, sondern vor dem Hintergrund öffentlicher Empörung. So erklärte Professorin Nancy Hopkins, die bei dieser Rede anwesend war, wenn sie nicht sofort den Saal verlassen hätte, wäre sie bei Summers Worten entweder in Ohnmacht gefallen oder sie hätte sich übergeben müssen. Die feministische Organisation NOW zimmerte eine Pressemitteilung, in der sie Summers Rücktritt forderte. Die journalistische Ereiferung über die als

"frauenfeindlich" bezeichneten Bemerkungen war bis in die deutsche Berichterstattung zu spüren. Gegen Summers erging ein Misstrauensvotum seiner Fakultät, er sah sich schon wenige Tage nach seiner Rede zu zahllosen Entschuldigungen veranlasst und dazu, in seiner damaligen Funktion als Harvard-Präsident weitere 50 Millionen in eine verbesserte Frauenförderung zu pumpen. Das alles nützte ihm nichts: Ein gutes Jahr später musste er von seinem Posten zurücktreten und hält somit den Rekord der kürzesten Amtszeit für einen Harvard-Präsidenten.

* Im Sommer 2017 verbreitete der bei Google beschäftigte Software-Entwickler James Damore firmenintern ein Memo, in dem er beklagte, dass Google eine offene Diskussion über die Diversitätspolitik des Konzerns unterbinde, und vertrat, gestützt von zahlreichen wissenschaftlichen Quellen, die Auffassung, dass geschlechtsspezifische Ungleichverteilung in der Spitzentechnologie auch durchschnittlichen biologischen Unterschieden zwischen Männern und Frauen zu verschulden sei. In diesem Zusammenhang machte er Vorschläge, wie eine sinnvollere Frauenförderung als bisher aussehen könne. Google kündigte daraufhin Damore unter dem lauten Beifall vieler Beobachter, weil er Geschlechterstereotypen verbreitet habe.[42] Eine Sachdebatte darüber, ob Damore Recht hat, wurde durch seine Beseitigung vermieden. Etliche deutsche Leitmedien verkündeten im Gleichklang, Damore sei wegen "Sexismus" gefeuert worden.[43] In der Süddeutschen Zeitung befand Nina Bovensiepen seinen "antifeministischen" Text als "rückständig und dumm": "Zustimmung bekommt er nur deshalb, weil er die Ängste vieler weißer Männer vor den Veränderungen im Arbeitsumfeld ausspricht."[44] Im Deutschlandfunk erklärte Tilman Spengler: "Ich hätte den Kerl schon aus Gründen der Dummheit gefeuert".[45] Und auf *Spiegel-Online* befand Angela Gruber:

"Es wäre wünschenswert gewesen, dass ein solches Schreiben ohne Reaktionen im Google-Intranet versandet. Einfach, weil niemand über solche Thesen diskutieren will."[46]

Manche Menschen wollten sich aber selbst von *Spiegel-Online* nicht verbieten lassen, über wissenschaftliche Thesen zu diskutieren. "Das Google-Manifest ist weder sexistisch noch gegen Diversity gerichtet", stellte etwa die Neurowissenschaftlerin Debra Soh klar:

"Es ist Wissenschaft".[47] Im linksliberalen Politik-Magazin *The Atlantic* bekundete Conor Friedersdorf: "Ich kann mich nicht erinnern, wann das letzte Mal so viele Nachrichten und Beobachter derart viele Aspekte eines Textes, den jeder besaß, falsch dargestellt haben."[48] Das Blog *Ruhrbarone* legte unter der Überschrift "Was wirklich im 'sexistischen' Google-Manifest steht" eine deutsche Übersetzung von Damores Text vor und kam dabei auch ausführlich auf die flächendeckend verzerrende Darstellung in den deutschsprachigen Leitmedien zu sprechen:

"Die Süddeutsche fasst in einem Artikel völlig falsch und grotesk verzerrt die Inhalte so zusammen, dass der Autor als absolutes Monster dasteht. Wenig überraschend stellt VICE's Motherboard die Stimmen in den Vordergrund, die sich über den Sexismus des Autors aufregten und Tweets mit ihrer Interpretation des Dokuments und sehr vielen wütenden Emoji schrieben. Auch die deutsche Twittersphäre synchronisiert sich mit dem Medientenor."[49]

Auch der Blogger Christian Schmidt, der auf Evolutionäre Psychologie spezialisiert ist, zeigte sich fassungslos darüber, mit welchen Methoden deutsche Leitmedien den Inhalt von James Damores Memo verzerrt wiedergaben, und veranschaulichte das ebenfalls anhand der *Süddeutschen Zeitung*. Unter anderem wurde in der allgemeinen Berichterstattung eine Grafik in Damores Memo verschwiegen, die auf einen Blick deutlich gemacht hätte, was seine tatsächliche Position ist. Schmidt kommentierte:

"Ich finde es unglaublich, dass eine solche Grafik, die ganz deutlich macht, dass [Damore] nicht von absoluten Unterschieden ausgeht, herausgenommen worden ist. Natürlich: Mit dieser Grafik wäre ein Entstellen seiner Meinung noch schwieriger gewesen. Viel Text wird vielleicht nicht gelesen, aber eine solche Grafik fällt sofort ins Auge. Es ist erschreckend, wie verzerrt die Darstellung in den Medien ist. Die meisten der Journalisten scheinen nur Artikel über das Manifest gelesen zu haben. Sie lesen noch nicht einmal eine leicht zugängliche Primärquelle oder recherchieren etwas, warum jemand so etwas schreiben könnte und ob das in der Wissenschaft vertreten wird."[50]

Damore hatte wie zuvor Harvard-Präsident Lawrence Summers dem Dogma der Genderstudien widersprochen, dass biologische Faktoren bei Geschlechtsunterschieden keine Rolle spielen können. Und darauf steht in den etablierten wie in den "sozialen" Medien nun mal augenblickliche Steinigung.
* Am 2.10.2018 titelte *Spiegel-Online* "Physiker beleidigt Kolleginnen und wird suspendiert".[51] Was war tatsächlich passiert? Der italienische Physiker Alessandro Strumia hatte bei einem Workshop der Kernforschungs-Organisation CERN in einem Vortrag die These infrage gestellt, dass das Geschlechterungleichgewicht in der Physik auf Sexismus zurückzuführen ist, und bot stattdessen biologisch begründete Erklärungen an: etwa größere männliche Varianz in den mathematischen Fähigkeiten auf hoher Ebene sowie unterschiedliche Interessen der Geschlechter. "Man kann zustimmen oder nicht", kommentiert dies die liberale Feministin und Geschlechterforscherin Cathy Young, "aber zu behaupten, dass ein solches Argument beleidigend und inakzeptabel ist, ist bizarr, da Studien, die diese Perspektive widerspiegeln - oft von Frauen verfasst - routinemäßig in wissenschaftlichen Zeitschriften erscheinen."[52] Trotzdem und obwohl, wie Young weiter berichtet, sich niemand von Strumias Kritikern die Mühe machte, sich mit seinen Daten auseinanderzusetzen, wurde er von CERN vor die Tür gesetzt. Monate später blickte Strumia auf diesen Vorgang zurück:

"Zu behaupten, dass einige geschlechtsspezifische Ungleichgewichte in Bereichen wie der Physik nicht auf Diskriminierung zurückzuführen sind, ist wie wenn man ein Sozialwissenschaftler in der Sowjetunion gewesen wäre und behauptet hätte, dass einige Klassenunterschiede nicht auf Diskriminierung zurückzuführen sind. (...) Vernunft und Objektivität, einst das Fundament der Wissenschaft, werden inzwischen häufig als Werkzeuge der systemischen Unterdrückung abgetan. Wissenschaft, die der dominanten politischen Erzählung widerspricht, wird angegriffen, insbesondere alles, was mit dem Geschlecht zu tun hat. Wissenschaftliche Daten über das Geschlecht, wie die, die ich gefunden habe, gelten als 'beleidigend', wenn sie Überzeugungen infrage stellen, die als heilig angesehen werden. (...) Es ist derselbe Fehler, den die Kirche vor Jahrhunderten gemacht hat, als Denker

der Aufklärung Zweifel an heiligen religiösen Überzeugungen aufkommen ließen. (...) Die Wissenschaft sollte ein Ort sein, an dem schwierige Themen sinnvoll diskutiert werden, aber die wissenschaftliche Forschung über gruppenpsychologische Unterschiede wird heute von denen, die entschlossen sind, ihre ideologischen Positionen zu verteidigen, abgelehnt und angegriffen. Aber je mehr heterodoxe Denker in der Wissenschaft geächtet werden, desto mehr Glaubwürdigkeit wird sie verlieren."

Strumia weist darauf hin, welches angstvolle Klima inzwischen im Wissenschaftsbereich entstanden ist:

"Einige Kollegen, die mir geschrieben haben, um ihre Solidarität zum Ausdruck zu bringen, wagten es nicht, mit ihrem Namen zu unterschreiben. (...) Andere Kollegen befürchten, dass sie dem Rentenalter nicht nahe genug sind, um eine kritische Äußerung zu riskieren. Bei einem kürzlich an der Sydney University durchgeführten Seminar über Gender und MINT betonte jemand die Relevanz individueller wissenschaftlicher Qualität bei Einstellungsentscheidungen, tat dies jedoch in einem anonymen Beitrag. Kritiker der Genderpolitik in der Wissenschaft verstecken sich zunehmend unter dem Deckmantel der Anonymität, um berufliche Konsequenzen zu vermeiden."[53]

Auch ich selbst habe bei meinen Publikationen häufig mit erheblichen Widerständen zu tun. Zu diesem Lexikon etwa erklärte mir ein Lektor eines bekannten Sachbuchverlages, er persönlich finde es ganz ausgezeichnet, man wolle sich aber nicht dem erwartbaren Shitstorm auf Twitter aussetzen, der bei einer Veröffentlichung drohe. Das einzig Ungewöhnliche an dieser Ablehnung ist die offenherzige Begründung. Wenn man bedenkt, dass hierzulande lediglich acht Prozent der deutschen Bevölkerung Feministinnen sind,[54] ist es bedenklich, welche Macht die Radikaleren unter ihnen ausüben, einfach indem sie sich besonders aggressiv aufführen.
Dass Cybermobs eine wissenschaftliche Auseinandersetzung unterbinden können stellt für eine aufgeklärte Gesellschaft ein erhebliches Problem dar. Der linksliberale Philosoph Russell Blackford beschäftigt sich in seinem Buch "The Tyranny of

Opinion" (Bloomsbury Academic 2019) mit dem Problem, das existiert, wenn selbst linke Autoren wie ich von anderen Linken ausgegrenzt werden:

"Wir haben Angst vor Rechtspopulismus: die fremdenfeindliche, nativistische, isolationistische Art von Politik, die derzeit in den westlichen Nationen wieder auflebt. Wir fürchten uns zutiefst vor den Rändern des völligen Faschismus. Allzu oft haben wir aber auch Angst voreinander. (....) Es ist enttäuschend, wenn selbst ernannte Liberale Möglichkeiten verengen, wichtige Debatten verzerren, individuelle Freiheiten bedrohen, verlangen, dass wir in unserer privaten und öffentlichen Rede auf Eierschalen laufen und im Allgemeinen in einem Modus der Zensur tätig sind. (...) Heute müssen wir uns alle vor verschiedenen großen und kleinen Empörungsmaschinen der politischen Linken schützen. Andernfalls können wir ausgegrenzt, belästigt, durch den Dreck gezogen, öffentlich beschämt, aufs Schärfste beschimpft, fälschlich des Fehlverhaltens beschuldigt oder anderweitig verletzt und geschädigt werden wegen trivialer, zweifelhafter oder nicht existierender Übertretungen. Unser guter Ruf kann zerstört werden, unsere Arbeitsplätze können bedroht oder beendet werden, und unsere Karriere kann ruiniert werden."[55]

Ein Teil der Online-Bevölkerung, befindet Blackford, beansprucht die Autorität, Personen zu bestrafen, die keinerlei Verbrechen begangen haben – einfach nur weil diese Personen eine unerwünschte Meinung vertreten.[56] Blackford hat Recht: Ich habe die von ihm geschilderten Attacken oft genug am eigenen Leib zu spüren bekommen. Es gibt so gut wie keinen Widerspruch auf Sachebene, sondern fast durchgehend nach der Logik einer Rückwärts-Argumentation Angriffe nach der Maxime: Wir halten bestimmte Ziele im Geschlechterverhältnis für emanzipatorisch und progressiv; wer also immer wieder auf Fakten hinweist, die unseren Vorhaben zuwiderlaufen, ist "antiemanzipatorisch", "frauenfeindlich", "antifeministisch" und "rechts".
Immerhin gibt es auch zunehmend mehr Linke, die diesen fatalen Mechanismus erkennen und benennen. Zu ihnen gehört Bernd Stegemann, Mit-Initiator der linken Sammlungsbewegung

"Aufstehen". Er schreibt in seinem Buch "Die Moralfalle. Für eine Befreiung linker Politik" (Matthes & Seitz 2018) treffend:

"Indem moralische Kommunikation immer mehr den öffentlichen Raum bestimmt, wird sie zur herrschenden Kommunikationsform, bei der die Öffentlichkeit zunehmend wie eine Mischung aus Pranger, Strafgericht und Tugendwächtern agiert. So wird aus dem einschüchternden Auftreten der Moralisten eine reale Gewalt, mit der sie Einfluss auf alle anderen Diskurse nehmen. Die häufige Warnung, etwas sei eine Aussage, die dem Gegner nutzen könne oder Beifall von der falschen Seite bekommen werde, ist eine Folge der neuen Macht. Sie ist inzwischen so geläufig, dass niemandem mehr aufzufallen scheint, aus welchem Kontext sie stammt. Denn was setzt ein solcher Ratschlag stillschweigend voraus? Es wird eine Hierarchie zwischen der moralisch richtigen Meinung und den nachgeordneten Fakten und wissenschaftlichen Erkenntnissen hergestellt. Eine solche Hierarchie widerspricht den Grundregeln einer aufgeklärten, liberalen Gesellschaft. Dass offenbar kaum noch bemerkt wird, wie mit ihr die Machttechnik einer totalitären Politik reproduziert wird, ist bedenklich genug. Dass sich aber immer öfter diejenigen verteidigen müssen, die sich nach wie vor eher der Realität als einer moralisierenden Wertung verpflichtet fühlen, zeigt, wie mächtig inzwischen die Moralprediger sind."[57]

Stegemann stellt klar:

"Pointiert gesagt, verfahren die Moralisten nach dem Dogma der mittelalterlichen Kirche, nach dem nicht sein kann, was nicht sein darf. Die Realisten hingegen versuchen, die Widersprüche herauszustellen und Lösungsvorschläge zu finden. Da die Moralisten bereits die Realitätsbeschreibung ablehnen, ist eine Auseinandersetzung über mögliche Lösungen unmöglich."[58]

Notwendig für das Wohlergehen der Geschlechter wäre stattdessen eine starke Bewegung, die sämtliche Fakten und Argumente so unparteiisch wie möglich betrachtet und auf der Grundlage dieser Analyse politisches Handeln vorschlägt. Denn wenn man auf der Grundlage irreführender Annahmen handelt, weil man diese

Annahmen nicht mehr hinterfragen darf, findet man für die bestehenden Probleme nicht die passende Lösung.

Warum "Antifeminismus" kein Ausweg und dieses Lexikon kein "antifeministisches" Buch ist

Vermutlich würde dieses Buch sehr viel mehr Leser finden, wenn ich es analog zu Rezos berüchtigtem Youtube-Video "Die Zerstörung der CDU" mit "Die Zerstörung des Feminismus" betitelt hätte. Ich halte derartige Polemik für schädlich, wenn es um eine sinnvolle Sachdebatte geht. Deshalb habe ich es immer zurückgewiesen, wenn Ideologen, die auf der Sachebene hilflos sind, Menschen, die bestimmte feministische Glaubenssätze hinterfragen, als "Antifeministen" etikettieren. Es gibt weitere Gründe, warum ich dieses Label absurd finde:

* Ich möchte meine Selbstdefinition nicht daraus beziehen, dass ich "gegen" irgendetwas bin. Damit macht man sich abhängig von dem, was man kritisiert. Mich prägt eher eine Pro-Einstellung, also etwa pro Freiheit, Demokratie und eine Emanzipation der Geschlechter.
* Ich halte es für vollkommen legitim, die Lobby einer bestimmten Bevölkerungsgruppe wie etwa der Frauen zu sein. Kaum jemand dürfte ernsthaft abstreiten, dass Frauen soziale Anliegen hatten und haben, die sinnvoll sind.
* Auch Kritiker der in der Geschlechterdebatte vorherrschenden Ideologie sollten sich vor Pauschalisierungen hüten: Der Feminismus ist kein monolithischer Block, sondern setzt sich aus unterschiedlichen Individuen, Strömungen, Anliegen und Argumenten zusammen. Ihn in Bausch und Bogen zu verurteilen, wäre genauso hanebüchen wie eine ebenso bizarre Verurteilung der Männerrechtsbewegung (Maskulismus). Ein von mir herausgegebenes Buch, in dem profeministische Standpunkte von Feministinnen in eigenen Kapiteln ausgeführt werden, ist der Sammelband "Gleichberechtigung beginnt zu zweit", erschienen im Wissenschaftsverlag Tectum. In diesem Buch kommen Feministinnen, Männerrechtler, Paartherapeuten, Konfliktberater und zahlreiche andere Stimmen zu Wort und sorgen so für echte Diversität und Inklusion statt für die Ausgrenzung und Marginalisierung abweichender Stimmen.

"Widerspruch ist gut. So kommen wir weiter!" befindet die Feministin Mithu Sanyal,[59] eine der Autorinnen unseres Sammelbandes. Allerdings gehört Sanyal im Gegenwartsfeminismus mit ihrer für Kritik offenen Haltung eher einer Minderheit an. Vor allem in der Rhetorik des institutionalisierten Feminismus, wie ihn etwa die den Grünen nahestehende Heinrich-Böll-Stiftung vertritt, gibt es so etwas wie inhaltliche Kritik, mit der man sich auch inhaltlich auseinandersetzen müsste, gar nicht. Stattdessen wird dort die Rhetorik des Freund-Feind-Denkens gepflegt und zum gemeinsamen Kampf der Guten gegen das Böse aufgerufen:

"Das gesellschaftspolitische Klima ist rauer geworden. Antifeministische und rechtspopulistische Zumutungen begegnen uns überall (...). Wenn wir Haltung zeigen wollen gegen antifeministische Abwertungen und Angriffe, wenn wir eintreten wollen für eine offene, feministische und liberale Gesellschaft, dann brauchen wir nicht nur Mut, sondern auch handlungsrelevantes Wissen, praktikable Strategien und Fähigkeiten diese umzusetzen – am besten solidarisch mit Gleichgesinnten."[60]

Vorstellungen wie "Kritik annehmen" oder "mit Wissenschaftlern reden" sind in dieser Rhetorik nicht vorgesehen. Stattdessen wird die abweichende Meinung als Bedrohung dargestellt, gegen die man "Haltung zeigen" müsse.
Dieses Lexikon hier dürfte allen Feministinnen eine große Hilfe sein, die ihre Weltanschauung in der Auseinandersetzung mit wissenschaftlichen Erkenntnissen verbessern möchten. Als "antifeministisch" werden es nur diejenigen betrachten, für die Feminismus eine Art Religion ist, deren ewige Weisheiten auch durch wissenschaftliche Studien keinesfalls hinterfragt werden dürfen.
Ich habe immer wieder Netzfeministinnen und feministische Journalistinnen kennen gelernt, mit denen ich bei vielen Themen schnell auf einen Nenner komme. Nicht zuletzt empfehle ich seit Jahr und Tag die Positionen sogenannter Equity-Feministinnen wie Wendy McElroy, Cathy Young und Christina Hoff Sommers, die sich ebenfalls für *beide* Geschlechter einsetzen. Auch manche Inhalte des vorliegenden Lexikons basieren auf Forschung aus dem feministischen Lager.

* Viele Feministinnen sind auch deshalb so unbeweglich in ihrer Meinung, weil sie zahlreiche Fakten und Argumente beispielsweise des vorliegenden Lexikons überhaupt nicht kennen. Sie wissen es einfach nicht besser. Wenn Sie nicht selbst intensiv mit der Materie befasst sind, dürfte es Ihnen ganz ähnlich gehen. Sobald sie diese Informationen zur Kenntnis nehmen, entwickeln sich viele Feministinnen aber auch weiter. Oftmals versuchen massiv ideologisierte Meinungswächter allerdings zu unterbinden, dass die weniger radikalen Feministinnen diese Informationen erhalten – durch Totschweigen, durch "vorsorgliche Blockempfehlungen" auf Twitter, den Aufruf zum "solidarischen Kampf" wie von der Böll-Stiftung und dergleichen Manöver mehr.
* Ich selbst hingegen bin kein Freund des Lagerdenkens, weil das fast unweigerlich zum sogenannten "Bestätigungsfehler" (*"confirmation bias"*) führt: Man nimmt beim anderen Lager nur noch die Dinge wahr, die man als falsch betrachtet, und blendet alles andere aus. Es zählen nur noch die Argumente aus der eigenen Echokammer. Während man selbst glaubt, immer besser zu beweisen, wie furchtbar der Gegenstand der eigenen Kritik ist, ist man in Wahrheit nur immer fundamentalistischer, apodiktischer und radikaler geworden. Mit einem wissenschaftlichen Anspruch lässt sich das schwer vereinbaren.
Es ist kein Geheimnis, dass mein geschlechterpolitisches Ziel darin besteht, Feministinnen und Männerrechtler, die dafür offen sind, zusammen an einem Strick ziehen zu lassen, um die bestehenden Probleme anzugehen. Das kann aber nicht auf der Grundlage von ideologischen Positionen geschehen, die dem tatsächlichen Stand der wissenschaftlichen Forschung zuwiderlaufen. Meines Erachtens braucht unsere Gesellschaft keinen "Antifeminismus", aber der vorherrschende Feminismus benötigt dringend eine Reformation beziehungsweise ein Zeitalter der Aufklärung.
Vielleicht wird schon in ein paar Jahrzehnten der Feminismus in der Geschlechterfrage einen ähnlichen Stellenwert haben wie die Lehren Sigmund Freuds für die heutige Psychologie: Er legte die Grundlagen, muss aber andere Standpunkte und Forschungserkenntnisse aufnehmen, um einer komplexeren Wirklichkeit gerecht werden zu können.
Allerdings ist mir klar, dass man mir das Etikett des "Antifeministen" um so mehr anheften wird, wenn ich das

vorliegende Lexikon herausbringe. Das liegt in der Natur der Sache. Es gibt ein "Lexikon der Ernährungsirrtümer", ein "Lexikon der Gesundheitsirrtümer" und viele andere Bücher in diesem Genre. Keinem ihrer Autoren wirft man vor, gegen Ernährung oder Gesundheit zu sein. Macht man aber auf die Mythen im feministischen Lager aufmerksam, dann sorgen Fundamentalisten dafür, dass man als "Antifeminist" verschrien ist, weil das so klingt, als wäre man gegen die Gleichberechtigung der Frau, was wiederum das Signal aussendet: Diesem Fossil aus dem letzten Jahrhundert braucht ihr erst gar nicht zuzuhören! Hinterfragt nicht! Die Wahrheit gehört uns!
Es ist verständlich, wenn sich viele Menschen diesem massiven Meinungsdruck beugen. Aber es ist auch falsch. Jeder hat das Recht auf eigene Meinung, aber nicht auf eigene Fakten. In einer sinnvollen Debatte kann man nicht wie Donald Trump einfach zu "alternativen Wahrheiten" greifen, sobald einem die tatsächliche Sachlage politisch nicht in den Kram passt. Sondern man muss die Werte der Aufklärung zurückerobern, indem man jene Fakten und Argumente zur Sprache bringt, die der geschilderte Meinungsdruck so weit wie möglich zu verbannen versucht. Darum soll es auf den Seiten dieses Buches gehen. Dabei gliedert es sich in einen Lexikonteil, in dem verschiedenen Mythen die tatsächliche Forschungslage gegenübergestellt wird, und ein Nachwort, das nicht nur ergründet, wie diese Mythen entstehen konnten, sondern auch, warum sie sich halten.
Ich wünsche Ihnen eine aufschlussreiche Lektüre.

Lexikon der feministischen Irrtümer von A bis Z

ARMUT

Armut ist weiblich

Der Slogan "Armut ist weiblich" wird wegen seiner Griffigkeit von Feministinnen in den unterschiedlichsten Zusammenhängen verwendet. Beispielsweise scheint eine entsprechende These durch eine Armutsstudie der Organisation für Wirtschaftliche Zusammenarbeit und Entwicklung (OECD) gestützt zu werden, in der Männer im Durchschnitt als reicher gerechnet werden als Frauen. Zu diesem Ergebnis gelangt man aber nur, wenn man von einer verzerrenden Grundlage ausgeht, wie die geschlechterpolitische Initiative MANNdat aufdeckte:

"Geschiedene Männer, insbesondere Väter, werden durch ein gezielt eingebautes Artefakt reich gerechnet und fallen damit viel seltener unter die Armutsgrenze, als es bei einer korrekten Berücksichtigung der Zahlungsströme der Fall wäre. Es wird so getan, als könne der Unterhaltleistende, d.h. mehrheitlich der Mann, weiterhin über das Geld verfügen, das er bereits als Unterhalt abgeführt hat. Bei einer solchen Betrachtungsweise erscheinen natürlich Männer 'reicher' als Frauen. Tatsächlich verhält es sich genau umgekehrt. Die aufgrund verzerrter Einkommen errechneten Armutsquoten von Männern und Frauen sind in etwa gleich. Bei Zugrundelegung der realistischen Einkommen muss die Armutsquote der Männer also die höhere sein."[61]

Ähnlich fragwürdig wie die OECD arbeitete das Bundesfrauenministerium in einer eigenen Studie und verkündete ungerührt:

"Lässt man in den vorherigen Einkommensvergleichen ... die Unterhaltszahlungen außer Acht, steht den Männern im Durchschnitt ein sehr viel höheres bedarfsgewichtetes Pro-Kopf-Einkommen zur Verfügung ..."[62]

Aber natürlich verfälscht man eine Statistik, wenn man erhebliche Einflussgrößen außer Acht lässt, um das gewünschte Ergebnis zu erreichen.

Der OECD immerhin ist anzurechnen, dass man dort allmählich einen realistischeren Blick entwickelt. So warnte der OECD-Generalsekretär José Ángel Gurría am 23.5.2014 vor einer Altersarmut der Männer:

"Ein erheblicher Teil der Arbeitnehmer droht langfristig wirtschaftlich abgehängt zu werden und wir befürchten, dass Deutschland deshalb in den kommenden Jahren ein erhebliches Problem mit Altersarmut bekommen wird. (...) Auf dem Höhepunkt der Krise konnten wir es uns nicht leisten, die wachsende Ungleichheit zu kritisieren; damals stand das Haus in Flammen, es gab also drängendere Probleme. Jetzt, da wir das Feuer ausgetreten oder zumindest unter Kontrolle gebracht haben, müssen wir uns um die Opfer kümmern. Und das sind in der Regel die Ärmsten der Gesellschaft und in vielen Volkswirtschaften vor allem junge Männer mit schlechter Ausbildung."[63]

Aber Armut trifft nicht nur junge Männer, sondern auch männliche Senioren besonders stark. Nachdem Politiker, Medien und Sozialverbände vor einer "Lawine weiblicher Altersarmut" gewarnt hatten, unterzog *Spiegel-Online* diese Behauptung einem Faktencheck – und zeigte sich durch dessen Resultat verblüfft:

"Das Ergebnis ist angesichts des zitierten Medientenors schon ein wenig überraschend: Denn bei den Männern fielen die Steigerungsraten seit Einführung der Grundsicherung 2003 deutlich höher aus als bei den Frauen. Einem Zuwachs von 139 Prozent bei den Männern (von 174.057 auf 415.568) steht ein Anstieg von 'lediglich' 82,9 Prozent bei den Frauen (von 264.774 auf 484.278) gegenüber. Und konzentrieren wir uns auf die Altersrentner (ab 65 Jahre), dann kletterte im Untersuchungszeitraum die Anzahl der altersarmen Männer um 129 Prozent nach oben - die der Frauen dagegen 'nur' um 61 Prozent. (...) Das von Politik, Sozialverbänden und Medien dieser Tage beinahe einträchtig vorgetragene Argument, die stark ansteigende Zahl der von Altersarmut Betroffenen sei vor allem dem Anstieg der Altersarmut bei den Frauen geschuldet, stimmt den Zahlen nach so nicht. Die statistisch ausgewiesene Zunahme von Altersarmut ist bei den Männern stärker

ausgeprägt als bei den Frauen, was auf eine Verschlechterung männlicher Erwerbsbiografien schließen lässt."

Angesichts dieser Erkenntnisse warnten die Faktenchecker von *Spiegel-Online* vor einem "Gender-Bias in umgekehrter Richtung" und befanden: "Die stark anwachsende Zahl von Altersarmut betroffener Männer darf nicht weniger Sorge bereiten als die Entwicklung bei den Frauen."[64] Diese Warnung ist begründet: Ende des nächsten Jahrzehnts dürften eine Million Rentner auf Grundsicherung angewiesen sein – sechs Prozent der Männer und 4,4 Prozent der Frauen.[65]
Dabei ist extreme Armut keineswegs aufs Alter beschränkt. Beispielsweise bekommen laut einer Analyse des Deutschen Gewerkschaftsbundes aus dem Jahr 2014 mehr als 230.000 Menschen ohne Job weder Arbeitslosengeld I noch II, obwohl sie von der Arbeitslosenversicherung betreut werden. Betroffen waren demnach 119.000 Männer und 116.000 Frauen. Hier habe sich die Situation in den vergangenen Jahren umgekehrt, heißt es in der Studie: Noch 2007 seien zwei Drittel der Betroffenen Frauen gewesen.[66]
Mit "Arm, männlich, jung - sucht eine Wohnung" betitelte der *Stern* einen Artikel über diejenigen, die es am schlimmsten haben: die Obdachlosen. Bei den meisten Betroffenen handelt es sich der Bundesarbeitsgemeinschaft Wohnungslosenhilfe zufolge um alleinstehende Männer.[67] Auf der untersten Ebene der sozialen Verelendung, bei den Obdachlosen, beträgt der Männeranteil zwischen achtzig und neunzig Prozent.[68] Obwohl dieses Ungleichgewicht massiv ist, wird es von Politik und Medien nicht mal zu einem Promille so intensiv diskutiert wie die Einführung einer Frauenquote für das obere Management. In Büchern, die sich mit der Ausgrenzung und Stigmatisierung von Obdachlosen beschäftigen, findet man dementsprechend klare Worte gegen den hier herrschenden Sexismus:

"Leider ist die Gender-Diskussion zu sehr auf die Dominanz von ganz bestimmten Männergruppen zugeschnitten (sagen wir mal, die privilegierten und bessergestellten) und mit der Abwertung einer ganz spezifischen Lebens- und Berufsbiografie verbunden. Prekäre männliche Lebenswelten, die inzwischen, auch auf dem Hintergrund

der Massenarbeitslosigkeit und sozialen Unsicherheiten, mehr und mehr zunehmen, sind bislang nur randständig thematisiert. (...) In einer Zeit, wo maskuline Stärke eher als Schwäche definiert wird und schon der vermeintlich aufgeklärte neue Mann seine Rollenunsicherheit zwischen Beruf, Familie, Partnerschaft nicht verbergen kann, stellt sich die Frage, wie es tief im Inneren eines gefallenen, familien- und frauenlosen Mannes aussehen muss?"[69]

Auch die akademische Geschlechterforschung interessiert sich kein bisschen für die Frage, warum hier gerade Männer betroffen sind – würde eine Beschäftigung mit diesem Thema die Ideologie, es gebe eine herrschende Männlichkeit und nur ein leidendes Opfergeschlecht, doch mit einem allzu starken Zwang zur Differenzierung bedrängen:

"Obwohl Männer traditionell den größten Anteil unter den Wohnungslosen stellten und noch immer stellen, wurde der Kategorie 'männliches Geschlecht' bisher kaum Beachtung geschenkt; es gibt nur wenige Studien hierzu. Bislang existiert kein entwickelter Diskurs. Man kann sogar von einer geschlechterblinden Männerforschung sprechen."[70]

Wären achtzig bis neunzig Prozent der Obdachlosen weiblich, wäre das in unserer Gesellschaft ein heiß diskutiertes Problem. Da es sich vor allem um Männer handelt, schaut man weitgehend darüber hinweg.

Bei seiner aufwändigen Suche nach wissenschaftlichem Material, das ergründete, warum das Schicksal der Obdachlosigkeit vor allem Männer trifft, stieß der Bildungsforscher Michael Klein auf einen einzigen Text, der sich überhaupt mit dieser Frage beschäftigte: eine im Jahr 2000 erschienene Dissertation des kirchlichen Mitarbeiters Karl Griese, der anhand der Befragung von 20 männlichen Insassen eines Obdachlosenasyls deren Weg in die Obdachlosigkeit ermittelte und erkannte, dass in fast jedem der Fälle die Obdachlosigkeit am Ende von Beziehungsproblemen, Scheidungen und den damit einhergehenden finanziellen Unterhaltsverpflichtungen sowie von Alkoholproblemen stand.[71]

"Männer sind also nicht a priori Täter und Frauen Opfer" stellt Ruth Köppen in ihrem Buch "Armut und Sexismus" klar. Dies werde am

Beispiel der nichtsesshaften Männer mit enormen Unterhaltsschulden deutlich.[72] Diese Gruppe hat allerdings keine politische Lobby hinter sich stehen: "Obwohl 90 Prozent aller Nichtsesshaften Männer waren und die Geschlechtsbedingtheit dieser Problematik direkt ins Auge sprang, wurde von Sozialwissenschaftlern keine männerspezifische Ursachenforschung betrieben."[73]

AUFSCHREI

Auf Twitter berichteten Zehntausende von Frauen unter #Aufschrei über Erfahrungen mit sexueller Gewalt

Als im Januar 2013 die Feministin Anne Wizorek auf Twitter eine Kampagne lancierte, um auf sexuelle Übergriffe aufmerksam zu machen, stürzten sich viele Leitmedien darauf und taten in großen Schlagzeilen so, als ob Übergriffe auf deutsche Frauen allgegenwärtig seien. "Zehntausende schildern bei Twitter unter dem Schlagwort #aufschrei persönliche Erfahrungen, Traumata, auch körperliche Übergriffe"[74] – so und ähnlich formulierten viele Blätter. Eine Woche lang war die Kampagne täglich Thema in zumindest irgendeiner Talkshow von *Günther Jauch* über *Hart aber fair*, *Menschen bei Maischberger* und *Anne Will* bis zu *Maybrit Illner* und der *Phoenix-Runde.*
Erst lange nachdem die mediale Sau durchs Dorf getrieben worden war, untersuchte jemand den feministisch-journalistischen Zahlenzauber genauer: der Schriftsteller Ralf Bönt in dem von der Bundeszentrale für politische Bildung herausgegebenen Band "Anmerkungen zur Sexismusdebatte" in der Reihe "Aus Politik und Zeitgeschichte": Tatsächlich, stellte Bönt fest, hatten nicht Zehntausende von Frauen über angebliche Opfer-Erfahrungen getwittert, sondern es handelte sich um Zehntausende von Tweets, also Wortmeldungen in der entstandenen Debatte, wobei einer Stichprobe zufolge "lediglich 1,5 Prozent von ihnen der Intention von Anne Wizorek entsprachen". 27 Prozent kritisierten die feministische Position und 32,5 beanstandeten die Einseitigkeit und den hysterischen Tonfall, mit dem die Debatte geführt wurde. "Der Rest", so Bönt, "war Spam, Werbung, Wiederholungen."[75] All diese

Stimmen verzeichneten Journalisten ungerührt als Opfer sexueller Belästigung. Ein ehrliches Interesse, sich näher in die Debatte einzulesen, bestand in den Redaktionsstuben offenbar kaum – sondern eher das Interesse daran, mal wieder einen "Sexskandal" auf die Titelseiten zu bringen und sich zugleich als moralische Instanz fühlen zu dürfen.

BELÄSTIGUNG

Sexuelle Belästigung wird weit überwiegend von Männern an Frauen begangen

Im Herbst 2017 brandete angestoßen von Vorwürfen gegen den Hollywood-Produzenten Harvey Weinstein und die sogenannte MeToo-Kampagne eine erneue Debatte über sexuelle Belästigung auch durch Deutschland. "Frauen brechen ihr Schweigen" titelte der *Stern*, Talkshows diskutierten das Leiden der weiblichen Opfer. Für Männer hingegen war die Täterrolle vorgesehen.
Damit allerdings wurde die "Sexismus-Debatte" selbst massiv sexistisch. Denn die Wirklichkeit sieht auch hier anders aus als die mediale Inszenierung. "Jede/r zweite Befragte hat gesetzlich verbotene Belästigungen am Arbeitsplatz schon einmal erlebt" meldeten etwa viele Medien mit Bezug auf eine Umfrage der Antidiskriminierungsstelle des Bundes. Komplett "vergessen" wurde herauszustellen, dass dieser Umfrage zufolge das männliche Geschlecht stärker betroffen war: 56% aller Männer und 49% aller Frauen hatten eine der im Gesetz genannten Belästigungssituationen schon einmal selbst erlebt.[76]
Internationale Zahlen weisen in eine ähnliche Richtung: Dem Wirtschaftsmagazin *Forbes* zufolge hatten schon im Jahr 2006 mehr Männer als Frauen angegeben, Opfer von Sexismus am Arbeitsplatz geworden zu sein.[77] Der von der American Association of University Women herausgegebenen Studie *Drawing the Line: Sexual Harassment on Campus* zufolge sind die Betroffenenzahlen fast deckungsgleich: 62 Prozent der weiblichen und 61 Prozent der männlichen Schüler wurden Opfer von sexueller Belästigung.[78] Vier Forscher legten eine Folgestudie an und gelangten zu dem Ergebnis,

dass sich die Mehrheit beider Geschlechter sowohl als Opfer wie auch als Täter sexueller Belästigung beschrieben habe, weshalb man das bisherige simple Täter-Opfer-Modell infrage stellen müsse.[79]
Das bestätigte eine Ende 2013 veröffentlichte repräsentative Studie der Universität Lausanne und des Unternehmens "Forschung und Beratung", die zeigte, dass Frauen und Männer am Arbeitsplatz ähnlich oft sexuell belästigt werden und dass Frauen in fast der Hälfte der Fälle zu den Tätern gehören. 66 Prozent der befragten Frauen und 71 Prozent der befragten Männer räumten ein, in den vergangenen zwölf Monaten mindestens einmal ein Verhalten gezeigt zu haben, das vom Gegenüber als belästigend hätte empfunden werden können.[80] Dieses Verhältnis zeigt sich auch innerhalb bestimmter Berufsfelder: So outeten sich in einer Umfrage über sexuelle Belästigung am Arbeitsplatz, die die ehemalige Stewardess Sylvia Gaßner unter Flugbegleiterinnen und Flugbegleitern durchführte, Männer fast genauso häufig als Betroffene wie Frauen.[81]
"Männer häufiger von Übergriffen im Job betroffen als Frauen" titelte die *Wirtschaftswoche* im März 2015. In dem Artikel hieß es:

"Der Klaps auf den Po, eine anzügliche Bemerkung oder E-Mail mit eindeutigem Angebot: Eine neue Studie zeigt, dass mehr als die Hälfte der Beschäftigten schon einmal am Arbeitsplatz belästig wurden. Überraschend: Laut Umfrage sind Männer häufiger betroffen als Frauen."[82]

Grundlage für diese Erkenntnisse war eine Studie, die vom Sozialwissenschaftlichen Umfragezentrum Duisburg (SUZ) im Auftrag der Antidiskriminierungsstelle des Bundes durchgeführt worden war. Darin zeigte sich: Eine der im Gesetz genannten Belästigungssituationen selbst schon einmal erlebt hatten 49 Prozent der Frauen und 56 Prozent der Männer.[83]
Diese Erkenntnis läuft aber offenbar so sehr sexistischen Klischees entgegen, dass sie nur schwer zu verarbeiten ist. So schafft es dieselbe Antidiskriminierungsstelle, in ihrem Leitfaden "Was tun bei sexueller Belästigung am Arbeitsplatz?" folgenden Satz unterzubringen: "In der überwältigenden Mehrheit der bekannten Fälle sind Frauen von sexueller Belästigung betroffen."[84]

Noch bemerkenswerter war, wie *Spiegel-Online* mit diesen Angaben umging. In einem Artikel, der über sexuelle Belästigung berichtete, wurden die Zahlen einfach zwischen den Geschlechtern vertauscht, auf dass sie wieder in das Raster der diskriminierten Frau passten:

"Tatsächlich werden Frauen immer wieder Ziel von sexueller Belästigung, etwa am Arbeitsplatz. Eine Studie für die Antidiskriminierungsstelle des Bundes vom vergangenen März zeigt das deutlich: Insgesamt haben 56 Prozent der Frauen schon einmal in ihrem Berufsleben eine Situation erlebt, die gesetzlich als sexuelle Diskriminierung gilt, und 49 Prozent der Männer."

Erst nachdem ich auf meinem Blog Genderama diese Falschdarstellung öffentlich gemacht hatte,[85] wurde der *Spiegel-Online*-Artikel umgeschrieben und durch eine Anmerkung ergänzt:

"In einer früheren Fassung des Artikels wurden zwei Zahlen verwechselt, sodass der Eindruck entstand, Männer seien insgesamt seltener von Diskriminierung betroffen. Wir haben die Passage korrigiert."[86]

Warum aber gibt es bei der bestehenden Sachlage keinen Aufschrei von Männern, der sich mit dem von Frauen messen kann? Zum einen liegt das schlicht daran, dass es eine starke und medial hervorragend verankerte feministische Lobby gibt, während die schwächere maskulistische Lobby ignoriert, angefeindet oder herabgesetzt wird. Zum anderen prägt diese massenmediale Präsentation des Themas auch die Wahrnehmung vieler Männer selbst. "Wenn wir über sexuelle Belästigung am Arbeitsplatz sprechen, haben die meisten das Bild vom Chef im Kopf, der gegenüber seiner Sekretärin übergriffig wird", erläutert dies die Sozialpsychologin Franciska Krings, die die oben erwähnte Studie der Universität Lausanne leitete. "Männer werden kaum als Opfer wahrgenommen. Dementsprechend kommen die wenigsten auf die Idee, sich selbst so zu sehen."[87]
Das ändert sich jedoch allmählich. Während im Herbst 2016 unter dem Twitter-Hashtag #MeToo hauptsächlich Frauen ihre Erlebnisse teilten, äußerten sich sexuell belästigte Männer unter #MenToo.

Über diesen Hashtag berichteten die meisten Medien allerdings nicht. Eine Ausnahme machte die Schweizer Zeitung *20 Minuten* und fragte ihre Leser: "Wurden Sie als Mann sexuell belästigt?" Der Ansturm an Männern, die ihre Erlebnisse schilderten, war so groß, dass der Kommentarbereich zügig geschlossen werden musste.[88] Am folgenden Tag ließ die Redaktion in einem eigenen Artikel allein männliche Belästigungsopfer zu Wort kommen[89] – in deutschen Medien unvorstellbar.
Die einzige andere ermittelbare Nachrichtenseite aus dem deutschen Sprachraum, die auch über #MenToo berichtete, war Österreichs heute.at – nicht ohne zu erwähnen, dass sich "etliche Frauen" kritisch dazu äußern, wenn jetzt auch Männer über ihre Opfererfahrung sprechen.[90]

Sexuelle Belästigung wird von überaus vielen Männern begangen

Als sich im Herbst 2017 die MeToo-Debatte international Bahn brach, ging es schnell von Anklagen gegen bestimmte Männer, denen sexuelle Übergriffe vorgeworfen wurden, zu Anklagen gegen die Männerwelt im Allgemeinen über. "Praktisch jeder Mann über 30 muss über seinen eigenen Anteil daran nachdenken", erklärte etwa die Schauspielerin Jodie Foster als eine von vielen, die ähnlich denken. "Es ist eine interessante Zeit für Männer."[91]
Die Mitglieder des angefeindeten Geschlechts wurden einmal mehr nur noch als Defizitwesen dargestellt, wie der Professor für Soziologie Walter Hollstein feststellte,[92] Frauen schätzten sich glücklich, in diesen "Männerbeschimpfungstagen" weiblich zu sein.[93] Seine Selbstzweifel, ob er sich überhaupt "das Recht herausnehmen" dürfe, sich in eine Debatte "einzumischen", in der er wegen seiner Geschlechtszugehörigkeit beständig angegriffen wurde, schilderte Tomasz Kurianowicz in dem *Zeit*-Artikel "Der verunsicherte Mann" und führte aus: "Ich möchte mitreden in der Sexismus-Debatte. Feministinnen finden das wiederum sexistisch."[94] Manche Frauen trugen ihren Triumph über solche Reaktionen offen zur Schau: "Verunsicherte Männer sind in einem guten Zustand" feixte die Künstleragentin Heike-Melba Fendel in der Talkrunde von Anne Will, in der Einmütigkeit darüber herrschte, dass Empathie in der

Geschlechterdebatte allein Frauen zukommen solle.[95] Als ein *Spiegel*-Journalist das "ranzige Männerbild" dieser Debatte beklagte,[96] wurde ihm in den Leserbriefen zu diesem Artikel gründlich der Kopf gewaschen.
Ein beliebter Kampfbegriff, den manche Feministinnen in diesem Zusammenhang verwenden, lautet "rape culture" ("Vergewaltigungskultur"), womit suggeriert wird, dass sexuelle Übergriffe ein zentrales Merkmal unserer Gesellschaft seien. Wissenschaftler können sich dieser Propaganda nicht anschließen. Beispielsweise merken die Psychologen Martin Seager und John Barry hierzu an:

"Die Vorstellung einer 'rape culture', entstanden in den USA der siebziger Jahre, hat zunehmend an Glaubwürdigkeit gewonnen. Allerdings zeigen Zahlen aus dem Jahr 2012 für die USA, dass bei 0,6 Prozent aller Männer sexuelle Übergriffe verzeichnet wurden, was bedeutet, dass das bei 99,4 Prozent aller Männer nicht der Fall war. Selbst wenn man von einer unvermeidbaren Dunkelziffer ausgeht und anerkennt, dass jede Vergewaltigung eine zuviel ist, zeigt die Faktenlage, dass die riesige Mehrheit der Männer nicht sexuell gewalttätig oder gefährlich ist. Die öffentliche Wahrnehmung allerdings ist vollkommen anders, vor allem im Zeitalter von #MeToo und 'Genug ist genug'."[97]

Auch die Neurowissenschaftlerin Debra Soh warnt ausdrücklich vor einer Verdammung der männlichen Sexualität:

"Da sich die Zahl der Opfer immer weiter vermehrt und Versuche unternommen werden, eine Erklärung dafür zu finden, ist es für uns wichtig zu erkennen, dass Sexualität - und zwar die männliche Sexualität - nicht für den Skandal verantwortlich zu machen ist, der sich in grellen Details vor uns ausbreitet. Als jemand, der sowohl klinisch als auch forschend mit inhaftierten Sexualstraftätern zusammengearbeitet hat, lassen Sie mich eines klarstellen: Die meisten Männer vergewaltigen oder belästigen Frauen nicht. Dementsprechend ist räuberisches sexuelles Verhalten nicht das Ergebnis von Männlichkeit und Sexualtrieb, sondern dass einige Männer sich bewusst dafür entscheiden, unethisch und uneinvernehmlich zu handeln.

In den letzten Jahren hat es immer mehr den Trend gegeben, Männer mit Begriffen wie 'toxic masculinity' zu beschämen und zu pathologisieren, weil sie an Frauen einen Hauch von sexuellem Interesse haben, aber dieser Trend liefert keine sinnvollen Lösungen. Es gibt einen Unterschied zwischen gesunder Sexualität und Sexualität, die die Grenzen anderer Menschen überschreitet. Beides als symptomatisch für alle Männer zusammenzuführen, ist weder hilfreich noch produktiv, und diejenigen, die diese Art von Übertretungen begehen, wird kulturelle Beschämung nicht aufhalten."[98]

Um eines klarzustellen: Es geht hier nicht darum, sexuelle Belästigung als Problem kleinzureden. Wer sich so wie ich mit vielen Frauen über dieses Thema unterhält, wird schnell feststellen, dass manche davon über keine entsprechenden Erfahrungen berichten können, andere hingegen (etwa besonders attraktive Frauen, Frauen, die in der Gastronomie arbeiten etc.) so häufig Belästigungen erleben, dass es ihre Lebensqualität durchaus beeinträchtigt. Solange sie keine beinharten Ideologinnen sind, berichten betroffene Frauen aber ebenso freimütig: Belästigungen treffen Männer (etwa in der Gastronomie) ebenso, und Täter bei Übergriffen auf Frauen sind keineswegs "alle" oder "die meisten" Männer, sondern eine kleine Gruppe von Widerlingen, die mit grundlegendem Sozialverhalten überfordert scheinen.
All der oben zitierten sexistischen Polemik zum Trotz weist vieles sogar eher auf folgenden Sachverhalt hin: Männer sind weit überwiegend nicht zu forsch, wenn es darum geht, mit einer Frau Kontakt aufzunehmen, sondern im Gegenteil nicht forsch genug. Das fanden zum Beispiel die Experimentalpsychologen Debra Walsh und Jay Hewitt heraus, indem sie eine attraktive Frau in eine Cocktail-Lounge setzten und sie anwiesen, drei Formen unterschiedlichen Verhaltens zu zeigen:
1. besonders auffordernd: Dabei sah sie den Mann, mit dem sie eine Bekanntschaft wünschte, wiederholt an, stellte Blickkontakt her und lächelte.
2. auffordernd: Dabei stellte sie nur mit den Augen einen Kontakt her, ohne dabei zu lächeln,
und
3. spröde: Hierbei verzichtete sie sogar auf den Blickkontakt.

Das Ergebnis: Im ersten Fall wagten sich 60 Prozent der Männer an ihren Tisch, im zweiten Fall 20 Prozent und im dritten kein einziger. Anders gesagt: Volle 40 Prozent der körpersprachlich Angeflirteten ließen sich auch durch deutliche Signale nicht dazu bewegen, die unbekannte Schöne auch nur anzusprechen.[99]
Viele Frauen sind von dieser Zurückhaltung, die typisch für die meisten Männer ist, alles andere als begeistert. Eine britische Journalistin war so verärgert darüber, von Männern nicht angeflirtet zu werden, dass sie befand, Männer benötigten nicht nur Ermutigung, sondern vielleicht sogar ein Eingreifen der Regierung, um endlich etwas forscher zu sein.[100] Zieht eine Frau aber von Großbritannien nach Deutschland, erhält sie einen Kulturschock der Art, dass die Männer hierzulande sogar noch zurückhaltender sind. Das schildert die Britin Madhvi Ramani:

"Ich komme aus London, lebe aber schon seit sieben Jahren in Berlin. In Großbritannien sind Kerle sehr offensiv. Deutsche hingegen würden es sich nie erlauben, dich in einer Bar oder einem Club anzusprechen, oder – Gott bewahre – gar auf der Straße. Es gibt nur diese eine kleine Sache, die deutsche Männer machen. Sie ist so dezent, dass ich sie viele Jahre gar nicht bemerkt habe. Achtung: Deutsche Männer schauen dich an. Das ist schon alles. Sie schauen. Aus den Blicken muss frau dann erraten, ob sich ein Flirt entwickeln kann.
Ich glaube, die deutsche Regierung wäre gut beraten, in Tinder zu investieren. Die Dating-App scheint mir die einzige Rettung zu sein (...). Auf jeden Fall komme ich in Berlin fast nur noch mit Tinder voran."[101]

Der Diskurs über sexuelle Belästigung offenbart sich hier als Teil eines generellen Diskurses über das angeblich mangelhafte Wesen Mann: entweder zu forsch oder nicht forsch genug, auf jeden Fall unzureichend. Während diese Vorwurfskultur blüht, kann die ganz reale Furcht davor, den Körper einer fremden Frau zu berühren, sogar tödliche Folgen haben. Zu diesem Ergebnis gelangte eine Studie, die im Herbst 2017 ausgerechnet zum Höhepunkt der Belästigungs-Hysterie öffentlich gemacht wurde. Ihr zufolge sterben Frauen, die in der Öffentlichkeit einen Herzstillstand erleiden, deutlich häufiger als Männer. Der Grund: Um einer solchen Frau zu helfen, müsste man eine Herzdruckmassage durchführen. Davor aber schrecken etliche Männer inzwischen zurück, weil sie nicht als Grapscher dastehen möchten.[102]

MeToo hat die Amerikaner für sexuelle Belästigung sensibilisiert

Die feministische MeToo-Kampagne, mit der zunächst vor allem US-amerikanische Schauspielerinnen auf sexuelle Übergriffe aufmerksam machten, wurde auch in den deutschen Medien als enormer Tabubruch gefeiert. Die Gelegenheit, ausgiebig über Sex & Crime in Hollywood berichten zu können und sich dabei sogar noch einen sozialen Anstrich zu verleihen, war so verlockend, dass man gerne ignorierte, dass der letzte angeblich enorme Tabubruch bei diesem Thema, die feministische #Aufschrei-Kampagne, erst wenige Jahre her war. Aber waren die Lobpreisungen von MeToo überhaupt berechtigt, was die Effektivität dieser Kampagne anging? Handelte es sich tatsächlich um einen Meilenstein, der die amerikanische Bevölkerung aufrüttelte, sexuelle Übergriffe auf Frauen ernster zu nehmen als bisher?
Das Gegenteil war der Fall: Die Kampagne war ein Rohrkrepierer. Sie erreichte exakt die gegenteilige Wirkung, wie die Wochenzeitung *The Economist* nüchtern feststellt:

"Umfragen deuten darauf hin, dass dieser einjährige Sturm von Anschuldigungen, Geständnissen und Entlassungen die Amerikaner tatsächlich skeptischer gemacht hat, was sexuelle Belästigung angeht. In der ersten Novemberwoche 2017 befragte YouGov im Auftrag von "The Economist" 1.500 Amerikaner über ihre Einstellung zu diesem Thema. In der letzten Septemberwoche 2018 führte YouGov erneut eine ähnliche Umfrage durch.
(...) Der Anteil der amerikanischen Erwachsenen, die antworteten, dass Männer, die vor 20 Jahren Frauen bei der Arbeit sexuell belästigt haben, ihren Arbeitsplatz behalten sollten, ist von 28% auf 36% gestiegen. Der Anteil derjenigen, die glauben, dass Frauen, die sich über sexuelle Belästigung beschweren, mehr Probleme verursachen, als sie lösen, ist von 29% auf 31% gestiegen. Und 18% der Amerikaner denken jetzt, dass falsche Anschuldigungen wegen sexueller Übergriffe ein größeres Problem darstellen als Angriffe,

die nicht gemeldet oder ungestraft bleiben, verglichen mit 13% im November letzten Jahres. (...) Überraschenderweise waren diese Meinungsänderungen (...) bei Frauen etwas stärker als bei Männern."[103]

Aber auch anderweitig hat MeToo Frauen geschadet: Laut einer Studie, die im Mai 2019 veröffentlicht wurde, berichten 60 Prozent der männlichen Manager, dass sie zu viel Angst davor hätten, der Belästigung beschuldigt zu werden, um mit Frauen in "gemeinsamen Arbeitsabläufen" wie Mentoring, Sozialisierung und Einzelgesprächen zu interagieren.
Dies stellt gegenüber dem Jahr 2018 eine Steigerung von 32 Prozent dar. 36 Prozent dieser Männer sagen, dass sie jetzt aktiv Frauen in Junior-Positionen meiden - und damit deren Chance, die Karriereleiter zu erklimmen, effektiv reduzieren. "Die überwiegende Mehrheit der Manager und Senior Leader sind Männer", erklärte hierzu Sheryl Sandberg, deren Institut diese Untersuchung erstellte. "Wenn sie sich nur widerwillig mit Frauen treffen, gibt es keine Möglichkeit, dass Frauen eine gleichwertige Chance haben, sich zu beweisen." Leider aber zögern Männer in höheren Positionen nach MeToo neunmal mehr, mit einer Frau zu reisen und sechsmal mehr, ein Arbeitsessen mit ihr zu haben. Sie zögerten gegenüber einer jungen Mitarbeiterin auch zwölf mal mehr, sich zu einem Gespräch unter vier Augen zu treffen. Diese Gespräche finden statt mit Frauen jetzt verstärkt mit jungen Männern statt.[104]

BERUF

Männer haben sich die erstrebenswertesten Berufe gesichert

Die feministische Rhetorik beklagt es seit Jahrzehnten: Man müsse sie sich nur einmal anschauen, die Management-Zirkel, die Vorstandsetagen großer Banken und Konzerne, überhaupt alle Entscheidungsträger der internationalen Wirtschaft und Politik. Außer der einen oder anderen Alibifrau, die doppelt so gut wie jeder

männliche Kollege sein müsse, um diesen Posten zu erlangen, tauchen dort fast ausschließlich Männer auf. Ganz offenkundig hätten sich Männer die besten Plätze in der Berufswelt gesichert – und Frauen zögen den Kürzeren. Damit sei die "patriarchale Frauenunterdrückung" bestens belegt.
Tatsächlich sollte jedem Grundschüler offenkundig sein, dass sich die Sicht verzerrt, wenn man bei einer Betrachtung der Berufswelt den Blick einzig und allein auf die Topetagen der Wirtschaft richtet. Wie viele Prozent der männlichen Bevölkerung schaffen es denn überhaupt dorthin - selbst wenn man sämtliche Spitzenpositionen in unserem Land zusammenzählt? Sind diese wenigen Menschen in irgendeiner Weise stellvertretend für den Arbeitsalltag des Durchschnittsmannes? Der feministische Denkfehler, der hier vorliegt, wird als "Apex Fallacy" ("Gipfel-Trugschluss") bezeichnet.
Würden Feministinnen versuchen, das Gesamtbild zu erfassen, würden sie etwas anderes sehen:

- Männlich ist der anstrengendere Beruf (schwere Fabrikarbeit, Tätigkeit an Hochöfen, in Gießereien, auf Baustellen, in der Landwirtschaft, beim Transport von Gütern, bei Müllabfuhr und Straßenreinigung).
- Männlich ist der gefährlichere Beruf (Polizisten, Bergarbeiter, Mitglieder von Rettungsmannschaften, Feuerwehrleute, Taxifahrer, Risikospekulant).
- Männlich ist der unsympathischere Beruf (Schlächter, Jäger, Bestattungsunternehmer, Staatsanwälte und Gerichtsvollzieher).
- Männlich ist der abstoßendere Beruf (Gerichtsmediziner, Müllverwerter, Kloakenreiniger).
- Männlich ist der weniger heimatnahe Beruf (Handelsvertreter, Fernfahrer, Schiffs- und Bahnpersonal).
- Männlich ist der zeitraubendere Beruf (Ärzte, Juristen, Politiker).
- Männlich ist der einsamere Beruf (sämtliche naturwissenschaftliche Forschung).

Beispielsweise wählen auch Medizinerinnen eher einen Bereich wie die Kinder- oder Erwachsenenpsychiatrie als die Chirurgie, weil sie dort weder mit dem Tod noch mit der 100-Stunden-Woche in Berührung kommen. Generell bieten typische Frauenberufe wie etwa im Bereich Büro, Verkauf, Erziehung oder Dienstleistung unbestreitbar bessere Arbeitsbedingungen als von Männern

ausgeübte Tätigkeiten. Natürlich wird feministischerseits gerne auf die typischen undankbaren Frauenberufe Putzfrau und Krankenschwester verwiesen, aber auch diese Jobs sind mit den Belastungen, die Kanalarbeitern oder Ärzten aufgebürdet werden, nicht zu vergleichen.[105]
Auch die typischen "Todesberufe" – die Jobs mit den schlechtesten Arbeitsbedingungen, was z. B. Stress, Bezahlung, Arbeitsumfeld, Aufstiegschancen, Gefahren am Arbeitsplatz und körperliche Beanspruchung angeht – werden heute fast ausschließlich von Männern ausgeübt. Männer erleiden 95 Prozent aller Berufsunfälle (z. B. bei der Feuerwehr, im Baugewerbe, Kohlebergbau oder bei der Durchführung von Schwertransporten).[106] Jetzt, wo den Frauen die Berufswahl weit offen steht, sucht sich immer noch die Mehrzahl von ihnen ein sicheres, angenehmes und wenig belastetes Umfeld aus (z.B. als Bürofachkraft, im Bereich der Datenverarbeitung oder im Bank- und Versicherungswesen).[107]
Nicht zuletzt kann eine Frau, ohne soziale Sanktionen befürchten zu müssen, in Mutterschaft oder Familie ausweichen. Sie hat letztlich die Wahl zwischen Vollzeittätigkeit, Teilzeitarbeit in verschiedenen Konstellationen oder einer reinen Hausfrauenrolle. Ein Mann, auch wenn ihm mehrere Jahrzehnte Acht-Stunden-Tag als Hölle erscheinen, hat in aller Regel die Wahl zwischen Vollzeitarbeit, Vollzeitarbeit und Vollzeitarbeit. Dafür dürfen sich Männer allerdings als Ausbeuter diffamieren lassen, die Frauen in Teilzeitbeschäftigungen oder gänzlich aus dem Arbeitsleben "drängen", als ob diese Frauen unfähig seien, eigene rationale Entscheidungen zu treffen.
Und wie sieht es wirklich aus bei jenen wenigen Prozent der männlichen Berufstätigen, die es in gut bezahlte Positionen geschafft haben und die für viele Feministinnen die Einwohner des Gelobten Landes darzustellen scheinen? Zwei Dinge liegen hier schon auf der Hand, ohne dass sie noch einmal lange erörtert werden müssen. Erstens: Die Männer in dieser Gruppe haben erst recht keine Zeit für ihre Familie. Zweitens: In dieser Gesellschaftsschicht haben es die Ehefrauen dieser Männer erst recht nicht mehr nötig zu arbeiten. Das alte Spiel setzt sich fort: Wenn man die Situation der Geschlechter Schicht für Schicht vergleicht, statt sie willkürlich durcheinander zu würfeln, sind die Frauen oft besser dran. Zumal der Managerposten

nicht durch Heirat zu erreichen ist, sondern erst nach einem harten und zermürbenden Ausleseprozess.
Schließlich ist eine gute Konstitution dafür auch dringend notwendig. Zwar fühlt sich ein Mann in einer höheren beruflichen Position im Schnitt zufriedener als ein Mann in einer niedrigen Position[108] – oft bezahlt er aber einen hohen Preis für seine Karriere. Untersuchungen unter Tausenden von Vorstandsvorsitzenden und Geschäftsführern großer Firmen und Konzerne sowie freiberuflich Tätigen (Rechtsanwälte, Wirtschaftsprüfer, Ärzte) und Angestellten des mittleren Managements brachten folgende Erkenntnisse über das Lebensgefühl oberhalb der "gläsernen Decke" hervor: Fast die Hälfte beklagt, dass sie ihre Arbeit so in Anspruch nimmt, dass für ein Privatleben kaum Zeit bleibt. Jeder Fünfte ist generell unzufrieden mit dem Malocherzwang. Was nicht verwundert: In den obersten Etagen wird heute 13 Stunden pro Tag gerackert, das Wochenende eingerechnet. Bei jedem vierten Schwerverdiener nimmt der Beruf mehr als vier Fünftel des gesamten Tages in Anspruch - eine Sklaverei, die sich mit manchem Geplacke in den untersten Schichten vergleichen lässt. 84 Prozent der Manager wissen, dass ihr Tagesrhythmus sich mit einer unbelasteten Ehe nicht vereinbaren lässt, Freunde haben sie aus Zeitmangel auch so gut wie keine mehr, und selbst in der Rolle des autoritären "Chefs" fühlen sich viele unbehaglich. 53 Prozent fällt es schwer, Anweisungen zu geben. Viele Bosse bezweifeln, dass man sie ohne Titel und Status überhaupt respektieren würde. Oft genug war es für sie nur nach (selbst-)zerstörerischen Schlammschlachten möglich, an die Spitze zu kommen. 58 Prozent der im mittleren Management Tätigen sowie der erfolgreichen Selbstständigen glauben, wegen der Karriere gedankenlos Jahre verschwendet zu haben und nun trotz allen äußerlichen Erfolges ein sinnentleertes Leben zu führen. Zu dem zwanghaften Drang, schwierige und umfangreiche Aufgaben zu übernehmen, um endlich die für das Selbstwertgefühl so dringend notwendige und bislang vermisste Anerkennung zu erhalten, kommt die wachsende Unfähigkeit, eigene Bedürfnisse und Wünsche von Fremdbestimmung zu unterscheiden.[109]
Bereits Ende der achtziger Jahre wollten siebzig Prozent der Männer lieber einen anderen als den eigenen Beruf ausüben, fand der Soziologe und Geschlechterforscher Professor Walter Hollstein heraus. Nur selten aber teilten sie ihren Partnerinnen ihre

Unzufriedenheit mit: "Unter der Arbeit zu leiden gilt als unmännlich."[110]
Es sollte offensichtlich sein, dass von einem Genießen der schwer erarbeiteten Finanzen in nur sehr eng umgrenztem Ausmaß die Rede sein kann. Vielen Anwälten bringt ihr Streben nach Einkommen und Anerkennung stattdessen schon im Alter zwischen dreißig und vierzig Jahren Herzschmerzen, Bluthochdruck, Arthritis und Schlaflosigkeit ein.[111] Managern geht es nicht anders. Zur Palette ihrer Beschwerden zählen Herz-Kreislauf-Probleme, Magenschleimhautentzündungen und -geschwüre, vegetative Störungen, Herzinfarkte, Nervenzusammenbrüche sowie diverse Ängste, Depressionen und Suchtkrankheiten. Der Missbrauch und die Abhängigkeit von Alkohol und Tabletten ist bei Führungskräften deutlich höher als im Durchschnitt der Bevölkerung.[112] Auch die typische "Herzinfarktpersönlichkeit" stimmt ziemlich exakt mit dem Ideal des energiegeladenen, ehrgeizigen, aggressiven und durchsetzungsstarken Machers in der Leistungsgesellschaft überein.[113]

Diskriminierung im Beruf trifft in erster Linie Frauen

Im Jahr 2015 wurden für das Arbeitsbarometer des Personaldienstleisters Randstad beide Geschlechter nach ihren Erfahrungen mit Diskriminierung im Beruf befragt. Dabei zeigte sich: Es werden ähnlich viele Männer wie Frauen im Job benachteiligt. Dieser Trend lasse sich auch in anderen Teilen Europas beobachten. Bei der von Randstad getätigten Befragung gaben 20 Prozent der männlichen Arbeitnehmer in Deutschland an, dass sie aufgrund ihres Geschlechts am Arbeitsplatz schon einmal diskriminiert wurden. Bei den Arbeitnehmerinnen waren es 19 Prozent. Als beispielhafte Ursachen für die Diskriminierung von Männern nannte Petra Timm, Director Communications bei Randstad Deutschland, die Frauenquote sowie negative Reaktionen, wenn auch Väter Elternzeit nehmen möchten.[114]

Bei Bewerbungen für einen Job werden Frauen diskriminiert

Wenn sich vergleichsweise wenig Frauen in bestimmten Berufen und in bestimmten beruflichen Positionen finden, liegt das der vorherrschenden feministischen Theorie zufolge daran, dass sie auf sexistische Weise diskriminiert werden. Diese Unterstellung mag extrem beliebt sein, Studien und Experimente hingegen führen regelmäßig zum gegenteiligen Ergebnis.
Einige Beispiele:
* Die britischen Wirtschaftswissenschaftler Dr. Peter Raich und Dr. Judith Rich sendeten Hunderte angebliche Bewerbungsschreiben an verschiedene Firmen in unterschiedlichen Branchen und gaben dabei jedes Mal dieselbe Qualifikation und Berufserfahrung an, wechselten aber zwischen weiblichen und männlichen Absendern ab. Das Ergebnis überraschte die Forscher: Im Bereich Ingenieurswesen hatten zwar die "Philips" noch immer bessere Chancen auf ein Vorstellungsgespräch als die "Emmas", aber die "Emmas" lagen nicht nur bei Sekretariatsaufgaben vorne, sondern auch in den Bereichen Bankwesen und Computerprogrammierung. Offensichtlich heuern in der modernen Berufswelt viele Arbeitgeber inzwischen eher Frauen als Männer an.[115]
* Im Jahr 2017 führte der Harvard-Wissenschaftler Professor Michael Hiscox in Australien eine Studie durch, die darauf abzielte, die Beschäftigung von Frauen in der Arbeitswelt zu fördern. Dies geschah, indem Hinweise auf das Geschlecht aus den Bewerbungen entfernt wurden – eine Maßnahme, die als Alternative zu Frauenquoten Führungskräften im australischen öffentlichen Dienst ohnehin empfohlen wird. Der Gedanke dahinter ist, dass eine Firmenleitung mehr Frauen einstellt, wenn sie nur die beruflichen Verdienste der Kandidaten berücksichtigen kann. Tatsächlich aber zeigte sich Professor Hiscox von den Ergebnissen seiner Untersuchung "schockiert" und erklärte: "Wir fanden das Gegenteil unserer Vermutung heraus – nämlich dass die Wahrscheinlichkeit, dass Frauen ausgewählt werden, sinken, wenn man ihr Geschlecht unsichtbar macht." Wurde einer Bewerbung ein männlicher Name zugeordnet, sanken ihre Erfolgschancen um 3,2 Prozent – wurde sie mit einem Frauennamen verstehen, stiegen ihre Erfolgschancen um 2,9 Prozent. Insofern warnte Professor Hiscox davor, diese Maßnahme weiter anzuwenden.[116]
* "Interviewing" ist eine Web-Plattform für anonymisierte Bewerbungsgespräche im Technik-Bereich, so dass Bewerber nicht

nach ihrem Lebenslauf, sondern nach ihrer Leistung in diesem Vorstellungsgespräch bewertet werden. Dabei stellten die Betreiber fest, dass Frauen regelmäßig weniger erfolgreich waren als Männer. Ein klarer Fall von Sexismus? Um herauszufinden, welche Rolle das Geschlecht eines Bewerbers ausmacht, modulierten die Betreiber die Stimme der Bewerber so, dass Männer wie Frauen klangen und umgekehrt. Diejenigen, die den Versuch durchführten, berichteten von folgendem Ergebnis:

"Im Gegensatz zu dem, was wir erwartet haben (und wahrscheinlich auch im Gegensatz zu dem, was Sie erwartet haben!), hatte die Maskierung des Geschlechts keinen Einfluss auf die Interview-Performance in Bezug auf eines der Bewertungskriterien (würde in die nächste Runde vorrücken, technische Fähigkeiten, Problemlösungsfähigkeit). Wenn überhaupt, dann bemerkten wir einige Trends in die GEGENTEILIGE Richtung dessen, was wir erwartet hatten: Für die technischen Fähigkeiten schien es, dass Männer, die so moduliert wurden, dass sie wie Frauen klingen, ein bisschen besser beurteilt wurden als unmodulierte Männer, und dass Frauen, die so moduliert wurden, dass sie wie Männer klingen, ein bisschen schlechter beurteilt wurden als unmodulierte Frauen."

Natürlich stellte sich für die Betreiber von Interviewing daraufhin die Frage, warum es vielen Frauen dann derart schwer fällt, an die begehrten Jobs zu kommen? Die Versuchsleiterin berichtet über das Ergebnis:

"Was ich gelernt habe, war ziemlich schockierend. Frauen verlassen, nachdem sie bei einem Interview schlecht abgeschnitten haben, Interviewing etwa sieben mal so oft wie Männer."

Frauen geben einfach deutlich häufiger und schneller auf. Das könnte unter anderem daran liegen, dass Männer sich schon beim Prozess der Partnersuche daran gewöhnt haben, zigmal zurückgewiesen zu werden, bis sie einmal Erfolg haben. Frauen haben die damit verbundene Abhärtung selten erfahren, weil sie auch heute noch überwiegend diejenigen sind, die auf dem Partnermarkt von Männern angesprochen werden.

Ein erfreuliches Resultat des Experiments von Interviewing ist folgendes: Wenn man aus den Statistiken sowohl Frauen als auch Männer herausnahm, die ihre Bemühungen nach nur ein oder zwei schlecht verlaufenen Interviews abbrachen, verschwand der Unterschied in der Erfolgsquote zwischen den Geschlechtern sofort. [117]
* Anfang 2018 ergab auch eine Analyse, die die Personalvermittlungs-Website TalentWorks auf der Grundlage von mehr als 4000 Bewerbungen durchführte, dass Bewerbungen, die mit Frauennamen versehen waren, eine um mehr als 48 Prozent höhere Erfolgsquote aufweisen. Kushal Chakrabarti, der Geschäftsführer von TalentWorks, erklärte hierzu:

"Dutzende von Studien zeigen, dass Frauen oft deshalb nicht das bekommen, was sie verdienen, weil sie nicht danach fragen. Das zeigt, dass Frauen, wenn sie nach dem fragen, was sie verdienen, oft dafür anerkannt werden."[118]

* Auch in einer Untersuchung der britischen Association of Graduate Recruiters (AGR) zeigte sich: Frauen haben mehr Chancen auf dem Arbeitsmarkt für Hochschulabsolventen als Männer, unabhängig davon, für welche Branche sie sich bewerben. Wenn Frauen sich für ein Graduiertenprogramm bewerben, haben sie immer bessere Chancen als Männer, in die Endphase zu kommen. Befragt man jedoch die Arbeitgeber nach der Vielfalt ihrer Bewerber unter Hochschulabsolventen und deren Einstellungen, so zeigt sich, dass es eine große Herausforderung darstellt, Frauen überhaupt erst zu gewinnen – obwohl Arbeitgeber eifrig nach genau solchen Frauen suchen. "Wir wissen, dass Frauen im Auswahlprozess enorm erfolgreich sind, mehr noch als Männer" zitiert der britische *Independent* Stephen Isherwood, den Vorsitzenden der AGR. "Den Frauen muss das nur endlich bewusst werden. Wir müssen ihr Selbstvertrauen stärken und mehr weibliche Absolventen ermutigen, ihr Potenzial auszuschöpfen."[119] Das feministische Credo, demzufolge Frauen wegen des Sexismus der Arbeitgeber weniger Chancen hätten als Männer, torpediert solche Bemühungen extrem. Die Ergebnisse der geschilderten Experimente decken sich mit Erfahrungen aus der deutschen Praxis – heute mehr als je zuvor. Die Eigenschaften "männlich, talentiert, jung" gerieten inzwischen zum Karrierekiller, berichtet Bettina Weiguny in der *Frankfurter*

Allgemeinen Zeitung. Eine ganze Generation junger Männer, die zwischen 30 und 45 Jahren, werde in den Firmen ausgebremst. Weiguny zitiert Personalberater und Headhunter, für die es zum Problem geworden ist, qualifizierte Männer unterzubringen. "Resignation, Angst und Zynismus der Männer am Arbeitsplatz werden ein Riesenthema", prophezeit Anette Wahl-Wachendorf, Chefin des Verbands der Betriebs- und Werksärzte – auch wenn sich öffentlich bislang noch kaum ein Mann beklagt, weil er nicht als frauenfeindlich wahrgenommen werden will. Viele Männer flüchten in die innerliche Kündigung: "Die Kollegen ziehen sich zurück, begraben ihre Karriereziele, verlieren die Motivation", zitiert Weiguny einen Mitarbeiter der Telekom.[120]
Dass sich die Karrierechancen für Männer auf Jahrzehnte hinaus verschlechtern, prognostiziert auch der Managementberater Reinhard K. Sprenger: "Männer sind schon heute bei vielen Bewerberrunden nur noch Sättigungsbeilage. Niemand kann absehen, ob das wirtschaftliche Kollateralschäden haben wird."[121] Auch Manfred Gentz, Aufsichtsratsvorsitzender der Deutsche Börse AG, spricht inzwischen von Männerdiskriminierung: "Man gibt immer einer Frau den Vorzug vor einem Mann, der gleichermaßen qualifiziert ist - der Mann scheidet von vornherein aus." Dementsprechend stünden auf den Vorschlagslisten von Personalberatern fast nur noch Frauen – immer dieselben, weil es oft nur wenige ausreichend qualifizierte Bewerberinnen gebe.[122]
Die im Oktober 2013 veröffentlichte Allensbach-Studie "Der Mann 2013" gelangte zu dem Ergebnis, dass von den Männern, die zum Zeitpunkt der Befragung oder in den beiden Jahren davor arbeitslos waren, 26 Prozent berichten, bei der Besetzung einer Stelle wegen ihres Geschlechts benachteiligt worden zu sein. Diese Zahlen dürften in Zukunft weiter steigen.

"Gläserne Decken" halten Frauen von Spitzenpositionen fern

Die "gläserne Decke" ist eines der beliebtesten Sprachbilder des Feminismus. Es besagt, dass berufstätige Frauen in der Rangordnung über sich zwar erfolgreiche Kollegen wahrnehmen, diese Decke aber selbst nicht durchbrechen können. Dabei gehen viele Feministinnen geradezu automatisch davon aus, dass dies an sexistischen

Vorurteilen gegenüber Frauen liege, an Diskriminierungen, wenn es um innerbetrieblichen Aufstieg geht, sowie an Männerbünden, die Frauenkarrieren verhindern.
Dass die Wirklichkeit anders aussehen könnte, erschließt sich, wenn man sich mehr Informationen als allein den Frauenanteil in bestimmten Führungsebenen anschaut. So zeigte eine im April 2018 veröffentlichte Auswertung des Instituts der Deutschen Wirtschaft, dass Frauen in deutschen Unternehmen zwar 45 Prozent der Beschäftigten, aber nur rund 29 Prozent der Führungskräfte stellten. Wenn man allerdings betrachtete, wie viele Frauen sich überhaupt auf eine Spitzenposition bewarben, zeigte sich ein Frauenanteil von 31,5 Prozent – was ihrem Anteil an den Führungspositionen sehr nahe kam.[123] Von undurchdringlichen gläsernen Decken und Männerbünden, die Frauen gezielt draußen halten, kann also keine Rede sein.
"Ich habe selbst nie einen männlichen Chef und auch keine männlichen Kollegen getroffen, die mich aktiv an der Karriere gehindert hätten. Im Gegenteil, es gab eine ganze Menge, die mich aktiv gefördert haben" berichtet die *taz*-Autorin Nicola Liebert und vermutet eher andere Gründe: "Da muss ich nur mich selbst betrachten und meine Weigerung, eine karrierefördernde 50- bis 60-Stunden-Woche im Büro längerfristig zu akzeptieren (ehrlich, schon 40 Stunden sind für meinen Geschmack unanständig). Ich kann über Angestellte nur staunen, die sich fast ihre gesamte wache Zeit mit scheinbarer Begeisterung für die Profitmehrung irgendeines Unternehmens engagieren, das im Zweifel nur Ressourcen verschwendet. Selbst als Angestellte in einer Organisation zur Weltverbesserung hatte ich nach einiger Zeit im Büro genug vom Weltverbessern und wollte endlich meine Beziehung und mein übriges Privatleben, meine kulturellen Interessen und mein Lieblingshobby pflegen: morgens ausschlafen. Auch ohne Kinder eine schlechte Voraussetzung für eine steile Karriere."[124]
Da befindet sich Nicola Liebert in voller Übereinstimmung mit der Wirtschaftswissenschaftlerin Barbara Bierach, die die Frage stellte, wo die Frauen nach all den Jahren Trainee- und Frauenförderungsprogrammen geblieben seien. Ihre Antwort: Die Frauen haben schlicht andere Pläne. Sie studieren bevorzugt Geisteswissenschaften statt karriereorientierter technischer oder betriebswirtschaftlicher Studiengänge, lesen statt Fachliteratur lieber

Belletristik und ziehen sich spätestens ab Mitte 30 als Ehefrau eines gut verdienenden Mannes zurück, statt sich selbst dem zermürbenden, aufreibenden Gerangel um Macht und Karriere auszusetzen.[125] Anke Diez, Leiterin der Wissenschaftlichen Weiterbildung der Universität Karlsruhe, sieht als einen wesentlichen Grund eher mangelnden Mut bei den Frauen: "Während Männer Herausforderungen annehmen, auch wenn das Arbeitsfeld neu ist, und dann daran wachsen, trauen sich Frauen Neues erst dann zu, wenn sie wirklich überzeugt sind, dass sie es bereits können."[126]

Diese Tendenz zeigt sich auch als Ergebnis der wissenschaftlichen Forschung. So verfolgte der Soziologe Fabian Ochsenfeld für eine Studie, deren Ergebnisse er in der *Kölner Zeitschrift für Soziologie und Sozialpsychologie* (KfZSS) veröffentlichte, den Berufsweg von 1.780 männlichen und 2.466 weiblichen Hochschulabsolventen nach dem Verlassen der Universität. Im Jahr 2007 waren 42% der männlichen Absolventen des Jahres 1997 und 23% der weiblichen Absolventen desselben Jahres in einer zumindest ansatzweise leitenden Funktion angekommen. Wie erklärte sich der Unterschied von 19 Prozent? Ochsenfeld ermittelte hierfür zwei Variablen, nämlich die Wahl des Studienfachs und die Entscheidung, sich fortzupflanzen. Beide Variablen erklärten die Diskrepanz zwischen den Erfolgen von Männern und Frauen praktisch vollständig, wie Ochsenfeld feststellte: Der These von der gläsernen Decke unterliege "die Vorstellung, dass die Unterrepräsentierung [von Frauen in Spitzenpositionen von Unternehmen] maßgeblich das Resultat einer betrieblichen Diskriminierung von Frauen sei ... Diese Sicht der Dinge hat durch unsere empirische Analyse keine Bestätigung erfahren".[127]

Eine bewusste Verweigerung der beruflichen Karriere durch Studienwahl und Familienplanung sieht auch Cornelia Koppetsch, Soziologin an der TU Darmstadt, als ausschlaggebende Kombination. Sie sieht beim weiblichen Geschlecht den "Trend zur Selbstverwirklichung" im Vordergrund, während Männer die Erwerbsdimension im Blick hätten. Von einer Angleichung der Geschlechter in der Rollenverteilung mag Koppetsch deshalb nicht sprechen. "Die Angleichung wird immer unterstellt, sie hat aber gar nicht stattgefunden", erklärt sie und fügt hinzu: "Männer sind hier nicht die größten Widerständler." Eher vermisse sie den echten

Tatendrang der Frauen: "Viele kommen über Lippenbekenntnisse nicht hinaus. Sie sprechen von Vereinbarkeit, die sie sich wünschen; sie sagen dies aber nur, weil sie sich nicht trauen, Hausfrau zu sagen." Noch immer sähen viele Frauen im Studium eine Art Überbrückung bis zur Heirat.[128]
Zu einer ähnlichen Erkenntnis gelangen neun Studien, deren Zusammenfassung von Forschern der Harvard Business School veröffentlicht wurde. Dabei zogen die Wirtschaftswissenschaftler folgendes Fazit:

"Wir identifizieren eine tiefgreifende und konsistente Geschlechterkluft in den zentralen Lebenszielen der Menschen. In neun Studien mit unterschiedlichen Stichprobenpopulationen (Führungskräfte in High-Power-Positionen, Absolventen eines Top-MBA-Programms, Studenten und Online-Panels von arbeitenden Erwachsenen) und über 4.000 Teilnehmern stellen wir fest, dass Frauen im Vergleich zu Männern eine höhere Anzahl von Lebenszielen haben, weniger Gewicht auf machtpolitische Ziele legen, mehr negative Ergebnisse (z.B. Zeitdruck und Kompromisse) mit Machtpositionen assoziieren, Macht als weniger wünschenswert empfinden und weniger Chancen zur beruflichen Weiterentwicklung wahrnehmen. Frauen halten hochrangige Positionen für genauso erreichbar wie Männer, aber weniger wünschenswert."[129]

In einer weltweiten Umfrage, über die im Jahr 2015 die *Wirtschaftswoche* berichtete, zeigte sich, dass nur 29 Prozent der jungen Frauen gerne einen Job mit Leitungsfunktion hätte. Bei den jungen Männern waren es 46 Prozent.[130] Wie zwei Wissenschaftlerinnen des Deutschen Instituts für Wirtschaftsforschung (DIW) und der Wayne State University in den USA nach der Auswertung von repräsentativen Daten von mehr als 20.000 Personen ermittelten, hängt bei Männern die persönliche Zufriedenheit schließlich stärker von der beruflichen Stellung ab als bei Frauen. Männer in Führungspositionen waren demnach zufriedener als Männer auf einer niedrigeren Stufe, die sich aber immer noch glücklicher fühlten als Männer, die keiner bezahlten Arbeit nachgehen konnten oder wollten – etwa Hausmänner. Am unzufriedensten waren arbeitslose Männer. Bei Frauen gab es keine derartig unterschiedliche Lebenszufriedenheit zwischen Frauen mit

Managerpositionen, einfachen Angestellten oder Hausfrauen. Lediglich arbeitslose Frauen zeigten ein auffällig hohes Maß an Unzufriedenheit.[131]
Aufgrund dieser unterschiedlichen Gewichtung fragen auch nur 26 Prozent der berufstätigen Frauen den Chef regelmäßig nach einer Beförderung. Bei den Männern tun das 74 Prozent. Wegen mehr Geld klopfen zwar immerhin 48 Prozent der Frauen in der Führungsetage an, doch auch hier liegen die Männer mit 72 Prozent deutlich vorne. Entsprechend ist das Resultat: Während die Hälfte der berufstätigen Männer schon mal eine gewünschte Position bekommen hat, trifft das nur auf 38 Prozent der Frauen zu.[132]
Das Gesamtbild, das sich aus all diesen Erkenntnissen ergibt, ist klar: Frauen sind nicht in erster Linie aufgrund einer sexistischen Benachteiligung weniger häufig in Führungsgremien anzutreffen. Die entscheidenden Faktoren sind stattdessen andere Schwerpunkte in der Lebensplanung verbunden mit einer unterschiedlichen Motivation.

Frauen werden in die Teilzeitarbeit gedrängt

Eine beliebte feministische Klage lautet in diesem Zusammenhang, dass Frauen "in die Teilzeitarbeit gedrängt" beziehungsweise "in der Teilzeitfalle stecken" würden, so dass sie deshalb keine Karriere machen könnten.[133] Als Gegenmaßnahme soll ein Rückkehrrecht von einem Teilzeit- in einen Vollzeitjob greifen.[134] Befragt man aber tatsächlich Frauen, die nicht Vollzeit arbeiten, zeigt sich: Sie sind weit überwiegend freiwillig in dieser Situation und damit sehr zufrieden. Das ergab eine repräsentative Umfrage des DELTA-Instituts für Sozial- und Ökologieforschung im Auftrag des Bundesfrauenministeriums. 85 Prozent der etwa 2000 befragten teilzeitbeschäftigten Frauen fanden es demnach "super" in Teilzeit zu arbeiten, 75 Prozent erklärten, derzeit "auf keinen Fall" Vollzeit arbeiten zu wollen. 60 Prozent gaben an, möglichst bis zur Rente in Teilzeit arbeiten zu wollen.
Klar, dass das feministische Lager entgeistert darüber ist, wie wenig Frauen sogar heute noch bereit sind, feministisch korrekt zu denken. "Die Ergebnisse sind erschreckend", klagte Studienautor Carsten Wippermann. Viele dieser Frauen würden sich mit ihrer

Entscheidung nämlich "freiwillig und dauerhaft in die finanzielle Abhängigkeit ihres Partners begeben."[135] Anders formuliert: Sie begeben sich in die Verknechtung des Patriarchats – und sind damit sogar noch zufrieden. Selbst wenn sie keine Kinder zu betreuen haben, das zeigte im Jahr 2017 eine vom Institut der Deutschen Wirtschaft vorgenommene Auswertung, arbeiten Frauen weit lieber in Teilzeit. Nur 31 Prozent von ihnen wünschen sich eine Arbeitszeit von 40 Stunden pro Woche oder mehr.[136]

Weibliche Vorgesetzte sind in vielerlei Hinsicht kompetenter als Männer und daher eine Bereicherung für jede Firma

Manchmal übersteuern wohlmeinende Kämpfer für die Gleichberechtigung ein wenig. Beispielsweise wenn sie ernsthaft die These verbreiten, dass Frauen bessere Vorgesetzte als Männer abgäben. Frauen, heißt es dann, setzten vor allem auf Einfühlungsvermögen, Motivation und Teamgeist statt auf männliche Untugenden wie Ellenbogenmentalität, Druck und Einzelgängertum. Sie seien nun mal das sozialere Geschlecht. Darüber hinaus, heißt es, gingen sie anders als die "testosterongesteuerten" Männer weniger unnötige Risiken ein und sorgen deshalb auch für bessere Geschäftsbilanzen. Aber wie viel von all dieser Reklame stimmt tatsächlich?
"Wenn ich lese: 'Frauen führen anders', 'Frauen sind die besseren Chefs', dann regt mich das richtig auf", wird eine Dezernatsleiterin in Annette Hillebrands Buch "Macht Arbeit Frauen wirklich glücklich?" zitiert: "Ich kann doch nicht alles anders, viel besser und viel menschenfreundlicher machen, nur weil ich eine Frau bin!"[137]
Im Wesentlichen gibt es zwei Vorurteile, wenn es um den Mythos geht, dass Frauen in leitenden Positionen kompetenter seien als Männer. Das erste Vorurteil lautet, dass weibliche Chefs für die Bilanzen eines Unternehmens besser sind. Das zweite Vorurteil besagt, dass Frauen sozial kompetenter mit ihren Mitarbeitern umgingen. Schauen wir uns mal bei beiden Vorurteilen genauer an, wie sehr sie der Realität standhalten.
In der Debatte wird gebetsmühlenartig auf die Studie "Women Matter" der Unternehmensberatung McKinsey hingewiesen, der zufolge Firmen mit mehr Frauen im Management eine bessere

Performance bieten. Dabei wurde jedoch einiges übergangen. So wurde die Studie als Teil von McKinseys globaler Partnerschaft mit dem "Women's Forum for the Economy & Society" durchgeführt – eine Organisation, die keineswegs neutral ist, sondern sich offen zur Durchsetzung frauenpolitischer Ziele bekennt. Entsprechend viele "gender"-lastige Quellen flossen in die Grundlagen dieser Untersuchung ein. Ungeachtet dessen äußern sich die Verfasser der Kinsey-Studie in ihrer Schlussfolgerung sehr vorsichtig: Sie weisen mit Nachdruck darauf hin, dass diese Untersuchung nur eine "Momentaufnahme" zeige und ein "kausaler Zusammenhang" zwischen dem Anteil der Frauen in der Spitze einer Firma und deren wirtschaftlichem Erfolg nicht belegbar ist. Die Kinsey-Studie war insofern lediglich (und sehr erfolgreich!) als Propagandainstrument verwendbar: Zahllose Journalisten verkündeten deren vermeintliche Botschaft, ohne sie auch nur im Ansatz kritisch zu hinterfragen.[138]
Sinnvoll erscheint es, sich Studien anzuschauen, die von Anfang an ideologiefrei durchgeführt werden. Besonders pikant hingegen ist, wenn eine Untersuchung das Gegenteil dessen herausfindet, was erhofft worden war. Dass von Frauen geführte Unternehmen bessere Zahlen schreiben, vermutete beispielsweise die Chefin des schwedischen Unternehmerverbands und ließ eine Studie dazu anfertigen. "Doch das gewünschte Ergebnis wollte einfach nicht herauskommen" berichtete die *Frankfurter Allgemeine* in dem Artikel "Weibliche Chefs machen weniger Gewinn". Die schwedische Verbandschefin Elisabeth Thand Ringqvist hatte 125.000 schwedische Unternehmen auf das Geschlecht ihrer Geschäftsführer und Vorstandsvorsitzenden einerseits und ihre Umsatzrendite andererseits untersuchen lassen. "Frauen gelten als sparsamer", behauptete Ringqvist. "Deshalb erwarteten wir, dass die von Frauen geführten Unternehmen mehr Gewinn machen würden." Doch die Auswertung der Daten lieferte das Gegenteil des Erwarteten – selbst nachdem ein Trupp von Mathematikern sämtliche Faktoren heraus rechnete, die das Ergebnis hätten verzerren können. Männliche Chefs verbuchten am Ende des Jahres im Schnitt eine Umsatzmarge von 8,4 Prozent, ihre weiblichen Kolleginnen dagegen nur um die 7 Prozent.[139]
Diese Erkenntnisse würden hier nicht angeführt werden, wenn die schwedische Untersuchung die einzige Studie mit solchen Ergebnissen wäre. Tatsächlich aber hatten schon Jahre zuvor

Forschungen der London School of Economics and Political Science zu einem ähnlich politisch unkorrekten Resultat geführt. Firmen mit mehr Frauen im Management erwiesen sich als weniger profitabel. Diese Erkenntnisse erfolgten auch noch ausgerechnet zur Unzeit – Tage zuvor hatte die linke britische Politikerin Harriet Harman gewettert, es wäre kein Zufall, dass "Lehman Brothers", nicht "Lehman Sisters" für die damals grassierende Finanzkrise mit verantwortlich gewesen seien.[140] Etwas später ermittelte eine Studie der Deutschen Bundesbank, die Vorstände von mehr als 3500 deutschen Banken zwischen 1994 und 2010 untersuchte, dass ein höherer Frauenanteil in Bankvorständen dafür sorgt, "dass das Geschäftsmodell riskanter wird". Das Vorurteil von den mangels Testosteronschüben bedachter handelnden Frauen ließ sich nicht halten. Stattdessen neigten Frauen dazu, sogar noch größere Risiken einzugehen, und es gab Hinweise darauf, dass sie in einem von Männern dominierten Umfeld sogar besonders aggressiv waren.[141] Insofern lag die Vermutung nahe, dass die Einführung einer Zwangsquote, die norwegische Unternehmen dazu verurteilte, ihre Aufsichtsräte zu 40 Prozent mit Frauen zu besetzen, aufgrund schlechterer Entscheidungen der Frauen verheerende Effekte auf Buch- und Marktwert der Unternehmen gehabt hatte. Dass dem tatsächlich so war, deckten die Wirtschaftswissenschaftler Kenneth Ahern und Amy Dittmar in einer Studie auf, die 2012 im *Quarterly Journal of Economics* erschien.[142] Zwei norwegische Wirtschaftswissenschaftler, Øyvind Bøhren und Øyvind Strøm, schließlich untersuchten, ob sich die politisch erwünschte Behauptung, Diversität befördere die Performanz von Unternehmen, mit den Tatsachen in Übereinklang bringen lässt. Auch hier zeigte sich: Das Gegenteil war der Fall. Ein höherer Frauenanteil der Aufsichtsräte wirkte sich negativ auf die Entwicklung eines Unternehmens aus. Bøhren und Strøm weisen ausdrücklich darauf hin, dass ihre Ergebnisse allen Behauptungen von Politikern über den positiven Einfluss von Frauen widersprechen.[143]
Wie sieht es nun mit dem vielfach gepriesenen besseren Sozialverhalten von Frauen in Führungspositionen aus? Tatsächlich zeigen zahlreiche Studien, dass Frauen, die in Experimenten die Rolle des Chefs oder Leiters zugewiesen bekommen, sich genauso verhalten, wie es dem Klischee nach nur Männer tun, z.B. eine größere Aggressivität und weniger Zurückhaltung an den Tag legen.

Selbst ihre Körpersprache und die Form ihrer Äußerungen verändern sich: hin zu häufigerem direkten Blickkontakt, mehr autoritären Anweisungen, weniger Fragen und weniger unterstützenden und bestätigenden Kommentaren.[144] Männer wie Frauen agieren aus, was die Führungsrolle von ihnen verlangt.
Im Jahr 2005 veröffentlichte die Journalistin Nan Mooney eine neue Analyse über den weiblichen Konkurrenzkampf im Büro. Mooneys Buch, erschienen unter dem Titel "I Can´t Believe She Did That! Why Women Betray Other Women at Work", beruht auf über 100 Interviews mit Arbeitnehmerinnen aus verschiedenen Branchen und Hierarchiestufen. Dieser Untersuchung zufolge ist die Auseinandersetzung mit missgünstigen Kolleginnen für viele Frauen deutlich schlimmer als die Konkurrenz mit Männern. In einer Rezension fasste die *Welt am Sonntag* Mooneys Erkenntnisse zusammen: "Die viel gepriesene höhere emotionale Intelligenz der Frauen entpuppt sich dabei nicht als Vorteil. Frauen erspüren genau, wo die Schwächen des Gegners sind, und wissen, wo sie zuschlagen müssen. Dass Frauen persönlich stärker interagieren und daher die besseren Führungskräfte sind, wird gern betont, die Kehrseite fällt unter den Tisch: Frauen nehmen alles persönlich, insbesondere die Aktivitäten anderer Frauen. Wo Männer das Visier hochklappen und offen attackieren, sabotieren Frauen im Verborgenen. Kurz, von der Mär, Frauen seien schon deswegen die besseren Chefs, weil sie weniger mit ihrem Ego beschäftigt sind, können sich die Arbeitgeber getrost verabschieden." Und wer sich frage, "warum es so wenig weibliche Chefs gibt, wo doch Frauen angeblich die besseren Manager sind, kriegt mit dem Buch eine mögliche Teilantwort. Offenbar wird die Ansicht, dass Frau entweder nett sein kann oder erfolgreich, weniger von den Herren Entscheidern gepflegt als von den Frauen selber."[145]
"Extrovertiert und machtbesessen: Frauen im Chefsessel sind unverträglicher als männliche Kollegen" – mit diesen Worten war eine Pressemitteilung der Universität Hohenheim überschrieben, die nach der Befragung von 500 Führungskräften ebenfalls zu dem Ergebnis gelangte, dass Deutschlands Chefinnen nicht besser als die männlichen Chefs sind. Anders als allgemein vermutet seien weibliche Führungskräfte was die Kommunikation und einen weicheren Führungsstil betrifft, keine Bereicherung für die Unternehmen, erklärte Professor Dr. Marion Büttgen vom Lehrstuhl

für Unternehmensführung der Universität Hohenheim. Allerdings "könne man nicht sagen, dass alle weiblichen Führungskräfte narzisstische, rücksichtslose und männliche Charaktereigenschaften besitzen".[146]
Der Dreiklang "narzisstische, rücksichtslose und männliche Charaktereigenschaften" ist insofern bemerkenswert, als sozial schädliches Verhalten selbst hier an Männlichkeit gekoppelt wird. Ähnlich unscharf äußerte sich Büttgen in einem Interview, das sie der *Zeit* zu ihrer Studie gab. Einerseits sagt sie dort: "Dass Männer stärker ausgeprägte dunkle Persönlichkeitseigenschaften als Frauen haben, war ein Vorurteil und stimmt nicht." Zugleich gibt sie zu, davon überrascht zu sein, dass Frauen "kein bisschen weniger narzisstisch, machiavellistisch und psychopathisch" als Männer seien. Dabei hängt sie aber sichtlich an ihren von vielen geteilten sexistischen Klischeevorstellungen fest und erklärt, in der Normbevölkerung könne es durchaus sein, dass Frauen "empathischer und kommunikativer" seien.
Aus dieser potentiellen Möglichkeit wird im Verlauf des Interviews schnell eine Tatsache. Wenn die untersuchten Frauen dieselben negativen Eigenschaften haben wie männliche Führungskräfte, dann, so ist dem Interview mit Büttgen zu entnehmen, könne das daran liegen, dass die Unternehmen nur "männliche" Frauen nach oben kommen lassen, während in der allgemeinen Bevölkerung Frauen selbstverständlich weiter die besseren Menschen sind:

"Wenn es immer heißt, mehr Frauen in der Führung täten Unternehmen gut, müsste es bedeuten, dass auch andere, typische Frauen in diese Positionen kommen sollten."

"Die Personalabteilungen sind meist fest in Frauenhand, da die weiblichen Eigenschaften wie Empathie, ein größeres Kooperationsbedürfnis oder höhere Kompromissfähigkeit dort eben gefragt sind."

Büttgen hält also einerseits an einem abwertenden Männerbild fest, das an anderer Stelle in dem vorliegenden Lexikon erörtert wird. Das Klischee erweist sich als hartnäckiger als die eigene Forschungserkenntnis. Andererseits kommt Büttgen um die Ergebnisse ihrer Studie nicht herum:

"Frauen in Führungspositionen sind noch weniger verträglich als Männer, zeigt die Studie. Sie setzen im Team-Meeting ihren Kopf gegen die Interessen der anderen durch und gehen einem Streit nicht aus dem Wege."[147]

Mit ihrer Argumentation steht Büttgen nicht allein. "Es hat uns überrascht zu sehen, dass Managerinnen auch dunkle Seiten haben und damit Männern in nichts nachstehen", erklärte auch Christian Mai, der als weiterer Autor der fraglichen Studie benannt wird. Dass sich Chefinnen als weniger verträglich als ihre männlichen Kollegen zeigten, sei "auffällig, denn innerhalb der Bevölkerung ist bezüglich Verträglichkeit der Gegensatz zwischen den Geschlechtern besonders groß. Hier sind Frauen eher kooperativ und weniger kompetitiv. Im Management gilt das definitiv nicht."[148] Jeder Beleg für die pauschale Aussage über Frauen und Männer in der Gesamtbevölkerung fehlt. Es ist gut vorstellbar, dass eine wissenschaftliche Analyse auch hier zu angeblich "überraschenden" Erkenntnissen führt.
Man kann die Rhetorik von Büttgen und Mai aber auch als Strategie der sozialen Absicherung verstehen. In einer Gesellschaft, in der es als "frauenfeindlich" etikettiert wird, wenn jemand feststellt, dass Frauen genauso fehlerhaft oder gar noch fehlerhafter als Männer seien, macht es ihre Untersuchungsergebnisse leichter konsumierbar, wenn sie erklären, dass sich nur die untersuchten Frauen als problematisch erwiesen hätten, was aber der offenkundigen Überlegenheit der nicht-untersuchten Frauen keinen Abbruch tue. Jedenfalls erweisen sich ihre Forschungserkenntnisse als robust. So berichtete die *Welt am Sonntag* im Januar 2016 über eine Untersuchung der internationalen Personalberatung Russell Reynolds Associates mit folgendem Ergebnis, das die Zeitung in für solche Dinge typischer Weise einmal mehr als "überraschend" etikettierte:

"Je mehr Frauen in die Chefetagen aufsteigen, desto härter und zielorientierter wird der Führungsstil im Unternehmen. (...) In gemischten Führungsteams nimmt der Fokus auf gute soziale Beziehungen (...) signifikant ab. Das widerspricht der bisher herrschenden Meinung in der Diversity-Debatte. Danach werde mit

dem Einzug weiblicher Chefs auch die Führung 'weiblicher', sprich sozialer und verantwortungsvoller."[149]

Immerhin gewinnt Studienautor Joachim Bohner diesen ernüchternden Erkenntnissen eine positive Note ab. Für die Managerinnen in aller Welt sei dies nämlich "ein Befreiungsschlag. (...) Sie können ihren Exotenstatus abschütteln und einfach nur Führungskräfte sein." Frauen werde nicht mehr allein aufgebürdet, mit ihrer vermeintlich höheren emotionalen Intelligenz auch noch die sozialen Probleme in den Teams zu lösen. Je deutlicher werde, wie wenig sich die Charaktereigenschaften der Geschlechter in Wahrheit unterscheiden, desto eher würden "die Persönlichkeitsunterschiede von Mensch zu Mensch wesentlich relevanter als die Unterschiede zwischen Mann und Frau".[150]

Vor allem Männer tun sich mit weiblichen Vorgesetzten schwer

Männer hätten Schwierigkeiten, für Frauen zu arbeiten. Sie täten sich mit weiblichen Führungskräften generell nicht leicht. Deshalb etablierten sie ihre Seilschaften, in denen sich die "buddys" desselben Geschlechts nur gegenseitig fördern. So lautet die feministische Theorie, die oft mit einer Selbstsicherheit verkündet wird, als ob sie längst bewiesen wäre und es jetzt nur noch darum ginge, die richtige Gegenstrategie gegen dieses Denken der Männer zu entwickeln. Mehr Frauen in Führungspositionen, die dann wieder andere Frauen fördern (in diesem Fall natürlich durch "Netzwerke" statt durch "Seilschaften"), erscheint als der richtige Schritt.
Zu schade, dass schon die Grundannahme falsch ist.
"Wenn es eine Frau erst mal nach oben geschafft hat", berichtet die Berliner Psychologin Mechtild Erpenbeck, "neigt sie dazu, sich ihren Raum frauenfrei zu halten." Judith Sills, Psychologin und Bestsellerautorin aus Philadelphia, stimmt zu: "Frauen stellen sich immer häufiger gegenseitig ein Bein. Sie solidarisieren sich nicht, sondern versuchen, sich untereinander auf dem Weg nach oben auszuschalten." Eine Studie der Unternehmensberatung German Consulting Group unter weiblichen Führungskräften bestätigt, dass sich Frauen auf der Karriereleiter oft gegenseitig im Weg stehen.

Drei von vier befragten Managerinnen gaben an, dass sie besonders von Kolleginnen auf derselben Hierarchiestufe auf dem Weg zum Erfolg massiv behindert wurden.[151]
Auch die Psychologen Joyce Benenson und Henry Markovits konnten nachweisen, dass Männer mit hohem Status eher als Frauen mit hohem Status bereit sind, Belohnungen mit ihren Unterstützern zu teilen. Das ermittelten sie in einem ersten Schritt, indem sie 50 nordamerikanische Universitäten daraufhin untersuchten, wer mit wem in den vergangenen Jahren wissenschaftliche Artikel veröffentlicht hatte. Das Resultat: Wenn männliche Akademiker etwas publizierten, taten dies Professoren auch zusammen mit den niedriger gestellten Assistenten. Frauen dagegen kooperierten nur auf der eigenen Ebene.
Das erhärtete den Verdacht von Benenson und Markovits. Sie forschten weiter, indem sie eine Reihe von Experimenten durchführten. Der Kern dieser Versuche sah jeweils so aus, dass ein Teilnehmer zur einflussreichsten Person einer Gruppe ernannt wurde und dann angeben sollte, wie viel Belohnung er unter den anderen Gruppenmitgliedern unterschiedlicher Positionen verteilen wollte. In allen Experimenten gaben Männer als Chefs mehr an die Gruppe ab, als wenn Frauen die Chefs waren.[152]
Israelische Forscher schließlich warnen attraktive Frauen, die sich für eine Stelle bewerben, davor, ihrem Vorstellungsschreiben an eine Firma auch ein Bewerbungsfoto beizulegen. Tun sie das nämlich, müssen sie damit rechnen, von eifersüchtigen Personalerinnen schon gleich zu Beginn aussortiert zu werden. Zu dieser Erkenntnis gelangten die israelischen Wirtschaftswissenschaftler Bradley Ruffle und Ze'ev Shtudiner von der Ben-Gurion- und der Ariel-Universität, nachdem sie über 5000 Bewerbungsschreiben, von Fotos unterschiedlich attraktiver Studenten und Studentinnen begleitet, an Firmen der verschiedensten Branchen verschickten, die neue Mitarbeiter suchten. (Auf die unterschiedlichen Attraktivitätsgrade hatte sich zuvor ein Expertengremium aus Haarstylisten, PR-Beratern, Bildhauern und Betriebswirten geeinigt.) Die scheinbaren Bewerber hatten alle jeweils das gleiche Geschlecht, identische Qualifikationen und die häufigsten israelischen Nachnamen. Nun zeigte sich: Für attraktive Männer war dieser Versuch deutlich erfolgreicher als für ihre weniger attraktiven Geschlechtsgenossen. Bei Frauen lief es umgekehrt: Je hübscher, desto mehr Absagen.

Zudem zeigte sich: Nahmen externe Personaldienstleister die Auswahl der Bewerber vor, wurden hübsche Frauen genauso oft zum Jobinterview eingeladen wie durchschnittlich aussehende. Hatten aber firmeneigene Personalabteilungen zu entscheiden, wurden attraktive Kandidatinnen wesentlich häufiger abgelehnt. Die Forscher hakten daraufhin telefonisch nach, wer für die Bewerberauswahl zuständig war. Und siehe da, die Abteilungen waren fest in weiblicher Hand – 96 Prozent Frauenanteil bei den externen Agenturen, 85 Prozent intern.[153] Auch hier arbeiteten also Frauen in beruflichen Machtpositionen emsig gegen andere Frauen, die ihnen vielleicht einmal gefährlich zu werden drohten.

Vor dem Hintergrund all dieser Dinge ist es wenig überraschend, dass in einer Umfrage im Auftrag der Unternehmensberatung Baumann zwei Drittel der befragten Frauen angaben, lieber für einen Chef als für eine Chefin zu arbeiten.[154] Diese Umfrage wiederum bestätigt eine Gallup-Studie vom Oktober 2014, die herausfand, dass Frauen eher als Männer einen männlichen Chef bevorzugen. Gallup führt diese Studie seit 60 Jahren durch, und noch nie hatten Frauen einen weiblichen Chef vorgezogen.[155] Umfragen anderer Institute waren zuvor zu demselben Ergebnis gelangt,[156] so etwa eine britische Studie im Jahr 2009.[157] Da ist es kein Wunder, dass sich selbst unter den Chefinnen nur 27 Prozent für eine Frauenquote begeistern können, die Mitglieder des weiblichen Geschlechts automatisch in solch eine Führungsposition hievt.[158]

Das Gesamtbild bei diesem Thema ergänzt eine Studie, die im Oktober 2016 im Fachmagazin *Labour Economics* veröffentlicht wurde. Hierfür untersuchten die Forscher anhand von zwei unabhängigen Datensätzen mit insgesamt mehr als 11.000 Beobachtungen die Rolle des Geschlechts des Chefs bei der Arbeitszufriedenheit. Die Analyse umfasste auch viele andere Variablen, wie z.B. Alter und ethnischen Hintergrund des Befragten und eine Vielzahl von Merkmalen des jeweiligen Chefs. In beiden Datensätzen und über alle Variablen hinweg gab es eine anhaltende negative Beziehung zwischen der Arbeitszufriedenheit der Frauen und einem weiblichen Vorgesetzten. Die Männer hingegen zeigten keinen Unterschied in der Arbeitszufriedenheit, egal ob sie einen männlichen oder einen weiblichen Chef hatten.[159]

Frauenfeindlichkeit am Arbeitsplatz geht vor allem von Männern aus

Der vorangegangene Eintrag dieses Lexikons hat sich vor allem mit Vorgesetzten beschäftigt. Aber wie sieht es mit Kollegen aus, die auf derselben Ebene zusammenarbeiten? Werden dort Frauen vor allem von Männern gemobbt, die unter sich bleiben möchten?
Um das herauszufinden, ließ Allison Gabriel, Professorin für Management und Organisationen an der Universität von Arizona, drei Studien durchführen, bei denen vollzeitbeschäftigte Männer und Frauen Fragen über Unhöflichkeit beantworteten, die sie bei der Arbeit im Monat zuvor erlebt hatten: herablassendes Verhalten, abfällige Bemerkungen, das Ignorieren in einer Sitzung oder ein Ansprechen auf unprofessionelle Weise. Jede Frage wurde sowohl hinsichtlich des Verhaltens von weiblichen als auch hinsichtlich des Verhaltens von männlichen Kollegen beantwortet.
"In allen drei Studien fanden wir übereinstimmende Beweise dafür, dass Frauen über ein höheres Maß an Unhöflichkeit von anderen Frauen als von ihren männlichen Kollegen berichten", sagte Gabriel. "Mit anderen Worten, Frauen sind unhöflicher zueinander als zu Männern, oder als Männer gegenüber Frauen."[160]
Der Wirtschaftsexperte Robert Sutton gelangte anhand verschiedener Untersuchungen ebenfalls zu der Erkenntnis, "dass Mobbing und psychische Misshandlung vorwiegend innerhalb der Geschlechtergrenzen stattfinden, sprich dass Männer eher Männer und Frauen eher Frauen mobben. Laut einer Internetumfrage des Workplace Bullying and Trauma Institute wurden 63 Prozent der betroffenen Frauen von anderen Frauen und 62 Prozent der betroffenen Männer von anderen Männern gemobbt."[161] Bisher hatte man beobachtet, dass Mobbing zurückging, sobald mehr Frauen in eine bisherige Männerdomäne einzogen; weshalb pro-feministische Forscher davon sprachen, dass Frauen die Männer "zivilisieren" würden – so als ob das weibliche Geschlecht weiter entwickelt oder moralisch höherwertig wäre. Nach den vorliegenden Analysen hingegen kann man davon ausgehen, dass Männer, die in eine Frauendomäne einrücken, einen ähnlich positiven Effekt ausüben: Sie sind Sand im Getriebe der Zickenkriege und der Stutenbissigkeit.

Die Frauenquote ist eine geeignete Maßnahme, um die Karriere vieler kompetenter Frauen anzustoßen

Als der Deutsche Bundestag am 6. März 2015 ein Gesetz zur Frauenquote verabschiedete, titelten die Websites der *Tagesschau* (ARD) wie RTL einheitlich: "Meilenstein oder Feigenblatt?" Das neue Gesetz war demnach entweder der ganz große Wurf in der Emanzipation oder ging noch lange nicht weit genug. Menschen hingegen, denen dieses Gesetz zu weit ging, erkannte Florentine Fritzen zwei Tage später in der *Frankfurter Allgemeinen*, wurden niedergewalzt: "So dass alle, die die Sache anders oder differenzierter sehen, lieber die Klappe halten."[162] Vor allem unsere Leitmedien erwecken mehrheitlich den Eindruck, nur Hinterwäldler könnten sich gegen eine solche Maßnahme aussprechen und die einzigen Gründe dafür seien in einer seelisch tief verankerten Frauenfeindlichkeit zu suchen.

Tatsächlich aber gibt es nach wie vor derart viele und reichhaltige Argumente gegen die Frauenquote, dass dazu ein kompletter Forschungsband von Autoren und Autorinnen der verschiedensten Fachrichtungen vorliegt.[163] Dieses Kapitel hier beschränkt sich auf die Fehlannahme, dass die Frauenquote gut geeignet wäre, um Frauen bei ihrer beruflichen Karriere zu helfen.

Im Jahr 2013 erklärte Norwegens Premierministerin Erna Solberg, dass eben jene Quote, die auch für Deutschland ein Vorbild wurde, zu keinerlei spürbaren Verbesserungen geführt hatte. Keines der 25 größten Unternehmen der Osloer Börse hat eine weibliche Geschäftsführerin, und nur eines eine Frau als Finanzchefin. Darüber hinaus war die Kompetenz mehrerer Firmenvorstände zurückgegangen, nachdem dort unerfahrene Frauen installiert werden mussten, um die Quote zu erfüllen.[164]

Ähnliches berichtete Bettina Weiguny am 12. Februar 2015 in der *Frankfurter Allgemeinen* über die Situation in Deutschland. Wenn Frauen aufgrund geschlechterpolitischen Zwangs in Führungspositionen gehievt wurden, scheitern sie dort häufig: "Von 17 weiblichen Dax-Vorständen sind acht nach nicht einmal der Hälfte der Amtszeit gegangen. Im Schnitt gilt: Während Frauen nach knapp drei Jahren abtreten, halten sich Männer ganze acht Jahre in Amt und Würden."[165] Der erhoffte positive Effekt der Quote bleibt aus, stattdessen entsteht wachsende Aufmerksamkeit für das

Versagen überforderter Frauen. Den Mythos, es gäbe scharenweise geeignete Frauen, die nur darauf warten, in Aufsichtsräte berufen zu werden und deshalb durch Quoten auch berufen werden sollten, hatte zwei Jahre vor diesem Artikel bereits eine Studie von vier Wissenschaftlern unter Leitung des Professors for Finance an der Fachhochschule Frankfurt, Christian Rieck, widerlegt.[166]
Aus diesen Gründen können Frauen, die per Quote ins Management einer Firma aufgerückt sind, auch nicht als Vorbilder für Mitarbeiterinnen wirken, die weiter unten in der Rangordnung des betreffenden Unternehmens stehen. Wie das Forscherteam um die Sozialpsychologin Cheryl Taylor herausfand, hat eine Frau, die als Vorbild dienen könnte, auf die Leistung ihrer Geschlechtsgenossinnen nämlich nur dann einen positiven Einfluss, wenn diese glauben, dass die Frau ihren Erfolg durch ihre Fähigkeiten verdient hat. Dieser Effekt bleibt aus, ja, wird sogar zu einem negativen Effekt, wenn der Erfolg unverdient erscheint.[167]
Die Auswirkungen einer Frauenquote sind jedoch noch verheerender: Sobald ein Unternehmen eine solche Quote zur Anwendung bringt, um damit mehr Frauen als Angestellte zu gewinnen, *vertreibt* es stattdessen sowohl weibliche als auch männliche Bewerber. Das ermittelten im Jahr 2014 die Wirtschaftswissenschaftler Professor Meir Shemla und Anja Kreienberg von der Rotterdam School of Management. Sie legten weiblichen und männlichen Teilnehmern ihrer Studie zwei verschiedene Stellenangebote vor. Das erste erklärte, dass das fragliche Unternehmen für Gender Diversity eintrat und damit 40 Prozent der Führungspositionen - insbesondere im Management und im Aufsichtsrat - für Frauen reserviert hatte. Die zweite Stellenausschreibung enthielt weder Informationen über die Geschlechterdiversität noch über eine Quote. Im Vergleich zeigte sich, dass nicht nur jeder vierte Mann weniger wahrscheinlich einen Job in der Firma mit einer Geschlechterquote anstrebte, sondern auch 13 Prozent der Frauen angaben, dass sie sich weniger wahrscheinlich bei einer Firma bewerben würden, in der die geschilderte Geschlechterpolitik Praxis war.
Im Wirtschaftsmagazin *Forbes* erklären Shemla und Kreienberg die Hintergründe dieser Forschungserkenntnisse:

"Fast 70% unserer Befragten – davon 52% Frauen und 48% Männer – gaben an, dass die Geschlechterquote für sie im Allgemeinen unattraktiv sei. Warum? Die Befragten stellten fest, dass eine Geschlechterquote die Bedeutung ihrer persönlichen Verdienste negiert und zu unbeabsichtigten Konsequenzen führt. Erstens, wenn eine Stelle in Anwesenheit einer Geschlechterquote angeboten wird, schrieben weibliche Befragte ihren Erfolg um 18 Prozent eher der Vorzugsbehandlung als ihrer eigenen Leistung zu. Zweitens, als einer anderen Frau eine Stelle anstelle des Befragten in der Firma mit der Geschlechterquote angeboten wurde, stigmatisierten die weiblichen Befragten zu 20% und die männlichen Befragten zu 29% diese Frau eher als inkompetent, indem sie ihren Erfolg auf ihr Geschlecht und die Vorzugsbehandlung anstatt auf ihre Leistung zurückführten. Schließlich waren weibliche und männliche Befragte der Ansicht, dass die Werte eines Unternehmens, das eine Geschlechterquote einsetzt, weniger in ihr Werte- und Glaubenssystem passen, da Leistung anscheinend eine geringere Rolle bei der Einstellungsentscheidung spielten als das Geschlecht. Angesichts des Stigmas, das mit der Quote verbunden ist, und der Personen, die im Rahmen einer Quote eingestellt wurden, ist es kein Wunder, dass Quoten negative Auswirkungen haben, wenn sie genau das Talent vertreiben, das sie anziehen sollten."[168]

Eine Frauenquote im Management nützt auch Mitarbeiterinnen in unteren Positionen

Kritiker bemängeln an der so massiv geforderten Frauenquote bei der Besetzung von Managementposten, dass sich damit nur Frauen, die ohnehin schon über ein hohes Einkommen verfügen, selbst versorgen. Befürworter der Quote halten diesem Einwand ihre Hoffnung entgegen, dass eine solche Quote an der Spitze letztlich sämtlichen Frauen eines Betriebes helfe, da sie als ein alle Ränge durchdringendes Signal wirke.
Wie sich durch die aktuellste Forschung zeigte, behalten die Kritiker der Quote Recht. Schon 2014 hatte das eine Studie von vier Wirtschaftswissenschaftlerinnen ergeben, die die Situation in Norwegen zehn Jahre nach Einführung einer 40-Prozent-Frauenquote für Aufsichtsräte untersuchten. Diese Untersuchung

ergab, dass die Quote für den allergrößten Teil der Frauen nichts bewirkte: weder höhere Gehälter, noch eine höhere Anzahl von Frauen im Management.[169] Fünf Jahre später ermittelte eine Studie der Ökonominnen Agata Maida von der Universität Mailand und Andrea Weber von der amerikanisch-ungarischen Hochschule CEU dasselbe anhand italienischer Unternehmen. Die beiden Forscherinnen verglichen Firmen mit und Firmen ohne Frauenquote präzise, indem sie alles heraus filterten, was mit anderen Faktoren zu tun hatte. Dabei ergab sich: Die Frauenquote im oberen Management sickerte keineswegs in die unteren Ebenen durch. Weder gab es dadurch in den verschiedenen Abteilungen einer Firma generell mehr weibliche Führungskräfte, noch stieg die Zahl der Top-Verdienerinnen signifikant an. [170]

Wir haben es dem Feminismus zu verdanken, dass es überhaupt so viele Frauen in Führungspositionen geschafft haben

Die globale Wirtschaftsprüfungsgesellschaft Grant Thornton ermittelte auf der Basis von 5500 Interviews, dass sich kein positiver Zusammenhang zwischen dem feministischen Einfluss auf ein Unternehmen und dem Anteil von Frauen in Führungspositionen ziehen lässt – allenfalls ein negativer: So bekleideten im vom Feminismus geprägten Deutschland im Jahr 2015 Frauen lediglich 15 Prozent aller leitenden Positionen; in den USA, wo der Feminismus einen ähnlich großen Einfluss hat, sind es 20 Prozent. In Ost-Europa, wo es keine starke feministische Bewegung gab, handelt es sich hingegen um stolze 35 und in Ost-Asien um 34 Prozent.[171]

Deutlich hängt die Türkei in Sachen weibliche Top-Manager viele europäische Länder ab: Einer Umfrage des World Economic Forums zufolge, die im Corporate Gender Gap Report 2010 veröffentlicht wurde, sind zwölf Prozent der Vorstandsmitglieder in der Türkei weiblich. Nur Finnland liegt mit 13 Prozent weiblichen Geschäftsführern noch weiter vorne. Der weltweite Durchschnitt von Frauen in dieser Position beträgt knapp fünf Prozent. In Deutschland sind es laut Deutschem Institut für Wirtschaftsforschung gerade einmal 3,2 Prozent.[172]

BESCHNEIDUNG

Die Beschneidung von Jungen ist legitim, da sie sehr viel harmloser als die Beschneidung von Mädchen ist

Der Brauch der Beschneidung (Genitalverstümmelung) von Mädchen, der vor allem in Afrika, Asien und dem Nahen Osten ausgeübt wird, hat auch hierzulande zu erhitzten Diskussionen geführt. Mehrere prominente Frauen, darunter die Unicef-Botschafterin Sabine Christiansen, haben auf dieses Problem aufmerksam gemacht, das Top-Model Waris Dirie hat ihre eigenen Erlebnisse in ihrer Autobiographie "Wüstenblume" verarbeitet. Das Buch wurde weltweit zum Bestseller.
Worum genau geht es? Jährlich werden zwei Millionen Mädchen an den Geschlechtsorganen verstümmelt. Weltweit rechnet man mit etwa 130 Millionen betroffener Frauen. Dieser Eingriff reicht von der Abtrennung der Vorhaut der Klitoris über die Entfernung der kompletten Klitoris und der kleinen Schamlippen bis hin zur "pharaonischen Beschneidung" oder Infibulation, bei der die großen Schamlippen bis auf eine winzige künstliche Öffnung zusammengenäht werden. Der Eingriff wird mal kurz nach der Geburt vorgenommen, mal bei Mädchen zwischen vier und sechs, mal bei Siebzehnjährigen. Oft geschieht er ohne Betäubung, die verwendeten Instrumente sind häufig nichts Besseres als Messer, Scherben oder Rasierklingen.
Aber nicht nur deswegen prangert die Unicef diese Sitte als barbarisches Ritual und schwere Menschenrechtsverletzung an. Es geht auch um die möglichen Folgen: Dazu gehören schwere Blutungen, Schock, Infektionen, große Schmerzen beim Geschlechtsverkehr, chronische Entzündungen, seelische Traumata wie Depressionen, Angstzustände und Psychosen. Geburten können lebensgefährlich sein. In der feministischen Rhetorik findet sich die berechtigte Klage über diese Praktik immer wieder durchsetzt mit Formulierungen wie "Männerherrschaft", "Frauenhass" und "rituelle Form von Gewalt gegen Frauen und Mädchen". Wie kommt es, möchte man mit Claudia Heyne und Katharina Rutschky fragen, dass hier kein Wort darüber verloren wird, dass es *Frauen* sind, die

solche Eingriffe vornehmen?[173] Hier wie in anderen Fällen, wird die Täterschaft von Frauen ausgeblendet und damit unterschwellig eine Täterschaft von Männern suggeriert. Wenn von "Gewalt gegen Frauen" die Rede ist, laufen die Gedanken automatisch in vorgefertigten Bahnen, heute mehr denn je.
Die unter dem Pseudonym Sir Galahad schreibende Anthropologin Bertha Eckstein-Diener wies es schon vor mehr als einem halben Jahrhundert als abstrus zurück, wenn die Beschneidung von "frauenrechtlerischen Kreisen, die hier eine Wollüstlingslaune wittern, komischerweise" als ein "Gipfel männlicher Brutalität gegenüber entrechteter Weiblichkeit" gehalten wird. Davon könne "nicht die Rede sein. Gerade in den alten, mächtigen Matriarchaten wurde die Operation von Frauen an Frauen ausgeführt und ist heute noch gerade bei Mutterrechtsvölkern ... typisch." *Verboten* wurde die Beschneidung im Lauf der Geschichte vor allem von *Männern,* in erster Linie solch patriarchalischen Exemplaren der Gattung wie Priestern der katholischen Kirche.[174] Auch die Feministin Mary Daly weist in ihrem Buch "Gyn/Ecology" darauf hin, dass Beschneidung etwas ist, das Frauen *durch* Frauen angetan wird, und zitiert einen Augenzeugen: "Als die Klitoris herausgerissen wurde, heulten die Frauen vor Freude und führten sie in einer Parade durch die Stadt."[175] Die Anthropologin Bettina Shell-Duncan, Professorin an der Universität Washington, berichtet, dass quer durch Afrika die Unterstützung dieser Praktik bei Frauen stärker ist als bei Männern.[176] Und in einer Befragung von 3805 Sudanesinnen, von denen 89 Prozent von weiblicher Genitalverstümmelung betroffen waren, erklärten 96 Prozent, sie würden diese Praktik auch bei ihren Töchtern anwenden lassen, und 90 Prozent waren grundsätzlich dafür, diese Tradition aufrechtzuerhalten.[177]
Eckstein-Diener führt weiter aus, dass die Beschneidung von Mädchen wie die von Knaben zu den Reifeweihen solcher Gesellschaften gehört. Knaben? Bezeichnenderweise kamen männliche Opfer dieser Praktik in der Diskussion über lange Jahre hinweg niemals vor. Die Männerrechtsbewegung hatte zwar mehrfach versucht, darauf aufmerksam zu machen, wurde aber so wie bei etlichen anderen Themen vom Establishment beharrlich ignoriert. Dass die Beschneidung auch bei Jungen in irgendeiner Weise problematisch sein könnte, wurde erst, nachdem im Sommer 2012 das Kölner Landgericht diese Praktik als Körperverletzung

verurteilt hatte,[178]in unseren Medien breit diskutiert. Aber auch nach dem Kölner Urteil versuchten viele, die Debatte möglichst schnell wieder tot zu bekommen: Politiker erklärten eilfertig, die Beschneidung bei Jungen und bei Mädchen sei in keiner Weise miteinander zu vergleichen. Lobbyverbände verurteilten die Kritik an dieser Praxis als "antisemitisch" und "islamophob". Journalisten unterstützten diese Sichtweise mit enormer rhetorischer Verve.[179] Etliche Informationen blieben hier außen vor, insbesondere was die Beschneidung von Knaben in Ländern der sogenannten Dritten Welt angeht, was in der Regel nicht unter Narkose und mit sterilisierten chirurgischen Instrumenten, sondern mit sehr primitivem Werkzeug vorgenommen wird.[180] Es geht hier um sogenannte Initiationsriten: Ein Mensch wird in die Gemeinschaft aufgenommen, indem er gezielt in eine Krisensituation gebracht wird, die seine Persönlichkeit neu begründen soll. Oft muss er eine Reihe von schmerzhaften oder demütigenden Prüfungen ablegen. Man findet solche Zeremonien nicht nur bei fremden Völkern im Dschungel, sondern ebenso in Eliteuniversitäten oder beim Militär. Oft scheinen sie die Grenzen des Fassbaren zu überschreiten, immer wieder werden sie von staatlichen Stellen oder Erziehungsbehörden ausdrücklich und unter Strafandrohung untersagt. Selten jedoch ist so ein Verbot von Erfolg gekrönt. Da Männer die Rolle der Jäger, Kämpfer und Beschützer übernehmen sollen, werden ihnen oft schwerere "Prüfungen" auferlegt als den Frauen:

- Mitglieder des nigerianischen Tiv-Stammes betrachten die Fähigkeit, Schmerz auszuhalten, als Grundvoraussetzung für die Ehe. Die jungen Männer werden verstümmelt, ihnen werden z. B. Zähne ausgeschlagen. Auf die Fragen von Anthropologen, ob das nicht sehr schmerzhaft sei, reagieren sie mit Verständnislosigkeit: "Natürlich ist es schmerzhaft. Aber welches Mädchen würde einen Mann ansehen, dessen Narben ihn nicht Schmerzen gekostet haben?" Mit Schmerzen bezahlte Verstümmelung gilt dort als einer der schönsten Schmuckgegenstände.[181]
- Bei den Aborigines, den australischen Ureinwohnern, sowie auf mehreren Inseln des Westpazifischen Ozeans ist es Brauch, jungen Männern einige Wochen nach Entfernung der Vorhaut den Penis aufzuschlitzen, was eine vollständige oder partielle Spaltung der Harnröhre bewirkt: "In solchen Fällen hängt die beschnittene

Vorhaut wie ein hässlicher, brauner Hautlappen herunter." Diese außerordentlich gefährliche Prozedur, die als Ariltha bekannt ist, hinterlässt eine schmerzhafte Wunde, die erst nach langer Zeit verheilt. Während der Rekonvaleszenz kann der Jüngling nur auf dem Rücken liegen. Es können sich ausgedehnte Infektionen bilden, die nicht selten tödlich enden.[182]

• Die Tonga in Südafrika unterziehen ihre Knaben zwischen zehn und sechzehn Jahren einer dreimonatigen Tortur. In einer "Beschneidungsschule" müssen die Kinder schwere Peinigungen durch die erwachsenen Männer der Gesellschaft über sich ergehen lassen. Es beginnt mit einem Spießrutenlaufen durch zwei Reihen von Männern, die mit Knüppeln auf die Initianten einprügeln. Danach wird der Junge mit einem mit einer Löwenmähne behängten Mann konfrontiert, der ihm mit zwei Schnitten die Vorhaut absäbelt. Danach kommt er für die erwähnten drei Monate in den "Garten der Mysterien", wo er sechs großen Proben ausgesetzt wird: Schläge, Kälte, Durst, Einnahme ekelerregender Nahrung (etwa halbverdautem Gras aus dem Magen einer Antilope), Bestrafung und Todesdrohung. Er schläft unbedeckt und leidet bitterlich unter der winterlichen Kälte und wird beim Verstoß gegen rituelle Regeln streng bestraft. Es werden ihm beispielsweise Stöcke zwischen die Finger gesteckt, woraufhin ein starker Mann seine Hand um die des Jungen schließt und ihm fast die Finger zerquetscht.[183]

• In Indonesien werden den Jungen zu Beginn der Pubertät Bambus- oder Metallkugeln, sogenannte Ampallangs, in den Penisschaft oder die Eichel eingesetzt, weil dadurch die Klitoris ihrer zukünftigen Partnerin besser stimuliert werden soll. Zu Beginn sind es kleine Kugeln, dann immer größere.[184] Koreaner und einige philippinische Ureinwohner machen das ähnlich.[185]

• In Indien nähen alte Prostituierte Jungen, sobald sie in die Pubertät kommen, kleine Gold-, Silber- und Bronzeglöckchen in die Haut des männlichen Gliedes. "Dadurch, so behaupten sie, hätten ihre Männer mehr Ausdauer und würden sie viel besser befriedigen als wir armen Europäer."[186]

• Die Krieger des ostafrikanischen Hamite-Stammes nehmen den Jungen alle Kleider weg und lassen sie dann nach Sonnenuntergang beim Schärfen des Operationsmessers zuhören. Im Laufe des Beschneidungsrituals müssen die Jungen durch einen kleinen Käfig kriechen, an dessen Ein- und Ausgang Krieger mit Nesseln und Hornissen warten. Mit ersteren schlagen sie den Jungen ins Gesicht und auf die Sexualorgane, die Hornissen setzen sie ihnen auf den Rücken.[187]

- Im Hochland von Neuguinea werden Jungen dazu gebracht, sich durch das Einführen scharfer Grashalme in die Nasenlöcher selbst Nasenbluten zu verursachen, das von den erwachsenen Männern des Stammes mit lautem Kriegsgeheul begrüßt wird.[188]
- In Sambia werden Jungen von ihren Müttern weggerissen und öffentlich verprügelt. Danach zwingt man sie zu Fellatio mit älteren Männern, weil man glaubt, dass die Jungen durch das verschluckte Sperma stark werden.[189]
- Amhara-Jungen werden durch Peitschenhiebe Gesichter zerfetzt, Ohren halb abgerissen und am ganzen Körper blutigrote Striemen zugefügt. Jedem Zeichen der Schwäche wird mit Hohn und Spott begegnet.[190]

Bei diesen Riten endet so mancher Junge verstümmelt oder verliert das Leben. Allein in einem Land wie Südafrika kommt es innerhalb eines Monats zu 37 Toten.[191] Einem 2014 veröffentlichten Bericht zufolge waren dort in den vorangegangenen sieben Jahren mehr als eine halbe Million Jungen aufgrund verpfuschter Beschneidungen im Krankenhaus gelandet. Derselbe Bericht verzeichnet allein in zwei südafrikanischen Provinzen 419 Tote in diesem Zeitraum.[192] Aber beispielsweise auch in Großbritannien kommen Kinder bei dieser Praktik ums Leben.[193] In den USA führen wissenschaftlichen Schätzungen zufolge Beschneidungen bei Jungen zu über 100 vermeidbaren Todesfällen pro Jahr.[194] Ein großes Medienthema ist all das hierzulande nicht; auch viele Mitglieder von Menschenrechts-Organisationen zeigen kein besonderes Interesse. Ungehindert kommt es so zu Monstrositäten wie Massenbeschneidungen auf den Philippinen, wo im Jahr 2011 fast 1500 Jungen im Alter von etwa neun Jahren am selben Tag beschnitten wurden, weil die Akteure sich damit einen Eintrag im Guinness-Buch der Weltrekorde sichern wollten.[195] Man kann sich die weltweite Medienempörung vorstellen, wenn es sich um 1500 Mädchen gehandelt hätte.

Auch für die an der Universität Stanford tätige Politikwissenschaftlerin Rebecca Steinfeld, die zu Genitalbeschneidungen forscht, ist das Argument der Nicht-

Vergleichbarkeit nicht haltbar: "Die Medien tendieren dazu, die schwersten Formen der weiblichen Genitalbeschneidungen mit den harmlosesten der männlichen zu vergleichen", erklärt die jüdische Politikwissenschaftlerin. Dies berichtet Renate Bernhard, eine preisgekrönte Journalistin, die sich seit 1998 mit dem Thema weibliche Genitalverstümmlung beschäftigt, in einem Beitrag, der auf der Website der ehemaligen Goslarer Gleichstellungsbeauftragten Monika Ebeling veröffentlicht wurde. Bernhard führt darin folgende Punkte weiter aus:

"In der Tat wird bei der weiblichen Genitalverstümmelung zumeist die am Horn von Afrika übliche, schwerste Form beschrieben, die sogenannte Infibulation. So bekommt frau jede Zustimmung, dass das definitiv eine Verstümmelung ist, denn bei der Infibulation oder Typ IV der weiblichen Genitalverstümmelungen werden Klitoris, äußere und innere Schamlippen beschnitten oder ganz entfernt und anschließend die Scheide bis auf eine winzige Öffnung zugenäht. (...) Weniger bekannt, aber weltweit doch wesentlich weiter verbreitet als die Infibulation sind die leichteren Formen der weiblichen Genitalverstümmelungen, von der WHO als Typ I bis III klassifiziert. Sie werden zunehmend von Ärzten ausgeführt und wie die Jungenbeschneidung in die OP-Säle verlegt. Dabei wird 'nur' die Klitorisvorhaut geritzt und/oder die Klitorisspitze entfernt, mit dem Ziel, das sexuelle Lustempfinden der Frau zu vermindern, was in diesen Kulturen als positiv bewertet wird. Die äußerlich sichtbaren Folgen sind hier so 'gering', dass sie mitunter von Kinderärzten gar nicht erkannt werden, was aber nichts aussagt über die den Verlust der Sensibilität und die damit verbundenen möglicherweise traumatisierenden seelischen Folgen. Auch bei den männlichen Beschneidungsritualen gibt es sehr unterschiedliche Formen: vom Ritzen und Abschneiden von Teilen der Vorhaut (Incision), bis zu ihrer kompletten Amputation (Circumcision) inclusive des hochsensiblen Vorhautbändchens (Frenulum). Ingesamt geht es hier um eine 33% bis 50%ige Häutung eines Organs, das, weil es sich ausdehnen können muss, diese Hautreserve braucht."[196]

Der Definition der Weltgesundheitsorganisation (WHO) zufolge gilt selbst die häufigste und harmloseste Form der Beschneidung, bei der

einem Mädchen ein Teil der Klitoris von der Größe eines Reiskorns entfernt wird, als Verstümmelung – nicht aber wesentlich größere und schmerzhaftere Eingriffe bei Jungen.[197] Dies ungeachtet der Tatsache, dass sogar beispielsweise die liberale Feministin Ayaan Hirsi Ali, selbst ein prominentes Opfer von Genitalverstümmelung, erklärt, dass der leichtere Eingriff bei Frauen weniger Schaden anrichtet als die Beschneidung von Jungen.[198]
Rebecca Steinfeld fordert in ihrem Artikel, dass auch die Beschneidung von Vorhäuten ein feministisches Thema sein sollte, und nennt Sexismus als einen der Hauptgründe, warum bei Frauen und Männern mit unterschiedlichem Maßstab gemessen wird. "Die Körper von Männern werden als Körper wahrgenommen, die gegen Schäden resistent sind oder sogar einer Prüfung durch schmerzhafte Prüfungen bedürfen, während weibliche Körper als hochgradig verletzlich und schutzbedürftig angesehen werden" führt Steinfeld einen zentralen Punkt aus, der auch auf andere Themen in diesem Lexikon über populäre Irrtümer zutrifft. "Mit anderen Worten, die Verwundbarkeit ist geschlechtsspezifisch. Und kleine Mädchen werden eher als Opfer gesehen als kleine Jungen." Nach den Erfahrungen von Männern werde in unserem "Patriarchat" nicht gefragt.[199]
In den vergangenen Jahren versuchten manche, die Bescheidung von Männern damit zu rechtfertigen, dass sie einen Schutz vor sexuell übertragbaren Krankheiten wie AIDS bedeuten könne. Diese Annahme wurde inzwischen allerdings vielfach kritisiert und widerlegt: Den besten Schutz gegen solche Krankheiten bieten Kondome – worauf zahllose beschnittene Männer verzichten, weil sie fälschlich glauben, dass ihre Beschneidung einen ausreichenden Schutz darstelle.[200] Insofern argumentierten Kritiker, dass infolge der Jungenbeschneidung die Rate an AIDS-Erkrankungen eher steigen dürfte. Im Jahr 2015 wurden diese Kritiker durch einen Gesundheitsbericht des Landes Malawi bestätigt, der zeigte, dass dort die Rate an HIV-Erkrankungen unter beschnittenen Männern höher als unter unbeschnittenen Männern war. Trotz dieser Statistik pumpte die Weltbank 15 Millionen Dollar nach Malawi, um diese Praktik weiter zu bewerben.[201] Dieselbe Summe hätte im afrikanischen Gesundheitssystem bei Weitem sinnvoller eingesetzt werden können.

Wie sieht die Situation nun in Deutschland aus? Hier wurde vom Deutschen Bundestag nach dem Urteil des Kölner Landgerichts im Sommer 2012 hurtig noch im selben Jahr ein Beschneidungsgesetz verabschiedet, das diese Körperverletzung weiter legitimieren sollte. Dieses Gesetz habe "die Probleme überhaupt nicht gelöst", befindet Wolfram Hartmann, Präsident des Berufsverbands der Kinder- und Jugendärzte. Nach wie vor hätten die Jungen kein Recht auf körperliche Unversehrtheit und kein Selbstbestimmungsrecht. "Wir beobachten in den Arztpraxen, dass sich nichts verändert hat. Es wird unverändert beschnitten ohne Schmerzfreiheit. Es gibt unverändert hohe Komplikationsraten." Auch Kinder, so Hartmann, haben ein Recht auf körperliche Unversehrtheit, das auch die Eltern nicht missachten dürfen: "Weder Tradition noch Religion dürfen dazu führen, dass an den Genitalien von minderjährigen, nicht einwilligungsfähigen Mädchen oder Jungen ohne medizinische Indikation herumgeschnitten wird. Menschenrechtsverletzungen bleiben Menschenrechtsverletzungen, auch wenn sie aus rituellen Gründen begangen werden."[202]
"Wir bezeichnen die religiöse Beschneidung guten Grundes als Kindesmisshandlung" sekundiert Brigitte Dietz, die stellvertretende Vorsitzende und Pressesprecherin des Berufsverbandes der Kinder- und Jugendärzte in Bayern. Der Eingriff berge vielfältige Risiken wie Infektionen, Wundheilungsstörung, Harnröhrenverengung und Fisteln. "Einige haben später auch psychische Probleme", berichtet die Expertin, "bis hin zu Erektionsproblemen und sexuellen Störungen sowie Minderwertigkeitskomplexen, da dieser Eingriff eine Verstümmelung darstellt, die ohne die Einwilligungsfähigkeit der Person stattgefunden hat." Die Situation habe sich seit dem Gesetz von 2012 sogar verschlechtert. "Demnach ist es ja gesetzlich erlaubt, Säuglinge bis zum 6. Lebensmonat ohne Narkose und ohne Schmerzmittel von nicht ärztlichen Personen beschneiden zu lassen."[203]
Hartnäckig halten sich Mythen, denen zufolge diese Praktik bei Jungen harmlos sei, weil Babys noch kein Schmerzempfinden hätten beziehungsweise der Schmerz rasch vergessen werde. Beides ist nachweislich falsch. Für eine Studie der Universität Oxford wurden zehn Säuglinge im Alter zwischen einem und sechs Tagen in Begleitung von Eltern und Klinikpersonal in einem Magnetresonanztomographen (MRT) untergebracht, wo sie einschliefen und dann mit einem speziellen Stab in die Fußsohle

gestoßen wurden. Das rief ein Gefühl hervor, als würde man von einem Bleistift gestochen werden - so sanft, dass die Babys nicht aufwachten. Ihre Gehirnscans wurden dann mit denen von Erwachsenen verglichen, die dem gleichen Schmerzreiz ausgesetzt waren. Die Forscher fanden heraus, dass 18 der 20 Hirnregionen, die bei Erwachsenen aktiv sind, wenn ihnen Schmerz zugefügt wird, sich bei demselben Reiz auch bei Säuglingen melden. Mehr noch: Das Gehirn der Babys reagierte auf einen schwachen Stich genauso wie Erwachsene auf einen *viermal so starken Reiz*. Demnach empfinden Babys nicht nur Schmerzen wie Erwachsene, sondern haben auch eine viel niedrigere Schmerzgrenze.[204] Wenn an ihrem Penis herumgesäbelt wird, dürften sie dies als viermal so schmerzhaft wie Erwachsene in derselben Situation empfinden. Schon frühere Forschung deutete in diese Richtung. So führten 1997 kanadische Ärzte eine Studie durch, um herauszufinden, welche Art von Anästhesie am effektivsten ist, um die Schmerzen der Beschneidung zu lindern. Wie bei jeder Studie brauchten sie eine Kontrollgruppe, die keine Anästhesie erhielt. Die Ärzte erkannten schnell, dass die Babys, die nicht betäubt wurden, so sehr unter Schmerzen litten, dass es unethisch gewesen wäre, mit der Studie fortzufahren. Selbst die beste allgemein verfügbare Methode zur Schmerzlinderung, die untersucht wurde, die dorsale Penisnervenblockade, blockierte nicht alle Schmerzen der Babys. Einige der Babys litten so sehr, dass sie zu ersticken begannen, eines hatte einen Krampfanfall.[205] Andere Studien zeigten, dass der Schmerz, der Babys bei einer Beschneidung zugefügt wird, so stark ist, dass es später empfindlicher auf andere Schmerzen reagiert,[206] und darüber hinaus posttraumatische Störungen, Depressionen, Wut, ein geringes Selbstwertgefühl und Probleme, Intimität zuzulassen, auslösen kann. Vor diesem Hintergrund erscheinen zahlreiche Artikel unserer Leitmedien schlicht menschenverachtend: etwa wenn Gerhard Lehrke im Berliner Kurier erklärt, die bei Genitalverstümmelungen abgeschnittene Vorhaut mache viele Tierversuche überflüssig,[207] oder wenn Severin Weiland auf *Spiegel-Online* formuliert:

"Der sächsische Bundestagsabgeordnete Detlev Spangenberg fordert unter dem Titel 'Diskriminierung des männlichen Kindes

stoppen' ein Beschneidungsverbot – was gegen muslimische und jüdische Kinder zielt."[208]

Tiere erscheinen schützenswerter als Babys und nicht das Quälen solcher Babys, sondern ein Versuch, diese Tortur zu stoppen, ziele gegen Kinder - mitunter lassen einen Deutschlands Journalisten mit derartigen Formulierungen erschauern.
"Es gibt keine Frauenbeschneidung ohne Männerbeschneidung" hat die Ärztekammer Nordrhein einen Beitrag über ein Symposium in Essen betitelt, bei dem Ärzte sich mit dem Dilemma auseinandersetzen, dass Genitalverstümmelung bei Jungen Körperverletzung darstellt und trotzdem legal ist: Die medizinisch nicht indizierte Amputation der Vorhaut erfülle alle Kriterien sexualisierter Gewalt. Klare Worte fand auf dem Symposium Professor Dr. Matthias Franz, stellvertretender Leiter des Klinischen Instituts für Psychosomatische Medizin und Psychotherapie der Uniklinik Düsseldorf: "Es scheint, als gälte die Aufklärung, die UN-Kinderrechtskonvention und das Grundgesetz nicht für kleine Jungen. Und es scheint, als hätte man angesichts des Machtanspruchs religiöser Phantasiesysteme schon wieder vergessen, dass Erwachsene an den Genitalien von Kindern nichts zu suchen haben, und dass man Kindern nicht wehtut."[209]
Vereinzelt gibt es bei diesem Thema allerdings auch Lichtblicke: Weltweit beginnen immer mehr Fachleute wie die "Doctors Opposing Circumcision" darauf aufmerksam zu machen, dass auch der Beschneidung von Jungen Einhalt geboten werden sollte.[210] Der Bioethiker Robert Darby und der Kinderrechtsanwalt Steven Svoboda weisen darauf hin, dass nicht nur die schmerzvolle und meist mit gesundheitlichen Folgen verbundene Prozedur der Beschneidung bei beiden Geschlechtern sehr gut miteinander zu vergleichen ist. Auch die Rhetorik, mit der Befürworter der Beschneidung bei Jungen diese Praktik verteidigen, wiesen eine "bemerkenswerte Ähnlichkeit" mit der Rhetorik auf, die Befürworter der Genitalverstümmelung bei Mädchen vorbringen: Beispielsweise demonstrieren in Gambia Frauen für das Recht von Müttern, ihre Töchter zu beschneiden, "weil das unsere Kultur ist", und es werden angebliche Hinweise betont, denen zufolge auch die Genitalverstümmelung von Frauen die Verbreitung von HIV unterbinden könne.[211] Allerdings wissen Darby und Svoboda auch

zu berichten, dass in den USA das Gesprächsthema emotional ebenfalls sehr aufgeladen ist, sobald man Beschneidung auch bei Jungen problematisieren möchte: Die Anthropologin Kirsten Bell etwa stieß bei ihren Studenten sofort auf spontane Feindseligkeit, sobald sie beide Formen von Beschneidung im selben Atemzug nannte. So komme es zu einer weit verbreiteten Sichtweise, "in der Beschneidung bei Jungen nicht schlimmer sei als sich ein Ohrloch stechen zu lassen und bei Mädchen das Gegenstück zu einer Penisamputation".[212]

In Deutschland ist das Engagement gegen Genitalverstümmelung bei beiden Geschlechtern immerhin das bislang erste Thema, bei dem zumindest einige Feministinnen mit Männerrechtlern am selben Strang ziehen. So gehören zu einer Koalition, die sich gegen diese Praktik engagiert, sowohl die frauenpolitische Organisation terre des femmes als auch der Verein MANNdat e.V., eine Initiative für die Rechte von Jungen und Männern.[213] Alice Schwarzer indes verteidigte die Genitalverstümmelung bei Jungen. Ihrem Weltbild zufolge steckten hinter der Kritik daran "Männerrechtler", die nichts anderes als "eine unerhörte Verharmlosung der Klitorisverstümmelung" im Sinn hätten.[214]

BESITZ

Einer UN-Statistik zufolge verrichten Frauen weltweit 66 Prozent der Arbeit, besitzen aber nur ein Prozent des Vermögens

Eine absurde Statistik, die angeblich von den Vereinten Nationen stammt, ist auch nach Jahrzehnten nicht totzukriegen und wird an jedem 8. März (dem "Frauenkampftag") gerne zitiert und fröhlich weiter verbreitet: Ihr zufolge verrichten Frauen weltweit 66 Prozent der Arbeit, produzieren fünfzig Prozent der Nahrung, verdienen aber nur zehn Prozent des Einkommens und besitzen lediglich ein Prozent des Vermögens. Oder um mit einem Songtitel von John Lennon zu sprechen: "Woman is the nigger of the world".

Die hoch angesehene *Washington Post* hat sich im Jahr 2015 diese vermeintliche Statistik anlässlich einer Oxfam-Reklame, mit der sie einmal mehr verbreitet wurde, genauer angesehen. Das Ergebnis: Sie

wurde erstmals in einem Journal der Internationalen Arbeitervereinigung verbreitet – ohne jede Quellenangabe. Im Jahr 2007 erklärte die indische Rechtsanwältin Krishna Ahooja-Patel, die für die Vereinten Nationen tätig gewesen war, für diese Statistik verantwortlich gewesen zu sein. Wie gelangte sie zu ihren Zahlen? Nun ja, das seien eben "verschiedene UN-Statistiken", "verfügbare globale Daten" und "bruchstückhafte Indikatoren" zu dieser Zeit gewesen, also kurz gesagt "erraten auf der Grundlage von Hochrechnungen anhand von Schätzungen".
Obwohl diese Zahlen also praktisch aus der Luft gegriffen wurden, führt die *Washington Post* weiter aus, werden sie von den verschiedensten Organisationen rauf und runter zitiert – oft ohne Quellenangabe. "Und wenn eine Quellenangabe genannt ist, führt sie zu irgendeinem UN-Bericht, der selbst keine Quellenangabe nennt. Es ist ein unaufhörlicher Zirkelschluss." Agnes Quisumbing, Forschungsleiterin am International Food Policy Research Institute, war ähnlich deutlich: "Es ist ein Zombiefakt, und er stirbt niemals." Durch das Internet wird er nur noch unbedachter weiter verbreitet. Die *Washington Post* indes gab der Behauptung volle vier Pinocchio-Punkte – die maximal erreichbare Höchstwertung.[215]
Trotzdem, so berichtet der Professor für Soziologie Philip Cohen im linksliberalen Magazin *The Atlantic*, wird sie noch 35 Jahre nach ihrer Erfindung munter weiter verwendet von Gesetzgebern in Südafrika, internationalen Universitäten, feministischen Lobbygruppen, Journalisten, Menschenrechtlern, Soziologen und Ökonomen – und sogar "erstaunlicherweise von UN-Organisationen wie UNIFEM selbst, die sie als aktuelle Zahlen von heute darstellen."[216]

DEPRESSIONEN

Frauen sind von Depressionen besonders stark betroffen

"Jahrzehntelang haben feministische Wissenschaftler dargelegt, welchen Zwängen ein Mädchen im Laufe seiner Entwicklung unterworfen ist und welche zum Teil katastrophalen Auswirkungen diese auf ihr Selbstwertgefühl haben", berichtet der US-amerikanische Psychologe Terrence Real in einem Fachbuch über Depressionen. "Es ist an der Zeit, den entsprechenden Vorgang im Leben von Jungen und Männern zu erforschen."[217] Die bisherige Einseitigkeit bei diesem Thema ist nämlich Folge einer fehlerhaften Wahrnehmung. "Frauen leiden nicht häufiger als Männer unter Depressionen, aber sie *klagen* häufiger darüber", erklärt der US-amerikanische Geschlechterforscher Warren Farrell. "Neuere Studien belegen, dass Klinikärzte bei Männern in zwei Dritteln aller Fälle eine Depression nicht erkennen, bei Frauen in der Hälfte aller Fälle. Bei Frauen wird auch mit höherer Wahrscheinlichkeit eine Depression diagnostiziert, von der sich später herausstellt, dass es keine war".[218]

Auf solche Unsauberkeiten in der Forschung bezieht sich auch die kritische Feministin Carol Tavris: Das Problem beginnt damit, dass Frauen eher über ihre Gefühle reden und natürlich das Vorurteil kennen, sie würden vermehrt zu Depressionen neigen. Beides führt dazu, dass sie wegen ihrer Schwermut schneller einen Arzt aufsuchen. Dazu kommt, dass sich die klinische Definition dessen, welcher Zustand als "Depression" eingeordnet wird, eben wegen dieser Vorurteile eher an typisch weiblichem Verhalten in diesen Fällen orientiert: Weinen, Im-Bett-Bleiben, Ess-Störungen, Klagen.[219] Männern wird dieses Verhalten durch die Erwartungen an ihre Geschlechterrolle schwerer gemacht. So fanden die Psychologen Hammen und Peters bei der Untersuchung mehrerer hundert College-Studenten heraus, dass Studentinnen, die sich bei einer Depression hilfesuchend an ihre Mitbewohnerinnen wandten, auf fürsorgliche und einfühlsame Reaktionen stießen. Männer in derselben Situation mussten jedoch mit sozialer Isolation, wenn nicht gar offener Feindseligkeit seitens ihrer Zimmergenossen rechnen.[220] Eine andere Studie zeigte, dass sowohl wenn die Befragten eine Depression selbst durchgemacht, als auch wenn sie sie bei einem Familienmitglied miterlebt hatten, diese Störung bei Männern nicht als Krankheit erkannt, sondern für ein Zeichen persönlicher Schwäche gehalten wurde.[221]

Es verwundert also nicht, wenn zum Beispiel Jungen anderen Menschen negative Gefühle seltener mitteilen als Mädchen und sie auf Nachfragen abstreiten. Oft zeigen diese Gefühle sich nur in einer

Unfähigkeit, mit Freunden zu entspannen, oder mangelndem Interesse daran, um die Häuser zu ziehen. Auf die Frage, ob sie sich daran erinnerten, sich im Laufe des letzten Monats traurig, angewidert, schuldig oder ängstlich gefühlt zu haben, antworteten die meisten Jungen mit "nein". Aber wenn sie ein Tagebuch über ihre Gefühle geführt hatten, fand man sie alle darin.[222]
Wenn Männer ihren Blues also nicht öffentlich blasen dürfen, wie äußert er sich dann? In der Regel schlägt er um in eine bunte Palette anderer Symptome: Arbeitswut, Trinken, Spielsucht, eine hochaggressive Fahrweise, Konzentrationsstörungen, berufliche Probleme bis hin zu Fahrlässigkeit oder Selbstsabotage, extreme Unruhe und starker Bewegungsdrang, Unfähigkeit zu menschlicher Nähe, etliche psychosomatische Störungen und Stress-Symptome.[223] Allerdings gibt es Verhaltensformen, die noch selbstzerstörerischer und sozialschädlicher sind. Wenn man etwa Suchtmittelabhängigkeiten oder antisoziale Persönlichkeitsstörungen zu den depressiven Störungen zählt, dann gleicht sich das pathologische Niveau zwischen den Geschlechtern in diesem Bereich fast vollständig an.[224] Auch dies ist ein ernstzunehmender Hinweis darauf, dass sich Depressionen bei Männern nur anders äußern als bei Frauen.
Männer dürfen nicht verletzlich sein. Wenn doch, muss der Schmerz möglichst schnell überwunden werden. Insgeheim ist das die Vorstellung, die nicht nur in den Köpfen von Freunden und Verwandten, sondern auch vieler Psychologen vorherrscht. Diese gesellschaftliche Verdunkelungstaktik führt zu verheerenden Auswirkungen, wie Terence Real beschreibt, der sich speziell mit diesem Thema befasst hat: "Zwischen sechzig und achtzig Prozent aller depressiven Menschen bekommen nie Hilfe. Das Schweigen, das die Depression umgibt, ist umso trauriger, als ihre Behandlung eine hohe Erfolgsquote aufweist. Nach aktuellen Schätzungen kann der Zustand von achtzig bis neunzig Prozent aller depressiven Patienten mit einer Kombination von Psychotherapie und Medikamenten verbessert werden – vorausgesetzt, sie nehmen überhaupt eine Behandlung in Anspruch."[225] Stattdessen stehen viele Männer unter einem so großen Druck wie ein kochender Wasserkessel, dessen Tülle verstopft ist. Dieser Kontrollzwang kann sich nach der Ansicht von Terence Real, aber auch der Psychologin

Judith Herman zum Beispiel in Kindesmisshandlung oder Gewalt gegen Frauen äußern.[226]
Wenn das so ist, dann würde das erklären, warum in mancherlei Hinsicht Männer gewalttätiger sind als Frauen – auch wenn dieser Unterschied, wie andere Einträge dieses Lexikons zeigen, oft überschätzt wird. Je stärker sich die Geschlechterrollen einander angleichen, desto eher dürften Frauen auch die Nachteile der Männerrolle zu spüren bekommen. Der Washingtoner Psychologe Alvin Baraff ist überzeugt davon: "Frauen werden weniger Freunde haben. Sie werden ihre eigenen Gefühle weniger stark wahrnehmen. Sie werden dieselben Krankheiten entwickeln."[227]
Vermutlich nehmen sich auch deshalb so viel mehr Männer als Frauen das Leben, weil sie den mit ihrer Geschlechterrolle verbunden Druck nicht angemessen nach außen abgeben können.[228]
Auch dies spricht dafür, dass es höchste Zeit ist, sich um diese Problematik zu kümmern.

DISKRIMINIERUNG

Frauen erleiden mehr Diskriminierung als Männer

Zu den Grundsätzen der Männerrechtsbewegung (Maskulismus) gehört, dass es keine "Opferolympiade" geben sollte: Jeder Mensch hat das Recht, vor Diskriminierung geschützt zu werden, unabhängig davon, ob seine Gruppe stärker oder schlechter davon betroffen ist. Dessen ungeachtet bleibt die massiv einseitige Berichterstattung der Leitmedien befremdlich – etwa wenn auf *Spiegel-Online* die Feministin Margarete Stokowski phantasiert, Männer würden überhaupt keine Diskriminierung erfahren.[229]
Der Stand der wissenschaftlichen Forschung ergibt ein komplett anderes Bild. So zeigt eine internationale Studie, die Anfang 2019 veröffentlicht wurde, Benachteiligungen, auf die viele Maskulisten seit Jahrzehnten hinweisen: In 91 Ländern dieser Erde sind Männer stärker benachteiligt als Frauen; in 43 Ländern sieht es anders aus. Deutschland zählt ebenso wie die USA und alle europäischen Staaten außer Italien zu den Ländern, in denen sich die Waagschale zu Lasten von Männern neigt.

Die Studie, die von der Universität Essex und der Universität Missouri-Columbia durchgeführt wurde, benutzt einen Maßstab, der als Global Gender Gap Index bezeichnet und von Akademikern und Politikern seit 2006 weltweit verwendet wird, um Ungleichheit zu analysieren. Schlappe 18 Jahre, nachdem ich in meinem Buch "Sind Frauen bessere Menschen?" darauf hingewiesen hatte, merkten auch diese Forscher, dass der bisher verwendete Maßstab einseitig gewichtete und dass er Aspekte, bei denen Männer benachteiligt waren, überging. Darüber hinaus erfasste er nicht, welche Formen der Ungleichheit durch Diskriminierung verursacht wurden und welche lediglich durch persönliche Lebensentscheidungen von Frauen und Männern. Der neue Maßstab erfasst auch jene Faktoren der Benachteiligung, auf die Männerrechtler seit Jahrzehnten hinweisen, wobei sie aber von Feministinnen, Politik und Medien ignoriert werden: also etwa härtere Bestrafung für dasselbe Verbrechen, staatlich verordnete Zwangsdienste und die höhere Zahl von Menschen, die durch ihren Beruf zu Tode kommen.
"Wir sagen nicht, dass Frauen in hoch entwickelten Ländern in einigen Bereichen ihres Lebens keine Nachteile haben", erklärt Psychologieprofessor Gijsbert Stoet, einer der Leiter dieser Studie. Wenn man jedoch die Nachteile betrachte, die beide Geschlechter erleiden, erhalte man "ein anderes Bild als das, das in den Medien üblich ist".[230]
Sicherlich bietet auch diese neue Gewichtung viel Raum für Diskussionen. Dessen ungeachtet durchkreuzt sie einen Jahrzehnte andauernden schweren Missstand: allein die Benachteiligungen von Frauen in den Blick zu nehmen und aus der eigenen Parteilichkeit schlussfolgern, dass in unserer Gesellschaft vor allem Frauen benachteiligt seien. "Es könnte ja schon hilfreich sein", kommentiert Sebastian Hermann den neuen Bericht in der *Süddeutschen Zeitung*, "wenn ein Gedanke in die so polarisierende Geschlechterdebatte einsickert: Männer leben keinesfalls überall im Schlaraffenland, wo sie täglich Wunschkonzerten lauschen."[231] Schlagwörter wie "männliche Privilegien" und "Patriarchat" erweisen sich so als weltfremde und irreführende Polemik.

DIVERSITY

Diversity-Politik in Unternehmen hilft Frauen beim Aufstieg

"Diversity" (zu deutsch: "Vielfalt") lautet eines der neuen Zauberworte einer frauenfreundlichen Unternehmenskultur. "Diversity Management" im Personalwesen bedeutet, dass man die Anwesenheit von Mitarbeitern, die sich vom Rest der Belegschaft unterscheiden (etwa wegen ihres Geschlechts), besonders wertschätzt. Wenn eine Firma diesem Konzept folgt, versucht sie beispielsweise, Frauen nicht aus dem Management draußen zu halten, sondern heißt sie ausdrücklich willkommen und begünstigt ihren Aufstieg.
In ihrem in der Harvard Business Review veröffentlichten Aufsatz "Why Diversity Programs Fail" mussten die Professoren für Soziologie Frank Dobbin (Harvard) und Alexandra Kalev (Universität Tel Aviv) jedoch ernüchtert feststellen, dass spezielle Trainings, um die Vielfalt in Unternehmen zu fördern, keinen Erfolg zeigten. Im Gegenteil: Der Anteil der Frauen sank von 39 auf 35 Prozent.
Es sei keine Überraschung, dass die meisten Diversity-Programme erfolglos seien, erklären Dobbin und Kalev:

"Trotz viel neuen Schnickschnacks verstärken die Unternehmen im Grunde genommen die gleichen Ansätze, die sie seit den 1960er Jahren praktiziert haben - was die Dinge oft nicht besser, sondern schlechter macht. Die Unternehmen stützen sich seit langem auf Diversity-Schulungen, um die Vorurteile am Arbeitsplatz zu verringern, setzen Tests und Leistungsbeurteilungen ein, um diese Vorurteile bei der Einstellung und Beförderung von Mitarbeitern einzuschränken, und installieren Beschwerdesysteme, um den Mitarbeitern die Möglichkeit zu geben, Manager mit ihrem Fehlverhalten zu konfrontieren. Diese Instrumente sind dazu da, um Klagen durch die Gedanken und Handlungen von Führungskräften vorzubeugen. Laboruntersuchungen zeigen jedoch, dass diese Art von Zwang Vorurteile eher aktivieren kann, statt sie auszumerzen. Wie Sozialwissenschaftler herausgefunden haben, rebellieren Menschen oft gegen Regeln, um ihre Autonomie durchzusetzen. Versuchen Sie, mich zu zwingen, X, Y oder Z zu tun, und ich tue das Gegenteil, nur um zu beweisen, dass ich mein eigener Herr bin."

Weiter heißt es bei Dobbin und Kalev:

"Haben Menschen, die eine Ausbildung in Diversity absolvieren, in der Regel ihre Vorurteile verloren? Seit der Zeit vor dem Zweiten Weltkrieg haben die Forscher diese Frage in fast tausend Studien untersucht. Es stellt sich heraus, dass die Menschen zwar leicht lernen, auf einen Fragebogen über Voreingenommenheit richtig zu antworten, aber die richtigen Antworten schnell vergessen. Die positiven Effekte des Diversity-Trainings dauern selten länger als ein oder zwei Tage, und eine Reihe von Studien deuten darauf hin, dass es Vorurteile aktivieren oder einen Rückschlag auslösen kann. Dennoch nutzen es fast die Hälfte der mittelständischen Unternehmen und fast alle Fortune-500-Unternehmen."

Vor diesem Hintergrund ziehen die Soziologen ein klares Fazit:

"Die vorliegenden Zahlen fassen es zusammen. Ihre Organisation wird weniger abwechslungsreich, nicht mehr, wenn Sie von Managern verlangen, dass sie zu einem Diversity-Training gehen, ihre Einstellungs- und Beförderungsentscheidungen regeln und ein legalistisches Beschwerdesystem anwenden."

Wer tatsächlich mehr Vielfalt in seinem Unternehmen wünsche, so Dobbin und Kalev, müsse anders vorgehen: etwa indem er Manager motiviere, diese Vielfalt herzustellen, und dafür sorgen, dass diese Führungskräfte mehr Kontakt zu Mitarbeitern aufnehmen, die in der Firma eine Minderheit darstellen – also beispielsweise mit Frauen.[232] In einem weiteren Beitrag des Harvard Business Review gelangten Tessa Dover, Brenda Major und Cheryl Kaiser zum selben Ergebnis:

"Eine Längsschnittstudie von über 700 US-Unternehmen ergab, dass die Umsetzung von Diversity-Trainingsprogrammen wenig positive Auswirkungen hat und die Repräsentation schwarzer Frauen möglicherweise sogar abnimmt. Die meisten Menschen gehen davon aus, dass Diversity-Politik Unternehmen fairer für Frauen und Minderheiten macht, obwohl die Daten etwas anderes vermuten lassen."

Regelrechten Schaden scheint unreflektierte Diversity-Politik bei weißen Männern anzurichten:

"Im Vergleich zu den weißen Männern, die in Firmen befragt wurden, bei denen Diversity kein Thema ist, erwarteten weiße Männer, die für Pro-Diversity-Unternehmen befragt wurden, eine ungerechtere Behandlung und Diskriminierung. Auch im Vorstellungsgespräch schnitten sie schlechter ab, wie unabhängige Gutachter beurteilten. Ihre kardiovaskulären Reaktionen während des Interviews zeigten, dass sie stärker gestresst waren. So signalisierten Pro-Diversity-Botschaften diesen weißen Männern, dass sie unterbewertet und diskriminiert werden könnten. Diese Bedenken störten ihre Performance im Vorstellungsgespräch und veranlassten ihre Körper, so zu reagieren, als seien sie bedroht. Wichtig: Diversity-Botschaften führten zu diesen Effekten ungeachtet der politischen Positionierung dieser Männer, ihrer Einstellung gegenüber Minderheiten, ihrer Überzeugungen über die Häufigkeit von Diskriminierung oder ihrer Überzeugungen über die Fairness der Welt."[233]

Muss man angesichts dieser Sachlage auch befürchten, dass eine von oben erzwungene Diversitypolitik der Zusammenarbeit von Frauen und Männern schadet? Die Diplom-Volkswirtin Angela Dorrough und Prof. Dr. Andreas Glöckner vom Lehrgebiet "Urteilen, Entscheiden, Handeln" am Psychologischen Institut der Fernuniversität in Hagen haben sich gemeinsam mit Dr. Monika Leszczynska von der New York University und Prof. Manuela Barreto von der University of Exeter mit dieser Frage beschäftigt. In zwei
Laborexperimenten untersuchten die Wissenschaftler, wie die Einführung einer Geschlechterquote diese Teamarbeit verändert. "Die Ergebnisse zeigen", berichtet Angela Dorrough, "dass sich die Quote negativ auf Kooperationsbereitschaft auswirkt, während eine Auswahl nach persönlicher Leistung die Kooperationsbereitschaft der involvierten Personen eher erhöht".[234]

DOPPELBELASTUNG

Frauen sind durch Beruf und Familie stärker belastet als Männer

Feministinnen ist es äußerst erfolgreich gelungen, unter dem Schlagwort "Doppelbelastung" den Eindruck zu erzeugen, dass Frauen um so vieles mehr von ihren unterschiedlichen Aufgaben in Anspruch genommen würden als Männer: Job, Haushalt, Kindererziehung – ein einziges Rotieren von morgens früh bis abends spät, während der Pascha längst auf der Couch liegt oder mit seinen Kumpels in der Kneipe hockt. Im April 2007 jedoch veröffentlichten drei Wirtschaftswissenschaftler (Michael Burda von der Berliner Humboldt-Universität, Daniel Hamermesh von der Universität Texas und Philippe Weil von der Freien Universität Brüssel) eine Studie, die den Mythos von weiblicher Benachteiligung Lügen straft: Die Forscher hatten Daten aus Befragungen in 25 Ländern analysiert, in denen es darum ging, wie Menschen ihre Zeit verbringen. Dabei waren die Teilnehmer darum gebeten worden, in Tagebüchern festzuhalten, womit sie an den verschiedenen Tagesabschnitten beschäftigt waren. Ergebnis: In den reicheren Ländern, zu denen auch Deutschland zählt, arbeiten Männer im Schnitt 7,9 Stunden pro Tag und Frauen im Schnitt ebenfalls 7,9 Stunden pro Tag. Des weiteren fanden die Forscher heraus, dass selbst Wissenschaftler, insbesondere Soziologen, weit überwiegend dem Irrtum anhingen, Frauen würden mehr arbeiten als Männer. Dass die Belastung in Wahrheit gleich verteilt war, hatte man zwar auch in früheren Untersuchungen schon festgestellt, aber diese Erkenntnis wurde von weit verbreiteten Behauptungen, Frauen seien deutlich mehr als Männer in Anspruch genommen, förmlich zugeschüttet.[235]
Kann man noch genauer herausfinden, wie es speziell in Deutschland aussieht? Man kann. "Frauen beklagen sich gerne über den angeblich faulen Mann, der nicht im Haushalt hilft, und über ihre enorme Belastung durch die Hausarbeit", beginnt der Verband Eltern in Deutschland e.V. eine dringend notwendige Klarstellung:

"Der siebte Familienbericht des Bundesministeriums für Familie, Senioren, Frauen und Jugend weist dieses deutschlandweite Wehklagen in das Reich der Märchen und Mythen. Tatsächlich verbrauchen Männer mehr Zeit für Kinderbetreuung, Hausarbeit

und Erwerbstätigkeit. Mit 452 Minuten pro Tag arbeiten sie pro Tag 15 Minuten mehr für ihre Familie als Frauen. Im Monat kommen dabei ca. vier Stunden Mehraufwand auf die Männer zu. (...) Insgesamt investieren Männer und Frauen in Deutschland ca. 7 Stunden pro Tag in ihre Familie. Von der Bundesfamilienministerin Ursula von der Leyen wurde der 24-Stunden-Arbeitstag der Mutter mit Kind kreiert. Auch dies wird durch die seriösen Zahlen als Märchen entlarvt. Denn die angegebenen Zahlen wurden bei Familien erhoben, in denen mindestens ein Kind unter 6 Jahren lebte. Warum Frauen die Situation ihrer tatsächlichen Arbeitsbelastung nicht realistisch einschätzen können, bedarf dringender Klärung. Man könnte vermuten, dass die Polemik der Frauengruppen, die Hausarbeit seit Jahrzehnten verteufelt und als Sklaverei für Frauen bezeichnet, hier tiefe Spuren hinterlassen haben könnte."[236]

Die international renommierte Soziologin Dr. Catherine Hakim gelangte zu vergleichbaren Ergebnissen und befindet:

"Diese Daten stürzen die wohlbekannte Theorie um, dass Frauen überproportional lange Arbeitszeiten in der Arbeit und zu Hause damit verbringen, Familie und Arbeit auszujonglieren. Feministinnen beklagen sich ständig darüber, dass Männer ihren gerechten Anteil an der Hausarbeit nicht leisten. Die Realität ist, dass die meisten Männer bereits mehr tun als ihren gerechten Anteil."[237]

Besonders irritierend ist es, wenn manipulierte Statistiken die Ebene der Vereinten Nationen erreichen. 1995, im Jahr der Weltfrauenkonferenz in Peking, veröffentlichte die UNO eine Studie, der zufolge die Mitglieder des weiblichen Geschlechts mehr bezahlte und unbezahlte Arbeitsstunden leisteten als Männer. Verbunden mit einer beeindruckenden Graphik ging eine Zusammenfassung dieser Studie als Pressemitteilung an die Medien, die daraus natürlich sofort die entsprechenden Schlagzeilen zimmerten. Der US-amerikanische Geschlechterforscher Warren Farrell wurde zuerst misstrauisch, als ihm auffiel, dass die UNO-Pressemitteilung sämtliche Länder ausließ, in denen Männer *mehr* als die Frauen arbeiteten - und zwar der eigenen Studie der

Vereinten Nationen zufolge. Dann stellte er fest, dass mehrere von der UNO angeführte Daten nicht mit den Daten übereinstimmten, die ihm bekannt waren. Er fragte bei den Vereinten Nationen nach. Die antworteten ihm relativ unumwunden, dass sie das vorliegende Zahlenmaterial absichtlich ... nun, man sagte nicht "manipuliert", aber eben "neu gewichtet" hatten. Zum Beispiel wurden auf die vorhandenen Studien über die Arbeitszeit von Frauen noch einmal Schätzungen über freiwillige Tätigkeiten wie Häkeln und Nähen aufgeschlagen. Eine solche "Ergänzung" erfolgte für von Männern verrichtete Tätigkeiten nicht. Die UNO rechtfertigte sich damit, sie wolle mit diesen Praktiken dem Glauben entgegenwirken, dass Männer mehr als Frauen arbeiten würden. Allerdings war 1995 bereits weit und breit schon längst von der geknechteten und doppelbelasteten Frau und dem männlichen Pascha die Rede. In populären Zeitschriften dienten die manipulierten UN-Zahlen dann auch zu sexistischen Überschriften wie "Überall auf der Welt: Männer, das faule Geschlecht".[238]

Tatsächlich trifft Männer in mancherlei Hinsicht die Doppelbelastung schwerer. So zeigte eine australische Studie, dass bei Männern Wünsche nach flexiblen Arbeitszeiten doppelt so häufig abgelehnt werden wie bei Frauen.[239] In Deutschland sieht es kaum anders aus. Auch hier zeigt eine Familienstudie aus dem Jahr 2016, dass Väter über die fehlende Vereinbarkeit von Beruf und Familie noch frustrierter sind als Mütter: 18 Prozent der Väter haderten mit diesem Problem, bei Müttern waren es sechs Prozent.[240] Für Männer sei die Hürde, ihren Arbeitgeber der Familie wegen nach Zugeständnissen zu fragen, viel höher als bei Frauen. Das berichtete die *Süddeutsche Zeitung* im Dezember 2015 mit Bezug auf eine Studie des Berliner Wissenschaftszentrum für Sozialforschung:

"Männer trauen sich häufig nicht, Elternzeit zu beantragen - auch wenn diese von der Politik gefördert wird. Sie haben Angst, dass die Auszeit ihrer Karriere schaden könnte. Ganz ähnlich verhält es sich mit anderen Zugeständnissen, etwa was flexible Bürozeiten oder arbeiten von Zuhause aus angeht."[241]

Dass Männer ebenso wie Frauen leiden, wenn sie versuchen, allen Ansprüchen gerecht zu werden, zeigte auch eine Studie, die ein

Forscherteam um Kristen Shockley von der University of Georgia im *Journal of Applied Psychology* veröffentlichten. Hierfür werteten die Forscher mehr als 350 Einzelstudien aus den USA, Europa und Asien mit insgesamt etwa 250.000 Teilnehmern aus. Ihre Erkenntnis: "Im Wesentlichen haben wir kaum belastbare Beweise dafür gefunden, dass Frauen und Männer in unterschiedlichem Ausmaß durch die Vereinbarkeit von Beruf und Familie belastet werden." Die *Süddeutsche Zeitung* berichtet weiter:

"Die Ergebnisse stehen in starken Kontrast zur öffentlichen Wahrnehmung der Problematik. Das Thema werde in den Medien fast ausschließlich als Frauenthema diskutiert, so Shockley. Dadurch drehe sich die Diskussion im Kreis: 'Frauen hören von anderen Frauen, dass sie mit dem Problem kämpfen und alleine dadurch entsteht die Erwartung, dass sie größere Schwierigkeiten haben werden als Männer, Beruf und Familie zu vereinbaren', sagt die Psychologin. Männer thematisierten ihre Probleme hingegen zu wenig - offenbar, dafür sprechen einige Studien, weil sie fürchten, dadurch Nachteile im Beruf zu erfahren. 'Ich glaube, dieses Schweigen schadet Männern', sagt Shockley, 'sie müssen sich auch durchbeißen und erleben den gleichen Arbeits-Familien-Stress wie Frauen, aber niemand erkennt das an.'"[242]

EHRENMORDE

Bei Ehrenmorden sind die Täter Männer und die Opfer Frauen

Ehrenmorde sind ähnlich wie sexuelle Übergriffe und häusliche Gewalt eine Untat, die häufig als ein Verbrechen mit männlichen Tätern und weiblichen Opfern präsentiert wird. Im April 2017 schlugen Wohltätigkeitsorganisationen deshalb Alarm: Männliche Opfer von Straftaten im Zusammenhang der "Ehre" (häusliche und sexuelle Gewalt, Zwangsheirat) kommen in der Debatte zu kurz. Eine Organisation berichtet, dass inzwischen eines von fünf Opfern männlich sei; eine andere weist darauf hin, dass es sich dabei nur um die Spitze des Eisbergs handelt: "Die meisten Opfer berichten, sie hätten mit keinen Behördenmitarbeitern über ihre Erfahrungen

gesprochen und glauben, dass sie sich nirgendwohin wenden können. Viele haben daran gedacht, sich umzubringen." Es sei überaus wichtig, auch für männliche Opfer Zufluchtstätten anzubieten, wo sie gehört werden.
In einer Studie des Max-Planck-Instituts für ausländisches und internationales Strafrecht heißt es speziell zu Ehrenmorden in Deutschland:

"Der Anteil männlicher Opfer liegt mit 43% unerwartet hoch. Häufig werden zusammen mit den weiblichen Opfern auch deren unerwünschte Partner angegriffen, in einigen Fällen auch nur diese."[243]

Auch der von Dietrich Oberwittler und Julia Kasselt herausgegebenen BKA-Studie "Ehrenmorde in Deutschland 1996-2005" zufolge "ist der Anteil der männlichen Opfer mit 43% erheblich größer, als es in der Öffentlichkeit und teils auch in der Fachdiskussion wahrgenommen wird. Besonders hoch ist der Anteil männlicher Opfer mit beinahe 90% bei den Grenzfällen zur Blutrache, die eher dem Typ gewaltsamer Auseinandersetzungen zwischen Männern entsprechen. Aber auch bei den Grenzfällen zur Partnertötung und den Ehrenmorden im engeren Sinn sind immerhin 27% bzw. 30% der Opfer männlich."[244]
Auf die bisher ausgeblendete Rolle, die Mütter bei Verbrechen im Zusammenhang mit angeblich gekränkter Ehre spielen, weist schließlich eine Studie hin, über die im Juni 2017 die britische BBC berichtete. In dem Beitrag heißt es:

"Mütter sind die 'unsichtbare Kraft' hinter dem so genannten ehrenbasierten Missbrauch, der ihren Töchtern Gewalt zufügt. Forschung durch Rachael Aplin, eine Kriminologin von der Leeds-Beckett-Universität, zeigte, dass dies häufig von der Polizei unerkannt bleibt. Bei den 100 von ihr untersuchten Ehrenverbrechen waren in 49 Fälle Mütter verwickelt – was aber oft nicht in den Kriminalberichten vermerkt war. Zu den Fällen zählten Gewalt gegen Töchter, manchmal um eine Abtreibung herbeizuführen. Aplin erklärte, dass der Fokus bei allen Maßnahmen gegen Täter sowohl auf Männer als auch auf Frauen gerichtet sein sollte."[245]

ESSSTÖRUNGEN

Frauen entwickeln Essstörungen, weil Männer so scharf auf schlanke Figuren sind

Dieser Vorwurf gegenüber Männern ist altbekannt: Wichtig seien für sie vor allem lange Beine, ein knackiger Hintern, eine ansprechende Oberweite – und vor allem eine schlanke Figur. Das feministische Lager spricht hier immer wieder von einer Unterdrückung der Frau durch "Schönheitsterror" und "Schlankheitswahn". Die amerikanischen Feministinnen Gloria Steinem und Naomi Wolf führten in ihren Büchern sogar eine Studie an, der zufolge pro Jahr 150.000 Amerikanerinnen an Magersucht starben und verglichen dies mit dem Holocaust, wobei sie stillschweigend den Männern die Rolle der Nazis zuordneten. Eine lautstarke Behauptung, die nur an vier winzigen - pardon! - Schönheitsfehlern litt:

- Erstens stellte sich bei sorgfältiger Überprüfung der von Wolf und Steinem angeführten Quellen heraus, dass die Zahlen nicht ganz so hoch lagen, wie von den Feministinnen behauptet: Statt 150.000 Frauen starben pro Jahr nur einhundert an Magersucht.[246]
- Zweitens ist bei genauerer Betrachtung nicht zu übersehen, dass die typischen Playboy-Schönheiten zwar tatsächlich von Jahr zu Jahr schlanker werden, aber durchaus noch etwas auf den Rippen haben. Die wirklich spindeldürren Models schrecken Männer eher ab und finden sich daher vor allem in Modemagazinen, die von *Frauen* gekauft werden:

Es sind die *Leserinnen* solcher Magazine, die dieses Aussehen unterstützen, nicht die Männer. Als der Geschlechterforscher Warren Farrell für die Frauenzeitschrift *Glamour* herausfand, dass Männer vor allem von leicht übergewichtigen Frauen erotisch angezogen wurden, und die befragten Männer berichteten, gerade die attraktivsten Frauen hätten sich als die schlechtesten Geliebten herausgestellt, wurde der gesamte Artikel nicht gedruckt, sondern auf Weisung der *Glamour*-Redaktion fallengelassen.[247]
Bezeichnenderweise ergab eine Befragung von mehreren hundert Jugendlichen, dass die weiblichen Versuchspersonen glaubten, die

männlichen würden schlankere Frauen bevorzugen - was aber der tatsächlichen Einstellung der Männer überhaupt nicht entsprach.[248]

• Drittens ist "Schönheitsterror" als alleinige Ursache für Ess-Störungen arg kurz gegriffen. Andere Ursachen, die Medizinern zufolge in dieses Krankheitsbild hineinspielen, sind z. B. das private Umfeld und die seelische Verfassung der betreffenden Person. Die meisten Magersüchtigen leiden auch unter Depressionen. Symptomatisch für Essgestörte ist zudem fast immer ein gestörtes Verhältnis zur Familie (und da meistens zur Mutter) oder zum Partner. In vielen Fällen hängt Magersucht auch mit der Weigerung zusammen, erwachsen zu werden: Bei der Gewichtsabnahme bilden sich auch die weiblichen Rundungen zurück. Deshalb ist der größte Teil der Magersüchtigen zwischen 15 und 25 Jahre alt. Auch die Biochemie ist ein Faktor: So trägt zur Entstehung von Magersucht ein Mangel an Serotonin bei - ein Botenstoff, der im weiblichen Gehirn

ohnehin seltener vorkommt als im männlichen. Selbst Feministinnen aber werden Männern wohl kaum vorwerfen, dass diese ihren Partnerinnen die Serotoninreserven abschneiden.[249]

• Viertens ist es ein grotesker Witz, wenn Naomi Wolf und ihre Anhängerinnen ausgerechnet von einem "Schlankheitswahn" in den USA sprechen. Dort ist noch mehr als in anderen Ländern der westlichen Welt das weitaus häufigere und schwerer wiegende Gesundheitsrisiko Übergewicht und Fettleibigkeit. Dabei richtet sich die Definition von Übergewicht nicht nach den Vorstellungen sexistischer Männer, sondern nach medizinischen Kategorien: Die führende Todesursache von Frauen in den USA ist Herzschwäche, und Übergewicht trägt zur Entstehung dieser Störung bei. Wenn wir Männer dünne Frauen bevorzugen, heißt es, wir würden sie zu Tode hungern - würden wir Dicke mögen, würden uns Feministinnen vorwerfen, dass wir sie zu Tode mästen.

Solches Denken ist allzu sehr fixiert, den Mann als Sündenbock für die unterschiedlichsten Probleme heranzuziehen. Dabei wird übersehen, dass auch Männer stark von einem Schönheitsideal unserer Gesellschaft betroffen sind. Als etwa der Psychologe Barry Glassner in einer Studie 256 nichtmuskulöse männliche Jugendliche untersuchte, stellte er fest, dass jeder einzelne von ihnen entweder Stimmungs- oder Verhaltensstörungen aufwies, die mit

Minderwertigkeitsgefühlen zusammenhingen. Und eine landesweite Untersuchung der Zeitschrift *Psychology Today* an 62.000 Teilnehmern ergab einen direkten Zusammenhang zwischen Selbstwertgefühl und Körperbau: Je muskulöser nach eigener Einschätzung der Körper, desto größer das Selbstwertgefühl. Längst haben so auch die Männer durch ihre zwanghafte Sorge um Form und Umfang ihres Körpers Krankheitsbilder wie Anorexie und Bulimie entwickelt.[250]
Das könnte auch damit zusammenhängen, dass bei alltäglichen Kontakten die körperliche Attraktivität für Männer eine größere Rolle als für Frauen spielt. Das mag überraschen, ist aber wahr: Studenten erhielten für 14 Tage einen Fragebogen mit nach Hause, in dem sie eintragen mussten, mit wem sie sich jeden Tag trafen. Je attraktiver ein Mann war, um so häufiger kam er in dieser Zeit mit Frauen und um so seltener mit Männern zusammen. Für Frauen gab es diesen Effekt nicht. Je attraktiver ein Mann war, desto intimer konnte er mit seinen weiblichen Bekannten auch werden.[251] Männer, die weniger hübsch anzuschauen sind, müssen also eher auf Zuwendung vom anderen Geschlecht verzichten.
Über die Folgen dieses Sachverhalts berichtete ein Buch mit dem Titel "The Adonis Complex". Seine Autoren weisen nach, dass die neue Fitness-Hysterie, die auch in Deutschland von Zeitschriften mit muskulösen Coverboys geschürt wird, bei ihren männlichen Opfern zu schweren Störungen führt. Um weibliche Zuneigung zu erhalten, versuchen die Männer so sehr, einem unrealistisch perfekten Körperbild zu entsprechen, dass sie darauf fixiert sind, Dinge an ihrem Körper zu verbessern, die andere Menschen nicht einmal wahrnehmen. Vor lauter Gewichttraining vernachlässigen sie ihre persönlichen Beziehungen und ihre Karriere, und sie ruinieren ihre Gesundheit mit Anabolika und vermeintlich muskelaufbauender Ernährung. Die Zahl der Männer, die unter Fresssucht, Bulimie und erzwungenem Erbrechen leiden, liegt in den USA bereits um die sieben Millionen. Die Zahl der Männer mit weniger drastischen Ess-Störungen ist wesentlich größer.
Einer Studie der University of the West of England zufolge machen sich Männer um ihr Körperbild inzwischen mehr Sorgen als Frauen. Mehr als vier von fünf Männern (80,7%) sprechen auf eine Art und Weise über ihren Körper, die sich auf empfundene Fehler und Unvollkommenheiten bezieht (verglichen mit 75% der Frauen). 38%

der Männer würden mindestens ein Jahr ihres Lebens für einen perfekten Körper opfern – wiederum ein höherer Anteil als beim weiblichen Geschlecht. 23% sagten, Befürchtungen über ihr Aussehen hätten sie davon abgehalten, ins Fitnessstudio zu gehen. 63% hielten ihre Arme oder Brustkörbe für nicht muskulös genug. 29% dachten mindestens fünfmal täglich an ihr Aussehen. 18% waren auf einer proteinreichen Diät, um ihre Muskelmasse zu erhöhen, und 16% auf einer kalorienkontrollierten Diät, um abzunehmen.[252]
Tatsächlich wird das Leiden von Männern hier wie bei anderen Themen eher zufällig erfasst, während man sich eigentlich den Nöten von Frauen widmen wollte. So wurde 2016 auf der Jahrestagung der American Psychological Association eine Studie vorgestellt, die eigentlich zum Ziel hatte, zu untersuchen, welchen Einfluss die Dating-App Tinder auf das Selbstwertgefühl von Frauen hat. Für diese Untersuchung wurden 1.044 Frauen und 273 Männer zu Aspekten wie Körperwahrnehmung, Objektivierung und Zufriedenheit befragt. Das Ergebnis: Diejenigen Versuchspersonen, die Tinder zum Daten nutzten, verfügten im Vergleich zu den anderen über weniger Selbstwertgefühl, ein schlechteres Körperbild und fühlten sich nicht mehr als Person wahrgenommen. Den Männern ging es dabei deutlich schlechter als den Frauen: "Obwohl Vorgaben von Körperbildern hauptsächlich auf Frauen gemünzt sind, legen unsere Ergebnisse nahe, dass Männer davon genauso negativ betroffen sind, wenn sie dieses soziale Netzwerk nutzen", erklärte Jessica Strübel, eine der Autorinnen der Studie.[253]
Obwohl Männer also alles in allem unter noch größerem Druck stehen, bleiben sie in der Debatte häufig ausgeblendet. Das gilt auch hierzulande. Wie Christian Heidrich in der *Rheinischen Post* vom 29. September 2006 berichtete, haben rund 90.000 deutsche Männer mit Essstörungen zu kämpfen – und erhalten bei den Beratungsstellen keine Hilfe, weil deren Angebote praktisch durchgehend nur für Frauen ausgelegt sind. Nicht anders sei es bei dem Hilfsangebot in Kliniken, zitiert Heidrich die Einschätzung Oskar Knops, des Fachreferenten für Suchtfragen beim Caritasverband für das Bistum Aachen. Auch Männer könnten den ständig beworbenen Schönheitsidealen nicht mehr ausweichen: "Der Wunsch nach straffen Muskeln und einem Waschbrettbauch lasse sie im Extremfall sehr exzessiv Sport treiben oder zu Medikamenten

greifen, die jegliche Zunahme verhindern." Hier müsse die Gesellschaft in ähnlicher Weise sensibilisiert werden, wie das bei Frauen seit langem der Fall ist.

FRAUENFEINDLICHKEIT

Unsere Gesellschaft ist von Frauenfeindlichkeit geprägt

Dass eines der grundlegenden Probleme unserer "patriarchalen" Gesellschaft eine tief sitzende Abwertung von Frauen sei und Frauen deshalb auch schlechter behandelt würden gehört zu den zentralen Glaubenssätzen der feministischen Lehre. Die tatsächliche psychologische und soziologische Forschung stützt diese These allerdings nicht.
Diese gelangt stattdessen zu gegenläufigen Erkenntnissen – etwa in einer 2004 veröffentlichten Studie der Psychologinnen Laurie Rudman und Stephanie Goodwin. Die Forscherinnen ließen in ihren Experimenten die Versuchspersonen am Computer bestimmte Aufgaben durchführen, die Rückschlüsse darauf zuließen, wie schnell jeder Proband positive und negative Eigenschaften mit einem der beiden Geschlechter verband. Ähnlich wie schon andere Wissenschaftler zuvor fanden Rudman und Goldman dabei heraus, dass Menschen angenehm besetzte Wörter wie "gut", "Ferien" und "Paradies" eher mit Frauen verbanden und weniger angenehm besetzte Wörter wie "schlecht", "Schleim" und "Trauer" eher mit Männern. Ergebnisse wie diese stützen die Annahme eines Phänomens, das als Frauen-sind-wundervoll-Effekt bezeichnet wird. Man könnte es genauso gut Männer-sind-grauenvoll-Effekt nennen. Rudman und Goodwin konnten einige weitere bemerkenswerte Erkenntnisse zutage fördern: So scheinen Menschen Mütter gegenüber ihren Vätern spontan vorzuziehen, und das männliche Geschlecht wird weit eher als das weibliche mit Gewalt und Aggression in Verbindung gebracht. Noch aufschlussreicher: Die Solidarität von Frauen gegenüber ihrem eigenen Geschlecht war viermal so stark wie bei den Männern. Bei Letzteren scheint ein Mechanismus, der Sympathie gegenüber dem eigenen Geschlecht fördert, regelrecht zu fehlen.[254] Das schlechte Männerbild wird nicht

zuletzt von vielen Männern selbst vertreten – sogar von denen, die es eigentlich besser wissen sollten. So ergab eine wissenschaftliche Befragung von Lehrern, Sozialarbeitern, Jugendhelfern und Medizinern, dass deren "Beschreibung von Männlichkeit(en)" durchgängig "latent oder ganz offen negativ bzw. mit Abwertungen versehen wurde" – und zwar in einem Ausmaß, das die Forscher Reinhard Winter und Gunter Neubauer als "erschreckend" bezeichneten.[255]

In einem Artikel für die amerikanische Zeitschrift *Psychology Today* fasst der Professor für Soziologie Anthony Synnott die Gründe zusammen, weshalb Männerfeindlichkeit in unserer Gesellschaft so weit verbreitet ist. Dazu gehört beispielsweise unsere schiefe Wahrnehmung der Weltgeschichte: Wir wissen, dass die übelsten Figuren der Geschichte Männer sind, machen uns aber nicht ausreichend klar, dass deren Untaten weniger deren Geschlecht als ihrer Macht zu verschulden sind und die vergleichsweise wenigen Herrscherinnen sich nicht weniger grausam verhalten haben. Auch blenden wir die ebenfalls oft männlichen Widerständler aus, die häufig ihr Leben geopfert haben, um Unterdrückung zu beenden. In der Popkultur bis hin zu Slogans auf T-Shirts oder Kaffeetassen werden Männer und Jungen stattdessen so häufig als Witzfiguren dargestellt, dass einem diese Sichtweise fast schon in Fleisch und Blut übergeht.[256]

Im Jahr 2006 gelangte der australische Medienwissenschaftler Jim R. Macnamara in seiner Studie *Media and Male Identity: the Making and Remaking of Men* (2006) zu folgenden Ergebnissen über Medien nicht nur in Australien, sondern auch in den USA, Kanada und Westeuropa[257]:

* Nachrichten, Magazinsendungen, Talkshows und andere Medienformate prägen beim Publikum ein Bild von der Wirklichkeit, in dem Männer als Gewalttäter, Kriminelle, Mörder, Schläger, Missbrauchstäter, Perverse und verantwortungslose Rabenväter gezeigt werden, obwohl sich in Wahrheit nur ein Bruchteil aller Männer in diese Gruppen einordnen lässt. Über 80 Prozent der Darstellungen von Männern und Männlichkeit sind negativ. Dabei werden Männer und Jungen häufig als leichtsinnig, beziehungsängstlich, gefühllos und zu vernünftiger Kommunikation unfähig charakterisiert. Abgesehen von einer kleinen Minderheit beispielsweise von Kriegsveteranen und Feuerwehrmännern

erscheinen Männer und Jungen nur dann als positiv, wenn sie ihre "weibliche Seite" entdeckt haben.
* Dieses abwertende Männerbild wird auch von als glaubwürdig geltenden Quellen wie Akademikern und Bestseller-Autoren verbreitet und in überzeugend wirkende Formulierungen gepackt. Eine Tiefenanalyse von in den Medien veröffentlichten Texten zeigt hochkritische, wenn nicht sogar ätzende Angriffe auf Männer und die männliche Identität, die in aller Regel nicht durch Gegenstimmen ausgeglichen werden. Insgesamt werden Männer so in den Massenmedien dämonisiert, marginalisiert, entwertet und zum Objekt gemacht.
* Verallgemeinerungen wie dass die Welt ein friedlicherer und besserer Ort wäre, wenn Frauen regieren würden, werden unhinterfragt verbreitet, während umgekehrte Klischees (Männer seien Frauen überlegen) als sexistisch, politisch unkorrekt und mitunter sogar als illegal gelten würden. Damit hat sich die Geschlechterdiskriminierung in den Diskursen umgekehrt oder trifft beide Geschlechter.
* Während manche Strömungen des Feminismus es als ihre Aufgabe betrachten, Frauen zu ermuntern, sich an einem breiten Rollenspektrum zu orientieren und zu werden, was immer sie wollen – ob traditionelle Hausfrau oder Punkerin – haben Männer zu werden, was ihnen feministische Diskurse vorschreiben, womit ihnen Selbstbestimmung und Autonomie verweigert werden.
* Diese Erkenntnisse unterstützen die Warnungen, die zu diesem Thema seit einigen Jahren von verschiedenen Forschern geäußert werden. So könne der "hegemonische Diskurs vom Mangelwesen Mann bei vielen jungen Männern zu einer Erfahrung sozialer Ausgrenzung führen, die für Individuen und Gemeinschaften verheerende Folgen haben könnte"[258] – beispielsweise, was geistige Gesundheit angehe, weshalb man aktiv Initiativen unterstützen müsse, die bei Jungen und Männern wieder ein positives Selbstbild fördern.[259] Insbesondere männliche Teenager sind von einem Klima allgegenwärtiger Diffamierung betroffen, da sie in den Medien vor allem als Junkies, Analphabeten, Selbstmörder, Versager, Sexualstraftäter oder Vandalen gezeigt würden. Das führe dazu, dass Erwachsene sie häufig misstrauisch beäugten, woraufhin die Jungen mit Wut, Frustration oder Gefühlen der Entfremdung reagieren.[260]

Die bislang nur dürftige Forschung im deutschsprachigen Raum gelangt zu ähnlichen Einsichten wie Macnamara. So erkannte die vom Österreichischen Sozialministerium in Auftrag gegebene Studie "Männer in den Medien" eine praktisch durchgehende Diskriminierung:

"Auf 350 Seiten wird anhand Dutzender Beispiele aus dem gesamten deutschen Werbesprachraum dargestellt, dass sie zu Trotteln gemacht werden, und zu Volltrotteln in der Vaterrolle. Die Autoren merken an, dass es als sexistisch empfunden würde, würden Frauen und Mütter so dargestellt. 2560 Frauen und Männer im Alter von 15 bis 93 Jahren wurden aufwendig befragt. Untersucht wurden 94 Werbespots und die 58 erfolgreichsten Kinofilme sowie 83 beliebtesten Fernsehserien der letzten sechs Jahre."[261]

Dabei weist der Soziologe Christoph Kucklick in seinem bei Suhrkamp erschienenen Forschungsband "Das unmoralische Geschlecht. Zur Geburt der negativen Andrologie" nach, dass der radikale Feminismus den Männerhass nicht erfunden, sondern nur an Männerverachtung vergangener Jahrhunderte angeknüpft hat: "Um 1750 noch sind kaum Spuren einer maskulinen Defektologie zu entdecken, um 1800 ist sie bereits Konsens" stellt Kucklick bei der Sichtung zahlreicher historischer Quellen fest. "Diese neue, moderne Männlichkeit erscheint als eine systematisch bedenkliche, erstmals werden Männer nicht als Stützen der Ordnung, sondern als gesellschaftliche Zentralbedrohung beschrieben. (...) Der neue Diskurs charakterisiert Männer ihrer Natur nach als gewalttätig, egoistisch, asozial, unmoralisch, hypersexuell, triebhaft, gefühlskalt, kommunikationsunfähig und verantwortungslos."[262] Über dieses Erbe, so Kucklick, "haben sich die Genderwissenschaften bislang nicht hinreichend selbst aufgeklärt."[263] Deren bisherige Grundthese, Männer seien vor dem Aufmarsch der Frauenbewegung in der öffentlichen Wahrnehmung das allgemeine, gesunde, normgerechte Basisgeschlecht und Frauen die mangelhafte Abweichung gewesen, konnte als Mythos nur bis in die Gegenwart überleben, weil man die Quellen aus der Zeit um 1800 bislang nicht auf negative Männerbilder untersucht hatte.[264]
Tatsächlich, weist Kucklick anhand vieler Belege nach, wurden sogar radikalfeministische Urteile wie, dass alle Männer

Vergewaltiger seien, bereits 200 Jahre zuvor formuliert[265] und sogar die Kastration zum Schutze der Frauen vor der Männerwelt bereits damals begrüßt.[266] Die Abgrenzung zwischen Mann und Tier wurde in der Männlichkeitsliteratur um 1800 als schwierig empfunden, dem Mann vielfach zugeschrieben, noch tiefer als das Tier gesunken zu sein.[267] Etliche Generationen alt ist auch die Hoffnung, "die Gesellschaft könnte eine bessere werden, wenn Männlichkeit gebessert würde oder Männer sich besserten. (...) Das war die ursprüngliche Eingebung der Aufklärer um 1800, der Tenor der Sittlichkeitsbewegung um 1900, und es ist das Credo vieler Postmoderner um 2000."[268]

So mancher Genderforscher verdient sein finanzielles Auskommen und die Publikation seiner Aufsätze in namhaften Zeitschriften dem Wiederkäuen von Platitüden, deren Aufkommen so alt ist wie die französische Revolution. Ob Ina Deter in den Achtzigern "Neue Männer braucht das Land" trällerte oder Österreichs Nachrichtenmagazin *Profil* Ende 2017 titelte "Sind alle Männer Tiere?" – jedes Mal kommen sich die Betreffenden so vor, als seien sie absolut auf der Höhe der Zeit, vielleicht sogar Pioniere, die solche Dinge völlig neu entdeckt haben, während solche Äußerungen in Wahrheit das zigfach gebrochene Echo einer lange vergangenen Epoche darstellen.

Werden Männer auf der Grundlage dieses Sexismus denn auch schlechter behandelt, wie es Feministinnen umgekehrt bei Frauen behaupten? Offenkundig ja – der beste Beleg dafür ist, wie komplett unterschiedlich Politik und Medien mit der maskulistischen im Vergleich mit der feministischen Bewegung umgehen. Aber lässt sich diese Ungleichbehandlung auch durch die wissenschaftliche Forschung nachweisen? Ja. Das zeigte sich in einer Reihe von Experimenten, die Psychologen der Universitäten New York und Cambridge für eine Studie durchführten, die daraufhin im Fachmagazin *Social Psychological and Personality Science* veröffentlicht wurde.

Im ersten Experiment mussten die Versuchspersonen entscheiden, ob sie eher bereit waren, eine Frau oder einen Mann oder eine Person unbestimmten Geschlechts von einer Brücke zu stoßen, damit dessen Körper einen Trolley davon abhalten konnte, in eine Personengruppe zu rasen. Hier zeigte sich, dass sowohl weibliche als auch männliche

Probanden sehr viel lieber den Mann oder die Person unbestimmten Geschlechts opferten als die Frau.
Im zweiten Experiment wurde einer anderen Gruppe von Versuchspersonen eine Summe von 20 Pfund gegeben, die sie behalten und damit vermehren oder mit anderen Menschen teilen konnten. Diese anderen Menschen erhielten aber angeblich elektrische Schocks, wenn die Versuchspersonen ihr Geld behalten wollten. Auch hier zeigte sich, dass die Versuchspersonen Frauen vor diesen Schocks gerne bewahren wollten – auch wenn es auf ihre eigenen Kosten ging.
Im dritten Teil der Studie stellten die Forscher ihren Versuchspersonen verschiedene Fragen, um deren Denkprozesse bei den getroffenen Entscheidungen zu enthüllen. Dabei handelte es sich um Fragen wie "Wer sollte bei einem sinkenden Schiff zuerst gerettet werden? Männer, Frauen oder keine Ordnung nach Geschlecht?" sowie "Wie moralisch akzeptabel ist es nach sozialen Normen, Männern/Frauen zu schaden?" Hier zeigte sich, das sowohl die männlichen als auch die weiblichen Befragten es akzeptabler fanden, einen Mann statt einer Frau durch das eigene Verhalten Schaden erleiden zu lassen.[269]
Eine neuseeländische Studie befragte Tausende von Frauen und Männern über ihre Einstellung zu diesem sogenannten "wohlwollenden Sexismus". (Ein Sexismus gilt dann als "wohlwollend", wenn er zu Lasten von Männern statt zu Lasten von Frauen geht.) Dabei zeigte sich, dass vor allem narzisstische Frauen mit einer besonders großen Anspruchshaltung – Frauen also, die glaubten, ein "Recht" auf die besten Dinge im Leben zu haben – Äußerungen zustimmten wie "Frauen sollten von Männern geschätzt und beschützt werden" oder "Frauen sind Männern moralisch überlegen".[270]
Ein Schlagwort, in dem sich dieser Glaube an die Höherwertigkeit der Frau und die Minderwertigkeit des Mannes bündelt, lautet "toxische Männlichkeit" – ein Wort, von dem immer mehr Menschen (vor allem im feministischen Lager) zu glauben scheinen, es handele sich dabei um einen durch wissenschaftliche Forschung begründeten Begriff. Das ist aber natürlich nicht der Fall, wie die Psychologen Martin Seager und John Barry in einem aktuellen Fachbuch über männliche Psychologie erklären:

"Der Begriff 'toxische Männlichkeit' hat sich in der westlichen Gesellschaft immer weiter verbreitet und ist dabei genauso unkritisch akzeptiert worden wie das Konzept der 'hegemonialen Männlichkeit', mit dem er oft gemeinsam verwendet wird. Die Faktenbasis für diese Vorstellung ist typischerweise anekdotisch und konzentriert sich auf ausgewählte Statistiken im Zusammenhang mit von Männern begangener Gewalt, Frauenfeindlichkeit, Homophobie, Sexualverbrechen, Extremismus und anderen kriminellen Handlungen zum Beispiel von betrunkenen studentischen Partybesuchern. Man sollte sich bewusst machen, dass der Begriff 'toxisch' (giftig) in der Sozialwissenschaft bei keiner anderen Kategorie menschlicher Wesen verwendet wird, und man ihn vermutlich zu Recht als diskriminierend erkennen würde, bezöge er sich auf Frauen, Kinder, Senioren, sexuelle Minderheiten, Behinderte oder jegliche religiöse oder ethnische Gruppe. Die Tatsache, dass dieser Begriff mit Bezug auf das männliche Geschlecht überhaupt toleriert und sogar als brauchbare Theorie in der akademischen Literatur betrachtet wird, spricht Bände, was unsere geringere Empathie für Männer angeht, und weist auf eine geschlechtsbezogene Parteilichkeit hin. Man könnte argumentieren, dass in solchen Einstellungen das tatsächlich vergiftende Potential liegt."[271]

Seager und Barry listen eine lange Reihe von Mängeln auf, die Konzepte wie "toxische Männlichkeit" (und "hegemoniale Männlichkeit") als wissenschaftliche Hypothese unbrauchbar machen. Dazu gehören die folgenden:

* Männer werden zumeist von Frauen erzogen, während das Fehlen eines Vaters ihrer psychosozialen Entwicklung schadet. Eine entsprechende Theorie müsste also erklären, warum "nicht-giftige" Einstellungen bei einem Geschlecht zu "giftigen" Einstellungen beim anderen Geschlecht führen.
* Die meisten Männer sind darauf ausgerichtet, Frauen zu beschützen und zu versorgen, sogar wenn sie dabei selbst erhebliche Risiken eingehen.
* Übergriffiges Verhalten von Kriminellen stellt eine atypische Bezugsgröße dar, die nicht als statistisch repräsentativ auf die

Mehrheit der Männer ausgeweitet werden kann. Von einem Extrem auf die Gesamtheit zu schließen ist schlechte Wissenschaft.
* Frauen verfügen ebenfalls über ein erhebliches Potential an Aggression und Gewalt, so dass eine Trennung der Geschlechter nach "toxisch" und "nicht-toxisch" keinen Sinn ergibt. (Das vorliegende Lexikon enthält Beispiele und Statistiken zur Genüge.)
* Männer, die sich gewalttätig oder sexuell übergriffig verhalten, weisen in ihrer Lebensgeschichte häufig Missbrauch, Traumatisierungen und Vernachlässigungen auf. Das "toxische" Verhalten beruht auf solchen Erfahrungen und nicht auf der Zugehörigkeit zum männlichen Geschlecht. Dabei sind die erwähnten Traumatisierungen und Vernachlässigungen häufig nicht nur dem Handeln anderer Männer, sondern auch dem Handeln von Frauen zu verschulden.
* Das Konzept der "toxischen Männlichkeit" kann nicht erklären, dass die allermeisten Paarbeziehungen, in die Männer verwickelt sind, harmonisch und zufriedenstellend verlaufen.[272]

GANZTAGSSCHULE

Mit der Ganztagsbeschulung kann man erreichen, dass mehr Mütter ganztags arbeiten

Es klang so schön in der feministischen Theorie: Männer arbeiten in der Regel ganztags, Frauen sehr viel seltener. Woran kann das liegen? Natürlich an Diskriminierung, denn in der feministischen Theorie beruht so ziemlich jeder Unterschied im Verhalten zwischen den Geschlechtern auf Diskriminierung: Frauen bleiben nicht etwa deshalb lieber den halben Tag zu Hause, weil das angenehmer als ein Acht-Stunden-Job ist und sie im Gegensatz zu Männern nicht von der Erwartung belastet sind, eine Familie ernähren zu müssen. Nein, sie bleiben zu Hause, weil sie durch ihre Kinder an dieses Zuhause "gefesselt" sind. Das unterschiedliche Verhalten der Geschlechter würde sich demnach beheben lassen, indem der Staat eingreift und öfter eine Ganztagsbeschulung anbietet. Befreit von der Last der Kindererziehung würden Frauen bestimmt verstärkt arbeiten gehen, statt einen entspannten Nachmittag daheim zu verbringen.

Wenn man diese Logik so zusammenfasst, hört sie sich nicht besonders fundiert an. Und trotzdem überzeugte sie das Bundesministerium für Bildung und Forschung im Laufe der Jahre rund vier Milliarden Euro in Maßnahmen zur Ganztagsbeschulung zu investieren, ergänzt durch zusätzliche Mittel der Länder und Kommunen.[273]

Wenig überraschend erwies sich dieses Konzept als Rohrkrepierer. Dies zeigte eine im Jahr 2017 veröffentlichte Studie, die die Wirtschaftswissenschaftler Marie Paul von der Universität Duisburg-Essen (UDE) und Fabian Dehos vom RWI-Leibniz-Institut für Wirtschaftsforschung durchführten. Ihre Ergebnisse waren ernüchternd. Es ließ sich nicht einmal nachweisen, dass Mütter, die das zusätzliche Betreuungsangebot tatsächlich in Anspruch nahmen, länger arbeiteten, also zum Beispiel von Teilzeit auf Vollzeit umstiegen. "Die zusätzlichen Ganztagsschulplätze haben weder einen direkt ursächlichen Effekt auf die Anzahl der geleisteten Arbeitsstunden noch auf die Beschäftigungswahrscheinlichkeit von Müttern mit Grundschulkindern", erläutert Fabian Dehos.[274] Und Professorin Paul ergänzt: "Wer seine Kinder nachmittags in der Schule versorgt weiß, sucht sich nicht deswegen einen Job oder stockt seine Stunden auf. Außerdem sind viele Frauen nicht zwingend auf die Ganztagsschule angewiesen, obwohl sie arbeiten. Sie würden die Betreuung auch anders organisieren."[275]

Dasselbe Prinzip zeigt sich bei Müttern von Kindern im Vorschulalter: Auch kostenlose Betreuungsplätze für die Kleinsten in Kindertagesstätten führen keineswegs dazu, dass Frauen verstärkt arbeiten gehen. Mit diesem Argument hatten zahlreiche Bundesländer die Gebühren für Kindertagesstätten zumindest teilweise abgeschafft, und die SPD versprach im Bundestagswahlkampf 2017 kostenlose Kita-Plätze für alle. Eine Studie, die zwei Forscherinnen des Bonner Instituts zur Zukunft der Arbeit (IZA) erstellten, zeigt allerdings, dass zwar mehr Kinder eine Kita besuchten, Frauen deswegen aber keineswegs vermehrt beruflich tätig werden.[276]

GEHALT

Frauen werden beim Gehalt diskriminiert: Sie erhalten für dieselbe Leistung über zwanzig Prozent weniger als Männer

Jedes Jahr begehen Feministinnen den Equal Pay Day: ein Datum verbunden mit der Botschaft, dass bis zu diesem Tag Frauen "umsonst arbeiten" würden. Im Jahr 2018 etwa liegt er in Deutschland am 18. März. Und jedes Mal schwingt in diesem Ritual und einer Flut von unterstützenden Beiträgen in den Leitmedien der Vorwurf mit, Frauen müssten in diesem Bereich eine unfassbare Benachteiligung ertragen.
Auch politische Parteien versuchen, als Trittbrettfahrer diese Rhetorik zu nutzen. Es sei ein "sozialpolitischer Skandal", dass Frauen hierzulande noch immer 21 Prozent weniger verdienten als Männer, empörte sich etwa der ehemalige Wirtschaftsminister Sigmar Gabriel (SPD).[277] Mit derartigem Populismus versuchten es die Sozialdemokraten auch im Bundestagswahlkampf 2017: "Wer als Frau 100 Prozent leistet, darf nicht 21 Prozent weniger verdienen" plakatierte die Partei großflächig neben dem Porträt des SPD-Kanzlerkandidaten Martin Schulz.[278]
Vielleicht war es auch deshalb keine Überraschung, wie gravierend die SPD bei diesem Wahlkampf scheiterte. Als wäre es symbolisch, erreichte sie selbst nicht einmal mehr 21 Prozent. Denn dass es sich bei der gern verbreiteten und gern geglaubten Behauptung von einem derart hohen Lohnunterschied aufgrund geschlechtsbezogener Diskriminierung um ein Märchen handelt, ist jedem, der sich mit diesem Thema auskennt, seit Jahren bekannt. So antwortete bereits 2008 das Bundesfrauenministerium auf eine entsprechende Anfrage der geschlechterpolitischen Initiative MANNdat:

"Die in der von Ihnen zitierten Rede vom 8. März 2007 enthaltene Aussage von Frau Ministerin von der Leyen, dass 'Frauen noch immer nur 77% des männlichen Einkommens verdienen, wohlbemerkt für gleiche Arbeit' ist daher in dieser Form nicht richtig und missverständlich, auch wenn er sich in den Medien oft so oder ähnlich findet. Wir haben die Rede daher aus dem Netz genommen und danken Ihnen für diesen Hinweis."[279]

Natürlich wurde diese Bitte um Verzeihung – im Gegensatz zu der Diskriminierungslüge – keineswegs zigfach über die Leitmedien

verbreitet. Während die Fachleute mit der Erklärung besänftigt werden sollten, dass sie es besser wussten, verbreitete die feministische Lobby das Märchen von der Benachteiligung frohgemut weiter, wo immer es in Wort und Schrift möglich war. Nicht anders lief es in den USA, wo sich die Sprecherin des Weißen Hauses unter der Regierung Obama, Betsey Stevenson, für die von ihr gestreuten Zahlen zwar auf Nachfrage entschuldigte: "Wenn ich sagte, dass 77 Cents gleicher Lohn für gleiche Arbeit wäre, dann habe ich mich völlig falsch ausgedrückt. Also lassen Sie mich einfach um Verzeihung bitten und sagen, dass ich das sicher nicht gemeint hätte."[280] Gleichzeitig musste Stevenson absolut klar sein, dass diese Zahlen längst schon unter dem Volk waren und auf der Grundlage dieses angeblich versehentlichen Patzers fleißig feministische Politik betrieben wurde.
De facto ist es für jeden auch noch so patriarchalisch denkenden und vorurteilsbeladenen Arbeitgeber unmöglich, Frauen aus sexistischen Motiven heraus mittel- und langfristig schlechter zu bezahlen als Männer - zumindest nicht, solange es auch nur einen einzigen anderen Arbeitgeber gibt, der diese sexistische Einstellung nicht teilt. Der Markt funktioniert nämlich immer noch nach dem Prinzip von Angebot und Nachfrage und nicht so, wie erschreckend viele Feministinnen noch zu denken scheinen, dass nämlich "oben" eine Horde mächtiger Männer sitzt, die hinsichtlich der Bezahlung ihrer Angestellten entscheiden können, wie sie gerade lustig sind.
Stellen wir uns einen Unternehmer vor, der weibliche Arbeitskräfte tatsächlich für minderwertig hält und deshalb seine männlichen Angestellten deutlich besser entlohnt. Die Folge davon wäre, dass Frauen, die sich darauf nicht einlassen möchten, zu einem weniger sexistischen Konkurrenten wechseln. Dieser bräuchte ihnen jetzt nur noch einen Lohn zu gewähren, der höher ist, als ihn sein Mitbewerber Frauen zu zahlen bereit ist, aber immer noch ein klein wenig niedriger, als dieser seinen männlichen Angestellten zahlt. Der Effekt: Er kann billiger produzieren, seine Ware somit billiger verkaufen, folglich mehr Abnehmer finden und seinen sexistischen Konkurrenten im Extremfall sogar ganz aus dem Geschäft drängen. Man sieht: Eine Diskriminierung von Angestellten allein aufgrund ihres Geschlechtes ist aus marktwirtschaftlichen Gesichtspunkten ein Ding der Unmöglichkeit.

Wenn man, statt auf feministische Lobbyarbeit zu vertrauen, sich den tatsächlichen Sachverhalt genau anschaut, gelangt man so auch zu gänzlich anderen Erkenntnissen. Ursache für die 23 Prozent Lohnunterschied ist weit überwiegend nämlich nicht geschlechtsbezogene Diskriminierung, sondern eine Reihe von anderen Faktoren, die von den Lebensentscheidungen der meisten Frauen abhängen: Sie arbeiten beispielsweise häufig in Teilzeit, was einen geringeren Stundenlohn ergibt. Sie suchen sich lieber einen Job in der Nähe ihres Zuhauses und sind zu selten bereit, für eine besser bezahlte Arbeitsstelle umzuziehen. Der Ausbildungshintergrund spielt auch eine große Rolle: Frauen studieren häufiger Fächer, deren Absolventen am Anfang ihrer beruflichen Laufbahn grundsätzlich wenig verdienen. So ergeht es den meisten, die ein geisteswissenschaftliches Fach statt einer Ingenieurwissenschaft studiert haben. Nimmt man diese Faktoren heraus, so rechnet Claudia Finke für eine Studie des Statistischen Bundesamtes vor, schrumpft der Verdienstunterschied auf acht Prozent zusammen. [281] Dabei betont das Statistische Bundesamt immer wieder, zuletzt 2017, dass "der bereinigte Gender Pay Gap möglicherweise geringer ausgefallen wäre, wenn weitere lohnrelevante Einflussfaktoren für die statistischen Analysen zur Verfügung gestanden hätten. So lagen beispielsweise zu den familienbedingten Erwerbsunterbrechungen keine Informationen vor."[282]
Was für eine große Rolle die genannten Faktoren spielen, veranschaulicht das Unternehmen Uber, das Fahrgäste an Mietwagen mit Fahrer vermittelt. Die Bezahlung dieser Fahrer hängt von einer Reihe ganz unterschiedlicher Aspekte ab, so etwa von der Länge der Strecke, der Fahrtzeit, der Zahl der Passagiere, dem Verhältnis von Angebot und Nachfrage. Dem Algorithmus, der dieses Gehalt berechnet, ist eines jedoch völlig egal: das Geschlecht der Fahrer. Trotzdem verdienen Männer, die für Uber fahren, je Stunde ungefähr sieben Prozent mehr als Frauen.
Wissenschaftler, die dieses Missverhältnis untersucht haben, nannten zwei Gründe für sein Entstehen:

"Frauen arbeiten seltener zu unbeliebten Zeiten und in unbeliebten Gegenden, in denen man eher mal einen Verdienstaufschlag wegen Fahrermangels bekommt. Das kann daran liegen, dass Frauen zu

manchen Tageszeiten und in manchen Stadtteilen nicht fahren wollen. Die anderen Gründe liegen aber voll in der Entscheidung der Einzelnen: Männer fahren mehr Stunden in der Woche als Frauen, sie sammeln also schneller Erfahrung und lernen schneller, wie sie in kurzer Zeit viel Geld verdienen können. Außerdem fahren die Männer schneller. Zwar werden die Fahrer nach Fahrtstrecke und Zeit bezahlt, doch wer schneller fährt und mehr Fahrten in gleicher Zeit schafft, der verdient mehr."[283]

Nun berichten viele Leitmedien (darunter *Zeit*, *Spiegel* und *Tagesspiegel*) so, als seien die mal acht, mal sieben, mal sechs Prozent Lohndifferenz, die das Statistische Bundesamt in den verschiedenen Jahren nennt, eine Zahl, aus der alle relevanten Faktoren bereits herausgerechnet wurden.[284] Das sind jedoch Fake News. So weist auch Christina Boll, Forschungsdirektorin am Hamburgischen Weltwirtschaftsinstitut (HWWI), darauf hin, dass die verbleibende Gehaltsdifferenz keineswegs einer Diskriminierung zu verschulden ist. Boll forscht seit Langem zu diesem Thema und hat ein ganzes Bündel von Ursachen ausgemacht, die zu dem Unterschied führen. Die größte Rolle spielt dabei die Berufserfahrung, also die Frage, wie lange Frauen wegen der Geburt ihrer Kinder pausieren und mit wie vielen Stunden sie anschließend in den Job zurückkehren. Dadurch verschlechtern sie ihre Verhandlungsposition, was sich auf den zukünftigen Verdienst und die Position in der Firmenhierarchie auswirkt. Bezieht man diese Faktoren mit ein, kommt Boll auf einen "unerklärten Rest" von 2,3 Prozent.[285]

Ein anderer dieser Faktoren sind nicht vergütete Überstunden: Davon leisten Männer einer Studie des Instituts für Wirtschaftsforschung Halle zufolge, die Ende 2012 veröffentlicht wurde, mehr als doppelt so viel wie Frauen.[286] Folglich erkannte im Januar 2013 auch eine Untersuchung des Instituts der deutschen Wirtschaft eine Gehaltsdifferenz von lediglich zwei Prozent zwischen den beiden Geschlechtern.[287] Bloße zwei Prozent Gehaltsunterschied ermittelte Ende 2013 auch eine Studie der Unternehmensberatung Hay Group, für die Gehaltsexperten die Einkommen von 320.000 Angestellten in knapp 600 Unternehmen analysierten. "In der öffentlichen Debatte ist oft von sehr großen Gehaltsunterschieden zwischen Männern und Frauen zu hören", sagt

Hay-Manager Thomas Gruhle. "Diese lassen sich durch unsere Studie widerlegen."[288]
Stellen diese zwei Prozent nun die verbleibende geschlechtsbedingte Gehaltsdiskriminierung dar? Vor diesem Kurzschluss warnt Thomas Moser in einer eingehenden Analyse auf *Telepolis*:

"Für die Berechnung werden lediglich Betriebe der Privatwirtschaft mit mehr als zehn Mitarbeitern herangezogen. Der gesamte öffentliche Dienst mit nahezu gleichen Gehältern von Männern und Frauen bleibt unberücksichtigt. Ebenso kleinere Betriebe, darunter auch die Familienbetriebe, bei denen die Gewinne gleich verteilt werden. Auch landwirtschaftliche Betriebe, die oft ebenfalls Familienbetriebe sind, fallen aus der Berechnung heraus. (...) Alles in allem also ein etwas tendenziöses Rechenwerk, das nebenbei die tatsächliche wirtschaftliche Lage der meisten Männer verfälscht. (...) Auch bei der 'bereinigten' Lohnlücken-Rechnung sind der öffentliche Dienst, Kleinstbetriebe und die Landwirtschaft nicht mitberücksichtigt. Da vor allem im öffentlichen Dienst annähernd gleiche Gehälter gezahlt werden, müsste der Gender-Pay-Gap weiter schrumpfen."[289]

Der tatsächliche Equal Pay Day – "bis dahin arbeiten Frauen umsonst" – liegt dementsprechend statt Mitte März auf dem zweiten oder dritten Januar. Man kann Feministinnen verstehen, wenn sie sich für ihre Aktionen nicht an diesem realistischen Datum orientieren.
Der Dozent für Betriebs- und Volkswirtschaft Dr. Markus Hessler erklärt im Ökonomenblog die wahren Verhältnisse:

"Von diesen 2 Prozent kann ein Teil theoretisch auf Diskriminierung zurückgeführt werden. Allerdings erscheint dies eher unwahrscheinlich, da einige Faktoren, die Gehaltsunterschiede erklären können, immer noch unberücksichtigt sind. Frauen haben im Durchschnitt zum Beispiel eine höhere Wertschätzung für die Familiengründung als Männer, wodurch sie eher bereit sind, beruflich zurückzustecken. Sie sind weniger risikobereit, wenn es zum Beispiel um den Wechsel des Arbeitgebers geht. Auch ist das Karrierestreben weniger stark ausgeprägt, es werden weniger Weiterbildungsangebote wahrgenommen, es wird weniger in

Netzwerke investiert und nichtmonetäre Bedingungen haben einen höheren Stellenwert. Könnte man all diese Faktoren entsprechend berücksichtigen, wäre es sogar möglich, dass Männer beim Gehalt benachteiligt werden."[290]

Tatsächlich geht die unterschiedliche Honorierung in verschiedenen Branchen bereits zu Lasten der Männer. Rund ein Viertel (24 Prozent) mehr als ihre männlichen Kollegen verdienen Frauen etwa im Hochbau, was einem durchschnittlichen Plus von monatlich 648 Euro Brutto entspricht. 21 Prozent mehr sind es in der Fahrzeugbautechnik und 19 Prozent im Tiefbau.[291] In den USA verdienen nach Angaben von Forschern der Federal Reserve Bank of New York Frauen 16 Prozent mehr als Männer im Sozialwesen und 10 Prozent mehr in den Berufen des Wirtschaftsingenieurwesens.[292] Und eine Auswertung von Gehältern durch die Hamburger Vergütungsberatung PersonalMarkt ergab: "Eine Personalentwicklerin, Mitte 30, verdient durchschnittlich sogar mehr als ihr männlicher Kollege – sie geht mit 49.900 Euro brutto pro Jahr nach Hause, ihr gleichaltriger männlicher Kollege mit 47.600 Euro. (…) Eine Softwareentwicklerin um die Dreißig kommt demnach auf 47.500 Euro, ihr gleichaltriger männlicher Kollege nur auf 44.400 Euro". Vor diesem Hintergrund weist Tim Böger, Geschäftsführer von PersonalMarkt, das beliebte Vorurteil von den "armen Frauen" zurück, die bei gleicher Qualifikation generell diskriminiert würden: "Vor solchen Pauschalurteilen warne ich ausdrücklich. Unsere Zahlen haben gezeigt, dass Frauen in vielen Branchen und Berufen mindestens genauso viel verdienen wie ihre männlichen Kollegen – in einigen Berufen sogar mehr."[293]
Im Sektor Teilzeitbeschäftigung liegen Frauen schon seit Jahrzehnten beim Verdienst vorne. Hierzu verrät uns der Erste Datenreport zur Gleichstellung von Frauen und Männern in Deutschland (Gender-Report), genauer gesagt Kapitel 3 unter "Erwerbseinkommen von Frauen und Männern" Folgendes: "Teilzeitbeschäftigte Frauen verdienen mehr als teilzeitbeschäftigte Männer. (…) So liegt der Bruttojahresverdienst von Frauen, die weniger als 18 Stunden pro Woche arbeiten, 2002 bei 122 Prozent des Verdienstes von Männern in dieser Beschäftigungsform".[294] In den Bundesländern Mecklenburg-Vorpommern, Sachsen-Anhalt und Brandenburg verdienen auch vollbeschäftigte Frauen nach Angaben

der Bundesagentur für Arbeit seit einigen Jahren durchschnittlich mehr als die Männer. Dort wächst der Vorsprung der Frauen überdies immer mehr.[295] Ein großes politisches Thema ist diese Gehaltslücke zu Lasten von Männern nicht.
In anderen Staaten wird der Mythos von der Lohndiskriminierung ebenfalls zunehmend zerstört. Das führende österreichische Nachrichtenmagazin *Profil* etwa widmete der Widerlegung dieses populären Irrtums durch gründliche Analysen im Jahr 2012 eine Titelgeschichte.[296] In den USA führte eine Metastudie von über 50 anerkannten Studien über dieses Thema zu dem Ergebnis, dass die Lohnlücke zwischen den Geschlechtern, die nicht auf individuellen Lebensentscheidungen der Arbeitnehmer beruhte, so gering war, dass niemand mehr sagen könne, wie viel davon Diskriminierung verschuldet sei und wie viel subtilen Unterschieden zwischen den Geschlechtern, die man kaum noch messen könne: "Die Behauptung, dass amerikanische Frauen als Gruppe systematische Benachteiligung beim Gehalt erfahren, entbehrt jeder Basis."[297] Zum selben Ergebnis gelangte die Geschlechterforscherin Diana Furchtgott-Roth in ihrer Analyse *Women's Figures: An Illustrated Guide to the Economic Progress of Women* (AEI Press 2012).
Unbeeindruckt von der medialen Dauerbeschallung über eine angeblich skandalöse Lohndiskriminierung scheint den meisten Frauen selbst der tatsächliche Sachverhalt übrigens bewusst zu sein. Sie erklärten in Langzeitstudien des Deutschen Instituts für Wirtschaftsforschung (DIW), der Universität Bielefeld und der Universität Konstanz, dass ihnen "gerechterweise ein geringeres Bruttoeinkommen zusteht als Männern". Ein *Spiegel-Online*-Artikel darüber bezeichnete diese Einschätzung erwartungsgemäß als "absurd", da doch Frauen in Deutschland fast ein Viertel weniger als Männer verdienten.[298] Mit aller Mühe versucht man immer noch etwas zum Skandal zu erklären, wovon die Betroffenen selbst erkannt haben, dass es in Wahrheit auch ohne Alarmismus erklärbar ist.
Dass die meisten Frauen ihr geringeres Gehalt als gerecht empfinden, mag manche Ideologin im Geschlechterkrieg überraschen – aber tatsächlich zeigen sich die unterschiedlichen Prioritäten der Geschlechter immer wieder. Eine Anfang 2013 veröffentlichte internationale Studie der Managements-Beratungsfirma Accenture etwa zeigt, dass nur 26 Prozent der

berufstätigen Frauen ihre Vorgesetzten regelmäßig nach einer Beförderung fragen (bei den Männern tun das 74 Prozent) und nur 48 Prozent nach einer Gehaltserhöhung (bei den Männern sind es 72 Prozent). Für die Zurückhaltung der Frauen gibt es einen Grund: Fragt man sie danach, woran genau sie ihren Erfolg im Beruf messen, nennt nur etwas mehr als jede dritte "Geld". Für 46 Prozent ist ein ausgeglichenes Verhältnis von Arbeit und Freizeit wichtiger, was für männliche Arbeitnehmer nur eine untergeordnete Rolle spielt.[299]

Häufig übergangen wird in der Debatte auch, dass Frauen – aufgrund ihrer Lebensentscheidungen – zwar weniger Geld als Männer verdienen, aber mit Abstand die größte Macht darüber besitzen, wofür es verwendet wird: Frauen sind weltweit für 70 Prozent der Konsumausgaben verantwortlich; in Deutschland sind es sogar 72 Prozent. Zu diesem Ergebnis gelangte im Jahr 2008 eine groß angelegte Studie, für die über 12.000 Frauen in über vierzig Regionen der Welt befragt wurden. Die Forscher gehen davon aus, dass dieses Ungleichgewicht weiter zunehmen wird.[300] Wenn man die Wahl hat, ob man das Geschlecht sein möchte, das härter arbeitet, dadurch mehr verdient, aber am wenigsten entscheidet, wofür dieses Geld ausgegeben wird, oder das Geschlecht, bei dem dieses Verhältnis umgekehrt ist, dürften sich die meisten für letzteres entscheiden.

Eine der wenigen, die dieses Missverhältnis ansprechen, ist die Sozialanthropologin Belinda Brown: Sie weist anhand mehrerer Studien nach, dass überwiegend nicht nur die Frau in einer Partnerschaft die Herrschaft über das vom Mann verdiente Geld innehat und wesentlich bestimmt, wofür es ausgegeben wird. Auch sind 93 Prozent der Männer, die das Geld verdient haben, der Auffassung, es gehöre beiden Partnern beziehungsweise der gesamten Familie.[301] Darüber hinaus scheitern Partnerschaften häufig, wenn der männliche Partner z.B. durch Verlust seines Arbeitsplatzes nicht mehr in der Lage ist, seiner Aufgabe als Versorger nachzukommen. Männer erfüllten diese Aufgabe jedoch mit enormem Einsatz, "selbst wenn ihr Beruf geistestötend langweilig ist". Verständlicherweise seien die meisten Frauen mit diesem Arrangement hochzufrieden. "Wenn der Mann seiner Aufgabe nicht mehr nachkommt", stellt Belinda Brown fest, "kann er seinen Platz in seinem Zuhause verlieren."[302] Vor diesem

Hintergrund ist es hochgradig ironisch, wenn Feministinnen dieses Arrangement mit Sklavenhaltung vergleichen – wobei es in ihrer Phantasie die Frau ist, die als Sklavin gehalten wird. So polemisiert etwa die ehemalige *taz*-Chefin Bascha Mika, "dass die eine Hälfte der Bevölkerung sich parasitär aufführt und die andere Hälfte sich in Sklavengeduld übt", wobei sie das Verhältnis von Frauen und Männern so zusammenfasst: "Wir sind Geiseln, die gelernt haben, ihre Geiselnehmer zu lieben."[303]
Allerdings verschiebt sich der Bereich Karriere und Finanzen inzwischen zugunsten der Frauen, wie der *Spiegel* in einer Titelgeschichte von Anfang 2013 berichtete:

"Männer machen in den USA nur noch 40 Prozent aller Bachelor- und Master-Abschlüsse und reichten 2010 auch erstmals weniger als die Hälfte aller Doktorarbeiten ein. Waren in den fünfziger Jahren noch 85 Prozent der männlichen Amerikaner im Erwerbsalter beschäftigt, sind es heute weniger als 65 Prozent. Und, besonders erstaunlich: Vor zwei Jahren standen in den USA erstmals mehr Frauen als Männer in Lohn und Brot. In fast 40 Prozent aller amerikanischen Ehen verdient die Frau mehr als der Mann. (...) Oftmals schon haben sich in Europa gesellschaftliche Trends fortgesetzt, die in Amerika begannen. Kein anderes Land beeinflusst so sehr unsere Kultur und das tägliche Leben."[304]

Eben wegen dieser gesellschaftlichen Vorreiterrolle der USA hätte man zahlreiche weitere Fakten über die Situation in den Vereinigten Staaten nennen können, die darauf hinweisen, dass das Geschlechtergefälle gerade massiv umschlägt. Beispielsweise, so konnte man bereits 2007 in der *Welt* lesen, verdienen in einigen Großstädten der USA junge Frauen inzwischen bis zu 40 Prozent mehr als junge Männer und überrunden Männer auch beim Wettlauf um Führungspositionen.[305] Viele weitere Fakten hat die Wissenschaftsjournalistin Liza Mundy für ihr Buch "The Richer Sex" zusammengetragen – und mit diesem Titel waren keineswegs die Männer gemeint.[306] Beispielsweise verfügten in den USA im Jahr 2010 in 1997 von 2000 großstädtischen Regionen die jungen, kinderlosen Frauen bereits über ein höheres mittleres Einkommen als ihre männlichen Altersgenossen,[307] wobei etwa in Atlanta diese Frauen 121 Prozent des Gehalts vergleichbarer Männer einstreichen.[308]

Während die meisten Männer heute weniger als etwa noch 1979 verdienen, verdienen die meisten Frauen mehr als noch eine Generation zuvor.[309] Konsequenterweise kaufen inzwischen weibliche Singles bereits doppelt so viele Häuser wie männliche – und man erwartet, dass diese Rate noch steigt.[310]
Einer Studie des Pew Research Center zufolge profitieren inzwischen zunehmend Männer statt Frauen wirtschaftlich von einer Heirat.[311] Frauen haben 51 Prozent der Management- und Professorenstellen inne und dominieren neun der zehn Beschäftigungsfelder, von denen man sich in den nächsten zehn Jahren das größte Wachstum verspricht.[312] Demographen sagen voraus, dass im Jahr 2050 auf 100 Männer mit College-Ausbildung 140 Frauen mit dieser Ausbildung kommen werden.[313] Zwischen Dezember 2007 und Juni 2009 gingen drei Viertel der rezessionsbedingten Arbeitsplatzverluste zu Lasten von Männern, so dass im August 2009 ihre Arbeitslosenrate bei 10,1 Prozent lag (gegenüber 7,7 Prozent bei den Frauen).[314] Eine Studie, die der Professor für Wirtschaftswissenschaft David Autor für das Center for American Progress durchführte, wies nach, dass aus der mittleren Beschäftigungsebene Männer in Niedriglohn-Jobs wechseln mussten, während Frauen in besser bezahlte Berufe aufstiegen – eine Verschiebung, die Autor auch für Europa diagnostiziert.[315]
Die Studie *Gibt es eine gläserne Decke für weibliche Geschäftsführer?*, die die Carnegie Mellon University auf der Grundlage von 16.000 über 14 Jahre hinweg befragten Managern beiderlei Geschlechts durchführte, zeigte, dass entgegen dem landläufigen Vorurteil von einer Benachteiligung von Frauen in diesem Bereich keine Rede sein konnte: Die Frauen werden in demselben Ausmaß befördert wie Männer und verdienen erkennbar mehr: bis zu 100.000 Dollar pro Jahr im Vergleich zu Männern desselben Alters, desselben beruflichen Hintergrunds und derselben Erfahrung. Eine etwa zeitgleich veröffentlichte Untersuchung der Corporate Library, eines Forschungsinstituts im US-Bundesstaat Maine, ermittelte, dass weibliche Firmenführer im Schnitt 15 Prozent mehr als männliche verdienen.[316]
Aufhorchen lassen auch zwei Untersuchungen aus den Jahren 2015 und 2016 über weibliche Geschäftsführer. Die eine Studie, eine Analyse der Tageszeitung *USA Today*, ermittelte, dass den in den Standard & Poor's 500 gelisteten Geschäftsführerinnen in den letzten

Geschäftsjahren durchschnittlich 18,8 Millionen Dollar gezahlt wurden, was bei weitem die durchschnittlichen 12,7 Millionen Dollar für männliche Geschäftsführer überstieg.[317] Die andere Studie betrachtete Geschäftsführerinnen nur in den hundert größten Firmen der USA und ermittelte, dass Geschäftsführerinnen dort im Vorjahr mit im Schnitt 22,7 Millionen gegenüber 14,9 Millionen bei den Männern vorne lagen.[318] Das ist kein rein amerikanisches Phänomen: Im Jahr 2016 erzielten auch die Frauen in den Vorständen der Dax-30-Konzerne ein höheres Durchschnittsgehalt als ihre männlichen Kollegen (rund 3 Millionen im Vergleich zu 2,86 Millionen Euro brutto).[319]

Eine prägnante Darstellung des gegenwärtigen Stands der Dinge liefern zwei Journalistinnen des Blogs *The Daily Beast*, das mit dem bekannten US-Nachrichtenmagazin *Newsweek* kooperiert: Auch in der Europäischen Union besetzten Frauen demnach 75 Prozent der acht Millionen Stellen, die seit dem Jahr 2000 geschaffen wurden. Den Vorhersagen von Ökonomen zufolge wird bis zum Jahr 2024 die durchschnittliche Frau in den USA und mehreren reichen Ländern Europas mehr als der durchschnittliche Mann verdienen. Jetzt schon tätigen Frauen in den USA 83 Prozent aller Konsumkäufe und verfügen über 51 Prozent allen persönlichen Reichtums. Und nicht nur in den USA stellen inzwischen Frauen die Mehrheit der Abgänger vom College oder von vergleichbaren Stätten höherer Bildung: Dasselbe gilt etwa auch für Brasilien, die Vereinigten Arabischen Emirate und Russland.[320]

Wie sich in obigen Absätzen bereits andeutete, ist der sich aktuell anbahnende Umschlag im Geschlechtergefälle schon jetzt keineswegs auf die USA beschränkt. "Junge, hoch qualifizierte Frauen unter 30 Jahren verdienen mehr als ihre männlichen Pendants", berichtete die *Financial Times Deutschland* bereits am 21. Juni 2006. "Zu diesem Ergebnis kommt eine neue Studie des Deutschen Instituts für Wirtschaftsforschung (DIW). Durchschnittlich sieben Prozent weniger als ihre weiblichen Kollegen verdienen hoch qualifizierte Männer unter 30 Jahren."[321] Dass in Großbritannien junge Frauen mit einem Vollzeitjob inzwischen mehr als vergleichbare junge Männer verdienen, berichtete im Dezember 2010 die britische *Daily Mail*. Das Blatt zitiert hierzu auch die Wirtschaftswissenschaftlerin Ruth Lea, die einmal mehr klarstellte: "Wir wussten schon immer, dass weibliche

Singles genauso gut bezahlt werden wie Männer. Die Vorstellung, dass Frauen diskriminiert würden, war schon immer eine Fantasie. Ich glaube, der Gleichstellungslobby gehen die Dinge aus, die sie sagen könnte."[322]
Fünf Jahre später bereits hatte sich das Verhältnis noch deutlich weiter zugunsten der Frauen verschoben. Im Jahr 2015 nämlich berichtete die *Daily Mail* Folgendes: Inzwischen wurden nicht nur Frauen in ihren Zwanzigern, sondern auch Frauen in ihren Dreißigern besser bezahlt als ihre männlichen Altersgenossen. Hierzu zitierte die Zeitung die Soziologin Dr. Patricia Morgan:

"Wenn das Lohngefälle für Menschen in den 20ern und 30ern umgekehrt wäre, gäbe es eine Menge Experten, die auf und ab hüpfen und verlangen würden, dass wir handeln, um diese schreckliche Ungleichheit zu bekämpfen. Niemand scheint sich Sorgen darüber zu machen, dass dieses Lohngefälle ungerecht gegenüber Männern ist."[323]

Frauenberufe werden schlechter bezahlt

"Statt strukturelle Ungleichheiten zu bekämpfen, versucht man lieber, die Schuld den einzelnen Frauen in die Schuhe zu schieben" klagt die stramm feministisch ausgerichtete SPD-Politikerin Manuela Schwesig in einem Interview mit *Spiegel-Online*. "Die Frau ist ja selbst schuld, wenn sie als Altenpflegerin statt als Automechanikerin arbeitet und deshalb weniger verdient." Tatsächlich aber müsse man sich fragen, warum etwa Pflegeberufe so schlecht bezahlt würden.[324] Ebenfalls auf *Spiegel-Online* behauptet die radikale Feministin Margarete Stokowski: "Pflege-, Erziehungs- oder Serviceberufe (…) sind unter anderem deswegen schlecht bezahlt, weil von Frauen ausgeführte Arbeit als weniger wert angesehen wird."[325]
Einerseits zeigen diese Äußerungen einen winzigen Lernfortschritt im sozialdemokratisch-feministischen Lager. Während die SPD und gerade Schwesig zu diesem Zeitpunkt noch tönte, es brauche schärfere Gesetze, weil Frauen für dieselbe Arbeit deutlich weniger verdienten als Männer, erkennt man nun immerhin, dass die Berufswahl ein entscheidendes Kriterium darstellt. Im vorliegenden

Lexikon wurde unter dem Eintrag "Beruf" ja schon gezeigt, dass Männer weit überwiegend Berufe wählen, die mit besonders großen Belastungen verbunden sind, aber dafür besser bezahlt werden, weil Männer mit dem Plus an Geld selbst heute noch häufiger eine Familie ernähren müssen als Frauen – und weil ein finanzstarker männlicher Single bei der Partnersuche größere Chancen hat, während für Männer der Verdienst einer Frau bei der Partnerwahl kaum ein Kriterium darstellt.
Aber stimmt die Behauptung Manuela Schwesigs überhaupt, dass eine Altenpflegerin weniger als eine Automechanikerin verdient? Das fragten sich die Leser eines geschlechterpolitischen Blogs, die mit der Zeit gelernt haben, erst einmal zu überprüfen, ob Aussagen aus sozialdemokratischen und feministischen Reihen nicht in Wahrheit Fake News darstellen, sobald es um das Thema Benachteiligung geht. Sie beschlossen, die Entlohnungen in den verschiedenen Branchen miteinander zu vergleichen. Dabei zeigten sich schnell die wahren Verhältnisse:

Ausbildungsgehalt KFZ-Mechatroniker
1. Ausbildungsjahr: 520-730 Euro
2. Ausbildungsjahr: 550-790 Euro
3. Ausbildungsjahr: 620-880 Euro
4. Ausbildungsjahr: 670-930 Euro
Einstiegsgehalt 1500 bis 1900 Euro (Brutto)[326]

Ausbildungsgehalt Altenpfleger
1. Ausbildungsjahr: 1010 Euro
2. Ausbildungsjahr: 1072 Euro
3. Ausbildungsjahr: 1173 Euro
Einstiegsgehalt 2400 bis 2600 Euro (Brutto)[327]

Erzieher Einstiegsgehalt 1700 bis 2300 Euro (Brutto)[328]

Krankenpfleger Einstiegsgehalt 2400 bis 2600 Euro (Brutto)[329]

Zimmerer Einstiegsgehalt 1600 bis 2100 Euro (Brutto)[330]

Maurer Einstiegsgehalt 1720 bis 1800 Euro (Brutto)[331]

Eine Grundschullehrerin (zu 87 Prozent wird dieser Beruf von Frauen ausgeübt), erhält hierzulande ein im internationalen Vergleich fettes Anfangsgehalt von umgerechnet rund 54.000 US-Dollar. (Der OECD-Durchschnitt liegt lediglich bei 30.838 US-Dollar.)[332] Das Einstiegsgehalt für Informatiker, deren Wissen schneller veraltet und deren Vereinbarkeit mit einem Familienleben schwerer ist, liegt je nach Firmengröße im Median zwischen 42.179 Euro und 48.534 Euro – also erkennbar niedriger.[333]
Der Blogger Lucas Schoppe hält fest:

"Es bekommt also zum Beispiel ein KFZ-Mechatroniker nach vier (!) Jahren Ausbildungszeit ein Brutto-Einstiegsgehalt von 1500 bis 1900 Euro, eine Altenpflegerin nach drei Jahren Ausbildung eines von 2400 bis 2600 Euro. Im typischen Männerberuf des Müllwerkers werden etwa 2300 Euro verdient, eine Krankenschwester verdient mehr als 500 Euro mehr, eine Erzieherin fast 400 Euro mehr. Facharbeiter oder Kanalfacharbeiter verdienen wiederum mehrere hundert Euro weniger als Krankenschwestern und Erzieherinnen."[334]

Und wenn ein Mechatroniker und eine Altenpflegerin ein Date haben, wird vielfach erwartet, dass er bezahlt. Er könne sich das schließlich auch leisten, denn Männer verdienen bekanntlich mehr ...

Bei Gehaltsverhandlungen haben Frauen schlechtere Chancen als Männer

In der freien Wirtschaft werden Gehälter in der Regel nicht per Tarif gezahlt, sondern zwischen Arbeitnehmer und Arbeitgeber beziehungsweise Mitarbeiter und Vorgesetztem ausgehandelt. Insofern liegt der Gedanke nahe, dass die Gehaltslücke dadurch zustande kommt, dass weibliche Mitarbeiter von offen oder unbewusst frauenfeindlichen Chefs diskriminiert werden. Aber findet diese Benachteiligung wirklich statt?
Das wollten auch die Professorinnen Martina Voigt und Andrea Ruppert von der Frankfurt University of Applied Sciences herausfinden. Sie ließen in Gehaltsverhandlungen Frauen gegen Männer antreten und dabei die Versuchspersonen die exakt gleiche

Strategie verfolgen, ließen sie also auf dieselben Fragen exakt gleich reagieren.
Auf *Spiegel-Online* berichtet Silvia Dahlkamp über den Ausgang dieses Experiments:

"Am Ende gewinnt - immer der hartnäckige Mann, der Druck macht? Falsch. Es ist die Frau, die unnachgiebig mehr Geld fordert. So entschieden auf jeden Fall 360 Chefs großer Banken, Konzerne und auch mittelständischer Firmen, denen die Forscherinnen hinterher die Videoaufnahmen zeigten. Sie würden die zielstrebige Frau im Hosenanzug belohnen und ihren gleich starken Kollegen, der mit denselben Worten und denselben Gesten um mehr Geld gekämpft hat, eher vertrösten."[335]

Zu einer sehr ähnlichen Erkenntnis gelangte eine im September 2017 veröffentliche Studie der Online-Jobbörse Stepstone. Dort wurden tausend Personen im Alter zwischen 20 und 55 Jahren mit höherer Bildung und einem Angestelltenverhältnis befragt. Dabei zeigte sich: 44 Prozent der Frauen hatten noch nie nach einer Gehaltserhöhung gefragt – im Vergleich zu 26 Prozent der Männer. Sobald Frauen jedoch ihre Forderungen äußern, sind sie erfolgreicher als ihre männlichen Kollegen: Während 73,8 Prozent der Frauen mehr Geld bekommen, sind es bei Männern nur 64,3 Prozent.[336]

GESCHLECHTERROLLEN

Je mehr Gleichberechtigung, desto ausgewogener die Geschlechterrollen

Viele feministische Texte bauen auf einer Rhetorik nach folgendem Muster auf: "Noch immer gibt es in der klassischen Männerdomäne XY nur eine sehr geringe Rate von Frauen. Wenn diese Rate weiter so spärlich anwächst wie bisher, werden wir erst im Jahr 5897 die Gleichberechtigung in Deutschland erreicht haben ..." Wie fundiert ist diese Rhetorik? Ist eine ausgewogene Verteilung von Geschlechterrollen – also beispielsweise ähnlich viele Frauen wie

Männer als Elektriker und Informatiker – tatsächlich ein sinnvolles Maß für ein hohes Niveau an Gleichberechtigung?
Tatsächlich ist einmal mehr das Gegenteil von dem wahr, was viele Feministinnen glauben.
"Wir alle wissen, was passieren wird, wenn die Geschlechter gleicher werden", behauptet Tom Whipple, Wissenschaftsredakteur der Londoner *Times*.

"Wenn Frauen Glasdecken einschlagen und sich Bildung eröffnen, dann sollten auch andere Unterschiede verschwinden. Ohne die psychologischen Fesseln des zweiten Geschlechts können Frauen frei denken und sich verhalten, wie sie wollen; Physiker oder Geschäftsführer werden, ungehindert von veralteten Stereotypen. Doch zur Bestürzung der Psychologen beobachten wir das Gegenteil. Je mehr Gleichstellung der Geschlechter in einem Land, desto größer ist der Unterschied in der Denkweise von Männern und Frauen. Zwei neue Studien haben diesen gegensätzlichen Befund erneut bewiesen, so dass er heute eine der am besten fundierten Entdeckungen in der Psychologie ist."[337]

So fand ein in der internationalen Online-Fachzeitschrift "Plos One" veröffentlichtes Forschungsprojekt heraus, dass in Ländern, die vom Weltwirtschaftsforum als weniger geschlechtsgleich eingestuft wurden, Frauen eher traditionelle männliche Studiengänge wie die Naturwissenschaften wählten. Und Erik Mac Giolla, leitender Psychologe an der Universität Göteborg, ermittelte nach einer Befragung von rund 130.000 Menschen aus insgesamt 22 Ländern, dass Länder mit mehr Frauen in der Arbeitswelt, im Parlament und in der Bildung auch solche sind, in denen Männer und Frauen aufgrund psychologischer Merkmale stärker voneinander abweichen.
"Es scheint, dass mit zunehmender Gleichstellung der Geschlechter, mit zunehmender Fortschrittlichkeit der Länder, Männer und Frauen zu traditionellen Geschlechternormen tendieren", fasste Mac Giolla diese Forschungsergebnisse zusammen.
"Es ist nicht nur die Persönlichkeit", ergänzt Steve Stewart-Williams von der University of Nottingham. Das gleiche gegensätzliche Muster wurde in vielen anderen Bereichen gefunden, einschließlich Bindungsstile, Wahl der akademischen Fachrichtung, Berufswahl, Depression, Glück und Interesse am Gelegenheitssex. Mittlerweile

gebe es zu viele Beweise für diesen Effekt, als dass man ihn als Zufall betrachten könnte. "Es ist definitiv eine Herausforderung für eine prominente Strömung der feministischen Theorie, nach der fast alle Unterschiede zwischen den Geschlechtern durch kulturelle Ausbildung und soziale Rollen entstehen."
Stewart-Williams schlägt eine denkbare Erklärung für diesen Effekt vor: Möglicherweise haben diejenigen Menschen, die in wohlhabenderen und geschlechtergerechteren Gesellschaften leben, mehr Freiheit, ihre tatsächlichen Interessen zu verfolgen und sich individueller zu verhalten, wodurch natürliche Unterschiede verstärkt werden. Wenn eine Frau zum Beispiel wirklich eine Beschäftigung ganz nach ihrer Wahl ergreifen möchte, würde sie sich demnach gerade gegen einen typischen Männerjob entscheiden, der ihren tatsächlichen Anliegen und Interessen zuwiderläuft. Das liefe allerdings einer der dominantesten Behauptungen im Feminismus der letzten Jahrzehnte entgegen: dass das Verhalten und die Entscheidungen von Frauen sich deshalb so sehr vom Verhalten und den Entscheidungen der Männer unterscheiden, weil beide Geschlechter darauf gesellschaftlich konditioniert seien. Diese These, die sich als nicht länger haltbar erweist, ist der zentrale Stützpfeiler der sogenannten "Genderstudien".
Geschlechtsunterschiede sind der aktuellen Forschungslage zufolge gerade kein Produkt von Unterdrückung, stellt Stewart-Williams fest: "Diese Unterschiede können Indikatoren für das Gegenteil sein: eine relativ freie und faire Gesellschaft."
Ende 2018 wurden diese Erkenntnisse durch eine weitere Studie bestätigt, die von dem Bonner Wirtschaftsprofessor Armin Falk und Johannes Hermle von der University of California in Berkeley durchgeführt und in der Fachzeitschrift *Science* veröffentlicht wurde. Grundlage der Forschung war ein Datensatz basierend auf der Befragung von rund 80.000 Personen in 76 repräsentativen Länderstichproben. Die untersuchten Länder deckten sämtliche Kontinente, verschiedene Kulturen und Entwicklungsstufen sowie insgesamt rund 90 Prozent der Weltbevölkerung ab.[338]
Ebenfalls im Jahr 2018 veröffentlichte das Fachmagazin *Psychological Science* eine Studie, für die Gijsbert Stoet in Leeds und David Geary in Columbia verschiedene Länder darauf hin verglichen, wie viele Frauen dort mathematisch-naturwissenschaftliche Berufe wählten. Auch hier zeigte sich: Je

weiter die Gleichberechtigung in einem Land umgesetzt war, desto weniger Frauen wählten entsprechende Studienfächer. In skandinavischen Ländern etwa, wo die Emanzipation weit vorangeschritten ist, sind nur 20 Prozent der Absolventen in solchen Fächern weiblich, in Algerien fast die Hälfte.[339]

Es sind die Männer, die an überholten Geschlechterrollen festhalten

Der Vorwurf, verbale Aufgeschlossenheit bei gleichzeitiger Verhaltensstarre in puncto neuer Geschlechterrollen zu zeigen, wie es die ehemalige Frauenministerin Bergmann gerne formulierte, wurde bislang vor allem Männern gemacht, weil sich dies in die gängigen Diskurse vom mangelhaften Geschlecht gut einfügte. Tatsächlich wird es Männern vielfach von Frauen schwer gemacht, ihrer Geschlechterrolle zu entkommen. Das zeigt sich vor allem auf dem Partnermarkt. "Downdaten ist für Frauen tabu" berichtete *Deutschlandfunk Nova* am 25. August 2016: "Am liebsten heiraten sie immer noch Männer, die erfolgreicher sind als sie selbst und ökonomische Sicherheit bieten." Bei Männern hingegen, so der Bamberger Soziologe Hans-Peter Blossfeld, habe sich der "strukturelle Zwang, nach unten Partnerinnen zu suchen (...) in den letzten Jahrzehnten total verändert".[340]
Eine mit dem Soziologen Jan Skopek durchgeführte Studie Blossfelds zum Kontaktverhalten auf Onlinebörsen war zu dem Ergebnis gelangt, dass Frauen nahezu ausschließlich mit Männern kommunizieren, die einen gleichwertigen oder höheren Bildungsabschluss haben. Besonders Akademikerinnen sei das wichtig. "Je mehr sozialen Status und materielle Sicherheit ein Mann verspricht, umso attraktiver wird er" berichtet Blossfeld. "Frauen suchen immer noch den Ernährertypen."[341]
Andere Forscher gelangten zu ähnlichen Erkenntnissen. "Eine neue Umfrage legt den unromantischen Schluss nahe: Männer wollen Liebe, Frauen nur Geld" berichtete Nicola Erdmann 2014 in der *Welt*.[342] 70 Prozent der von einer Online-Partnervermittlung befragten Single-Frauen gaben nämlich an, das Einkommen eines potenziellen Partners sei ihnen wichtig, es müsse "gleich oder höher

sein". Bei den Männern hingegen sagen 80 Prozent, es sei ihnen "nicht wichtig". Und als attraktivste Aussage zum Umgang des Partners mit Geld nannten die weiblichen Singles: "Lässt mich niemals zahlen."
So werden schon im Ausleseprozess der ersten Verabredungen von weiblicher Seite traditionelle Geschlechterrollen durchgesetzt. Später in der Beziehung spielen sich Prozesse mit demselben Ergebnis ab. "Frauen wissen oft gar nicht, dass ihre Männer bereit wären, die Rolle des Kindererziehers zu übernehmen" berichtet die Soziologin Jutta Allmendinger, Präsidentin des Wissenschaftszentrums Berlin für Sozialforschung, nachdem sie die Lebensentwürfe von Frauen und Männern unter 30 Jahren untersucht hatte. "Sie reden während ihrer Entwicklung viel zu wenig mit Männern. Ihre Netzwerke sind meist ausschließlich weiblich. Auch ihre Väter spielen kaum eine Rolle. Woher sollen also die Einsichten in die Vorstellungswelt der Männer kommen? So werden stereotype Bilder eben nicht infrage gestellt."[343]
Solche Erkenntnisse sind keineswegs brandneu. Anfang 2002 bereits erschien in der Broschürenreihe *Zukunftsforum Politik* der Konrad-Adenauer-Stiftung eine von den Männerforschern Peter Döge und Rainer Volz herausgegebene Studie unter dem Titel "Wollen Frauen den neuen Mann? Traditionelle Geschlechterbilder als Blockaden von Geschlechterpolitik".[344] In der Einleitung zu dieser Studie heißt es:

"Wenn sich Lebensplanung oder Verhaltenseinstellungen eines Partners ändern, muss der andere Teil mitziehen, sonst kann es sich nicht zum Ganzen fügen. Obwohl dies seit einiger Zeit bekannt ist und immer mehr Männer bereit sind, sich von traditionellen Rollenbildern zu befreien, geht es nicht wirklich voran. Was sind die Ursachen? Mit der vorliegenden Publikation analysieren wir mögliche Gründe. Offenbar stehen der Gleichberechtigung nicht nur strukturelle, gesetzliche oder gar ideologische Hindernisse entgegen. Es gibt auch andere 'weiche' Faktoren, zum Beispiel das Verharren von Frauen in alten Rollenklischees, die das Zusammenleben maßgeblich beeinflussen."

Bislang sei die Debatte recht einseitig verlaufen:

"Ein Blick auf die bisherige Geschlechterpolitik zeigt, dass Männer kaum ihr Gegenstand und ihre Bündnispartner waren. Abgesehen von einigen wenigen Appellen an die vermeintliche Faulheit der Männer bei der Hausarbeit und abgesehen von Maßnahmen gegen männliche Gewalttäter waren Männer bisher kein Ziel von entsprechenden Maßnahmen und Programmen. Geschlechterpolitik war überwiegend Frauenpolitik, nur Frauen hatten demzufolge ein Geschlecht. Männer blieben außen vor, blieben weitgehend geschlechtslos. Dabei waren die Rollen eindeutig verteilt: Frauen wurden als die vorwärts Treibenden, Männer in toto als die Blockierer bei der Neugestaltung der Geschlechterverhältnisse angesehen, 'neue Männer' blieben auf diese Weise zwischen allen Stühlen".

Die Autoren stellten ihre Untersuchung in einem Artikel der Berliner tageszeitung am 21. Februar 2002 vor. Wie die folgenden Auszüge aus diesem Beitrag zeigen, könnte eine bisher weitgehend ausgeblendete Abwertung des "neuen Mannes" vor allem durch die weibliche Bevölkerung ausschlaggebend dafür sein, dass sich dieser Lebensentwurf nur schwer durchsetzt:

"Zentrale Blockaden für aktive Väter, so das Ergebnis, sind: Vorurteile bei Vorgesetzten und Kollegen, aber auch bei Kolleginnen und sogar bei den eigenen Partnerinnen. Sie stellen die Fürsorgekompetenz ihrer Männer infrage. Nach Ansicht der schwedischen Frauenforscherin Ulla Björnberg wurde gerade diesem Umstand bisher viel zu wenig Aufmerksamkeit eingeräumt. (...) So schätzen sich Frauen noch immer als kompetenter in Haushaltsfragen ein. Einige der befragten Frauen begegnen einem größerem Engagement ihrer Männer im Haushalt gar mit Unbehagen. Zudem ist auch die Einstellung zum aktiven Vater ambivalent: Diesen Typus, verkörpert durch den viel gepriesenen 'neuen Mann', finden Frauen zwar 'sympathisch'. Doch gleichzeitig sind erschreckend viele von ihnen der Ansicht, dass diese Rolle nicht 'wirklich' zu einem Mann passe. Sie empfinden sie als unmännlich. Zudem sprechen viele Frauen den Männern schon vor der Geburt des Kindes die Fürsorgekompetenz ab und kümmern sich daher lieber selbst um das Kind; der Mann wird zum Assistenten degradiert.

Insbesondere in traditionellen Arbeitermilieus zeigt sich ein großes Interesse von Frauen an einem 'starken' Mann. Diese Frauen sind auch keineswegs an der Aufnahme einer Erwerbsarbeit interessiert, selbstbestimmte Hausarbeit wird vielmehr als Chance gesehen, monotoner und unqualifizierter Arbeit zu entkommen. Einer schwedischen Untersuchung zufolge plädieren gar die Männer nach der Geburt eines Kindes eher für eine Vollzeittätigkeit ihrer Frauen, während diese mehr an Teilzeit interessiert sind. Auch in der Bundesrepublik finden Mütter und Väter mit Kindern bis zu neun Jahren ein Vollzeit-Vollzeit-Modell nicht wünschenswert, rund zwei Drittel der befragten Frauen wollen Teilzeit arbeiten."

Peter Döges und Rainer Volzens Studie enthält Erkenntnisse, die über den hier zitierten *taz*-Artikel hinausgehen. Angesprochen wird beispielsweise

"die Ratlosigkeit gutwilliger und einsichtsfähiger Männer, wenn sie in die feministische 'Beziehungsfalle' geraten: Sagen sie etwas zur Geschlechterfrage, ist es Anmaßung, sagen sie nichts, ist es Desinteresse; bleiben sie untätig, weil die Frauen ja das bessere Recht haben, den Weg zu bestimmen, ist das 'typisch Mann', und er will nichts verändern; versuchen sie, sich aktiv gegen den Sexismus zu engagieren, ist das 'typisch Mann', er will das Kommando übernehmen".

Einige weitere Erkenntnisse der Studie:

- 44 Prozent der Frauen zwischen 18 und 45 Jahre sind lieber Hausfrauen. 80 Prozent der Frauen sind mit ihrer Hauptverantwortung für den Haushalt zufrieden. (S.46-47)

- 60 Prozent der Frauen finden, Erziehungsurlaub passe nicht zum Mann. (S. 47)

- Nur gut ein Fünftel der in einer Untersuchung befragten Frauen könnte sich in einen Mann verlieben, der "interessant und achtbar ist, aber ohne Macht". Macht rangiere bei ihnen als ausschlaggebender Faktor fürs Verlieben, noch vor Geld, Charme und Eloquenz.

Schönheit oder Intelligenz des Mannes sind dieser Untersuchung zufolge kaum ausschlaggebend. (S. 43)

- Die Frauen selbst sind daran interessiert, nach außen einen 'starken Mann' vorweisen zu können, der ihr eigenes Prestige erhöht. Dabei kommt es mitunter zu paradoxen Effekten: In manchen Situationen bestehen die Frauen rigider als die Männer auf der Einhaltung der Konventionen, um keinen Zweifel an der Männlichkeit des Ehemannes aufkommen zu lassen. (S.54-55)

Die Studie entlarvt somit sämtliche Propaganda von bösen Männern, die arme Frauen vom Berufsmarkt verdrängen und zu einem Hausfrauen-Dasein zwingen, sie dabei unterdrücken und ausbeuten, als Unfug.
Weitere internationale Untersuchungsergebnisse stützen diese Erkenntnisse. Im Jahr 2003 etwa fand die amerikanische Soziologin Pamela Smock bei ihren Befragungen von siebenhundert Frauen mit festem Partner heraus, dass diejenigen von ihnen eine Heirat ablehnten, deren Partner ein niedrigeres Einkommen und eine geringere Bildung als sie selbst aufwiesen.[345] Und am 10. Juli 2007 berichtete die britische *Daily Mail* über eine hohe Scheidungsrate bei Paaren, die von der politisch propagierten neuen Rollenaufteilung betroffen sind: "Es ist bitterste Ironie: Tausende von Männern, die ihre Arbeitsstelle aufgegeben haben, um sich um ihre Kinder zu kümmern, werden von ihren ehrgeizigen Frauen verlassen – die überhaupt erst wollten, dass sie zu Hause blieben."[346] In ähnlicher Weise zeigte sich, dass Frauen in den USA nach Beginn der Finanzkrise 2008 Investmentbanker als Partner häufig fallen ließen, nachdem deren Bonuszahlungen weit weniger üppig ausfielen als in den Jahren zuvor.[347]
Eine im *American Sociological Review* veröffentlichte Studie schließlich belegt, dass der Ausbruch von Männern aus ihrer Ernährerrolle eine Ehe ernsthaft gefährden kann:

"Alexandra Killewald, eine Soziologieprofessorin an der Universität Harvard, untersuchte 6.300 heterosexuelle Paare und entdeckte, dass wenn alle anderen Faktoren gleich sind, Ehemänner, die nicht Vollzeit arbeiteten, 33% wahrscheinlicher in den folgenden zwölf Monaten eine Scheidung erlebten als Männer, die Vollzeitjobs

bekleideten. (...) Die Daten können nicht erklären, warum ein Vollzeitjob des Mannes für die Stabilität einer Ehe so wichtig ist, aber es hat nichts mit den Finanzen des Paares zu tun. Auch einkommensbereinigt haben sich die Zahlen nicht verändert."

Dasselbe Risiko gehen Frauen nicht ein:

"Basierend auf den Erkenntnissen aus Killewalds Studie wird das Scheidungsrisiko einer Frau nicht beeinträchtigt, wenn sie sich mehr auf den beruflichen Aufstieg konzentriert. Während die Karriere einer Frau die Stabilität ihrer Ehe nicht negativ zu beeinflussen scheint, bleiben antiquierte Stereotypen über die Rolle, die Männer in der Familie spielen sollten, bestehen."[348]

Männern Vorwürfe zu machen, wenn sie ihre Geschlechterrolle nicht so häufig aufgeben, wie sich das viele Feministinnen wünschen, ihnen vielleicht noch eine reaktionäre Einstellung zu unterschieben, ist vor diesem Hintergrund deutlich zu kurz gegriffen.

GEWALT

Gewalt und Aggression sind typisch männlich

Im Kapitel über vermeintliche Frauenfeindlichkeit haben wir gesehen, dass Männer nicht nur in der radikalfeministischen Hate Speech immer wieder als Gewalttäter gebrandmarkt wurden, während Frauen als friedfertig und weit weniger aggressiv gezeichnet werden. Das ist allerdings reines Wunschdenken. So stellte Sabine Etzold in der *Zeit*-Ausgabe 46/2001[349] unter der Überschrift "Auch Frauen sind zu allem fähig" klar, dass der Aggressionsforschung zufolge die Angriffslust unter beiden Geschlechtern ungefähr gleich verteilt ist: "Die Bielefelder Soziologin Christiane Schmerl hat die Argumentationsstränge dieser Forschung jetzt zusammengefasst und kommt zu folgendem Resultat: Wesentliche Unterschiede zwischen den Geschlechtern lassen sich nicht feststellen." Das häufigste Ziel weiblicher Aggression sei eine andere Frau, das zweithäufigste der eigene Ehemann. Das häufigste Motiv aber seien Männer und ihr Verhalten.[350]

Knappe zwei Jahre später, am 16. Juli 2003, fasste die katholische Universität Ingolstadt-Eichstätt in einer Pressemeldung den aktuellen Forschungsstand über die Gewaltverteilung unter den Geschlechtern zusammen:

"'Gewalt ist männlich' – diese, typischerweise durch Medien vermittelte Aussage, ist falsch. Zu diesem Ergebnis kommen Wissenschaftler, die sich im Rahmen einer Tagung an der Katholischen Universität Eichstätt-Ingolstadt (KU) mit dem Themenfeld 'Geschlecht – Gewalt – Gesellschaft' auseinandersetzen. So zeigt sich beispielsweise, dass Konflikte und Widersprüche in den Biografien von Gewalttätern einen viel größeren Einfluss auf die Entstehung von Gewalt haben als das Geschlecht eines potenziellen Täters.
(...) Prof. Dr. Ulrike Popp, Klagenfurt, verwies darauf, dass sich die vorherrschende Definition von Gewalt fast ausschließlich auf strafrechtlich relevante Delikte oder physische Gewalt mit Verletzungs- oder Tötungsfolgen beziehe. Jedoch belegten Untersuchungen zu den Ausdrucksformen weiblicher Aggression, dass eine Erweiterung des Gewaltbegriffes um Kategorien wie Mobbing, Stalking, psychische und verbale Gewalt das Verhältnis von männlicher zu weiblicher Täterschaft deutlich zu 'Ungunsten' der Frauen verschieben würde. Dagegen werde in den Medien und in weiten Teilen der Wissenschaft ständig darauf verwiesen, Gewalt sei ein Männermonopol, was zu einer erheblichen Verzerrung der gesellschaftlichen Realität beitrage."

Insbesondere zum Thema "Gewalt unter jungen Mädchen", das erst kürzlich in unseren Medien als ernsthaftes Problem wahrgenommen wird, lagen bereits 2001 eindeutige Erkenntnisse vor. So berichtete der Antidiskriminierungsforscher Dr. Peter Döge in seinem Werk "Geschlechterdemokratie als Männlichkeitskritik":

"In einer Befragung von rund 3.500 SchülerInnen der 6. bis 10. Klasse unterschiedlicher Schulformen gaben 15 Prozent der Mädchen an, sich in den vergangenen zwölf Monaten mit anderen geprügelt zu haben, 8 Prozent der Mädchen hatten gemeinsam mit anderen jemanden verprügelt, 13 Prozent anderen gewaltsam etwas entwendet, 12 Prozent der Mädchen Schuleigentum beschädigt und 5

Prozent der Mädchen sogar Waffen mit in die Schule gebracht. Bundesweit ist seit 1995 die Zahl der Straftaten junger Mädchen (bis 18 Jahre) um 27 Prozent auf rund 120.000 Delikte gestiegen. Bei Jungen im gleichen Alter nahm die Quote im selben Zeitraum nur halb so stark zu. Dabei steigt besonders die Zahl der gefährlichen und schweren Körperverletzungen: Bundesweit schnellte sie seit 1995 bei Mädchen bis zum 14. Lebensjahr um fast 50 Prozent nach oben. (...) Die verquere Einschätzung von Mädchen- und Jungengewalt führt in diesem Fall dazu, dass eine Lehrerin ein Mädchen, welches mehrmals jüngere Schülerinnen auf der Toilette der Schule verprügelt hatte, als 'Powermädchen' bezeichnet."[351]

Der Männerforscher Bonde kommt zu dem Schluss, dass Frauen ihre eigene, die weibliche Gewalt als "progressiv" bzw. "fortschrittlich-gut" aufwerten, während sie die männliche Gewalt als "reaktionär" bzw. "altmodisch-schlecht" verurteilen.[352]
Die US-amerikanische Psychologin Janet Hyde von der Universität Wisconsin nahm sich 46 umfangreiche Meta-Analysen über Ähnlichkeiten und Unterschiede der Geschlechter vor und gelangte dabei zu der Schlussfolgerung, dass psychische Differenzen, falls diese überhaupt festgestellt werden konnten, sehr gering ausfielen. Hyde arbeitete heraus, dass häufig der Kontext von Untersuchungen, also eine Schablone, in die schon viele Vorurteile eingeflossen waren, eine Rolle spielte. So konnte etwa Deborah Prentice von der Universität Princeton nachweisen, dass sich Männer bei Videospielen nur dann aggressiver als Frauen verhielten, wenn sie dem Experimentator zuvor bekannt gemacht worden waren. In anonymisierten Testsituationen hingegen agierten die Frauen aggressiver.[353]
"Die Vorstellung, dass die Gewalt im Leben eines Jungen biologisch vorbestimmt ist, dass das männliche Wesen 'von Natur aus' zur Aggression neigt", erklärt der Psychologe Terence Real, "hat gegenwärtig wieder einmal Hochkonjunktur, auch wenn Entwicklungsbiologen und Anthropologen immer wieder auf die Unhaltbarkeit dieser Behauptung hinweisen".[354] So verglichen die Autorinnen Ann Frodi, Jacqueline Macaulay und Pauline Rupert-Thome für das *Psychological Bulletin* nicht nur 72 Studien über menschliches Aggressionsverhalten, sondern zogen zudem noch 80 Bücher und Fachzeitschriften zum selben Thema zurate. Ihre

Schlussfolgerung: Die weitverbreitete Annahme, dass Männer fast immer körperlich und Frauen eher indirekt aggressiv seien, werde durch die Forschungsliteratur nicht gestützt. Statt dessen gibt es experimentelle Hinweise darauf, dass Frauen in ebenso starkem wenn nicht stärkerem Ausmaß offen feindselig und direkt aggressiv wie Männer seien, sowohl durch Worte als auch durch Taten.[355]
Zahlreiche Untersuchungen sind inzwischen zu dem Ergebnis gekommen, dass, wenn nur eines der beiden Geschlechter im Gespräch Aggressionen ausdrückt, es fast sechsmal so häufig das weibliche ist (85 gegenüber 15 Prozent). Beteiligen sich beide Geschlechter an einem Streit, dominieren Frauen etwa zweimal so oft. Frauen sind deutlich eher bereit, einen Konflikt einzugehen und ihn auf die nächste Stufe eskalieren zu lassen. Diese Erkenntnisse kamen mit Hilfe der unterschiedlichsten Methoden zutage, zum Beispiel mit der direkten Befragung von Paaren selbst, aber auch mit der Messung von körperlichen Reaktionen. Hier zeigte sich, dass sich Männer eher von Frauen einschüchtern lassen als umgekehrt und dass eheliche Auseinandersetzungen für sie mit einem größeren Stress verbunden sind.[356]
Dabei hatte und hat die Gewaltforschung hier mit einigen Hindernissen zu kämpfen:
• Der Archetyp vom Mann als Krieger und der Frau als Mutter ist in den Köpfen der Wissenschaftler genauso eingeprägt wie in den Köpfen aller anderen Leute. Das führt oft dazu, dass bei Themen wie Aggression und Gewalt Frauen gar nicht erst untersucht werden.[357]
• *Wenn* Frauen untersucht wurden, ging man mit diesen empfindsamen Geschöpfen lange Zeit zartfühlender um und verfälschte dadurch die Untersuchungsergebnisse. Männer wurden von anderen Personen provoziert oder ihre Aggression wurde danach bemessen, wie sehr sie im Experiment bereit waren, einem anderen Teilnehmer elektrische Schocks zuzufügen. Frauen wurden Fallbeschreibungen ausgehändigt, woraufhin sie erzählen sollten, wie sie sich in diesen Situationen verhalten *würden.* Unsere Selbsteinschätzung hat allerdings oft wenig mit unserem tatsächlichen Verhalten zu tun.[358] Sobald beide Geschlechter derselben Versuchsanordnung unterworfen waren (sie wurden geärgert und konnten mit Elektroschocks reagieren oder wurden nach ihrer Billigung von aggressivem Verhalten befragt), zeigten

sich entweder keine Geschlechterunterschiede[359], oder es stellten sich zur Überraschung der Forscher die *Frauen* als sadistischer heraus: In einem berühmten Experiment, das von der Yale-Universität durchgeführt wurde, hatten College-Studenten die Aufgabe, einem Opfer Elektroschocks zu verpassen. Es waren die *Studentinnen*, die eher dazu neigten, auf Knöpfe mit höherer Voltzahl zu drücken und diese auch dann noch gedrückt zu halten, als ihre angeblichen Opfer - die in Wahrheit Mitarbeiter der Versuchsleitung waren - schon längst gellende Schmerzensschreie ausstießen. Die Ergebnisse dieses Experiments wurden seitdem überall auf der Welt in Folgeversuchen bestätigt.[360]

• In einer klassischen Studie wurde ein Baby von neun Monaten beim Spielen aufgenommen und dieser Film dann 204 männlichen und weiblichen Erwachsenen vorgespielt. Einigen sagte man, es handele sich um ein männliches, anderen, es handele sich um ein weibliches Kind. Wenn das Baby weinte, hielten die Versuchspersonen es für "verängstigt", wenn sie es für ein Mädchen hielten, aber für "wütend", wenn sie glaubten, es sei ein Junge.[361]
Dieses Wahrnehmungsraster hat die verschiedensten Folgen. Zum einen für die Kindererziehung: Ein Kind, das man für verängstigt hält, wird höchstwahrscheinlich eher liebkost und in den Arm genommen als ein Kind, das man für wütend hält. Mädchen müssen geschont werden: Bezeichnenderweise streiten sich Eltern häufiger vor ihren Söhnen als vor ihren Töchtern.[362] Väter sind auch strenger gegenüber Söhnen, während beide Elternteile die Beziehung zu ihren Töchtern als herzlicher und körperlich näher beschreiben und ein größeres Vertrauen in ihre Wahrheitsliebe haben.[363] Zum anderen aber prägt dieses Raster auch die Art, wie wir Erwachsene sehen: Wenn eine Frau einen Mann kritisiert, wird sie angefeuert, wenn ein Mann eine Frau kritisiert, wird sie in Schutz genommen. In einem Experiment, in dem man die verteilten Rollen eines Gespräches wechselweise von Männern und Frauen lesen ließ, gaben die Zuhörer grundsätzlich der Position der Frau Recht.[364]

Die komplexe Wirklichkeit entlarvt die Vorstellung vom Täter Mann und Opfer Frau als Propagandamärchen. Trotz aller immer noch bestehender Schwierigkeiten stehen folgende Untersuchungsergebnisse fest:

• Das Gesetz der Ritterlichkeit ("Mädchen schlägt man nicht") besteht noch immer. Gewalt von Frauen gegenüber Männern wird von der Gesellschaft eher akzeptiert als der umgekehrte Fall. Beobachtungen in einer kalifornischen High School über einen Zeitraum von drei Jahren zeigten, dass Mädchen Jungen in einem Verhältnis von zwanzig zu eins schlugen, also in 95 Prozent aller Fälle.[365]

• Einige Studien berichten, dass Frauen eher zu körperlicher Gewalt greifen, wenn sie nicht mit sozialen Sanktionen für dieses Verhalten rechnen müssen, also etwa wenn keine Zeugen zugegen sind oder ihre Verantwortung für den Ausbruch der Gewalt unklar ist.[366]

• In einem gesellschaftlichen Raum, in dem es keine Männer gibt, ist die Aggression von Frauen extrem stark: Untersuchungen über Frauengefängnisse belegen, dass dort die Gewaltrate zwischen zweieinhalb- und fünfmal so hoch ist wie in den Gefängnissen für Männer. Zu den häufigsten Verstößen dort zählen das Schlagen eines Beamten, Kämpfe ohne Waffe, die Zerstörung fremden Eigentums, Bedrohungen und Sexualvergehen.[367]

Generell wird männliche wie weibliche Gewalt nicht von der Biologie oder der Psyche eines Geschlechts beeinflusst, sondern von kulturellen Faktoren. Schülerinnen in Israel werden zu 20 Prozent häufiger körperlich aggressiv als männliche Schüler in den USA.[368] In historischen Perioden, in denen eine Gesellschaft über genügend Wasser und Nahrung verfügt und sich auch nicht von Überfällen bedroht fühlt, sind hingegen auch die Männer durchweg friedlich, wie die Geschichte Tahitis, der kretischen Minoer oder der Semai in Zentralmalaysia belegt.[369]

Frauen sind am häufigsten Opfer von Gewalt

"Die Welt ist für Männer und Frauen unterschiedlich strukturiert", fabulierte ein Autor des *Spiegel* in der Ausgabe vom 30.12.2017. "Für sie ist der Weg durch den Park eine Bedrohung, für ihn die kürzeste Verbindung."[370] Zahllose Statements dieser Art zurren in unserem Denken den bizarren Glauben daran fest, dass die Öffentlichkeit für Frauen eine ständige Bedrohung darstellt, während

Männer sich in einem Zustand der sicheren Unverletzbarkeit bewegen.
Die Behauptung, dass Frauen von Gewalttaten am meisten betroffen seien, ist in derlei feministischen Texten erstaunlicherweise bis heute nicht totzukriegen. Die Vereinten Nationen erklärten den 25. November jeden Jahres ausdrücklich zum "Internationalen Tag für die Beseitigung jeder Form von Gewalt gegen Frauen", es gibt eine Sonderbriefmarke "Keine Gewalt gegen Frauen" sowie regelmäßig Flashmobs und andere politische Aktionen unter dem Motto "One Billion Rising – Nein zu Gewalt gegen Frauen", worüber die Leitmedien breit berichten.
Woher kommt die seltsame Einschränkung "gegen Frauen", statt generell Gewalt gegen Menschen anzuprangern? In überwiegendem Ausmaß sind die Opfer der Gewalt in unserer Gesellschaft nicht Frauen, sondern Männer. Die Polizeiliche Kriminalstatistik etwa verzeichnet für das Jahr 2018 etwas mehr als 611.000 männliche und etwas mehr als 414.000 weibliche Opfer. Im Bereich "Mord, Totschlag und Tötung auf Verlangen" finden sich fast doppelt so viel männliche wie weibliche Opfer; kaum anders sieht es im Bereich "Körperverletzung" aus.[371] Einer US-Statistik zufolge werden sogar sechsmal so viele Jungen zwischen 15 und 19 ermordet wie Mädchen in derselben Altersstufe. Je brutaler ein Verbrechen ist, desto eher ist das Opfer männlich.[372]
"Männer sind insgesamt deutlich häufiger Opfer von Mord und Totschlag, Raub und Körperverletzung" urteilt der Professor für Psychologie Stephan Schleim nach einer Sichtung der Statistiken. "Frauen sind deutlich häufiger Opfer von Straftaten gegen die sexuelle Selbstbestimmung. Letztere machen mit 0,8% jedoch nur einen Bruchteil der erfassten Straftaten insgesamt aus. So kommen beispielsweise Körperverletzungen zehnmal häufiger vor."[373]
Dass in erster Linie Männer Opfer von Gewaltverbrechen werden, berichten Leitmedien nicht in der notwendigen Deutlichkeit. Ein Vergleich von 1.200 Schlagzeilen der bekanntesten Zeitungen Kanadas führte zu dem Ergebnis, dass Frauen 35-mal so häufig als Opfer erschienen wie Männer. Wenn überhaupt von Gewalt gegen Männer berichtet wurde, dann üblicherweise in der Form von Statistiken. Das Schicksal von Frauen hingegen wurde am persönlichen Einzelfall dargestellt.[374] Auch die männerfreundliche

Feministin Cathy Young verglich die Reaktionen auf Gewaltverbrechen verschiedener Geschlechter: Weibliche Opfer von Männern sorgten für Aufmacher in den Zeitungen, Diskussionen über Männergewalt und das Niederlegen von Kränzen mit dem Spruchband "Gott segne dich und all die anderen Frauen, die ermordet wurden". Männliche Opfer von Frauen sind gerade eine knappe Meldung wert.[375]
"Acht von zehn Mordopfern sind Männer" stellte Spiegel-Online 2014 immerhin mit Bezug auf eine Studie der Vereinten Nationen klar. Diese Erkenntnis ist ein Schritt nach vorne, irritierend ist dennoch eine Zwischenüberschrift des Artikels. "Für Frauen ist ihr Zuhause ein gefährlicher Ort" heißt es dort. Warum? "Fast die Hälfte der Fälle, die von ihrem Lebenspartner oder einem Familienmitglied umgebracht wurden, waren Frauen."[376] Mit anderen Worten: Auch in ihrem Zuhause sind die meisten Menschen, die von ihrem Lebenspartner oder einem Familienmitglied umgebracht wurden, Männer! Ist es nicht absurd, aus dem Umstand, dass die Mehrzahl der Gewaltopfer männlich sind, eine "Frauen-sind-besonders-betroffen"-Rhetorik zu basteln?
Es ist genau dieses Ausblenden männlicher Opfer, das es Maskulisten extrem erschwert, auf die männlichen Opfer unserer Gesellschaft aufmerksam zu machen, wie es der feministischen Bewegung bei den weiblichen Opfern problemlos gelungen ist. Für Männer gehört es kaum hinterfragt zu ihrer Geschlechterrolle, statt der Frauen an die Front geschickt zu werden oder, wenn sie ihre Partnerin abends ausführen, sogar noch dafür zu bezahlen, dass sie für sie den Leibwächter spielen dürfen. Ihnen wird nicht der gleiche Anspruch auf körperliche Unversehrtheit zugebilligt wie dem weiblichen Geschlecht. Bei Frauen hingegen steigert man sich in eine Alarmstimmung, die sogar Blätter wie die *New York Times* erfasst: Dass Frauen am Arbeitsplatz ermordet würden, sei "üblich" ("pretty common") hieß es dort. Das liberale Magazin *Reason* sah sich die Zahlen genauer an und berichtete:

"Viele, viele Menschen haben uns darauf hingewiesen, dass diese Behauptungen fast wie geschaffen wirken, um maximale Hysterie zu verursachen, indem sie beim Leser einen völlig falschen Eindruck von den Tatsachen hinterlassen. Im Jahr 2013 lag die Quote der Todesfälle am Arbeitsplatz laut dem Bureau of Labor Statistics bei

3,2 pro 100.000 Vollzeitarbeitenden. Nur 397 davon waren Morde - das bedeutet, dass etwa 0,00029 Prozent der Belegschaft während der Arbeit ermordet wurden. Klingt das nach einem Ausmaß, das man als 'unglaublich häufig' bezeichnen könnte?
(...) Auch war es nicht wahrscheinlicher, dass Frauen bei der Arbeit ermordet wurden als Männer, obwohl man Ihnen verzeihen könnte, wenn Sie das aufgrund der jüngsten Berichterstattung glauben würden. 2013 waren laut Zahlen der Washington Post 341 Männer und 67 Frauen Opfer eines Mords am Arbeitsplatz. Mit anderen Worten, Männer machten 83,5 Prozent aller Arbeitsplatzmorde in diesem Jahr aus - eine überwältigende Mehrheit. (...) Tatsächlich wurden 2013 mehr Männer am Arbeitsplatz ermordet (341) als Frauen aus irgendeinem Grund überhaupt am Arbeitsplatz starben (321)."[377]

Die Opferblindheit auf der einen Seite und der Alarmismus auf der anderen bedingen einander. Eine tatsächlich geschlechtergerechte Gesellschaft müsse als erstes damit beginnen, die Häufigkeit männlicher Opfer ernst zu nehmen, um dann mit demselben Engagement nach Abhilfe zu suchen, wie es bei Frauen geschieht.

GIRLS DAY

Der Girls Day ist eine sinnvolle Maßnahme, um mehr Mädchen für Männerberufe zu werben

Seit dem Jahr 2001 findet in Deutschland die von zahlreichen Institutionen geförderte Initiative "Girls Day" statt. Dabei werden Schülerinnen in Werkhallen und Industrieanlagen mit traditionell männertypischen Berufen vertraut gemacht, auf dass auch sie sich für Mathematik, Informatik, Naturwissenschaft und Technik (MINT) zu begeistern lernen und für eine Karriere im naturwissenschaftlich-technischen Bereich entscheiden mögen.
Erfolge dieser Anstrengungen sind jedoch nicht in Sicht. Im Jahr 2015 zog *Spiegel-Online* eine Bilanz des trotz erheblicher Anstrengung erfolgten Scheiterns:

"Mehr als hunderttausend Mädchen haben 9000 Unternehmen besucht, sie durften Metall sägen und schweißen, Gabelstapler fahren oder Computer programmieren. (...) Unterstützt wird [der Girls Day] von zwei Bundesministerien, der Bundesagentur für Arbeit, den Arbeitgeberverbänden BDA und BDI, dem Deutschen Gewerkschaftsbund, begleitet von einer "Koordinierungsstelle" mit eigener Website, YouTube-Kanal und Facebook-Seite. Doch am Ende wird auch dieser Girls' Day wohl wenig bringen, die Zahlen legen nahe: Nur 14,6 Prozent aller Berufstätigen im Mint-Bereich sind weiblich. Deutschland gehört zu den Ländern mit dem größten Geschlechtergefälle, wenn es um die Einstellung von Mädchen und Jungen zur Mathematik geht, bemerkt ein aktueller OECD-Bericht. Nur zwei Prozent der Mädchen können sich überhaupt vorstellen, einen technischen Beruf zu erlernen, zeigte eine Allensbach-Umfrage im September."[378]

Allein die "Projektlandkarte" der Initiative "Komm, mach MINT", die seit 2008 vom Bildungsministerium mit 8,2 Millionen Euro unterstützt wird, listet fast 1100 Projekte auf, berichtet *Spiegel-Online* weiter. "Das Problem ist, dass es eine Unmenge an Initiativen gibt, aber wenige Erkenntnisse darüber, was sie bringen", zitiert der Artikel den Stuttgarter Sozialwissenschaftler Ortwin Renn. Das liege auch daran, dass viele Initiativen die eigene Überprüfung scheuten.[379]

GLEICHSTELLUNG

Die Gleichstellung der Frau steht als Forderung im Grundgesetz

Nicht nur in der Quotendebatte konnte man es in den vergangenen Jahren immer häufiger hören, sogar in selbst erklärten Bannerträgern des Qualitätsjournalismus wie der *Zeit*: Das Grundgesetz verlange die Gleichstellung.[380] Wer sich Forderungen nach Männer diskriminierenden Quoten widersetzt, wird durch diese Rhetorik geradewegs zum Verfassungsfeind erklärt. Das funktioniert aber nur mit gehöriger Taschenspielerei.
Tatsächlich heißt es in Artikel 3, Absatz 2 des Grundgesetzes:

"Männer und Frauen sind gleichberechtigt. Der Staat fördert die tatsächliche Durchsetzung der Gleichberechtigung von Frauen und Männern und wirkt auf die Beseitigung bestehender Nachteile hin."

Der Unterschied hört sich nur nach Wortklauberei an. Tatsächlich ist er zentral: Das Grundgesetz fordert Gleichberechtigung, nicht Gleichstellung. Der Staat soll sich sinnvollerweise darum kümmern, dass Frauen dieselben Rechte genießen wie Männer. Das ist nicht dasselbe wie Gleichstellung, also dass Frauen durch staatliche Regelungen in dieselben Positionen gerückt werden wie Männer. Wie ein Bericht der Gemeinsamen Verfassungskommission zeigt, gab es zu der Abgrenzung von Gleichberechtigung und Gleichstellung zwar durchaus unterschiedliche Interpretationen. Jedoch "bestand Übereinstimmung darüber, dass diese Bestimmung eine Frauenförderung in Gestalt sog. starrer Quoten nicht gestattet".[381] In Artikel 3, Absatz 3 des Grundgesetzes heißt es dann auch:

"Niemand darf wegen seines Geschlechtes, seiner Abstammung, seiner Rasse, seiner Sprache, seiner Heimat und Herkunft, seines Glaubens, seiner religiösen oder politischen Anschauungen benachteiligt oder bevorzugt werden."

Eine deutlichere Absage an Frauenquoten, also das Einstellen und Fördern von Personen allein wegen ihrer Geschlechtszugehörigkeit, kann es nicht geben. Mitglieder der Quotenlobby wollen uns immer wieder das Gegenteil von dem glauben machen, was im Grundgesetz für jeden nachzulesen ist. Nicht die Kritik an der Quotenpolitik ist verfassungswidrig, sondern die Quotenpolitik selbst.

GLÜCK

Der Feminismus hat die Frauen glücklicher gemacht

Ende der sechziger Jahre zeigten sich Feministinnen zunehmend unzufrieden mit der Situation von Frauen in der Gesellschaft. Das zeigte sich in einer mitunter sehr markigen Rhetorik. Betty Friedan etwa beschrieb die häusliche Gemeinschaft als Konzentrationslager für Frauen und Männer als SS-Wächter, Rosalind Miles bezeichnete Männer als das "Todesgeschlecht".[382] Vergleichsweise harmlos war Alice Schwarzers Rede davon, Frauen müssten "die eine Hälfte des Himmels erobern" – den die fiesen Kerle zuvor ganz für sich allein behalten hatten. Ein Echo dieser Rhetorik findet man heute noch in Büchern wie Bascha Mikas "Die Feigheit der Frauen: Rollenfallen und Geiselmentalität. Eine Streitschrift wider den Selbstbetrug", das im Jahr 2012 noch so tat, als würden Frauen von Männern gehirngewaschen, um ihr Leben als bessere Sklavinnen zu verbringen. Aber dank der Segnungen, die der Feminismus im letzten halben Jahrhundert dem weiblichen Geschlecht brachte, fühlen sich die Frauen jetzt bestimmt trotzdem besser als damals – oder?

Das Gegenteil ist der Fall. Während Frauen früher einen höheren Grad an Zufriedenheit geäußert hatten als Männer, zeigt eine Metastudie über mehrere Untersuchungen zum Thema Glück, dass Frauen seit 1970 zunehmend unglücklicher geworden sind, sowohl absolut als auch im Verhältnis zu Männern.[383]

Offenbar sind die Frauen unglücklicher geworden, gerade weil sich ihr Leben unter den Verheißungen des Feminismus immer mehr dem Leben des patriarchalen Ausbeutergeschlechts angepasst hat. Der britische *Telegraph* berichtet darüber, dass auch einer britischen Studie zufolge Frauen nicht mehr das glücklichere Geschlecht seien, und lässt einen Experten folgende Erklärung anbieten:

"Dr. Niall Campbell, Facharzt für Psychiatrie am Priory's Hospital in Roehampton, südwestlich von London, sagte: 'Frauen sind traditionell glücklicher als Männer, aber die weiblichen Patienten, die ich sehe, sind eher ängstlich, da sie dem Druck ausgesetzt sind, Arbeit mit Kindern zu verbinden und ältere Eltern zu betreuen. Die Gleichstellung am Arbeitsplatz ist zweifellos eine sehr gute Sache gewesen, aber sie hat Frauen den negativeren Aspekten des Unternehmenslebens wie hohen Alkoholkonsum, Stress, weniger Stunden, um ein Haus zu führen und eine Familie zu gründen, und möglicherweise eine ungesunde Ernährung ausgesetzt.'"[384]

Das Gras ist nun mal immer grüner auf der anderen Seite des Zauns. Und die Neidgefühle auf Männer, die so manche Feministin bei anderen Frauen gegenüber ausgelöst hat, waren vollkommen grundlos. Genauso wenig hat sich die Situation vieler Frauen tatsächlich verbessert, weil sie jetzt nicht mehr den Haushalt führen, sondern jeden Tag acht Stunden an der Aldi-Kasse sitzen müssen. Als Gelegenheit zur Selbstverwirklichung dient ein Job nur einer relativ kleinen sozialen Gruppe von Menschen – wohl rein zufällig jener Gruppe, zu der die wortführenden Feministinnen gehören. Wie aber kann man eine Mehrheit von Frauen glücklicher machen? Das sollte sich herausfinden lassen. Hierzu wurden für eine britische Studie mehrere tausend Frauen befragt. Dabei stellte sich heraus: Über die größte Lebenszufriedenheit berichteten Hausfrauen. Sie lagen noch vor den Eventplanerinnen, kreativen Künstlerinnen und Frauen bei der Wohlfahrt sowie im Freizeit- und Tourismusbereich.[385] Soviel zu den feministischen KZ- und Versklavungsphantasien sowie dem Mobbing von Frauen wie Eva Herman, die genau für jene Freiheit der Lebensführung plädierte. Dabei war die geschilderte weibliche Vorliebe vielen Feministinnen in Wahrheit nur allzu bekannt: "Keine Frau sollte das Recht haben, zu Hause zu bleiben und die Kinder großzuziehen", hatte zum Beispiel Alice Schwarzers großes Vorbild Simone de Beauvoir einmal erklärt. "Die Gesellschaft sollte völlig anders sein. Frauen sollten diese Wahl nicht haben, und zwar genau deshalb, weil, wenn es eine solche Möglichkeit gibt, zu viele Frauen sich dafür entscheiden würden."[386]

HÄUSLICHE GEWALT

Häusliche Gewalt geht überwiegend von Männern aus

"Jährlich werden in Deutschland 100.000 Frauen Opfer häuslicher Gewalt" titelte die *Süddeutsche Zeitung* am 25. November 2017. Weiter heißt es in dem Artikel:

"In Deutschland wurde laut einer Studie, die 2016 im Auftrag des bayerischen Sozialministeriums erstellt wurde, jede vierte Frau ab 16 in ihrem Leben schon einmal Opfer von sexueller, physischer oder psychischer Gewalt. Die Polizeistatistik zählte 2015 in Deutschland mehr als 100 000 Fälle von häuslicher Gewalt gegen Frauen. 131 Frauen wurden in dem Jahr von ihrem Partner oder

Ex-Partner getötet, 200 überlebten einen Mordversuch. Die Fälle von Gewalt, die nicht angezeigt werden, sind laut der Frauenrechtsorganisation 'Terre des Femmes' aber sehr viel höher. Jedes Jahr müssen Tausende schutzsuchende Frauen von Frauenhäusern abgewiesen werden, weil es nicht genügend Plätze gibt. Weltweit ist für Frauen und Mädchen zwischen 14 und 44 Jahren Gewalt von Männern die häufigste Ursache für Behinderung oder Tod."[387]

Das Leiden der Frauen wird über den restlichen Artikel hinweg ausführlich dargestellt. Begleitet wird er von dem Foto, das schon zig andere Beiträge diverser Blätter zu diesem Thema illustrierte: eine Männerfaust im Vorder- und eine verängstigt zusammengekauerte Frau im Hintergrund. Es gibt auch keinen Grund an den in diesem Artikel genannten Angaben zu zweifeln. Insofern wäre die Redaktion der *Süddeutschen Zeitung* völlig zu Recht sicherlich komplett entgeistert, wenn man ihr den Vorwurf der "Lügenpresse" machen würde. Denn im eigentlichen Sinne "gelogen" wird hier mit keiner Silbe. Es wird bei den Lesern lediglich der komplett wirklichkeitsferne Eindruck erzeugt, dass Gewalt in der Partnerschaft gleichbedeutend mit Männergewalt gegen Frauen ist. Eine Möglichkeit der Korrektur durch eine Kommentarspalte für Beiträge von Lesern, die sich mit dem Thema auskennen, hat die *Süddeutsche Zeitung* unter ihren Artikeln generell abgeschafft.
Natürlich ist die *Süddeutsche* hier kein Einzelfall. "Das Zuhause ist für viele Frauen ein gefährlicher Ort" – so und ähnlich titelten ein Jahr später zahllose Zeitungen und Medien bis hin zur *Tagesschau.* Flächendeckend wurde von Medien, die Verlautbarungen der Regierung längst nicht mehr kritisch begleiten, sondern schlicht wiedergeben, der Bevölkerung in den Kopf gehämmert, dass die bei weitem überwiegende Zahl von Opfern häuslicher Gewalt weiblich sei. Pressemitteilungen werden nicht mehr gegengecheckt, sondern abgetippt. Nur einige wenige Journalisten wie etwa Till-Reimer Stoldt in der "Welt" nahmen ihren Beruf noch ernst, recherchierten die Behauptungen von Frauenministerin Giffey (SPD) gegen und fanden so heraus, dass Experten über diese Propaganda den Kopf schütteln.[388]

Die einseitig Männer verteufelnden Artikel erklären hervorragend, weshalb immer mehr Menschen über die deutschen Leitmedien entsetzt sind. Tatsächlich geht körperliche Gewalt in der Partnerschaft nämlich im etwa gleichen Ausmaß von beiden Geschlechtern aus – sogar leicht überwiegend von Frauen. Dies ist das Ergebnis nicht von einer neuen Untersuchung, nicht von fünf, nicht von einem Dutzend. Stattdessen ist die Menge der Studien, die dies belegen, fast unüberschaubar geworden.
Einige davon stellte der Psychologe Martin Fiebert als kommentierte Bibliographie ins Internet: Es sind 286 wissenschaftliche Forschungsberichte, 221 empirische Studien und 65 vergleichende Analysen.[389] Diese Untersuchungen stammen aus kriminologischen, soziologischen, psychologischen und medizinischen Fachzeitschriften aus aller Welt: den USA, Kanada, England, Neuseeland, Südafrika. In *sämtlichen* aufgeführten Studien zeigte sich, dass in Beziehungen die Gewalt entweder zu gleichen Teilen von beiden Partnern oder aber überwiegend von der Frau ausging. Je gründlicher und sorgfältiger die Untersuchung durchgeführt wurde, desto höher stieg der Anteil der gewalttätigen Frauen.[390]
Martin Fieberts beeindruckende Bibliographie ist im Original Jahrzehnte alt und wurde im Jahr 2012 auf den neuesten Stand gebracht. Eine deutschsprachige Sammlung von inzwischen über 560 Studien mit dem genannten Ergebnis, das letzte Mal aktualisiert im Jahr 2017, findet man unter *frauengewalt.wordpress.com*. In die feministisch geprägte Presse geht diese Flut an Forschungsmaterial entweder gar nicht oder nur mit einer beiläufigen abwertenden Erwähnung ein, etwa indem von "ominösen 'Studien' irgendwelcher Antifeministen und Männerrechtler" gesprochen wird.
Begonnen hat die Aufdeckung der weiblichen Täterschaft im Bereich häuslicher Gewalt schon 1980. In diesem Jahr veröffentlichten Murray Straus, Richard Gelles und Suzanne Steinmetz eine vergleichende Untersuchung zu diesem Thema. Alle drei galten, vor allem in feministischen Kreisen, als *die* Experten auf dem Gebiet von Gewalt in der Ehe, als Soziologen, die, wie es eine Autorin ausdrückt, "in herausragender Weise zu unserem Wissen über das Verprügeln von Ehefrauen als gesellschaftliches Problem ... beigetragen haben".[391] In all ihren bisherigen Untersuchungen waren Straus und seine Kollegen davon ausgegangen, dass verprügelte

Ehemänner eher selten vorkamen und wenn, dann nicht sonderlich schwer verletzt wurden. Dann kam das Jahr 1980, und das Forscherteam unterzog noch einmal alle Studien, die es finden konnte - zu diesem Zeitpunkt etwa dreißig -, einer gründlicheren Untersuchung. Das Ergebnis war, dass alles in allem 11,6 Prozent der Frauen angegeben hatten, geschlagen, geohrfeigt, getreten, gebissen, mit Gegenständen beworfen oder anderweitig angegriffen worden zu sein, aber 12 Prozent der Männer. (Manche Untersuchungen, die den Begriff "körperliche Gewalt" offenbar weiter fassten, kamen sogar auf 25 Prozent attackierter Männer gegenüber 16,5 Prozent Frauen.) Auf 1,8 Millionen weibliche Opfer kamen zwei Millionen männliche. Wenn eine Frau alle 17,5 Sekunden angegriffen wurde, dann ein Mann alle 15,7 Sekunden. Nur hatten die Experten und Expertinnen, die bislang die Statistiken zum Thema häuslicher Gewalt erstellt hatten, allein über die weiblichen Opfer berichtet. Die männlichen hatte man einfach unter den Tisch fallen lassen. Manchmal war es selbst bei wegweisenden und daher weit verbreiteten Studien notwendig, sich sehr gründlich mit dem Datenmaterial zu befassen, um die genauen Zahlen herauszuarbeiten. Dieses Verbergen von relevanten Informationen, so Murray Straus, "fördert einige ärgerliche Fragen bezüglich wissenschaftlicher Ethik zutage".[392]

Die Vertreter der Frauenbewegung waren urplötzlich gar nicht mehr so glücklich mit ihren früheren Idolen. Die feministische Grundannahme, dass häusliche Gewalt eine Konsequenz des "Patriarchats", der Männerherrschaft, sei, drohte ins Wanken zu geraten. Infolgedessen warf man dem Forscherteam erstens vor, dass es überwiegend aus Männern bestand, und zweitens, dass es ganz offenkundig schlampig recherchiert haben musste. *Natürlich* gab es auch Frauen, die Männern ziemlich zusetzen konnten, aber dann selbstverständlich in Form von Selbstverteidigung. Sollten sich Frauen etwa alles gefallen lassen, ohne sich zu wehren? Sollten sie sich für ihre Gegenwehr auch noch durch den Schmutz ziehen lassen? Straus und seine Kollegen nahmen sich ihr Datenmaterial noch einmal gründlicher vor. Fünf Jahre später kamen sie zu einem sehr ähnlichen Ergebnis: In einem Viertel der Fälle ging Gewalt allein vom Manne aus, in einem Viertel ausschließlich von der Frau. Bei der Hälfte wechselten sich die Partner beim Erstschlag quasi ab.[393]

"Jetzt langt's, jetzt untersuchen wir das Thema selber!" beschlossen viele andere Forscher im Bereich häuslicher Gewalt. Etwa die Hälfte von ihnen waren Frauen und davon sehr viele feministisch orientiert. Oft waren sie angetreten, um zu beweisen, dass die Erkenntnisse von Straus, Gelles und Steinmetz ein einziger Schwindel waren - aber sie mussten erkennen, dass ihre eigenen Ergebnisse deren Erkenntnisse bestätigten.[394] Es war noch nicht einmal denkbar, dass die kritisierten Forscher die Antworten unfair zuungunsten der Frauen gewichteten: Erstens hielten viele von ihnen die Daten über männliche Opfer zurück, weil diese offenbar nicht als politisch korrekt erschienen. Zweitens beruhten viele Untersuchungen auf Angaben der männlichen und weiblichen *Täter.*[395] Frauen berichteten *von sich selbst,* dass sie in mehr als der Hälfte der Fälle den ersten Schlag austeilten, eine Erkenntnis, die ebenfalls in zahlreichen länderübergreifenden Studien bestätigt wurde. Fragte man hingegen Frauen *und* Männer, dann stellte sich sogar heraus, dass Frauen doppelt so oft den ersten Schlag landeten wie Männer.[396] Bei manchen Studien klafft die Schere der Gewalt noch weiter auf:

- Eine landesweite US-Studie über schwere Gewalt in der Partnerschaft von 1992 brachte zutage, dass in 1,9 Prozent der Fälle die Frau das Opfer war, in 4,5 Prozent der Fälle der Mann.
- Weibliche High-School-Studentinnen zeigten sich viermal so häufig wie männliche Studenten als *einziger* Misshandelnder des jeweils anderen Geschlechts (5,7 Prozent gegenüber 1,4 Prozent).
- Bei einer Untersuchung von über 500 Studenten und Studentinnen an einer Universität stellten sich Frauen dreimal so oft wie Männer als Täter heraus - neun Prozent gegenüber drei Prozent.
- Eine US-weite Studie über Männer und Frauen, die miteinander ausgingen, führte zu dem Ergebnis, dass die Frauen fünfmal häufiger zu schwerer Gewalt neigten.[397]
- Eine Untersuchung in Neuseeland verfolgte den Lebensweg von über tausend Kindern von drei bis 21 Jahren. Weil die Forscher diese jungen Menschen deren ganzes Leben über kannten, war das Vertrauen zwischen ihnen besonders groß. Ein Ergebnis dieser Studie war, dass Frauen und Männer leichte Gewalt gegen das andere Geschlecht im Verhältnis von 36 zu 22 Prozent verübten, schwere Gewalt sogar im Verhältnis von 19 zu 6 Prozent.[398]

• Für eine Studie der britischen University of Cumbria wurden im Jahr 2014 tausend Menschen beider Geschlechter nach ihren Erfahrungen mit häuslicher Gewalt befragt. Es zeigte sich, dass die Frauen signifikant häufiger der aggressive Partner waren. Die Leiterin der Studie, die Psychologin Elizabeth Bates, erläuterte ihre Erkenntnisse so:

"Diese Studie ergab, dass Frauen den Wunsch zeigten, ihre Partner zu kontrollieren, und dass sie eher physische Aggressionen anwenden als Männer. Dies deutet darauf hin, dass intime Partnergewalt nicht durch patriarchalische Werte motiviert ist und im Kontext anderer Formen der Aggression untersucht werden muss, was mögliche Auswirkungen darauf hat, wie man gegen diese Gewalt interveniert."[399]

Straus befragte auch eigens die Frauen, die in Frauenhäusern Zuflucht gesucht hatten. Die meisten feministischen Forscherinnen erkundigten sich nur, welche von ihnen *Opfer* von Gewalt geworden waren. Straus fand heraus, dass etwa die Hälfte von ihnen ihren Partner von sich aus angegriffen hatte.[400]
Es dauerte seine Zeit, bis all diese Studien entstanden waren und veröffentlicht wurden. Bis dahin standen Straus und seine Mitarbeiter sehr alleine da - und erkannten schnell, dass sie sich auf vermintes Gelände begeben hatten.
Dass er schlagartig von der feministischen Literatur ignoriert wurde, die ihn früher durchgehend zu zitieren pflegte, war eine Sache. Eine andere waren persönliche Angriffe und Verleumdungen. So ließ die Vorsitzende der Kanadischen Vereinigung gegen Gewalt an Frauen, Pat Marshall, das Gerücht über Straus verbreiten, dass er seine eigene Frau misshandeln würde. Sie tat das so oft, dass Straus sich schließlich brieflich zur Wehr setzte, bis er von ihr eine Entschuldigung erhielt. (Seine Frau, die eine Schachfigur bei diesem Spiel gewesen war, erhielt keine.) Noch heftiger indes ging man gegen Susan Steinmetz, die Frau in Straus' Truppe, vor: Sie erhielt Bombendrohungen. Auch ihre Kinder wurden von Fanatikerinnen zur Zielscheibe erklärt.[401] Offenbar ohne sich irgendwelcher Widersprüche in ihrem Handeln bewusst zu sein, griffen Anhängerinnen feministischer Ideologien zur Gewalt, um ihre

Ansicht durchzusetzen, dass Frauen weitaus weniger gewalttätig waren als Männer.[402]
Die Studien, die Straus für die USA durchgeführt hatte, wurden bald in anderen Ländern, etwa Kanada, erhärtet. Auch die Zahlen waren dort ähnlich: 18 Prozent der Männer und 23 Prozent der Frauen wurden gegenüber ihren Partnern gewalttätig, 10 Prozent der Männer und 13 Prozent der Frauen schwer. Auch diese Angaben wurden durch streng vertrauliche Fragebögen erhärtet, die von den Frauen selbst ausgefüllt wurden. Auch hier stimmten die Angaben der Täter mit denen der Opfer überein. Auch dort gaben die Soziologen, die diese Statistiken aufstellten, nur die Zahlen über die weiblichen Opfer an die Presse weiter, und oft stolperten später erst andere Wissenschaftler per Zufall über die tatsächlichen Zahlenverhältnisse in der handgreiflichen Variante des Geschlechterkriegs.[403]
Wann immer männliche Wissenschaftler gegen feministische Propaganda Stellung beziehen, so Richard Gelles, dauert es nicht lange, und sie werden selbst als Schläger oder Belästiger verunglimpft. Dass Murray Straus, wie oben berichtet, eine Entschuldigung für diese üble Nachrede erhielt, war ein Ausnahmefall. Davor kam es zu tätlichen Angriffen auf ihn, und er musste sich für seine Ergebnisse öffentlich rechtfertigen.[404] Susan Steinmetz erhielt anonyme Telefonanrufe, die auch gegen ihre Familie gerichtet waren. Auf einer Konferenz, bei der sie sprach, kam es zu einer Bombendrohung. Außerdem starteten Feministinnen eine Briefkampagne mit dem Ziel, dass ihr ihre Promotion verweigert werden sollte. Ihre Vorgesetzten ignorierten die Vorwürfe, weil sie wussten, dass Susan Steinmetz bei der Errichtung eines der ersten Frauenhäuser ihres Landes beteiligt war. Das einzige "Verwerfliche", was sie getan hatte, war, eine für bestimmte Kreise politisch nicht opportune Studie zu veröffentlichen.[405] Ihr Kollege Richard Gelles wurde in einer Telefonkampagne beschuldigt, ein Frauenfeind zu sein und seine Studentinnen sexuell belästigt zu haben.[406] Anderen Forschern wurden Beförderungen verweigert, nachdem Frauengruppen gegen sie Stellung bezogen hatten.[407]
Aber nicht nur Daten werden völlig unkritisch von der Presse übernommen, sondern die verschiedensten Behauptungen, solange

sie in das Raster passen. Drei typische von der Presse verbreitete Irrtümer dieser Art waren folgende:

• Patricia Ireland, die Präsidentin der größten US-Frauenrechtsorganisation NOW, verkündete in einem Interview, einer Studie zufolge sei häusliche Gewalt gegenüber Schwangeren für mehr Geburtsfehler verantwortlich als sämtliche anderen Gründe zusammengenommen. Vom *Time*-Magazine bis zur *Chicago Tribune* zitierten daraufhin alle Zeitungen der USA diese angebliche Studie. Die liberale Feministin Christina Hoff Sommers war offenbar die einzige Journalistin, der diese Behauptung mehr als fragwürdig vorkam. Sie recherchierte nach und stellte dabei fest, dass es eine solche Studie niemals gegeben hatte. Sie fand auch den Schneeball, der diese Lawine in Gang gesetzt hatte: Auf einer Konferenz für Krankenschwestern und Sozialarbeiter hatte eine Rednerin erklärt: "Wir erforschen häusliche Gewalt weniger als Geburtsfehler." In einer famosen Gerüchtekette à la Stille Post hatte sich daraufhin eine völlig aus der Luft gegriffene Behauptung in den Köpfen einer Bevölkerung breitgemacht, die "für Männergewalt sensibilisiert" war.[408]

• In ihrem Buch "The War Against Boys" untersucht Sommers die Behauptung von Katherine Hanson, der Direktorin eines renommierten Frauenzentrums, der zufolge jedes Jahr vier Millionen Frauen zu Tode geprügelt werden. Sommers fand heraus, dass *insgesamt* jährlich nur eine Million US-amerikanische Frauen sterben, die meisten davon aufgrund von Herzkrankheiten und Krebs. Ermordet wurden beispielsweise 1996 exakt 3631 Frauen. (Hansons Rechnung nach müssten es knappe 11.000 *pro Tag* sein.) Sommers berichtet, dass ihr, wenn sie ihre Argumente vor Frauengruppen vorträgt, entgegengerufen wird *"Hier geht's doch nicht um Statistiken!"* und dass sie mit Holocaust-Leugnern verglichen wird.

• "Frauenhäuser berichten, dass in den Tagen nach dem Super Bowl, dem Entscheidungsspiel der Football-Ligen an Neujahr, die Zahl der hilfesuchenden, geschlagenen Frauen regelmäßig einen Höchststand erreicht", schreibt Patricia Aburdene in ihrem auch ins Deutsche übersetzten Buch "Megatrends Frauen". Die Footballfans regten sich demnach so sehr auf, dass sie ihre Aggressionen an ihren Frauen abreagierten. Diese Behauptung brachte vor allem Lenore Walker

unters Volk, die zuvor schon in ihrem Buch "The Battered Woman" kräftig am Bild des gewaltbereiten Mannes gefeilt hatte. Frauengruppen sprachen von einem Anstieg der Gewalt von über vierzig Prozent bei solchen Endspielen. Die Medien stürzten sich begierig auf diese Zahlen.
Feministische Forscherinnen stellten die üblichen Theorien auf, inwiefern Brutalität mit Männersport zusammenhänge und beides mit den "patriarchalen Strukturen in unserer Gesellschaft". Auch etliche männliche Journalisten schrieben entrüstete Kommentare über ihr eigenes Geschlecht. Ein einziger von ihnen, Ken Ringle von der *Washington Post*, überprüfte die Quellen. Er erhielt von Professorin Janet Katz, der Autorin der Studie, auf die sich alle bezogen, eine ernüchternde Auskunft: Was landauf, landab und mittlerweile international von Frauenrechtlerinnen verbreitet wurde, war das genaue Gegenteil der eigentlichen Untersuchungsergebnisse. Ein Zusammenhang zwischen ansteigender Gewalt und bestimmten Footballspielen konnte *nicht* hergestellt werden. Der "nationale Skandal" stellte sich als eine feministische Propagandaaktion heraus.[409]
Ein weiteres Beispiel dafür, wie ein ganzes Land Opfer verzerrt dargestellter Informationen werden kann: Erst im Jahr 1999 veröffentlichte das kanadische Justizministerium den Teil einer aus dem Jahr 1980 stammenden Studie, der belegte, dass Ehemänner mindestens so häufig geprügelt wurden wie Ehefrauen. Einer Untersuchung aus dem Jahr 1987 zufolge waren bei Paaren, die miteinander ausgingen, Frauen mit 46 gegenüber 18 Prozent sogar fast dreimal gewalttätiger: Die 18 Prozent Männergewalt waren damals veröffentlicht worden. Dass es Gewalt *gegen* Männer gab, wurde nicht einmal erwähnt. Ein kanadischer Professor, der die Daten dieser Untersuchung überprüfen wollte, erhielt keinen Zugang zu ihr. Erst als er diesen Umstand in seinem nächsten Buch veröffentlichte und noch drei Jahre lang drängte, wurden die Erkenntnisse über 46 Prozent gewalttätiger Frauen veröffentlicht. Zu diesem Zeitpunkt (1997) hatte sich die Politik, nur weibliche Opfer von häuslicher Gewalt staatlich zu unterstützen, längst fest etabliert: 1999 gingen pro Jahr 3,3 Millionen Dollar an misshandelte Frauen und Kinder, null Millionen Dollar an misshandelte Männer.[410]
Körperliche Gewalt entwickelt sich übrigens nicht erst in den alltäglichen Frustrationen einer länger bestehenden Partnerschaft, sondern schon unter Teenagern. Hier sind die Mädchen ebenfalls

öfter gewalttätig als die Jungen.[411] Als der Soziologe Richard Breen Studenten und Studentinnen über ihre Erfahrungen in dieser Hinsicht befragte, berichteten 18 Prozent der Männer und 14 Prozent der Frauen, Zielscheibe von Aggressionen gewesen zu sein. Breen bat speziell die Verheirateten von ihnen um eine Aufschlüsselung der einzelnen Gewaltakte. Auch diese ließ sich weder mit den gängigen Klischees noch mit der feministischen Propaganda in Einklang bringen: 20 Prozent der Männer wurden mit verschiedenen Utensilien beworfen, 23 Prozent wurden geboxt, getreten oder geohrfeigt, 30 Prozent geschubst oder gestoßen, neun Prozent mit Gegenständen angegriffen. Zehn Prozent hatten nach solchen Angriffen ärztliche Hilfe in Anspruch nehmen müssen.[412]

Im Jahr 2015 befragte Marius Huber vom Zürcher *Tages-Anzeiger* den renommierten Schweizer Psychologen Allan Guggenbühl zur Partnerschaftsgewalt. Dabei berichtet Huber zunächst, dass natürlich auch in der Schweiz die Situation nicht anders aussah als in den anderen Ländern dieser Welt: "Mit etwa 15 Jahren hat jeder vierte Bub schon Gewalt seitens seiner Freundin erlebt, während bei den Mädchen weniger als jedem fünften das Gleiche seitens ihres Freundes widerfahren ist. (...) Männliche Teenager werden von ihren Freundinnen meist 'nur' geohrfeigt, gebissen, getreten oder herumgestoßen. Deutlich seltener sind Faustschläge – aber auch damit sind Mädchen weniger zurückhaltend als Buben." Dieser Befund möge "vielleicht erstaunlich wirken", ist "in der Forschung aber bekannt und durch viele andere Studien bestätigt."[413]

Drei Jahre nach dem Interview mit Guggenbühl verzeichnete eine Studie der Universität Zürich ein sogar noch gravierenderes Missverhältnis: "Jedes fünfte Mädchen hat in der aktuellen Beziehung schon einmal physische Gewalt ausgeübt", berichtet die *Neue Zürcher Zeitung*, "etwa indem es seinen Partner geohrfeigt, gestoßen oder geschlagen hat. Bei den Knaben ist es nur jeder achte."[414]

Guggenbühl erläutert die gesellschaftlichen Ursachen dafür, dass Partnerschaftsgewalt häufiger weiblich ist: Buben lernten demnach schon in der zweiten oder dritten Klasse, dass man Mädchen nicht schlägt. Mädchen wiederum merken, dass sie dadurch einen Freiraum haben: Sie können einen Buben auch mal schlagen, ohne dass dieser gleich handgreiflich reagiert. Zugleich werde von Mädchen ausgehende Gewalt in unserer Gesellschaft inzwischen als

Zeichen gesehen, dass diese Mädchen emanzipiert seien und sich durchsetzen könnten. "Das ist eine falsch verstandene Emanzipation", befindet Guggenbühl. "Emanzipation muss heißen, dass man auch weibliche Aggression kritisch hinterfragt, statt zu versuchen, sie mit einer Emanzipationsrhetorik zu legitimieren."[415]
"Wir behandeln mehr Frauen als je zuvor, die darum kämpfen, ihre Emotionen zu regulieren und sich angemessen auszudrücken", berichtet Dr. Monica Cain, psychologische Beraterin am Londoner Nightingale Hospital. Die Sozialpsychologin Dr. Elle Boag von der Universität Birmingham nennt einen der Gründe: "Frauen empfinden Aggression als eine Form von Empowerment. Es ist so alltäglich geworden, dass es nicht einmal beschämend ist." Als weitere Ursache sieht Dr. Cain eine wachsende Frustration beim weiblichen Geschlecht: "Die Frauen von heute erwarten, dass sie alles haben, und zwar schnell, was zu Ärger führt."[416]
Mit welcher fröhlichen Gleichgültigkeit ein bestimmter Schlag junger Frauen mit der eigenen Gewalt umgeht, veranschaulicht die feministische Website *Jezebel*, die sich vor allem an ein junges Publikum richtet. Die Redakteurinnen dort berichten über verschiedene aktuelle Studien, denen zufolge Partnerschaftsgewalt weit überwiegend (hier zu über 70 Prozent) von Frauen ausgeht und schildern dann gut gelaunt von einer entsprechenden Umfrage in der eigenen Redaktion:

"Nachdem wir die Antworten gesichtet haben, lassen Sie uns einfach sagen, dass es klug wäre, sich nie mit uns anzulegen. Eine von uns hat es einem Kerl erteilt, als sie sich voneinander trennten, während eine andere ihren Typ gewaltsam herumgestoßen hat. Eine andere hat ihren Freund am Telefon mit einem Mädchen flirten hören, also hat sie ihm das Telefon aus der Hand geknallt und ihn ins Gesicht geschlagen. Eine hat ihrem Kerl eine runtergehauen, als er ihr sagte, dass er dachte, er hätte Brustkrebs. (Okay, das hat uns wirklich schallend lachen lassen.) Und eine hat ihren Partner ins Gesicht geboxt und seine Brille damit zerschmettert. Er hatte entdeckt, dass sie eine Sexstory über einen anderen Kerl auf ihrem Laptop geschrieben hat, also hat er das Gerät hoch genommen und zur Seite geworfen. Da hat sie ihm eine geknallt. Er hat, öh, förmlich darum gebettelt."

Die Leserinnen unter dem launigen Artikel hielten sich darauf mit eigenen Schilderungen nicht zurück:

*"*kicher* Es ist okay, Ladys. Die Kerle können es einfach als Rache für das Abbinden unserer Füße betrachten, dafür, dass sie unsere Ärsche in Korsetts schieben, Kükenbabys auf Berggipfeln zurücklassen, über Ärsche der Kleidergröße 0 sabbern und uns im Allgemeinen seit Jahrhunderten unglücklich machen."*

"Ja, ich habe einem Kerl schon mal die Scheiße aus dem Leib geprügelt. Aber ich prahle nicht gerne."

"Ich war mal mit einem Alkoholiker zusammen (Initiationsritus für alle guten kleinen Mädchen), der betrunken rüber kam und mir dumm kam. Ich habe ihn hart genug geschlagen, dass er auf seinen Arsch gefallen ist. Nachdem ich ihn abserviert hatte, hat er eine einstweilige Verfügung gegen mich erlassen, die ich stolz allen seinen Freunden zeigte. Blödes Weichei."

"Ich ohrfeige meinen Kerl halbwegs regelmäßig. Und es tut mir immer mehr weh als ihm. Und meistens stimmt er mir zu, dass er es verdient hat."

"Ich denke, jeder Mann, der mit mir zusammen war, hat schon mal eine von mir geknallt bekommen. Jeder einzelne hat es verdient – das sagt viel über meinen Männergeschmack!"

"Ich habe nie einen Partner geschlagen, aber einmal habe ich einem ehemaligen Soldaten ein blaues Auge verpasst. Es war der tollste Moment in meinem ganzen Leben."

"Ich habe versucht, einen meiner Ex-Freunde mit meinem Auto zu überfahren. Nach dem zigsten Streit in dieser Woche hatte ich ihn so satt. Er ging mitten in meinem Gechreie raus, also stieg ich in mein Auto und folgte ihm. Leider ist der Hof meines Nachbarn meinem Zorn zum Opfer gefallen. Und die arme Frau dort war gerade am Gärtnern. Sie hat deshalb allerdings nie etwas zu mir gesagt. Ich frage mich, warum HAHAHAHAHAHAHA"

Und wie so oft, wenn manche Feministinnen richtig in Fahrt kommen, fehlt auch hier nicht das passende Statement eines männlichen "Allies" (Verbündeten):

"Als jemand, der sowohl geohrfeigt als auch von mehr als einer Ex-Freundin geschlagen wurde, gibt es einen großen Unterschied zwischen geohrfeigt (sogar hart geohrfeigt) und hemmungslos verprügelt zu werden. Und jedes Mal habe ich es definitiv verdient. Eigentlich denke ich, dass wir das normalerweise tun."[417]

Wie sieht es mit den Folgen weiblicher Gewalttätigkeiten aus? Kann ein zartes, feenhaftes Wesen wirklich etwas gegen einen bulligen Zweimetermann ausrichten? Nun sind genauso wenig alle Frauen Elfen wie alle Männer Schränke. Häufig sind gerade ältere und hilfsbedürftige Männer das Opfer. Aber selbst wenn der Mann seiner Partnerin körperlich wirklich überlegen wäre, heißt das noch lange nicht, dass er seine Körperkraft auch richtig einsetzen kann oder will. Feministische Literatur zum Thema Gewalt innerhalb lesbischer Beziehungen warnt zu Recht ausdrücklich davor, automatisch die Frau mit der größeren Körpermasse zur Täterin zu stempeln. Oft genug geht die Gewalt von der kleineren, femininer wirkenden Partnerin aus.[418] Hier kommen nämlich psychologische Faktoren wie Temperament, Aggressivität, Hinterlist und Willensstärke ins Spiel.[419]
Gewalt in der Partnerschaft ist kein sportlicher Wettkampf, bei dem ein Ringrichter darauf achtet, dass beide Kontrahenten fair miteinander umgehen. Eine andere nicht allzu schwierige Taktik für eine siegreiche Auseinandersetzung besteht darin zuzuschlagen, wenn der andere nicht damit rechnet, etwa weil er dem Täter oder der Täterin den Rücken zuwendet oder schläft.[420] Eine Forscherin, die Polizeiprotokolle untersuchte, entdeckte dabei, dass 25 Prozent aller Fälle mit weiblichen Opfern als schwere Angriffe zu werten waren, aber 86 Prozent der Fälle mit männlichen Opfern. 82 Prozent der Frauen griffen zur Waffengewalt, aber nur 25 Prozent der Männer. 84 Prozent der von Männern davongetragenen Verletzungen waren so schwer, dass medizinische Hilfe in Anspruch genommen werden musste. Die Hälfte von ihnen musste über Nacht oder länger im Krankenhaus bleiben.[421]

Einer britischen Studie zufolge sterben sogar mehr Männer als Frauen durch die Folgen häuslicher Gewalt, wenn man hierbei Tötungen und Selbstmorde zusammenzählt.[422]
Auch deutsche Studien belegen inzwischen, dass Frauen häusliche Gewalt häufiger initiieren und Männer häufiger Opfer werden. Wegweisend ist hier die im Jahr 2010 von dem Gender- und Anti-Diskriminierungsforscher Dr. Peter Döge veröffentlichte EKD-Studie *Männer - die ewigen Gewalttäter?*. Hier gaben 45 Prozent der befragten Männer und 41 Prozent der befragten Frauen an, häusliche Gewalt erlitten zu haben.[423] Auch die Sozialforscher Siegfried Lamnek, Jens Luedtke, Ralf Ottermann und Susanne Vogl gelangten in ihrem Fachbuch "Tatort Familie" (Verlag für Sozialwissenschaften 2006) zu dem Ergebnis, dass Männer sowohl absolut als auch prozentual eher Opfer von Gewalt durch die Partnerin werden als umgekehrt. Einer Studie des Bundesfamilienministeriums zufolge hatte jeder vierte Mann in Beziehungen mit Frauen schon Gewalt erlebt – eine Rate, die sich mit der von Frauen deckt.[424]
Auf internationaler Ebene veröffentlichte die Fachzeitschrift *Partner Abuse* im Jahr 2013 die Ergebnisse eines Forschungsprojekts von bisher noch nie dagewesenem Umfang: 42 Wissenschaftler an 20 Universitäten und anderen Forschungseinrichtungen untersuchten die gesamte seit 1990 vorliegende, akademisch anerkannte Fachliteratur zu diesem Thema, die volle 1700 Studien umfasste. Die daraus entstandene Analyse ist 2700 Seiten dick und führt unter anderem zu folgenden Erkenntnissen: Männer und Frauen verüben sowohl körperliche als auch nicht-körperliche Misshandlungen in ähnlichem Ausmaß, häusliche Gewalt erfolgt in der Regel wechselseitig, Frauen üben ähnlich stark Kontrolle aus wie Männer und einseitig ausgeübte Gewalt geht sogar häufiger von Frauen aus als von Männern. "Unser Forschungsprojekt basiert auf den Prämissen, dass jeder ein Recht auf seine eigene Meinung hat, aber nicht auf seine eigenen Fakten", erklärte John Hamel, Herausgeber von *Partner Abuse.* Er vertrete die Auffassung, "dass diese Fakten für jeden offen verfügbar sein sollten und dass die Bekämpfung von häuslicher Gewalt auf der Grundlage dieser Fakten geschehen sollte anstatt auf der Grundlage von Ideologien und Gruppeninteressen." Der aktuelle Forschungsstand lege nahe, dass die Politik bei häuslicher Gewalt änderungsbedürftig sei; insbesondere müsse der

von Frauen begangenen Gewalt, wechselseitigen Misshandlungen und den Bedürfnissen männlicher Opfer größere Aufmerksamkeit zukommen. Wenn Polizisten in Fällen von häuslicher Gewalt mit unklarer Täterschaft einfach den Partner festnehmen, der größer und stärker erscheine, stelle das eine Verletzung von Bürgerrechten dar: "Menschen, die sich gegen häusliche Gewalt engagieren, behaupten, es habe dabei immer um die Opfer zu gehen. Tja, manchmal ist das Opfer diejenige Person, die festgenommen worden ist."[425]
Was Deutschland angeht, bestätigte das Robert-Koch-Institut im Mai 2013 den Befund, dass Frauen "häufiger als Männer Ausübende körperlicher Partnergewalt, aber auch Ausübende von Gewalt gegenüber sonstigen Familienmitgliedern" sind. Dabei erwähnten die Wissenschaftler des Robert-Koch-Instituts auch, dass die Themen "Frauen als Gewalttäterinnen" und "Männer als Gewaltopfer" noch weitgehend tabuisiert seien und sich der Blick der Forschung erst allmählich darauf richte.[426]
Weil häusliche Gewalt gerade mit männlichen Opfern ein so schwer ergründbares Terrain ist, gibt es unter der Vielzahl der vorliegenden Studien durchaus Abweichungen: Mal sind Frauen etwas häufiger Opfer, mal Männer. Mal tragen Frauen und mal Männer schwerere Verletzungen davon. In solchen Fällen hilft es, eine sogenannte Meta-Analyse anzulegen, die die Ergebnisse vieler anderer Untersuchungen zusammenfasst. Ein solcher aussagestarker Überblick stammt von dem deutschen Soziologen Bastian Schwithal. Bemerkenswert sind hier vor allem die Ergebnisse, was die Geschlechterverteilung bei besonders schweren Verletzungen angeht:

"Übersicht 'Studien: Severe Violence' gibt die Ergebnisse von 94 Studien und Untersuchungen hinsichtlich schwerer Gewaltformen ('severe violence') wieder. Ähnlich wie bei 'minor violence' lässt sich auch hier die Beobachtung machen, dass ein höherer Anteil an Frauen schwere Gewalt gegenüber einem Intimpartner gebraucht als umgekehrt. Das Verhältnis von Männern und Frauen im Hinblick auf 'verübte Gewalt' ist 47,0% zu 53,0%. Bei 'erlittener Gewalt' ergibt sich hinsichtlich der Geschlechtsverteilung folgendes Bild: 52,3% Männer gegenüber 47,7% Frauen hatten schwere Gewaltformen durch einen Intimpartner erlitten."[427]

Der beliebte feministische Glaube daran, dass häusliche Gewalt gleichbedeutend mit Männergewalt und eine Ausdrucksform des "Patriarchats" ist, zerschellt zuletzt auch daran, dass diese Form der Gewalt in lesbischen Partnerschaften sehr viel häufiger vorkommt als in heterosexuellen und schwulen. So lag einer Studie zufolge, die 2011 im *Journal of General Internal Medicine* veröffentlicht wurde, bei lesbischen Ehepaaren die Rate von häuslicher Gewalt bei 35,4%. (Bei schwulen Paaren waren es 21,5 Prozent.)[428] Eine Studie des National Center for Injury Prevention and Control aus dem Jahr 2010 kam auf eine Rate von 43,8% von häuslicher Gewalt bei lesbischen Paaren. (Wieder liegen die schwulen Paare mit 26 Prozent deutlich dahinter.)[429] Und eine vergleichende Untersuchung, die im *Journal of Consulting and Clinical Psychology* veröffentlicht wurde, ermittelte bei den lesbischen Paaren eine Gewalthäufigkeit von 47,5% – erneut eine höhere Rate als bei schwulen und heterosexuellen Paaren in derselben Studie.[430] Wenn die Rate häuslicher Gewalt bei reinen Frauenpaaren besonders hoch und bei reinen Männerpaaren besonders niedrig ist: Wie glaubhaft ist dann die feministische Propaganda, der zufolge häusliche Gewalt vor allem durch Männer und Männlichkeit verursacht wird?

Neueste US-amerikanische Forschungsliteratur führte die Debatte weiter voran. Durch besonders gründliche Quellenarbeit zeichnet sich etwa Thomas B. James' Buch "Domestic Violence: The 12 Things You Aren't Supposed to Know" (Aventine Press) aus. Ein eigenes Kapitel dokumentiert Dutzende von Studien, die belegen, dass nicht Frauen, sondern Männer bei häuslicher Gewalt die schwereren Verletzungen davontragen, ein weiteres erläutert volle 78 Gründe, warum Männer über ihre Opfererfahrungen so selten berichten. Eine verdienstvolle Passage stellt schließlich zusammen, welche Faktoren (statt "das Patriarchat") verschiedenen Untersuchungen zufolge tatsächlich stark zu Gewalttaten in der Partnerschaft beitragen (unter anderem geringes Selbstwertgefühl, Armut, Arbeitslosigkeit, Alkoholismus, Drogensucht, geistige Störungen, Stress, biologische und neurologische Einflüsse, Zusammenleben und/oder Elternschaft zweier sehr junger Partner, emotionale oder körperliche Misshandlungen in der Kindheit, schwache Eltern-Kind-Bindungen und so weiter).

Wenn es darum geht, wie häufig sich häusliche Gewalt online fortsetzt, kommt es zu einer Gleichverteilung zwischen Frauen und

Männern. Das ermittelte das US-amerikanische Data and Society Research Institute auf der Grundlage von 3000 Befragten, die berichteten, welches übergriffige Online-Verhalten sie von jetzigen oder früheren Partnern erfahren hatten. In diese Kategorie fielen Handlungen wie körperliche Bedrohungen, Online-Stalking oder die Drohung, Nacktfotos des Opfers online zu stellen. Zwölf Prozent der Befragten beiderlei Geschlechts berichteten, solchen Dingen ausgesetzt gewesen zu sein. Deutlich höhere Zahlen gab es in der Altersgruppe von 15-29 Jahren, sowie generell bei häuslicher Gewalt unter Homo- und Bisexuellen sowie den unteren Schichten. "Wir haben diese Weltsicht, dass Frauen die Opfer und Männer die Täter sind", erklärte die leitende Forscherin Michele Ybarra. "Dadurch werden die Männer, die Opfer sind, zum Schweigen gebracht."[431]
In diesen Problembereich gehört auch, dass Männer in Trennungssituationen ein höheres Risiko eingehen, Gewaltopfer zu werden. "Jeder zweite Trennungsvater wird Opfer häuslicher Gewalt" betitelte der österreichische Väterrechtsverein "Vaterverbot" die Pressemitteilung zu einer Studie, die zu eben jenem Ergebnis gelangte. In der Pressemitteilung heißt es weiter:

"Von den befragten 515 Trennungsvätern gaben 59% an, Gewalt durch ihre Partnerin erlebt zu haben. Dieses Ergebnis deckt sich mit Ergebnissen deutscher [Habermehl, Amendt] wie auch internationaler Studien. (...) Nur 15% der befragten männlichen Gewaltopfer zeigten die erlebte Gewalt behördlich an. Bei der Deutschen Pilotstudie 'Gewalt gegen Männer', hat kein Einziger der befragten Opfer Anzeige erstattet. Und dies obwohl 5% Angst hatten, ernsthaft oder lebensgefährlich verletzt zu werden. Von den 15%, die eine Anzeige erstatteten, fühlten sich 5% von den Behörden unterstützt, 95% im Stich gelassen. Eine wesentliche Rolle für die Zurückhaltung bei Anzeigen spielt eine Art Immunität der Mutter, die auch als Gewalttäterin kaum Konsequenzen oder gar Obsorgeverlust der involvierten Kinder zu befürchten hat. Väter werden vielfach mit Kindesvorenthaltung erpresst, erfahrene Gewalt nicht zur Anzeige zu bringen. Das Recht des Mannes auf Gewaltschutz steht der Angst gegenüber, den Kontakt zu den eigenen Kindern für lange oder immer zu verlieren."[432]

Bei solchen Dingen wird sichtbar, wie sehr Diskriminierungen von Männern in einem Bereich (häusliche Gewalt) mit Diskriminierungen in anderen Bereichen (Väterrechte) zusammenhängen. Dabei zeigt sich Diskriminierung in diesem Bereich auch darin, dass einem ehrenamtlich betriebenen Projekt wie dem Berliner "Männerhaus" – einer Notunterkunft für Männer in akuten Krisensituationen – eine finanzielle Unterstützung von der Senatsverwaltung für Wirtschaft, Technologie und Frauen versagt blieb.[433] Ähnlich ergeht es vergleichbaren privat gegründeten Projekten: Ein "Männerhaus" zu fördern sei "angesichts endlicher Haushaltsmittel nicht gerechtfertigt", erklärte Andreas Aumann, Pressereferent im Bundesfamilienministerium. Eine staatliche Förderung für die bundesweit mehr als 400 Frauenhäuser hingegen ist kein Problem.[434] Als Folge solcher strukturell bedingter Einseitigkeit kann ein weibliches Gewaltopfer auf ein breites Netz an Beratungsstellen, Notrufen, Selbsthilfegruppen und anderen Unterstützern zurückgreifen. Ein Mann, stellte Bettina Hammer in einem Telepolis-Artikel fest, ist für all diese Organisationen nur als Täter existent und spielt als Hilfesuchender keine Rolle:

"Das fehlende Bewusstsein für Gewalt gegen Männer innerhalb von Beziehungen ist das Resultat eines archaischen Denkens, das den Mann noch immer auf den harten, starken, alles aushaltenden Kerl reduziert, der sich 'nicht so anstellen soll'. (...) Das Zerrbild des Mannes, der sich der Furie mit dem Nudelholz gegenübersieht und unter den Tisch verkriecht, zeigt bis heute auf, dass Gewaltandrohung je nach Geschlecht des Täters unterschiedlich bewertet wird. Der Mann unter dem Tisch, der sich vor der im wahrsten Sinne des Wortes wütenden Frau versteckt, wirkt komisch. Eine Frau in der gleichen Position nicht."

In Deutschland wird dieses reaktionäre Rollenbild nicht zuletzt von staatlichen Stellen aufrechterhalten. So erhält die "Berliner Interventionszentrale bei häuslicher Gewalt (BIG)" für die Verbreitung evidenzfreier Parolen wie "Häusliche Gewalt wird fast ausschließlich von Männern ausgeübt" jährlich 250.000 Euro aus dem Etat des Berliner Wirtschaftssenators.[435] Gleichzeitig bleibt für seriöse Forschung die finanzielle und politische Unterstützung aus: Als Peter Döge im November 2010 seine Gewaltstudie auf der

Abschlussveranstaltung der EKD zur Dekade des Ökumenischen Rates der Kirchen "Gewalt überwinden" vorstellte, glänzte trotz Einladung das Bundesfamilienministerium ähnlich mit Abwesenheit, wie es sonst bei Veranstaltungen zur Jungenkrise Sitte ist.
"Das Thema ist nach wie vor ein No go", weiß Gewaltforscher und Partnerschaftssoziologe Bastian Schwithal. Von der Politik und den staatlichen Institutionen werde der Problembereich häusliche Gewalt oft einseitig dargestellt; eine auf sachlichen Fakten basierende Diskussion sei mit vielen nicht möglich. "Auf dem Gebiet bestand ein regelrechtes Forschungsverbot" stellte auch der Geschlechterforscher Gerhard Amendt fest, der inzwischen eine Abschaffung von Frauenhäusern zugunsten von Gewaltschutzhäusern für beide Geschlechter fordert. Die Veröffentlichung von Daten und Analysen über Gewalt durch Frauen sei häufig unterdrückt worden.[436]
Die Folge davon ist eine sexistische und irreführende Herangehensweise an dieses Problem, die sich bei zahlreichen staatlichen Stellen wiederfindet. "Häusliche Gewalt wird in über 80% der Fälle von Männern ausgeübt", heißt es beispielsweise auf der Website des Berliner Senats.[437] Das Bundesgesundheitsministerium führt Aktionen unter der Leitlinie "Häusliche Gewalt als eines der größten Gesundheitsrisiken für Frauen bekämpfen" durch.[438] Der Pressedienst des deutschen Bundestages meldete am 6. August 2008: "Männer, die gegen ihre Partnerinnen gewalttätig geworden sind, sollen im Rahmen spezieller Programme zu Änderungen ihres Verhaltens und ihrer Wahrnehmung gelangen. (...) Im Strafgesetzbuch soll zudem ein Passus geändert werden mit dem Ziel, die Weisung zu erteilen, an einem Täterprogramm teilzunehmen. Die Länderkammer erläutert unter anderem, besondere Bedeutung habe das Programm für bislang nicht vorbelastete Männer. Wenn sie die Auflage, an einem Täterprogramm teilzunehmen, nicht erfüllten, drohe ihnen eine Anklage oder eine Verurteilung. Dies sei nicht zuletzt im Interesse eines wirkungsvollen Opferschutzes." Frauen kommen als Täter erst gar nicht vor. Auch dass häusliche Gewalt in der Mehrzahl der Fälle wechselseitig erfolgt und sich in einer Eskalationsspirale immer weiter hochschraubt, wird ignoriert.
Stattdessen wird die alte Linie weiter fortgesetzt. So heißt es in einer am 12.10.2012 verschickten Pressemitteilung des Hessischen

Justizministeriums: "Das Anti-Gewalt-Training mit Männern, die Frauen schlagen, wird künftig nicht mehr auf Lottomittel angewiesen sein. Der Staatssekretär berichtete, Justizminister Jörg-Uwe Hahn habe mit dem Finanzminister vereinbart, dass ein Mehrbedarf für die Förderung der Täterarbeit in Höhe von jeweils 100.000 Euro in den Haushaltsplan 2013/2014 des Hessischen Ministeriums der Justiz, für Integration und Europa aufgenommen wird, um hessenweit die Opfer, die Frauen, zu schützen."[439] Auch in der Istanbul-Konvention des Europarats zur Bekämpfung von Gewalt gegen Frauen aus dem Jahr 2014 wird so getan, als seien nur Frauen von häuslicher Gewalt betroffen.[440]
Nicht zuletzt durch unermüdliche Sisyphusarbeit sowohl von Männerrechtlern als auch von Kriminologen und Soziologen hat dieser Skandal inzwischen zumindest punktuell die Medien erreicht. So machte am 3. November 2010 das Magazin *Kulturzeit* (3sat) darauf aufmerksam, dass die männlichen Opfer von häuslicher Gewalt (8000 allein in Berlin im Jahr 2009) von der Politik bislang komplett ignoriert werden. Besonders heikel ist es, dass den von häuslicher Gewalt betroffenen Männern aufgrund der bestehenden Klischees, die beständig festzementiert werden, von Polizisten oft nicht geglaubt wird. "Ich habe von Fällen gehört", berichtet der Soziologe Ludger Jungnitz, "wo Betroffene ausgelacht wurden oder es nicht geschafft haben, eine Anzeige zu erstatten."[441]
Die Journalistin Katharina Peter schildert in einem Artikel über dieses Thema die Situation eines oft misshandelten Ehemanns, der, als er einmal vor lauter Angst die Polizei gerufen habe, von den Beamten abgeführt wurde, obwohl er bereits am Kopf blutete: "Für die Polizisten war sofort ich der Täter."[442]
Der Kampf gegen häusliche Gewalt befand sich auf einem recht guten Weg, bevor er unter die Feministinnen fiel. So berichtet Erin Pizzey, die Begründerin der modernen Frauenhausbewegung und Autorin des ersten Buchs über häusliche Gewalt überhaupt ("Scream Quietly Or The Neighbours Will Hear", 1974), in der *Daily Mail* vom 22. Januar 2007 Folgendes über ihre Erfahrungen:

"Ich war entschlossen, die Kette der Gewalt zu durchbrechen. Aber als die örtliche Zeitung die Geschichte über unser Haus aufgriff, begann ich mir über eine ganz andere Bedrohung Gedanken zu machen. Ich wusste, dass die radikalfeministische Bewegung massiv

an Zulauf verlor, weil vernünftigere Frauen ihre männer- und familienfeindliche Ausrichtung ablehnten. Also suchten die Feministinnen jetzt nicht nur nach einem Thema, sondern sie wollten auch Geld. 1974 organisierten die Frauen, die in meiner Zuflucht lebten, ein Treffen in unserem örtlichen Gemeindesaal, um andere Gruppen zu ermuntern, im ganzen Land Zufluchtsstätten zu eröffnen. Wir waren verblüfft und verängstigt über die radikalen lesbischen und feministischen Aktivistinnen, die ich dort teilnehmen sah. Diese wählten sich selbst in eine landesweite Bewegung. Nach einem hitzigen Streit verließ ich mit meinen misshandelten Müttern den Saal – und was ich am meisten befürchtet hatte, geschah. Innerhalb weniger Monate kaperten die Feministinnen die Bewegung zur Bekämpfung häuslicher Gewalt, nicht nur in Großbritannien, sondern international. (...) Sie profilierten sich mit vereinfachenden Äußerungen, die genauso dumm wie parteiisch waren: 'Alle Frauen sind unschuldige Opfer der Gewalt der Männer', erklärten sie. Sie eröffneten die meisten Zufluchtsstätten des Landes und verboten Männern, darin zu arbeiten oder in ihrer Verwaltung zu sitzen. (...) Mit der ersten Spende, die wir 1972 erhielten, hatten wir auch einen männlichen Spielgruppenleiter eingestellt, denn wir spürten, dass unsere Kinder die Erfahrung guter, sanfter Männer brauchten. Wir entwarfen ein Behandlungsprogramm für Frauen, die erkannten, dass auch sie gewalttätig und dysfunktional waren. Und wir konzentrierten uns auf Kinder, die durch Gewalt und sexuellen Missbrauch verletzt waren. Die feministischen Flüchtlinge allerdings fuhren damit fort, Trainingsprogramme zu entwerfen, die ausschließlich männliche Gewalt gegen Frauen beschrieben. Langsam wurde der Polizei und anderen Organisationen das Gehirn dahin gehend gewaschen, dass sie die Forschungsergebnisse ignorierten, die bewiesen, dass auch Männer Opfer sein konnten. Trotz Attacken in der Presse durch feministische Journalistinnen und trotz anonymer Drohanrufe fuhr ich damit fort zu argumentieren, dass Gewalt ein erlerntes Verhaltensmuster aus der frühen Kindheit sei. Als ich Mitte der achtziger Jahre mein Buch 'Prone to Violence' über gewaltbereite Frauen und ihre Kinder veröffentlichte, wurde ich von Hunderten feministischer Frauen belagert, die Schilder schwenkten wie 'Alle Männer sind Schweine' und 'Alle Männer sind Vergewaltiger'. Wegen Drohungen, mir Gewalt anzutun, konnte ich mich nur unter Polizeischutz im Land bewegen."[443]

Von ähnlichen Erfahrungen weiß der Anti-Gewalt-Berater und -Pädagoge Burkhard Oelemann zu berichten. Als seine Beratungsstelle mit Männern und Jungen arbeitete, die körperlich gewalttätig wurden, sei er "von der damaligen Frauen-Politik geradezu hofiert" worden und habe "sehr viel mediale Aufmerksamkeit" erhalten. "Doch dies änderte sich schnell, als wir in der Öffentlichkeit deutlich darauf bestanden, dass die Gewalt von Männern und Jungen in keiner Weise deren Dämonisierung rechtfertigen würde. Wir wiesen zum Beispiel immer wieder darauf hin, dass der größte Teil aller Gewaltopfer männlich ist."
Bis zur Jahrtausendwende, berichtet Oelemann, sei auch er davon ausgegangen, dass der weitaus überwiegende Teil aller häuslicher Gewalt von Männern verübt wurde. "Die Erfahrungen aus der Arbeit mit den Klienten sprachen auch mehrheitlich dafür, denn bis auf ganz wenige Ausnahmen hatten uns Männer aufgesucht, die initiativ ihre Partnerinnen oder Partner oder Kinder geschlagen hatten. Heute weiß ich: Es lag an unserer Werbung, mit der wir genau diese Zielgruppe angesprochen hatten."
Anfang dieses Jahrtausends stieß Oelmann auf die internationalen Forschungsergebnisse über die hohe Rate an männlichen Opfern. "Ich las die biografischen Äußerungen von verschiedenen Forschern und Forscherinnen, die um ihr Leben fürchten mussten, wenn sie die wahre Verteilung im Täterverhalten bei häuslicher Gewalt veröffentlichen wollten." Trotzdem habe er sich dafür entschieden, auch für gewalttätige Frauen ein Konzept zu entwickeln, mit dem diese ihre Aggression in den Griff bekommen konnten. Jetzt allerdings blieb der feministische Beifall plötzlich aus:

"Sprach ich von Frauen als Tätern wurde sofort relativiert, verleugnet und einige Frauen reagierten sehr wütend, ja beinahe cholerisch. Ich wurde beschimpft, und mir wurde vorgehalten, ich solle mich als Mann gefälligst um Männer und Jungen als Täter kümmern – obwohl ich mit zu den ersten gehörte, die genau dies in Deutschland getan hatten. (...) Die extremste Reaktion erlebte ich um die Jahrtausendwende herum auf einem Kongress in Düsseldorf, auf dem auch Professor Michael Bock über die Einseitigkeit des Gewaltschutzgesetzes sprach. Er wurde ausgepfiffen und niedergeschrien von allen 'Expertinnen' jedweder politischer oder

sozialer Coleur, die auf dem Podium saßen oder als Gäste geladen waren.
Mir wurde klar, dass ein solches Verhalten von Erwachsenen sich nur erklären lässt, wenn man psychologische Diagnosen oder das Wissen über Gruppendynamiken zu Rate zieht.
Zusammenfassend kann ich sagen, dass die Mehrheit der Frauen und Männer, die politisch oder professionell im sozialen Bereich mit diesem Thema konfrontiert werden, noch heute eher negierend bis dämonisierend reagiert, und nur die Minderheit – sicher nicht mehr als 20 bis 30 Prozent – dem Thema gegenüber offen ist. Besonders offen sind übrigens die Täterinnen selbst. Von ihnen hören meine Kolleginnen und Kollegen eigentlich durchweg, dass sie sehr froh darüber sind, endlich ein konkretes Beratungsangebot zu bekommen."[444]

Der Antidiskriminierungs-Wissenschaftler und Geschlechterforscher Dr. Peter Döge berichtet in seinem Aufsatz "Wer die Macht hat, muss nicht lernen" ebenfalls über "heftigste Abwehrreaktionen im deutschen Gewaltdiskurs, in den sich die mechanistischen Deutungsmuster geradezu eingemeißelt haben." Bei der Befragung von Mitarbeiterinnen in Thüringer Frauenhäusern habe sich große Unkenntnis über den Stand der Forschung verbunden mit der "apodiktischen Behauptung, häusliche Gewalt sei ausschließlich Männergewalt". Jeder empirische Befund, der diese Weltsicht in Zweifel ziehen könnte, werde in Abrede gestellt oder einfach nicht zu Kenntnis genommen.[445]
Dieses Problem wird erheblich dadurch verschlimmert, dass die deutsche Politik diese feministische Einseitigkeit übernimmt, was dazu führt, dass die männerpolitischen Aktivisten, die Gewaltschutzhäuser auch für männliche Opfer etablieren möchten, aufgrund fehlender staatlicher Unterstützung häufig scheitern. Einer von ihnen, Tristan Rosenkranz, zog sich nach Jahren vergeblichen Kämpfens 2017 von der Männerarbeit zurück und schildert in einem abschließenden Fazit, wie die verschiedensten großen Parteien (CDU, SPD, FDP, Grüne und Linke) mehrfach Befürwortungen, Unterstützungs- sowie Finanzierungszusagen für eine Schutzwohnung für von häuslicher Gewalt betroffene Männer aussprachen, sie jedoch alle wortbrüchig wurden und es in keinem der Fälle zu einer tatsächlichen Unterstützung kam.[446]

"Die 400 Frauenhäuser, die wir haben, gibt es auch nur, weil dahinter eine soziale Bewegung steht", argumentierte im Jahr 2010 der Soziologe Hans-Joachim Lenz. "Und das Dramatische bei den Männern ist sozusagen, dass die politische Bewegung bei den Männern fehlt, die dieses Thema nach außen bringt."[447] Ähnlich äußerte sich die Nürnberger Kriminalhauptkommissarin Cora Miguletz: "Die Männer müssen jetzt das Gleiche tun, wie die Frauen vor 20 Jahren - sie müssen sich eine Lobby schaffen."[448]
Inzwischen hat die deutsche Männerechtsbewegung an Aufmerksamkeit gewonnen – auch wenn sie aus dem feministischen Lager noch vielfach angefeindet und verunglimpft wird – und sorgt dafür, dass das Tabu um männliche Gewaltopfer zumindest ein wenig wankt. Ein erster Erfolg ist das immer stärkere Aufweichen der Dunkelziffer: Immer mehr geprügelte Männer trauen sich deshalb, diese Taten zur Anzeige zu bringen. Dadurch ist inzwischen auch in den Statistiken der Kriminalpolizei fast jedes dritte Prügel-Opfer im Haushalt ein Mann. Wenn man ganz viel Glück hat, wird das in unseren Leitmedien sogar einmal berichtet.[449]
Dabei würde es sogar einen besseren Gewaltschutz für Frauen bedeuten, wenn man weiblicher Aggression dieselbe Beachtung wie männlicher Aggression schenken würde. Die amerikanische Sozialwissenschaftlerin Deborah Capaldi nämlich weist in ihrer Studie *From Ideology to Inclusion 2009: New Directions in Domestic Violence Research and Intervention* auf einen oft übersehenen Faktor bei häuslicher Gewalt hin: Die Höhe des Risikos einer Frau, Opfer zu werden, hängt maßgeblich davon ab, wie sehr sie selbst dazu neigt, häusliche Gewalt auszuüben. So zeige sich bei Studien über Frauen, die in einem Frauenhaus lebten, dass zwei Drittel von ihnen im vergangenen Jahr selbst schwere Gewalt gegen ihren Partner ausgeübt hatten. Und Männer, die in der Partnerschaft mit einer Frau körperlich aggressiv sind, weisen bei einer anderen, friedlicheren Partnerin ein gänzlich anderes Verhalten auf - was die Behauptung, bestimmte Männer seien nun mal Schläger, widerlegt. All dies, so Dr. Capaldi, zeige, dass die gängigen Versuche, häusliche Gewalt zu bekämpfen, wobei der tatsächliche Stand der Forschung ignoriert wird, auch Frauen weit eher schaden als nutzen.[450]

HOCHSCHULEN

Frauen werden bei der Hochschulkarriere benachteiligt

Unter Studierenden sind etwa genauso viele Frauen wie Männer. Auch bei der Promotion liegt der Frauenanteil noch bei über 40 Prozent. Unter den Hochschullehrern mit Professorentitel sind dann allerdings nur noch knapp 15 Prozent Frauen. Ein klarer Fall von Benachteiligung, die durch staatliche Maßnahmen ausgeglichen werden sollte? Das Bundesbildungsministerium scheint sich dieser feministischen Interpretation anzuschließen und fördert Programme für mehr Professorinnen mit enormen Beträgen. 150 Millionen machte allein ein 2008 beschlossenes Förderprogramm aus.[451] Hochschulen wie die Ludwig-Maximilians-Universität zu München zahlen gar eine Kopfprämie von 25.000 Euro für die Berufung eines weiblichen Bewerbers. "Es wird mit (fast) allen Mitteln gearbeitet, um weiblichen Bewerbern einen Vorteil gegenüber männlichen Bewerbern zu verschaffen", stellte der Bildungsforscher Michael Klein in seinem Blog *Kritische Wissenschaft* kopfschüttelnd fest. "Wie dies mit dem Gleichheitsgrundsatz im Grundgesetz vereinbar sein soll, ist mir nicht nachvollziehbar."[452]
Konsequenterweise veröffentlichte Klein eine Blacklist von Universitäten, an denen weibliche Bewerber bevorzugt auf offene Stellen berufen werden.[453] Darüber hinaus verwies er auf die Untersuchung "Who Becomes a Tenure Professor, and Why?" der Soziologen Mark Lutter und Martin Schröder[454] über ihren Fachbereich und fasste deren Ergebnisse zusammen: Weibliche Bewerber werden schneller berufen als männliche Bewerber. Männer müssen zwei Jahre länger auf eine Berufung warten als Frauen. Und weibliche Bewerber, die auf eine Professur berufen werden, haben deutlich weniger als männliche Bewerber publiziert.[455]
Zwölf Tage später berichtete auch die *Frankfurter Allgemeine* unter der Überschrift "Frauen klar im Vorteil. Wie man zu einer Soziologie-Professur kommt" über die Erkenntnisse dieser Untersuchung: "Bisherige Studien haben diesen relativen Vorteil mit der hohen Zahl von Gender-Lehrstühlen in der Soziologie erklärt. (...) Nach der neuen Studie sind die Aussichten von Frauen auf eine Professur aber auch außerhalb der Gender Studies noch um 36 Prozent größer."[456]

Diskriminiert werden hier also tatsächlich die Männer, was in Feminismus- und Gender-Kreisen üblicherweise als "positive Diskriminierung" bezeichnet wird. Denn bestimmt ist die Einseitigkeit im Fachbereich Soziologie nur ein statistischer Ausreißer und die zig Millionen schwere Förderung von Professorinnen dringend notwendig, weil Frauen bei ihrer Hochschullaufbahn sonst deutlich benachteiligt werden – und zwar international, jahrzehntelang und quer über die Fachbereiche hinweg?
Offen gesagt: Nichts könnte weiter von der Wahrheit entfernt sein. Tatsächlich haben weibliche Bewerber eine doppelt so hohe Chance wie gleichermaßen qualifizierte Männer auf eine akademische Position – und zwar international, jahrzehntelang und quer über die Fachbereiche hinweg. Zu diesem Ergebnis gelangte eine Untersuchung, die Professor Stephen Ceci und Professorin Wendy Williams, letztere Direktorin des Connell Institute for Women in Science, im wissenschaftlichen Fachmagazin *Proceedings of the National Academy of Sciences* veröffentlichten.[457] Der Sender CNN zitiert die Autoren dieser Studie mit folgenden Worten:

"Die vorherrschende Annahme ist, dass sexistische Einstellungen in der akademischen Wissenschaft die Karriere von Frauen blockieren, bevor sie überhaupt beginnt. (...) Aber die Fakten sprechen eine andere Sprache. Überprüfungen, von denen einige bis in die achtziger Jahre zurückgehen, decken auf, dass weibliche Wissenschaftler eine erheblich höhere Chance haben, zu einem Vorstellungsgespräch eingeladen und eingestellt zu werden als Männer. Obwohl Frauen sich seltener um einen Arbeitsplatz bewarben, waren ihre Chancen, den Job zu bekommen, in der Regel besser, wenn sie sich beworben haben. Frauen hatten insgesamt einen Vorteil von 2:1 in allen untersuchten Bereichen. Diese Bevorzugung von Frauen wurde von männlichen und weiblichen Fakultätsmitgliedern gleichermaßen zum Ausdruck gebracht, mit der einzigen Ausnahme von männlichen Ökonomen, die in ihren Präferenzen geschlechtsneutral waren. Unter bestimmten Bedingungen erreichten die Frauen einen Vorsprung von 4:1. Wenn Frauen mit Männern verglichen wurden, die den gleichen Lebensstil teilten, ergaben sich Vorteile für Frauen in allen demographischen Gruppen - darunter alleinstehende oder verheiratete Frauen ohne

Kinder, verheiratete Frauen mit Vorschulkindern und geschiedene Mütter."[458]

In ihrem CNN-Interview erklären Ceci und Williams, von den Ergebnissen ihrer Untersuchung "schockiert" gewesen zu sein. Und in einem Artikel über ihre Studie, veröffentlicht im *Chronicle of Higher Education*, berichten sie: "Weil diese Erkenntnisse der Behauptung, Frauen würden sexistisch benachteiligt, zuwiderläuft, wurde sie in den Nachrichtenmedien und im akademischen Sektor mit Unglauben und oft mit Panik aufgenommen."[459] Nur einzelne Journalisten wie Margaret Wente in der kanadischen *Globe and Mail* formten eine beliebte feministische Forderung so um, dass sie endlich der Wirklichkeit gerecht wurde: "Ladies, checkt eure Privilegien!"[460]
Dabei war die Aufregung um die Studie von Ceci und Williams unnötig groß – denn wie das Fachmagazin *Psychology Today* berichtet, gibt es bereits eine ganze Reihe von Untersuchungen, die eine Bevorzugung von Frauen im Wissenschaftssektor belegen.[461] In einer Studie aus dem Jahr 1990 etwa wurde ein Manuskript mit demselben Inhalt mal mit dem Namen eines weiblichen und mal mit dem Namen eines männlichen Verfassers zur Bewertung eingereicht. Das Ergebnis: Männliche Mitglieder des akademischen Lehrkörpers blieben bei ihren Bewertungen unvoreingenommen vom Geschlecht des Autors, während weibliche Mitglieder Frauen bevorzugten, was insgesamt natürlich die Chancen von Frauen verbesserte.[462] Und in einer Studie aus dem Jahr 2017 zeigte sich, dass männliche Wissenschaftler Frauen und Männer als gleichermaßen intelligent beurteilen, Wissenschaftlerinnen aber Frauen für intelligenter, rationaler und objektiver als Männer halten.[463]
Derartige Erkenntnisse zeigen sich in den verschiedensten Ländern der westlichen Welt. So berichtet etwa *Academics.de* über Ergebnisse einer Analyse von Berufungsverfahren an der Universität Konstanz:

"Über alle Ausschreibungen gemittelt finden wir für Wissenschaftlerinnen etwas bessere Chancen auf Listenplätze als für ihre männlichen Mitbewerber. Mit jeder Verfahrensstufe kommt es zu einem kontinuierlichen Anstieg der Frauenanteile. Nur für den ersten Listenplatz werden verhältnismäßig weniger

Wissenschaftlerinnen gegenüber den gelisteten Personen ausgewählt (...). Gleichwohl sind Frauen auch unter den Erstplatzierten stärker vertreten, als es ihrem Anteil an den Bewerbungen entspricht (21,0 gegenüber 16,7 Prozent). Dies gilt speziell in den Geisteswissenschaften und bei den statushöheren Professuren. (...) Auf der Grundlage der vorhandenen Daten können wir also keine systematische Benachteiligung von Wissenschaftlerinnen in den Berufungsverfahren feststellen."[464]

Eine französische Studie aus dem Jahr 2016 sieht Frauen in den "typisch männlichen" Fachbereichen (Mathematik, Informatik, Naturwissenschaft und Technik) bevorzugt statt benachteiligt:

"Die Diskriminierung von Frauen wird als eine der möglichen Ursachen für ihre Unterrepräsentation in bestimmten MINT-Fächern (Naturwissenschaften, Technik, Ingenieurwissenschaften und Mathematik) angesehen. Wir zeigen, dass dies nicht der Fall ist bei den Auswahlverfahren, mit denen fast alle französischen Lehrer und Professoren der Sekundarstufe II und der Sekundarstufe II rekrutiert werden. Vergleiche von mündlichen, nicht geschlechtsspezifischen Blindversuchen mit schriftlichen geschlechtsblinden Versuchen für ca. 100.000 Personen, die in 11 verschiedenen Bereichen im Zeitraum 2006-2013 beobachtet wurden, zeigen eine Voreingenommenheit zugunsten von Frauen, die mit dem Ausmaß der männlichen Dominanz eines Feldes stark zunimmt."[465]

In dem Artikel "Diskriminierung findet nicht statt", veröffentlicht in der *Frankfurter Allgemeinen* vom 25. Oktober 2016, berichtet André Kieserling über den Genderforscher Stefan Hirschauer von der Johannes-Gutenberg-Universität Mainz, der ermittelte, dass von einer Benachteiligung von Frauen im universitären Betrieb keine Rede sein kann.[466] Kieserling führt aus:

"Irrig ist ferner die Meinung, sie müssten wahre Wunder an Leistungsbereitschaft vollbringen, um sich gegen das frauenfeindliche Vorurteil durchzusetzen. Misst man die wissenschaftliche Leistung an der Zahl der Publikationen, dann haben die erfolgreichen Frauen hier eher weniger zu bieten als die

erfolgreichen Männer. (...) Für den Wissenssoziologen ergibt sich daraus die Frage, warum die Überzeugung vom Gegenteil sich so hartnäckig hält. Hirschauer gibt darauf drei verschiedene Antworten: Die Vorstellung, ein Opfer von Diskriminierung zu sein, ergebe eine psychisch kommode Enttäuschungserklärung, denn sie erspare die Selbstzurechnung des Misserfolgs in kompetitiven Situationen. Außerdem werde diese Antwort durch Politiker und öffentliche Meinung so stark unterstützt, dass man nicht fürchten muss, andere könnten hier einfach auf Ressentiments tippen. Und schließlich sei die Daseinsberechtigung der Gleichstellungsbürokratie von der immer erneuten Anprangerung des vermeintlichen Unrechts abhängig."

In der *Frankfurter Rundschau* etikettiert Pamela Dörhöfer Hirschauer zwar als "Provokateur", womit man inzwischen offenbar jemanden bezeichnet, der in einer feministischen Debatte auf die tatsächliche Datenlage hinweist. Aber immerhin fasst sie Hirschauers Erkenntnisse treffend zusammen:

"Frauen würden dabei keineswegs benachteiligt, im Gegenteil: 'Jede 18. Frau, die sich bewirbt, erhält eine Professur im Bereich der Naturwissenschaften, aber nur jeder 23. Mann.' Somit seien die Chancen für Frauen sogar eher höher, sie würden in der Wissenschaft sogar 'hofiert'; für den Soziologen eine 'Übersteuerung'."[467]

Die liberale Feministin Christina Hoff Sommers erläutert im Politmagazin *National Review*, wie problematisch die widerlegten Fehlannahmen sind.

"Der irreführende Fokus auf Diskriminierung beherrscht jetzt alles. Auf Geheiß von Frauengruppen veranstaltete der Kongress im letzten Jahrzehnt mehrere Anhörungen zur 'Krise' des Sexismus in den Wissenschaften. Forscher wie Ceci und Williams spielten dabei keine Rolle - nur wahre Gläubige wurden als Sachverständige hinzugezogen. Mitglieder des Kongresses, von beiden Parteien, gewährten auch einem schlagkräftigen Gleichstellungsprogramm namens ADVANCE starke Unterstützung. ADVANCE hat Millionen von Dollars an Aktivisten in Universitäten für Anti-Sexismus-

Zentren, Workshops, Tutorien und interaktive Theatergruppen vergeben. Um nur ein Beispiel zu nennen: Gender-Aktivisten am Hastings College of Law der University of California erhielten einen Zuschuss in Höhe von 300.000 Dollar für die Entwicklung eines Gender- Bias-Bingo: ein Online-Spiel, das das Bewusstsein der Spieler für die 'vier Muster der sexistischen Vorurteile' schärfen soll."[468]

Der Frauenmangel im naturwissenschaftlich-technischen Bereich zeigt, dass unsere Gesellschaft von Geschlechtergerechtigkeit weit entfernt ist

Wie also könnte man das Ungleichgewicht in diesem Bereich sinnvoller angehen? Mit dieser Frage beschäftigte sich Aaron Neil in einem Beitrag für das australische Magazin *Quillette*.[469] Zunächst einmal stellte er dabei fest, dass der Anteil an Frauen in höheren naturwissenschaftlichen Forschungspositionen ziemlich exakt dem Anteil der Frauen bei den eingegangenen Bewerbungen entspricht. Somit gelangt auch er zunächst einmal zu dem folgerichtigen Schluss, dass Sexismus als Ursache ausscheidet.
Wie sieht es mit dem feministischen Erklärungsmodell aus, dass eine patriarchale Gesellschaft Frauen in "traditionell weibliche" Studienfächer drängt statt in die Naturwissenschaften, wo überwiegend Männer zu Werke sind? Hier sei an das erinnert, was einige Seiten zuvor in dem Eintrag "Je mehr Gleichberechtigung, desto ausgewogener die Geschlechterrollen" ausgeführt wurde: Wenn die feministische Deutung zuträfe, dann würden in Gesellschaften, bei denen die Geschlechter am meisten gleichberechtigt sind, Frauen weitaus häufiger ähnliche Entscheidungen wie Männer treffen. Die Geschlechterkluft würde sich dort schließen. Tatsächlich aber zeigen Untersuchungen, dass das Gegenteil der Fall ist. Je größer Wohlstand und Geschlechtergerechtigkeit in einer Gesellschaft, desto größer wird der Unterschied, in welche Felder Frauen und in welche Felder Männer wandern. Das zeigen verschiedene Studien deutlich[470] – unter anderem eine Untersuchung, deren Autoren 55 verschiedene Kulturen mit Blick auf diese Dinge verglichen haben.[471]

Insofern gelangen die Forscher zu einer gänzlich anderen Schlussfolgerung: Gerade wenn sich eine Gesellschaft zu mehr Wohlstand und mehr Geschlechtergerechtigkeit entwickelt, haben Frauen wie Männer mehr Entscheidungsspielraum, welchen Lebensweg sie wählen, und können ihre geschlechtsspezifischen Vorlieben umso mehr entfalten. Denn tatsächlich zeigen Studien, dass Männer eher die Arbeit mit Dingen bevorzugen und Frauen die Arbeit mit Menschen. Männer in ihrer Gesamtheit weisen tendenziell stärkere Interessen an der Realität und deren Ergründung auf, Frauen stärkere künstlerische und soziale Interessen.[472]
David Geary, Professor in der Abteilung für Psychologische Wissenschaften und Neurowissenschaften an der Universität Missouri und Autor zahlreicher Forschungsbände über Geschlechtsunterschiede, erklärt in einem 2017 veröffentlichten Aufsatz:

"Entscheidungen bei der Wahl der Laufbahn werden unter anderem durch die akademischen Stärken und Schwächen einer Person beeinflusst. Diese und viele andere geschlechtsspezifische Unterschiede kommen in wohlhabenden, demokratischen und geschlechtsspezifischen Gesellschaften stärker zum Ausdruck. Nehmen wir Finnland als Beispiel. Nach Angaben des Weltwirtschaftsforums (2015) gehört Finnland zu den Ländern mit der höchsten Geschlechtergerechtigkeit in der Welt. Darüber hinaus gehören finnische Studenten zu den besten Bildungsanbietern in Europa, und junge Mädchen in diesem Land schneiden besser ab als ihre männlichen Kollegen in der Wissenschaft. Daher sollte Finnland an der Schwelle zur Beseitigung der Geschlechterunterschiede in Wissenschaft, Technik, Ingenieurwesen und Mathematik (MINT) stehen. Dennoch weist Finnland bei MINT-Feldern weltweit eine der größten Lücken im Hochschulabschluss auf (weniger als 25 Prozent werden von Frauen erzielt), und Norwegen und Schweden, die bei den Rankings zur Gleichstellung der Geschlechter ebenfalls führend sind, liegen nicht weit zurück. Dies ist nur die Spitze des Eisbergs, denn dieses allgemeine Muster findet sich überall auf der Welt: Die Beteiligung von Frauen an MINT-Feldern auf allen Ebenen (vom Wissenschaftler bis zum Techniker) nimmt ab, wenn sich das nationale Niveau der wirtschaftlichen Entwicklung und der Gleichstellung der

Geschlechter verbessert. Ein Luxus des Lebens in einer dieser Gesellschaften ist die Möglichkeit, berufliche Nischen zu erforschen und zu verfolgen, die nicht nur den eigenen Interessen, sondern auch den eigenen akademischen (und anderen, wie etwa zwischenmenschlichen) Stärken entsprechen."[473]

Fehlende Gleichverteilung etwa bei Professorenstellen ist somit gerade kein stichhaltiges Anzeichen dafür, dass in einer Gesellschaft nicht ausreichend Gleichberechtigung herrscht. Wenn Feministinnen argumentieren, die große Geschlechterkluft zwischen Frauen und Männern in naturwissenschaftlich-technischen Bereichen sei ein Beleg für fehlende Gleichberechtigung in Deutschland, klingt das zunächst nachvollziehbar. Die aktuelle Forschung zeigt aber, dass das exakte Gegenteil zutrifft.
Exemplarisch belegt dies auch eine Befragung, die unter Bielefelder Psychologiestudenten durchgeführt wurde. Anlass dafür war, dass zwei Drittel der Studentenschaft weiblich, aber nur 14,5 Prozent der Lehrstellen von Frauen besetzt waren. Ein klarer Fall von Diskriminierung? Nein, denn es stellte sich heraus, dass von allen befragten Frauen keine drei Prozent Forschung als Arbeitsgebiet überhaupt attraktiv fanden und magere 20 Prozent es sich überhaupt "vorstellen konnten" (!), nach ihrem Diplom an der Universität zu bleiben. Wenn man sich dann noch vor Augen führt, dass sich auch von diesen 20 Prozent wegen Berufsangeboten oder anderen Entwicklungen ein guter Teil anderweitig orientiert, kann man den Schluss nicht vermeiden, dass sehr viele dieser Studentinnen, die an der Uni unterkommen möchten, es auch schaffen. Als Hinderungsgrund für eine wissenschaftliche Laufbahn wurde übrigens die Furcht vor "abstrakten Themen" angegeben, denen 54 Prozent der befragten Frauen wenig abgewinnen konnten.[474]
Ein weiteres Beispiel: Der feministischen Rhetorik zufolge trauen sich Mädchen seltener an mathematisch-naturwissenschaftlichen Schulfächer heran, weil sie von den forschen gleichaltrigen Jungen in diesem Bereich beiseite gedrängt werden. Um dieses vermeintliche Problem zu beheben, begann der Physiklehrer Michael Scheffe ("In unserem Physik-Leistungskurs in der Oberstufe sitzen 17 Jungs und gerade mal ein Mädchen.") Schüler beiderlei Geschlechts getrennt voneinander zu unterrichten. Dafür teilte er zwei siebte Klassen auf: in je eine Gruppe mit 25 Mädchen und je

eine Gruppe mit 25 Jungen. Zwei weitere Klassen bilden die Kontrollgruppe des Versuchs.
Das Ergebnis war ernüchternd, berichtet Scheffe: "Mein erster Eindruck ist, dass kaum ein Unterschied zu spüren ist." Darauf deuteten auch Befragungen der Hochschule Kaiserslautern hin, die das Projekt wissenschaftlich begleitet. Zu Beginn und zum Ende des Schuljahrs wurden beide Gruppen – die getrennte und die gemischte – zu ihrer Motivation für Physik befragt. Und noch immer waren die Mädchen deutlich weniger an Physik interessiert als die Jungs – egal, in welcher Gruppe sie unterrichtet wurden.[475]
Eine gänzlich neue Sichtweise auf den geringen Frauenanteil in Naturwissenschaften liefert indes eine kanadische Untersuchung. Sie gelangt zu der Erkenntnis, dass Schülerinnen der zwölften Klasse im naturwissenschaftlichen Bereich ähnlich erfolgreich sind wie ihre männlichen Mitschüler – und viel erfolgreicher in allen anderen Fächern. Wenn es also ans Studieren geht, rechnen sich viele junge Männer allein im naturwissenschaftlich-technischen Bereich Chancen aus und strömen in entsprechende Fächer. Die tatsächliche Geschlechterkluft, erklärte der hochrangige Wirtschaftswissenschaftler Alex Tabarrok, der die Studie einer kritischen Überprüfung unterzog, bestünde damit in dem Problem, dass unser Erziehungssystem Jungen nicht zu denselben schulischen Erfolgen verhilft wie jungen Frauen.[476]

INTERNET

Wenn es um Online-Attacken geht, sind Frauen Opfer und Männer Täter

Dass Frauen im Internet kontinuierlich Ziel entweder feindseligster Attacken oder ungehemmter Belästigung seien, ist seit Jahren nicht nur ein Modethema in feministischen Blogs. Auch sexistische Maßnahmen werden immer unverhohlener gefordert. Alice Schwarzer etwa beklagt "ungehemmten Frauenhass" im Netz und fordert Schutzmaßnahmen speziell für das weibliche Geschlecht, da Frauen zu den "hauptverfolgten Gruppen" gehörten.[477] Als die Grünen-Politikerin Barbara Steffens noch Emanzipationsministerin in Nordrhein-Westfalen war, forderte sie mehr Schutz für Frauen vor

Gewalt im Internet und behauptete, "90 Prozent der Täter, die Gewalt über das Netz ausüben", seien Männer.[478] Österreichs Grüne forderten einen eigenen Verhetzungsparagrafen, der für Frauen, aber nicht für Männer gelten solle, weil Erstere am häufigsten Opfer von Hasspostings würden.[479] Und sogar die Vereinten Nationen legten im Jahr 2015 Forderungen speziell zum Schutz von Frauen und Mädchen im Internet vor, da diese Gruppe durch Online-Attacken besonders gefährdet sei. So seien 73 Prozent aller Frauen online schon einmal Opfer von "Cybergewalt" geworden und würden 27mal häufiger als Männer online angegangen. Dabei hätte man erkannt, dass Cyber-Berührungen genauso viel Schaden wie körperliche Berührungen anrichteten, also etwa häusliche und sexuelle Gewalt. Soziale Netzwerke wie Twitter und Facebook sollten deshalb sämtliche Profile und Postings regulieren. "Der Respekt vor und die Sicherheit von Frauen und Mädchen muss zu jeder Zeit im Vordergrund und im Zentrum stehen" heißt es in dem Bericht.[480]
Auch in den USA klagen Feministinnen darüber, dass nicht nur Frauen an sich, sondern insbesondere Frauen mit einer feministischen Agenda schwer unter Beschuss stünden und deshalb Schutz benötigten. Aber ist das tatsächlich ein Problem, das speziell Frauen betrifft, fragt Cathy Young, eine liberale Feministin und Autorin. Schließlich werden etliche Menschen, die im Internet zu irgendeiner politischen Frage öffentlich Stellung beziehen, dafür nicht nur mit Argumenten, sondern sogar Drohungen angegangen. Das gelte nicht zuletzt für jene, die das feministische Lager kritisierten:

"Auch Schriftstellerinnen, die dem modernen Feminismus kritisch gegenüberstehen, wie Christina Hoff Sommers, sind von Beschimpfungen und gelegentlichen Drohungen betroffen. Feministische Beschwerden über Online-Missbrauch tendieren dazu, Stalking und Drohungen mit den üblichen Gehässigkeiten oder sogar nur harter Kritik zu verschmelzen. Das ist besonders ironisch, wenn man bedenkt, dass dieselben Feministinnen oft auf verletzende Weise ausfällig werden. Jessica Valenti, eine Journalistin, die über die Belastung durch Online-Beschimpfungen gesprochen hat, verwendet Begriffe wie 'Verteidiger von Vergewaltigungen' für jene Frauen und Männer, die sich um Fairness gegenüber Männern sorgen, die der

Vergewaltigung beschuldigt werden. Männer, die mit feministischen Meinungen im Internet nicht einverstanden sind, werden routinemäßig von 'mansplaining' bis 'frauenfeindlich' mit allen Herabsetzungen belegt, die man sich vorstellen kann."[481]

Das sieht hierzulande nicht anders aus. Die deutsche Bloggerin "Anne Nühm" etwa, die der feministischen Weltsicht wenig abgewinnen kann und sich stattdessen für die politischen Anliegen von Männern einsetzt, berichtete mehrfach, wie sie deshalb über Monate hinweg zum Opfer von feministischer Hate Speech und Cybermobbing wurde. Sie werde kontinuierlich mit Beschimpfungen wie "Golddigger" und "Wichsvorlage" angefeindet, außerdem würden ihr Bulimie und Anorexie unterstellt.[482]
Natürlich sagen Schilderungen persönlicher Erfahrungen wenig über das Gesamtbild, was Online-Belästigungen betrifft. Wer dieses Gesamtbild erfassen möchte, sollte sich die Untersuchungen ansehen, die zu diesem Thema vor allem im angloamerikanischen Raum durchgeführt wurden. Sind Frauen beim Cybermobbing vor allem Opfer und Männer vor allem Täter? Die vorliegenden Erkenntnisse dürften so manche Feministin überraschen.

* In einer 2017 veröffentlichten Umfrage des US-amerikanischen Pew-Forschungsinstituts unter mehr als 4.000 Internetnutzern über 18 Jahren gaben mehr Männer als Frauen (44 gegenüber 37 Prozent) an, dass sie mindestens eine der Verhaltensweisen erlebt hatten, die in der Studie als Belästigung eingestuft wurden. In den meisten Fällen handelte es sich um Beschimpfungen und Beleidigungen. Allerdings gaben immerhin 12 Prozent der Männer und 8 Prozent der Frauen an, dass sie das Ziel einer körperlichen Bedrohung waren; 6 Prozent der Männer und 8 Prozent der Frauen sagten, dass sie verfolgt worden waren; 8 Prozent der Männer und 7 Prozent der Frauen berichteten, sie hätten "nachhaltige Belästigung" erlebt; und 4 Prozent der Männer und 8 Prozent der Frauen sagten, dass sie sexuell belästigt worden waren.
Mehr als doppelt so viel Frauen wie Männer, die Opfer von Online-Angriffen wurden, bezeichneten ihre letzte Erfahrung als extrem oder sehr beunruhigend (35 Prozent vs. 16 Prozent). Das dürfte indes eine subjektive Einschätzung sein, denn es gab es keine geschlechtsspezifischen Unterschiede in den tatsächlichen negativen

Auswirkungen von Online-Belästigung, sei es psychischer Stress, Probleme mit Freunden und Familie, Beziehungsprobleme, Reputationsschäden oder Schwierigkeiten bei der Arbeit.[483]

* Einer 2014 veröffentlichten Studie des Think Tanks Demos zufolge, die Attacken auf Politiker und andere Prominente untersuchte, waren Männer mehr als doppelt so oft wie Frauen Opfer solcher Angriffe. Insgesamt wurden 2,5 Prozent der an die Männer gesendeten Tweets, aber weniger als 1 Prozent der an die Frauen gesendeten Tweets als beleidigend eingestuft. Besonders schlecht erging es den männlichen Politikern, die mehr als sechsmal so oft beschimpft wurden wie die Politikerinnen.[484]

* Die britische University of Sussex analysierte ebenfalls 2014 mehr als sechs Millionen Tweets unter Verwendung abfälliger Bezeichnungen von Frauen, und entdeckte, dass beide Geschlechter im selben Ausmaß frauenfeindliche Attacken wie "Schlampe", "Hure" etcetera starteten.[485] Dieses Verhältnis wurde zwei Jahre später durch eine weitere Demos-Studie bestätigt.[486] Ebenfalls im Jahr 2016 zeigte eine Studie der Firma für Medienkontrolle Brandwatch, dass sogar mehr als die Hälfte aller frauenfeindlichen Tweets in Großbritannien und den USA von Frauen selbst stammten.[487]

* Im April 2018 erschien eine Studie, mit der Forscher der britischen Universität Sheffield Beschimpfungen auf Twitter analysierten, die gegen Politiker gerichtet waren. Sie zeigte: Unabhängig von der Parteizugehörigkeit ernteten Männer mehr Online-Beschimpfungen als Frauen.[488]

Die liberale Feministin Cathy Young zieht ein klares Fazit zu all diesen Befunden:

"Es ist unerlässlich, Wege zu finden, um den Opfern eines solchen Missbrauchs mehr Rechtsmittel zur Verfügung zu stellen, ohne die Meinungsfreiheit zu verletzen. Aber eine solche Anstrengung sollte sich auf Fakten und nicht auf Hype stützen. Die 'Frauen-in-Gefahr'-Rhetorik erzieht nicht nur Frauen dazu, ängstlicher zu sein, sondern fördert auch die Polarisierung der Geschlechter, was zu einem feindseligeren Klima für alle führt."[489]

Die Bloggerin Karen Cheng wollte auf eigene Faust herausfinden, ob die feministisch geschürte Panikstimmung überhaupt ihre Berechtigung hat, legte bei der Dating-Website Tinder das falsche Profil einer jungen Frau namens Lisa an und führte eine Statistik über die eingehenden Anfragen von Männern. Sie erwartete, dass zumindest einige Männer aggressiv werden würden, wenn "Lisa" sie ignorierte. Das war jedoch nicht der Fall. "So ziemlich jeder, der ihr eine Message geschickt hat, war freundlich und respektvoll", berichtet Cheng. "Klar, es gab kleine Sticheleien, Kerle, die ihre Absichten sehr unverhohlen äußerten, und viele schlechte Anmachsprüche. Aber niemand wurde feindselig oder griff zu Beschimpfungen." Viele Männer nahmen sich die Zeit, um "Lisa" sinnvolle Fragen zu stellen, oder googelten ihre Firma, die in ihrem Profil aufgeführt war, um daran ein Gespräch anzuknüpfen.
"Wenn diese Tinder-Horrorgeschichten derart verbreitet sind, wie kommt es dann, dass wir unter den über tausend Nachrichten keinen einzige gefunden haben?", fragt Cheng in ihrem Blog. "Es ist wie mit Haiangriffen. Wir hören jeden Sommer in den Nachrichten von ihnen, aber nur fünf Menschen sterben jedes Jahr daran. Es sind die negativen Geschichten, die die ganze Aufmerksamkeit auf sich ziehen. Geschichten über Männer, die anständig und höflich sind, sind nicht so interessant wie die Geschichten über Männer, die sich als Idioten aufführen. Aber hier ist der Beweis dafür, dass die überwiegende Mehrheit der Jungs in Wahrheit ganz schön anständig ist."[490]
Aber was ist nun mit dem eingangs erwähnten Bericht der Vereinten Nationen, der Maßnahmen speziell zum Schutz von Frauen und Mädchen im Internet forderte, da diese Gruppe durch Online-Attacken besonders gefährdet sei? Sicher wird doch die wissenschaftliche Qualität eines UN-Berichts nicht durch eine feministisch verzerrte Wahrnehmung beeinträchtigt? Lediglich Antifeministen, Männerrechtler und andere Verschwörungstheoretiker würden etwas derart Absurdes behaupten, oder?
Tatsächlich nahmen Vertreter der Vereinten Nationen ihren mit Fehlern durchsetzten Bericht kurz nach der Veröffentlichung wieder offline und baten dafür um Verzeihung. Viele Fehler waren derart grotesk, dass sich die Kritik daran gehäuft hatte: Manche

Zitatangaben wurden leer gelassen, andere lieferten Definitionen, ohne die Quelle anzugeben, und eine verwies sogar auf eine Datei auf dem eigenen Laufwerk C: des Autors. Der Bericht zitierte auch eine Publikation, die mit dem umstrittenen Aktivisten Lyndon LaRouche in Verbindung stand, dem zufolge es eine Verbindung zwischen Pokémon-Spielen und Morden in der realen Welt gebe.[491]
In einem sehenswerten Youtube-Video zerpflückte auch die liberale Feministin Christina Hoff Sommers den Bericht und erklärte, dass er offenkundige logische Fehlschlüsse enthielt wie diesen: 73% der Menschen, die einer wenig bekannten Website berichteten, sie seien Opfer von Online-Belästigung geworden, waren Frauen. Daraus machte der UN-Report: 73 Prozent aller Frauen wurden schon einmal online belästigt, was eine stärkere Zensur des Internets notwendig mache. Sommers spöttelte: "Jetzt stellen Sie sich vor, wenn 73 Prozent aller Menschen, die dieses Video hier sehen, weiblich wären, und ich behaupten würde, 73 Prozent aller Frauen würden sich meine Videos anschauen ..." Eine derartige Logik, so Sommers, äußerten inzwischen selbst die Vereinten Nationen unter radikalfeministischem Einfluss, und zahlreiche Leitmedien vom Magazin *Time* über die *New York Times* bis zur *Washington Post* übernahmen sie ungeprüft. Auch Sommers wies auf die seriösen Statistiken hin, der zufolge die meisten Opfer von Online-Bedrohungen männlich sind.[492]
Wie sehr selbst einfachste Logik bei der Berichterstattung außen vor gelassen wird, zeigt hierzulande ausgerechnet ein Beitrag der früher topseriösen ARD-Tagesschau, betitelt mit "Politikerinnen besonders oft Ziel von Hass".[493] Er berichtet von einer Umfrage von "report München", ebenfalls ARD, der zufolge 87 Prozent aller weiblichen Bundestagsabgeordneten "bereits Ziel von Hass und Bedrohung im Netz" geworden seien. Das ist unschön, rechtfertigt aber nicht die irreführende Schlagzeile, wie der Sozialwissenschaftler Matthias Klein erklärt:

"Ein schockierendes Dokument der Dummheit, das Thomas Kießling und Anna Tillack vom Bayerischen Rundfunk da produziert haben.(...) Die Aussage ist nicht nur unvollständig, sie ist auch falsch, denn um 'besonders häufig' als Aussage rechtfertigen zu können, benötigt man entweder eine Vergleichsgruppe zu 'Politikerinnen' oder man benötigt eine Zeitreihe, in der sich etwas,

was normal beginnt, zum Besonderen entwickeln kann. Die beiden vom Bayerischen Rundfunk (...) haben weder das eine noch das andere. Sie haben ausschließlich weibliche Bundestagsabgeordnete befragt, niemand sonst. Ergo ist an ihrem Ergebnis nichts Besonders, aber alles gelogen."

Verschärfend komme hinzu, führt Klein aus, dass in der Schlagzeile der "Tagesschau" verallgemeinernd von "Politikerinnen" die Rede war, aber nur eine kleine Teilmenge von ihnen, nämlich weibliche Bundestagsabgeordnete, befragt wurden. Und mehr noch: Lediglich 77 der befragten 221 Abgeordneten, so Klein weiter, haben diese Umfrage überhaupt nur beantwortet. Man darf mit Fug und Recht annehmen, dass dies in erster Linie diejenigen waren, die sich tatsächlich unfair angegangen fühlten:

"Also nicht 87% der weiblichen Bundestagsabgeordneten berichten davon, Ziel von Hass geworden zu sein, sondern 30%. (...) Offenkundig war die Absicht hinter der Aktion von report München, einen Jammerbeitrag zu produzieren, in dem die Leiden der weiblichen Bundestagsabgeordneten, die ja angeblich so häufig Ziel von Hass werden, geklagt werden. Damit bei diesem Vorhaben die Realität eine so geringe Rolle wie nur möglich spielt, wurden männliche Bundestagsabgeordnete gar nicht erst befragt."[494]

Hier wie in anderen Bereichen ist es bedenklich, wenn männliche Opfer ebenso wie weibliche Täter ausgeblendet bleiben. Mit dem Überhang weiblicher Täter speziell beim Online-Mobbing hat sich die US-amerikanische Kriminologin Catherine Marcum befasst:

"Es ist wichtig zu untersuchen, warum Frauen anfälliger für die Teilnahme an dieser Form der Kriminalität sind. Erstens neigen Frauen dazu, an indirekteren Formen des Mobbing teilzunehmen. Diese Formen beinhalten Techniken wie psychologische und emotionale Belästigung und Aggression (z.B. Klatsch und Tratsch, gehässiges Herummäkeln) Außerdem sind Frauen in der Regel weniger konfrontativ von Angesicht zu Angesicht, oft als Ergebnis kultureller Zwänge, die Frauen beibringen, passiv zu sein. Die Teilnahme an Cyber-Mobbing ermöglicht es Straftätern, an aggressivem und missbräuchlichem Verhalten hinter dem Schutz

eines Computerbildschirms teilzunehmen; daher ist es nicht notwendig, an 'für Damen ungebührlichem' Verhalten im körperlichen Bereich teilzunehmen. Mit anderen Worten, Frauen können über eine andere Frau hinter ihrem Rücken sprechen oder sie online belästigen, ohne ihr jemals ins Gesicht schauen zu müssen, um ihre Reaktion zu sehen. Es ist leicht, dreister zu reagieren, ohne sich der Wirkung seines Verhaltens stellen zu müssen. (...) Anhand der vorliegenden Erkenntnisse kann man davon ausgehen, dass mehr Ressourcen benötigt werden, um junge Frauen über das Ausmaß des Schadens aufzuklären, den sie durch das Gerede über andere verursachen können, unabhängig von Ort und Medium."[495]

Diese Aufklärung wäre auch bei so mancher Netzfeministin, die ihren Aggressionen beispielsweise auf Twitter freien Lauf lässt, wünschenswert. Da allerdings Online-Mobbing von Leitmedien und Politik nur angeprangert wird, wenn es von der Minderheit der männlichen Täter ausgeht, ist damit auf absehbare Zeit nicht zu rechnen.

Die Opfer von "Rachepornos" sind überwiegend weiblich

Wenn in unseren Medien davon die Rede ist, dass intime Aufnahmen von Menschen ohne ihre Zustimmung online gestellt wurden (sogenannte "Rachepornos"), ist fast automatisch von weiblichen Opfern und männlichen Tätern die Rede, und dieses Vergehen fällt in die Rubrik "Online-Gewalt gegen Frauen". Tatsächlich aber berichteten in der oben zitierten Umfrage des US-amerikanischen Pew-Forschungsinstituts aus dem Jahr 2017 in der Altersgruppe unter 30 Jahren Männer häufiger als Frauen (14 Prozent gegenüber 10 Prozent), Opfer dieser Praktik geworden zu sein. Bei den Über-30-jährigen waren beide Geschlechter zu fünf Prozent betroffen. Diese Zahlen stützen eine frühere Studie von McAfee Security aus dem Jahr 2013, in der Männer eher angaben, dass sie sowohl bedroht worden waren, man würde intime Fotos von ihnen online veröffentlichen, als auch, tatsächlich Opfer solcher "Rachepornos" geworden zu sein.[496]

Sind diese Studien Ausreißer? Nein. "Das typische Opfer von Rachepornos ist nicht, an wen Sie vermutlich denken" berichtete die Journalistin Rachel Rasker im Juni 2019 für einen Beitrag der Australian Broadcasting Corporation. Darin kommt sie auf eine Untersuchung zu sprechen, die Professorin Nicola Henry ab dem Jahr 2017 für das Royal Melbourne Institute of Technology (RMIT) anhand von mehr als 4200 Australiern zwischen 16 und 49 Jahren durchführte. Ihr Ergebnis: 22 Prozent der Frauen und 23 Prozent der Männer hatten schon einmal diese Form von Missbrauch erfahren. Lesbische, schwule und bisexuelle Menschen traf es besonders häufig. Männer sind aber – ähnlich wie bei anderen Formen sexueller Gewalt – weniger bereit, darüber zu sprechen, weil sie es der Einschätzung Professorin Henrys zufolge als besonders stigmatisierend empfinden und weil ihre Erfahrung dem Klischee vom männlichen Täter und dem weiblichen Opfer widerspricht.[497]

JUNGEN UND MÄDCHEN

Weltweit sind vor allem Mädchen Opfer von Vernachlässigung, Missbrauch und Gewalt

In armen städtischen Gebieten auf der ganzen Welt leiden Jungen noch mehr als Mädchen unter Gewalt, Missbrauch und Vernachlässigung. Das ergab eine internationale Studie, die im Mai 2019 veröffentlicht wurde und die die kanadische National Post als "bahnbrechend" bezeichnete. Nicht ohne Grund: Die Studie der Johns Hopkins Bloomberg School of Public Health, die im Journal of Adolescent Health veröffentlicht wurde, untersuchte 1.284 Kinder und Jugendliche im Alter von 10 bis 14 Jahren in mehr als einem Dutzend einkommensschwacher Städte auf der ganzen Welt (etwa den Vereinigten Staaten, China, Großbritannien, Ägypten und Bolivien) auf traumatische Erfahrungen.
"Dies ist die erste globale Studie, die untersucht, wie ein Cluster von traumatischen Kindheitserfahrungen zusammenwirkt, um spezifische Gesundheitsprobleme in der frühen Adoleszenz zu verursachen – mit schrecklichen lebenslangen Folgen", berichtet Dr. Robert Blum, der leitende Forscher dieser Untersuchung. "Während wir festgestellt

haben, dass junge Mädchen oft erheblich leiden, berichteten Jungen entgegen dem allgemeinen Glauben, dass sie noch stärker Gewalt und Vernachlässigung ausgesetzt waren, was die Wahrscheinlichkeit erhöht, dass sie darauf mit Gewalt reagieren."
Insgesamt gaben 46 Prozent der jungen Heranwachsenden an, Gewalt erlebt zu haben. 38 Prozent berichteten von emotionaler Vernachlässigung, 29 Prozent von körperlicher Vernachlässigung. Jungen berichteten jedoch häufiger, Opfer von körperlicher Vernachlässigung, sexuellem Missbrauch und Gewalt zu sein.[498]

JUSTIZ

Unser Rechtssystem ist frauenfeindlich

"Justitia ist ein Mann", heißt es in einem der Artikel Alice Schwarzers. "Denn: Frauen werden für gleiche Taten oft härter verurteilt als Männer. Die Mörderin bekommt fast immer lebenslänglich oder zehn, fünfzehn Jahre, der Mörder nicht selten einen Freispruch oder ein paar Jährchen zur Bewährung."[499]
Der Artikel stammt aus dem Jahr 1977, aber so wie viele feministische Statements hält er sich unhinterfragt über die Jahrzehnte hinweg. Der Deutschlandfunk etwa zitierte ihn noch in einem Beitrag vom Oktober 2017 – und nicht etwa, um ihm die Fakten über das tatsächliche Geschlechtergefälle vor Gericht gegenüberzustellen.[500]
"Theoretisch müssen Männer und Frauen bei gleichen Taten auch gleich bestraft werden", äußerte sich hierzu der Berliner Richter am Amtsgericht a. D. Professor Ulrich Vultejus in einem Interview mit der *Zeitschrift für Rechtspolitik.*

"Ich bin in Strafverfahren gegen Frauen immer wieder in Schwierigkeiten geraten und habe mich deshalb jeweils gefragt, welche Strafe würde ich gegen einen Mann bei derselben Anklage verhängen und auf diese Strafe alsdann abzüglich eines 'Frauenrabatts' erkannt. Ähnlich scheinen es auch meine Kollegen zu handhaben, wie die eben wiedergegebene rechtssoziologische Untersuchung ergibt. Ein Frauenrabatt ist gerechtfertigt, weil es

Frauen im Leben schwerer haben und Strafen deshalb bei ihnen härter wirken."[501]

Was Vultejus schildert, ist kein regionales oder auch nur rein deutsches Problem. So zeigte sich in einer 2012 veröffentlichten Untersuchung von Sonja Starr, Juniorprofessorin an der Universität Michigan, dass Männer für dasselbe Verbrechen eine im Schnitt 63 Prozent höhere Haftstrafe erhalten als Frauen. Auch könnten verhaftete Frauen signifikant häufiger einer Anklageerhebung und Verurteilung vollkommen entgehen. (Die *Huffington Post*, die darüber berichtete, merkte an, dass männliche Angehörige ethnischer Minderheiten für dasselbe Verbrechen auch länger im Gefängnis sitzen als weiße Männer.)[502] Zwei Jahre zuvor hatte in Großbritannien ein Richterhandbuch für Aufsehen gesorgt, dem zufolge Männer schwerer bestraft werden sollen als Frauen, weil sie es im Leben leichter hätten.[503]
In der Schweiz wurde im Jahre 2012 eine Studie veröffentlicht, die eine Tendenz von Richtern nachweist, Männer auch ohne ausdrückliche Anordnung schwerer zu bestrafen als Frauen und sich in dieser Hinsicht mit einer Untersuchung des Schweizer Bundesamts für Statistik aus dem Jahr 2005 deckt: Bei einer groben Verletzung von Verkehrsregeln beispielsweise erhalten Männer häufiger bedingte Freiheitsstrafen, wo Frauen noch mit einer Geldbuße davonkommen.[504] In den USA führt der Rechtsanwalt Marc Angelucci auf der Website der männerfreundlichen Feministin Wendy McElroy mehrere weitere Studien an, die belegen, dass Männer für dasselbe Verbrechen empfindlich schwerer bestraft werden als Frauen. Während etwa eine schwarze Hautfarbe das Risiko, im Gefängnis zu landen, um 19 Prozent hebe, hebe die Angehörigkeit zum männlichen Geschlecht dieses Risiko um 165 Prozent. Auch die Dauer der Haft wird stärker dadurch verlängert, dass die betroffene Person männlich ist als durch jeden anderen Faktor der Diskriminierung einschließlich der ethnischen Herkunft. Und mehr noch: Wer eine Frau tötet, muss mit einer im Schnitt um 40,6 Prozent höheren Haftzeit rechnen als jemand, der einen Mann tötet.[505]
Auch Stuttgarter Sozialwissenschaftler, die sich über einen längeren Zeitraum hinweg mit allen vor den Jugendgerichten der Stadt verhandelten Fällen beschäftigt hatten, gelangten zu einem

eindeutigen Ergebnis: Frauen werden für ein und dasselbe Delikt deutlich gnädiger bestraft als Männer. Dieses Prinzip erstreckte sich über die gesamte Bandbreite des Strafgesetzbuchs vom Fahren ohne Führerschein bis zu Körperverletzung und Raub.
Überdurchschnittlich häufig endeten die Hauptverhandlungen gegen Frauen mit außergewöhnlich geringen Strafen oder gar der völligen Einstellung des Verfahrens. Auch bei nachweislich schweren Delikten kamen Frauen mit leichteren Strafen davon als Männer. Das galt auch für mehrfach vorbestrafte Wiederholungstäterinnen. Als die Soziologen die Richter auf diese Ungleichbehandlung ansprachen, ernteten sie jedoch nur Verwunderung.
Denen erschien es nämlich ganz selbstverständlich, Frauen vor Gericht weniger hart anzufassen, unter anderem mit dem Argument, diese besäßen weniger kriminelle Energie. Was ihnen überhaupt nicht aufzufallen schien, war, dass dies eine sich selbst beweisende Fehlargumentation war: Wenn Frauen weniger hart bestraft wurden, traten sie natürlich auch nicht so stark in den Strafstatistiken in Erscheinung, woraus man dann wiederum eine geringere kriminelle Energie ableiten konnte[506].
In der Literatur der "Genderstudien" bleiben solche Diskriminierungen von Männern vielfach ausgeblendet. Aber es gibt die ersten Ausnahmen – etwa Linda Mealeys Buch "Sex Differences. Developmental and Evolutionary Strategies", wo man Folgendes erfährt:

"Weil den Handlungen von Menschen Vorurteile unterliegen, führt es zur Diskriminierung im Justizsystem, dass Männer mit Verbrechen und Gewalt assoziiert werden. Versuche mit simulierten Geschworenenverfahren etwa zeigten, dass männliche Angeklagte eher für schuldig gehalten werden als weibliche und dass Angeklagte härter behandelt werden, wenn das Opfer weiblich ist. Eine Studie zeigte, dass sogar wenn sie das Opfer sind, Männer eher Mitschuld an einem Verbrechen gegeben wird als Frauen."[507]

Ganz allmählich räumen damit auch die ersten feministischen Wissenschaftler ein: Die These, dass Männer für dasselbe Verbrechen schwerer bestraft werden als Frauen, erweist sich in einer Studie nach der anderen als robust. Anhand der Vergleiche von Gerichtsurteilen über ein und dieselbe Tat zeige sich: Auch wenn man sämtliche anderen Faktoren (beispielsweise Vorstrafen des Angeklagten, seine Verpflichtungen als Elternteil etc.) herausrechnete, wurden Männer doppelt so häufig wie Frauen zu einer Haftstrafe verurteilt.[508]

Diese Besserbeurteilung von Frauen erstreckt sich allerdings nicht nur auf Richter, sondern etwa auch auf Lehrer und andere Erzieher, Polizisten, Behördenvertreter, Firmenrepräsentanten, Sozialarbeiter, Geistliche und nicht zuletzt die eigenen Väter, die bei ihren Töchtern eher mal ein Auge oder zwei zudrücken.[509] Eine sich über 22 Jahre erstreckende Studie konnte nachweisen, dass Jungen von ihren Eltern grundsätzlich härter bestraft wurden als Mädchen.[510] Eine von der Royal Crest Dutch Bacon Company in Auftrag gegebene Studie ergab zur Verblüffung der Chefs, dass Männer weitaus mehr von ihren Vorgesetzten schikaniert, in Gegenwart anderer beschimpft oder ungerecht behandelt wurden als Frauen[511]. Eine andere Statistik zeigt, dass Männer vierzig Prozent mehr Strafzettel wegen Geschwindigkeitsübertretung bekommen als Frauen, wenn ihr Tempo mit Radargeräten gemessen wird, aber 250 Prozent mehr, wenn das Urteil vom persönlichen Eindruck eines Polizeibeamten abhängt.[512] Auch bei anderen Delikten glauben Polizeibeamte nicht selten, in weiblichen Verbrechern ihre Mütter, Schwestern und Töchter zu sehen und haben Skrupel davor, sie zu verhaften.[513]

Am deutlichsten aber tritt die Geschlechterungleichheit bei Hinrichtungen zutage. Dass ethnische Minderheiten in den USA besonders stark von der Todesstrafe betroffen sind, wird seit Langem von Kritikern dieser Praxis thematisiert. Nur wenige Menschenrechtler hingegen machen den Sexismus zum Thema, der damit verbunden ist. Zu ihnen gehört David Buchanan, ein kanadisches Mitglied von Amnesty International: "Könnten wir uns einmal fragen, welche persönliche Eigenschaft die meisten besitzen, die in der Todeszelle landen?" fragt Buchanan. "Hautfarbe? Ethnische Herkunft? IQ? Nichts davon. Die Antwort lautet: Zugehörigkeit zum männlichen Geschlecht." Tatsächlich waren unter allen Menschen, die in den USA hingerichtet wurden, weniger als drei Prozent weiblich. Werden Jugendliche und Menschen mit geistiger Behinderung hingerichtet, handelt es sich sogar ausschließlich um Männer. Diese Rate bleibt auch dann überproportional, wenn man sie in Bezug auf die begangenen Morde

setzt: Weibliche Täter werden vom Justizsystem bei Weitem früher herausgefiltert, bevor sie in der Todeszelle landen.[514]
Frauen begehen zehn Prozent aller Morde in den USA, landen inzwischen aber zu weniger als einem Prozent tatsächlich in der Todeszelle. Selbst wenn die Todesstrafe über sie verhängt wird, wird das Urteil vergleichsweise häufig in lebenslange Haft umgewandelt oder zurückgenommen. Weltweit sind weniger als ein Prozent der zum Tode Verurteilten weiblichen Geschlechts; in einigen Ländern, beispielsweise Russland, werden sie davon grundsätzlich ausgenommen.[515] Den Genfer Konventionen gemäß dürfen Frauen, die im Rahmen eines militärischen Konflikts ein Verbrechen begehen, nicht mit dem Tode bestraft werden, wenn sie schwanger sind oder ein Kind haben, das jünger als fünf Jahre ist. Für Väter, die ein Kind im Alter von unter fünf Jahren haben, gilt diese Regelung wie selbstverständlich nicht.[516]
Mit welchen Mechanismen wird eine Täterin eher als ein männlicher Täter entschuldigt? Drei Beispiele:

- Wenn eine Frau gewalttätig wird, blickt man auf ihren Mann, um den Grund dafür zu finden. Da wir alle zu wissen glauben, dass Frauen von Natur aus gutherzig und friedliebend sind, muss er ihr doch irgendeinen Anlass gegeben haben.[517] "Frauen töten nicht, bevor sie nicht an den Rand der Verzweiflung getrieben wurden", behauptet die feministische Psychologin Lenore Walker. Ihr Standardwerk "The Battered Woman" lässt schon Beschimpfungen oder emotionale Vernachlässigung als Grund für einen Angriff gelten, was nichts anderes als das "Sie hat mich provoziert" vieler männlicher Schläger widerspiegelt.[518] Umgekehrt wird es aber als höchst verwerflich betrachtet, wenn man nach dem Gewaltverbrechen eines Mannes auch nur die Frage nach einer möglichen Mitschuld seiner Frau stellt. Das typische Schlagwort hier lautet: *blaming the victim* - dem Opfer die Schuld zuschieben. Tatsächlich sind dreißig Prozent der Frauen, die wegen Mordes an einem Mann in Haft sind, schon vorher durch Gewalttaten aufgefallen. Körperliche Notwehr fällt in den meisten Fällen ohnehin aus: 70 Prozent der Mörderinnen töteten ihre Opfer, wenn diese schliefen, betrunken, behindert oder gefesselt waren. [519] 60 Prozent wurde nachgewiesen, die Tat geplant zu haben, obwohl sie zuvor auf Notwehr aufgrund unmittelbarer Lebensgefahr plädiert hatten.[520]

• Frauen, die tatsächlich von ihrem Mann misshandelt wurden, behaupten, zu große Angst gehabt zu haben, ihn anzuzeigen, oder dass sie nirgends Hilfe bekommen konnten. Nur: Trotz der annähernd gleichen Täterschaft bei häuslicher Gewalt unter den Geschlechtern sind Notrufzentralen, Frauenzentren und Frauenhäuser allein auf das weibliche Geschlecht ausgerichtet. Wenn Hilflosigkeit überhaupt eine Entschuldigung für Mord sein kann, sollte dies Männern zehnmal eher zugestanden werden als Frauen.[521]

• Eine weitere typische Rechtfertigung sind Missbrauch und Misshandlung, die die Beschuldigte in ihrer Kindheit erfahren habe. Das US-amerikanische "Sourcebook of Criminal Justice Statistics" enthält eine Tabelle, aus der man die Prozentzahl der Frauen ablesen kann, auf die dieser Sachverhalt zutrifft. Eine solche Tabelle existiert nicht für Männer, die als Jungen öfter das Opfer von Misshandlungen als Mädchen wurden. Wenn angeklagte Männer von Misshandlungen oder Missbrauch in ihrer Kindheit berichten, wird dies als "Rationalisierung" des Verbrechens beiseite gewischt.[522]

KRIEG

Das männliche Geschlecht ist besonders kriegsgeil

Wenn Frauen statt Männern herrschen würden, wäre die Welt ganz bestimmt um einiges friedlicher – diese sexistische Vorstellung spukt seit langer Zeit in etlichen Köpfen herum.
"Frauen sind nicht nach Vietnam gegangen und haben dort keine Städte und Dörfer in die Luft gesprengt", erklärte Jodie Foster einmal. "Sie sind keine Rambos." Noch besser bringt der Titel eines von Alice Schwarzers Büchern diese Einstellung auf den Punkt: "Krieg. Was Männerwahn anrichtet und wie Frauen Widerstand leisten". Sexistischer und zugleich populistischer geht es kaum. Dabei hält sich dieses Vorurteil wohl auch deshalb so hartnäckig, weil es mit dem ersten Augenschein übereinstimmt. Schließlich sind sowohl die Scharen von Soldaten als auch die Herrschenden, die einem anderen Staat den Krieg erklären, mehrheitlich Männer. Aber auch hier zeigt sich, wie sehr der Schein trügt.

So weist der amerikanische Geschlechterforscher Warren Farrell Jodie Foster fast schon erstaunlich höflich darauf hin, dass sie, statt sexistische Sprüche zu reißen, Gott dem Herrn besser dreimal täglich auf Knien danken sollte, dass sie in einer Gesellschaft lebt, in der nur das männliche Geschlecht als Kanonenfutter benutzt wird: "Muhammad Alis Weigerung, sich am Vietnamkrieg zu beteiligen, weil er ihn für ein Verbrechen ansah, brachte ihn auf dem Gipfel seiner Karriere ins Gefängnis und stahl ihm unwiederbringliche vier Jahre seiner Lebenszeit. Zur selben Zeit befand sich Jodie Foster ungefährdet im eigenen Zuhause, wurde reich und berühmt und verdiente Geld mit ihrem Sex-Appeal. Was hätte Jodie Foster gesagt, wenn ein sexistisches Gesetz sie im Alter zwischen vierundzwanzig und siebenundzwanzig ins Gefängnis gebracht hätte?"[523]
So führt Sexismus der ersten Ordnung (Männer müssen zur Front, Frauen nicht) zu Sexismus der zweiten Ordnung, indem sich Männer deshalb auch noch Vorwürfe wegen ihrer "Kriegsgeilheit" anhören müssen. Es ist der männliche Wunsch, Frauen zu beschützen, der es dem weiblichen Geschlecht ermöglicht, sich aus Kampfhandlungen herauszuhalten und stattdessen empört mit dem Finger auf die Soldaten zu zeigen. "Ich habe einen ganzen Haufen GIs hin- und hertransportiert, die im Nahkampf zur Hölle gebombt wurden", erklärt ein Sergeant des US-Militärs. "Ich würde das nicht mit Frauen tun wollen."[524]
Diese Rollenverteilung wird auch vom weiblichen Geschlecht aufrechterhalten. Für eine Studie der Universität Southhampton, die im Fachmagazin *Evolution and Human Behaviour* erschien, wurden Frauen erfundene Profile von Männern vorgelegt, die in unterschiedlichen Bereichen wie Militär, Sport und Geschäftswelt aktiv waren. Danach stellten die Forscher den Frauen Fragen, um zu erkunden, wie sehr diese sich von den verschiedenen Beschreibungen der Männer angezogen fühlten. Dabei zeigte sich, dass sich die Frauen am meisten von einem Soldaten angezogen fühlten und am ehesten bereit waren, sich mit ihm zu verabreden, wenn er für seinen Mut in der Schlacht eine Medaille verliehen bekommen hatte. Zeichen für Heldentum in den anderen Bereichen war für Frauen uninteressant. Eine Folgestudie ergab erneut, dass Heldenmut in der Schlacht das Herz von Frauen höher schlagen ließ, aber Heldenmut bei der Katastrophenhilfe diesen Effekt nicht hatte.[525]

Eigentlich ist dieser erregende Effekt von Soldaten aus der Trivialliteratur für weibliche Leser ebenso bekannt wie aus Kinofilmen von "Top Gun" bis zu "Ein Offizier und Gentleman". Der erotische Reiz des Kriegsdienstverweigerers ist ausgesprochen beschränkt. Genau das wird von jeder Regierung ausgenutzt, die ihre Bevölkerung zum Krieg mobilisieren möchte. Ohne massive weibliche Unterstützung würde das weit weniger gut funktionieren. Am Vorabend des Ersten Weltkriegs beispielsweise war in mehreren Staaten Europas der Wunsch weiter Teile der Bevölkerung stark, Soldaten an die Front zu schicken. Um dies zu unterstützen, verteilten britische Frauen weiße Federn als Symbol der Feigheit an alle Männer, die keine Uniform trugen – sogar an Jungen, die nicht alt genug fürs Militär waren. Der Philosophieprofessor David Benatar berichtet beispielhaft die Geschichte Frederick Broomes, der im Alter von 15 Jahren an die Front gekommen war, aber bald mit Fieberkrämpfen nach England zurückkehrte, um auf das Drängen seines Vaters hin aus dem Militär entlassen zu werden. Als Broome etwas später im Alter von 16 Jahren über eine Brücke seiner Heimatstadt ging, traf er auf eine Gruppe von Mädchen, die ihm zu seiner Beschämung drei weiße Federn überreichten. Er fühlte sich daraufhin so gedemütigt, dass er sofort zur Armee zurückkehrte.[526] Sobald sich der Zeitgeist jedoch wandelte und Krieg als unpopulär erschien, wurden Männer erneut ausgegrenzt – diesmal jedoch die Männer, die an die Front gezogen waren. Als etwa der Vietnamkrieg in den USA an allgemeiner Unterstützung verlor, wurde es immer mehr zur Regel, dass Freundinnen, Verlobte und sogar Ehefrauen sich von den Soldaten trennten, die sich auf sie verlassen hatten.[527] Der wandelnde Zeitgeist spielt eine viel stärkere Rolle als das Geschlecht.

Gibt es nicht doch noch eine Möglichkeit, den sexistischen Mythos von der Frau als dem friedliebenden und dem Mann als dem kriegerischen Geschlecht aufrechtzuerhalten? Wie wäre es mit diesem Versuch: Diejenigen, die ihre Soldaten in die Schlacht schicken, sind doch weit überwiegend Männer. Und genau darum wäre die Welt ein besserer Ort, wenn es mehr Herrscherinnen gäbe. Aber nein, Frauen sind auch dann keine besseren Menschen, wenn es darum geht, welches der beiden Geschlechter eher einen Krieg beginnt. Tatsächlich verhält es sich sogar umgekehrt: In einer historischen Übersicht vom Ende des fünfzehnten bis zum Anfang

des zwanzigsten Jahrhunderts stellte sich heraus, dass Königinnen eher dazu neigten, einem anderen Land den Krieg zu erklären, als ihre männlichen Gegenstücke.
"Die Menschen haben den vorgefassten Glauben, dass Staaten, die von Frauen geführt werden, weniger Konflikte haben", erklärte Oeindrila Dube, Assistenzprofessorin für Politik und Wirtschaft an der New York University, nachdem sie ihre Studie bei der Jahrestagung 2015 der American Political Science Association vorgestellt hatte. Aber historisch gesehen stimme das einfach nicht. Nicht nur führten Königinnen mehr Kriege als Könige, sie begannen sie auch eher. Die Vorstellung, dass es weniger globale Konflikte gäbe, wenn mehr Frauen an der Macht wären, ist ein Irrtum.[528]

Sexuelle Gewalt im Krieg bedeutet männliche Täter und weibliche Opfer

Sexuelle Gewalt im Krieg wird bislang vor allem wahrgenommen, wenn sie weibliche Opfer trifft. Dabei sind Jungen und Männer gleichermaßen gefährdet, erklärt der Konfliktforscher Allan Ngari in einem 2016 veröffentlichten Beitrag für das afrikanische Institute for Security Studies, das sich die Bekämpfung länderübergreifender Verbrechen zur Aufgabe gemacht hat. Männliche Opfer von Untaten wie anale oder orale Vergewaltigung, Genitalfolter, Kastration oder dazu gezwungen zu werden, andere zu vergewaltigen, fühlen sich aber oft besonders zum Schweigen verdammt. Durch ihre Opfererfahrung werden sie in einer Gesellschaft, die nur Frauen zu Opfern und Männer zu Tätern erklärt, als "unmännlich" gebrandmarkt – manchmal auch als homosexuell. Homosexualität jedoch wird in 33 afrikanischen Staaten bis heute kriminalisiert. Ngari beklagt die Einäugigkeit der Debatte und führt dazu aus:

"Laut einem Bericht aus dem Jahr 2014 ist jeder dritte erwachsene männliche Flüchtling aus der Demokratischen Republik Kongo, der in West-Uganda lebt, Opfer sexueller Gewalt. Die meisten dieser Männer waren nicht bereit, dies preiszugeben, aber es hat zu verheerenden gesundheitlichen Folgen und zerstörerischem Sozialverhalten geführt. Die Opfer entwickeln wahrscheinlich eine Abneigung gegen gesunde sexuelle Beziehungen mit ihren

Ehepartnern, was zu Spannungen im familiären Kontext führt. Dieses Phänomen tritt in Konfliktzonen auf dem afrikanischen Kontinent und weltweit auf.
Der zweite Hauptfaktor für die Unterberichterstattung ist die Unfähigkeit derjenigen, die mit Opfern arbeiten, männliche Opfer sexueller Gewalt zu identifizieren. Dazu gehören Ermittler im Strafrechtssystem und Helfer, die oft nicht ausreichend geschult sind, um sich speziell mit diesem Thema auseinanderzusetzen. In Berichten von Untersuchungskommissionen und Ermittlungsorganen werden zum Beispiel Zeugnisse von Überlebenden häufig als Folter, nicht aber explizit als Fälle sexueller Gewalt gegen Männer aufgezeichnet."

Als direkte Folge eines sexuellen Traumas, so Ngari, enden einige männliche Opfer damit, dass sie zu Tätern sexueller Gewalt gegen andere Jungen und Männer werden. Ein besonderes Problem stelle hier das Strafgesetz dar, das Vergewaltigung nicht geschlechtsneutral definiert. Nach diesen Gesetzen ist die Strafe für einen Täter in Fällen, in denen das Opfer ein Mann oder ein Junge ist, weniger streng als in Fällen mit weiblichen Opfern.[529]
Nur die wenigsten Forscher beschäftigen sich mit solchen Gräueln: so etwa der kanadische Politikwissenschaftler Adam Jones.[530] "Der Einsatz von sexueller Gewalt gegen Männer als Kriegswaffe ist fast überall auf der Welt ein Tabu, das schlichtweg totgeschwiegen wird" berichtete im November 2011 das *Greenpeace Magazin.* "Nicht einmal in den internationalen Menschenrechtsgesetzen wird das Thema berücksichtigt: Eine Resolution des Weltsicherheitsrates aus dem Jahr 2000 etwa nennt im Zusammenhang mit sexueller Kriegsgewalt ausschließlich Frauen und Mädchen."
Mitarbeiter der Vereinten Nationen sowie das Refugee Law Project berichten, dass 63 Länder dieser Erde – und damit fast zwei Drittel der Weltbevölkerung – allein weibliche Vergewaltigungsopfer anerkennen. Auch humanitäre Organisationen vernachlässigen männliche Opfer, wie einige Helfer zugeben. So berichtet Rocco Blume, Politik- und Forschungsmanager bei der Gruppe "Plan", er sei während seiner Tätigkeit für die verschiedensten Hilfsorganisationen auf eine Reihe von Fällen sexueller Gewalt gegen Männer gestoßen, vor allem als er im Südsudan, in Uganda, Kenia und Äthiopien gearbeitet habe. Aber keiner seiner Arbeitgeber

hatte ein System, um mit diesem Problem umzugehen oder es überhaupt anzuerkennen. "Es gab nie eine Erklärung, dass dies ein Phänomen ist, das angegangen werden muss", berichtete Blume. "Wir alle haben uns mitschuldig gemacht, indem wir es versäumt haben, dieses Thema anzusprechen."[531]
Dabei sind das Leiden und die Traumatisierung der Männer oft um keinen Deut geringer als die der Frauen. "Manche Männer erzählen, dass ihnen Schraubenzieher in den Anus gestoßen wurden", zitiert das Magazin Salome Atim, eine Mitarbeiterin des Refugee Law Projects, das in Ugandas Hauptstadt Kampala niedergelassen ist und versucht, Flüchtlingen aus ganz Afrika beizustehen. "Viele dieser Männer riechen nach Kot, sie können nicht richtig laufen und benutzen Damenbinden, um das Blut und den Eiter aufzufangen." Auf Opfer dieser Art stößt man beispielsweise im Kongo aber auch bei jenen Flüchtlingen, die versuchen, Konflikten etwa im Sudan, in Somalia, Burundi oder Eritrea zu entkommen.[532]
Auch neuere Studien beispielsweise aus Liberia zeigen, dass sexuelle Gewalt gegen Männer in Konfliktsituationen weit verbreitet ist – weit über Afrikas Grenzen hinaus. Von 5000 Männern, die während des Bosnienkrieges in einem Sammellager bei Sarajevo gefangen gehalten wurden, berichteten 80 Prozent, sexuell missbraucht worden zu sein. In El Salvador sprachen 76 Prozent aller männlichen politischen Gefangenen von sexueller Folter.[533]
Man findet das Phänomen auch in Sri Lanka, Chile und dem Iran. Dennoch, das weiß auch US-Wissenschaftlerin Lara Stemple von der Universität Los Angeles, wird über diese Männer kaum gesprochen. Der Grund? "Menschen denken gerne in Stereotypen", erklärt Stemple. Und die Vorstellung von Männern als Opfern statt Täter sexueller Gewalt passt nicht in dieses Schema. Daher gibt es beispielsweise UN-Resolutionen (Nummer 1325 und 1820) aus den Jahren 2000 und 2008, die einen besseren Schutz von Frauen in Konfliktzonen einfordern, sexuelle Gewalt gegen Männer jedoch totschweigen. Als man Dokumente von mehr als 4000 Nichtregierungsorganisationen untersuchte, die sich mit sexueller Gewalt befassen, zeigte sich: Nur drei Prozent erwähnen Männer überhaupt als Opfer und dann in der Regel nur flüchtig.[534]
Zwar liegen dem UN-Jugoslawien-Tribunal in Den Haag inzwischen mehrere Fälle per Anklageschrift vor. Aber verlässliche Angaben oder Schätzungen über die Anzahl männlicher Opfer in Bosnien und

im Kosovo gibt es keine. Eine 2010 veröffentlichte Studie über die am heftigsten umkämpften Regionen in der Demokratischen Republik Kongo ermittelte, dass 24 Prozent der Männer (und 40 Prozent der Frauen) sexuelle Gewalt erfahren hatten, aber gezielte Hilfsangebote für die männlichen Opfer fehlen.[535] Über die Situation in Liberia gibt es Erhebungen vom Mai 2008, bei denen die Raten männlicher und weiblicher Opfer ebenfalls einander gegenübergestellt werden. Ihnen zufolge wurden 42 Prozent der weiblichen und 33 Prozent der männlichen Kombattanten Opfer sexueller Gewalt. In der Zivilbevölkerung erlitten neun Prozent der Frauen und sieben Prozent der Männer dieses Schicksal.[536] Damit liegen die Raten also keineswegs derart weit auseinander, wie viele Laien glauben.

"Sexuelle Gewalt gegen Männer ist zweifellos eines der schwerwiegendsten Menschenrechtsprobleme unserer Zeit", erklärt der britische Politikwissenschaftler Dr. Amalendu Misra in seinem Buch "The Landscape of Silence. Sexual Violence against Men in War"[537]. Von über 4000 Regierungsorganisationen, die sich mit sexueller Gewalt in militärischen Konflikten beschäftigen, sprechen jedoch nur drei Prozent explizit über männliche Opfer: "Es gibt nur geringes bis gar kein Interesse daran, sich mit ihren Fällen zu beschäftigen."[538] Die einzige politische Bewegung, die sich gegen diese Form sexueller Gewalt engagiert, ist die Männerrechtsbewegung (Maskulismus) – ich selbst habe in meinen Büchern immer wieder darauf aufmerksam gemacht.[539] Pech für die Opfer: Vermutlich eben weil sie sich solchen Tabuthemen zuwendet, wird die deutsche Männerrechtsbewegung von Politik, Medien und Genderstudien üblicherweise genauso ignoriert und totgeschwiegen wie die geschilderten Vergewaltigungen. Misra selbst geht es nicht anders: "Ich habe nach Seminaren feindselige Angriffe von vielen anderen Akademikern erhalten, die nicht glauben, 'dass dieses Thema Wert ist, darüber zu sprechen'. (...) Und dann gibt es die Allgemeinbevölkerung, die komplett ahnungslos ist, was dieses Thema betrifft."[540]

Erst seit Kurzem beginnen die Mauern hier ein klein wenig zu bröckeln: Nachdem international angesehene Zeitungen wie die *New York Times*[541] und der britische *Guardian* über sexuell misshandelte Männer zu sprechen begannen, konnte man auch in der deutschen Presse zumindest einige wenige Artikel darüber finden.

Dabei liefert vor allem der *Guardian* zahlreiche Informationen, die man in der deutschen Berichterstattung noch immer vergeblich sucht. So bestätigt Dr. Chris Dolan, der britische Direktor des Refugee Law Projects, wie wenig sich die Organisationen, die sich um sexuelle und geschlechtsbezogene Gewalt kümmern, mit männlichen Opfern beschäftigen:

"Es wird systematisch ausgeblendet. Wenn Sie sehr, sehr viel Glück haben, dann widmen sie der Sache am Ende eines Berichts eine Randnotiz. Sie bekommen vielleicht fünf Sekunden a la 'Ach ja, Männer können auch Opfer sexueller Gewalt sein.' Aber keine Zahlen, keine Diskussion."

Als Teil eines Versuches, dies zu verbessern, produzierte das Refugee Law Project im Jahr 2010 die Dokumentation Gender Against Men.[542] Als sie gezeigt wurde, berichtet Dolan, gab es Versuche, dies zu stoppen – und zwar von wohlbekannten internationalen Hilfsorganisationen.
"Es gibt unter ihnen die Angst, dass dies ein Nullsummenspiel ist", berichtet Dolan, "dass es also einen vorneweg definierten Kuchen gibt, und wenn man anfängt, über Männer zu sprechen, essen diese irgendwie ein Stück dieses Kuchens weg, den andere lange Zeit gebacken haben." Ein Bericht der Vereinten Nationen vom November 2006, der einer internationalen Konferenz über sexuelle Gewalt im Osten Afrikas folgte, dient als typisches Beispiel: "Mir ist als Tatsache bekannt, dass die Leute hinter diesem Bericht darauf bestanden haben, dass die Definition der Vergewaltigung auf Frauen begrenzt bleibt", erklärt Dolan und ergänzt, dass einer der Spender des Refugee Law Projects, das Holländische Oxfam, sich weigerte, ihm jegliche Spendengelder zukommen zu lassen, bis er versprach, dass siebzig Prozent seiner Klienten weiblich sein würden. Einem Mann, dem es besonders übel ging und der an den Flüchtlingsrat der Vereinten Nationen verwiesen wurde, sagte man dort nur: Wir haben ein Programm für verwundbare Frauen, aber nicht für Männer."[543]
Lara Stemple kann die sexistische Ausrichtung internationaler Organisationen bestätigen. Es gebe, berichtet sie, einen "konstanten Trommelwirbel, dass Frauen DIE Opfer von Vergewaltigungen sind" und ein Milieu, in dem Männer als "einheitliche Täterklasse" erscheinen. Internationale Menschenrechtsgesetze ließen Männer bei

allen Maßnahmen aus, die sexuelle Gewalt angehen sollen. "Die Vergewaltigung von Männern zu ignorieren vernachlässigt aber nicht nur Männer, es schadet auch Frauen", argumentiert Stemple, "indem es eine Perspektive verstärkt, die 'weiblich' mit 'Opfer' gleichsetzt und dadurch unsere Fähigkeit behindert, Frauen als stark und machtvoll wahrzunehmen. Auf dieselbe Weise bestärkt das Schweigen über männliche Opfer ungesunde Erwartungen über Männer und ihre vermutete Unverwundbarkeit."[544]
Im englischsprachigen Raum haben Männerrechtler inzwischen begonnen, die Einseitigkeit bei der internationalen Opferhilfe zum Thema zu machen. Der Verfasser des Blogs *Toy Soldiers* etwa stellt die zahllosen Kampagnen, mit denen Gewalt gegen Frauen in Darfur und im Kongo gestoppt werden sollte, der mangelhaften Auseinandersetzung mit dem massenhaften Missbrauch von Jungen in Afghanistan[545] gegenüber: "Er wird immer wieder mal erwähnt, aber es scheint keine Menschenrechtsgruppen zu geben, die ihn wirklich zum Thema machen wollen. Unglücklicherweise ist die damit verbundene Botschaft kristallklar: Vergewaltige Jungen und Männer, und niemand kümmert sich darum. Vergewaltige Mädchen und Frauen, und sie erhalten internationale Unterstützung."[546]
Wo die großen Medien weiterhin versagen, was ein angemessenes Thematisieren dieses menschenverachtenden Sexismus angeht, finden sich Beiträge darüber stattdessen in Blogs und kleinen, unabhängigen Presseerzeugnissen. So findet die Studentin Eve Fensom in der größten britischen Studentenzeitung, *The Mancunion*, deutliche Worte, was das Ausblenden männlicher Opfer seitens der Vereinten Nationen angeht:

"Wenn Sie durch die Resolutionen des UN-Sicherheitsrates waten, die mit sexueller Gewalt während militärischer Konflikte zu tun haben, finden Sie den Begriff 'genderbasierte Gewalt' unglaublich oft. 'Genderbasierte Gewalt' ist einer dieser aalglatten, heimtückischen und politisch aufgeladenen Begriffe, die ihren Mangel an Klarheit mit den zahlreichen möglichen Definitionen wettmachen. Dieser Begriff könnte bedeuten: jede Form von Gewalt, die gegen einen Menschen aufgrund seines Geschlechts ausgeübt wird, aber tatsächlich bedeutet er inzwischen Gewalt, die gegenüber Frauen (und Mädchen) begangen wird, was wiederum sämtliche Formen sexueller Gewalt umfasst. (...) Lange Zeit wurden die

Erfahrungen von Frauen bei Konflikten komplett ignoriert, aber heute fokussiert sich die Analyse von Gewalt gegen Zivilisten fast ausschließlich auf Frauen."

Fensom drängt zum Umdenken:

"Die internationale Gemeinschaft muss begreifen, dass der Feminismus nicht umgesetzt wird, wenn jetzt Frauen zu den machtvollen Unterdrückern werden, sondern nur wenn wir uns von der Unterdrückung durch rigide Geschlechterrollen befreien. Den Vereinten Nationen muss klar werden, dass die globale Geschlechterfrage kein Nullsummenspiel ist. Wenn wir ein Geschlecht gegenüber dem anderen bevorzugen, wird das Ergebnis immer ein Verlust sein, aber wenn unsere Strategie aus Gleichberechtigung besteht, wird jeder gewinnen."[547]

Mittlerweile gibt es in der Menschenrechtsarbeit immerhin vereinzelte Lichtblicke. Zu ihnen gehört der am 26. Februar 2013 von Human Rights Watch veröffentlichte Bericht *"We Will Teach You a Lesson". Sexual Violence against Tamils by Sri Lankan Security Forces.* Er beschäftigt sich mit Vergewaltigungen und anderen Formen sexueller Gewalt, die Mitglieder des Militärs und der Polizei an Tamilen ausüben, die von den Tätern mit der sezessionistischen Gruppe Liberation Tigers of Tamil Eelam (LTTE) in Verbindung gebracht werden. Dieser Bericht dokumentiert 75 Fälle von Vergewaltigung; die Opfer sind 31 Männer, 41 Frauen und 3 Jungen.[548] In dem Bericht heißt es allerdings auch: "Das Thema der Vergewaltigung von Männern und sexueller Gewalt gegen Männer ist bislang nicht angegangen worden. Von Opfern wie Tätern gleichermaßen unterdrückt bleibt die Vergewaltigung von Männern ein Tabuthema, und Strategien, dieses Verbrechen zu bekämpfen, fehlen auf eklatante Weise."[549] Es sind allerdings nicht allein die Opfer und die Täter, die dieses Thema unterdrücken. Viele Journalisten, viele Genderforscher und leider auch viele Menschenrechtsaktivisten sind ebenfalls daran beteiligt. Human Rights Watch – und natürlich die Männerrechtsbewegung – stellen hier eine klare Ausnahme dar.
Noch gründlicher werden Geschlechterklischees durcheinander gerüttelt, wenn im geschilderten Zusammenhang nicht nur von

männlichen Opfern, sondern auch von weiblichen Tätern die Rede ist. Auch diese bleiben unsichtbar, verrät der von der Simon-Fraser-Universität bei Vancouver herausgegebene Human Security Report 2012, weil (ähnlich wie vor 30 Jahren beim Thema häuslicher Gewalt) Wissenschaftler erst gar nicht auf den Gedanken kamen, danach bei ihren Untersuchungen zu fragen. Tatsächlich gibt es Hinweise auf sexuelle Gewalt durch Frauen in Ländern wie Liberia, Haiti und Ruanda. Nur in zwei Ländern untersuchte man dieses Problemfeld näher: In Sierra Leone ermittelte die als "Menschenrechts-Statistikerin" bekannt gewordene Forscherin Jana Asher, dass Frauen an etwa 26 Prozent der Gruppenvergewaltigungen teilnahmen. Und in den kriegsumkämpften östlichen Gebieten der Demokratischen Republik Kongo berichteten 41 Prozent der weiblichen und 10 Prozent der männlichen Opfer von sexueller Gewalt durch eine Täterin. Diese Erkenntnisse, erfährt man im Human Security Report 2012 weiter, "haben wenig Aufmerksamkeit erzielt. Aber sie legen nahe, dass der ausschließliche Fokus auf Männer als Täter und Frauen als Opfer in der dominanten Erzählweise über sexuelle Gewalt zu Kriegszeiten sehr in die Irre führt."[550]
Um zu unterbinden, dass Vergewaltigung weiter als Waffe im Krieg verwendet werden kann, da jedenfalls ist sich Chris Dolan vom Refugee Law Project sicher, wäre der beste Weg, auch Männer in das Thema Geschlechtergerechtigkeit einzubinden: "Unglücklicherweise wurde das Geschlechterthema bislang allein als eine Diskussion über Frauenrechte behandelt. Und daher glauben die meisten Männer, dieses Thema hätte nichts mit ihnen zu tun."[551]

MÄNNERÜBERSCHUSS

Wenn es in einer Gesellschaft sehr viele Männer gibt, führt dies zur Gewalt

Die Behauptung, Gesellschaften mit einem Übergewicht an Männern wären besonders gewaltgeladen, ist eine der tragenden Säulen der Propaganda vor allem gegen muslimische Gesellschaften, bei denen man von einem solchen Männerüberschuss ausgeht. "Dieser

Männerüberschuss ist eine Gefahr, unabhängig von dem kulturellen Hintergrund" erklärte beispielsweise Alice Schwarzer, als in der Flüchtlingsdebatte die Rede davon war, dass sich unter den Geflüchteten 70 bis 80 Prozent junger Männer befänden.[552] Tatsächlich trifft einmal mehr das Gegenteil zu: In Gesellschaften, in denen es mehr Männer als Frauen gibt, existiert auch eine niedrigere Rate an Morden, Überfällen und Sexualverbrechen. Zu dieser Erkenntnis gelangte ein Forscherteam um den Anthropologen Ryan Schacht an der Universität Utah. Für eine im wissenschaftlichen Fachmagazin *Human Nature* veröffentlichte Studie analysierten Schacht und seine Kollegen Daten über das Geschlechterverhältnis aus allen 3082 Landkreisen der USA und verglichen diese mit den Kriminalitätsdaten des gleichen Jahres. Bei allen fünf analysierten Deliktarten korrelierten steigende Anteile von Männern in einem Bezirk mit weniger Verbrechen - auch wenn die Forscher andere denkbare Einflussfaktoren wie Armut berücksichtigten.
Wie lässt sich das erklären? Hierzu muss man sich zunächst einmal von dem sexistischen Klischee lösen, dass Männlichkeit an sich zu Gewalt und sexueller Aggression führt (siehe dazu andere Einträge des vorliegenden Lexikons). Stattdessen spielt sich folgender Prozess ab: Wenn es in einer Gesellschaft eine Fülle an Frauen gibt, haben Männer eine große Auswahl und gehen häufiger dazu über, mehrere Beziehungen gleichzeitig zu verfolgen. Das bringt sie eher in Konflikt mit anderen Männern und führt zu problematischem Verhalten.
Therese Hesketh, die am University College London arbeitet, untersuchte im Gegensatz zu Schachts Forscherteam die Situation in China. Dort überwiegen vor allem in ländlichen Dörfern aufgrund der Ein-Kind-pro-Familie-Regelung der Regierung Männer deutlich. Es ließ sich aber keine Beziehung zwischen einem hohen Männeranteil und Gewalt finden, berichtet Hesketh. Stattdessen hatten sich viele alleinstehende Männer auf dem Land deprimiert und introvertiert gezeigt. Es gab keine Anzeichen für eine erhöhte Kriminalität oder Angst unter den Frauen.[553]

MASKULISMUS

Männerrechtler sind frauenfeindlich und reaktionär

Seit in den verschiedensten Ländern dieser Welt eine Männerrechtsbewegung (Maskulismus) entsteht, werden die Menschen, die sich für die sozialen Anliegen von Jungen und Männern einsetzen, als frauenfeindlich und politisch rechts stehend verunglimpft. Jemandem, der beispielsweise auf die hohe Rate von Opfern häuslicher Gewalt unter Männern aufmerksam macht, wird mit dieser Rhetorik unterstellt, ein reaktionäres Comeback der althergebrachten Geschlechterverhältnisse zu wünschen oder Frauen abgrundtief zu hassen. Einen anderen Grund kann es aus der Sicht von Menschen, die so argumentieren, nicht dafür geben, wenn sich Menschen auch gegen die sozialen Notlagen von Männern engagieren. In der Berliner "taz" etwa reiht Lalon Sander in seiner Kolumne über "dumme weiße Männer" Männerrechtler mit Verschwörungstheoretikern, Klimawandelleugnern und Onlinetrollen bei jenen Menschen ein, die "Sand im Getriebe des Fortschritts der Welt" seien.[554]
Einer wissenschaftlichen Überprüfung halten derlei Gehässigkeiten nicht stand. So veröffentlichte am 5. März 2015 die internationale Experten-Vereinigung Club of Vienna die von dem Politikwissenschaftler Johannes Meiners und der Wirtschaftspsychologin Christine Bauer-Jelinek erstellte Studie *Die Teilhabe von Frauen und Männern am Geschlechterdiskurs und an der Neugestaltung der Geschlechterrollen - Entstehung und Einfluss von Feminismus und Maskulismus*, die die beiden sozialen Bewegungen erstmals wissenschaftlich miteinander vergleicht.
Im Kapitel über Maskulismus gelangt die Untersuchung zu folgendem Ergebnis:

"Maskulistisch zu sein, bedeutet (...) wesensimmanent, sich antisexistisch zu orientieren und jede Form der Diskriminierung und Herabsetzung aus geschlechtlich-sexuellen Gründen zu bekämpfen. VertreterInnen des Maskulismus sind bestrebt, die mittlerweile beengende Konzentration des Feminismus auf die Belange der Frauen zu beenden und das Geschlechterverhältnis zu einem neuen Gefüge zu erweitern.
(...) Die Einstellung des Maskulismus zum Feminismus bedarf somit einer differenzierten Betrachtung: MaskulistInnen ziehen wesentliche Erfolge der Frauenbewegungen – wie das Wahlrecht,

das Recht auf Bildung und Erwerbstätigkeit oder die Gleichberechtigung in der Familie – keineswegs in Zweifel, auch weil diese Errungenschaften ihren eigenen Grundwerten entsprechen. Für MaskulistInnen ist es zweitrangig, durch welche Geisteshaltungen Diskriminierungen von Männern entstehen oder ausgeübt werden. Das Ziel ist vielmehr deren Beseitigung."

In ihrem Resümee dieses Kapitels befindet die Studie:

"Der Maskulismus hat hohe gesellschaftspolitische Ansprüche und ist KEINESWEGS mit dem Begriff Frauenfeindlichkeit zu synonymisieren. Feindschaft gegenüber dem anderen Geschlecht spielt bewegungsintern für die Arbeit der überwältigenden Mehrheit maskulistischer Aktivisten keine Rolle. (...) Weltanschaulich besteht bei den Männerrechtlern große Vielfalt: So engagieren sich VertreterInnen nahezu aller politischen Grundhaltungen von sozialistisch über linksliberal und bürgerlich bis hin zu dezidiert konservativ oder gar rechtsaußen.
(...) Im Wesentlichen gilt das weltanschauungsübergreifende Interesse der Männerbewegten dem Einsatz für eine neue Perspektive auf das Geschlechterverhältnis, welche Männer ebenfalls mit Empathie bedenkt und ihre geschlechtsspezifischen Bedürfnisse in die Überlegungen einschließt. Aus Sicht der meisten Aktivisten bedarf es hierfür einer wesentlich stärkeren Fokussierung auf die Bedürfnisse deklassierter Menschen einer Gesellschaft (Obdachlose, Strafgefangene, Langzeitarbeitslose, Suchtkranke, Vereinsamte), die fast überall und in der Mehrzahl Männer sind. Dazu müsste die Erforschung männlicher Lebenslagen aus der Dominanz des feministischen Paradigmas und der arithmetischen Gleichstellungsorientierung gelöst sowie in größerem Ausmaß finanziert werden. Daraus resultierende Ergebnisse sollten zu eigenständigen Empfehlungen an die Politik genutzt werden, die alle Maßnahmen in unterschiedlichen Lebensbereichen nicht nur für Frauen evaluieren dürfte, sondern der ursprünglichen Intention des Konzepts von Gender-Mainstreaming folgend für beide Geschlechter."[555]

Warum hält sich eine herabsetzende Darstellung von Männerrechtlern als hasserfüllten Unholden dennoch derart hartnäckig? Damit beschäftigt sich der Beitrag "Was uns die Medien über die Männerrechtsbewegung verschweigen", verfasst von Katrina Haffner, Anthropologin an der Western Washington University. Darin heißt es:

"Vielleicht, weil ich eine Feministin bin, denken Sie, dass ich nur schlechte Dinge über Männerrechtsaktivisten sagen könnte. Sicher, für eine Weile las und hörte ich nur über abscheuliche Behauptungen, die bestimmte Männerrechtler über Frauen, Farbige und so weiter sagten. Dann begann ich, einige Männerrechtler im wahren Leben kennenzulernen, hörte einem prominenten Redner zu und untersuchte einige der Argumente, die sie über Männerfragen vorgebracht hatten.
Etwas, das ich beobachtet habe und das viele Männerrechtler beklagen, ist, dass sie oft von der Konversation ausgeschlossen werden. Vom Hochschulcampus bis hin zu den Mainstream-Medien werden sie selten nach ihrer Meinung zum Thema gefragt. Stattdessen konzentrieren sich Rundfunkanstalten und Journalisten auf die Ansichten der Gegenseite sowie auf problematische (oft fehlinterpretierte) Äußerungen in der Männerrechtsbewegung."[556]

Im Jahr 2016 veröffentlichte die zunächst ebenfalls feministische Filmemacherin Cassie Jaye die Dokumentation "The Red Pill" über die Männerechtsbewegung. Auch hier gelangte Jaye im Verlauf ihrer sehr gründlichen Recherche zu dem Fazit, dass die Männerrechtler und ihre tatsächlichen Ansichten mit deren öffentlicher Dämonisierung nicht in Übereinstimmung zu bringen waren. Sie überprüfte zahlreiche Behauptungen der Männerrechtler und stellte fest, dass diese zutreffend waren, auch wenn sie in den Leitmedien selten bis gar nicht vorkamen. Darüber hinaus zeigte sich, dass die interviewten Männerrechtler keine Fanatiker waren, sondern lediglich dafür plädierten, dass die Geschlechterdebatte beiden Seiten gerecht werden solle. Die interviewten Feministinnen hingegen taten die Anliegen der Männerechtler in Bausch und Bogen ab und vertraten die Auffassung, dass man diese Menschen auf keinen Fall zu Wort kommen lassen sollte. Aufgrund dieses verachtungsvollen Desinteresses wandte Jaye sich schließlich vom Feminismus ab.

Aufschlussreich ist hier auch eine Rede, die Cassie Jaye unter dem Titel "Meeting the Enemy. Coming to Terms With the Men's Rights Movement" über die Entstehung ihres Filmes hielt.[557] Jaye schildert darin, mit welchen immensen Vorurteilen sie ihre ersten Interviews mit Männerrechtlern geführt habe, weil diese in den Medien so nachdrücklich als Frauenfeinde diffamiert worden waren. Als sie jetzt den Männerrechtlern zuhörte, habe sie regelmäßig auf entsprechende Herabsetzungen erwartet und konstant erwartet, kontra geben zu müssen. Da sie aber wusste, wie wichtig es für professionelle Interviews sei, den Redefluss des Befragten nie zu unterbrechen, habe sie lange Zeit einfach nur zugehört. Beim Verschriftlichen dieser Statements habe sie sich automatisch noch intensiver damit auseinandergesetzt, so dass sie schließlich feststellen musste, dass die angeblich so virulente Frauenfeindlichkeit durchgehend fehlte. So habe sie gelernt, Männerrechtler immer weniger als Feind und immer mehr als Menschen wahrzunehmen.

"Man hat mir erzählt, sie wären gegen die Gleichberechtigung von Frauen. Aber alle Männerrechtler, die ich getroffen habe, unterstützen Frauenrechte. Sie fragen nur: Warum schert sich unsere Gesellschaft nicht um die Rechte von Männern?"

Jaye berichtet weiter:

"Die größte Herausforderung, die sich mir stellte, war, die Schichten meiner eigenen Vorurteile abzutragen. Wie sich herausstellte, hatte ich meinen Feind getroffen. Es war mein Ego, das mir sagte, dass ich Recht hatte und diese Leute Untermenschen waren. (...) Wenn wir Geschlechtergerechtigkeit ernsthaft diskutieren wollen, müssen wir alle Stimmen an den Tisch einladen. Aber das ist nicht das, was passiert. Männergruppen werden kontinuierlich verunglimpft, als Hassgruppen verleumdet, und ihre Stimmen werden systematisch zum Schweigen gebracht. Glaube ich, dass eine der beiden Bewegungen sämtliche Antworten hat? Nein. Männerrechtler sind nicht ohne Fehler. Feministinnen auch nicht. Aber wenn eine Gruppe zum Schweigen gebracht wird, ist das ein Problem für uns alle. Wenn ich irgendjemandem in unserer Gesellschaft einen Ratschlag geben darf: Wir müssen aufhören zu erwarten, dass wir

beleidigt werden. Und wir müssen beginnen, wahrhaftig, offen und ernsthaft zuzuhören. Das wird dazu führen, dass wir ein größeres Verständnis für uns selbst und andere entwickeln, mehr Mitgefühl füreinander und dass wir zusammen an Lösungen arbeiten."

In einem 2019 online gestellten, fast dreieinhalbstündigen Video-Interview berichtet Cassie Jaye:

"Ich hätte mir mehr Mühe geben können, online anonyme Trolle zu finden um dann zu behaupten, dass sie Männerrechtler wären und all die sehr vernünftigen Interviews wegzuwerfen, die ich mit Männerrechtlern über ihre Anliegen geführt habe. Ich hätte die gruseligsten Kerle finden und sie mit kreativem Schnitt und trutschiger Musik auf bestimmte Weise aussehen lassen können. Aber es dauerte dreieinhalb Jahre, um den Film zu machen, und wenn man mit seinem Videomaterial und allem, was man gelernt hat, dasitzt und Fakten überprüft und wirklich herausfindet, was Männerrechtler zu sagen versuchen ... Sobald man all diese Arbeit macht und die Wahrheit sucht, ab da gab es keine Möglichkeit, dass ich die Frauenfeindliche-Schweine-Dokumentation machen konnte, die wahrscheinlich bei vielen hochkarätigen Filmfestivals gelandet und auf großen Plattformen geteilt worden wäre."

Zwar habe sie aus ihrer feministischen Haltung heraus die Ansichten der Männerrechtler zunächst dahingehend zusammenfassen wollen, dass diese Aktivisten Frauen für minderwertig hielten oder glaubten, dass sie keine Geschäftsführer sein können, sondern nur als Mütter und Hausfrauen gut seien. Aber das war in keiner Weise das, was die befragten Männerrechtler tatsächlich sagten:

"Ich denke also, das ist ein großes Missverständnis, das von den Medien lanciert wurde, um die Leute dazu zu bringen, vor Männerrechtlern Angst zu haben. Einige von ihnen begannen sogar als Feministinnen und wurden dann zu Männerrechtlern, weil sie die Notwendigkeit dieser Diskussion sahen und nicht sahen, dass sie im Feminismus stattfinden würde. Ich denke, dass die Männerrechtsbewegung und alles, was der feministischen Erzählung widerspricht, so schnell abgeschrieben oder angegriffen wird, weil sie so differenziert ist, dass sie kein Tweet sein kann, kein Mem und

keine Statistik ohne Beleg. Eine große Online-Publikation, die einen früheren Film von mir unterstützte, teilte mir mit, sie würde auf meinen neuen Film hinweisen, wenn er zeigen würde, dass Männerrechtler gewalttätig sind, aber wenn er das nicht zeigt, würde man das eben lassen."[558]

Unglücklicherweise gibt es etliche Publizisten, die nicht über die Integrität Cassie Jayes verfügen und die sich über ihren Rufmord an Männerrechtlern feiern und gut bezahlen lassen. Aber es gibt auch immer mehr Menschen, denen Jayes Dokumentation geholfen hat, dieses Feindbild bei sich selbst abzubauen – bis hin zu Feministinnen. Zu diesen Feministinnen gehören Dianne Bondy und Alicia Higginson, die in ihrem Podcast "Men's Rights and Feminism" berichten, was Jayes Film bei ihnen ausgelöst hat. [559] Sie schildern, wie sie der Film zuerst so wütend machte, dass sie nach zehn Minuten das Sehen abbrachen, weil sie sich nicht diesem "Haufen Jammerlappen" aussetzen wollten: weißen Männern, die darüber klagen, wie schlecht es ihnen gehe. Dann fragten sich die beiden Feministinnen allerdings, was es über sie aussagt, dass sie so heftig darauf reagieren, wenn Männer über ihre Erfahrungen, ihre Sicht der Dinge und über ihre Gefühle berichten. Womit möchte man als Frau derart ungern konfrontiert werden? Darauf sahen Bondy und Higginson den Film doch, erfuhren mehr über die Anliegen der Männerrechtler, ihr ruhiges und sachliches Auftreten und wie hasserfüllt ihre Gegner darauf reagierten. Dabei machen die beiden Feministinnen erkennbar eine starke emotionale Erfahrung durch.
Beispielsweise ist ihnen das Verhalten der in dem Film gezeigten Feministinnen todpeinlich. Bondy und Higginson können es nicht länger vermeiden, sich und ihre Einstellung selbstkritisch zu hinterfragen. Sie stellen entsetzt fest, dass das Leben von Jungen in unserer Gesellschaft weniger zählt als das von Mädchen und müssen erkennen, dass sie "Komplizinnen" dieses menschenverachtenden Systems waren – einfach weil sie nicht besser Bescheid wussten und es versäumt haben, sich gründlich zu informieren. Eine der beiden hatte nach dem Film sogar ihren Mann um Verzeihung gebeten, weil sie begriffen hat, dass sie als Feministin ihn im Stich gelassen hat. Insofern war dieser Film für die beiden Frauen ein intensives Lernerlebnis. Aber das zeigt auch, warum Cassie Jayes

Dokumentation und die Männerrechtsbewegung massiv angefeindet werden: weil es eben extrem unangenehm und emotional herausfordernd ist, sich selbst und sein bisheriges Verhalten derart infrage zu stellen. Für viele andere Feministinnen war es offenkundig leichter, einen Boykott gegen "The Red Pill" zu organisieren.

MENSCHENHANDEL UND ZWANGSPROSTITUTION

Bei Menschenhandel und Zwangsprostitution sind die Täter Männer und die Opfer Frauen

"Es gibt Menschen, die uns glauben machen wollen, dass Frauen einen stärkeren Schutz vor Menschenrechtsverletzungen verdienen", befindet der US-amerikanische Publizist Carey Roberts. "Das wurde im Jahr 2000 deutlich, als die Vereinten Nationen ihr Protokoll zur Verhinderung, Unterdrückung und Bestrafung von Menschenhandel, insbesondere von Frauen und Kindern, erließen. Was ist mit den Männern?"
Roberts behandelt dieses Thema auf der von Wendy McElroy geführten Website ifeminists.com. McElroy gehört zu den Equity-Feministinnen, also jener Minderheit von Feministinnen, die mit Männerrechtlern zusammenarbeiten und auch ihnen Raum geben, über Menschenrechtsverletzungen zu Lasten ihrer Geschlechtsgenossen zu sprechen. So wie in diesem Fall, wo sie Roberts darlegen lässt, dass in vielen Ländern Gesetze gegen Menschenhandel nur dann zur Anwendung gelangen, wenn es um Frauen und Kinder geht – und dass auch Unterstützung und Hilfe oft nur Frauen und Kindern zugute kommt. Sobald Menschenhandel dermaßen sexistisch angegangen werde, argumentiert Roberts, werden Statistiken bedeutungslos: "US-Behörden geben an, dass jedes Jahr bis zu zwei Millionen Frauen und Kinder über internationale Grenzen hinweg geschleust werden. Aber ein im Jahr 2002 veröffentlichter Bericht des Instituts für Migrationspolitik in Washington DC enthüllte den Fehler bei dieser Behauptung: Diese Zahlen werden als sehr konservativ eingeschätzt, da sie den Menschenhandel von Männern nicht mit einbeziehen."[560]

Nur langsam und allmählich wird der vorherrschende Sexismus aufgebrochen. Entgegen der öffentlichen Wahrnehmung, dass fast nur Frauen vom Menschenhandel betroffen seien, berichtete die britische *Daily Mail* am 26.4.2012, seien einer Umfrage der Heilsarmee zufolge mehr als zwei Fünftel der erwachsenen Opfer Männer. "Menschenhandel wird oft als Problem gesehen, das vor allem Frauen betrifft", erklärte dazu Crispin Blunt, ein Mitglied des britischen Justizministeriums. "Das bedeutet, dass männliche Opfer oft übersehen werden und ihnen die Unterstützung entgeht, die sie unbedingt benötigen."[561] Natürlich gibt es auch in Deutschland Männer, die aus dem Ausland herbeigeschafft und unter sklavereiähnlichen Bedingungen schuften müssen.[562] Ein großes Medienthema sind sie nicht; auch über eine Stellungnahme aus dem deutschen Justizministerium, die der Crispin Blunts ähnelt, ist nichts bekannt.
Mit einem noch stärkeren Tabu bekommt man es zu tun, wenn man sich mit Opfern beschäftigt, die jenen Geschlechterklischees widersprechen, die der Feminismus gerade nicht beseitigt hat – beispielsweise mit den männlichen Opfern von unfreiwilliger Prostitution, wobei die mangelnde Freiwilligkeit massiver ökonomischer Not ebenso wie Zwang entspringen kann.[563]
Beginnen wir mit Menschen, die sich aufgrund von wirtschaftlicher Not zur Prostitution gezwungen sehen. Hier ergab eine Studie des US-Justizministeriums, die im September 2008 veröffentlicht wurde, dass in der Stadt New York 45 Prozent der minderjährigen Prostituierten Jungen sind. Dieses Ergebnis war ausgesprochen unerwartet. Tatsächlich wuchs die Zahl der ermittelten Jungen so schnell an, dass die Forscher irgendwann aufhörten, weitere Jungen zu registrieren und stattdessen gezielt nach Mädchen Ausschau hielten. Die Rate bei beiden Geschlechtern blieb dennoch annähernd gleich. Die Freier der Jugendlichen waren größtenteils männlich, aber 40 Prozent der Jungen berichteten, auch schon Frauen bedient zu haben. (14 Prozent von ihnen gaben an, ausschließlich Frauen zur Verfügung zu stehen.) Ein höherer Anteil von Jungen als von Mädchen wird Teil dieses Gewerbes, bevor die Betreffenden das Alter von 13 Jahren erreicht haben (19 gegenüber 15 Prozent). Hauptgrund bei beiden Geschlechtern, anschaffen zu gehen, war nicht Zwang durch einen Zuhälter, sondern wirtschaftliche Not, beispielsweise Obdachlosigkeit: "survival sex", Sex um zu

überleben. Die Gruppen und Organisationen, die bei diesem Problem eigentlich für Hilfe sorgen sollten und die öffentliche Debatte in New York beherrschten, waren aber von einem Weltbild geprägt, in dem Prostitution so aussieht, dass Männer Mädchen auf den Strich schicken. Erkenntnisse, die diese Überzeugung in Frage stellten, wurden beiseite gewischt. "Alle Helfer sind auf Mädchen fokussiert", zitiert die New Yorker *Village Voice* Professor Ric Curtis, Vorsitzender des Fachbereichs Anthropologie am John Jay College of Criminal Justice in Manhattan. "Ich bin unglaublich verärgert darüber – ich kann Ihnen gar nicht sagen, wie wütend ich bin. Die Kinder, denen es am übelsten geht, sind die Jungen, vor allem die heterosexuellen Jungen. Es tut mir so leid, dass sie bei den Hilfseinrichtungen keine Chance haben."[564]

"Aktivisten in diesem Bereich schätzen, dass die Zahl der Jungen in der kommerziellen Sex-Industrie der Anzahl der Mädchen entspricht", berichtete Nina Strochlic am 16. September 2013 auf der US-amerikanischen News-Website *The Daily Beast*. Wenige Wochen zuvor war die Studie "And Boys Too" an die Medien gegeben worden, eine Studie, die zu dem Ergebnis gelangte, der bisherige einseitige Ansatz bedeutete, dass männliche Opfer an den Rand gedrängt werden, wenn es um Hilfeleistungen geht: Nur 16 Prozent erhalten irgendeine Form von Unterstützung; in der Regel wird den Jungen für ihre Situation selbst die Schuld gegeben. "Der generellen Einstellung gegenüber männlichen Personen in unserer Gesellschaft folgend betrachtet die Öffentlichkeit Jungen nicht als verwundbar, und das hat Auswirkungen auf die Bereitschaft und Fähigkeit der Jungen, um Hilfe zu bitten", berichtet Ernie Allen, Gründer und Geschäftsführer des Internationalen Zentrums für vermisste und ausgebeutete Kinder.[565]

Schaut man auf Ländergrenzen überschreitenden Menschenhandel statt auf innerstädtische Prostitution, gelangt ein Bericht des US-Außenministeriums aus dem Jahr 2008 auf eine Rate von 45 Prozent Betroffener mit männlichem Geschlecht. Während die meisten von ihnen als Arbeiter gehandelt werden, werden viele Jungen und Männer auch für sexuelle Dienstleistungen herangezogen.[566] Dieses Problem beschränkt sich nicht auf die USA: So wurde im Jahr 2010 in Spanien ein Menschenhandelsring speziell für männliche Prostituierte ausgehoben. (Man versorgte die Männer mit Viagra, Kokain und anderen Stimulanzien, damit sie 24 Stunden am Tag

einsatzbereit waren).[567] Im selben Jahr stießen Ermittler auf Sexsklaven, die aus afrikanischen Ländern nach Schottland gebracht worden waren.[568] "Ich glaube, es gibt kein Land auf dieser Erde, in das nicht auch Jungen beim sexuell ausgerichteten Menschenhandel verschleppt werden", bekundet Blair Corbett, Direktor der Initiative Ark of Hope for Children, ein Fachmann auf diesem Gebiet.[569] Und eine kanadische Studie (*Under the Radar. The Sexual Exploitation of Young Men*) stieß gleich auf eine ganze Reihe von Fakten, die bisherige Klischees gründlich infrage stellen: Die sexuell ausgebeuteten Jungen und jungen Männer haben einen vergleichbaren Hintergrund an sexuellem und körperlichem Missbrauch wie die Mädchen und jungen Frauen in diesem Bereich, die sexuelle Ausbeutung begann allerdings durchschnittlich in einem jüngeren Alter, und die jungen Männer blieben länger in dieser Situation, was vielleicht auch daran liegt, dass sie – ähnlich wie in New York – von den meisten Helfern in diesem Bereich kaum wahrgenommen werden.[570]
Ronald Weitzer, Professor für Soziologie an der George Washington University und Fachmann in den Bereichen Sexhandel und Sexindustrie, erklärt zu den Hintergründen:
"Nichtregierungsorganisationen haben herausgefunden, dass sie die Öffentlichkeit und mögliche Unterstützer erreichen, wenn sie den Sexhandel von Mädchen betonen. Diese Organisationen haben ein Interesse daran, das Problem auf eine bestimmte Weise zu definieren. Ständig von Frauen und Mädchen zu sprechen dient eindeutig dem Zweck, Regierungsgelder zu erhalten sowie die Aufmerksamkeit der Medien, aber Jungen, die zu Opfern werden, werden ignoriert, weil die meisten Mittel für Mädchen reserviert sind." Cameron Conaway, ein weiterer US-amerikanischer Experte für Menschenhandel, weiß Ähnliches zu berichten: "Filmemacher, die den Horror des Sexhandels dokumentieren, berichten, ihre Arbeit würde nicht akzeptiert werden, wenn sie den Missbrauch von Jungen zeigen würden. 'Die Öffentlichkeit ist noch nicht so weit' wird mir gesagt."[571]
"Sexuelle Gewalt gegen Männer ist ein Tabuthema", zieht der anonyme Verfasser des Männerrechtler-Blogs *Toy Soldiers* ein Fazit zu solchen Studien und Berichten. "Die meisten männlichen Opfer berichten nicht über ihren Missbrauch, es gibt weniger Anlaufstellen für sie, wo sie Hilfe bekommen könnten, und praktisch kein

Interesse seitens Regierungsorganisationen. Dieser Mangel an Beachtung macht männliche Opfer unsichtbar, und was nicht gesehen wird, wird oft so behandelt, als ob es nicht existieren würde."[572]
Im US-Bundesstaat North Carolina hat ein Paar eine eigene Zufluchstätte für männliche Opfer von Sexhandel eingerichtet. Das war so nicht geplant: Als Anna und Chris Smith ihre Organisation "Restore One" gründeten, wollten sie sich so wie alle anderen Organisationen um Mädchen kümmern. Bei ihrer näheren Beschäftigung mit dem Thema stießen sie auf die oben angeführten Statistiken über die ihres Geschlechts wegen unsichtbaren Opfer. Daraufhin errichteten sie Anchor House als bislang einzige Unterkunft für Jungen.[573]
Auf der Website von "Anchor House" umreißt die Menschenrechtsaktivistin Nelli Agbulos die aktuelle Situation in diesem Bereich:

"Die Reaktion auf ein männliches Opfer von Menschenhandel ist die gleiche, wie wenn jemand erfährt, dass ein Mann vergewaltigt worden ist. Männer werden, wenn es um Kriminalität geht, als 'Schurke', 'Raubtier', 'Zuhälter' und 'Täter' wahrgenommen und selten als Opfer anerkannt. (...) Jungen gelten nicht als 'Hochrisikogruppe', die in die Forschung, Aufklärung und Rehabilitation bei Menschenhandel einbezogen wird. Männliche Opfer des Menschenhandels erhalten nur dann Aufmerksamkeit, wenn die Nachricht als lokaler oder nationaler Skandal bekannt wird – und das geschieht selten. (...) Da Jungen nicht als Opfer wahrgenommen werden, werden sie nicht dazu ermutigt, darüber zu sprechen, wenn ihnen etwas passiert, sondern sie werden in dem Glauben allein gelassen, dass sie 'stärker' sind, selbstbewusster und mehr in der Lage, auf sich selbst aufzupassen. (...) Sogar von Beamten der Strafverfolgungsbehörden weiß man, dass sie die Existenz männlicher Opfer anzweifeln. (...) Es ist unbestreitbar, dass Männer als Opfer sexueller Ausbeutung (wie Vergewaltigung, häusliche Gewalt und Menschenhandel) unsichtbar gemacht werden. (...) Eine alarmierende Statistik des Außenministeriums der Vereinigten Staaten berichtet jedoch, dass zwischen 2006 und 2008 der Anteil der männlichen Opfer des Menschenhandels von 6% auf 45% gestiegen ist. (...) Menschenhandel ist etwas, das beiden

Geschlechtern zustoßen kann. Männer sind davon genauso betroffen wie Frauen und bedürfen der gleichen Aufmerksamkeit wie Männer."[574]

Weil sie den üblichen Geschlechterklischees zuwiderläuft, bleibt allerdings noch eine weitere Gruppe unsichtbar: die weiblichen Täter. Bei ihnen handele es sich sogar um die Mehrheit der im Menschenhandel aktiven Personen, berichtet Joana Adesuwa Reiterer, die mit der von ihr gegründeten Organisation "Exit" Frauen betreut, die aus Afrika nach Europa kamen und sexuell ausgebeutet werden. Es gebe zwar auch viele Männer, berichtet Reiterer, die aktiv Menschenhandel betreiben oder die Frauen bei der Arbeit überwachen. Aber sehr oft schickten Frauen ihre Geschlechtsgenossinnen in die Prostitution.[575] Einem Bericht der Vereinten Nationen zufolge stellen Frauen in Osteuropa und Zentralasien über 60 Prozent der verurteilten Täter.[576]
In Europa wird das Geschäft mit nigerianischen Mädchen fast ausschließlich von Frauen beherrscht, berichtet Susanne Kaiser in der *Zeit*: "In der Regel haben sie selbst jahrelang als Prostituierte auf Europas Straßen gearbeitet, sind irgendwann zu alt für das aktive Geschäft geworden und haben ihre Schuld längst abbezahlt. Sie verfügen inzwischen über einen legalen Aufenthaltsstatus und kennen sich als Insiderinnen bestens mit Organisation und Strukturen des internationalen Frauenhandels aus."[577] Auch in Deutschland steigt die Zahl der Täterinnen. 1998 waren nur etwa 15 Prozent der wegen "Menschenhandels zum Zweck der sexuellen Ausbeutung" Verurteilten Frauen. 2013 war schon jeder vierte Täter weiblich.[578]

MIKROAGGRESSIONEN

Mikroaggressionen schaden Frauen

Im Mai 2016 bezeichnete Stephan Schleim auf *Telepolis* Mikroaggressionen als den "neuesten Trend der Sexismusdebatte". Hauptverantwortliche dafür ist die Biologieprofessorin Tricia Serio von der University of Arizona. Sie stellte den subtilen Sexismus, der

in Mikroaggressionen enthalten sei, als größte Bedrohung für die Diversität in der Wissenschaft dar. Es sei unentschuldbar, dass es bisher noch keine Forschung dazu gebe, ob diese Mikroaggressionen Frauen aus der Wissenschaft trieben.[579]
Aufgrund dieser Kritik an solchen vielfach kaum wahrnehmbaren, aber trotzdem angeblich traumatisierenden Auslösern versucht man derzeit, alles unter Kontrolle zu bringen, was Frauen und andere gesellschaftliche Minderheiten in irgendeiner Form emotional verletzen könnte. Manche sehen hier inzwischen eine Sprachpolizei am Werk.[580] In einem Artikel der *Zeit* heißt es hierzu:

"Für sogenannte microaggressions, die gar nicht böse gemeint sein müssen, werden Studenten und Professoren auf Facebook und Twitter angefeindet. Was als 'Mikroaggression' gilt, ist dabei so vage definiert, dass es vorgebliche Opfer geradezu ermuntert, sich über Lappalien zu echauffieren. So forderte die Präsidentin der University of California Professoren in einem offenen Brief auf, den Gebrauch von Mikroaggressionen zu vermeiden. Ein gut gemeintes Anliegen – doch die Beispiele für die verbotenen Sätze schränken die Meinungsfreiheit des Lehrkörpers eindeutig ein. Denn laut Uni-Verwaltung sind Sätze wie 'Amerika ist das Land der unbegrenzten Möglichkeiten' oder 'Ich finde, der qualifizierteste Bewerber sollte den Job erhalten' nun tabu. Sie würden den 'Mythos der Meritokratie' befördern und so tun, 'als spielten Rasse oder Gender keine Rolle'."[581]

Aber ist das Konzept der Mikroaggressionen mit ihren angeblich so schädlichen Auswirkungen überhaupt wissenschaftlich gut begründet? Nein, befindet der Psychologieprofessor Scott O. Lilienfeld in einem Anfang 2017 veröffentlichten Beitrag für das Fachmagazin *Perspectives on Psychological Science*. Zwar habe dieses Konzept "die öffentliche Diskussion angeregt" und sich bereits "auf zahlreiche Hochschulen und Unternehmen ausgeweitet". Für seine Kernannahmen jedoch – etwa dass solche Mikroaggressionen von den meisten oder allen Minderheitengruppenmitgliedern negativ interpretiert werden und dass ihnen vorurteilsbeladene und aggressive Motive unterliegen – finde sich in der Forschungsliteratur kaum die nötige Unterstützung. Deshalb solle man auf die Verwendung dieses Begriffs, auf

Trainingsprogramme gegen Mikroaggressionen sowie auf öffentlich verbreitete Listen mit Mikroaggressionen besser verzichten.[582]

POLITIK

Frauen werden in den politischen Parteien diskriminiert

Schaut man sich an, wie viele Abgeordnete der Bundestagsparteien weiblich sind, ist die Vorstellung nachvollziehbar, dass einige dieser Parteien Frauen benachteiligen. Feministisch korrekt sieht es bei den Grünen aus, dort sind 58 Prozent der Abgeordneten weiblich. Bei der Linken sind es immerhin 54 Prozent. Die Sozialdemokraten hingegen bringen es nur auf 42 Prozent Frauen unter den Abgeordneten, die FDP auf 22,5 Prozent, die Union auf 20 Prozent und die AfD auf gerade einmal 10,6 Prozent.[583]
Den Eindruck der Diskriminierung gewinnt man indes nur, wenn man den Anteil der weiblichen Abgeordneten mit dem Anteil der Frauen in der Gesamtbevölkerung vergleicht. Aber warum sollte man so etwas Absurdes tun? Wir fragen zum Beispiel auch nicht, ob der Anteil von Handwerkern unter den Abgeordneten dem Anteil der Handwerker in der Bevölkerung entspricht. Die relevante Bezugsgröße um Diskriminierung zu ermitteln, kann doch nur der Frauenanteil in der jeweiligen Partei sein, um ihn dann mit dem Anteil der Frauen unter den Bundestagsabgeordneten zu vergleichen. Nur so findet man heraus, ob hier sexistisch gesiebt wird.
Schauen wir uns die entsprechenden Zahlen von Ende 2016 an, also dem Jahr vor der letzten Bundestagswahl, und vergleichen: 39 Prozent der Parteimitglieder der Grünen sind Frauen, deren Abgeordnete sind aber, wie wir gerade gehört haben, zu 58 Prozent weiblich. Wenn es hier eine geschlechtsspezifische Benachteiligung gibt, dann trifft sie nicht die Frauen. Bei den Linken sind 36,9 Prozent der Mitglieder weiblich. Auch hier muss man die Männer diskriminieren, um bei den Abgeordneten auf 54 Prozent an Frauen zu kommen. Ähnlich sieht es bei der SPD aus: Nur 32,2 Prozent der Mitglieder, aber volle 42 Prozent der Abgeordneten sind weiblich. Erst bei den Unionsparteien (CDU: 26,1 Prozent, CSU: 20,3 Prozent

weibliche Mitglieder) sowie der AfD (16 Prozent Frauen) verkehrt sich das Gefälle um einige wenige Prozent zu Gunsten der Männer. Und bei welcher Partei stimmt das Verhältnis der Frauen unter den Mitgliedern (22,6 Prozent) und den Abgeordneten (22,5 Prozent) fast exakt überein, womit sie Spitzenreiter darin ist, keines der beiden Geschlechter zu benachteiligen? Es ist die von feministischen Blättern gerne als "Herrenpartei" bemäkelte FDP.[584]
"Wenige Frauen treten in Parteien ein – wenn sie sich engagieren, haben sie mehr Erfolg als Männer" erkannte so auch im April 2019 die *Frankfurter Allgemeine*. Die Zeitung berichtet:

"Eine Gruppe von Politikwissenschaftlern des Berliner Instituts für Parlamentarismusforschung hat in einer Studie nachgewiesen, dass die Parteien mitnichten Frauen in ihrer politischen Karriere benachteiligen, wie oft behauptet wird. Vielmehr sei sogar das Gegenteil der Fall. Auf die Frage, warum Frauen dennoch in den Parlamenten zahlenmäßig unterrepräsentiert sind, haben die Wissenschaftler eine klare Antwort: Selbstselektion."[585]

Das Team um Professorin Suzanne Schüttemeyer hatte vor der Bundestagswahl 2017 Dutzende Veranstaltungen aller großen Parteien bundesweit besucht und in 104 Wahlkreisen untersucht, wer kandidierte und wer daraufhin gewählt wurde. Rechnete man die so gewonnenen Zahlen hoch, zeigte sich: Es sitzen allein deshalb vergleichsweise wenige Frauen in den Parlamenten, weil Frauen deutlich seltener als Männer in eine Partei eintreten. Die These einer strukturellen Benachteiligung von Frauen in den Parteiapparaten, stellt die *Frankfurter Allgemeine* fest, "kann der Studie zufolge als widerlegt gelten". Stattdessen gebe es, wie Schüttemeyers Mitarbeiter Benjamin Höhne feststellt, tendenziell sogar eine "positive Diskriminierung", also Bevorzugung, von Frauen.[586]

Parteien können durch betont frauenfreundliche Politik Wähler gewinnen

Hillary Clinton versuchte, im Wahlkampf gegen Donald Trump die feministische Karte zu spielen, und sprach von einem "Krieg gegen die Frauen" in unserer Gesellschaft. Sie scheiterte. Die SPD agiert mit Slogans wie "Wer die menschliche Gesellschaft will, muss die männliche überwinden", fordert Führerscheinentzug für unterhaltsäumige Väter und möchte immer wieder das Sexualstrafrecht verschärfen.[587] Kanzlerkandidat Martin Schulz versprach, im Fall eines Wahlsiegs die Hälfte der Ministerämter mit Frauen zu besetzen und erweckte den Eindruck, hierzulande bekämen Frauen für dieselbe Arbeit 21 Prozent weniger Lohn. Prompt wurde die Bundestagswahl für die Sozialdemokraten zur Katastrophe. Und doch ist der Glaube daran, mit betont frauenfreundlicher Politik Wählerstimmen abräumen zu können, nicht totzukriegen.

Vielleicht ändert sich das, nachdem im Jahr 2017 eine in der Fachzeitschrift *Political Behavior* erschienene Studie klarstellte, dass die vermeintlichen Gewinne, die eine betont frauenfreundliche Politik einbringe, nichts anderes als ein Mythos sind. Die Autoren dieser Untersuchung befragten während des Präsidentschaftswahlkampfes zwischen Barack Obama und Mitt Romney Tausende von Amerikanern ohne Parteibindung nach ihren Reaktionen auf Aktionen, die darauf ausgerichtet waren, bei den Wählern zu punkten – und zwar jene Aktionen, Plakate und Werbespots, die speziell die weibliche Zielgruppe ansprechen sollten. Die Wissenschaftler erfassten genau, wie die Befragten solche Reklame aufnahmen, bewerteten, verarbeiteten und erinnerten.

Die Ergebnisse waren ernüchternd für jeden, der an die Wirkung frauenpolitischer Appelle glaubte. Keine der Kampagnen, die auf Frauen abzielte, konnte als Erfolg bezeichnet werden. Keines der beiden Geschlechter wurde davon positiv angesprochen, Männer manchmal sogar abgeschreckt und dazu verleitet, den gegnerischen Kandidaten zu wählen. Das Hofieren von Frauen war bestenfalls nutzlos und erzeugte schlimmstenfalls einen Bumerangeffekt.[588]

PORNOGRAPHIE

Pornos machen Männer zu Triebtätern und Frauen zu Objekten

Pornographie, also die Darstellung von erotischen Handlungen in Worten oder Bildern, ist eines der Gebiete, in dem die Ultrakonservativen aus Regierung, katholischer Kirche und Feminismus einen engen Schulterschluss eingehen. "Pornographie führt zur Sünde und verdirbt die menschlichen Beziehungen", ließ die Pressestelle des Vatikans im Mai 1989 verlauten.[589] Das war den moralischen Fundamentalistinnen in der Frauenbewegung viel zu harmlos formuliert. Wenn es um erotische Bilder ging, sprachen sie statt von "Sünde" von "Frauenhass". Pornographie wurde von ihnen mit Völkermord verglichen und der Playboy-Chef Hugh Hefner mit Adolf Hitler.[590]

Die Anti-Porno-Feministin Page Mellish behauptet, dass es keine Frage des Feminismus gäbe, die ihre Wurzel nicht im Porno-Problem habe. "Pornographie ist Kriegspropaganda gegen Frauen!", lautete einer von Alice Schwarzers Kampfrufen.[591] Die Feministin Catharine MacKinnon behauptete, Männern Pornos zu zeigen, sei, wie einem trainierten Kampfhund "Fass!" zuzurufen.[592] Ähnlich unverblümter Sexismus findet sich in Andrea Dworkins Pamphlet "Pornographie. Männer beherrschen Frauen", einem Buch, für dessen deutsche Ausgabe Alice Schwarzer das Vorwort schrieb. Das Buch ist von Anfang bis Ende durchsetzt mit Hassparolen wie "Terror strahlt aus vom Mann, Terror erleuchtet sein Wesen, Terror ist sein Lebenszweck".[593] Wenn nach der Lektüre dieses Textes eine Konsequenz auf der Hand liege, erwiderte kopfschüttelnd die Literaturwissenschaftlerin Silvia Bovenschen, "dann ist sie nicht so sehr die des Verbotes von Pornographie, sondern die des Verbotes von Männern".[594]

"Pornos sind die Theorie, Vergewaltigung ist die Praxis" – solche ideologisch aufgeladenen Sprüche aus den siebziger Jahren mögen vielen aus heutiger Sicht vorkommen wie finsterste Vergangenheit. Allerdings hält sich in manchen feministischen Strömungen Angst vor erotischen Fotos und Filmen über die Jahrzehnte hinweg hartnäckig.

"Mörderischer Männerwahn" etwa ist ein Artikel überschrieben, den Alice Schwarzer noch im Jahr 2009 veröffentlicht hatte. Darin berichtet Schwarzer, dass ein Münchner Neuropsychologe, Professor Henner Ertel, dessen Institut für rationelle Psychologie seit 30 Jahren Langzeitstudien zu den Auswirkungen von Pornografie mache, Alarm geschlagen habe: "Was da auf unsere Gesellschaft zukommt,

ist das Grauen." Die Psychologen registrierten veränderte Verhaltensweisen — "Gewalt ist heute ein legitimes Mittel, Ansprüche durchzusetzen" – und die Neurologen Veränderungen im Gehirn: "Das Gehirn passt seine Verarbeitungsstrategien an und schützt sich gegen die Flut von Gewalt und Pornografie durch Abstumpfung." Der Neuropsychologe Ertel habe festgestellt: "Emotionale Intelligenz und Empathiefähigkeit haben bei den Jugendlichen enorm abgenommen. Sexualität ist heute für die Mehrheit der jungen Männer, aber auch für viele junge Frauen unlösbar mit Gewalt verknüpft. Wobei die Männer sich mit den Vergewaltigern identifizieren, die Frauen mit den Vergewaltigten."[595]
Das Problem mit Schwarzers Kronzeugen, dem "Neuropsychologen Professor Henner Ertel", ist, dass er genauso fragwürdig ist wie sein Forschungsinstitut. "Henner Ertel wurde jetzt von einem Wissenschaftler wegen Missbrauchs akademischer Titel angezeigt", berichtete *Spiegel-Online* 2007 über den Mann, den Schwarzer noch zwei Jahre später als Experten vorstellte. Die Universität, deren Rektor Ertel sein will, existiere offenbar nur auf dem Papier; es handele sich um eine reine Briefkastenfirma.[596] Den Auftraggebern sei die mangelnde Seriosität dieser Studien egal, stellte im Jahr 2008 *Die Zeit* fest und sprach von einem "Institut für Volksverdummung".[597]
In der seriösen wissenschaftlichen Forschung hingegen hat sich über die Jahrzehnte hinweg immer mehr ein positiver Einfluss der von Feministinnen angeprangerten Filme herausgeschält. So wies bereits 1989 die amerikanische Psychologieprofessorin Kathryn Kelley nach, dass Männer, die sich pornographische Filme angeschaut hatten, schneller bereit waren, einem leidenden weiblichen Opfer zu helfen, als Männer, denen man keine Pornos gezeigt hatte.[598] Einen vergleichbaren Effekt konnte auch der Sexualforscher David P. J. Przybyla aufzeigen.[599] Die Soziobiologin Linda Mealey gelangte auf der Grundlage solcher Studien zu dem klaren Fazit: "Die Analysen von Forschungen, die sowohl im Labor als auch in Alltagssituationen vorgenommen wurden, zeigen, dass feindselige Gefühle oder Handlungen gegenüber Frauen durch Pornographie *nicht* begünstigt werden. Im Gegenteil, Pornographie kann diese Tendenzen abschwächen."[600]
Einige der führenden Wissenschaftler auf diesem Gebiet sehen die Theorie, dass Erotika bei aggressiven Menschen gewaltsame Reaktionen reduzieren können, durch eine große Fülle von

Forschungsmaterial gestützt und empfehlen ausdrücklich, Pornographie in deren Behandlung einzusetzen.[601] Tatsächlich *wird* Pornographie wegen ihres erzieherischen und therapeutischen Werts in den USA auch in über 40.000 Institutionen und von 8.000 Sexualmedizinern mit eigener Praxis zur Behebung sexueller Störungen eingesetzt.[602]
Vermutlich weil die Vorurteile gegenüber pornographischen Filmen in vielen Köpfen sehr fest sitzen, dauerte es mehrere Jahrzehnte, bis ihre positiven Auswirkungen einer breiten Öffentlichkeit bekannt wurden. Erst im Januar 2010 titelte die amerikanische Zeitschrift *Psychology Today* "Pornographie ist gut für Sie". Grundlage für diesen Beitrag war eine Reihe aktueller Untersuchungen, die stark darauf hindeuten, dass es sich bei den vermeintlichen schädlichen Auswirkungen pornographischer Streifen um einen Mythos handelte. So hatte Milton Diamond, Professor für Reproduktionsbiologie, eine Analyse zahlreicher Studien zu diesem Thema durchgeführt und war auf dieser Grundlage zu dem Ergebnis gelangt, dass sich ein sozialer Schaden für Frauen durch Pornographie nicht belegen lasse. Stattdessen gibt es Hinweise darauf, dass dort, wo Pornographie leichter verfügbar wurde, die Häufigkeit von Sexualverbrechen abnimmt. Und in einer im Jahr 2008 veröffentlichten Studie der Sexualforscher Gert Martin Hald und Neil M. Malamuth, die 688 junge Männer befragt hatten, zeigte sich Folgendes:

"Hald und Malamuth fanden heraus, dass die Befragten die Betrachtung von Hardcore-Pornographie als vorteilhaft für ihr Sexualleben, ihre Einstellung zum Sex, ihre Wahrnehmungen und Einstellungen gegenüber Angehörigen des anderen Geschlechts und zum Leben im Allgemeinen wahrnahmen. Die erzielten positiven Effekte waren statistisch signifikant für beide Geschlechter. (...) Es wurde auch ein positiver Zusammenhang zwischen der Menge an Hardcore-Pornographie, die gesehen wurde, und den geschilderten positiven Folgen erzielt. Dieser positive Zusammenhang wurde bei beiden Geschlechter festgestellt. Mit anderen Worten, je mehr man sich Pornos angesehen hat, desto stärker ist der Nutzen (für beide Geschlechter)!"[603]

Bei Alice Schwarzers *Emma* will man davon noch im Jahr 2014 nichts wissen: "Pascha: der Pornokonsument" ist dort eine Art

offener Brief an den Liebhaber dieses Genres überschrieben, dem mitgeteilt wird, die Wissenschaft habe noch nicht herausgefunden, "ob du Pornos guckst, weil du blöd bist – oder ob du blöd geworden bist, weil du Pornos guckst."[604] Im folgenden Jahr allerdings veröffentlichte die Fachzeitschrift *The Journal of Sex Research* eine Studie der University of Western Ontario. In der Zusammenfassung dieser Untersuchung heißt es: "Der radikalfeministischen Theorie zufolge dient die Pornographie dazu, die Unterordnung der Frauen zu fördern, indem sie ihren Nutzern – Männer und Frauen gleichermaßen – beibringt, Frauen als wenig mehr als Sexobjekte zu betrachten, über die Männer die vollständige Kontrolle haben sollten". Diese These lasse sich aber nicht aufrechterhalten, wenn man Pornokonsumenten mit Menschen vergleiche, die von Pornos Abstand nahmen. Diejenigen, die solche Filme sahen, hatten sogar gleichberechtigtere Auffassungen über Frauen in Machtpositionen und Frauen, die außerhalb des Hauses arbeiten. Davon abgesehen unterschieden sich die beiden Gruppen nicht in ihren Einstellungen zu traditionellen Familien oder der Frage, ob sie sich selbst als feministisch einordneten.
"In der Gesamtbetrachtung stützen die Ergebnisse dieser Studie die Ansicht nicht, dass Pornographie ein effizienter Lieferant von Frauenhassideologie ist", schlussfolgerten die Autoren. Obwohl diese Ergebnisse aus der Perspektive der radikal-feministischen Theorie unerwartet seien, stimmten sie mit anderen empirischen Untersuchungen überein, die ebenfalls positive Assoziationen zwischen Pornographie und egalitären Einstellungen gezeigt hatten. Justin Lehmiller, ein Professor für Sexualpsychologie, analysierte die Untersuchung und stellte fest, dass sie mit den Ergebnissen einer kürzlich durchgeführten Meta-Studie übereinstimmte, die den Zusammenhang zwischen Pornos und sexueller Gewalt untersuchte. Auch diese Meta-Studie, die im Fachmagazin *Aggression and Violent Behavior* veröffentlicht wurde, "fand nicht heraus, dass pornographische Inhalte mit erhöhten Raten von Vergewaltigung und sexuellen Übergriffen zu tun haben - vielmehr unterstützt die Datenlage den gegenteiligen Zusammenhang".[605] Zur selben Schlussfolgerung gelangte der Wiener Verhaltensforscher Karl Grammer. Auch er erklärt: "Gewalt gegen Frauen und männliche Aggression hat nichts mit Pornographiekonsum zu tun, sondern ist ein Anzeichen für den Verlust der sozialen Kontrolle in unserer

Gesellschaft. Also genau das Gegenteil von dem, was feministische Theorien behaupten."[606]
Ein weiterer Sexualforscher, der sich intensiv mit den Auswirkungen von Pornographie beschäftigte, war Professor Simon Louis Lajeunesse von der kanadischen Universität Montreal. Nicht einer der von ihm untersuchten Konsumenten von Pornographie wies Anzeichen für eine gestörte Sexualität auf. Stattdessen gelangte Lajeunesse zu den folgenden Erkenntnissen: Es war nur schwer möglich, Männer ausfindig zu machen, die noch niemals Pornos gesehen hatten. Im Durchschnitt betrachten männliche Singles dreimal die Woche für vierzig Minuten solche Filme. Männer in einer festen Partnerschaft taten dies nur 1,7 Mal pro Woche für 20 Minuten. Jungen legten Pornos, die sie abstoßend fanden, schnell zur Seite, und sahen sich auch später als Erwachsene nur Filme an, die mit ihrer Vorstellung von Sexualität im Einklang standen. Alle der von Lajeunesse befragten Männer unterstützten die Gleichberechtigung von Männern und Frauen, sie strebten eine harmonische und erfüllende Partnerschaft an, und alle fühlten sich schikaniert von einer Rhetorik, die Pornographie dämonisierte.[607]
Auch bei anderen männerfeindlichen Vorurteilen im Zusammenhang mit Pornographie erweist sich inzwischen das Gegenteil als wahr. Sharon Moalem bringt die unterschiedliche Reaktion von Männern und Frauen auf pornographische Filme in ihrem Buch "How Sex Works" am besten auf den Punkt. Dort heißt es:

"Wenn ich Ihnen erzählen würde, dass eines der beiden Geschlechter viel mehr Zeit damit verbringt, sich die Gesichter statt der Genitalien anzuschauen, während das andere von einer viel größeren Bandbreite sexueller Bilder erregt wird, einschließlich Affen, die es miteinander treiben, dann würden Sie vermutlich annehmen, dass es sich bei dem erstgenannten Geschlecht um Frauen und bei dem zweiten um Männer handelt. Und damit lägen Sie falsch."[608]

Die erste Tatsache, die in vielen Diskussionen auffällig untergeht, ist, dass Frauen von Pornos genauso stark erregt werden wie Männer. Das ergaben Experimente immer wieder, zuletzt im Jahr 2007 in einer Studie an der McGill-Universität im kanadischen Montreal. Hier durften sich weibliche wie männliche

Versuchspersonen erotische Filme anschauen, während Wärmebilder ihrer Genitalien aufgenommen wurden, mit denen man eine stärkere Durchblutung erkennen konnte. Das Ergebnis: Frauen wie Männer erreichten den Höhepunkt der Erregung nach zehn Minuten, und es zeigte sich kein statistisch signifikanter Unterschied zwischen den Geschlechtern.[609]
Ebenfalls im Jahr 2007 arbeiteten Kim Wallen und Heather Rupp vom Kinsey-Institut für Sexualforschung an einer weiteren Untersuchung, bei der gleichzeitig die Hirnaktivität von Pornoschauern und die Bewegungen ihrer Augen gemessen wurden. Auf diese Weise wollte man zum einen feststellen, welche Elemente der pornographischen Bilder die Versuchspersonen am längsten betrachteten, und zum anderen herausfinden, welcher Anblick welche Hirnaktivität auslöste.
Hierbei zeigte sich: Die Männer betrachteten die Gesichter viel länger als die weiblichen Zuschauer. Frauen schauten beim Betrachten pornographischer Filme, das ergaben die erwähnten Untersuchungen zweifelsfrei, als erstes auf die Genitalien. Auch betrachteten sie Aufnahmen vom Sexakt zwischen Mann und Frau länger. Vermutlich gibt es nicht zuletzt deshalb so viele Klischees über lüsterne Männerblicke, weil viele Frauen eigene Verhaltensweisen, die sie sich nicht eingestehen wollen, stattdessen auf die Vertreter des anderen Geschlechts abwertend projizieren.[610]
Dass Männer bei Pornos wählerischer sind als Frauen ergab eine Reihe von Studien, die die Professorin Meredith Chivers am Zentrum für Sucht und geistige Gesundheit im kanadischen Toronto durchführte. Auch hier wurde die verstärkte Blutzufuhr in den Genitalien gemessen. Dabei zeigten sich die Frauen sofort erregt, sobald sie sexuelle Szenen sahen – egal ob Mann oder Frau, schwul oder hetero. Männer hingegen reagierten nur auf spezifische Reize – jene, die ihrer eigenen erotischen Ausrichtung entsprachen. So wurden Heteromänner beispielsweise nicht von den Aktivitäten schwuler Männer erregt. Und als man in einer Folgestudie Aufnahmen miteinander kopulierender Bonobo-Affen vorführte, reagierten wieder nur die weiblichen Teilnehmer – allerdings nicht ganz so stark wie bei Filmen, die Menschen beim Sex zeigten.[611]
Ein wenig wurden diese Ergebnisse bereits von einer Umfrage vorweggenommen, die der US-amerikanische Autor David Loftus unter 150 Männer vorgenommen hatte, um deren Eindrücke beim

Sehen von Pornografie herauszufinden. Dabei gelangte er zu folgenden Ergebnissen:
- Männer würden gerne mehr Handlung und mehr romantische Liebe in Porno-Filmen sehen.
- Sie mögen Nahaufnahmen von Genitalien nicht besonders.
- Sie finden sowohl Gewalt gegen Frauen wie auch ihre Unterwerfung nicht sexy, sondern ihre Lust lässt bei derartigen Szenen eher nach – wenn sie denn überhaupt jemals solche Szenen gesehen haben.
- Obwohl sie mögen, wenn Frauen mit anderen Frauen Sex haben, glauben sie nicht, dass diese Frauen tatsächlich Lesbierinnen sind.
- Sie haben nicht aktiv nach wilderer oder aggressiverer Pornografie gesucht, sondern sind entweder dabei geblieben, was sie gerne mochten, oder aber sie suchten schon nach wilderen Dingen, kamen aber dann auf die Inhalte zurück, die sie schon zuvor an der Pornografie interessierten. Manche haben das Interesse an Pornografie ganz verloren.
- Sie mögen die Art, wie Männer in Pornos gezeigt werden, nicht besonders.[612]

Männer durchschauen also sehr gut, dass Pornos ihnen nur eine Phantasiewelt vorgaukeln. Wie schön wäre es, wenn auch die letzte Feministin begreifen würde, dass ihre sexistische Vorstellung vom Raubtier Mann und Lämmchen Frau auch im Zusammenhang mit Pornos nur eine Phantasie darstellt.

Der leichte Zugang zu Internet-Pornos schadet Jugendlichen

Die neueste Wendung erhielt der Alarmismus gegenüber pornographischen Filmen vor einigen Jahren unter dem Kampfbegriff "Generation Porno". Gemeint war damit eine durch die leichte Verfügbarkeit von Pornos im Internet sexuell angeblich immer aggressivere und immer enthemmtere Jugend.

Von wissenschaftlicher Seite indes gab es dagegen lautstarken Widerspruch. "Die Generation Porno ist ein Schreckgespenst", erklärte der angesehene Jugendforscher Professor Klaus Hurrelmann. "Das kann man schon nicht mehr in Prozenten ausdrücken – es sind Promilleanteile eines Jahrgangs, bei denen es, wie wir das sagen, zu riskantem Sexualverhalten kommt. Die Zahl ist seit Jahren gleich."[613] Die Studie *Jugendsexualität 2010* der Bundeszentrale für gesundheitliche Aufklärung gab Hurrelmann Recht: Die Jugendlichen der angeblichen "Generation Porno" erleben ihr erstes Mal zwar früher als vergangene Jahrgänge, dies geschieht allerdings in der Regel in einer festen Beziehung. Jugendliche verhüten auch besser als je zuvor und sprechen heute weit ausführlicher mit ihren Eltern darüber als in zurückliegenden Jahrzehnten.

"Onlinesexsucht entwickelt sich zur Männerseuche des 21. Jahrhunderts" hatte Lisa Ortgies in Alice Schwarzers *Emma* einmal geschrieben. Das Pornoangebot könne "normale" Nutzer zu Pädophilen machen.[614] Die *Zeit* befragte zu dieser Behauptung David Goecker, Mitarbeiter eines renommierten Projekts an der Berliner Charité, bei dem pädophile Männer therapiert werden. Goecker kann die *Emma*-Thesen nicht bestätigen. Die sexuelle Vorliebe liege bereits vor dem Konsum von Kinderpornografie vor: "Inwieweit sich das sexuelle Verhalten eines Menschen durch den Konsum von Pornografie verändert, inwiefern Impulse auf das eigene Erleben von Sexualität übertragen werden, kann seriös nicht gesagt werden."[615]

Die Datenlage weist eher auf einen positiven Effekt: Je schneller in verschiedenen Bundesstaaten der USA die Anbindung ans Internet gestiegen war, desto rapider war die Zahl an Vergewaltigungen gesunken. Dieser Effekt bleibt Professor Todd Kendall von der US-Universität Clemson zufolge auch dann robust, wenn man andere denkbare Einflussgrößen wie Bevölkerungsdichte, Armut, Arbeitslosigkeit und Polizeipräsenz mit einbezieht. Einen ähnlichen Effekt des Internets beispielsweise auf andere Gewaltverbrechen gebe es nicht. Und in der Altersgruppe der Täter zwischen 15 und 19 Jahren sanken die Zahlen am deutlichsten.[616]

Pornos mit Gewalt gegen Frauen sind vor allem bei Männern beliebt

Für seinen im Jahr 2017 erschienenen Bestseller "Everybody Lies" wählte der Sozialwissenschaftler Seth Stephens-Davidowitz einen neuen Zugang, um ansonsten verheimlichte Informationen über die menschliche Psyche und das menschliche Verhalten zu gewinnen: Er

sichtete Daten aus Internet-Suchmaschinen wie Google sowie Websites wie Wikipedia, Facebook und PornHub, eine der weltweit umfangreichsten Online-Sammlungen pornographischer Filme. Der Vorteil dieser Methode bestand darin, Massen anonymisierter Informationen auswerten zu können, die Menschen eher ungern freiwillig preisgeben.
Dabei entdeckte er Überraschendes: "Unter den häufigsten von Frauen durchgeführten Suchanfragen bei PornHub", berichtet er, "ist ein Genre, das viele Leser verstören dürfte: gewaltsamer Sex mit Frauen. Bei vollen 25 Prozent der weiblichen Suchanfragen nach heterosexuellen Pornos wird der Schmerz bzw. die Demütigung der Frau betont – mit Begriffen wie 'schmerzhaft und weinend', 'öffentliche Demütigung' und 'extrem brutaler Gangbang'. Fünf Prozent suchen nach nicht einvernehmlichem Sex – 'Vergewaltigung' oder 'erzwungener' Sex - obwohl diese Videos auf PornHub verboten sind. Die Suchraten für all diese Begriffe sind bei Frauen mindestens doppelt so häufig wie bei Männern. Wenn es ein Genre von Pornos gibt, in dem Gewalt gegen eine Frau ausgeübt wird, dann zeigt meine Analyse der Daten, dass sie fast immer unverhältnismäßig stark Frauen ansprechen."[617]

Pornographie wird immer härter

Eine beliebte Klage der Eiferer gegen Pornographie lautet, dass dieses Genre von Jahr zu Jahr gewaltvoller werde. "Manche behaupten auch", berichtet der kanadische Professor für Soziologie Eran Shor, "dass Pornobetrachter, die meist Männer sind, desensibilisiert werden, und die Produzenten glücklich seien, Videos zu produzieren, die härter sind, was zu einer wachsenden Nachfrage nach und einem wachsenden Angebot an gewalttätigen und erniedrigenden Handlungen gegen Frauen in Mainstream-Pornovideos führt."[618] Die Pornokonsumenten würden also süchtig nach einer immer stärkeren Dosis des von ihnen begehrten Stoffs.[619]
Um diesen weit verbreiteten Glauben zu überprüfen, betrachtete das Forschungsteam um Eran Shor 269 Videos, die in den zehn Jahren zuvor auf die beliebte Erotik-Website PornHub hochgeladen wurden. Nahmen aggressive Inhalte in den Videos tatsächlich zu? Und bevorzugten die Zuschauer solche Inhalte, was sich sowohl in der

Anzahl der Aufrufe als auch in den Ranglisten für Videos mit Gewaltszenen widerspiegeln würde?
Keine der beiden Behauptungen ließ sich aufrechterhalten: "Erstens haben wir in den letzten zehn Jahren keinen konsistenten Anstieg bei aggressiven Inhalten gefunden," berichtet Professor Shor, "tatsächlich enthält das durchschnittliche Video heute kürzere Segmente, die Aggressionen zeigen. Zweitens werden Videos mit aggressiven Handlungen weniger gesehen und erhalten weniger positive Bewertungen von Zuschauern. Denen sind Videos lieber, bei denen Frauen eindeutig Spaß haben."[620]

Pornodarstellerinnen sind traumatisiert und leiden unter ihrem Beruf

Für jemanden, der pornographische Filme als gewalttätig und Frauen unterdrückend wahrnimmt, für den können Frauen, die in solchen Filmen mitspielen, nur traumatisiert sein, häufig Opfer früheren sexuellen Missbrauchs. Freiwillig, so heißt es, würde das doch keine psychisch gesunde Frau tun. Gut, wenn man lange genug sucht, findet man vermutlich auch im Porno-Business, so wie in jeder Branche, eine seelisch angeschlagene Frau, die gelernt hat, ihren Beruf zu hassen. Aber trifft das auf die Gesamtheit der Porno-Darstellerinnen zu?
Das Gegenteil ist der Fall, ermittelte eine Gruppe von Psychologen um James Griffith von der Shippensburg University im US-Bundesstaat Pennsylvania. Sie befragten 177 Frauen zwischen 18 und 50 Jahren, die schon mindestens eine bezahlte Rolle in einem Pornofilm gehabt hatten, nach ihrem Wohlbefinden und Details aus ihrem Lebenslauf. Die gesammelten Auskünfte verglichen sie dann mit Berichten einer Kontrollgruppe von Frauen mit ähnlichem Alter und Beziehungsstatus. Dabei zeigte sich: Die Pornodarstellerinnen gaben an, das Liebesspiel mehr zu genießen, und sie bewerteten den Grad ihrer sexuellen Befriedigung ebenso wie ihr Selbstbewusstsein und allgemein die Freude am Leben höher. Darüber hinaus bescheinigt die Untersuchung den Darstellerinnen eine bessere Beziehung zum eigenen Körper, einen ruhigeren Schlaf und ein höheres Maß an Spiritualität. Überdies erkannten die Forscher, dass die Pornodarstellerinnen als Kind keineswegs häufiger Opfer

sexuellen Missbrauchs geworden waren als die Frauen, die nicht in solchen Filmen mitspielten.[621]

PROSTITUTION

Wer in der Prostitution tätig ist, leidet entsetzlich

"Bordell Deutschland" hatte das ZDF eine am 18. November 2017 ausgestrahlte Dokumentation über Sexhandel in Deutschland betitelt.[622] Sicherlich rein zufällig hatte der *Spiegel* einige Jahre zuvor einer Titelgeschichte denselben Namen gegeben.[623] Die beiden Beiträge hatten auch andere Gemeinsamkeiten. Beide erreichten ein Massenpublikum und wurden von anderen Medien aufgegriffen. Beide zeichneten ein entsetzliches Bild, was käufliche Sexualität anging. Sowohl die reißerischen Behauptungen des ZDF[624] als auch die des *Spiegel*[625] wurden von Prostituierten selbst, wie sie sich etwa in der Selbsthilfeorganisation Doña Carmen zusammenfanden, in einer mehrseitigen Analyse mit vielen Quellenangaben minutiös zerpflückt und widerlegt. Doña Carmen nimmt hier kein Blatt vor den Mund und spricht mit Bezug auf das ZDF deutlich von "Fake News".
Doña Carmen äußert sich auch zu der Methode des ZDF, Aussteigerinnen aus der Prostitution als Kronzeuginnen für die angeblich unhaltbaren Zustände einzusetzen:

"Aussteigerinnen aus der Prostitution sollten das Recht haben, gehört zu werden. Selbstverständlich gibt es Frauen, die mit der Prostitution nicht zurechtkommen und sie möglichst schnell hinter sich lassen sollten. Das alles aufzuzeigen und zu dokumentieren, ist legitim. Etwas anderes aber ist es, diese Einzelschicksale und deren Leid zu missbrauchen, um alle Prostituierte als geschädigt, als traumatisiert und als Opfer von Gewalt zu präsentieren. Pars pro toto – so macht man sich die Abrechnung mit Prostitution leicht."

Eine letzte Gemeinsamkeit: In beiden Fällen widmeten Journalisten dieser Widerlegung durch erkennbare Expertinnen aus dem Gewerbe nicht einmal einen Bruchteil der Aufmerksamkeit wie der

dramatischen Darstellung der Medienkollegen zuvor. Mit der Schlagzeile "Alles halb so schlimm" verkauft man nun mal keine Zeitung.
Dieses Muster hat Methode. Als feministisch geprägte Frauen aus der Medienbranche wie Lena Dunham, Anne Hathaway, Meryl Streep und Kate Winslet in einem Protestbrief, der auch von Alice Schwarzers *Emma* unterstützt wurde, erklärten, Prostitution sei gegen die Menschenrechte, wurde das selbstverständlich auch von deutschen Medien breit aufgegriffen.[626] Das Medieninteresse blieb jedoch aus, als sich tatsächliche Sexarbeiterinnen entschieden gegen ihre vermeintlichen "Beschützerinnen" verwahrten.[627] Das ist eigentlich erstaunlich, weil die Forderung, Promi-Frauen sollten sich bei einem Thema, von dem sie keine Ahnung haben, lieber zurückhalten, von 180 Menschenrechtsorganisationen unterstützt wurde: darunter Gruppen wie die Global Alliance Against Traffic in Women, die International Gay and Lesbian Human Rights Commission, das New York Anti-Trafficking Network, das US-amerikanische National Center for Transgender Equality sowie Vereinigungen von Sexarbeiterinnen von Ungarn über Kenia bis Indien.[628] Amnesty International hatte ohnehin schon die Entkriminalisierung von Sexarbeit in den Ländern gefordert, in denen diese Dienstleistung noch als illegitim galt. Aber so wie die deutschen Medien funktionieren, haben Hunderte solcher Organisationen gegen Alice Schwarzers Team unterstützt von diversen Hollywoodfrauen keine Chance, was die Berichterstattung angeht.
Es blieb Bloggern wie Robert Fendt überlassen, auf die irrwitzige Schieflage der Debatte hinzuweisen:

"Die Reaktion auf die erwähnte Forderung von Amnesty International nach einer weitgehenden weltweiten Entkriminalisierung von Sexarbeit ließ natürlich auch hierzulande nicht lange auf sich warten. 'Amnesty kämpft jetzt auch für Zuhälter' titelte der Spiegel in seiner Online-Ausgabe, zog diese Überschrift allerdings später verschämt wieder zurück. (...) Was mich dabei fasziniert, ist, dass auf Kritiker-Seite nie jemand auf die Idee kommt, mit den Sexarbeiterinnen selbst zu sprechen. Amnesty International hat genau dies getan, und zwar nicht mit einzelnen Frauen, sondern

mit Hunderten weltweit, und schloss in der Folge sich deren Forderung nach Entkriminalisierung an."[629]

Mit wissenschaftlichen Erkenntnissen ist die These, dass Sexarbeit – ob in Pornographie oder Prostitution – die Seele zerstöre, ohnehin kaum vereinbar. Stattdessen belegt eine ganze Reihe von Untersuchungen das Gegenteil.
So berichtet der Soziologe Ronald Weitzer von der George Washington University berichtet, dass die Hälfte von knapp 200 Sexarbeiterinnen angeben, dass ihre Arbeit eine wesentliche Quelle der Zufriedenheit in ihrem Leben darstelle. In derselben Untersuchung stellten zwei Drittel der im Bordell tätigen Frauen und sieben von neun Callgirls klar, wenn sie noch einmal die Wahl hätten, würden sie sich "definitiv für denselben Job entscheiden".[630]
Die Psychologin Sarah Romans führte eine Untersuchung durch, die Sexarbeiterinnen in Wohnungen (statt auf dem Straßenstrich) mit ähnlichen Frauen verglich, die keine Sexarbeiterinnen waren. Sie konnte keinerlei Unterschiede ausmachen, was körperliche oder geistige Gesundheit betraf, ihr Selbstwertgefühl oder die Qualität ihres sozialen Netzwerks.[631]
Der Sexualtherapeut Michael Aaron berichtet in seinem 2016 erschienenen Buch "Modern Sexuality. The Truth About Sex and Relationships" Folgendes:

"Etwa 15 Prozent der Besucher meiner Praxis sind Sexarbeiter. (...) Die, die einige Zeit in der Sexarbeit verbracht haben, sagen, dass dies ihre Selbstachtung erhöht hat und ihnen eine Bandbreite an Möglichkeiten gab, vom Finanziellen bis zum Reisen, die sie andernfalls nicht gehabt hätten. (...) Wenn es um Beziehungen geht, liegt das Problem in der Regel eher bei dem Partner und seinem (oder ihrem) Mangel an Akzeptanz für den Lebensstil als bei tief sitzenden psychologischen Problemen, die die Frau daran hindern, eine Beziehung einzugehen. (...) Die meisten Sexarbeiter wehren sich dagegen, ihren Beruf zu wechseln, auch wenn sie von ihrem Partner unter Druck gesetzt werden. Dies zu tun würde ihre Unabhängigkeit und ihr Selbstwertgefühl untergraben, das sie durch Sexarbeit entwickelt und gefördert haben."[632]

Zum Verdruss so mancher Feministin forderten zwei von den Vereinten Nationen im Jahr 2012 veröffentlichte Berichte ein Ende der Gesetze, die Sexarbeit kriminalisieren. Beide Berichte basieren auf Hunderten von Berichten aus der Sexarbeit in mehr als 140 Ländern. Es ist demnach die rechtliche Diskriminierung dieses Berufs, die für die Betroffenen zu Gewalt sowie wirtschaftlicher und sozialer Ausgrenzung führt. Beweise dafür, dass Entkriminalisierung zu mehr Prostitution und vergleichbaren Tätigkeiten führe, gibt es nicht. Stattdessen deute alles darauf hin, dass der Ansatz, Sexarbeit als legitime Arbeit zu definieren, die Menschen stärkt, die solchen Tätigkeiten nachgehen.[633]

SÄUREATTACKEN

Säureattacken sind ein Verbrechen gegen Frauen

Wenn man in der Zeitung über ein Attentat liest, bei dem jemand mit Säure überschüttet wird, ist das Opfer unweigerlich weiblich und der Täter männlich. Viele ordnen die Untat in die Kategorie "Verbrechen gegen Mädchen und Frauen" ein und sprechen von "toxischer Männlichkeit" als Ursache. Auch eine Google-Bildersuche empfängt den Betrachter mit Reihen von Fotos fast ausschließlich weiblicher Opfer.

Tatsächlich werden auch hier männliche Opfer schlicht unsichtbar gemacht. In London beispielsweise sind 80 Prozent der Opfer männlich,[634] in ganz Großbritannien etwa zwei Drittel.[635] In Pakistan sind 40 Prozent der Opfer männlich,[636] in Kambodscha fast die Hälfte aller Opfer[637], in Indien 35 Prozent. Der indischen Acid Survivors Foundation zufolge wird die Zahl männlicher Opfer solcher Attentate nicht nur dramatisch unterschätzt – für diese Opfer ist es auch sehr viel schwerer, Unterstützungsgelder aufzutun. Der indische Psychologe Dr. Ashima Srivastava berichtet, dass männliche Opfer häufig Hohn und Spott ernten: "Oft leiden sie unter Depressionen, Schlaflosigkeit, Alpträumen und Angst vor einem erneuten Angriff, die ihnen Furcht vor der Außenwelt einflößt."[638]

Auch die Vorstellung, dass Frauen derart furchtbare Taten nicht begingen, ist ein Mythos. Ein historisch interessierter Blogger erstellte eine Liste mit mehreren Dutzend verlinkten Fällen, die bis ins Jahr 1865 zurückreichen; allein für das Jahr 2017 führt sein Blog zwölf von Frauen begangene Säureattentate auf.[639] Noch vor hundert Jahren wurde dieses Verbrechen sogar fast ausschließlich von Frauen begangen, vermutlich weil es keinerlei körperliche Kraft erfordert.[640]

SCHLAMPEN

Männer verurteilen sexuell besonders aktive Frauen als "Schlampen"

Als "Slut Shaming" bezeichnen es Feministinnen, wenn Frauen für offenherzige Kleidung und ein Verhalten, das sie sexuell leicht zugänglich erscheinen lässt, als "Schlampen" abgekanzelt und beschämt werden. Während für Kerle ein aktives Sexualleben Beweis ihrer Männlichkeit sei, werteten sie Frauen, die sich ebenso verhielten, massiv ab.[641] Deshalb müsse ihnen endlich klar gemacht werden, dass Frauen sich kleiden können, wie sie wollen, ohne sich deswegen fiese Kommentare anhören zu müssen.[642]

Diese Forderung an sich erscheint absolut sinnvoll, fragwürdig ist nur der Empfänger, an den sie gerichtet ist. Tatsächlich gelangten die weltweit renommierten Psychologen Roy Baumeister und Jean Twenge zu dem Befund, dass die geschilderte Abwertung vor allem vom weiblichen Geschlecht ausgeht: "Die vorliegenden Hinweise begünstigen die Ansicht, dass Frauen daran gearbeitet haben, die Sexualität anderer Frauen zu ersticken, weil Sexualität eine begrenzte Ressource ist, die Frauen benutzen, um mit Männern zu verhandeln, und die Knappheit dieser Ressource Frauen einen Vorteil verschafft."[643]

Dies lässt sich auch experimentell belegen. So ließ die kanadische Professorin für Psychologie Tracy Vaillancourt Studentinnen für eine Untersuchung in Paaren zusammenfinden und deren Gespräch dann durch andere Frauen unterbrechen. Die Hälfte der Teilnehmer wurden von einer dünnen, blonden, attraktiven Frau mit einem Haardutt unterbrochen, die in ein blaues T-Shirt und eine Khakihose gekleidet war, also insgesamt eher bieder wirkte. Bei der anderen

Hälfte wurde der Störenfried von einer Frau mit tief ausgeschnittener Bluse, kurzem schwarzen Rock und Stiefeln unterbrochen, die ihr Haar offen trug.
Nun achtete Tracy Vaillancourt bei ihren Versuchspersonen auf Signale wie Augen-Verdrehen, ein abschätziges Mustern der neu Hinzugekommen von oben bis unten oder ein sarkastisches Lachen. Solche Reaktionen erntete vor allem die erotisch ansprechender gestylte Frau. Eine Versuchsteilnehmerin unterstellte ihr etwa, auf Sex mit einem Professor aus zu sein, eine andere rief "Was zur Hölle war das?!" noch bevor die aufreizender gekleidete Frau den Raum verlassen hatte.[644]
Auch der Psychologe David Buss von der University of Texas hatte ermittelt, dass Frauen eher als Männer dazu neigten, ihre Rivalinnen in zweifacher Hinsicht zu verunglimpfen: Entweder wurden sie in Klatsch und Tratsch als Schlampe dargestellt oder aber als abstoßend hässlich.[645]
In einem neueren Experiment ermittelten die Soziologinnen Elizabeth Armstrong und Laura Hamilton einen überraschenden Hintergrund für die Neigung mancher Frauen, andere Frauen als Schlampen darzustellen: Insbesondere Frauen aus einer höheren gesellschaftlichen Schicht werten demnach Frauen aus einer niedrigeren Schicht als "Schlampen" ab, um sich selbst als stilvoll und die ärmeren Frauen als "billig" darzustellen, wodurch sie diesen Frauen das Eindringen in die höhergestellte Gruppe verwehren.[646]
"Frauen nur als Opfer sexueller Dominanz der Männer zu betrachten", erklärt Armstrong, "raubt Frauen die Verantwortung für die Rollen, die sie spielen, um soziale Ungleichheit aufrechtzuerhalten. Frauen, die sich beim Slut-Shaming beteiligen, schaffen an der Spitze mehr Raum für ihre eigenen sexuellen Experimente – auf Kosten von Frauen am unteren Ende der sozialen Hierarchie."[647]

SCHÖNHEIT

Männern ist es vor allem wichtig, wie gut eine Frau aussieht

"Männer können besser gucken als denken", für sie sei die Attraktivität einer Frau wesentlich wichtiger als andere Qualitäten:

An solche sexistische Vorurteile wurden immer wieder feministische Theorien etwa im Zusammenhang mit Schönheits- und Schlankheitsterror angeknüpft. Tatsächlich aber zeigte sich in einer aktuellen Studie, dass Männern bei der Partnerwahl Intelligenz wichtiger ist als Aussehen. Das fanden Forscher der Universität Innsbruck und der US-amerikanischen Northwestern University heraus. "Wir sichteten und analysierten Hunderte von Studien aus verschiedenen Disziplinen", berichtet Marcel Zentner vom Institut für Psychologie der Universität Innsbruck. Dabei zeigte sich, dass Männer in erster Linie kluge Frauen bevorzugen und schöne Gesichter und Rundungen als zweitrangig betrachten.[648] Erwähnenswert ist in diesem Zusammenhang (sowie bei dem Thema "Geschlechterdiskriminierung bei Bewerbungen") auch ein Experiment, das Wissenschaftler der britischen Aston University durchführten. Sie legten Frauen und Männern, die Einstellungsgespräche führen sollten, Bilder von attraktiven und durchschnittlich aussehenden Bewerbern für eine Stelle vor. Hier zeigte sich: Frauen bevorzugten die attraktiv aussehenden männlichen Bewerber und machten ihnen bessere Jobangebote. Sie zogen meist auch attraktiv aussehende Männer attraktiv aussehenden Frauen vor. Die weniger attraktiv aussehenden Männer ordneten sie sogar noch hinter die durchschnittlich aussehenden Frauen. Die männlichen Versuchspersonen hingegen vergaben ihre Jobangebote unabhängig vom Geschlecht der attraktiv aussehenden Bewerber.[649]

SCHULE

Mädchen werden in der Schule benachteiligt

"Im Jahr 2015 werden Mädchen vom Schulsystem noch immer diskriminiert" behauptete damals das Nachrichtenmagazin *Profil*. "Hat die Politik kläglich versagt? Kann der Leistungsabstand zu den Burschen überhaupt aufgeholt werden? Ist Gender-Fairness mehr als eine Floskel zum Girls' Day und Weltfrauentag? Für supranationale Organisationen wie UN, EU und OECD ist die Sache klar: Buben sind nicht vom Mars, Mädchen nicht von der Venus, sondern beide leben auf der Erde. Und dort werden Mädchen gesellschaftlich benachteiligt."[650]

In ähnlicher Weise skandalisierten viele andere Medien den Umstand, dass Mädchen im Schulfach Mathematik hinter den Jungen zurücklagen. Dieses Herausgreifen eines einzelnen Faches verwischt jedoch, dass sich die Gesamtsituation für Jungen sehr viel schlechter darstellt. Beispielsweise wiederholen Mädchen seltener eine Klasse, bleiben seltener ohne Schulabschluss, erwerben weitaus öfter das Abitur und brechen ihr Studium seltener ab.[651] Schon im Jahr 2003 kam der Bildungsbericht der Organisation für wirtschaftliche Zusammenarbeit und Entwicklung (OECD) zu dem Schluss: "Innerhalb des allgemeinbildenden Schulwesens sind inzwischen tendenziell Jungen benachteiligt, und zwar auch dann, wenn das Niveau der Schulleistungen berücksichtigt wird. Bei Betrachtung der Geschlechterproportionen in den Schulformen des deutschen Schulsystems gilt für alle Länder gleichermaßen, dass deutlich mehr Mädchen als Jungen das Gymnasium besuchen. Umgekehrtes gilt für die Haupt- und Sonderschulen, in denen die Jungen überrepräsentiert sind."[652]

Besonders bedenklich ist, wie sehr Jungen, je länger sie sich im System Schule befinden, den Mädchen hinterherhinken, wenn es ums Lesen geht. Beträgt der Vorsprung der Mädchen in der vierten Grundschulklasse vier Monate, verschlechtert sich die Lesekompetenz der Jungen danach von Jahr zu Jahr. Auch die neueste PISA-Studie vom November 2008 ergab, dass zwischen 20 und 28 Prozent aller Schüler nicht richtig lesen können. "Nicht richtig" bedeutet hier: Die Jugendlichen, überwiegend Jungen, befinden sich auf Grundschulniveau. Sie können zwar Buchstaben entziffern, schaffen es aber nicht mehr, den Sinn selbst einfacher Texte zu erfassen. Ihnen gelingt es nicht, einen auch nur etwas längeren Satz zu verstehen, weil sie, wenn sie es bis zu seinem Ende geschafft haben, nicht mehr im Kopf haben, was an seinem Anfang stand.[653] Nur eine gezielte Leseförderung, erklärte Deutschlands PISA-Projektleiter Manfred Prenzel, könne, was die gravierenden Leistungsunterschiede zwischen Jungen und Mädchen anginge, Abhilfe schaffen. Die Kompetenzunterschiede zwischen den beiden Geschlechtern mache inzwischen bis zu zwei Schuljahren aus. Wenn man nur eine Halbierung der Differenz erreichen könnte, so Prenzel, würde Deutschland in der PISA-Tabelle einige Plätze nach oben klettern.[654]

Verbessert hat sich seitdem für Jungen nichts – denn eine Förderung für sie fällt aus, weil immer noch nicht sie, sondern Mädchen als das benachteiligte Geschlecht gelten. So hatten dem Geschlechterforscher Bruno Köhler zufolge verschiedene Untersuchungen Alarm geschlagen, dass

"etwa 100 reinen Mädchen-MINT-Förderprojekten gerade einmal vier Jungenleseförderprojekte zur Seite standen. Und von diesen vier Projekten war nur ein einziges von einem Ministerium initiiert und das waren zwei Flyer zur Jungenleseförderung aus Sachsen, einen für Lehrer, einen für Eltern. Das ist alles. Zwei Flyer ist alles, was 34 Bildungs- und Jugendministerien in Deutschland 17 Jahre, nachdem die erste PISA-Studie 2000 Jungenleseförderung als wichtigste bildungspolitische Herausforderung proklamierte, zustande gebracht hat. Jungen wird also weitaus weniger Unterstützung und Förderung zuteil als Mädchen."[655]

Bei dieser einseitigen Gewichtung überrascht es nicht, dass sich schon im Jahr 2016 die ein Jahr zuvor angeblich himmelschreiende Diskriminierung von Mädchen erledigt hatte. Das ergab der Schulvergleichstest TIMSS ("Trends in International Mathematics and Science Study"), bei dem alle vier Jahre mathematische und naturwissenschaftliche Kompetenzen von Schülern verschiedener Länder untersucht werden. Darüber berichtete unter anderem *Die Zeit*:

"Der deutliche Vorsprung der Jungen im Bereich Mathematik und Naturwissenschaften vor den Mädchen existiert nicht mehr. Die Angleichung lag an den Jungen, die sich verschlechterten, während ihre Mitschülerinnen die Leistungswerte hielten oder leicht verbesserten."[656]

Zusätzlich zu allen anderen Problemen waren die Jungen jetzt also auch noch in dem einen Fach zurückgefallen, in dem sie kurz zuvor noch vorne gelegen hatten.
Nun könnte man einwenden, die Tatsache, dass Jungen schulisch vielfach zurückliegen, müsse überhaupt nichts mit Diskriminierung zu tun haben, sondern schlicht damit, dass Jungen nun mal weniger kompetent und weniger interessiert daran seien, den Anforderungen nachzukommen, die der Schulunterricht an sie stellt – so

argumentieren Feministinnen tatsächlich. [657] Allerdings gibt es hier anders als bei den Mädchen hieb- und stichfeste Nachweise für eine Benachteiligung – und das seit Jahrzehnten. So gelangte bereits die in den Jahren 1996/1997 durchgeführte Hamburger Lern-Ausgangs-Untersuchung (LAU) zu folgendem Ergebnis:

"Das negative Vorzeichen beim weiblichen Geschlecht zeigt an, dass Mädchen unter sonst gleichen Voraussetzungen die besseren Noten bekommen, womit die vorhandenen Leistungsunterschiede für das Fach Deutsch in der Zensurenverteilung noch verstärkt werden (...) Ebenfalls verdient es Erwähnung, dass wiederum Mädchen (...) etwas besser zensiert werden, als es ihre mathematischen Testleistungen nahelegen. (...) In der Geschlechterfrage zeigt sich, dass die wesentlich häufigere Empfehlung von Mädchen für das Gymnasium ausweislich der Testergebnisse allenfalls teilweise durch ein höheres Leistungsniveau begründet werden kann."

Eine Jungendiskriminierung, die damals noch nur etwas verklausuliert benannt wurde, bestätigte sich in den folgenden Jahren in immer neuen Studien und wurde daraufhin zunehmend deutlich zur Sprache gebracht. "Iglu-Studie: Jungen werden in der Grundschule benachteiligt" titelte die *Welt* am 8. November 2005,[658] und *Spiegel-Online* zitierte Wilfried Bos, wissenschaftlicher Leiter der Studie für Deutschland, damit, dass Jungen in Fächern wie Deutsch und Sachkunde benachteiligt würden und für die gleichen Leistungen nicht die gleichen Noten erhielten.[659] Im Jahr 2007 wurden diese Erkenntnisse in einer Studie des Bildungsministeriums ("Bildungs(Miss)erfolge von Jungen und Berufswahlverhalten bei Jungen/männlichen Jugendlichen") aufgegriffen: "In allen Fächern erhalten Jungen auch bei gleichen Kompetenzen schlechtere Noten" hieß es dort.[660] Im Jahr 2009 mahnte der Aktionsrat Bildung, dass die Ungleichheit zu Lasten der Jungen "die Grenzen des rechtlich und moralisch Hinnehmbaren" inzwischen klar überschreite:

"Nicht mehr die Mädchen, sondern die 'Jungen sind die Verlierer im deutschen Bildungssystem', sagte der Ratsvorsitzende und Präsident der Freien Universität Berlin, Dieter Lenzen (...). Statt auszugleichen, verstärke die Schule den Bildungs- und Leistungsrückstand der Jungen. (...) 'Beim Übergang auf das

Gymnasium müssen Jungen eine deutlich höhere Leistung erbringen. Der Weg in die Berufsausbildung ist für Jungen erschwert', kritisierte Lenzen. 'Von allen Schulabgängern ohne Abschluss sind 62 Prozent Jungen.' Auch bei den Abiturienten seien die Mädchen ebenso klar in der Mehrheit. Die einstige 'Bildungsbenachteiligung des katholischen Arbeitermädchens vom Lande wurde durch neue Bildungsverlierer abgelöst: die Jungen', sagte Lenzen. Der Dortmunder Professor Wilfried Bos sagte: 'Männer sind nicht per se dümmer. Wir werden nur nicht so gefördert.'"[661]

Auch der Hallenser Bildungsforscher Jürgen Budde gelangte zu dem Schluss, dass Jungen in allen Fächern bei gleicher Kompetenz schlechtere Noten erhalten als ihre Mitschülerinnen und dass sie, selbst wenn sie die gleichen Noten wie Mädchen bekommen, seltener für das Gymnasium empfohlen werden. Weil der Schulabschluss die gesamte Erwerbsbiografie beeinflusse, seien junge Männer dementsprechend auch deutlich häufiger arbeitslos als junge Frauen.[662] Und eine Sonderauswertung der PISA-Studie ergab im Jahr 2013, dass Mädchen und Schüler mit höherem sozioökonomischem Status in allen Ländern bessere Schulnoten erhalten. "Mädchen und Reiche bei Schulnoten bevorzugt" titelte daraufhin die *Kleine Zeitung* in Österreich.[663]
Dass auch in Österreich Jungen für dieselbe Leistung schlechtere Noten erhalten als Mädchen, wurde im Jahr 2007 in einer Studie des Erziehungswissenschaftlers Ferdinand Eder belegt. Als mögliche Gründe für diese ungleiche Notenverteilung nannte Eder eine versteckte "Rache" für schlechtes Benehmen der sozial weniger anpassungsfähigen Jungen. Das wiederum hätte etwas damit zu tun, dass das Erziehungswesen mittlerweile von Frauen dominiert werde.664
In der Schweiz indes gibt man sich noch ratlos und nimmt verblüfft zur Kenntnis, dass viele Jungen, die eine Aufnahmeprüfung ans Langzeitgymnasium nicht geschafft haben, bei einem Test für Allgemeine Kognitive Fähigkeiten (AKF-Test) zu den besten zehn Prozent gehören. Für ihn sei dieses Missverhältnis "absolut unerklärlich", befand Urs Moser, Leiter des Instituts für Bildungsevaluation an der Uni Zürich, welches die AKF-Tests durchführte.[665] Bemerkenswert indes ist, dass eine Zeitung wie der Schweizer *Blick* in regelrechte Triumphgesänge ausbrach, als bei der PISA-Studie 2009 der Abstand zwischen Mädchen und Jungen

weiter wuchs. "Sie tun's wieder, die schlauen Mädchen", schrieb man dort begeistert. "Und diesmal putzen sie die Jungs richtig runter: Mädchen lesen nicht nur besser als Knaben, der Abstand vergrößert sich auch zusehends."[666] Man stelle sich eine vergleichbare Begeisterung darüber vor, dass Kinder aus reichen Familien in Schulen besser benotet werden als Kinder aus armen Familien.

Das bis hierher gezeigte Muster fand sich auch in den folgenden Jahren immer wieder und zwar länderübergreifend. So zeigte im Jahr 2015 eine Studie, für die die London School of Economics und die Paris School of Economics 4500 Schüler an 35 verschiedenen Schulen untersucht hatten, dass Mathelehrer für dieselbe Arbeit Mädchen im Schnitt sechs Prozent bessere Noten gaben.[667] Ebenfalls im Jahr 2015 gelangte ein OECD-Bericht über die Rolle des Geschlechts bei der schulischen Ausbildung, der mehr als 60 Länder umfasste, zu dem Ergebnis, dass Mädchen bessere Noten als Jungen mit denselben Fähigkeiten erhielten.[668] Das war dasselbe Jahr, in dem *Profil* zufolge UN, EU und OECD eine Diskriminierung der Mädchen im Schulunterricht beklagten.

Die Publizistin Karin Jäckel, die sich in ihren Büchern mit dem Erziehungswesen ebenso intensiv beschäftigt wie mit Geschlechterfragen, ist jedenfalls – ähnlich wie der Professor für Soziologie Walter Hollstein[669] – überzeugt davon, dass die "Bildungsbenachteiligung von Jungen durchaus politisch korrekt und gewollt" ist. Hierzu zitiert sie die Leiterin der Abteilung Geschlechterforschung und Frauenpolitik am Deutschen Jugendinstitut in München, Waltraut Cornelißen, die den Bildungsvorsprung der Mädchen damit rechtfertigte, dieser sei "oft bitter notwendig, um auch nur annähernd gleiche Chancen im Beruf zu haben." Wie Jäckel zutreffend darlegt, steigt in Wahrheit die Arbeitslosigkeit der schulisch versagenden jungen Männer seit etwa 20 Jahren unaufhaltsam an und lag 2008 beträchtlich höher als die der gleichaltrigen Frauen. Dessen ungeachtet mache sich keine Partei, keine der großen sozialen Organisationen und nicht einmal die Kirche dafür stark, mit der alten Mär vom patriarchalen Privileg des Mannes aufzuräumen.[670]

Dass Jungen umso schlechter in der Schule abschneiden, je mehr weibliches Lehrpersonal es gibt, hatten die Bildungsforscher Michael Klein und Heike Diefenbach herausgearbeitet.[671] Diese

Erkenntnis galt für so manchen als feministisch ausgesprochen unkorrekt, wenn nicht sogar frauenfeindlich, weshalb sie vielfach ignoriert und abgewertet wurde, was der Erziehungswissenschaftler Ulf Preuss-Lausitz als nachgerade "peinlichen" Umgang mit politisch unerwünschten Erkenntnissen empfand.[672] Unterstützung für ihre Auswertung erhalten die beiden Bildungsforscher durch eine Studie der Universität Kent, die zu noch frappierenderen Erkenntnissen gelangte: Wie die britische *Daily Mail* berichtete, werden die Jungen von Lehrerinnen zurückgehalten, die Geschlechterklischees verstärken und für "typisch männliches Verhalten" bestraften: Sie huldigten demnach Klischeevorstellungen, denen zufolge Jungen im Unterricht "alberner" seien, sich weigerten, so "brav dazusitzen wie die Mädchen", und einem häufiger "Streiche spielten". Selbst wenn es stimmen sollte, dass viele Jungen weniger angepasst als viele Mädchen sind: Sollten sich Pädagogen nicht darauf einstellen und damit konstruktiv umgehen können? Lehrerinnen, so hieß es in der britischen Studie weiter, könnten Mädchen auch dadurch ermutigen, sich mehr anzustrengen, indem sie ihnen vermittelten, dass sie klüger seien, während sie Jungen gegenüber von Anfang an geringe Erwartungen hegten. Bonny Hartley, Hauptverantwortlicher für diese Untersuchung, führte zu dem vorherrschenden Sexismus weiter aus: "Schon im Alter von sechs oder sieben Jahren glauben Kinder beiderlei Geschlechts, dass Jungen weniger konzentriert, begabt und erfolgreich als Mädchen sind – und dass Erwachsene diese Vorurteile befürworten. Es gibt Anzeichen dafür, dass diese Erwartungen zu einer selbsterfüllenden Prophezeiung werden, indem sie das tatsächliche Verhalten und die Leistungen von Kindern beeinflussen."[673]
Die Belege für eine bewusste oder unbewusste Parteilichkeit von Lehrerinnen sind geradezu verblüffend. In einem Experiment an der Universität von Los Angeles etwa wurde zweiundsiebzig Jungen und sechzig Mädchen mithilfe einer Lernmaschine Lesen und Schreiben beigebracht. Beide Geschlechter nahmen das Gerät gleich gut an. Als man den Lernfortschritt ermittelte, schnitten die Mädchen insgesamt jedoch schlechter ab als die Jungen. Daraufhin erhielten die Kinder normalen Leseunterricht im Klassenzimmer – von Lehrerinnen. Wieder wurde die Zahl der gelernten Worte in einem Test ermittelt. Jetzt schnitten die Jungen schlechter ab.[674]

Im Jahr 2015 legten Jonathan Meer and Jaegeum Lim von der texanischen A&M-Universität eine Studie vor, die auf der Grundlage von 14.000 Schülerinnen und Schülern zeigte, dass die Noten der Mädchen im Schnitt über zehn Prozent besser als die der Jungen waren – und sich der Abstand um noch einmal 8,5 Prozent erhöhte, wenn der Unterricht von einem männlichen zu einem weiblichen Lehrer wechselte. "Ich bin über das Abschneiden von Jungen in der Schule zutiefst beunruhigt", erklärte Jonathan Meer mit Blick auf die gewaltige Geschlechterkluft, die sich zwischen Schülerinnen und Schülern erstreckt.[675]

Aggressives Klima in Schulen wird von Jungen geprägt

Das Klischee der raufenden, tobenden und sich gegenseitig mit ausgestrecktem Zeigefinger abballernden Jungen, deren Aggression das Klima in einer Klasse stark prägt, ist überaus beliebt. Tatsächlich aber zeigt eine Studie der Universität Potsdam, dass die Atmosphäre in der Schule vor allem von Mädchen geprägt wird: Wenn die friedlich sind, dann sind es die Jungen auch.

Für die in der Fachzeitschrift *Personality and Social Psychology Bulletin* veröffentlichte Untersuchung "The girls set the tone" erfasste der Sozialpsychologe Robert Busching über drei Jahre das aggressive Verhalten von 1321 Berliner Schülern der Klassen 7 bis 10 und ihre Einstellung zu Übergriffen, die andere begingen. Dabei bekamen die Schüler eine Geschichte zu lesen, in der ein Jugendlicher einen anderen provoziert. Sie sollten sich in diese Figuren hineinversetzen und schildern, wie sie in der entsprechenden Situation reagieren würden: indem sie es weiter im Guten versuchten oder indem sie ihre Fäuste sprechen ließen? Auch über ihre eigenen verbalen oder körperlichen Aggressionen wurden die Schüler befragt.

Hier zeigte sich, dass in der jeweiligen Klasse eine soziale Norm entstand, der sich die einzelnen Schüler anpassten. Selbst von Natur aus brave Schüler schlugen eher zu, wenn ihr Umfeld aggressives Handeln locker sah. Rauflustige Schüler hingegen benahmen sich besser, wenn ihre Klassengemeinschaft Gewalt missbilligte.

Wie die soziale Norm in einer Klasse jedoch aussah, wurde vor allem von den Mädchen beeinflusst. Wenn die streitlustig waren, neigten die Schüler insgesamt eher dazu, bei Konflikten handgreiflich zu werden. Während sich die Mädchen wenig am Verhalten gleichaltriger Jungen orientierten, spielte für die Jungen die Einstellung ihrer Klassenkameradinnen eine entscheidende Rolle.[676]

SCHWANGERSCHAFTSABBRUCH

Wenn ein Politiker Abtreibungen erschweren will, ist er frauenfeindlich

In den deutschen Leitmedien wurde US-Präsident Donald Trump auch deshalb als "frauenfeindlich" dargestellt, weil er Abtreibungen untersagen möchte. "Trumps Blick auf Frauen ist mittelalterlich" schrieb etwa Ana Marija Pasic in der *Zeit*. "Nur eine seiner Drohungen: die Kriminalisierung von Abtreibung."[677] Andere deutsche Medien stoßen ins selbe Horn. Die Zeitschrift *Brigitte* etwa belegte Trump gar mit der Formulierung "chauvinistisches Arschloch", als sie darüber berichtete, dass Trump staatliche Entwicklungshilfe nicht zur Förderung von Abtreibungen verwendet sehen wollte.[678]
Unerwähnt bleibt bei der Berichterstattung regelmäßig, dass Trump lediglich das ausführt, was die meisten Frauen in den USA wünschen. Darüber berichtete Jeanne Mancini auf der Website "Real Clear Politics" mit Bezug auf eine Umfrage des angesehenen Meinungsforschungsinstituts Marist:

"Abtreibung mag ein Frauenthema sein, aber nicht in der Art, wie es uns die Medien und manche Politiker glauben lassen möchten. Weit davon entfernt, Abtreibung als ein unantastbares Recht zu sehen, das verteidigt werden muss, möchte sie die überwältigende Mehrheit der Frauen in diesem Land eingeschränkt und nicht von Steuergeldern finanziert sehen. Eine Mehrheit glaubt auch, dass Abtreibung moralisch falsch ist und auf lange Sicht den Frauen schadet."

Die Zahlen sprechen in der Tat eine deutliche Sprache. So sind 83% der Amerikanerinnen dafür, dass Trump als US-Präsident

Abtreibungen auf internationaler Ebene nicht mehr finanziert. 77% der Frauen möchten Abtreibungen höchstens bis zum Ende des ersten Schwangerschaftsdrittels durchgeführt sehen, 59% der Amerikanerinnen finden diese Prozedur moralisch falsch. So gelangt Mancini zu dem Fazit: "Frauen zu erzählen, sie müssten pro Abtreibung sein, um sich in die moderne Frauenbewegung einzufügen, zwingt uns eine Perspektive auf, die den meisten von uns vollkommen fremd ist."[679]
Wir haben es hier nicht mit einem rein US-amerikanischen Phänomen zu tun. Im feministisch ausgerichteten *Guardian* fasste Martin Robbins die Erkenntnisse der verschiedensten britischen Studien folgendermaßen zusammen: "Etwa 24 bis 35% der Männer wollen die Abtreibung stärker einschränken, gegenüber 43 bis 59% der Frauen - eine konstante Differenz von etwa 20 Prozentpunkten." Wenn also nur Frauen abstimmen dürften, folgerte Robbins, dann würden sie sich eher für eine Einschränkung der Abtreibung aussprechen. Ließe man nur Männer abstimmen, fiele das Ergebnis umgekehrt aus.[680] Wenn also etwa die Feministin Antje Schrupp beklagt, es sei "eigentlich wirklich krass, dass Personen, die mit Sicherheit nicht schwanger werden können, überhaupt bei diesem Thema mitentscheiden dürfen"[681], schneidet sie sich ins eigene Fleisch. (Warum Schrupps Polemik zugleich anmaßend ist, werden wir im nächsten Kapitel sehen.)
Ein zentrales Problem bei diesem populären Irrtum ist, dass er nicht auf das Thema Abtreibung beschränkt ist, sondern sich generell darauf erstreckt, dass ein bestimmtes politisches Lager als Fürsprecher aller Frauen auftritt und viele Leitmedien diese Behauptung nur allzu leichtfertig übernehmen, statt zu fragen, was die Mehrheit der Frauen wirklich möchte. Mit Beschimpfungen wie "chauvinistisches Arschloch" wird die Position einer Minderheit weiter emotional aufgeladen, statt dass die Debatte versachlicht wird. Das Ergebnis war eine von den Leitmedien erzeugte Filterbubble, in der man noch am Tag der US-Wahl davon überzeugt war, dass Trump gegen Clinton ohnehin keine Chance haben würde. Als er dann nicht zuletzt wegen seines Rückhalts bei etlichen Frauen ins Weiße Haus gelangte, hatten viele Beobachter über lange Zeit Probleme, mit dieser Wirklichkeit umzugehen. Sie hatten sich zu sehr darauf verlassen, dass Feministinnen und ihre Sprachrohre in

den Medien tatsächlich die Mehrheit der weiblichen Bevölkerung vertraten.

Eine Abtreibung belastet die Mutter grundsätzlich mehr als den Vater

Wann immer in den letzten Jahrzehnten über das Recht von Frauen auf Abtreibung diskutiert wurde, verlief die Kontroverse allem Anschein nach zwischen der Schwangeren und dem Staat. Auf der einen Seite stand das Recht des Kindes auf Leben, auf der anderen die Entscheidungsfreiheit der Frau. Der Vater des Kindes und sein Leiden kommt in der Debatte kaum vor. Wenn über die seelischen Folgen von Abtreibungen die Rede ist, die mit Symptomen wie Depressionen und Schuldgefühlen mitunter als "traumatisierend" beschrieben werden, beschränkt sich der Blickwinkel häufig allein auf die betroffene Frau.[682]

Die Wirklichkeit ist komplexer: Inwieweit eine Abtreibung als traumatisch erlebt wird, hängt sowohl bei Frauen als auch bei Männern stark von ihrer individuellen Persönlichkeitsstruktur ab. So kommt es entgegen den allgemeinen Annahmen häufig vor, dass Frauen nach einer Abtreibung gar keine oder nur eine geringe psychische Belastung empfinden. Einer Studie der Psychologinnen Nancy Felipe Russo von der Arizona State University und Amy Dabul vom College von Phoenix aus dem Jahre 1997 zufolge beruht der mentale Zustand einer Frau nach ihrer Abtreibung sehr stark auf ihrer geistigen Verfassung vor Eintritt der Schwangerschaft – insbesondere auf dem Niveau ihres Selbstwertgefühls. Diejenigen, die den Schwangerschaftsabbruch als besonders belastend erlebten, zeigten in aller Regel lange vor ihrem Kontakt mit einer Abtreibungsklinik Anzeichen von Schwermut. Ein Großteil des Stresses ist weiterhin auf den Zustand der unerwünschten Schwangerschaft zurückzuführen und nicht auf deren Abbruch.[683] Auch spätere Forschung konnte keinen Zusammenhang zwischen dem Eingriff und seelischen Störungen feststellen.[684]

Dabei wird regelmäßig vernachlässigt, wie es den Partnern von Frauen geht, die abgetrieben haben. Eine der seltenen Ausnahmen: Im Jahr 1997 führte Catherine T. Coyle, Psychologin an der Universität von Wisconsin, Madison, gemeinsam mit Professor

Robert Enright eine Studie unter Männern durch, die sich von der Entscheidung ihrer Partnerinnen, eine Abtreibung vornehmen zu lassen, tief verletzt zeigten. Die Mehrzahl dieser Männer war durchgehend mit dem Entschluss ihrer Partnerinnen nicht einverstanden, tendierten aber zu der in der Rechtsprechung und der öffentlichen Diskussion vorherrschenden Meinung, dass die Entscheidungsmacht hauptsächlich bei den Frauen und nur zu einem geringen Teil bei ihnen selbst lag. Als Folge der Abtreibung stellten sich bei den verhinderten Vätern emotionale Belastungszustände heraus, die traditionell allein Frauen zugeschrieben werden. Das Spektrum rangierte von Wut und Hilflosigkeit über Trauer bis zu Schuldgefühlen und Beziehungsproblemen.
Alle solchermaßen psychisch belasteten Teilnehmer dieser Studie hatten ihre Beziehung zu den früheren Partnerinnen mittlerweile aufgelöst, weil sie glaubten, diesen Frauen im Hinblick auf zukünftige Verletzungen nicht weiter vertrauen zu können. Darüber hinaus drückten sie generelle Schwierigkeiten auch im Zusammenhang mit zukünftigen Liebesbeziehungen aus, insbesondere was gegenseitiges Vertrauen anging.
Das Gefühl der Ohnmacht gegenüber der Entscheidung ihrer Partnerin hinsichtlich gemeinsamer Nachkommenschaft wurde als starke Belastung erlebt. Aber selbst diejenigen Männer, die verzweifelt versucht hatten, ihre Partnerin von einer Abtreibung abzubringen, machten sich Vorwürfe und hatten stark damit zu kämpfen, sich selbst zu vergeben, weil ihr Zureden letztlich erfolglos geblieben war.[685]
Zum Abschluss ihrer Studie weist Coyle ausdrücklich darauf hin, dass die seelische Belastung von Männern nach einer Abtreibung von der wissenschaftlichen Literatur bislang ausgeklammert und auch in der gesellschaftlichen Diskussion durchgehend ignoriert wurde. Insofern gab Coyle auch ihrer Enttäuschung über die Frauenbewegung Ausdruck, die dieses Problem trotz der Proteste vieler betroffener Männer bislang ignoriert hat: "Sie mag als eine Bewegung begonnen haben, der es um Gleichheit ging, aber jetzt geht es ihr um Macht. Männern das Mitspracherecht an der Fortpflanzung zu verweigern, hat mit Gleichberechtigung nichts zu tun." Inzwischen hat Catherine Coyle versucht, diese Lücke in der Literatur wenigstens mit einem einzigen Buch zu schließen: 1999 erschien in den USA ihr Ratgeber "Men and Abortion: A Path to

Healing" (Männer und Abtreibung. Ein Pfad zur Gesundung). Damit eine breite Debatte über die betroffenen Männer anzustoßen, gelang ihr allerdings nicht.

SEXISMUS

Es schadet Frauen, wenn sie von Männern als "Sexobjekt" betrachtet werden

Feministinnen haben immer wieder beklagt, dass es Frauen psychischen Schaden zufüge, wenn sie von Männern "als Sexobjekt wahrgenommen" werden, also in erster Linie sexuelle Aufmerksamkeit erhalten. Frauen, die es auf solche Aufmerksamkeit anlegten und sie genossen, gelten als vom Patriarchat besonders stark geschädigt. Die Psychologen Michael Barnett, Idalia Maciel und Mallory Gerner von der Universität Texas überprüften diese These in einer Studie anhand von über 700 Frauen. Das Ergebnis: Frauen, die ihre Sexualisierung genossen, betrachteten sich als attraktiver, waren offener für unkonventionelle Praktiken und sentimentaler gegenüber romantischen Beziehungen. Was ihre psychosexuelle Gesundheit anging, war ihre sexuelle Wertschätzung höher und sexuell bedingte Depression geringer. Das Forscherteam folgerte: Der Genuss daran, von Männern "sexualisiert zu werden", sei keineswegs Ausdruck "verinnerlichten Frauenhasses", sondern könne von Frauen genutzt werden, um sich stärker und machtvoller zu fühlen.[686]

Feministinnen finden sexistische Männer abstoßend

Feministinnen haben allen Formen von Sexismus den Kampf angesagt und verabscheuen Männer, die sich in irgendeiner Form sexistisch verhalten – sollte man meinen. Aber so einfach ist das nicht:
Es gibt nämlich auch eine Form von Sexismus, die Sozialpsychologen als "wohlwollenden Sexismus" bezeichnen: Männer nehmen Frauen schwere Lasten ab, halten ihnen die Tür auf,

helfen ihnen in den Mantel, rücken ihnen am Tisch den Stuhl zurecht, übernehmen die komplette Rechnung im Restaurant und so weiter. Diese Form von Sexismus könnte ebenso schädlich, wenn nicht sogar noch schädlicher als die Frauenverachtung sein, die normalerweise angeprangert wird. Denn während sie unsichtbar bleibt oder sich den Anstrich verleiht, besonders frauenfreundlich zu sein, präsentiert sie den Mann als stark und die Frau als ein schwaches Wesen, das männliche Hilfe benötigt, um in dieser Welt zurechtzukommen. Studien zufolge neigen Frauen, die dieses Verhalten annehmen, dazu, zunehmend von Männern abhängig zu werden. Sie sind eher bereit, sich von Männern sagen zu lassen, was sie tun können und was nicht, sind weniger ehrgeizig und bestehen bei der Arbeit und bei kognitiven Tests nicht so gut.

Trotzdem wirken Männer, die Mitglieder des weiblichen Geschlechts in dieser Weise verhätscheln, auf viele Frauen anziehend. Aber – dabei handelt es sich doch sicherlich nur um Frauen, die traditionellen Geschlechterbildern anhängen, und keineswegs um Feministinnen, die selbstständig, stark und autonom sein möchten?

Um das herauszufinden, ermittelten die Sozialpsychologen Pelin Gül von der Iowa State University und Tom R. Kupfer von der Freien Universität Amsterdam, wie stark bei ihren weiblichen Versuchspersonen feministische Einstellungen vorherrschend waren. Es stellte sich heraus, dass solche Frauen Männer eher als herablassend und gönnerhaft betrachteten als nicht-feministische Frauen. Aber ebenso wie die nicht-feministischen Frauen fanden auch die Feministinnen solche Männer attraktiver. Auch sie nahmen solche Männer eher als ideale Beschützer und Versorger wahr.[687]

Diese Studie gibt den Forschern zufolge einigen Anlass zur Besorgnis, was Kurse angeht, die aktuell vor allem an US-Colleges angeboten werden und jungen Männern ihre "toxische" Männlichkeit austreiben sollen. "Ich denke nicht, dass wir Männer und Frauen zwingen sollten, identisch zu sein und zu handeln", erklärte Perin Gül. "Männer dazu zu ermutigen oder gar zu zwingen, mit Frauen identisch zu sein, ist eine grausame Form sozialer Manipulation und ignoriert komplett die menschliche Natur, einschließlich der unterschiedlich entwickelten Paarungspsychologie von Männern und Frauen."[688]

Sextourismus ist Männersache

"Beim heutigen Sex-Tourismus geht es nicht mehr nur darum, dass ältere Männer aus westlichen Ländern auf der Suche nach jungen Mädchen in Asien sind", berichtet Theo Noten von der Kinderschutzorganisation Defense Children-Epcat, die weltweit gegen die sexuelle Ausbeutung von Kindern kämpft. "Immer mehr westliche Frauen machen das Gleiche in Afrika. Es kommt auch immer häufiger vor, dass diese Frauen das Bett mit Minderjährigen teilen. Das ist ein neuer Trend."[689]
Einer Studie aus dem Jahr 2008 zufolge begannen Frauen bereits in den sechziger Jahren den Sextourismus als Kundinnen zu entdecken.[690] Beliebte Sex-Ziele für reifere und meist gutbetuchte Damen sind außer der Karibik die afrikanischen Staaten Gambia, Ghana, Südafrika und Kenia.[691] Besonders problematisch ist der weibliche Sextourismus dort, weil die Besucherinnen die Verwendung von Kondomen gerne vermeiden, da sie ihnen zu "geschäftsmäßig" sind.[692] Infolgedessen wird die Verbreitung von HIV und AIDS auch auf diese Weise gefördert.
Das hat oft schlimme Folgen für die afrikanische Bevölkerung. Aber einige negative Folgen des weiblichen Sextourismus bekommen in jüngster Zeit auch die Frauen in Europa zu spüren. Der weibliche Sex-Tourismus in Nordafrika nämlich ist einer von mehreren Faktoren für die Übergriffe nordafrikanischer Flüchtlinge in Deutschland und Österreich, erklärt die Nahost-Expertin Karin Kneiss. Auch durch diese Praktik würde bei den jungen Männern in diesen Ländern ein "miserables Bild" der europäischen Frauen entstehen, das die Hemmschwelle zu Sex-Attacken sinken lasse.[693]
Wenn es um weibliche Sextouristen geht, gibt es allerdings eine Besonderheit: Anders als Männer machen sie sich häufig selbst vor, dass sie eigentlich keinen Sex kaufen, sondern sich in einer Liebesbeziehung mit den männlichen Prostituierten befinden. Sobald diese Illusion zerplatzt, fühlen sich die Sextouristinnen als bösartig getäuschte Opfer. Der Mechanismus, die Männer weiterhin als die bösartig Schuldigen erscheinen, wenn Frauen und Männer die Rollen tauschen, zeigt sich auch hier. Und das nicht nur bei den Frauen

selbst, sondern auch in Artikeln, die über sie geschrieben werden und in denen sich Sätze finden, die in Artikeln über männliche Sextouristen nicht vorkommen – etwa Sätze wie diese:

"Viele Frauen verstricken sich in dieser Phantasie und erfahren Schmerzen, Verwirrung und Wut, wenn sie merken, dass sie nur benutzt wurden."

"Meistens sind sich die Frauen jedoch bewusst, dass beide sich gegenseitig benutzen. Einer für die Gesellschaft und der andere für wirtschaftliche Sicherheit."[694]

Selbst bei der Begriffsbildung wird hier zwischen den Geschlechtern getrennt: Was man bei Männern als "Sextourismus" bezeichnet, heißt bei Frauen häufig "Liebestourismus" ("romance tourism"). Dabei ist sich die Fachliteratur einig, dass diese Trennung künstlich ist. Ein Fachaufsatz über "Liebestourismus" fasst die Erkenntnisse verschiedener Forscher zusammen:

"In der neuesten Forschung ist die Unterscheidung zwischen Sextourismus und Liebestourismus zusammengebrochen. Kempadoo weist darauf hin, dass sowohl männliche als auch weibliche Sexarbeiterinnen ihre Tätigkeit gerne romantisieren – beide schaffen eine Atmosphäre von Freundschaft, Romantik und mehrdeutigen Beziehungen. Kempadoo argumentiert, dass karibische Frauen wie Männer versuchen, eine Liebesbeziehung aufzubauen, die ihnen eine gewisse ökonomische Sicherheit oder eine Flucht aus elender Armut verschafft. Jacqueline Sanchez-Taylor stellt fest, dass die sexuell-wirtschaftlichen Beziehungen, die weibliche Touristen mit einheimischen Männern haben, auf denselben globalen wirtschaftlichen und sozialen Ungleichheiten beruhen, die dem männlichen Sextourismus zugrunde liegen. Amalia Cabezas betont, dass die Elemente, die am sogenannten Sextourismus beteiligt sind, ebenfalls mehrdeutig sein können und über das Raster von Opfer und Unterdrücker hinausgehen."[695]

"Männlicher Sextourismus wird seit Langem als ausbeuterisches Verhalten angesehen", berichtet der simbabwische Journalist Tatenda Gwaambuka, "aber irgendwie ändert sich die Geschichte, wenn es um die weibliche Version desselben Geschäftes geht. Die Damen verwischen ihre Spuren, indem sie behaupten, sie kaufen keinen Sex, sondern helfen den jungen Männern finanziell aus." Beispielhaft zitiert er eine Sextouristin, die von der Nachrichtenagentur Reuter interviewt worden war und die Dinge so darstellte: "Es ist ein soziales Arrangement. Ich kaufe ihm ein schönes Hemd und wir gehen essen. Solange er bei mir bleibt, zahlt er für nichts und ich für das, was ich will - eine gute Zeit." Gwaambuka wendet sich gegen den Versuch, die Ausbeutung "mit Zuckerguss zu überziehen", und stellt klar: "Diese Frauen kommen nach Afrika, um Sex zu kaufen, und in dem Moment, in dem sie es tun, beteiligen sie sich an der Prostitution. Weiblicher Sextourismus ist Ausdruck rassischer und wirtschaftlicher Dominanz – eine Rückkehr zur kolonialen Vergangenheit, in der weiße Frauen von schwarzen Lakaien bedient und verhätschelt wurden. Es ist nicht die Liebe, nach der sie suchen, sie sind hier für den Sex und die Herrschaft." Woraufhin er eine weitere Sextouristin zitiert, die ihre Einstellung gegenüber ihrem Lover klar kund, obwohl sie den Prostitutionsaspekt ihrer Beziehung abgestritten hatte: "Wenn er keine Leistung bringt, bekommt er nichts zu essen. Ende der Geschichte."[696]

SEXUELLER MISSBRAUCH

Sexueller Missbrauch wird fast ausschließlich von Männern begangen

In den neunziger Jahren war die allgemeine Hysterie um sexuellen Missbrauch noch stärker als im Jahr 2017 die Aufregung über angeblich allgegenwärtige sexuelle Belästigung. "Väter sind Täter" lautete eine gängige Parole, "jedes dritte" oder wahlweise "jedes vierte" Mädchen sei Opfer. Fragwürdige "Aufdecker" behaupteten, dass man Missbrauch an Kinderzeichnungen erkennen könne oder an der Art, wie Kinder mit Puppen spielten. Es kam in Deutschland zu den berüchtigten Wormser Prozessen, die nach verheerenden Auswirkungen auf die betroffenen Familien mit einem Freispruch aller 25 Angeklagten endeten – und der Erklärung des Richters: "Den Wormser Massenmissbrauch hat es nie gegeben. Bei allen

Angeklagten, für die ein langer Leidensweg zu Ende geht, haben wir uns zu entschuldigen."[697] In den USA phantasierte man derweil von Satanisten, die ihre jungen Opfer durch Missbrauchstunnel unter Kindertagesstätten entführten. Wer Zweifel anmeldete, wurde noch hasserfüllter angefeindet als Männerrechtler heutzutage und galt diesseits wie jenseits des Atlantiks als Unterstützer einer "Täterschutzmafia".[698]

Um die Jahrtausendwende herum endete diese Sexpanik dann ebenso plötzlich, wie sie begonnen hatte. Zuvor gebetsmühlenhaft wiederholte Behauptungen hörte man seitdem nicht mehr.

In einem 1995 veröffentlichten Artikel der *Zeit* heißt es rückblickend auf den Beginn dieser bizarren Hysterie:

"Jedes vierte Mädchen vom Vater missbraucht! Das haben wir damals als politische Zahl benutzt", sagt die Diplompädagogin Katharina Larondelle von der Beratungsstelle Wildwasser Berlin. "Wir haben Pionierarbeit geleistet, da macht man Fehler." Und man lernt dazu. "Wir wissen jetzt, dass ein Mann auch fälschlich beschuldigt werden kann", kommt es mühsam. "Wir gestehen uns ein, dass auch Frauen Täterinnen sind. Wir müssen den Feminismus neu definieren."[699]

Diese Neudefinition indes bleibt bis heute aus. Noch immer liest man in Bus und Bahn Plakate mit Parolen wie "Schluss mit der Gewalt von Männern gegen Mädchen!"[700] Jungen als Opfer und weibliche Täter bleiben unsichtbar. Auch für Alice Schwarzer ist gut und böse fein nach Geschlechtern getrennt: Dass eine Mutter Täterin bei sexuellem Missbrauch sein könne, erklärt sie in einer besonders gruseligen Passage ihres Buches "Der große Unterschied" zu einer "dreisten" Behauptung – 98,5 Prozent aller Missbrauchstäter seien männlich, die verbleibenden 1,5 Prozent höchstens Mittäterinnen.[701] (Der Untertitel von Schwarzers Buch lautet groteskerweise "Gegen eine Spaltung von Menschen in Männer und Frauen", obwohl Schwarzer genau das in derartigen Passagen beständig tut.)

Immerhin aber gibt es auch Feministinnen, die dieses Problem sachlich angehen und sich mit den Verbrechen beschäftigen, die Schwarzer unsichtbar machen möchte: Michelle Elliott etwa, international anerkannte Expertin in diesem Bereich, führt in ihrem

Buch "Frauen als Täterinnen" die größten Mythen zu diesem Thema auf, darunter: Frauen begehen keinen sexuellen Missbrauch, oder nur, wenn sie von Männern dazu gezwungen werden, oder nur sanft und liebevoll oder nur aus einer Art fehlgeleiteter Mutterliebe.[702] Seriöse wissenschaftliche Forschung und Befragungen von Opfern gelangen zu einem gänzlich anderen Bild als solche Verklärungen. Werfen wir zunächst einen Blick auf die reinen Zahlen:

- Eine Studie von Fritz, Stoll und Wagner, bei der mehrere hundert College-Studenten befragt wurden, kam bei den männlichen Missbrauchsopfern unter ihnen auf 60 Prozent weibliche Täter.[703]
- Eine Studie von Risen und Kross kam bei knapp dreitausend befragten männlichen Studenten auf 47,1 Prozent weibliche Täter.[704]
- Johnson und Shrier befragten tausend adoleszente männliche Patienten in einer medizinischen Klinik. Von diesen hatten 25 sexuellen Missbrauch erlitten, 44 Prozent durch eine Frau und 65 durch einen Mann. (Mehrfachnennungen waren möglich.)[705]
- Eine Studie unter Jugendlichen in Untersuchungshaft ergab, dass 70 Prozent von ihnen vor ihrer Inhaftierung sexueller Gewalt ausgesetzt waren. Dafür waren zu 58 Prozent weibliche Jugendliche verantwortlich. J. Brannon, der Leiter der Studie, nimmt an, dass es einen Typus von weiblichen Jugendlichen gibt (z. B. Freundinnen älterer Geschwister und Babysitter), deren Opfer Jungen vor der Pubertät sind.[706]
- Eine Studie über Missbrauchstäter, die in ihrer Kindheit selbst missbraucht worden waren, ergab, dass dies bei 45 Prozent der Fälle durch Frauen und bei 55 Prozent durch Männer geschah.[707]
- Eine Befragung von 83 erwachsenen Vergewaltigern kam zu dem Resultat, dass 59 Prozent von ihnen vor ihrem sechzehnten Lebensjahr Opfer sexuellen Missbrauchs durch eine Frau gewesen waren.[708]
- Forscher der Lucy Faithfull Foundation (LFF), einer Wohltätigkeitsorganisation zum Schutz von Kindern, die sich mit britischen Sexualstraftätern beschäftigt, berichten, dass ihren Studien zufolge ein deutlicher Anteil der Missbrauchstäter Frauen sind. Dem Direktor für Forschung und Entwicklung, Donald Findlater, zufolge deuten die Forschungsergebnisse darauf hin, dass nach zurückhaltender Schätzung bis zu 20% von 320.000 mutmaßlichen britischen Pädophilen Frauen sind.[709]

• Das US-amerikanische Justizministerium befragte im Jahr 2010 mehr als 9.000 Jugendliche, die in Jugendstrafanstalten lebten. Mehr als zehn Prozent der Befragten gaben an, dass sie von Mitarbeitern sexuell missbraucht worden seien, und 92 Prozent berichteten, dass in ihrem Fall der Täter weiblich war.[710]
• Der Deutsche Kinderschutzbund berichtete dem Gynäkologen und Gerichtsgutachter Reiner Gödtel zufolge, dass 1990 in Frankfurt am Main 25 Prozent der Inzest-Delikte von Müttern verübt wurden. Gödtel kommentiert: "Wohl auch aus ideologischen Gründen wurden die sexuellen Übergriffe von Frauen jahrelang ignoriert. Erkenntnisse, die der Frauenbewegung nicht ins Konzept passten, wurden unterdrückt."[711] Man kann nur spekulieren, wie hoch die Zahl der gemeldeten Fälle wäre, wenn sowohl das soziale Tabu als auch der politische Druck der Frauenbewegung vollständig wegfielen.
• Die amerikanische NHSLS, die nationale Gesundheits- und Soziallebensstudie, ergab, dass 17 Prozent der Frauen und 12 Prozent der Männer vor ihrer Pubertät von älteren bzw. erwachsenen Personen sexuell berührt worden waren - die Mädchen vorwiegend von Männern, die Jungen vorwiegend (zu zwei Dritteln) von Frauen. Das Fazit der NHSLS: Sexueller Missbrauch ist kein Verbrechen von Männern gegen Mädchen, sondern von Teenagern und Erwachsenen gegen Kinder.[712]

Die Diplompsychologen Julius und Boehme stellten verschiedene Studien über den Missbrauch von Jungen einander vergleichend gegenüber. Dabei wurde deutlich, dass der Frauenanteil im niedrigsten Fall sieben Prozent betrug, in manchen Untersuchungen aber hinaufging auf 56,7 Prozent, 60 Prozent, ja gar 78 Prozent. Julius und Boehme führen diese enorme Streubreite auf zwei Hauptursachen zurück: Zum einen zeigte sich, dass der Frauenanteil in früheren Untersuchungen geringer war als der der Männer. Die stärkere Enttabuisierung dieses Themas in den letzten Jahren führte offenbar dazu, dass mehr männliche Opfer bereit waren, über ihre Erlebnisse zu sprechen. Zum anderen hing das Ergebnis der Untersuchungen von der Fragestellung ab. Jungen schienen gleichgeschlechtlichen Missbrauch negativer zu bewerten und ihn daher eher zu berichten. Wenn eine Frau die Täterin war, wollten sie bestimmte Handlungen offenbar nicht als "Missbrauch" bezeichnen.

Schließlich wurde und wird auch in den Medien Missbrauch fast ausschließlich als Handlung von Männern präsentiert. Wenn man in die Fragestellung eine subjektive Bewertung einfließen ließ – "Bist du je missbraucht worden?" –, ergab sich ein geringerer Frauenanteil. Blieb man hingegen rein beschreibend – "Hat jemand mit dir eine der folgenden Handlungen durchgeführt, als du noch ein Kind warst ..." –, dann stieg der Frauenanteil rapide an.[713]
"Niemand kennt das wahre Ausmaß sexuellen Missbrauchs, der von Frauen begangen wird, insbesondere von Müttern", erklärt die US-amerikanische Psychotherapeutin Kathy Evert, nachdem sie mit 93 Frauen und neun Männern, die alle von ihren Müttern missbraucht worden waren, ein 450 Fragen umfassendes Interview geführt hatte. "Mehr als 80 Prozent der Frauen und Männer berichteten mir, dass der Missbrauch durch ihre Mutter der verborgenste Teil in ihrem ganzen Leben war."[714]
Der klinische Psychiater Ronald Krug führt verschiedene Gründe dafür auf, dass über dieses Thema in der Öffentlichkeit so wenig bekannt ist: Männer werden nicht schwanger, und es gibt oft keine eindeutigen Indizien für einen körperlichen Missbrauch; es besteht eine doppelte Moral, der zufolge Väter eher mit dem Bösen und Mütter mit reiner Güte in Verbindung gebracht werden; erwachsene Männer schämen sich zu sehr, um von ihren Erfahrungen zu berichten; man glaubt, dass männlichen Kindern durch so etwas kein bleibender Schaden zugefügt wird, und Berichte von Söhnen werden ignoriert.[715] Einen weiteren Grund nennt Michelle Elliot: In 82 Prozent der Fälle, wenn Kinder eine Frau als Täterin nennen, weigern sich die zuständigen Stellen schlichtweg, dem Kind zu glauben.[716]
Was von der Arbeit mit Täterinnen bekannt wurde, ist, dass es keinen Grund gibt, sexuellen Missbrauch durch Frauen als "ungefährlich" oder "fehlgeleitete Mutterliebe" zu verharmlosen. "Der Gipfel aller Entschuldigungsversuche", bekundet die renommierte Publizistin Dr. Karin Jäckel, "scheint mir die immer wieder geäußerte Vorstellung, dass ein sexueller Missbrauch ohne Penis ja wohl kaum Schaden anrichten könne."[717] Sie berichtet: "Ich weiß von Täterinnen, die den Oralsex mit ihren Söhnen erzwungen haben, bis sich der Penis des Jungen so schwerwiegend entzündete, dass nur eine Operation helfen konnte und die Vorhaut entfernt

werden musste. Ich weiß von Täterinnen, die ihre Töchter mit Küchengeräten penetrierten und die Gegenwehr ihrer Kinder zum Beispiel mit dem heißen Bügeleisen im Keim erstickten oder auch nicht vor kochendem Wasser als Strafmaßnahme zurückschreckten."[718]
Dies deckt sich mit den Angaben einer Mitarbeiterin eines telefonischen Beratungsdienstes für Missbrauchsopfer: Dort beschrieb wenigstens die Hälfte der Anrufer die von Frauen erlebte sexuelle Gewalt als gewalttätiger und demütigender.[719]
Auch Frauen führen immer wieder anale und vaginale Penetrationen mit Gegenständen herbei, die Risse und Narben hinterlassen: Flaschen, Rosenstiele, Stöcke. Die Penisse von Jungen werden grob und brutal manipuliert, wenn die Täterin sie zu einer Erektion zu bringen versucht. Kinder von sieben oder acht Jahren werden dazu gebracht, die Brüste ihrer Mutter zu saugen oder mit ihr sexuellen Verkehr auszuüben.[720] Täterinnen, die über ihre Gefühle beim Missbrauch berichteten, gaben an, dass gerade ihr Gefühl der Macht über das Kind zu ihrer sexuellen Erregung beitrug und diese Erregung durch die Furcht des Kindes noch gesteigert wurde.[721]
Das Vorurteil, im Grunde "gute" Frauen würden dazu lediglich durch "böse" Männer verführt oder gar gezwungen, verstellt den Blick auf die Wirklichkeit. Eine Analyse der Daten von 44 Beratungsstellen ergab, dass überhaupt nur in 13,5 Prozent aller Fälle mit weiblichen Tätern eine zweite Person beteiligt war.[722]
Genauso wenig lässt sich das Problem dadurch herunterspielen, dass man die Missbraucherinnen als "gestört" oder "verrückt" betrachtet. Die meisten amerikanischen und britischen Studien zeigen, dass die allerwenigsten Täterinnen in irgendeiner Weise geisteskrank sind. Eine Studie geht von zehn Prozent aus.[723]
Sexualwissenschaftler glauben nicht, dass Übergriffe, wenn sie von weiblichen Tätern erfolgen, plötzlich positiv sind. "Die Folgen eines sexuellen Missbrauchs an Söhnen durch Mütter sind genauso verheerend wie die des Vater-Tochter-Inzests", erklärt Reiner Gödtel.[724] Dass die Gesellschaft den sexuellen Missbrauch, wenn er durch eine Frau erfolgt, oft verharmlost, ja dass den Opfern ihre schreckliche Erfahrung in manchen Darstellungen als eine Art romantische Einführung in die Sexualität durch eine erfahrene Frau verkauft wird, macht es ihnen oft nur noch schwerer, damit zurechtzukommen.[725] Dass die Gewalttätigkeit dieser Form von

Missbrauch geleugnet wird, führt dazu, dass sich die männlichen Opfer stigmatisierter fühlen, betrogener, machtloser, isolierter. Dazu kommt, dass das auch bei weiblichen Vergewaltigungsopfern verbreitete Phänomen, sich selbst die Schuld an diesem Ereignis zuzuschreiben, noch einmal durch die Ideologie von grundsätzlich männlichen Tätern und grundsätzlich weiblichen Opfern verschärft wird. Peter Banning, Opfer weiblichen Missbrauchs, betont: "Die Einstellung, dass Männer Täter und Frauen Opfer sind, ist einer der Gründe dafür, dass der Kreislauf der Gewalt nicht durchbrochen wird. Missbrauchte Jungen neigen dazu, die Verantwortung für das Geschehene ebenso zu übernehmen wie später die Last der Schande. Sexueller Kindesmissbrauch kann nicht gestoppt werden, wenn die Taten eines der beiden Geschlechter erlaubt, ignoriert oder ermuntert werden."[726]

96 Prozent der Opfer von Missbrauch erklären, dass dieser ihr Leben zum Schlechteren verändert hatte. Zu den Spätfolgen zählen bei Männern Alkohol- oder Drogenabhängigkeit, Selbstmordversuche, Verwirrung und Zweifel über die eigene Geschlechtsidentität, das Unvermögen, Vertrauen zu spenden oder Beziehungen aufrechtzuerhalten, Depressionen, Gefühle von Scham und Zorn, sexuelle Funktionsstörungen, sozialschädliches Verhalten und natürlich, wenn auch nicht zwangsläufig, die Fortführung des Missbrauchs mit den eigenen Nachkommen. Viele männliche Missbrauchstäter sind selbst zuvor missbraucht worden, durch Männer ebenso wie durch Frauen.[727]

Elizabeth McMahon, eine Ärztin, die sich im australischen Melbourne um Missbrauchsopfer kümmert, fasst in ihrer Schilderung vieles des bislang Gesagten zusammen: "In Fällen, in denen der sexuelle Missbrauch von Frauen ausgeht, lebt das männliche Opfer meist schon über Jahre in sexueller Abhängigkeit, bevor irgend jemand etwas davon erfährt. Die Mutter ist in solchen Fällen allemal eine rücksichtslose und dominante Frau. Weibliche Opfer werden meist von ihrem Zorn dazu getrieben, ihre männlichen Peiniger anzuprangern. Männliche Opfer von sexuellem Missbrauch durch Frauen sind dagegen oft bis in die Tiefen ihrer Persönlichkeit geschädigt und vom Gefühl der Schande und ihres Unwerts völlig überschwemmt. Die Öffentlichkeit will nichts von ihren Problemen wissen, man redet einfach nicht darüber, und so haben die Betroffenen, wenn sie die Sache zur Anzeige bringen wollen, eine doppelte Hürde zu überwinden. Sie rechnen meist gar nicht damit, dass ihnen jemand glauben könnte. (...) Die Prognose für Kinder und junge Männer, die von ihren Müttern oder einer anderen Frau sexuell missbraucht wurden, muss aus drei Gründen ungünstig ausfallen: Erstens gibt es keine Kliniken, die qualifiziert wären, sich mit diesem Problem zu befassen. Zweitens hat sich der Missbrauch oft schon über lange Zeit hingezogen. Und drittens bietet die Therapie nur dann gute Erfolgsaussichten, wenn den Opfern eine stabile und kooperationsbereite Mutter zur Seite steht."[728]

Vielen Missbrauchsopfern wird nicht geglaubt, wenn sie angeben, dass der Täter eine Frau war. Ein Patient erinnert sich: "Als ich zum ersten Mal erzählt habe, dass mich meine Tante jahrelang missbraucht hat, flog meine Familie auseinander. Sie beschuldigten mich unter anderem, das erfunden zu haben, böse zu sein, geistesgestört, nur Aufmerksamkeit erregen zu wollen. Was mich am meisten verletzt hat, war, dass die weiblichen Mitglieder meiner Familie am giftigsten und rachsüchtigsten waren."[729] Auch andere Opfer nennen Ungläubigkeit bis hin zu Abstreiten als die typischsten Reaktionen: "Bist du sicher, dass es nicht dein Vater war?", werden sie gefragt oder gar angeblafft: "Das ist lächerlich! Wie sollen sie das denn machen?"[730]

Die Autorin René Denfeld berichtet von einem Mädchen, das mit seiner Schwester über Jahre hinweg von einer geistesgestörten Mutter auf sadistische Weise gequält wurde. Die Töchter erstatteten Anzeige bei der Polizei, man glaubte ihnen nicht. Die Folterungen gingen weiter. Das Mädchen wurde zu einer jungen Frau, verließ das Zuhause, gründete eine Familie. Aber sie war seelisch schwer geschädigt und gab den erlittenen Missbrauch an ihre Kinder weiter. Als ihr klar wurde, was sie da tat, ging sie noch einmal zur Polizei, erklärte die Sachlage und bat darum, verhaftet zu werden. Als der Beamte sich von seinem Lachanfall erholt hatte und feststellte, dass die Schilderung todernst gemeint war, bat er seinen Vorgesetzten herbei. Der kaute an seinem Bleistift herum, erklärte verwirrt, so etwas noch nie gehört zu haben und schickte die junge Frau wieder heim: "Reden Sie mit Ihrem Hausarzt darüber." Keiner der Beamten befragte die Kinder oder kümmerte sich in irgendeiner anderen Weise um die Angelegenheit. Erst als die Frau die Sache von sich aus mit Nachdruck vorantrieb, kümmerten sich die Behörden darum,

dass sie therapeutische Behandlung erhielt und ihre Söhne in ein Heim gebracht wurden.[731]
So wenig wie weibliche Täterinnen Strafe fürchten müssen, sowenig dürfen männliche Opfer Unterstützung erwarten - auch nicht von angeblich "professionellen" Organisationen. Drei Viertel der Männer, die mit der britischen Hilfsorganisation "Kidscape" in Kontakt traten, fanden niemanden, der ihnen helfen oder ihren Berichten glauben wollte. Ein Mann, der Hilfe für seine neunjährige Tochter suchte, die von ihrer Mutter missbraucht wurde, wurde von drei verschiedenen Organisationen zurückgewiesen, weil sie "sich damit nicht beschäftigten". Eine vierte war sich unsicher, wie sie reagieren sollte, und deutete an, dass in Wahrheit er der Täter sei. Einem anderen Vater wurde klargemacht, dass er seine Tochter nicht zu therapeutischen Sitzungen bringen dürfe, weil Männern der Zugang zu diesem Zentrum nicht gestattet war.[732]
Bei Psychotherapeuten stoßen Opfer weiblicher Täter oft auf dasselbe Problem: In der internationalen Literatur werden immer wieder Fälle erwähnt, bei denen die Erlebnisse von männlichen Missbrauchsopfern bezweifelt werden. "Ich habe versucht, es meiner Therapeutin zu erzählen, als ich 35 war", berichtet einer dieser Männer. "Sie sagte mir, ich hätte Phantasien über meine Mutter und bräuchte mehr Therapie, um die zu verarbeiten." Solche Deutungen in Richtungen ödipaler Phantasien kommen häufiger vor. In einem anderen Fall erzählte ein Mädchen, dass es von beiden Eltern missbraucht worden war. In Bezug auf die Mutter war für das Therapeutinnenteam der Fall klar: Projektion und Phantasie. Der Missbrauch durch den Vater wurde nie bezweifelt.[733]
Angesichts dieser Situation schrecken Opfer eines weiblichen Missbrauchstäters eher davor zurück, sich einer anderen Person anzuvertrauen. Manche Patienten, die unter den Folgen von Missbrauch leiden, sahen sich sogar dazu gezwungen zu erzählen, sie seien von einem Mann missbraucht worden, um wenigstens irgendeine Hilfe zu erhalten.[734] Auch dadurch werden die Missbrauchsstatistiken verfälscht, aber das kann nicht den Opfern angelastet werden, die oft in der Therapie noch eine zusätzliche Schädigung erfahren, wie eine Patientin berichtet: "Auf meinen ersten Versuch, die Sache zu enthüllen, reagierte man mit Schock und Ungläubigkeit. In Verbindung mit dem Versuch meines

Therapeuten, mich davon zu überzeugen, dass es ein Mann und keine Frau gewesen sein musste, der mich missbraucht hatte, führte das dazu, dass ich mich angeschlagen fühlte, verletzt, und mich fragte, ob ich verrückt war."[735]
Die generelle Problematik, wichtige Aufschlüsse über von Frauen begangenen Missbrauch zu gewinnen, wird von der US-amerikanischen Nationalen Organisation für männliche Sexualopfer auf den Punkt gebracht: "In einer Kultur, in der Unverwundbarkeit und das Leugnen von Schmerz als wesentliche Qualitäten der Männlichkeit gewürdigt werden, ist es Männern einfach nicht erlaubt zuzugeben, dass sie sexuell ausgebeutet und missbraucht wurden." Jungen haben den Eindruck, dass es ihre Geschlechterrolle infrage stellt, das Opfer einer Frau geworden zu sein. Sie können ihr Erlebnis nicht einordnen und sprechen nicht darüber. Außerdem werden Mütter als asexuelle, gewaltfreie Wesen betrachtet, die sich ihren Kindern selbstlos zuwenden. Im Rahmen ihrer pflegerischen Aufgaben - Baden, Wickeln, Stillen, Anziehen, Zu-Bett-Bringen - können sie Missbrauch auch eher kaschieren als Männer. Man akzeptiert bei ihnen eine körperliche Nähe, die man bei Vätern für suspekt halten würde.[736] Das dadurch entstandene Dunkelfeld wird von Therapie und Forschung nicht gerade erhellt. So ist es möglich, dass wissenschaftliche Beiträge in Fachbüchern zu diesem Thema eingeleitet werden mit Sätzen wie "Die speziell mit dem Missbrauch von Knaben befasste Literatur weist eindeutig auf vorwiegend männliche Täterschaft hin" – um ein paar Zeilen weiter ungerührt eine Statistik vorzulegen, in der eine Aufteilung des Missbrauchs in drei Schweregrade zwar 60,9 Prozent männliche Täter bei sexuellen Berührungen feststellt, aber 49,3 Prozent bei Exhibitionismus und 46,8 Prozent bei Penetration. Mit anderen Worten: Die knappe Mehrheit der Täter ist insbesondere bei schwereren Fällen weiblich, eine "eindeutige" männliche Täterschaft gibt es nicht.[737] Wenn sie ihre Klischees im Kopf haben, versäumen offenbar selbst Forscher, ihr eigenes Material zu überprüfen.
Die amerikanische NHSLS-Studie etwa, bei der sich herausstellte, dass bei zwei Dritteln der missbrauchten Jungen eine Frau die Täterin war, kam nur aus reinem Zufall zu diesem Ergebnis. In dem ursprünglich ausgeteilten Fragebogen wurden Männer nämlich gar nicht gefragt, ob sie je zu Sex gezwungen worden waren, sondern ausschließlich die Mädchen. Immerhin war man in den neunziger

Jahren so weit, beide Geschlechter zu fragen, ob sie von einem Erwachsenen sexuell berührt worden waren. Für die, die "ja" sagten, hieß es dann ankreuzen: "Vater", "Onkel", "Freund der Mutter", "älterer Bruder", "Stiefvater". Weibliche Personen wurden gar nicht erst aufgeführt. Nachdem die männlichen Opfer allerdings auf weiblichen Tätern bestanden hatten, nahmen die Autoren der Studie in ihrer Analyse eine neue Trennung vor: Die Mädchen mit solchen Erfahrungen wurden "Opfer" genannt, die Jungen "sexuell frühreif". 31 Prozent dieser frühreifen Bürschchen waren zum Zeitpunkt des Zwischenfalls sechs Jahre alt oder jünger, 26 Prozent zwischen sieben und zehn. Zum direkten Verkehr kam es übrigens bei 42 Prozent der Jungen, aber "nur" bei 14 Prozent der Mädchen - was ebenfalls übergangen wurde.[738] Studien aus anderen Ländern sind ähnlich gruselig: Als sich bei einer telefonischen Befragung in Australien herausstellte, dass mehr als ein Drittel der Anrufer von weiblichen Tätern berichtete, beschlossen die weiblichen Veranstalter der Umfrage, dies als einen "Scherz" männlicher Pädophiler zu interpretieren, die Frauen belasten wollten.[739]
Die Diskrepanzen sind unübersehbar. So wurden in den USA einer Studie über weibliche Missbrauchstäter zufolge 44 Prozent von ihnen überhaupt nicht strafrechtlich verfolgt.[740] Und für die deutschen Leitmedien ist sexueller Missbrauch durch Frauen geradezu ein Tabuthema. Mehr als selten ist eine Passage wie diese in einem Spiegel-Online-Artikel aus dem Jahr 2016 über sexuellen Missbrauch:

"Eine Tätergruppe wird oft übersehen: Frauen. Die Hälfte aller Männer und zehn Prozent der Frauen, die als Kinder sexuell missbraucht wurden, berichten von einer Täterin. In bis zu sieben von 100 Fällen war die biologische Mutter übergriffig - deutlich öfter als Stiefväter (vier Prozent) und nicht viel seltener als der biologische Vater (bis zu neun Prozent)."[741]

Ebenfalls einen Ausreißer bei der medialen Tabuisierung dieses Themas lieferte am 16. März 2019 die *Hannoversche Allgemeine* in Form eines Interview mit der Psychologin Safiye Tozdan, die von einem Anteil weiblicher Täter bei sexuellem Kindesmissbrauch von etwa 20 bis 30 Prozent, "vielleicht sogar höher", ausgeht: "In

offiziellen Statistiken allerdings finden Sie Prävalenzen von ein bis zwei Prozent für weibliche Täter."
Tozdan führt weiter aus:

"Unter Forschern ist die Rede von einer 'Verleugnungskultur' gegenüber Frauen, die Kinder missbrauchen. Unsere Gesellschaft beginnt erst jetzt, sich damit auseinanderzusetzen, die mediale Berichterstattung beispielsweise greift das Thema vermehrt auf. Diese Verleugnungskultur hat zur Folge, dass Frauen als Täterinnen nicht sichtbar werden: Sie tauchen nicht in offiziellen Kriminalstatistiken auf, weil sie nicht angezeigt werden, und wir erreichen sie nicht mit Präventionsprogrammen für Menschen mit pädophilen Neigungen.
(...) Menschen, die Angst davor haben, zum Täter zu werden, können sich anonym an uns wenden und sich in Behandlung begeben. Es melden sich fast ausschließlich Männer. Es gab nur vereinzelt Kontaktaufnahmen von Frauen, zum Beispiel per E-Mail. Bis zum persönlichen Gespräch oder einer Therapie kam es aber nicht. Auch auf anonymisierte Umfragen in entsprechenden Foren im Internet haben bisher nur Männer reagiert."[742]

Wenn man Mitglieder der Frauenbewegung auf solche Dinge anspricht, stellen sie oft beide Ohren auf Durchzug. Michelle Elliot musste feststellen, dass offenbar schon das Gespräch über das Thema als Verrat an der feministischen Sache gebrandmarkt wird, wenn nicht gar als Versuch, männliche Täter freizusprechen: "Die Statistiken zeigen, dass so etwas selten vorkommt; niemand zeigt es an, also kann es nicht stimmen." Dem Kampf gegen Männergewalt scheint ansonsten die Grundlage entzogen. Als typische Reaktionen nennt Elliott Befürchtungen wie "Frauenprojekte werden fragwürdig" oder "frauenspezifische Ansätze wird es dann nicht mehr geben".[743] Sie habe nach der Veröffentlichung ihrer Forschungserkenntnisse von Feministinnen eine Flut an Hate Mail erhalten.[744]
Als hier in Deutschland der Journalist Matthias Matussek auf den hohen Anteil weiblicher Täter aufmerksam machte, hagelte es augenblicklich eine Strafanzeige wegen "Beleidigung, Verleumdung, übler Nachrede sowie aus allen rechtlich in Betracht kommenden Gesichtspunkten" vom Verband alleinerziehender Mütter. Alice

Schwarzers *Emma* klatschte schadenfroh Beifall.[745] Die Anzeige wurde von der Staatsanwaltschaft zurückgewiesen.
In C. M. Allens Studie *Frauen als Täter bei sexuellem Kindesmissbrauch – Erkenntnisbarrieren* wird die alles bestimmende These der Frauenbewegung vom Missbrauch als Folgeerscheinung von männlicher Herrschaft und der Ausbeutung der Frau als einer der Hauptgründe dafür in Erwägung gezogen, dass männlichen Opfern grundsätzlich nicht geglaubt wird.[746] Und der feministischen Professorin Carol Smart zufolge führt die Tatsache, dass "schlechte" Sexualität allein Männern zugeordnet wird, dazu, dass Frauen ihre Verantwortung für schädliches Verhalten von sich weisen können. Die von Frauen ausgehende sexuelle Gewalt könne das "bestgehütete Geheimnis" des Feminismus sein.[747]

STALKING

Beim Stalking sind die Täter in der Regel Männer und die Opfer Frauen

"In der Öffentlichkeit wird vornehmlich das Bild des weiblichen Stalkingopfers gezeigt, das einem beinahe übermächtigen und gewalttätigen Mann ausgeliefert ist", berichten Elisabeth Rainer und Alfons Tescher in einem wissenschaftlichen Fachbuch zu diesem Thema. Diesem Klischee widerspricht jedoch das Ergebnis einer von Rainer und Tescher durchgeführten Studie, aus der hervorgeht, dass zu 53% Frauen und zu 47% Männer (...) erklärt haben, Stalker beziehungsweise Stalkerinnen zu sein. Über die von ihnen gestalkten Personen geben sie an, dass 60% weiblich und 40% männlich seien.[748] Die britische Online-Sicherheitsfirma Garlik ermittelte, dass ein Prozent aller britischen Frauen, aber volle drei Prozent aller britischen Männer Opfer von Online-Stalking geworden waren. Dabei befürchtete jedes vierte männliche Opfer, im Fall einer Anzeige von der Polizei nicht ernst genommen zu werden.[749]

TASCHENGELD

Schon Taschengeld bekommen Jungen mehr als Mädchen

Zahlreiche Medien berichteten im Jahr 2016 entrüstet darüber, dass es den vermeintlichen Gender Pay Gap (eine Gehaltslücke zu Lasten von Frauen) auch schon bei Kindern gäbe. Studien zufolge erhielten Jungen mehr Taschengeld als Mädchen ausgehändigt. Dies wurde als ein weiterer Beweis für die Benachteiligung des weiblichen Geschlechts präsentiert.
Stattdessen waren all diese Meldungen nur ein weiterer Beweis für die oft irrwitzigen Mechanismen unserer Medien. Für das Wissenschafts-Ressort von *Spiegel-Online* sahen sich die Professoren für Statistik und Stochastik Björn und Sören Christensen die vorliegenden Daten genauer an. Dabei bestätigten sie zunächst, dass tatsächlich zwei Studien zeigten, dass Jungen mehr Taschengeld erhielten als Mädchen: "Die Ergebnisse scheinen deutlich zu bestätigen, dass der Einkommensunterschied zwischen Männern und Frauen schon im Kindesalter mit dem Taschengeld beginnt."
Allerdings, erklärten die Professoren, sollte man auch darauf achten, worüber die Medien nicht berichteten – über die Reihe von Studien nämlich, die *keine* solche Bevorteilung von Jungen zeigten:

"So hat eine aktuellere Befragung der LBS unter knapp 10.000 Schulkindern im Jahr 2014 keine statistisch abgesicherten Unterschiede zutage gefördert. Dieser fehlende Unterschied bei der mittleren Taschengeldhöhe zwischen Jungen und Mädchen fand in der medialen Berichterstattung kaum Beachtung. Eine weitere alle drei Jahre durchgeführte großangelegte Befragungsstudie, die KidsVerbraucherAnalyse durch Egmont Ehapa Media mit knapp 2500 Kindern im Alter von 6 bis 13 Jahren fand für die Jahre 2009, 2012 und 2015 keine Unterschiede in der Taschengeldhöhe zwischen den Geschlechtern."

Eine sehr solide wissenschaftliche Datenbasis liefere mit gut 4500 Angaben von 17jährigen Jugendlichen über mehrere Jahre hinweg auch das Sozio-oekonomische Panel (SOEP). Diesen Daten zufolge liegt das mittlere monatliche Taschengeld für Mädchen sogar knapp fünf Prozent höher als für Jungen.

All diese Erkenntnisse wurden indes von den Medien kaum aufgegriffen. Breit zum Thema gemacht wurden stattdessen die Ausreißer unter den Untersuchungen, die auf eine Benachteiligung von Mädchen hinzudeuten schienen. Denn nur diese Studien passten in das feministisch geprägte Deutungsraster von der allgegenwärtigen Benachteiligung des weiblichen Geschlechts.[750]

TESTOSTERON

Testosteron verleitet Männer zu aggressivem und riskantem Verhalten

Vermutlich weil es als "Männerhormon" gilt, hatte Testosteron in den letzten Jahren eine eher schlechte Presse. Immer wieder werden Männer wegen dieses Sexualhormons als aggressiv, streitlustig und dauergeil dargestellt. Und kommt es zu einer Wirtschaftskrise oder Skandalen im Finanzsektor, gelten schnell die "testosterongefluteten" Chefetagen als schuldig, die hormongesteuert waghalsige Risiken eingegangen seien. Die nicht immer nur unterschwellige Botschaft lautet dann: mit weniger Männern wäre das nicht passiert.
Die These indes, dass Testosteron Männer aggressiv und risikofreudig macht, ließ sich in mehreren Studien gerade nicht nachweisen. Nie sei er als Wissenschaftler "mit so vielen Mythen konfrontiert worden" wie beim Testosteron, berichtet der Demograf Robin Haring, der an der Universität Greifswald forscht, und ärgerte sich so sehr darüber, dass er dem Hormon ein eigenes Buch gewidmet hat: "Die Männerlüge". Darin analysiert Haring hundert wissenschaftliche Artikel zu diesem Hormon. Ein Fazit: "Sämtliche Studien, die einen direkten Einfluss von Testosteron auf das Verhalten belegen wollen, sind wacklig."[751]
Dabei zeichnen auch diese Studien kein so negatives Bild von Testosteron, wie es dem männerfeindlichen Volksglauben entspricht. In einer Untersuchung etwa zeigte sich: Menschen, denen eine hohe Dosis von Testosteron gegeben wurde, spürten eher den Drang, sich mit Freunden zu treffen, wollten Probleme zügiger angehen und waren bei jeder Aktivität etwas forscher als zuvor.[752] Gerade die

neuere Forschung weist eher auf einen positiven Effekt von Testosteron hin – so etwa eine Untersuchung, die Ende 2009 im international angesehenen Fachmagazin *Nature* veröffentlicht wurde. Ihr Ergebnis: Testosteron stärkt die soziale Ader und führt zu einem ausgesprochen fairen Verhalten untereinander. Die an dieser Untersuchung beteiligten Forscher ließen insgesamt 120 Versuchspersonen über die Aufteilung eines realen Geldbetrags diskutieren. Manche von ihnen bekamen vorher Testosteron gespritzt, andere lediglich ein Scheinpräparat. Und siehe da: Probanden, deren Testosteronspiegel man künstlich erhöht hatte, machten durchgehend die faireren Angebote und erreichten so wesentlich häufiger eine Einigung mit ihrem Gesprächspartner. Bislang wusste man, dass Testosteron dazu beiträgt, Männer dominant zu machen. Der geschilderte Versuch brachte Klarheit darüber, wie dieser Eindruck von Dominanz entsteht: Wir Menschen erobern in der Regel dann einen besonders hohen Status, wenn wir uns gegenüber unseren Mitmenschen sozial geschickt verhalten. Testosteron erleichtert diese Fähigkeit.

Allerdings zeigte die Studie auch, wie tief in uns inzwischen das Vorurteil sitzt, Testosteron mache Männer aggressiv. Diejenigen Versuchsteilnehmer nämlich, die fälschlich überzeugt davon waren, Testosteron und nicht das Scheinpräparat verabreicht bekommen zu haben, versuchten besonders stark, ihre Verhandlungspartner über den Tisch zu ziehen.[753]

"Testosteron hemmt aggressives Verhalten bei Frauen" berichtete am 12. Januar 2017 schließlich das *Ärzteblatt*. Der Artikel stellt ebenfalls klar, dass die verbreitete Annahme, Testosteron führe zu aggressiverem Verhalten, nicht haltbar ist. Das zeigten Untersuchungen der Klinik für Neurologie und der Medizinischen Klinik I der Universität zu Lübeck und des Universitätsklinikums Schleswig-Holstein. Die Forscher führten einen Versuch durch, bei dem man weibliche Versuchspersonen durch wütende Blicke und zunehmend lautere unangenehme Geräusche provozierte. Frauen mit höherem Testosteronspiegel verhielten sich weniger aggressiv. Macià Buades-Rotger, einer der Autoren der Untersuchung erklärte, dieses Ergebnis möge überraschend wirken, aber schon frühere Studien hätten ergeben, dass Testosteron soziales Verhalten und Altruismus begünstige.[754]

Wie sieht es im Gegensatz dazu eigentlich mit dem sogenannten "Frauenhormon" Östrogen aus? Hier lässt eine aktuelle Untersuchung ebenfalls aufhorchen: Psychologen der Goethe-Universität verglichen die Kooperationsbereitschaft von Frauen in der Zeit während und kurz nach der Menstruation, wenn die Konzentration von Östrogen niedrig ist, mit der Kooperationsbereitschaft kurz vor und einige Tage nach dem Eisprung, also zu einem Zeitpunkt, wo die Östrogen- und Progesteronspiegel besonders hoch sind. Das Ergebnis: Je höher der Spiegel des Östrogens war, desto geringer fiel die Bereitschaft der Frauen aus, ihre Ressourcen mit einer fremden Person zu teilen. Christine Anderl, Erstautorin der Studie, erläutert hierzu: "Durch eine Vielzahl an Studien ist belegt, dass Menschen, die bei diesem Test eine hohe Bereitschaft zum Teilen zeigen, auch im echten Leben häufiger und mehr Geld für einen guten Zweck spenden, öfter mit der Bahn statt mit dem Auto zur Arbeit fahren und in Verhandlungen kompromissbereiter sind als Menschen mit einer weniger stark ausgeprägten prosozialen Wertorientierung."[755]

TRIGGERWARNUNGEN

Triggerwarnungen schützen empfindliche Gemüter

Politische Aktivisten unterschiedlicher Couleur, darunter viele Feministinnen, setzen sich dafür ein, dass Texten, die auf ihre Leser verstörend wirken könnten, sogenannte "Triggerwarnungen" vorgeschaltet werden, damit man sich emotional darauf vorbereiten kann. Darüber, wie sinnvoll solche Warnungen sind, gab es jahrelang hitzige Debatten, bevor echte wissenschaftliche Erkenntnisse dazu vorlagen. Das änderte sich im Jahr 2018 mit einer Studie, die Psychologen um Benjamin Bellet von der Harvard University im Fachmagazin *Journal of Behavior Therapy and Experimental Psychiatry* veröffentlichten. Die Forscher ließen ihre Versuchspersonen Passagen aus Texten lesen, in denen teilweise blutige Schilderungen auftauchten. Erhielten die Teilnehmer zuvor eine Warnung, sie würden gleich mit "verstörenden Inhalten" konfrontiert, "die Angstzustände auslösen könnten", reduzierte dies die Anspannung der Leser nicht. Im Gegenteil: Bei manchen von

ihnen wirkte das sogar wie eine selbsterfüllende Prophezeiung. Sie reagierten emotional nur umso stärker.[756]
Im Jahr 2019 untersuchte das Team um den Psychologen Payton Jones an der Universität Harvard die Wirkungen von Triggerwarnungen auf Menschen, die ein Trauma überstanden hatten, und fand ebenfalls keine Hinweise darauf, dass diese Warnungen für solche Menschen hilfreich sind, wohl aber "substanzielle Hinweise darauf, dass Triggerwarnungen Therapien entgegenwirken, indem sie bei den Betroffenen den Eindruck verstärken, dass ihr Trauma ein zentraler Teil ihrer Identität sei. Weil Triggerwarnungen durchgehend nicht hilfreich sind, gibt es keinen Grund, sie zu benutzen."[757] Allenfalls mag man sich mit ihrer Verwendung als politisch besonders korrekt inszenieren und einen Grund dafür finden, den Umgang mit schwierigen und herausfordernden Texten zu vermeiden.

TRÜMMERFRAUEN

"Trümmerfrauen" müssen wieder aufbauen, was Männer kaputt gemacht haben

Als die SPD Andrea Nahles zur Parteivorsitzenden wählte, wurden Nahles und ihre Genossinnen in den Medien bis hin zur *Tagesschau*[758] gerne als "Trümmerfrauen der SPD" bezeichnet.[759] "Es ist schon bemerkenswert", fabulierte etwa Heribert Prantl in der *Süddeutschen Zeitung*, "dass dann, wenn alles in Scherben liegt, Frauen ranmüssen, um die Trümmer zusammenzukehren und zu kitten - als Trümmerfrauen; damals bei der CDU, jetzt bei der SPD."[760] Mit dieser Rhetorik werden Frauen, die an die Macht kommen, nicht mehr gefeiert, sondern bedauert. Auf Spiegel-Online klagte Silke Burmester Jahre zuvor im selben Tonfall: "Das kennen wir doch: Männer zerlegen ein Land, Frauen räumen es wieder auf."[761] Das sexistische Klischee vom Mann als Zerstörer und der Frau als Heilerin ist so schwer auszurotten, dass es einen Mythos aufrechterhält, der selbst schon in Trümmern liegt.
Tatsächlich ist das "Bild der Trümmerfrauen, die nach dem Zweiten Weltkrieg mit bloßen Händen aufräumten, den Schutt wegschafften,

selbstlos, optimistisch und fröhlich"[762] eine Legende der Nachkriegszeit. Frauen räumten nur einen Bruchteil der Trümmer beiseite: Den Großteil erledigten Männer. Das ermittelte die Historikerin Leonie Treber in ihrer Dissertation, die sie an der Universität Duisburg-Essen ablegte und die 2014 mit dem begehrten Nachwuchspreis der Gesellschaft für Stadtgeschichte und Urbanisierungsforschung ausgezeichnet wurde. "Das Räumen der im Luftkrieg anwachsenden Trümmermassen begann schon im Krieg", berichtet Treber. "Verpflichtet wurden vor allem Kriegsgefangene und KZ-Häftlinge. Aber auch Bauhandwerker und Wehrmachtsangehörige waren im Einsatz." Nach dem Krieg wurden zur Sühne ehemalige Parteimitglieder und deutsche Kriegsgefangene eingezogen. Dies waren in der Regel Männer: Denn in der amerikanischen und französischen Besatzungszone war man strikt dagegen, Frauen in die Trümmerräumung einzubinden. In der englischen Zone griff man nur auf eine geringe Zahl von arbeitslosen Frauen zurück. Anders war es in der sowjetisch besetzten Zone: Hier wurden relativ viele Frauen eingesetzt. Und genau hier entstand auch der Mythos um die Trümmerfrauen: durch eine regelrechte Medienkampagne in Tageszeitungen und Frauenzeitschriften. Viele Fotos waren gestellt, die Frauen teils geschminkt und die Arbeitskleidung vorteilhaft.

"Die Trümmerfrau wurde schnell und dauerhaft zu einem Vorbild für die Gleichberechtigung und den Aufbau des Sozialismus" berichtet Treber. Zu einer Ikone des Wiederaufbaus avancierte sie im Westen erst in den achtziger Jahren parallel zur aufkommenden Frauengeschichtsschreibung erklärt Treber: "Hier erweiterte sich der Begriff auch radikal. Er bezeichnete fortan die gesamte Generation all jener Frauen, die die Nachkriegszeit als Erwachsene erlebt hatten. Und diese Frauen wurden nun zu den Grundsteinlegerinnen des bundesrepublikanischen Wirtschaftswunders erklärt."[763]

Ein Nebeneffekt dieser Propaganda bestand darin, Frauen als ebenso leistungsstark wie unschuldig zu präsentieren. Auch diese Propaganda widerlegt Treber: "Natürlich waren auch Frauen Teil des Systems gewesen und in unterschiedlicher Weise verstrickt, sei es jetzt, dass sie auch Mitläuferinnen waren, dass Frauen auch Täterinnen waren, und dass eben auch Frauen in irgendeiner Weise im Nationalsozialismus gelebt und gewirkt haben." Es waren gerade

solchermaßen belastete Frauen, die gezwungen wurden, Schutt zu schaufeln.[764]
Deutsche Journalisten sollten sich also vielleicht doch noch einmal überlegen, ob es wirklich eine so gute Idee ist, Andrea Nahles und ihre Genossinnen als "Trümmerfrauen der SPD" zu bezeichnen – zumal sich der Erfolg ihrer Aufbauarbeit bislang in Grenzen hält. Frauen als bessere Menschen zu phantasieren führt auch im historischen Rückblick in die Irre.

UNTERHALT

Jeder zweite Vater enthält seiner Expartnerin den Unterhalt vor

"Alleinerziehende und ihre Kinder sind von Armut bedroht", berichtete die *Tagesschau* am 6. Juli 2016. "Eine der wichtigsten Ursachen ist die Zahlungsunwilligkeit der ehemaligen Partner. Zu diesem Ergebnis kommt eine Studie der Bertelsmann-Stiftung. Demnach bekommt die Hälfte der Alleinerziehenden überhaupt keinen Unterhalt vom Ex-Partner für ihre Kinder, ergab die Studie." Das Blog *Kritische Wissenschaft* war skeptisch, was die Behauptungen der *Tagesschau* anging, da sie allzu sehr in das bei den Öffentlich-Rechtlichen beliebte Klischee vom bösartigen Mann und dem Opfer Frau passten.[765] Michael Klein, der Betreiber des Blogs, recherchierte nach und fand heraus, dass sich die angeführte Studie der Bertelsmann-Stiftung mit ihren Zahlen auf eine Studie aus dem Jahre 2014 bezog, die der Sozialökonom Bastian Hartmann erstellt hatte. Er gelangte zum folgenden Ergebnis:

"Etwa die Hälfte aller alleinerziehenden Frauen bekommt keinen Unterhalt für die Kinder. Von den Unterhaltszahlungen, die beobachtet werden können, genügt wiederum nur etwa die Hälfte, um den Mindestanspruch zu decken. Alleinerziehende haben die Möglichkeit die Ansprüche gerichtlich einzufordern. Aus den hier verwendeten Daten geht nicht hervor, ob dies geschehen ist und in welcher Höhe der Unterhalt gerichtlich festgesetzt wurde, es bleibt lediglich festzustellen, dass er nur in den wenigsten Fällen bedarfsdeckend ist. Über die Gründe der Zahlungsausfälle kann hier nur spekuliert werden. So könnte der große Anteil ungedeckter

Ansprüche an den Regularien durch die Düsseldorfer Tabelle und an der Rechtsprechung liegen. Mit anderen Worten könnten die tatsächlich geleisteten Unterhaltszahlungen etwa durch Absenkung des Selbstbehaltes erhöht werden. Wenn das Einkommen einer unterhaltspflichtigen Person weniger vor Zugriffen geschützt wird, führt dies zwangsläufig zu höheren Zahlungen. Der Erfolg einer solchen Maßnahme ist aber mehr als ungewiss. Letztlich sind Selbstbehalt und Kindesunterhalt nur zwei Seiten einer Medaille. Würde der Selbstbehalt gesenkt, würde dies zwar zu mehr Zahlungen an die Kinder führen, gleichzeitig würden aber auf Seiten der pflichtigen Person finanzielle Engpässe entstehen. Die Unterstützungsbedürftigkeit würde nur von den Berechtigten zum Pflichtigen verlagert – jedoch nicht behoben."[766]

In der von der *Tagesschau* zitierten Bertelsmann-Studie selbst heißt es:

"Leider gibt es keinerlei Ursachenforschung, warum der Kindesunterhalt bei so vielen Alleinerziehenden nicht ankommt. ... Es besteht daher dringender Forschungsbedarf, warum in so vielen Fällen Unterhaltszahlungen nicht oder nicht vollständig geleistet werden (können)."[767]

Die Behauptung, "eine der wichtigsten Ursachen ist die Zahlungsunwilligkeit der ehemaligen Partner", hatte sich der namentlich wie so häufig nicht genannte *Tagesschau*-Redakteur anscheinend nur ausgedacht. Entgegen den Behauptungen des ARD-Flaggschiffs gibt es keinerlei entsprechende Anhaltspunkte; Hartmann selbst legt mit seinen Ausführungen nahe, dass die betreffenden Väter schlicht zu wenig verdienen, um Unterhalt leisten zu können.[768]
Nachdem Klein den tatsächlichen Sachverhalt aufgedeckt und öffentlich gemacht hatte, musste die Tagesschau ihre Behauptungen zurücknehmen und um Verzeihung bitten:

"Insofern ist die Schlussfolgerung, dass der Nicht-Erhalt des Unterhalts auf Zahlungsunwilligkeit zurückgehe, unzulässig. Wir bedauern diese Verkürzung und danken unseren Lesern für entsprechende Hinweise."[769]

In der Tat sind ausbleibende Unterhaltszahlungen vielfach keineswegs Böswilligkeit zu verschulden. "Vielen Vätern bleiben derzeit nur 1100 Euro zum Leben – dieser Selbstbehalt ist bundesweit einheitlich festgelegt", berichtet der Bundesvorsitzende des Interessenverbandes Unterhalt und Familienrecht (ISUV), Josef Linsler. In ländlichen Regionen wie dem Bayerischen Wald komme man damit wahrscheinlich noch gut zurecht, in Großstädten wie Hamburg dagegen kaum. "Viele Väter krebsen am Existenzminimum – das bedeutet, dass viele den Unterhalt nicht zahlen können, obwohl sie wollen."[770]
Kann man auch ohne konkrete Daten irgendwie einschätzen, wie hoch der Anteil derjenigen Väter ist, die den Unterhalt zurückhalten, obwohl sie ihn leisten könnten? Die *Frankfurter Allgemeine* hat hier nachgefasst und berichtet:

"Die kommunalen Spitzenverbände haben keine zusammenfassende Statistik. Winfried Nußbaum, Leiter der Grundsatzabteilung beim Sozialamt Köln, kann aber eine Einschätzung aus dem Kölner Behördenalltag liefern. Demnach ist in immerhin etwa jedem achten Fall der unterhaltspflichtige Vater unbekannt. In der weit überwiegenden Zahl fehle es jedoch an finanzieller Leitungsfähigkeit. Sture Zahlungsverweigerung trotz ausreichenden Einkommens komme dagegen nicht allzu oft vor, berichtet Nußbaum. Hierzu geben auch die Erfahrungen mit der neuen Kontenabfrage einen Anhaltspunkt: Sie dient ja genau dazu, diejenigen aufzuspüren, die nur so tun, als hätten sie kein Geld. Wenn 10.000 Abfragen in 1600 Fällen zum Erfolg führen, ist das ein Anteil von 16 Prozent – allerdings bezogen auf die Teilmenge jener Fälle, in denen Behörden aufgrund eines Verdachts eine Abfrage veranlassten. Bezogen auf die Gesamtheit der 450.000 Vorschussfälle, dürfte der Anteil mutwilliger Verweigerungen wohl geringer sein."[771]

Die allermeisten Väter zahlen schlicht deshalb keinen Unterhalt, weil sie nicht können. Trotzdem war dieses Thema für populistische Politiker ein gefundenes Fressen. "Es ist ein Skandal, dass drei Viertel der Kinder alleinerziehender Mütter keinen oder zu geringen Unterhalt vom Kindesvater bekommen" wetterte etwa Sigmar Gabriel (SPD) und forderte Druckmittel wie Führerscheinentzug, um

säumige Väter endlich zum Zahlen zu bewegen.[772]
Bundesfamilienministerin Manuela Schwesig (SPD) schloss sich dem Vorschlag an: "Ich fordere schon sehr lange konsequent gegen Väter vorzugehen, die den Unterhalt prellen."[773]
Nach jahrlangem Väterbeschimpfen dieser Art legte im September 2019 das Bundesfrauenministerium endlich eine Studie vor, aus der sich mit nur wenig Mühe ersehen lässt, wie groß die Rate der Drückeberger tatsächlich ist: 61 Prozent der unterhaltspflichtigen Trennungsväter sind demnach zahlungsunfähig, 35 Prozent zahlen aktuell zurück oder haben voll zurückbezahlt und lediglich die verbleibenden vier Prozent aller Zahlungen sind vielleicht noch eintreibbar.[774]
Selbst bei den verbliebenen vier Prozent, merkt der Verband Trennungsväter e.V. an, müsse man sich indes fragen, wie es zu ihnen komme. Immerhin kann Unterhalt, auf den ein berechtigter Anspruch besteht, ja vom Lohn oder Gehalt gepfändet werden. Die Tücke liege hier bei der Berechnung eines sogenannten fiktiven Einkommens: "Wenn der Unterhaltspflichtige keine Arbeit findet oder nicht arbeiten kann oder einen zu niedrigen Stundenlohn erhält, um zu Unterhaltszahlungen verpflichtet werden zu können, wird ihm einfach unterstellt, er könnte mehr verdienen wenn er möchte. Dann wird willkürlich ein fiktives Einkommen zur Grundlage genommen und die Unterhaltshöhe bestimmt."[775]
Der routinierte Sexismus, mit dem die SPD-Granden in diesem Zusammenhang ausschließlich von Vätern sprechen, ist übrigens bemerkenswert. Deutlich schlechter nämlich ist es einer aktuellen Studie des Deutschen Instituts für Wirtschaftsforschung zufolge um die Zahlungsmoral unterhaltspflichtiger Mütter bestellt. Von ihnen kamen sogar 85 Prozent ihren Verpflichtungen nicht nach.[776] "Es ist weitaus schwieriger, von einer Mutter Unterhalt zu kriegen, als von einem Vater" zitiert das Blog *Frauenzimmer* die ehemalige Rechtspflegerin Astrid Leonhardt, die Jugendamts-Mitarbeiter in Sorgerechts- und Unterhaltsfragen schult.[777] Auch hier stellt sich die Frage, wie viele dieser Frauen nicht zahlen können und wie viele nicht zahlen wollen. Der Beziehungstherapeutin Susan Jeffers zufolge sind weiblicherseits Äußerungen wie "Jeder Mann, der um Unterhaltszahlungen bittet, ist ein Blutsauger" jedenfalls alles andere als untypisch.[778]

Die übersteigerte Empörung über Väter, die ihre Kinder vermeintlich im Stich lassen, ist übrigens kein Novum. Schon in den neunziger Jahren hatten deutsche Zeitungen mit Schlagzeilen wie "Väter sollen zur Kasse gebeten werden – 800.000 verweigern Unterhaltszahlung für Kinder" Stimmung gemacht. Eine Grundlage für solche Horrorzahlen gab es schon damals nicht. In einer Presseerklärung hatte die damalige Frauenministerin Claudia Nolte von 519.000 betroffenen Kindern gesprochen. Aber zu einen sind natürlich viele Väter für mehrere Kinder zugleich unterhaltspflichtig, zum anderen erwies sich auch damals laut einer Antwort der Bundesregierung auf eine kleine Anfrage der SPD in 70 bis 75 Prozent jeder Versuch, den Unterhalt einzutreiben, von vorneherein als aussichtslos, weil die Väter infolge der Scheidung vollkommen verarmt waren und selbst nicht genug zum Knabbern hatten. Dies bestätigten damals auch die Hamburger Jugendbehörde und der Interessenverband Unterhalt und Familienrecht in Nürnberg.[779] Offensichtlich appellierte der Mythos von den gefühlskalten Rabenvätern aber an derart tief sitzende Vorurteile, dass er zwanzig Jahre später wieder aus der Mottenkiste geholt wurde.

VÄTERZEIT

Vätermonate sind gut dazu geeignet, die traditionelle Rollenverteilung aufzubrechen

Junge Väter können sich heute mindestens zwei Monate ganz auf die Erziehung ihres Kindes konzentrieren und ihrem Beruf für diese Zeit den Rücken kehren. Diese Regelung wurde auch deshalb eingeführt, weil man damit mehr "Geschlechtergerechtigkeit" erzielen wollte. Der erhoffte pädagogische Effekt war, dass nicht automatisch die Mutter die Person ist, die sich für eine bestimmte Periode aus der Arbeitswelt zurückzieht, und dass der Vater sich auch über diese zwei Monate hinweg stärker um Familie und Haushalt kümmert. Auf diese Weise sollen sich Frau und Mann noch stärker angleichen als bisher.
Ein Wissenschaftsteam der Norwegian Business School in Oslo hat untersucht, ob dieser angestrebte Effekt tatsächlich eintritt. Das war

nicht der Fall. In den Familien, in denen die Väter zu Hause geblieben waren, glichen sich weder die Arbeitszeiten von Vater und Mutter an noch der Verdienst. Die Forscher fanden auch keine Anhaltspunkte dafür, dass die Väterzeit zu mehr Geburten oder weniger Scheidungen führte. Ähnliche Ergebnisse hatte bereits eine Studie aus Schweden erbracht, die im Jahr zuvor veröffentlicht worden war.[780]

Eine Angleichung im negativen Sinne erfahren allerdings viele Väter, die länger als zwei Monate Elternzeit nahmen. Diese Entscheidung führt für sie nämlich oft zu beruflichen Schäden. Zu dieser Erkenntnis gelangte die Studie "Nachhaltige Effekte der Elterngeld-Nutzung durch Väter" des Berliner Instituts für sozialwissenschaftlichen Transfer. Viele der hierfür befragten Väter berichteten, dass unabhängig davon, ob ihr Betrieb als familienfreundlich gilt, nach ihrer Rückkehr in den Beruf ihre bisherigen Tätigkeitsfelder eingeschränkt wurden, man ihnen Projekten mit weniger Verantwortung übertrug oder eine eigentlich anstehende Beförderung ausblieb. Einem Vater, den *Die Welt* in einem Bericht über die Studie exemplarisch zitiert, wurde beispielsweise "Illoyalität als Mann" vorgeworfen. "Man hätte einfach etwas anderes erwartet", teilte ihm seine Vorgesetzte mit, "sonst hätte man ja eine Frau einstellen können".[781]

VERGEWALTIGUNG

Die Opfer von Vergewaltigungen sind weit überwiegend Frauen, die Täter Männer

Kaum ein Statement ist typischer für die Einstellung vieler Feministinnen zum Thema Vergewaltigung und ähnlich schwerer Übergriffe wie eine Äußerung, die die Publizistin Meike Lobo zum Höhepunkt der "Aufschrei"-Kampagne tätigte. Meike Lobo erklärte damals, Kommentare mit dem Hinweis, Männer seien auch Opfer von beispielsweise sexueller Gewalt, in ihrem Blog "durch die Bank" nicht freizuschalten: "Vor dem ungeheuren, ja, ungeheuerlichen Berg sexueller Gewalt, der Frauen weltweit jeden Tag ausgesetzt sind, empfinde ich solche Äußerungen als selbstgerecht, höhnisch und verachtend."[782]

Dies ist offenkundig ein perfekter Zirkelschluss: Man muss männliche Opfer sexueller Gewalt nur konsequent ignorieren, schon zeigt sich, dass von dieser Gewalt weit überwiegend Frauen betroffen sind. Selbstgerecht und verachtend erscheinen dann die Menschen, die auf Gewaltopfer aufmerksam machen, statt denjenigen, die diesen Menschen den Mund stopfen – mit dem besten Gewissen natürlich.
Wissenschaftliche Studien, die objektiv beide Geschlechter in den Blick nehmen, gelangen zu dem Ergebnis, dass beide Geschlechter ähnlich stark von sexueller Gewalt betroffen sind. Die aktuellste Untersuchung stammt von der US-amerikanischen Geschlechterforscherin und Menschenrechtlerin Lara Stemple. Sie ermittelte aufgrund landesweit erhobener repräsentativer Daten, dass Männer und Frauen fast genauso häufig nicht-einvernehmlichen Sex erlebten, wobei die meisten männlichen Opfer von weiblichen Tätern berichteten. 1,270 Millionen weiblichen Opfern standen 1,267 Millionen männliche Opfer gegenüber – ein fast deckungsgleiches Ausmaß. 79 Prozent der Männer berichteten, sie seien im Laufe ihres Lebens schon einmal gezwungen worden, in eine andere Person einzudringen, was, wie Stemple betont, nach Ansicht der meisten Forscher eine Form der Vergewaltigung darstellt. Stemple und die Mitarbeiter ihres Forscherteams beklagen eine "Kultur der Verleugnung" und des Herunterspielens dieses Problems, was sich selbst in Bereichen wie der Sorge für geistige Gesundheit, der Sozialarbeit und dem Rechtswesen finde.[783]
Stemple selbst bezeichnet ihre Erkenntnisse als "überraschend". Tatsächlich hatte ich bereits 2001 in meinem Buch "Sind Frauen bessere Menschen?" über Studien berichtet, die zu ähnlichen Erkenntnissen gelangten.[784] Die Reaktionen darauf waren ein wenig Spott von Alice Schwarzers *Emma* und eine bis heute anhaltende Kampagne zweier parteinaher Stiftungen und einiger Medien, in der alles gegeben wurde, um männerpolitische Forscher und Aktivisten wie mich als eine Mischung aus Kriminellen, Rechtsradikalen und Geisteskranken darzustellen, mit denen man sich auf keinen Fall unterhalten solle.
Dessen ungeachtet sind in den vergangenen Jahren eine ganze Reihe von Studien veröffentlicht worden, die hervorragend belegen, dass es zwischen Frauen und Männern keineswegs eine riesige Kluft gibt,

wenn es um die Häufigkeit geht, Opfer sexueller Gewalt zu werden. Einige Beispiele:

* Schon im Jahr 1988 stellte die auf Frauen- und Genderstudien spezialisierte Psychologin
Charlene Muehlenhard in einer umfangreichen Studie fest: "Mehr Frauen (97,5%) als Männer (93,5%) hatten unerwünschte sexuelle Aktivitäten erlebt; mehr Männer (62,7%) als Frauen (46,3%) hatten unerwünschten Geschlechtsverkehr."[785]

* Von einem bemerkenswerten Zahlenverhältnis berichtete die US-amerikanische Professorin für Frauenstudien Abigail Rine 2013 im linksliberalen Magazin *The Atlantic*, wobei Rine sich auf die National Intimate Partner and Sexual Violence Survey aus dem Jahr 2010 bezieht, eine nationale, repräsentative Untersuchung über Opfer sexueller Gewalt. In den zwölf Monaten vor der Erhebung, berichtet Rine, waren 1,26 Millionen Männer (1,1 Prozent aller Männer insgesamt) ihren Angaben nach "zur Penetration gezwungen" worden, was fast deckungsgleich sei mit den 1,27 Millionen Frauen (1,1 Prozent aller Frauen insgesamt), die im selben Zeitraum vergewaltigt worden sein sollen. Bei den zum Sex genötigten Männern waren die Täter in achtzig Prozent aller Fälle weiblich. "Wenn diese Zahlen auch nur annähernd zutreffen", so Rine, "zeigen sie ein signifikant anderes Bild von sexueller Gewalt in den USA, als ich gewohnt bin."[786] Vor allem in stramm feministisch ausgerichteten Magazinen wie *Jezebel* und *Salon* waren die männlichen Opfer bei der Berichterstattung über diese Studie komplett übergangen worden.[787] Lediglich das Blog *Everyday Feminism* entzog sich dieser Tabuisierung der hohen Zahl männlicher Opfer.[788] Brittany Tyler von der Canadian Association for Equality indes weist darauf hin, dass einige Zahlen dieser Statistik sogar auf eine leicht höhere Opferrate unter Männern schließen lassen.[789]

* Im Oktober 2013 berichtete das Wissenschaftsmagazin *National Geographic* über eine aktuelle Studie, die von den Wissenschaftlerinnen Michele Ybarra und Kimberly Mitchell in der akademischen Fachzeitschrift *JAMA Pediatrics* veröffentlicht wurde. Diese Untersuchung zeigte, dass im Alter von unter 18 Jahren beide

Geschlechter in etwa demselben Ausmaß zu sexuellen Übergriffen neigen. "Vor nicht allzu langer Zeit wurden Männern die Fragen über Tätererfahrungen und Frauen die Fragen über Opfererfahrungen gestellt", erläutert Ybarra den sexistischen Hintergrund, der zur bis heute bestehenden Schieflage der Debatte über sexuelle Gewalt führte. "Wir haben die Tatsache nie wahrgenommen, dass Männer Opfer und Frauen Täter sein könnten."[790]

* Einer von der American Psychological Association im Fachmagazin *Psychology of Men and Masculinity* veröffentlichten Studie der Universität Missouri zufolge berichten 43 Prozent der Jungen an High Schools und jungen Männer an Colleges über ungewollten Sex. 95 Prozent von ihnen gaben an, eine weibliche Bekannte sei die Täterin gewesen.[791] Die hohen Opferzahlen ergeben sich allerdings durch dasselbe Verfahren, mit dem man auch bei Frauen zu derart hohen Opferzahlen gelangt, nämlich indem man verbalen Druck, Unter-Alkohol-Setzen etcetera mitrechnet. Von erzwungenem Sex durch körperliche Gewalt berichteten "nur" 18 Prozent der befragten Jungen und Männer. Männliche Opfer seien noch seltener bereit als Frauen, solche Erfahrungen zu schildern, berichtet die Psychologin Dr. Bryana French, Co-Autorin der Studie, "aber wenn man sie gezielt fragt, ob es bei ihnen geschehen ist, sagen sie, es sei ihnen geschehen."[792]
"Gibt es eine Epidemie von Vergewaltigungen – durch Frauen?" betitelte daraufhin die auflagenstarke Zeitung *USA Today* einen Artikel des Juraprofessors Glenn Reynolds über diese Forschungserkenntnisse.[793]

* "Warum werden 96 Prozent aller sexuellen Übergriffe auf Männer nicht zur Anzeige gebracht?" fragte am 18. November 2015 die britische Tageszeitung *Telegraph* mit Bezug auf eine neue Studie mit dem Titel "Silent Suffering – Supporting the Male Survivors of Sexual Assault". Was Großbritannien betrifft, geht man inzwischen von 670.000 dieser Übergriffe in den letzten vier Jahren aus: "Diese Zahl mag sich überwältigend anhören, aber für diejenigen von uns, die mit Opfern arbeiten, stellt sie keine Überraschung dar" merkt Michael May an, der Autor des Artikels und Direktor der Gruppe SurvivorsUK, die sich um männliche Opfer sexueller Gewalt kümmert.[794]

* Der Geschlechter- und Antidiskriminierungsforscher Dr. Peter Döge weist in seiner Studie für die Evangelische Kirche Deutschlands darauf hin, dass acht Prozent aller Frauen angegeben hatten, ihren Partner bereits sexuell genötigt zu haben. Der Anteil der Frauen, die sich durch ihre Männer sexuell genötigt fühlten, liegt mit zwölf Prozent nur um ein Drittel höher.[795] Döges Zahlen beruhen nicht nur auf den Berichten männlicher Opfer. Auch die befragten Frauen hatten in der genannten Rate angegeben, ihren Partner zu sexuellen Handlungen gezwungen zu haben.

* Der Soziologe Bastian Schwithal gelangt bei einer Auswertung von 55 Studien zu diesem Thema zu dem Fazit, "dass Männer ebenfalls und im weitaus größeren Ausmaß als bisher angenommen sexuelle Gewalt (auch schwere Formen) erfahren. Beim Verüben von sexueller Gewalt ergibt sich ein Geschlechtsverhältnis von 57,9% Männer gegenüber 42,1% Frauen und hinsichtlich erlittener Gewalt ein Männer-Frauen-Verhältnis von 40,8% zu 59,2% ."[796]

* Auf den Seiten der News-Plattform *Telepolis* veröffentlichte der Professor für Psychologie Stephan Schleim am 13. Oktober 2016 den Beitrag "Sexuelle Gewalt: Neue Studien belegen geringe Unterschiede zwischen männlichen und weiblichen Opfern". Darin erläutert Schleim:

"Medien und Politik zeichnen ein einseitiges wie eindeutiges Bild: Opfer sexueller Gewalt sind vor allem Frauen. Männer werden in der Regel als Täter dargestellt. Neue Studien widerlegen dieses Bild deutlich. Bei Untersuchungen in Chile und der Türkei gab es kaum Unterschiede bei den Opfererfahrungen zwischen den Geschlechtern. Im europäischen Vergleich zeigten sich 32% der Frauen und 27% der Männer betroffen von sexueller Gewalt. Es ist höchste Zeit, dass Medien und Politik ihr falsches Bild korrigieren."[797]

Die genauen Zahlen mögen bei den Studien aufgrund unterschiedlicher Fragestellung etwas auseinander liegen, aber das Gesamtbild ist klar: Der Mythos von Vergewaltigung als ein Verbrechen mit männlichen Tätern und weiblichen Opfern lässt ich nicht halten. Dies gilt umso mehr, als von all diesen Statistiken und

Befragungen sexuelle Gewalt, die unter ganz besonderen Umständen stattfindet, noch nicht einmal erfasst wurde.
Vor mehr als 20 Jahren nämlich machte die amerikanische Bürgerrechtlerin Nadine Strossen darauf aufmerksam, dass in den USA deutlich mehr Männer als Frauen vergewaltigt werden, wenn man die Situation in den Gefängnissen mitzählt, ohne dass dieses Verbrechen dieselbe öffentliche Aufmerksamkeit erhält.[798] Eine ungewöhnliche Ausnahme war die britische *Daily Mail*, die mit Bezug auf Zahlen des US-Justizministerium geschätzte 216.000 Vergewaltigungen pro Jahr in Gefängnissen den jährlich 90.479 angezeigten Vergewaltigungen außerhalb der Gefängnismauern gegenüberstellte.[799] Auch in Großbritannien ist von Tausenden hinter Gittern vergewaltigten Männern pro Jahr die Rede.[800]
Man muss hier allerdings vor der scheinbar naheliegenden, in Wahrheit aber irreführenden Annahme warnen, dass eine Vergewaltigung im Gefängnis weit überwiegend bedeutet, dass ein Mann von einem anderen Mann vergewaltigt wird. Sogar das ist der neuesten Forschung zufolge ein Mythos. Stattdessen gelangt eine Studie aus dem Jahr 2013 zu der überraschenden Erkenntnis, dass Frauen in einem Frauengefängnis dreimal häufiger von ihren weiblichen Mitgefangenen vergewaltigt wurden (13,7 Prozent) als Männer durch andere männliche Häftlinge (4,2 Prozent).[801] Diese Erkenntnis läuft feministischen Thesen vom gewalt- und sexgeilen Mann zuwider, deckt sich aber mit Erkenntnissen, dass auch häusliche Gewalt bei lesbischen Paaren häufiger vorkommt als in schwulen und heterosexuellen Partnerschaften.[802]
Was die Situation in Deutschland angeht, zeigte eine 2012 veröffentlichte Studie des Kriminologischen Forschungsinstituts Niedersachsen, dass die Wahrscheinlichkeit, im Jugendvollzug innerhalb eines Monats vergewaltigt zu werden, bei sieben Prozent liegt. "Das ist eine Horrorquote. Wir haben ja nicht nach einem Jahr gefragt", erklärte dazu Christian Pfeiffer, Leiter des Forschungsinstituts. Niedersachsens Justizminister Bernd Busemann (CDU) allerdings erklärte, er könne derlei Zahlen "gut akzeptieren". Ein Knast sei nun einmal "keine Mädchenpension".[803]
Auch eine Anfang 2010 veröffentlichte Studie des US-Justizministeriums stellt gewohnte Geschlechterklischees auf den Kopf. Ihr zufolge werden zwölf Prozent aller Jugendlichen während ihrer Haft sexuell missbraucht – und die große Mehrheit von ihnen

durch Wärterinnen.[804] Über eine Untersuchung von sexuellem Missbrauch von Häftlingen durch das Haftpersonal berichtet das linksliberale Magazin *The Atlantic* Folgendes:

"Unter den Erwachsenen, die sexuellen Kontakt mit dem Gefängnispersonal meldeten, einschließlich einiger Kontakte, die Gefangene als 'freiwillig' bezeichneten, die aber tatsächlich oft mit Zwang zu tun haben und immer illegal sind, nannten 80 Prozent ausschließlich weibliche Täter. Bei den Jugendlichen waren es 89,3 Prozent. Homosexuelle Männer und Frauen berichteten zwei- bis dreimal häufiger über solche Fälle. 'Der unverhältnismäßige Missbrauch durch weibliche Mitarbeiter tritt nicht auf, weil mehr Frauen beim Haftpersonal tätig sind', schreiben die Autoren der Studie. 'Männer sind in Positionen, die einen direkten Kontakt mit Insassen erfordern, in einem Verhältnis von drei zu eins in der Überzahl.'"[805]

Abhängigkeitsverhältnisse werden entgegen den gängigen Klischees offenkundig von beiden Geschlechtern für sexuelle Kontakte ausgenutzt. Eine 2007 im kanadischen Vancouver durchgeführte Studie über auf der Straße lebende Jugendliche etwa überraschte die Forscher mit der Erkenntnis, dass eine beträchtliche Anzahl von Frauen an der sexuellen Ausbeutung dieser gefährdeten Jugendlichen beteiligt sind: Frauen waren für 79 Prozent der sexuellen Ausbeutung von Jungen und einen kleineren Prozentsatz der Mädchen verantwortlich.[806]
Ein weiteres Problemfeld ist das US-amerikanische Militär, wo einer Untersuchung zufolge ebenfalls mehr Männer (22.000) als Frauen (14.000) Opfer sexueller Übergriffe wurden – wobei, ähnlich wie bei häuslicher Gewalt, noch weniger Männer als Frauen Dritten davon berichteten (220 im Vergleich zu 2530 gemeldeten Fällen).[807] Dies sei eine "superleise Epidemie" berichtet Dr. Curt Dill, Leiter der Notfallmedizin am Veteranenkrankenhaus von Manhattan, der kürzlich eine Zuflucht für weibliche Veteranen eröffnete, die Hilfe nach sexuellen Traumatisierungen suchten. Während sich die Medien hauptsächlich auf Sexualverbrechen gegen Frauen konzentriert haben, betont auch der Filmemacher Michael Matthews, der an einer Dokumentation über dieses Problem arbeitet, dass

sexueller Missbrauch im Militär "kein Geschlechterproblem, sondern ein Menschenrechtsproblem" darstelle.[808]
Sexuelle Übergriffe bei der Bundeswehr hingegen werden noch überwiegend von Männern begangen – allerdings nicht derart überwiegend, wie viele vermutlich glauben. So ermittelte eine Untersuchung dieses Problems 113 Fälle von "Handlungen gegen die sexuelle Selbstbestimmung", also sexuelle Nötigungen und Vergewaltigungen, begangen durch männliche Vorgesetzte sowie immerhin 57 solcher Fälle begangen durch weibliche Vorgesetzte. Das Übergewicht männlicher Täter dürfte hier allein deshalb bestehen, weil die allermeisten Vorgesetzten bei der Bundeswehr noch immer männlich und nicht weiblich sind.[809]
Die erste britische Studie, die untersuchte, mit welchen Strategien Frauen Männer am häufigsten dazu brachten, gegen ihren Willen Sex mit den Täterinnen zu haben, veröffentlichte Dr. Siobhan Weare von der Lancaster University Law School im November 2018 im akademischen Fachmagazin *Archives of Sexual Behavior*: Hierbei stellte sich heraus, dass die Frauen den unerwünschten Sex am häufigsten herbeiführten durch körperliche Bedrohungen und Gewalt sowie dadurch, dass sie eine Berauschtheit ausnutzten. Einige Frauen wendeten Strategien an, die ihnen als Frauen weit eher zur Verfügung standen als Männern: Sie drohten zum Beispiel, den betreffenden Mann selbst als Vergewaltiger zu verleumden, wenn er nicht mitmachte, oder sie drohten als Mütter damit, die Beziehung des Vaters zu seinem Nachwuchs zu ruinieren beziehungsweise als Schwangere den Fötus zu verletzen oder ihn abzutreiben. Nur zwei der befragten 154 Männer hatten die Tat bei der Polizei angezeigt; beide Fälle kamen nie vor Gericht. 80 Prozent der Opfer teilten nicht einmal ihrer Familie oder ihren Freunden mit, was mit ihnen geschehen war.[810]
Es bleibt den dafür kontinuierlich angefeindeten Männerrechtlern (Maskulisten) überlassen, auf solche Praktiken aufmerksam zu machen. So berichtete am 18.3.2010 das *Väterradio* unter der Überschrift "Sex mit der Ex für Umgang mit dem Kind" über Väter, die mit der Mutter ihres Kindes in Scheidung leben und von dieser genötigt werden, eine sexuelle Beziehung aufzunehmen oder weiter aufrechtzuerhalten, damit sie den Kontakt zu ihrem Kind nicht verlieren: "Die Versuchung, darauf einzugehen, scheint nicht gering zu sein. Am Ende bleiben Depression oder Selbsthass."[811] Den

Leitmedien waren solche Berichte, auch in der MeToo-Debatte, kaum eine Silbe wert.
Die Therapeutin und Sexualarbeiterin Karen Duncan hingegen, die sich schwerpunktmäßig mit sexueller Gewalt beschäftigt, breitet in ihrem Buch *Female Sexual Predators* (Praeger 2010) mehrere Regalmeter solcher Erkenntnisse aus. Vielleicht sei es an der Zeit zu erkennen, urteilt sie auf dieser Grundlage, dass man das Ziel, Sexualverbrechen zu verhindern, nicht vom Geschlecht abhängig machen kann. Stattdessen haben Menschen, die sexuelle Übergriffe begehen, offenbar andere Gemeinsamkeiten: einen Glauben an sexuelle Vorrechte statt an sexuelle Zustimmung, ein Gefühl der Feindseligkeit und Wut insbesondere gegenüber dem anderen Geschlecht, die Akzeptanz von zwischenmenschlicher Gewalt, die zu einem Freibrief für das eigene Verhalten führt, sowie eine Leugnung des Schadens, den sexuelle Aggression in all ihren vielfältigen Formen einem anderen Menschen zufügt.[812] Wenn männliche Opfer von Vergewaltigungen weiterhin konsequent ignoriert würden, so Duncan, dürfte das auch die Motivation von Männern senken, sexuelle Gewalt gegen Frauen zu beenden.[813] So gelangt sie zu dem Fazit:

"Die sexuelle Aggression einer Gruppe von Menschen (Frauen) zu leugnen und gleichzeitig die sexuelle Aggression einer anderen Gruppe von Menschen (Männer) aufzubauschen, wird der sexuellen Aggression kein Ende bereiten."[814]

Bezeichnenderweise wurden männliche Opfer von Vergewaltigungen bis zum Jahr 1997 sogar vom Strafrecht ignoriert. "Wer eine *Frau* mit Gewalt oder durch Drohung ..." begann zuvor der zuständige Paragraph 177 im Strafgesetzbuch. Erst seit 1997 ist geschlechtsneutral von einer "Person" die Rede.[815] Im Schweizer Strafrecht kommen Männer bis heute nicht als Opfer einer Vergewaltigung vor.[816]
Das ist nicht zuletzt deshalb übel, weil vergewaltigte Männer durch diese Erfahrung in ähnlicher Weise aufgewühlt werden wie Frauen und dieselben spontanen und späteren Nachwirkungen und traumatischen Reaktionen erleiden. Dazu gehören die Einstellung sozialer Kontakte, sexuelle Funktionsstörungen wie Impotenz, Depressionen, Nervosität, Selbstmordneigung, Dissoziationen, ein

geringes Selbstwertgefühl, Zweifel und Unsicherheit bezüglich der eigenen Sexualität, Abneigung gegen unerwartete Berührungen, Abneigung gegen Sexualität bis hin zu Übelkeit und Erbrechen sowie die Furcht, anderen davon zu erzählen.[817]
In einer Studie, die im akademischen Fachmagazin *Women & Criminal Justice* veröffentlicht wurde, ermittelte das Forscherteam um Lisa Dario, Professorin für Kriminologie an der Florida Atlantic University, dass bei männlichen Opfern Depressionen als Folge eines sexuellen Übergriffes bis heute zu wenig erforscht werden. "Als wir mit dieser Studie begannen", berichtet Lisa Dario, "glaubten wir fest, wir würden herausfinden, dass Frauen, die sexuell missbraucht wurden, höhere Depressionswerte aufweisen würden als Männer. Ich denke, das liegt an den antiquierten Vorstellungen, dass Männer und Frauen Emotionen unterschiedlich erleben. Was wir zu unserer Überraschung entdeckt haben, ist, dass sexuelle Übergriffe traumatisch sind, unabhängig vom Geschlecht." Die Forscher vermuten, dass Männer sogar stärker von Depressionen geplagt werden als weibliche Opfer, weil sie nicht über die sozialen Möglichkeiten und Unterstützungssysteme verfügen, die Frauen zur Verfügung stehen, weshalb sie ihre Emotionen eher nach innen richten.[818]
"Vergewaltigte Männer, egal ob sie von Männern oder von Frauen vergewaltigt wurden, haben es noch schwerer als Frauen", berichtete mir "Chris" (der vollständige Name ist mir bekannt), ein Mitarbeiter der Sexual-Beratungsstelle Mayday, in einem Interview für eines meiner Bücher: "Sie werden noch weniger ernst genommen, es gibt keine Hilfsangebote, keine Ansprechpartner, und oft genug glaubt man ihnen auch einfach nicht. Selbstzweifel, Impotenz und Depression ist da die Regel, Selbstmord häufig. Die Dunkelziffer ist riesig. Ich kenne fast keine gemeldeten Fälle, in meinem persönlichen Bekanntenkreis finden sich aber bereits mehrere Betroffene."
In einer auf meinem Blog *Genderama* veröffentlichten Zuschrift berichtete mir eine Leserin von ihren Erfahrungen mit diesem Problem:

"Ich bin selbst eine Frau. Mein bester Freund wurde von einer Frau vergewaltigt. Sie war nicht allein – sie hat seine Arglosigkeit ausgenutzt. Hatte ihn mit Helfern und Zurhilfenahme von

Medikamenten wehrlos gemacht – und brutalst mehrfach vergewaltigt. Mittlerweile weiß ich, dass dies kein Einzelfall ist. Die Männer schweigen – und bringen sich häufig um.
Es ist neben ihrem verletzten Körper und der verletzten Seele die Folge der weiteren Verletzungen – dass ihnen nicht geglaubt wird, man über sie lacht usw.
Ich vermisse die Info in der Öffentlichkeit, dass auch Männer vergewaltigt werden – und sehr brutal. Ich vermisse die Info, dass Männer geschlagen werden und sich oft nicht wehren – still leiden. Sagen die Männer was, sind sie ein Waschlappen. Schlagen sie zurück – sind bestimmt sie diejenigen, die angefangen haben."

Dass männlichen Opfern sexueller Gewalt häufig die Schuld an dieser Erfahrung gegeben wird, legt James Landrith, seiner Darstellung nach selbst Opfer einer Vergewaltigung durch eine Frau, auf der amerikanischen Website *The Good Men Project* dar.[819] Zu den von Landrith aufgeführten immer wieder reflexartig erfolgenden Abwehrversuchen gehören Sätze wie "Männer können nicht vergewaltigt werden", "Frauen vergewaltigen nicht", "Männer sind alle stark, also kann man sich dagegen wehren", "Männer sind nur hinter dem Geld her" und dergleichen mehr. Auch hier zeigt sich, dass die Grundlage solchen Leugnens in anderweitig längst überkommenen Geschlechterklischees liegt.
Welche anderen Gründe führen dazu, dass Sexualgewalt gegen Männer trotz ihres erheblichen Ausmaßes unsichtbar bleibt? Das Problem beginnt damit, dass manche sich die Vergewaltigung eines Mannes deshalb nicht vorstellen können, weil sie glauben, dass ohne die sexuelle Bereitschaft und damit das Einverständnis des Mannes keine Erektion auftreten kann – geschweige denn ein Samenerguss. Dabei fand Kinsey schon 1948 bei seinen Forschungen über sexuell missbrauchte Jungen heraus, dass beides weder der Willenskraft unterliegt, noch ausschließlich durch Erregung verursacht wird. Erektionen treten oft spontan infolge äußerer Reize auf, zum Beispiel bei absolut unerotischen medizinischen Untersuchungen im Analbereich. 18 Prozent der männlichen Vergewaltigungsopfer ejakulieren, und das hat nichts damit zu tun, dass sie in irgendeiner Weise Vergnügen empfunden haben. Ebenso kommt es vor, dass vergewaltigte Frauen dabei feucht werden oder sogar einen Orgasmus haben. Vergewaltigungsopfer beiderlei Geschlechts

werden oft dadurch zusätzlich verstört, dass sie sich von ihrem eigenen Körper in einer solchen Notsituation betrogen fühlen oder selbst glauben, insgeheim Genuss empfunden zu haben. Hinzu tritt, dass Männern, die vor Gericht behaupten, vergewaltigt worden zu sein, obwohl sie darauf mit einer Erektion und einer Ejakulation reagierten, oft nicht geglaubt wird. Richter sind genauso dem Klischeedenken und der einseitigen Information in unserer Gesellschaft ausgesetzt wie jeder andere Mensch.[820]

Mitunter werden männliche Opfer auch unter Druck gesetzt, ihre Vergewaltigung durch eine Frau in einer Weise zu interpretieren, die mit Männlichkeitsidealen übereinstimmt, wie z.B. der Vorstellung, dass Männer jede verfügbare Gelegenheit für Sex genießen sollten. Der Übergriff auf einen noch heranwachsenden Mann wird gerne als eine Form der Einführung in die Welt der Sexualität umgedeutet. In einigen Fällen werden männliche Opfer als Verantwortliche für den Missbrauch dargestellt. Weil Frauen hingegen generell als wohlwollend, unterwürfig und hilfreich gelten, blenden es viele aus, wenn die Täterinnen in solchen Fällen sexuell manipulativ, dominant und sogar gewalttätig waren. Die Wahrscheinlichkeit, dass gegen weibliche Täter ermittelt wird, sie verhaftet oder bestraft werden, ist deshalb geringer als bei männlichen Tätern, was das beliebte Vorurteil von der weniger bösartigen Frau wieder zu bestätigen scheint.[821] Lara Stemple und ihre Kollegen berichten, dass Männer, die Vergewaltigungen oder sexuelle Übergriffe melden, häufig auf die Reaktion stoßen, es sei doch "kein wirklicher Schaden angerichtet worden". In einer australischen Studie berichteten männliche Opfer von Vergewaltigungen, dass Polizisten, denen sie von dem Verbrechen berichteten, versuchten, das Trauma der Opfer zu leugnen oder zu bagatellisieren. Oft wurde ihnen nicht geglaubt oder sie wurden ignoriert.[822]

Auch geschlechterpolitisch ist dieses Thema ein heißes Eisen. "Ähnlich wie Forscher auf dem Gebiet der häuslichen Gewalt", berichtet Karen Duncan, "haben Forscher auf dem Gebiet der weiblichen sexuellen Aggression analoge Feindseligkeiten erfahren." Als etwa der Sexualforscher Peter Anderson seine Dissertation über die sexuellen Aggressionen von Frauen gegen Männer schreiben wollte, teilten ihm seine Kollegen mit, das er dadurch den politischen Anliegen von Frauen schaden könne, und sagten voraus, dass seine Arbeit niemals veröffentlicht werden würde.[823] In ihrem

Buch "When Women Sexually Abuse Men" berichten Philip Cook und Tammy Hodo über den Psychologen Howard Fradkin, der die Anlaufstelle malesurvivor.org mitbegründete und über tausend betroffene Männer therapeutisch betreute. Fradkin zufolge scheuen die Medien davor zurück, über weibliche Täter und männliche Opfer zu berichten, weil sie befürchten, in diesem Fall als "antifeministisch" etikettiert zu werden.[824] Diese Angst ist leider nur allzu berechtigt. Wer sich für Gewaltopfer beiderlei Geschlechts einsetzt, soll mit derartigen Anfeindungen und einem über lange Jahre andauernden Rufmord als Unperson aus der Debatte ausgegrenzt werden. Während Frauen es geschafft haben, einen Diskurs zu entwickeln, bei dem sich Opfer sexueller Gewalt unterstützt und sicher fühlen können, müssen wir Männer uns das immer noch mühevoll und unter hohen persönlichen Opfern erkämpfen.

In Deutschland ist die sexistische Haltung unverhohlen Regierungspolitik. "Auch das deutsche Bundesministerium für Familie, Senioren, Frauen und Jugend hat für eine repräsentative Studie aus dem Jahr 2004 ausschließlich die Erfahrungen weiblicher Opfer einbezogen", berichtet der Psychologieprofessor Stefan Schleim. "Diese Untersuchung spielte jüngst bei der Nein-heißt-nein-Kampagne wieder eine große Rolle. Die dem Ministerium ebenfalls vorliegende Pilotstudie zu Gewalterfahrungen von Männern in Deutschland wurde demgegenüber bis heute nicht weiter verfolgt."[825]

Wenn Frauen "nein" sagen, meinen sie immer auch "nein"

"Ich habe tatsächlich schon von Jugend an ziemlich stur ein Nein ganz wörtlich als Nein interpretiert", berichtet der maskulistische Blogger Lucas Schoppe. "Als sechzehnjähriger Schüler hatte ich einer gleichaltrigen Freundin hoffnungsvoll meine Verliebtheit gestanden und war damit aufgelaufen. Eine Weile später sagte mir ein gemeinsamer Freund, sie habe ihn sehr verwundert gefragt, warum ich mich denn nicht weiter und stärker um sie bemüht hätte, sie wäre doch eigentlich gern mit mir zusammen gewesen. Jahre später erzählte eine Partnerin mir, sie hätte sich bei mir erst einmal daran gewöhnen müssen, dass ich weitere Bemühungen einstelle,

wenn sie einmal Nein gesagt hätte. Es wäre für sie gar nicht einfach gewesen zu lernen, dann ihren Stolz herunterzuschlucken, sich ihrerseits anzunähern und von sich aus ihr Nein zurückzunehmen."[826]
Mit diesen Erfahrungen spiegelt Schoppe die Erfahrungen Holden Caulfields, dem Helden in Salingers "Fänger im Roggen", mit dem sich eine ganze Generation identifizieren konnte. Caulfield führte seine Jungfräulichkeit darauf zurück: "Das Problem mit mir ist, wenn Mädchen sagen, ich soll aufhören, höre ich auf."[827]
Nun ist "Nein heißt nein" eine der bekanntesten Parolen der feministischen Bewegung, um sexuelle Übergriffe zu unterbinden: Nein hieße immer und ausnahmslos Nein, und es sei ein Zeichen für entweder die Beschränktheit oder die Bösartigkeit von Männern, etwas derart Einfaches nicht begreifen zu wollen. Wer hier widerspricht, wird schnell als gewissenloser Triebtäter hingestellt. Die Bloggerin Anne Nühm jedoch tut genau das: "Entgegen den feministischen Behauptungen, Nein hieße immer und ausnahmslos Nein, ist ein Nein tatsächlich kontextabhängig, und eine Überlagerung verschiedener Werte, die alle gleichzeitig zutreffen können, wenn auch mit unterschiedlicher Gewichtung." Dabei zählt Anne Nühm auch Fälle auf, bei denen das Nein keineswegs so absolut ist, wie es scheint:
"Eigentlich mag ich nicht unbedingt. Aber das kann sich ändern."
"Vielleicht. Als Dame sage ich das aber nicht direkter."
"Zeige mir deine Ernsthaftigkeit, indem du hartnäckig bleibst."
"'Tut mir leid, aber im Moment geht es leider nicht. Probier's ein andermal."
"Beweis‘ erst mal, dass du dich nicht so leicht abwimmeln und entmutigen lässt."
"Gerade eben habe ich nicht so recht Lust. Bemühe dich ein wenig um mich."
"Stell‘ mir nicht solche bescheuerten Fragen. Da lehne ich grundsätzlich ab."
"Wenn ich mich ziere, werde ich noch begehrenswerter."
"'Vielleicht. Ich warte noch ab, wie du auf das Nein reagierst."
"Mir geht's gerade nicht so gut. Ein wenig Zuwendung könnte mich entspannen."
"Ich sage beim ersten Versuch immer nein, um nur beharrliche und durchsetzungsstarke Männer zu selektieren."[828]

Nun sind über Blogs verbreitete Erfahrungsberichte, ob von männlicher oder von weiblicher Seite, nur bedingt aussagekräftig. Auch hier muss man sich fragen: Welche konkreten Erkenntnisse legt uns die wissenschaftliche Forschung vor?
Ursula Nuber, Diplompsychologin und ehemalige Chefredakteurin des Magazins *Psychologie heute*, und der Maskulist Warren Farrell berichten beide von einer Studie der Universität Texas, bei der immerhin 39,9 Prozent der befragten Frauen zugaben, schon einmal "nein" gesagt und "ja" gemeint zu haben. "Von diesen fast 40 Prozent wendeten 32 Prozent den Trick nur einmal an", schreibt Ursula Nuber, "45 Prozent berichteten von mehreren Malen, und für den Rest scheint das Vorspielen von Ablehnung zum Repertoire zu gehören."[829]
Diese Zahlen wurden inzwischen durch andere Studien und Befragungen bestätigt[830], wenn auch mit gewissen Schwankungen. Die oben bereits erwähnte feministische Forscherin Charlene Muehlenhard ermittelte bei einer Umfrage unter sexuell aktiven Studentinnen sogar, dass 60 Prozent gelegentlich "nein" sagten, wenn sie durchaus beabsichtigten, Sex zu haben. Nahezu alle sagten "nein", wenn sie sich nicht sicher waren.[831]
Nun wird ein Mann, dem einmal oder mehrfach vorgetäuschter Widerstand begegnet ist, echten Widerstand nicht so leicht als solchen erkennen. Charlene Muehlenhard und andere Feministinnen bestehen darauf, dass Männer, die ein Nein übergehen, bestraft werden sollten, auch wenn die Mehrzahl aller Frauen "nein" sagt, ohne es zu meinen. "Dieses Argument", wendet die Publizistin Cathy Young sarkastisch ein, "spricht Bände über ihren Glauben, dass nur Männer für sexuelle Fehlkommunikation verantwortlich gemacht werden sollten."[832]
Tatsächlich sind wenigstens die feministischen Befürchtungen unbegründet. Zwar stellte sich in anderen Umfragen heraus, dass 60 Prozent aller jungen Männer in der Hitze der Leidenschaft nicht sofort mit ihrem Drängen nachlassen würden, nur weil sie ein Nein hörten – womöglich aufgrund von Erfahrungen mit nicht ernst gemeintem Widerstand. Doch die überwältigende Mehrheit bekundete, sie würden aufhören, wenn die Frau mehr als einmal "nein" sagte (ob diese Ablehnung echt war oder nicht), und praktisch der gesamte Rest würde sich durch körperlichen Widerstand von ihrem Tun abbringen lassen.[833] Die Journalistin Kate Fillion betont,

wie wichtig es für Frauen ist, eindeutig klar zu machen, was sie eigentlich wollen. Da unerwünschtem Sex in aller Regel eine Phase einvernehmlichen Austauschs von Zärtlichkeiten vorausgehe und oft auch Alkohol dabei eine Rolle spiele, mangele es oft an dieser Eindeutigkeit. Fillion gibt unter Bezugnahme auf verschiedene Untersuchungen den folgenden Rat: "Die beste Methode, einen Mann dazu zu bringen aufzuhören, noch bevor er überhaupt angefangen hat, ist, von Anfang an sehr direkt zu sein: Ich werde heute Nacht mit dir keinen Sex haben. Und die erfolgreichste Reaktion, wenn er dann doch versucht, die von dir gezogenen Grenzen ein wenig zu erweitern, solange er nicht gewalttätig wird, ist, jegliche sexuelle Aktivität abzubrechen und klar und unmissverständlich dein mangelndes Einverständnis zu erklären. Wenn er hartnäckig bleibt, ist das Vernünftigste, so weit weg von ihm zu kommen, wie es nur geht, während du laut und deutlich 'nein' sagst und um Hilfe rufst, falls er unbeeindruckt erscheint. Wenn er 'nein' als Antwort nicht akzeptiert und zu körperlicher Gewalt und Einschüchterung greift, gibt es keinen Grund, sich etwas vorzumachen: Er ist ein Vergewaltiger."[834]

Auch die wissenschaftliche Forschung ermittelte mehrere Gründe, weshalb Frauen "nein" sagten, obwohl sie "ja" oder "vielleicht" meinten. Diese Gründe sind von denen, die die Bloggerin Anne Nühm aus eigener Perspektive erstellte, nicht weit entfernt:

• Sie waren sich nicht ganz sicher, zum Beispiel weil die Art der Beziehung zu
dem Mann noch nicht geklärt war, sie sich über seine Gefühle im Unklaren waren oder die Umgebung dem Anlass nicht angemessen empfanden.[835]

• Sie wollten nicht als promisk eingeschätzt werden und glaubten, wenn sie sich ohne jeden Widerstand hingaben, würden sie nicht wie eine Dame wirken. Diese Einstellung war auch bei sexuell befreiten, weniger traditionell denkenden Frauen anzutreffen. Diese glaubten nämlich, ihre Partner würden auf die Doppelmoral hereinfallen, der zufolge sexuell aktive Männer "Hengste" und sexuell aktive Frauen "Schlampen" seien. Tatsächlich gab es diese doppelte Moral schon vor Jahrzehnten genauso selten bei den Männern wie bei den Frauen, und Sex mit einem flüchtigen Partner wird bei beiden Geschlechtern voll akzeptiert.[836]

• Sie hatten religiöse oder moralische Bedenken, Ängste oder Hemmungen vor dem Geschlechtsverkehr oder waren sich unsicher über die Attraktivität ihres eigenen Körpers.[837]
• Sie wollten das Begehren des Mannes ein bisschen anstacheln, indem sie die Trauben etwas höher hängten, ihn aggressiver machen, damit er sie entweder so überwältigte wie der dominante Held in so mancher Schmonzette oder besonders verführerisch auftrat. Schon die Erotik-Expertin Nancy Friday wies darauf hin, "dass dieses Überwältigtwerden die Standardentschuldigung für das 'brave Mädchen' ist, das für ihre sexuellen Eskapaden nicht die Verantwortung übernehmen will". Ein spielerisches Nein bedeutete im Klartext oft "Wollen doch mal sehen, ob du mich herumkriegen kannst!"[838]
• Sie wollten sichergehen, die Situation unter Kontrolle zu haben, und den Mann vielleicht auch etwas nach Zuneigung betteln lassen.[839]
• Sie waren in irgendeiner Weise über ihren Partner verärgert und wollten sich ein wenig rächen.[840]

Es gibt übrigens auch viele Männer, die Nein sagen, obwohl sie in Wahrheit durchaus erregt sind - etwa um nicht so zu erscheinen, als ob sie nur an Sex interessiert seien, weil sie aus Sorge um die Beziehung das Tempo ein wenig drosseln möchten oder um etwas Würze und Herausforderung in die Partnerschaft zu bringen.[841] Einer Studie zufolge wenden zumindest in den USA Männer diese Taktik sogar häufiger als Frauen an.[842]

Wenn man auf Nummer sicher gehen möchte, seinen Partner nicht zu traumatisieren und Schuld auf sich zu nehmen, sollte man natürlich jedes Nein akzeptieren. Es führt allerdings in die Irre, allein das Wort Nein außerhalb jedes Kontextes und unabhängig von Körpersprache, Tonfall und dem übrigen Verhalten eines Menschen zu bewerten. Gerade im Intimbereich bleibt vieles unausgesprochen, und sexuelle Situationen sind oft mehrdeutig und unklar.

Falschbeschuldigungen kommen ausgesprochen selten vor, wenn Männer einer Vergewaltigung bezichtigt werden

In den letzten Jahren rückte unter anderem durch das prominente Opfer Jörg Kachelmann eine besonders perfide Straftat ins öffentliche Interesse: das Verleumden von Männern, indem man ihnen eine Vergewaltigung unterstellt, die nie passiert ist. Erschreckend schnell waren hier einige Akteure vor allem aus dem feministischen Lager dabei abzuwiegeln. Falschbehauptungen, hieß es dort, machten nur einen sehr geringen Anteil von einigen wenigen Prozent aus. So argumentiert auch Julian Dörr in der *Süddeutschen Zeitung,* wobei er die Angst vieler Männer vor einer Falschbeschuldigung als "irrational" und "frauenfeindlich" anprangert[843] – nur um seine Behauptungen danach Punkt für Punkt zerpflücken lassen zu müssen.[844] Die tatsächliche Forschungslage liefert eine Fülle von Belegen, denen zufolge die wahre Rate an Falschbeschuldigungen deutlich höher als einige wenige Prozent liegt, wobei allerdings unterschiedliche Untersuchungen zu einer großen Bandbreite führen. Einige Schlaglichter aus dem vorliegenden Material veranschaulichen dieses Spektrum:

• In der Studie *Vergewaltigung und sexuelle Nötigung in Bayern*[845], herausgegeben 2005 vom Bayrischen Landeskriminalamt, heißt es:

"Ein in der bisherigen kriminologischen Forschung weitgehend vernachlässigtes Thema ist das Vortäuschen von (§ 145 d StGB) und die falsche Verdächtigung wegen (§164 StGB) Vergewaltigungen und sexuellen Nötigungen - obwohl es sich dabei nicht um ein Problem handelt, das erst in der letzten Zeit an Aktualität und Relevanz gewonnen hätte. (...) Anzeigen wegen des Vortäuschens von Vergewaltigungen und sexuellen Nötigungen oder der falschen Verdächtigung wegen dieser Delikte werden von der Polizei relativ selten an die Staatsanwaltschaft abgegeben. Dies steht zunächst im Widerspruch zur Einschätzung der in den für Sexualdelikte zuständigen Kommissariaten der Kriminalpolizei beschäftigten Beamtinnen und Beamten, die teilweise von einer sehr hohen Quote an Vortäuschungen / falschen Verdächtigungen ausgehen, ohne dabei allerdings auf Forschungsergebnisse oder selbst erhobene Daten zurückgreifen zu können. So äußerte ein Kommissariatsleiter im Zusammenhang mit unserer Aktenanalyse: ‚Alle Sachbearbeiter von Sexualdelikten sind sich einig, dass ***deutlich mehr als die Hälfte*** *der angezeigten Sexualstraftaten vorgetäuscht werden. Viele angezeigte Fälle lassen zwar die Vermutung einer Vortäuschung bzw. falschen Verdächtigung zu, berechtigen jedoch nicht zu einer entsprechenden Anzeige.' (...) Ein Tatnachweis für ein Vortäuschen*

oder eine falsche Verdächtigung ist (...) insbesondere deshalb meist nicht zu führen, weil ein Geständnis des angeblichen Opfers nicht vorliegt. (...) Wenn trotz ganz erheblicher Zweifel an der Schilderung des Tatherganges durch das angebliche Vergewaltigungs- oder Nötigungsopfer von der Staatsanwaltschaft das Verfahren gem. § 170 II StPO eingestellt werden muss, weil weitere Indizien oder Tatzeugen fehlen, Aussage gegen Aussage steht und ein Tatnachweis mit der für eine Verurteilung ausreichenden Sicherheit nicht zu führen ist, befindet sich der fälschlich beschuldigte Mann in einer ähnlich schutz- und hilflosen Lage wie eine vergewaltigte Frau."

• Der amerikanische Geschlechterforscher Warren Farrell berichtet in seinem Buch "Mythos Männermacht":

*"Als die amerikanische Luftwaffe 556 Fälle von angeblicher Vergewaltigung untersuchte, gaben 27 Prozent der Frauen zu, gelogen zu haben (entweder kurz vor dem Test mit dem Lügendetektor oder nachdem sie ihn nicht bestanden hatten). Es gab aber auch Fälle, die unklar waren und von drei unabhängigen Personen genauer erforscht wurden. Die Gutachter richteten sich nach den 25 typischen Kriterien bei falscher Beschuldigung. Wenn alle drei zu dem Schluss kamen, dass keine Vergewaltigung vorlag, wurde der Fall entsprechend unter falscher Beschuldigung eingeordnet. (Es ging bei dieser Untersuchung nicht um Bestrafung, sondern um Forschung.) Das Resultat war, dass sich **60 Prozent der Vergewaltigungsanzeigen als haltlos** erwiesen. Dr. McDowell, der Sonderbeauftragte der Luftwaffe, hatte Bedenken, seine Ergebnisse zu veröffentlichen, weil er dachte, sie träfen vielleicht nur auf das Militär zu und könnten nicht verallgemeinert werden. Daraufhin studierte er in zwei größeren Städten die Unterlagen der Polizei. Auch hier bestätigte sich, dass **60 Prozent der Anzeigen** ungerechtfertigt waren, doch die Städte baten um Anonymität, weil sie politische Folgen fürchteten."*[846]

• Eine Untersuchung der *Washington Post* in verschiedenen Bezirken der USA kam zu dem Ergebnis, dass **jede vierte erhobene Vergewaltigungsanzeige** sich als falsch bzw. "unbegründet" herausstellte. In manchen Bezirken lag die Quote deutlich höher. Als sie von der Zeitung kontaktiert wurden, gaben viele "Opfer" zu, dass sie gelogen hatten.[847]

• Der Soziologe Eugene Kanin, der die Polizeiprotokolle einer Stadt in Indiana über einen Zeitraum von zehn Jahren hinweg überprüfte, fand dabei heraus, dass **41 Prozent** aller behaupteten Vergewaltigungen dem Zugeständnis der Frauen selbst zufolge nie stattgefunden hatten. Es ist unklar, wie hoch der Anteil der Falschbeschuldigungen tatsächlich war. Als Kanins Team etwas später die Polizeiakten zweier größerer Universitäten untersuchte, stellten sich exakt **50 Prozent aller Anschuldigungen** nach eigener Aussage der Studentinnen als falsch heraus. Alle Studentinnen wurden von einer Polizistin befragt. Ihre Berichtigungen stimmten mit den Darstellungen der vermeintlichen Täter überein. Andere Studien bestätigten dieses Ergebnis. Kanin kann auch keine frauenfeindliche Parteilichkeit vorgeworfen werden: Seine grundlegenden Studien über "sexuelle Aggressionen im männlichen Werbeverhalten" begannen schon in den Fünfzigern und werden heute noch in der feministischen Literatur zitiert.[848]

• Am 24. Februar 2011 berichtete Sabine Rückert in der *Zeit* über die Hamburger Opferambulanz unter Professor Püschel, wo Opfer von Vergewaltigungen und anderen Gewalttaten ihre Verletzungen von Fachleuten dokumentieren lassen können, um so später vor Gericht ihr Recht zu bekommen. Allerdings berichtet Püschel von einem starken Anteil sogenannter "Fake-Fälle", bei denen Frauen sich selbst zugefügte Wunden präsentieren:

"Früher sei man in der Rechtsmedizin davon ausgegangen, dass es sich bei fünf bis zehn Prozent der vermeintlichen Vergewaltigungen um Falschbeschuldigungen handelte, inzwischen aber gebe es Institute, die ***jede zweite Vergewaltigungsgeschichte als Erfindung*** *einschätzten."*[849]

• Professor Dr. Günter Köhnken, der zu den renommiertesten Aussagepsychologen Deutschlands zählt, schätzt im Interview mit

Sabine Rückert von der *Zeit* die Quote der Falschaussagen auf **etwa 30 bis 40 Prozent.**[850]

• Thomas Hansjakob, Erster Staatsanwalt des Kantons St. Gallen, erklärte im Jahr 2012 zu dieser Frage:

"Das Phänomen der Falschanschuldigung bei Vergewaltigungen ist sehr verbreitet. Wir rechnen damit, dass ***etwa die Hälfte der Anzeigen*** *fingiert ist."*[851]

• Leo Lehrbaum, Leiter der Gruppe "Sitte" des Landeskriminalamts Niederösterreich berichtet, er habe im Rahmen seiner Erhebungen eine bedenkliche Entwicklung festgestellt.

"Durchschnittlich vier von fünf Anzeigen *entpuppen sich nach den Befragungen als erfunden!"*[852]

• In der linken *Jungle World* weist Paulette Gensler darauf hin, dass es auch "feministische Vergewaltigungsmythen" gibt – zum Beispiel den Mythos, dass eine Anzeige wegen Vergewaltigung nichts bringe, da die "Täter", also die Beschuldigten, bei den meisten Verfahren straffrei ausgingen. Das allerdings hat gute Gründe, wie Gensler mit dem Verweis auf eine bemerkenswerte Untersuchung erklärt:

"Katja Goedelts Studie 'Vergewaltigung und sexuelle Nötigung. Untersuchung der Strafverfahrenswirklichkeit', in der sie Fälle von angezeigter sexueller Nötigung und Vergewaltigung insbesondere mit Blick auf die Einstellungsgründe untersuchte, kam zu diesem Ergebnis: 'Die meisten Fälle (68,8 Prozent) wurden durch die Staatsanwaltschaft wegen fehlenden Tatverdachts gem. § 170 Abs. 2 StPO1 eingestellt.' Und genau hier wird es einigermaßen spannend, denn keineswegs erfolgten diese Einstellungen nur aus Bösartigkeit oder wegen notorischer Zweifel der Staatsanwaltschaft. Vielmehr gingen ***über 40 Prozent*** *dieser Einstellungen darauf zurück, dass das Opfer entweder keine Aussagen zum Tathergang machte (22 Prozent) oder aber die Tat sogar bestritt und seine Aussage revidierte (19 Prozent); dann erst folgt als Einstellungsgrund mangelnde Glaubwürdigkeit, widersprechende Zeugenaussagen et*

cetera. In 'nur' 16 Prozent der Einstellungen wurde als Grund das Fehlen von Nötigungsmitteln genannt."[853]

Wenn man Frauen davon abrät, eine Vergewaltigung anzuzeigen, weil die Verurteilungsrate so gering sei, dann schadet der Unwille anzuerkennen, dass dies an der hohen Zahl von Falschbeschuldigungen liegt, den echten Opfern sexueller Gewalt. Denn trotz der großen Schwankungsbreite zwischen den vorliegenden Zahlen ergibt sich ein einheitliches Bild: Die tatsächliche Zahl der Falschbeschuldigungen ist hoch. Der Kriminologin Susan Sarnoff zufolge sprechen nur die extremsten Fanatiker von einer Rate unterhalb von acht Prozent.[854]
In dieser Gruppe gibt es allerdings einige, die lediglich zwei Prozent als Zahl durchzusetzen versuchen. Mit dieser Behauptung beschäftigt sich das von den Kriminologen, Polizeibeamten und Psychologen Brent Turvey, John Savino und Aurelio Coronado Mares herausgegebene Buch "False Allegations: Investigative and Forensic Issues in Fraudulent Reports of Crime." Die Autoren ermittelten, dass dieser von Politikern, Lobbyisten und Journalisten verbreitete Mythos von den zwei Prozent einem 1975 von der Feministin Susan Brownmiller veröffentlichten Buch entstamme und sich eine zugrunde liegende Studie oder ein vergleichbar stichhaltiger Beleg nicht ermitteln lasse. Tatsächlich habe diese Zahl "keine Grundlage in der Wirklichkeit". Savino selbst berichtet, während seiner Arbeit bei der Polizei von Manhattan habe die Rate an Falschbeschuldigungen immer im zweistelligen Bereich gelegen und manchmal 40 Prozent erreicht.[855]
Wie kommt es zu derart häufigen Lügen? Die US-amerikanische Rechtsanwältin Jonna Spilbor gelangte zu folgender Einschätzung:

"Meiner Berufserfahrung als Verteidigerin zufolge fallen Menschen, die falsche Beschuldigungen erheben, von ihren Bekannten vergewaltigt worden zu sein, normalerweise in zwei grobe Kategorien. Da gibt es zunächst einmal die, die sich an dem Beschuldigten rächen wollen, zurückgewiesene Liebhaber, vergrätzte Angestellte oder um das Sorgerecht kämpfende Ex-Partner. Der Grund dafür, dem Beschuldigten schaden zu wollen, ist in diesen Fällen klar erkennbar. Glücklicherweise kann man das normalerweise auch dem Richter und den Geschworenen schnell

klar machen. Als zweite Gruppe gibt es die, die nicht den Ruf von jemand anderem zerstören, sondern ihren eigenen Ruf schützen möchten – auf die Kosten eines anderen Menschen. Manche sind junge Frauen, die vor ihren Eltern die Tatsache verbergen möchten, dass sie schon sexuell aktiv sind. Andere sind Frauen, die ihrem Partner einen Seitensprung verheimlichen wollen."[856]

Im Jahr 2013 besuchte ich gemeinsam mit anderen Mitgliedern der geschlechterpolitischen NGOs MANNdat und Agens das Bundeskriminalamt in Wiesbaden, um die dortige Sicht auf die Forschungslage zu erfragen. Die BKA-Mitarbeiter bestätigten, dass hier Forschungsbedarf bestehe, diesen könne das BKA als Einrichtung der Strafverfolgungsbehörden jedoch selbst nicht leisten. Zuständig dafür sei eher das Bundesamt für Justiz (BfJ). Noch im gleichen Jahr wandten sich MANNdat und Agens deshalb an das BfJ mit der Bitte, eine entsprechende Studie durchzuführen. Das BfJ erwiderte, es bestehe kein gesetzlicher Regelungsbedarf und es seien keine Mittel für eine solche Forschung vorhanden. MANNdat und Agens fordern weiterhin, eine wissenschaftlich belastbare Studie mit neutralem Untersuchungsdesign in Auftrag zu geben.[857]
Der zu Beginn dieses Kapitels genannten, vom Bayrischen Landeskriminalamt herausgegebenen Studie "Vergewaltigung und sexuelle Nötigung in Bayern" zufolge fehlen bislang ebenfalls Erkenntnisse über die Auswirkungen von Falschbeschuldigungen auf das weitere Leben der zu Unrecht Beschuldigten. Wieder einmal zeigt sich, dass das Leiden von Männern für keiner näheren Beschäftigung wert gehalten wird. Aus einigen analysierten Akten lassen sich jedoch folgende Probleme erkennen:

"die gestörte Vertrauensbasis in partnerschaftlichen Beziehungen und zum engeren sozialen Umfeld,
das Misstrauen oder auch die dauerhafte soziale Ausgrenzung im Bekannten- und Freundeskreis, im beruflichen Umfeld oder der Nachbarschaft,
die Auswirkungen auf die Entscheidungen von Behörden (z. B. Polizei, Jugendamt, Vormundschaftsgericht),
die Verunsicherung bei der Kontaktaufnahme zum anderen Geschlecht,

das Entstehen eines generell negativen Frauenbildes beim falsch Verdächtigten."

Bei einem Verbrechen, das das Leben seiner Opfer derart stark beeinträchtigen, wenn nicht zerstören kann, ist es unangebracht, seine Häufigkeit kontinuierlich herunterzuspielen. Die psychischen Beeinträchtigungen, die diese Männer erleiden, sind durchaus mit den seelischen Schäden vergleichbar, die viele Opfer tatsächlicher sexueller Gewalt davontragen.

VIDEOSPIELE

Videospiele machen die Spieler sexistisch

Vor einigen Jahren verbreitete die kanadisch-amerikanische Feministin Anita Sarkeesian in ihrem Youtube-Videoblog *Feminist Frequency* die These, dass Videospiele bei ihren Benutzern sexistisches Denken erzeugen oder verstärken würde. Diese These wurde bald von anderen Feministinnen (vor allem Brianna Wu und Zoe Quinn) unterstützt und von Journalisten aufgegriffen – der Ansicht vieler Spieler zufolge auf allzu unkritische und voreingenommene Weise. Daraus entwickelte sich eine der hitzigsten Kontroversen in der Geschlechterdebatte, wobei sich die Verteidiger der Videospiele unter dem Hashtag "Gamergate" zusammenfanden.
Die Berichterstattung über die Gamergate-Bewegung war in den internationalen Leitmedien noch einseitiger als die Berichterstattung über die Männerrechtsbewegung und andere soziale Bewegungen, die feministische Darstellungen kritisieren. Die Hysterie schlug derart hoch, dass sogar im feministischen Lager einzelne Personen Einspruch einlegten – beispielsweise die Journalistin Cathy Young, die dazu im britischen *Observer* Folgendes schrieb:

"Wenn man ISIS nicht mitzählt, fällt es schwer, an eine neue Bewegung mit einem schlechteren Bild als Gamergate zu denken. Es wurde verschiedentlich als 'Hassgruppe', als 'frauenfeindliche Belästigungskampagne, getarnt als Konsumrevolte', und als eine angebliche politische Bewegung beschrieben, die darauf basiert,

'jede Frau zu vergewaltigen, die die Kühnheit hat, eine Meinung über ein Videospiel abzugeben'. (...) Aber ist der schlechte Ruf von Gamergate unfair - das Ergebnis von absichtlichen Verleumdungen und schlechter Berichterstattung? Nachdem ich die Bewegung ein Jahr lang verfolgt und mit ihren Mitgliedern interagiert habe, bin ich überzeugt davon."

Im weiteren Verlauf ihres Artikels stellt Young einiges klar: Auch wenn es unter den Reaktionen auf Sarkeesian und ihre Mitstreiterinnen frauenfeindliche Attacken gab, hatte doch der Großteil der an den Feministinnen geäußerte Kritik nachvollziehbare Gründe und wurde auch von Frauen, einschließlich anderer Feministinnen, geäußert. Wirklich widerwärtige Attacken ließen sich gerade nicht zur Gamergate-Bewegung zurückverfolgen. Ein Internetspezialist, der zu dem Urteil gelangte, dass von Gamergate keine Massenbelästigung ausging, wurde daraufhin selbst Opfer von Attacken, weil er "Gamergate unterstütze". Ähnlich ging es anderen Unterstützern, bis hin zu Gewaltdrohungen. Viele Journalisten hingegen, die über Gamergate berichteten, überprüften die Behauptungen seiner Gegner nicht, sondern nahmen sie bei der Berichterstattung für bare Münze. Die Darstellungen von Gamergate-Unterstützern wurden in den Leitmedien ignoriert.[858] Deutsche Leitmedien, die über angebliche Angriffe auf feministische Spielekritikerinnen berichteten, beispielsweise Morten Freidel in der *Frankfurter Allgemeinen*[859] und Torsten Kleinz bei Heise,[860] zeichneten ein einseitiges Zerrbild mit den Feministinnen als Opfern und den PC-Spielern als Täter. Beispielsweise konnte ich trotz intensiver Beschäftigung mit diesem Thema abgesehen von einer einzigen Ausnahme[861] keinen Artikel in deutschen Leitmedien finden, der die Berichte über Gewaltdrohungen aus dem feministischen Lager gegen die Gamergate-Bewegung aufgriff. In englischsprachigen Medien hingegen gab es sehr wohl solche Artikel: Über die Bombendrohungen gegen ein Gamergate-Treffen in Washington beispielsweise berichteten *Gamepolitics*[862], *Polygon*[863], *Inquisitr*[864] und *Gamerplanet*[865]. Durch diese Einseitigkeit entstand eine verzerrende Berichterstattung: Eine wechselseitig eskalierende Kontroverse erschien als Hetze auf Feministinnen, als ob die Gamerszene von massiver Frauenfeindlichkeit geprägt wäre.

Als für die nötige Differenziertheit dienendes Gegengewicht seien hier lediglich zwei Artikel aus dem US-amerikanischen Raum passagenweise zitiert. In einem weiteren Artikel nahm zunächst einmal Cathy Young die Bombendrohungen gegen das Gamergate-Treffen in Washington D.C. als Aufhänger zu weitergehenden Betrachtungen:

"Seit seiner Geburt vor acht Monaten wurde Gamergate, die Bewegung der Online-Spieler, die sich selbst als Revolte gegen korrupten Journalismus und repressive politische Korrektheit bezeichnet, als frauenfeindlicher Mob angegriffen, der weibliche Videospielentwickler und feministische Kritiker terrorisiere - eine Erzählung, die von den meisten Mainstream-Medien aufgegriffen und sogar von der TV-Sendung Law & Order: SVU dramatisiert wurde. Die 'Gaters' haben inzwischen immer erklärt, dass sie unfairerweise als Belästiger dargestellt werden, während sie selbst häufige Ziele von Belästigungen und Drohungen im Kulturkampf um Videospiele sind. Und jetzt hat Gamergates erstes amerikanisches Treffen in Washington, DC dieses Wochenende in einem Bombenalarm geendet - nach einem Versuch, den Veranstalter so sehr einzuschüchtern, dass er das Treffen absagte.
(...) Recht und Unrecht bei Internetkontroversen auszusortieren ist eine undankbare Aufgabe. Besonders bei einer führerlosen, unstrukturierten Hashtag-Gruppe wie Gamergate ist es nahezu unmöglich, mit Sicherheit festzustellen, ob ein bestimmter Fall von Belästigung mit der Bewegung in Verbindung steht oder die Arbeit von externen Trollen ist. Gibt es tatsächliche Gamergate-Unterstützer, die sich online an missbräuchlichem Verhalten beteiligt haben? Sehr wahrscheinlich. Aber es gibt viele dokumentierte Fälle von Anti-Gamergaters, die eine verblüffend gewalttätige Sprache verwenden und Drohungen gegen 'Gaters' aussprechen; einige von ihnen wurden von dem britischen linkslibertären Journalisten Alum Bokhari zusammengestellt, der auch Gast des DC-Treffens ist. Ironischerweise, wie Bokhari demonstriert, äußerte sich die Gamergate-Erzfeindin Brianna Wu im Februar letzten Jahres alarmiert über Tweets, die scherzhaft mit einem Sarin-Gasangriff auf der Penny Arcade Expo drohten – unter dem falschen Eindruck, dass es sich um eine Bedrohung von Gamergate handelte. Nachdem sie erkannt hatte, dass dies eine

Drohung gegen Pro-Gamergate-'Idioten' war, löschte Wu ihren Beitrag."[866]

Über eine Gamergate-Veranstaltung in Miami, gegen die es ebenfalls eine Bombendrohung gab, berichtete Kevin McDonald in einer Zeitung für junge Bürger der Stadt und schrieb in seinem Artikel "There Is No Real Evidence That Gamergate Is A Sexist Movement" Folgendes:

"Selbst nachdem ich beleidigt und geblockt wurde, war ich gegenüber Gamergate noch weitgehend neutral. Das änderte sich erst, als ich die Anti-Gamer-Seite sah, die praktisch komplett aus radikalfeministischen Hardlinern besteht, die Spieleentwickler und Künstler angriffen. Spieleentwickler wurden von dieser Anti-Gamer-Gruppe wegen ihrer kreativen Freiheit beschämt und oft sogar belästigt.
(...) Etwa zur gleichen Zeit erlebte ich, wie mehrere Anti-Gamers mehrere Gamergate-Leute belästigten und bedrohten. Sogar die Adressen von Menschen, mit denen ich sprach, wie Lizzy Finnegan, wurden online bekannt gemacht, woraufhin diese Menschen Mord- und Vergewaltigungsdrohungen für die Unterstützung von Gamergate erhielten.
Es war nicht nur Lizzy, sondern Tausende von Gamergate-Mitgliedern wurden belästigt und bedroht. Sogar meine Privatadresse und persönliche Informationen über mich wurden online veröffentlicht, weil ich Gamergate unterstützen würde.
Nach über einem halben Jahr und im Gespräch mit Hunderten von Gamergate-Mitgliedern aus verschiedenen Communities habe ich noch nie eine Belästigung durch Menschen gesehen, die mit Gamergate zu tun haben. Ich habe in allen wichtigen Gamergate-Foren gepostet, besuche alle wichtigen IRC-Kanäle und bin Teil verschiedener anderer Gamergate-Communities, wie z.B. der TeamSpeak/Skype/Steam-Gruppen. Die überwiegende Mehrheit der Menschen, die ich getroffen habe, waren freundliche und vernünftige Menschen. (...) Die weit überwiegende Mehrheit der Menschen, die mit Gamergate zu tun haben, verurteilen die Belästigung auf das Schärfste, und viele von uns sind selbst Opfer geworden."[867]

Auch die Unterstellung, bei "Gamergate" handele es sich um eine Zusammenrottung von Frauenhassern aus dem rechten Lager[868], ließ sich nicht bestätigen. Als nämlich der Journalist Brad Glasgow, der aktuell an einem Buch über Gamergate arbeitet, einen politischen Kompass von GamerGate-Unterstützern erstellte, fand er heraus dass die meisten in den USA die Demokraten und in England die Liberal Democrats oder Labour wählten.[869]
Ein Problem bei der verzerrenden Berichterstattung über die Gamergate-Kontroverse ist, dass dahinter die Frage verschwindet, ob das feministische Lager mit seiner Behauptung, PC-Spiele führten zu Sexismus, überhaupt Recht hat. Stattdessen wird beim Leser durch die Einseitigkeit der Berichterstattung unterschwellig suggeriert, dass an den Vorwürfen etwas dran sein müsse. Aber was sagt die nicht-ideologische wissenschaftliche Forschung zu dieser Frage? Die Medienwissenschaftlerin und Professorin für Game Design Linda Breitlauch weist die feministische Kritik zurück. Als Entgegnung auf die Vorwürfe, PC-Spiele seien auf die Bedürfnisse von Frauen zu wenig zugeschnitten, nennt sie als Gegenbeispiele Games wie die "Sims"-Reihe und "Candy Crush", die primär auf weibliche Konsumenten abzielen. Auf die Behauptung, in den meisten Spiele-Blockbustern kämen Frauen trotzdem zu kurz, erwidert Breitlauch, dass zum einen historische Spiele z.B. über die Kreuzzüge mit Frauenfiguren wenig Sinn ergäben. Zum anderen zeigten Umfragen, "dass Fans von Ego-Shootern schlicht nicht auf Soldatinnen schießen wollen." Die Kritik an Spielen wie "Grand Theft Auto", sie würden zur Gewalt gegen Frauen anspornen, ist für Breithaupt ebenfalls wenig überzeugend: "Das Spiel ist klar als Fiktion gekennzeichnet, es zeigt auf satirische und völlig überzeichnete Weise eine verkommene Version der amerikanischen Gesellschaft. Für frauenfeindlich oder gewaltverherrlichend halte ich es nicht."[870]
Soviel zur Expertenmeinung – aber was sagen uns die wissenschaftlichen Untersuchungen, die über solche Spiele vorliegen? Auch sie liefern keinen Beleg dafür, dass sie ihre Benutzer sexistisch machen. Im Gegenteil: Im Jahr 2015 führte das Forschungsteam um den Kölner Psychologen Johannes Breuer eine vom Europäischen Forschungsrat finanzierte Längsschnittstudie durch, um diese Frage zu klären. Längsschnittuntersuchungen werden über einen bestimmten Zeitraum durchgeführt, wobei

Momentaufnahmen von Daten gemacht werden. In diesem Fall bezog Breuer ab dem Jahr 2011 große Stichproben von Teilnehmern ab 14 Jahren in drei Testwellen über mehrere Jahre hinweg ein. Er ermittelte, mit welcher Häufigkeit sie sich solchen Spielen widmeten (jeden Tag, mehrmals in der Woche, mehrmals im Monat oder seltener und wie viele Stunden pro Tag, Woche oder Monat im Durchschnitt). Die Befragten gaben auch an, wie sehr sie jedes Videospielgenre auf einer 5-Punkte-Skala mochten, also etwa Ego-Shooter, Actionspiele und Rollenspiele. Außerdem sollten sie auf einer Skala den Grad ihrer Zustimmung zu Behauptungen äußern wie "In einer Gruppe von männlichen und weiblichen Mitgliedern soll ein Mann die Leitung übernehmen" und "Auch wenn beide Partner arbeiten, soll die Frau für die Haushaltsführung verantwortlich sein".

Das Resultat: Es zeigte sich bei Spielern beiderlei Geschlechts, dass weder die Häufigkeit, mit der sie sich solchen Spielen hingaben, noch ihre Vorliebe für bestimmte Genres in irgendeinem Zusammenhang mit ihrer Einstellung dazu stand, welche Rolle Frauen und Männer in der Gesellschaft zu spielen hatten. Davon abgesehen war die Zustimmung zu den sexistischen Behauptungen generell gering (am höchsten bei besonders jungen Spielern mit besonders niedriger Schulbildung).[871] Der so erbittert geführte Kulturkampf war unnötig gewesen.

Von der Gamergate-Kontroverse blieb zuletzt kaum mehr als eine letzte, psychologisch sehr interessante Fußnote: Von den Journalisten, die sich am meisten damit profiliert hatten, Gamergate als eine Bewegung von Frauenhassern zu verleumden, hat inzwischen eine ganze Reihe ihren Job verloren oder wurde verhaftet – wegen Vorwürfen sexueller Belästigung, Stalking, Vergewaltigung und Kinderpornographie.[872]

Sexualisierte Videospiele verleiten vor allem Männer zu sexueller Belästigung

Jahre nach der Gamergate-Kontroverse untersuchte ein internationales Forscherteam für eine Studie, die im April 2019 in der wissenschaftlichen Fachzeitschrift *Aggressive Behavior* veröffentlicht wurde, welche Folgen sexualisierte Videospielinhalte auf die sexuelle Belästigung von Männern und Frauen im Internet haben können. Hierzu ließen die Forscher Männer und Frauen eine Version des Videospiels "Ultra Street Fighter 4" spielen, das hochgradig sexualisierte weibliche Charaktere in provokanter Kleidung zeigte. Danach bekam jeder Teilnehmer die Möglichkeit, einen ihm zugewiesenen Partner durch sexuelle Witze zu "belästigen". Die Forscher sagten voraus, dass es zu einer stärkeren Rate von sexueller Belästigung kommen würde als bei einer Vergleichsgruppe, die ein Spiel mit züchtiger gekleideten Frauenfiguren erhalten hatte. Das traf zwar durchaus zu – allerdings auf unerwartete Weise: Die weiblichen Spieler schickten in beiden Gruppen deutlich häufiger sexistische Witze an ihren Partner, und die meisten sexuellen Belästigungen trafen Männer.[873]

Nachwort: Wie schützt man sich am effektivsten vor Fehlinformationen?

Im Hauptteil dieses Lexikons ging es darum, populäre Irrtümer in der Geschlechterdebatte zu analysieren und ihnen die wissenschaftliche Forschungslage gegenüberzustellen. Dabei dürften Sie von vielen in diesem Lexikon präsentierten Forschungserkenntnissen bislang nicht das Geringste gehört haben. Die Geschlechterdebatte findet extrem einseitig statt, und was der feministischen Lehre widerspricht, wird gern unter den Teppich gekehrt.

In diesem Nachwort geht es darum, welche Gegenmaßnahmen dieser Einseitigkeit entgegenwirken können, so dass wir wieder ein vollständiges Bild der Wirklichkeit erhalten. Dabei unterteile ich die Antworten in drei Kategorien: Wie können sich Feministinnen vor populären Irrtümern schützen? Wie können Journalisten sich und uns vor populären Irrtümern schützen? Und wie können wir alle uns vor solchen populären Irrtümern schützen?

Was können Feministinnen und Genderforscher tun?

Diese Frage mag zunächst einmal absurd klingen. Sind es nicht vor allem Feministinnen, die für viel Mythenbildung und die Unterdrückung von Gegenargumenten verantwortlich sind? Ja: eine bestimmte, hoch ideologisierte Gruppe, die aufgrund ihres Eifers in einer besonderen Machtposition gelandet ist. Vielen anderen Feministinnen ist die Datenlage nicht bekannt, aber sie würden sich damit beschäftigen, wenn sie davon wüssten. Einige weitere Feministinnen wissen über die Forschungslage sehr gut Bescheid, und sie tun ihr Bestes, um immer mehr Menschen darauf aufmerksam zu machen.

Und das ist absolut nachvollziehbar, denn das Gesamtbild der tatsächlichen Forschungslage kann für Frauen enorm befreiend sein. Dieses Gesamtbild – das dürfte im Verlauf dieses Buches klar geworden sein – sieht so aus, dass nicht *die* Männer *die* Frauen unterdrücken und sexueller Gewalt aussetzen, sondern dass *beide* Geschlechter von Diskriminierung und Gewalt betroffen sind. Das bedeutet: Die beiden Geschlechter müssen sich nicht feindselig

gegenüber stehen, sondern können für solche Probleme *gemeinsam* eine Lösung finden. Geschlechtsbezogene Dämonisierung steht dieser einvernehmlichen Lösung im Weg. "Solange wir stets automatisch von Männern als Täter und Frauen als Opfer ausgehen, werden wir keine gleichberechtigte Gesellschaft haben", erklärt auch Sieglinde Kliemen, Leiterin des Schweizer Männerhauses "ZwüscheHalt".[874]
Sich der Wissenschaft als Hilfe zuzuwenden nutzt darüber hinaus auch Frauen, während die bisherige Ideologisierung auch Frauen schadete. So berichtete etwa die Londoner *Times*, dass die Angst vor Sexismus-Vorwürfen inzwischen sogar die Gehirnforschung behindert und damit auch die Gesundheit von Frauen gefährdet:

"Wissenschaftlern zufolge wird die Gesundheit von Frauen gefährdet, weil Forscher aus Angst, als sexistisch eingestuft zu werden, Geschlechterunterschiede im Gehirn ignoriert haben. Männliche und weibliche Gehirne können unterschiedlich auf Medikamente für Krankheiten wie Schlaganfall reagieren, aber seit Jahren befürchten Neurowissenschaftler, dass sie in den Augen des neurowissenschaftlichen Mainstreams Ausgestoßene sein könnten, wenn sie die Unterschiede hervorheben, berichtet ein Gastredakteur einer Sonderausgabe des Journal of Neuroscience Research."[875]

Die Argumentation der Saboteure solcher Forschung ist klar: Da der Genderlehre zufolge Geschlecht in psychologischer und mentaler Hinsicht ausschließlich sozial konstruiert und nicht auch biologisch disponiert ist ("Biologismus" wird in der Genderszene als "rechts" wahrgenommen), gilt die Erforschung von Geschlechtsunterschieden im Gehirn als politisch unkorrekt. In Wahrheit ist das Gegenteil der Fall: Das Torpedieren dieser Forschung ist moralisch nicht zu legitimieren.
Zur Abwertung der Biologie in den Genderstudien befindet Axel Meyer, Professor für Zoologie und Evolutionsbiologie an der Universität Konstanz:

"Die Naturwissenschaften haben den Genderismus lange Zeit als evidenzfreies Gerede belächelt, doch langsam regt sich Widerstand. Dabei ist die Kritik nicht durch Phobien oder Intoleranz motiviert, wie von den Kritisierten gerne unterstellt wird. Vielmehr speist sie

sich aus einer erkenntnistheoretischen Sicht, die sich mit dem konstruktivistischen Zugang der Gender-Forscherinnen und ihrer politischen Unterstützerinnen nicht deckt. Naturwissenschaftler wollen die Welt primär nicht bekehren, sondern verstehen. Sie suchen nach Antworten, die sich an einer objektiven Wahrheit orientieren, nicht an subjektiven Selbstbeschreibungen (...). Ein Begriff wie Wahrheit wird in jener Gedankenwelt, in der sich die Gender-Wissenschaftlerinnen bewegen (...), nicht akzeptiert, nicht einmal im Sinne einer regulativen Idee. Alles wird durch eine kulturelle Post-dies-, Modern-das-Brille gesehen. Evolutionsbiologische Erklärungen, abgestützt durch zahlreiche Befunde, Experimente, Studien und Erkenntnisse, werden von Gender-Forscherinnen als 'Biologismus' abgetan. Doch nein, mit Verlaub, so gut die Absicht der Leugnung auch sein mag: Biologie ist kein '-ismus'. Sie ist eine objektive experimentelle Wissenschaft wie die Physik."[876]

Was für Medizin und Biologie gilt, trifft auch auf andere Forschungsfelder zu. So untersuchte die Politologin Helen Lindberg von der Universität Örebro in Schweden in ihrer Dissertation *Only Women Bleed? A Critical Reassessment of Comprehensive Feminist Social Theory* einflussreiche feministische Theorien darauf, ob sie sinnvoll als Grundlage sozialwissenschaftlicher Untersuchungen verwendbar sind. Ihr Ergebnis war eindeutig: Nein. Vor allem genderfeministische Ansätze nähmen zwar punktuell Bezug auf empirische Sachverhalte, z.B. auf die in der Sozialisation gebildeten Geschlechterrollen oder festgestellte soziale Ungleichheiten zwischen den Geschlechtern, vermischten jedoch empirische Beschreibungen und Erklärungen mit Wünschen, Hoffnungen, Werturteilen und politischen Zielsetzungen.[877]
In ihrem Buch "Professing Feminism: Education and Indoctrination in Women's Studies" (Lexington Books, 2003) beschreiben die Professorinnen Daphne Patai und Noretta Koertge das "Meer der Propaganda", in dem sich das zeitgenössische feministische Klassenzimmer befindet. Und als Christine Rosen die fünf führenden Lehrbücher für Frauenstudien untersuchte, fand sie diese voll von Unwahrheiten, Halbwahrheiten und "absichtlich irreführenden ideologischen Spitzfindigkeiten".[878] Muss man eigens erklären, warum all das der feministischen Bewegung auf lange Sicht schadet?

Es kann dem vorherrschenden Feminismus hingegen nutzen, sich Wissenschaft statt Ideologie zuzuwenden, um wieder relevanter und attraktiver zu erscheinen. Gerade wegen der in seinen Reihen herrschenden Denkverbote wird der Feminismus häufig abgelehnt. So bekundet Annett Meiritz auf *Spiegel-Online* in dem Artikel "Warum ich keine Feministin sein will":

"Leider wirkt der moderne Feminismus zunehmend wie eine Bewegung, die nicht überzeugen, sondern mit dem Vorschlaghammer bekehren will. (...) Das Ergebnis vieler Diskussionen über Männer und Frauen scheint von vornherein festzustehen: im Zweifel für die Frau. Wer eine Gegenrede wagt, ist automatisch ein Gegner des Feminismus, ein Gegner aller Frauen. (...) Im Alltag führt das zu einer Tabuisierung bestimmter Meinungen, so harmlos sie auch sein mögen. (...) Es gibt dann richtig und falsch und viel zu wenig Raum für alles, was dazwischen liegt. (...) Feministinnen, die ständig und überall den 'Kampf gegen die Maskus' ausrufen - dazu möchte ich nicht gehören."[879]

In einem Interview mit der Frankfurter Zeitschrift *Novo* berichtet die liberale Feministin Christina Hoff Sommers, dass viele Gender-Feministinnen an der Wahrheitsfindung wenig Interesse haben:

"Wenn sie mit ihren akademischen Handlangern in den Gender Studies 'Forschung' betreiben, legen sie erst fest, was herauskommen soll – in der Regel irgendein Ausfluss der dominanten Männerkultur mit schlimmen Folgen für Frauen – und suchen anschließend nach einem Weg, das zu beweisen."

Sommers betont allerdings, keine grundsätzliche Gegnerin dieses Sektors zu sein:

"Das Einzige, woran mir liegt, ist, dass Gender Studies auf einer wissenschaftlichen Basis erfolgen, damit sie ein objektives Bild über Männer und Frauen wiedergeben. Das ist derzeit nicht der Fall. Es herrscht keine kritische Kultur, es gibt nur Ideologen, die gegenseitig ihre Arbeit begutachten und absegnen. Ich sehe eine große Entschlossenheit, die eigene Ideologie zu verteidigen. In

beinahe religiöser Form: Frauen sind gut und heilig, Männer sind schlecht und sündig."[880]

Diese fast religiöse, antiwissenschaftliche Ausrichtung der Genderstudien schadet nicht nur ihrer Außenwahrnehmung. Ewig dürfte auch die staatliche Bezuschussung mit Steuergeldern für eine derartig fragwürdige Disziplin nicht weitersprudeln. Daher ist es auch im Interesse von Feministinnen selbst, überprüfbares Fachwissen statt fragwürdiger Dogmen zu produzieren. Wie aber erreichen sie das am besten? Um das herauszufinden, hilft es, überhaupt erst einmal zu erkennen, warum sich populäre Irrtümer in politischen Lagern so hartnäckig halten. Mit dieser Frage hat sich der Psychologieprofessor Dan M. Kahan im Magazin *Scientific American* beschäftigt. In seinem Artikel "Warum kluge Leute dafür anfällig sind, ihrem Stamm gegenüber der Wahrheit Vorrang zu geben" erklärt er diesen Mechanismus am Beispiel einer Frau, die sich in der Debatte um den Klimawandel positioniert:

"Was eine gewöhnliche Bürgerin über den Klimawandel denkt, hat keine Auswirkungen auf das Klima. Auch nichts, was sie als Verbraucher oder Wählerin tut; ihre individuelle Wirkung ist zu gering, um einen Unterschied zu machen. Wenn sie in einer dieser Funktionen handelt, hat also jeder Fehler, den sie in Bezug auf die besten verfügbaren wissenschaftlichen Beweise macht, keinerlei Auswirkungen auf sie oder jeden, den sie interessiert.
Aber angesichts dessen, was ihre Position zum Klimawandel über ihre Gruppenzugehörigkeit zu sagen hat, könnte die Übernahme der 'falschen' Position in den Interaktionen mit ihren Altersgenossen die Bindungen brechen, von denen sie stark hinsichtlich ihres emotionalen und materiellen Wohlergehens abhängt. Unter diesen pathologischen Bedingungen wird sie ihre Argumentation vorhersehbar nutzen, um nicht die Wahrheit zu erkennen, sondern um Überzeugungen zu formen und fortzusetzen, die für ihre Gruppe charakteristisch sind, eine Tendenz, die als 'Identitätsschutz-Kognition' bekannt ist."[881]

Bei der Geschlechterdebatte ist es nicht anders. Wenn jemand sich in einem feministischen oder Gender-Umfeld bewegt, gibt es für ihn keine Motivation, zu Themen wie "Patriarchat", "rape culture",

"Gender Pay Gap" sowie "häusliche Gewalt" Forschung zu betreiben, die ihn dazu führen könnte, von dem in seinem Umfeld vorherrschenden Auffassungen abzuweichen. Im Gegenteil: Er muss entsprechenden Informationen ausweichen, wenn er seine soziale Anerkennung schützen möchte. Er oder sie wird also zum Beispiel keine maskulistischen Bücher lesen, wird Diskussionen mit wohlinformierten Feminismuskritikern ausweichen, Männerrechtler auf Twitter blockieren und so weiter.
Der vielleicht wichtigste Schritt, keinen längst widerlegten Irrtümern anzuhängen, besteht insofern darin, jene Fehlschlüsse zu eliminieren, die durch sogenanntes Gruppendenken entstehen. Der Begriff "Gruppendenken" wurde im Jahr 1972 von dem Psychologen Irving Janis geprägt. Seitdem wurde dieses Phänomen auch von anderen Wissenschaftlern intensiv erforscht. Zu den Faktoren, die das Auftreten von Gruppendenken begünstigen, gehören die folgenden:
* eine hohe Gruppenkohäsion (Nahverhältnis, Ähnlichkeit, Zusammenhalt),
* eine Abschottung nach außen,
* fehlende Objektivität seitens der Führungskraft,
* das Bestehen einer (im Empfinden der Gruppe) bedrohlichen Situation, die starken Stress und viel Emotionalität auslöst.
Die Symptome von Gruppendenken sind beispielsweise:
* Überzeugung von der Moralität des eigenen Handelns: Weil wir Recht haben und die anderen Unrecht, ist unser Handeln automatisch moralisch gerechtfertigt, solange es der Verbreitung unserer Auffassungen dient und die Auffassungen des "Gegners" behindert;
* Stereotypisierung von Außenstehenden oder Gegenspielern: Die haben keine Ahnung vom Thema und sind moralisch verkommen (beispielsweise "frauenfeindlich" und "rechts");
* Beschönigung schlechter Entscheidungen;
* extremer Konformitäts-Druck (Anpassung an die Gruppe, Zurückhalten von Zweifeln, Einwänden oder Kritik) und Stigmatisierung von "Abweichlern";
* das blinde Vertrauen auf selbst ernannte Gesinnungswächter, die einem erklären, vor welchen abweichenden (als negativ oder sogar feindlich angesehenen) Einflüssen man sich besser schützen solle.
Die Konsequenz dieses Gruppendenkens ist eine stark ausgeprägte Form selektiver Wahrnehmung, die schlussendlich zu desaströsen Fehlentscheidungen führen kann:

* Betrachtung von wenigen, ausgewählten Alternativen;
* Nichtbeachtung der Meinung von Experten oder Außenstehenden;
* sehr selektive Informationsbeschaffung (nur Informationen, welche in die bereits eingeschlagene Richtung passen), kein aktives Bemühen um zusätzliche Informationen (Bestätigungsfehler);
* einzelne Gruppenmitglieder bestätigen sich gegenseitig ihre Theorien.[882]

Noch problematischer wird das Gruppendenken, wenn es in sogenannten Gruppennarzissmus umschlägt. Die betroffenen Personen verherrlichen dann ihre eigene Gruppe, Bewegung oder Weltanschauung, finden darin nichts Negatives – dies aber um so mehr bei all jenen, die diese Gruppe kritisieren. Aufgrund dieser Einstellung sind entsprechend ausgerichtete Menschen gut manipulierbar. Wird der Gruppennarzissmus von ausreichend vielen Menschen geteilt, erweckt er den Anschein, realistische und vernünftige Werturteile zu vermitteln sowie Phantasien in die Wirklichkeit zu verwandeln.[883]

Wenn man sich die obigen typischen Aspekte des Gruppendenkens anschaut, hat man eine exzellente Beschreibung der Genderszene vor sich. Beispielsweise werden dort Dinge "belegt", indem man sich gegenseitig zitiert, während außenstehende Experten als "Biologisten", "frauenfeindliche Maskulinisten" und dergleichen abgewertet werden. Deren Schriften sind in der Genderszene zumeist nicht einmal bekannt. Wenn doch, werden sie von einigen wenigen Eiferern lediglich mit dem Ziel gescannt, irgendwelche Formulierungen ausfindig zu machen, die man als "rechts" brandmarken könnte, um seinen Glaubensbrüdern und -schwestern damit zu zeigen, dass sie sich mit derlei verderblichen Schriften auf keinen Fall beschäftigen sollten. Gleichzeitig fühlt man sich in einem ständigen Belagerungszustand, der es erst recht erforderlich macht, der eigenen Fahne treu zu bleiben und allen Kritikern eine klare Front zu zeigen.

Durch diese Abschottung nach außen sitzen viele Feministinnen nur noch in der eigenen Soße. Wie grotesk das mitunter gerät, zeigt der Geschlechterforscher und Soziologe Professor Walter Hollstein:

"Ein aktuelles Beispiel dafür ist die Vorlesungsreihe 'Der Mann', die soeben an der Universität Zürich zu Ende gegangen ist. Ausschließlich Frauen haben diese Veranstaltungen konzipiert; die

meisten Referenten waren Frauen; die wegweisende Abschlussdiskussion 'Wann ist ein Mann ein Mann' wurde von einer Feministin geleitet. Ganz einfach und bescheiden stellt sich die Frage, wie es wohl aufgenommen worden wäre, wenn eine Gruppe von Männern sich erdreistet hätten, einen vergleichbaren Anlass zu offerieren, bei dem sie sich ausgiebig über Frauen ausgelassen und deren Zukunft definiert hätten."[884]

Wenn Gruppendenken also das zentrale Problem ist, dann ist das Unterbinden von Gruppendenken die am weitesten führende Lösung. Aus diesem Grund lesen Männerrechtler wie ich interessiert feministische Literatur, während die meisten Feministinnen um maskulistische Literatur einen Riesenbogen machen, als ob sie Angst hätten, sich mit einem Krankheitserreger zu infizieren. Häufig sind sie in diesem Bereich völlig kenntnislos und glauben allein den Behauptungen bestimmter Dogmatiker, wie entsetzlich alles in dieser Literatur sei.
Als die den Grünen nahestehende Heinrich-Böll-Stiftung im Jahr 2017 über "Antifeministen" einen Online-Pranger erstellen ließ, gab Matthias Iken den dafür verantwortlichen selbst ernannten "Agent*innen" im Hamburger *Abendblatt* folgenden unbezahlbaren Ratschlag:

*"Die Agent*innen paaren erschreckende Humorlosigkeit mit einem stasihaften Verfolgungswahn. Während die Verfasser anonym bleiben, man müsse sie 'leider' vor persönlichen Angriffen schützen, werden die Bösen gnadenlos enttarnt. (...) Vielleicht sollte [die Heinrich-Böll-Stiftung] nachschlagen, wie ihr eigener US-Büroleiter die Trump-Wahl erklärt hat: 'Wir müssen raus aus der Blase! Wir müssen raus aus unseren eigenen Facebook-Echokammern. Wir müssen erklären, zuhören und mit Andersgesinnten Kontakt suchen. Sonst sind wir selbst Teil des Problems und nicht der Lösung.'"*[885]

Zu einer ähnlichen Einschätzung gelangt der Evolutionsbiologe Axel Meyer in seinem Buch *Adams Apfel und Evas Erbe*. "Viele Aspekte der Genderstudies" fasst Meyer zusammen, "erscheinen geradezu absurd, irrational und antiwissenschaftlich. Vielleicht findet einfach zu wenig Austausch über die Fächergrenzen hinweg statt." Allerdings ist Meyer skeptisch, ob es dazu jemals kommen wird:

"Die politischen Intentionen der Genderstudies zeigen ja, dass es oft nicht primär um Wissenschaft zu gehen scheint, sondern um Ideologie und darum, eine politische Agenda durchzusetzen."[886]
Im Berliner *Tagesspiegel* fordert indes auch Hartmut Wewetzer: "Die Geschlechterforschung muss die Biologie stärker zur Kenntnis nehmen, sonst wird sie in die Isolation geraten." Während Vertreter der Genderstudien immer wieder behaupteten, sie würden die Biologie ja zur Kenntnis nehmen und sich nur gegen ideologisch aufgeladenen "Biologismus" verwahren, sei es mit dieser Anerkennung biologischer Tatbestände in Wahrheit doch nicht so weit her:

"Das zeigt eine Studie der Soziologin Charlotta Stern von der Universität Stockholm. Im Gespräch mit Genderforschern machte die Wissenschaftlerin häufig die Erfahrung, dass man nicht an 'Glaubensinhalten' rühren durfte. Immer, wenn sie ketzerische Ideen ins Spiel brachte, etwa die, dass es Ungleichheiten in den mathematischen Fähigkeiten von Männern und Frauen gebe oder dass beide Geschlechter angeborene Unterschiede in Talenten und Motivationen haben könnten, begegneten ihr finstere Blicke. Stern hatte das Gefühl, dass ihre Kollegen sich mit ihren Ansichten isolierten und in Tabus flüchteten. Doch stimmte ihre Wahrnehmung?
Die Wissenschaftlerin überprüfte ihre Annahme anhand des Grundsatzartikels 'Doing Gender' von 1987. In diesem unter Geschlechterforschern viel beachteten und häufig zitierten Aufsatz von Candace West und Don Zimmerman spielt die Biologie nur eine Nebenrolle; die zentrale These ist, dass die Geschlechterrollen ('Gender') ein Ergebnis sozialen Handelns ('Doing') sind. Heute, Jahrzehnte später, gibt es etliche Studien, die in eine andere Richtung deuten, in denen für Unterschiede zwischen den Geschlechtern auch biologische und evolutionär bedingte Ursachen ausfindig gemacht wurden. Stern fragte sich, ob diese mittlerweile in der Forschung berücksichtigt wurden. Sie schaute sich für den Zeitraum 2004 bis 2014 jene Veröffentlichungen an, die 'Doing Gender' zitierten und die ihrerseits viel genannt wurden.
Ergebnis der Stichprobe: Von 20 Beiträgen waren 15 'mit Scheuklappen versehen', wie Stern schreibt. Sie ignorierten biologische Geschlechterunterschiede oder spielten sie herunter,

vier waren neutral und lediglich einer zog die Biologie ernsthaft in Betracht – bei der Frage, welchen Einfluss das biologische Geschlecht der Kinder auf familiäre Prozesse (...) hat. Sterns Fazit lautet, dass die sozialwissenschaftliche Genderforschung ein Inseldasein führt und sich von anderen wissenschaftlichen Strömungen isoliert. Eine Vermutung, die auch andere Studien nahelegen. Die angeblich so anti-ideologische Geschlechterforschung läuft Gefahr, selbst ideologisch zu verknöchern."[887]

Dieselbe Verknöcherung entsteht, wenn sich das feministische Genderlager partout nicht mit den Argumenten, Daten und Analysen beschäftigen möchte, die ihnen Feminismuskritiker und Männerrechtler präsentieren, sondern diese Menschen lediglich mit Unterstellungen unter der Gürtellinie attackiert. Gerade dort, wo Beweise und gute Argumente fehlen, werden Menschen mit anderer Meinung persönlich angegriffen, man gibt sich angewidert und tut damit so, als gäbe es einen allgemeinen Konsens, von dem nur ein paar Freaks abweichen würden.
Ich beobachte dieses Phänomen regelmäßig in den sozialen Medien des Internets. Der Blogger Christian Schmidt etwa legt dort regelmäßig ganze Wagenladungen von Studien vor, die die Grundannahmen der Genderstudien erschüttern und auf die Vertreter dieses Fachbereichs keine Antwort haben. Folglich wird Schmidt, wenn er diese Studien beispielsweise auf Twitter ins Gespräch bringt, konsequent von den Anhängern des Genderlagers geblockt. Schon überhaupt Forschung vorzulegen, die dem Gender-Glauben entgegen läuft, erscheint vielen Vertretern dieses Lagers als unredlich und indiskutabel.[888]
Wie kommt es aber dazu, dass ich Feministinnen privat als freundliche und gedankenvolle Frauen erlebe, den Gouvernanten im Netz als Reaktion auf abweichende Meinungen aber nur Abwerten und Ausgrenzen einfällt – was dazu führt, dass bei denjenigen, die Feministinnen ausschließlich aus dem Netz kennen, die Abneigung gegen diese Bewegung rapide steigt? Ein Erklärungsansatz wäre, dass Feministinnen im Web und in den Leitmedien besonders engagiert sind und besonders bestrebt, sich mit anderen zu vernetzen. Dadurch kommt es zu einer ähnlichen Filterradikalisierung wie in entsprechenden Männerforen: Die

Betreffenden nehmen fast nur noch wahr, was ins eigene Weltbild passt, und Extrempositionen, die in diesem Umfeld gelten, erscheinen ihnen als Richtwert für Normalität. Der Wissenschaftsjournalist Christian Stöcker erläutert auf *Spiegel-Online*, wie Wissenschaftler diesen Mechanismus gerade erforschen:

"Die Wissenschaftler kommen über die Auswertung von Facebook-Daten zu dem Schluss, Nutzer hätten die Tendenz, sich dort in Interessensgemeinschaften zu sammeln, sodass sie vor allem entsprechende Inhalte zu sehen bekommen. Das führe zu 'Bestätigungsverzerrung, Spaltung und Polarisierung'. Mit Bestätigungsverzerrung ist ein psychologisches Phänomen gemeint, das eigentlich aus der Gedächtnisforschung stammt: Menschen füllen Wissenslücken bevorzugt mit dem aus, was sie ohnehin schon glauben. Das führe 'zur Verbreitung von verzerrten Narrativen, angefacht von unbestätigten Gerüchten, Misstrauen und Paranoia'."

Werden die Betroffenen nun mit Informationen konfrontiert, die ihre Ansichten infrage stellen könnten, ignorieren sie diese entweder oder sie wenden sich noch stärker der Echokammer Gleichgesinnter zu.[889] Das führt unweigerlich zu einer intellektuellen Verarmung, einem Mangel an Wissen. So erklärte der im Fachbereich Genderstudien tätige Forscher Professor Stefan Hirschauer in einer Talkrunde des SWR:

"Man kann das wissen aus der kriminologischen Forschung, dass bei den unter-27jährigen in Europa es fast ebenso viele junge Männer wie Frauen sind, die schon einmal Opfer sexueller Übergriffe gewesen sind, inklusive Drohung und Einsatz körperlicher Gewalt, inklusive sexueller Ausnutzung von Widerstandsunfähigkeit. Man weiß das seit Jahren. In den Genderstudies würden Sie das nie erfahren. Und die Thematisierung dieses Umstands würde unter politischen Verdacht geraten. Für diese Dinge muss man Forschungen außerhalb der Genderstudies aufsuchen. Das finde ich außerordentlich bedauerlich."[890]

Wie ich im Mailwechsel mit Hirschauer allerdings schnell herausfand, gibt es auch bei ihm große Überschneidungen mit anderen Vertretern seines Fachs. Die Existenz eines "Patriarchats" etwa hat für ihn nicht den Stellenwert einer wissenschaftlichen These, die diskutiert und überprüft werden muss, sondern eher eines religiösen Dogmas, an dem anständige Menschen nicht zweifeln dürfen. Solcher Zweifel sei nämlich vergleichbar mit der Leugnung des Holocaust, und deshalb verbiete sich hier jegliche Diskussion.[891] So sieht es also aus: In den Fieberphantasien der "Gender"-Fraktion sind die unterschiedlichen Geschlechterrollen bis in unsere Gegenwart hinein nicht der Tatsache geschuldet, dass die "Pille" erst um das Jahr 1960 herum erfunden wurde, sondern lägen daran, dass Männer Frauen hassten und mit ihnen umgingen wie Nazis mit den Juden. Und wer daran zweifelt, wird selbst ins Lager der Nationalsozialisten gerückt. Wenn dies der Standpunkt eines Menschen ist, der als Kritiker seines Fachs gilt, möchte man die Hardliner und Fanatiker erst gar nicht kennenlernen. Zu einer derart kruden Polemik wird hier gegriffen, weil man die Zweifler zum Schweigen bringen möchte, obwohl auf der wissenschaftlichen Ebene die Argumente fehlen. Das erklären die Psychologen Martin Seager und John Barry in einem aktuellen wissenschaftlichen Fachbuch:

"Das gesamte soziologische Konzept des 'Patriarchats' basiert auf der Vorstellung, dass das hier eine 'Männerwelt' ist. Insbesondere betrachtet es die Gesellschaft als von Natur aus vorteilhaft für Männer und so organisiert, dass Männer gestärkt und Frauen ausgeschlossen werden. Diese kühne und weitreichende Hypothese hat breite Akzeptanz gefunden, obwohl sie auf einer nur geringen akademischen Bewertung beruht, geschweige denn einer empirischen Prüfung als wissenschaftliche Hypothese. Diese unkritische Akzeptanz einer radikalen Theorie durch die Mainstream-Gesellschaft an sich deutet darauf hin, dass beim Geschlechterthema umfangreiche Verzerrungen stattfinden. Das Konzept des Patriarchats konzentriert sich auf eine Elitegruppe mächtiger Männer, während die überwiegende Mehrheit der Männer – Männer der Arbeiterklasse, obdachlose Männer, ihren Kindern entfremdete Väter, männliche Selbstmörder und andere relativ benachteiligte Männergruppen – heruntergespielt werden. Heruntergespielt werden auch die Vorteile und der Schutz, die mit Mutterschaft, Familie und häuslichem Leben für viele Frauen verbunden sind, einschließlich der potenziellen Freuden und

Belohnungen der Kindererziehung. Darüber hinaus bagatellisiert das Konzept des Patriarchats die Härten der traditionellen männlichen Rolle, wie z.B. Kriegsdienst, geringere Lebenserwartung, höhere Risiken und Arbeit in gefährlichen Berufen."[892]

Der in den Genderstudien beliebte Taschenspielertrick sieht so aus: Man schaut sich an, was Frauen in einer Gesellschaft erleiden müssen, ignoriert alles, was Männer erleiden müssen, entwickelt auf dieser Grundlage die Verschwörungstheorie eines "Patriarchats" und verheiligt diese, indem man jede Kritik daran als moralisch zutiefst illegitim erklärt. Wer die Genderstudien hinterfragt, wird ohnehin seit Jahren als radikal rechts verunglimpft. Mit Wissenschaft hat das überhaupt nichts mehr zu tun, mit einer Ersatzreligion viel.
Dr. John Barry, Mitbegründer des Netzwerks für männliche Psychologie der British Psychological Society, spricht hier von

"einer Art kognitiven Verzerrung, bei der Beispiele männlicher Privilegien vergrößert werden und weibliche Privilegien ignoriert oder wegerklärt werden. Tatsächlich haben jüngste Erkenntnisse ergeben, dass Männer in vielen Ländern weltweit benachteiligt sind, insbesondere in Ländern mit mittlerem bis hohem Entwicklungsstand."[893]

Der Fehler, der Hirschauer und anderen Genderforschern hier unterläuft, wird in der Psychologie inzwischen als 'Gamma Bias' bezeichnet. Das lässt sich veranschaulichen, indem man das Denken bei diesem Thema in verschiedene Zellen unterteilt, wie es Seager und Barry tun:

"So werden beispielsweise innerhalb der Zelle 'Feier' die positiven Leistungen von Frauen routinemäßig als Geschlechterfrage gefeiert. Innerhalb derselben Zelle in der Tabelle werden die positiven Handlungen und Leistungen der Männer aber nicht ähnlich gefeiert oder geschlechtsspezifisch behandelt. Als zum Beispiel eine Gruppe von Jungen kürzlich aus gefährlichen Unterwasserhöhlen in Thailand gerettet wurde, wurde sie nicht als Geschlechterthema oder als positives Beispiel für Männlichkeit gemeldet, obwohl alle Retter männlich waren.

In der Zelle 'Opferrolle' wird beispielsweise häusliche Gewalt gegen Frauen als Geschlechterproblem hervorgehoben, während häusliche Gewalt gegen Männer trotz der großen Zahl männlicher Opfer heruntergespielt oder völlig ignoriert wird. Wenn Männer die Mehrheit der Opfer ausmachen (z.B. Selbstmord, Schlaflosigkeit, Todesfälle am Arbeitsplatz, Sucht), werden die Themen nicht hervorgehoben oder als Geschlechterfragen dargestellt.
Innerhalb der Zelle 'Privileg' werden männliche Privilegien in unseren Medien und unserer Politik als 'Patriarchat' vergrößert, während weibliche Privilegien (z.B. in Bezug auf Kinder und Familienleben) als Geschlechterfragen heruntergespielt oder ignoriert werden.
Die Gesamtauswirkung der Gamma-Bias ist daher nach dieser Hypothese, dass die Männlichkeit so gestaltet wird, dass sie deutlich schlechter aussieht, als sie wirklich ist, während gleichzeitig die Weiblichkeit so gestaltet wird, dass sie deutlich besser aussieht, als sie wirklich ist.
Welche Auswirkungen hat die routinemäßige Vergrößerung der schlimmsten Männer und die Minimierung der schlimmsten Frauen? Nun, zunächst einmal müssen wir die 'Krise der Männlichkeit' als Krise in unserer Einstellung zu Männern und Männlichkeit neu begreifen."[894]

Außer dem Gruppendenken, dem Dogmatismus und der parteilichen Gewichtung existiert ein weiteres Problem, das Erkenntnisgewinn auf wissenschaftlicher Basis erschwert: In Teilbereichen der feministischen Lehre gibt es zwei verschiedene Sorten "Fakten", von denen die einen akzeptiert und die anderen zurückgewiesen werden. Akzeptiert werden "subjektive Fakten", die sich aus der angeblich höheren Erkenntnisfähigkeit der Frau als Opfer herleiten. Dass die Frau ein Opfer ist, wird wiederum aus diesen "subjektiven Fakten" abgeleitet. Zurückgewiesen werden "objektive Fakten", denn diese entstammen dem männlichen Herrschaftsgefüge.
Den ideologischen Hintergrund dieser Denkweise erklärt der Publizist Felix Stern:

"Anders als in der etablierten Wissenschaft, die der Objektivität verpflichtet ist, sollen in der feministischen Frauenforschung soziale Frauenwelten intersubjektiver Bedeutungen, innerer Erlebnisse und

persönlicher Erfahrungen erforscht werden. (...) Schon 1978 hatte Maria Mies das alternative Wissenschaftsparadigma der noch nicht institutionalisierten Frauenforschungsbewegung mit ihren 'methodischen Postulaten zur Frauenforschung' formuliert. Danach sollte die Frauenforschung ein Teil emanzipatorischer Praxis sein, wobei die Paradigmen nicht Objektivität, sondern 'Betroffenheit', 'Parteilichkeit' und 'Einbeziehung der Beforschten als Subjekte in den Forschungsprozess' hießen. Subjektive Gefühle und Wahrnehmungen sollten in die Erhebung einfließen."[895]

Neutralität wird also ausdrücklich abgelehnt. Es geht nicht mehr darum, was objektiv messbar und nachprüfbar ist. Vielmehr erhält das, was Feministinnen als "wahr" empfinden, den Status der Realität. Auf dieser Basis kann man Religionen gründen, aber keine Wissenschaft. Es überrascht nicht, dass sich Organisationen wie die "Skeptiker", die sich normalerweise mit Dingen wie Geistererscheinungen, UFO-Entführungen, New Age und Pseudowissenschaften auseinandersetzen, auch der feministischen Forschung extrem kritisch gegenüberstehen:

"Schließlich zeugt auch die zunehmende ... feministische Kritik an wissenschaftlicher Erziehung, besonders an den Universitäten und Gymnasien, von Wissenschaftsfeindlichkeit ... Der Vorwurf des radikalen Feminismus, dass Wissenschaft einseitig männlich ausgerichtet sei, zielt darauf, dass Wissenschaft der Ausdruck von 'toten, weißen, angelsächsischen Männern' gewesen sei - von Newton bis Faraday, von Laplace bis Heisenberg. Die extremen Vertreter dieser Bewegungen raten nun, die Menschheit von den kulturellen, rassistischen und sexistischen Ausdrucksformen von Wissen zu befreien - und das bedeutet auch von wissenschaftlicher Objektivität."[896]

Diese Herangehensweise an die Wissenschaft trieb ausgesprochen seltsame Blüten. So halten zahlreiche Lehrerinnen im Fach "Frauenstudien" Wissen an sich für eine "patriarchale Konstruktion".[897] Auch Logik, Intelligenz und Verstand werden als "phallozentrisch" abgewertet[898], Wissenschaft als bourgeois und imperialistisch.[899] Konsequent verkündet die feministische Theoretikerin Elizabeth Fee: "Wissen wurde als ein aggressiver Akt geschaffen - eine

passive Natur musste vom Mann verhört werden, entkleidet, penetriert und gezwungen, ihre Geheimnisse zu enthüllen." Mary Ellmann und Catharine MacKinnon behaupten, dass Männer sich der Natur nähern wie Vergewaltiger einer Frau und Vergnügen daran haben, ihr Gewalt anzutun. Feministinnen haben MacKinnon zufolge erkannt, dass für Männer "wissen so viel wie ficken bedeutet". In einer ähnlichen Weise behauptet die Feministin Sandra Harding, Newtons Gesetze der Mechanik hätte man ebenso gut "Newtons Vergewaltigungshandbuch" nennen können.[900]
Margita Levin nennt weitere Beispiele für diese feministische Wissenschaftsfeindlichkeit in einem Artikel im *American Scholar*: Wenn etwa die Rede davon ist, dass bestimmte physikalische Objekte eine "Kraft ausüben", die Evolution als ein "Kampf" um die Erhaltung der Art geschildert wird oder erklärt wird, dass Tiere in Gegenden mit ungenügenden Lebensgrundlagen in "Wettbewerb" miteinander treten, wird das als Beleg für die Herrschaft der männlich-aggressiven Denkweise gewertet. Das Gesetz von der Trägheit der Masse fuße Feministinnen zufolge auf dem Bedürfnis des Kapitalismus, das Geld im Umlauf zu halten. Und das Ersetzen des ptolemäischen Weltbildes (die Sonne dreht sich um die Erde) durch das kopernikanische (die Erde dreht sich um die Sonne) wird als Bezwingung des femininen durch das maskuline Denken kritisiert. Margita Levins Reaktion auf die Vertreterinnen solcher Thesen lässt sich in einem Satz auf den Punkt bringen: "Denken Sie, wir hätten eine Wahl ..?"[901]
"Es ist sehr schwierig, Studentinnen, die in der feministischen Perspektive trainiert sind, zu unterrichten", erklärt ein Professor in den USA. "Sie misstrauen allem, was Sie sagen. Für sie ist Vernunft an sich patriarchal, linear und unterdrückerisch. Sie können nicht mit ihnen argumentieren."[902] Die feministische Soziologin Lois Hoeffler, deren Untersuchungen zufolge Frauen öfter und schwerer depressiv als Männer seien, reagierte auf den Vorwurf, ihre Untersuchung sei unwissenschaftlich durchgeführt worden, mit dem Statement, sie sei an "phallozentrischer Theorie" nicht interessiert. "So vieles in der Psychologie beruht darauf, dass Männer Frauen unterdrücken. Ich kann damit nicht umgehen." Sie erwarte mit einer steigenden Zahl feministischer Forscherinnen, dass immer mehr Studien und Umfragen dieses neue Bewusstsein widerspiegeln würden.[903]

Erin Pizzey, selbst engagierte Frauenschützerin, bereitet Männerhass als Studienziel eher Sorge: "Ich fand Schulen voll mit Lehrerinnen, die nicht Lehrer, sondern politische Aktivistinnen waren." Pizzey bezeichnet es ganz offen als "Gehirnwäsche", was hier an Generationen junger Frauen vorgenommen wird.[904]
Besonders problematisch ist, dass das unwissenschaftliche Denken der Genderstudien auch in andere Bereiche der Soziologie vordringt. Das thematisieren der international renommierte Sozialpsychologe Jonathan Haidt und der liberale Publizist Greg Lukianoff: Eigentlich gehört es zum Basiswissen jedes Sozialwissenschaftlers, dass Korrelation und Kausalität zwei grundverschiedene Dinge sind. Aus der Tatsache etwa, dass in einem Parlament ein geringerer Anteil an Frauen sitzt als in der Bevölkerung, lässt sich nicht einfach schlussfolgern, dass Frauen "vom Patriarchat unterdrückt und diskriminiert" werden. Stattdessen können andere Faktoren für dieses Missverhältnis verantwortlich sein.
Normalerweise erheben Soziologen augenblicklich Einspruch, wenn jemand Korrelation und Kausalität nicht sauber unterscheidet, erklären Haidt und Lukianoff:

"Aber in den letzten Jahren ist auf dem Campus etwas Komisches passiert. Wenn heutzutage jemand auf eine ungleiche Verteilung hinweist und implizit oder explizit behauptet, diese Ungleichheit wäre ein Hinweis auf systembedingte Ungerechtigkeit, nicken Soziologen mit jedem anderen im Zimmer mit. (...) Sobald man darauf hinweist, dass es eine andere Erklärung für die ungleiche Verteilung geben könnte, können andere dich so verstehen, als wäre das Problem nicht so groß, wie der Sprecher glaubt – und wenn das irgendjemandem nicht gefällt, werden Sie der 'Mikroaggression' beschuldigt. Und wenn Ihre abweichende Erklärung die Spekulation beinhaltet, dass es einen zugrunde liegenden Faktor geben könnte, wie dass Frauen und Männer sich unterschiedlich stark für Sport oder Informatik interessieren, dann verletzen Sie vielleicht ein schweres Tabu."[905]

Aber wenn dieses Denken inzwischen verboten ist und Soziologen sich keine Mühe geben, Theorien zu hinterfragen, die politisch bevorzugt werden, dann, erklären Haidt und Lukianoff, bricht die wissenschaftliche Methode zusammen. Die Theorien, die nicht mehr hinterfragt werden dürfen, gerinnen zu einer Orthodoxie:

"Ideen werden nicht mehr akzeptiert, weil sie wahr sind, sondern weil die politisch dominante Gruppe MÖCHTE, dass sie wahr sind, damit sie ihr bevorzugtes Narrativ und die von ihr bevorzugten Maßnahmen durchsetzen kann. Mit dem Rückhalt von leidenschaftlichen und von sich selbst überzeugten Aktivisten können fehlerhafte akademische Theorien aus dem akademischen Bereich heraus gelangen und in Hochschulen, Firmen und anderen Organisationen zum Einsatz kommen. Aber wenn Reformer auf der Grundlage von Theorien einzugreifen versuchen, die auf einem einseitigen oder fehlerhaften Verständnis der Ursachen bestimmter Probleme beruhen, dann werden diese Reformen keinen Nutzen bringen – und vielleicht sogar schaden."[906]

In der Frauenbewegung wird zwar häufig moralisch argumentiert, aber zugleich ein Weltbild beworben, das den Kriterien universalistischer Moral, die nicht mit zweierlei Maß messen darf, widerspricht. Auf diese Weise führt die Bewegung, in der die Feministin die Rolle des erleuchteten Opfers einnimmt, zu immer neuen "Erkenntnissen", die mit Fakten im wissenschaftlichen Sinne nichts mehr zu tun haben. Diese Denkweise führt dazu, dass echte Wissenschaftler und Autoren, deren Forschung zu unerwünschten Ergebnissen führt, als Menschen von minderwertiger Moral dargestellt werden, die man bekämpfen muss. Auch daraus erklärt sich, warum Feministinnen Autoren, deren Untersuchungsergebnisse und Argumente ihnen nicht gefallen, häufig auf der Personen- statt auf der Sachebene angreifen.
Wer möchte, dass feministisches Denken nicht in Wissenschaftsfeindlichkeit versinkt, sollte sich – außer vor persönlichen Angriffen auf Kritiker – vor folgenden Denkfehlern hüten:

Nichtfalsifizierbarkeiten. "Dass Sie nicht in der Lage sind, meine Hypothese zu entkräften", schreibt Carl Sagan in Rückgriff auf den Wissenschaftsphilosophen Karl Popper, "heißt überhaupt nicht, dass sie damit als wahr bewiesen wäre. Behauptungen, die nicht überprüft werden können, die immun sind gegen eine Widerlegung, sind in

Wahrheit wertlos".[907] In der anerkannten Wissenschaft müssen Vorannahmen überprüft und ständig von Neuem auf die Probe gestellt und modifiziert werden. Welterklärungen, die dies verweigern, "sind also pseudo-wissenschaftlich, abergläubisch und letzten Endes psychotisch. Ein Blick auf die Weltgeschichte zeigt, dass ähnlich 'unwiderlegbare', monströse Welterklärungen für die schlimmsten Gräuel (wie etwa die Inquisition, Rassenideologien, totalitäre Ideologien) verantwortlich waren und sind."[908] Statt überprüfbarer Thesen werden "Wahrheiten" verkündet.
Um genau solch ein geschlossenes System, erläutert Christina Hoff Sommers, handelt es sich beim klassischen Feminismus, der seine Hypothesen etwa von Frauenunterdrückung und Männerherrschaft eben *nicht* einer ständigen Überprüfung unterzieht. Die These vom alles durchdringenden Patriarchat stützt sich selbst: Gerade wenn Frauen protestieren, sie fühlten sich ganz und gar nicht unterdrückt, wird ihnen vorgehalten, eben das beweise ja, wie sehr das Patriarchat ihr Denken schon durchdringe.[909] Die niedrige Zahl der Männer, die für ihnen vorgeworfene Vergewaltigungen verurteilt werden, zeige ja gerade die Bösartigkeit des männlichen Geschlechtes, das "diese Triebtäter" einfach wieder laufen lässt. Es gibt in einem Bereich keine Beschwerden wegen sexueller Belästigung? Das genau sei das Problem, denn offenkundig trauen Opfer sich nicht einmal, ihre Erlebnisse mitzuteilen. Sie erinnern sich nicht, als Kind missbraucht worden zu sein? Dann sind Sie tief in der Verleugnungsphase gefangen. Es gibt keinen Hinweis darauf, dass Pornographie irgendeinen Schaden anrichtet? Genau diese Unsichtbarkeit der Schädigungen sei ja das Schlimme, verkündet die Feministin Catharine MacKinnon.[910] Und Alice Schwarzer, darauf angesprochen, dass Berufsanfängerinnen sich heute längst nicht mehr diskriminiert fühlen, erwidert unbeeindruckt: "Ich verstehe das sehr gut. Diskriminierung ist demütigend. Also ziehen manche Frauen es vor, sie nicht wahrzunehmen."[911]
Reduktive Hypothesenbildung. Der menschliche Geist hat es gerne bequem und möchte allzu komplizierte Betrachtungen lieber vermeiden. Für sämtliche Probleme der Welt soll möglichst eine einzige Ursache gefunden werden - entweder abstrakt (die angeborene Bösartigkeit, der Egoismus, die Machtgier) oder als personifizierter Sündenbock, wenn es gegen bestimmte Gruppen geht (etwa beim Antisemitismus). "Die Tatsache, dass solche

reduktiven Hypothesen Welterklärungen aus einem Guss bieten", befindet der Psychologe Dietrich Dörner, "erklärt vielleicht nicht nur ihre Beliebtheit, sondern auch ihre Stabilität. Wenn man einmal weiß, was die Welt im Innersten zusammenhält, so gibt man ein solches Wissen ungern auf, um wieder in die unübersichtlichen Gefilde eines nichthierarchisch gegliederten Netzes wechselweiser Abhängigkeiten zu geraten."[912] Heutzutage wird, wie die kritische Feministin Wendy McElroy anmerkt, dem "Patriarchat" an allem die Schuld gegeben – "von sexueller Belästigung bis zu Schwangerschaftsstreifen ... Es gibt da eine Redensart: Wenn du nichts weiter als einen Hammer besitzt, dann erscheint dir alles andere wie ein Nagel. Wenn deine Ideologie nur aus einem einzigen Ton besteht, dann sind all deine Lieder in derselben Melodie geschrieben."[913] Wenn eine Frau heutzutage im Regen nass wird, liegt das nur daran, dass kein Mann sie daran erinnert hat, einen Schirm mitzunehmen.

Feste Wahrmehmungsraster. Wenn Welterklärungen einfach und scheinbar unangreifbar sind, werden sämtliche Fakten, auf die man stößt, so eingeordnet, dass sie diese Thesen stützen. "Die aufmerksame Feministin", erklärt die britische Wissenschaftsjournalistin Denise Winn, "ist vermutlich eher darauf ausgerichtet, Beispiele für männliche Unterdrückung wahrzunehmen als Beispiele von Fairness zwischen den Geschlechtern oder gar männliche Unterordnung."[914] Informationen, die nicht der jeweiligen Hypothese entsprechen, werden einfach nicht zur Kenntnis genommen.[915]

Denken in bipolaren Konstellationen. Eltern mit drei oder mehr Kindern, stellte die Sozialpsychologin Carol Tavris in ihrem Buch über Geschlechterklischees fest, sprechen über jedes Kind in individuellen Begriffen. Jane ist intellektuell, könnten sie sagen, Sam ist sozial und Pam sportlich. Eltern mit zwei Kindern beschreiben sie jedoch in Gegensätzen: Pam ist ein Führer, Sam ist ein Gefolgsmann; Sam ist der soziale Sohn, Pam ist die unsoziale Tochter. [916]Dieselbe Logik herrscht in der Geschlechterdebatte: Männer sind aggressiv, sexuell übergriffig, machtgierig und toxisch; Frauen sind friedfertig, verantwortungsvoll und heilend.

Eingängigkeit. "Wir halten ein Ereignis (oder eine Situation) für häufiger, wenn wir es uns leicht vorstellen können und wenn es in irgendeiner Weise emotional aufgeladen ist", vertritt der

Kognitionsforscher Massimo Piatelli-Palmarini als mögliche Erklärung für kollektive Irrtümer.[917] Wir können es uns viel leichter vorstellen, dass ein Mann eine Frau zusammenschlägt, als dass es andersherum verläuft, und darum glauben wir sofort an die Überzahl männlicher Täter bei häuslicher Gewalt.
Die Magie der großen Zahl. "Zu Recht wird von sozialen Akteuren angenommen, dass im Zeitalter der Massenkommunikation - in dem viele soziale, politische, ökologische usw. Probleme weltweit um Aufmerksamkeit konkurrieren - die Menschen nur ein Thema beeindrucken kann, bei dem sich zahlreiche (oder noch besser: zahllose) Betroffene finden. Es gibt verschiedene Methoden, um deren Zahl in die Höhe zu treiben: die ausufernde Definition von Betroffenheit, eine Manipulation statistischer Daten oder die Bezugnahme auf willkürlich ausgewählte Expertenschätzungen."[918] Diese Sätze waren in einem Artikel der Zeitschrift *Skeptiker* zu lesen - nicht über sexuelle Belästigung, sondern über vermeintliche Entführungen durch Außerirdische. Aber auch in der Geschlechterdebatte haben wir es mit ausufernden Definitionen zu tun, die eine hohe Opferzahl suggerieren sollen. Vor zwei Jahrzehnten hantierten Feministinnen noch mit Parolen, denen zufolge jedes dritte Mädchen Opfer sexuellen Missbrauchs sei; im Jahr 2018 sprach Frauenministerin Giffey von erschreckend stark angestiegenen Zahlen weiblicher Opfer häuslicher Gewalt, während dieser Anstieg tatsächlich einer deutlich erweiterten Definition des Gewaltbegriffs zu verschulden war.[919] "Der beliebteste rhetorische Kunstgriff zur Erzeugung moralischer Evidenzen", befand die kritische Feministin Katharina Rutschky, "ist der Einsatz von scheinbar objektiven Zahlen und Statistiken, die auf dem Untergrund wohlfahrtsstaatlich interpretierter individueller Menschenrechte für jede Frau und jedes Kind auch den Dümmsten überzeugen."[920] Das Auseinanderklabüstern solcher Zahlenmanipulationen ist schon deutlich schwieriger.

Natürlich könnten mir Vertreter der Frauen- und Genderstudien nun mitteilen, dass ich mir all meine guten Ratschläge sonstwohin stecken könne. Die Finanzierung dieses Fachbereichs durch öffentliche Gelder läuft hierzulande schließlich nach wie vor. Allerdings haben auch Vertreter des Genderlagers inzwischen festgestellt, dass die Kritik an ihnen weiter wächst und zunehmend schärfer wird. So zieht der Schriftsteller Daniel Scholten folgendes Fazit zu den Genderstudien:

"Die Ideologie ist in ihrer Methode von Anfang bis Ende in einem Maße antiwissenschaftlich und falsch, wie man es heute nicht tolerieren darf. Sie gleicht methodologisch dem Kreationismus oder der völkischen Rassenlehre. Subversion der Wissenschaft ist kein legitimes Mittel für ein politisches Ziel wie die Gleichstellung der Frau. Und zudem kein taugliches."[921]

"Obwohl alle Publikationen unverhohlen aktivistisch sind", führt Scholten an anderer Stelle aus, "wollen sie sich durch das Einflechten von Fachbegriffen das Air echter Wissenschaft geben."[922] Mitunter führt das zu Entwicklungen, mit denen die Genderstudien sich selbst und ihr bizarres Verständnis von Wissenschaft weltweit bloßstellen. Das geschah etwa im Jahr 2018, als Publizisten die Verstiegenheiten des Genderlagers bloßstellten, indem sie an in diesem Lager anerkannte Fachjournale reihenweise pseudowissenschaftliche Artikel grotesken Inhalts schickten: eine feministisch umgeschriebene Passage von Hitlers "Mein Kampf", den Vorschlag, die "sexistische" Astronomie durch eine genderfeministische Astrologie abzulösen, Forderungen, männliche Studenten während des Unterrichts in Ketten zu halten sowie Männer wie Hunde zu dressieren, damit sie nicht zu Vergewaltigern werden ... und dergleichen mehr. Ein Großteil dieser Artikel wurde von den Mitarbeitern der Gender-Journale als ernsthafter wissenschaftlicher Beitrag gepriesen, empfohlen und veröffentlicht: ungeachtet der für jeden Außenstehenden offensichtlichen Absurdität und Menschenfeindlichkeit, die sich in diesen Texten zeigte. [923] Gender-Theoretiker machten sich lächerlich, indem sie sich nicht mehr in der Lage zeigten, zwischen brillanten wissenschaftlichen Einsichten und offensichtlichem Nonsens zu unterscheiden. Das maskulistische Blog *Man Tau* berichtet in dem Beitrag "Betrogene Betrüger: Was korrumpiert akademische Forschung?" näher über mehrere Fälle:

"Unter den akzeptierten Arbeiten war eine mit der Kernthese, dass auf Hundwiesen ('dog parks') fortlaufend Vergewaltigungen von Hunden durch Hunde zu beobachten seien und dass diese

Vergewaltigungen die menschliche Rape Culture widerspiegelten. Die Zeitschrift 'Gender, Place and Culture' wählte diesen Text für eine Jubiläumsausgabe gar zu einem der wichtigsten Texte des Jahres. Mit ausdrücklichem Sonderlob.
Unter den akzeptierten Arbeiten war auch ein Text, der gesundheitsgefährdende Fettleibigkeit als eine Form des Bodybuilding, Fat Bodybuilding, verkauft und der es als Teil einer Unterdrückungskultur präsentiert, dass der Muskelaufbau, nicht aber der Fettaufbau bewundert werde. Als 'important contribution' angenommen von der Zeitschrift 'Fat Studies'.
Dabei war auch ein Text, der unterstellte, eine männliche Scheu vor der analen Nutzung von Dildos bei der Masturbation sei auf eine hysterische Angst vor der Homosexualität und auf Transsexuellenfeindlichkeit zurückzuführen. Diese Feindseligkeit könne gemildert, eine feministische Weltsicht könnte gefördert werden, wenn wir Männer zur analen Masturbation mit Dildos ermutigten. Als überwältigender ('overwhelmed') und bedeutender Beitrag akzeptiert von 'Sexuality & Culture'."[924]

In der *Süddeutschen Zeitung* erklärt Sebastian Hermann, was dieses Debakel über den Zustand der Genderstudien aussagt:

"Die Aktion - darum geht es den Urhebern - stellt die Frage in den Raum: Was machen diese Disziplinen da eigentlich? Wie arbeiten sie? Die fabrizierten Studien unterscheiden sich nicht wesentlich von zahlreichen Arbeiten, die in ernsthafter Absicht in entsprechenden Journalen veröffentlich werden. Meist postulieren die Autoren eine Ungerechtigkeit und betrachten dann jede erdenkliche Situation als Beleg. Oft ist das keine Wissenschaft, sondern Aktivismus, der ein festgefahrenes Weltbild propagiert. Wer es aber wagt, fragwürdige Aspekte dieser Disziplinen zu kritisieren, gilt als Gegner der Gleichberechtigung, wird als Sexist, Rassist, Frauenhasser, Schwulenfeind, Transphobiker und Rechtsextremist beschimpft."[925]

Dieser Umgang mit Kritikern allerdings erklärt sich aus den Genderstudien selbst. Wenn man Grundthesen des eigenen Forschungsfelds wie ein Dogma behandelt, an dem man nicht zweifeln darf, und als Ziel seiner Tätigkeit ein die Menschheit erlösendes Heilsversprechen betrachtet, ist völlig klar, dass jeder

Zweifler und Kritiker als Verkörperung des Bösen gelten muss. Früher hätte man von "Dienern Satans" gesprochen; heute spricht man von "Frauenhassern" und "Rechtsextremen". Die Botschaft bleibt dieselbe: Einen Dialog mit derart widerwärtigen Menschen darf es nicht geben.

Bislang halten sich die Genderstudien vor allem durch Macht und Ausgrenzung von Abweichlern im akademischen Sektor. "Kritiker der Gender-Ideologie haben an den Universitäten keine Chance", erkannte das *Handelsblatt*, "so dass eine von der Gender-Theorie unabhängige Geschlechterforschung fast nicht existiert."[926] Der Akzeptanz dieses Bereichs in der Allgemeinheit hat dieses robuste Auftreten indes weit mehr geschadet als genutzt. Weit eher wäre es im ureigensten Interesse des feministischen und des Genderlagers, Ad-personam-Attacken auf Kritiker zu beenden, Kritik zuzulassen und den eigenen Fachbereich zu öffnen, um ihn so weiterzuentwickeln, dass man ihn vielleicht irgendwann als Wissenschaft ernst nehmen kann.

So sieht es auch Professor Christopher Dummitt, einer der wenigen selbstkritischen Publizisten im Bereich der Genderstudien. In seinem 2019 veröffentlichten Bekenntnis, dass er sich zentrale Inhalte dieses Fachs im Wesentlichen nur ausgedacht hatte, erläutert er:

"Ich war damit nicht allein. Jeder hat sich das ausgedacht (und denkt es sich heute noch aus). So funktioniert das Feld der Genderstudien. (...) Und niemand hat zu irgendeinem Zeitpunkt meines Graduiertenstudiums oder im Peer Review jemals einen anderen Vorschlag gemacht - außer in Gesprächen, meist außerhalb der Wissenschaft. Und so war ich nie gezwungen, mich mit alternativen, biologisch orientierten Erklärungen auseinanderzusetzen, die mindestens so plausibel waren wie die Hypothese, die ich mit der Aura von Gewissheit herausgeputzt hatte. (...) Die einzige wirkliche Kritik, die ich erhielt, waren Ermahnungen, das Paradigma zu stärken oder für andere Identitäten zu kämpfen und gegen andere Formen der Unterdrückung vorzugehen. (Die Idee, dass es auf der Grundlage dieser intersektionellen Identitäten Unterdrückung gibt, wurde einfach angenommen, nicht demonstriert oder bewiesen.) (...) Meine eigene fehlerhafte Argumentation wurde nie herausgearbeitet - und

in der Tat durch den Prozess des Peer Reviews lediglich ideologisch stärker beeinflusst."

Solange keine ernsthaft kritischen und ideologisch abweichenden Aspekte in der Debatte zugelassen werden, folgert Professor Dummit, sollten wir bei vielem sehr skeptisch sein, was in den Genderstudien als "Expertenwissen" präsentiert wird.[927]

Was können Journalisten tun?

In seinem Fachbuch über häusliche Gewalt, das im Hauptteil dieses Lexikons zitiert wird, kritisiert der Soziologe Bastian Schwithal die mangelhafte Berichterstattung der Leitmedien zu diesem Thema und kritisiert, dass dort "so gut wie gar nicht (...) ein Bezug zu neuen wissenschaftlichen Erkenntnissen" stattfindet, "wonach Männer im gleichen Maße von Gewalt betroffen sind".[928]
Ein besonders gruseliges Beispiel hierfür war die *Hart-aber-fair*-Talkrunde "Der Feind in der Familie – Wenn der Mann zum Schläger wird" am 13. April 2011. Dreißig Jahre nachdem die ersten von inzwischen Hunderten von Studien darüber vorlagen, dass Gewalt in der Partnerschaft zu mindestens demselben Teil von Frauen ausgeht, wurde zur besten Sendezeit über eine Stunde lang das Thema auf eine Weise behandelt, die Lichtjahre von der tatsächlichen Forschungslage entfernt war. Damit das funktionierte, waren die Gäste dieser Talkshow entsprechend ausgewählt worden. Lediglich in den in der Sendung präsentierten Zuschauerreaktionen wies jemand darauf hin, dass "einer englischen Studie zufolge" Männer ebenfalls häufig Opfer sind. Plasberg war einen Moment lang völlig verdattert, dann lachte er darüber: "Jahaa", sagte er amüsiert, "in England fahren sie ja auch links".[929] Die tatsächlichen Verhältnisse wurden von einem ahnungslosen Moderator einem Millionenpublikum als absurd verdrehte Welt präsentiert und die vorherrschende feministische Ideologie den Menschen mit Wucht in die Köpfe gehämmert.
Es war, als hätte die ARD zu einer Sendung über psychische Störungen ausschließlich Exorzisten eingeladen. Diese irrwitzige Sendung sagte alles, was man über den Zustand der Öffentlich-Rechtlichen wissen muss. Denn so eine Talkshow entsteht nicht

innerhalb von wenigen Minuten aus einer spontanen Laune heraus. Sie wird von einem Redaktionsteam über lange Zeit geplant – auch und besonders, was die Auswahl der Gäste angeht. Wie schafft man es bei der redaktionellen Recherche zu diesem Thema, die wissenschaftliche Forschungslage komplett zu übersehen?
Die Antwort auf diese Frage lautet natürlich, dass die Redaktionen unserer Leitmedien aus ähnlichen geschlossenen Räumen bestehen wie die Genderszene. "Die größte und dichteste Echokammer ist der Journalismus" befindet der Medienwissenschaftler Norbert Bolz.[930]
Wozu das führt, erklärt der Politikwissenschaftler Thomas Meyer:

"Die Wirklichkeitspartikel, die Medien aus der realen Welt aufnehmen, werden von ihnen intensiv bearbeitet, und was dann dabei herauskommt, ist eine Neuinszenierung der Welt und hat mit der Realität oft nicht sehr viel zu tun."[931]

Insofern verwundert es nicht, dass einer Forsa-Umfrage zufolge 44 Prozent der Deutschen einen einzigen Vorwurf der Pegida-Bewegung teilen: den einer "Lügenpresse", die manipulierte Meldungen veröffentlicht.[932] (Allensbach zufolge sind es 42 Prozent.[933])
"Wir lügen nicht", verteidigt hingegen der Journalist Hans-Ulrich Jörges seine Zunft. "Wir sind schlampig und denkfaul."[934]
Das glaube ich Jörges sogar. Ich gehe nicht davon aus, dass zum Beispiel Frank Plasberg und sein Team die Zuschauer absichtlich hinters Licht führen. Man sollte nicht unnötig Bösartigkeit als Erklärung wählen, wenn Inkompetenz ausreicht. Nur fürchte ich, das Resultat ist dasselbe.
Problematisch ist, dass Plasbergs Talkrunde nicht die Ausnahme darstellte, sondern die Regel. Wenn etwa Anne Will mit ihren Gästen im Ersten über das Thema sexuelle Belästigung anlässlich der MeToo-Kampagne spricht, dann muss mit Gerhard Baum der einzige Mann der Runde natürlich einer sein, der noch feministischer auftritt als die anwesenden Damen.[935] Dementsprechend absurd verläuft dann auch das Gespräch.[936] Wenn Gert Scobel auf 3sat über den Zustand der feministischen Bewegung diskutiert, empfängt er hierfür in seiner "Diskussionsrunde" Bascha Mika (Anhängerin des vorherrschenden Feminismus), Anke Domscheit-Berg (Anhängerin des vorherrschenden Feminismus), Rolf Pohl (Anhänger des vorherrschenden Feminismus) – und niemanden sonst. Ähnlich

einseitig fallen die Buchempfehlungen auf der Website zur Sendung aus.[937] Die Zuschauer sollen offenkundig gar nicht erst auf den Gedanken kommen, dass es sinnvolle Kritik am vorherrschenden Feminismus überhaupt gibt. In Sachen Fundamentalismus kann mit dieser Haltung nicht einmal die katholische Kirche konkurrieren.
Auch wenn der NDR in seiner Sendung "Redezeit" über das Thema "Geschlechterkrieg im Internet" talken lässt, empfängt die Moderatorin Birgit Langhammer als Gäste Francesca Schmidt, Expertin für Netzfeminismus in der Hans-Böckler-Stiftung, Dorothea Heintze, im Vorstand des Vereins ProQuote e.V. sowie den stramm profeministischen Buchautor Thomas Gesterkamp. Erklärte Feminismuskritiker und Mitglieder der Männerrechtsbewegung gibt es für die öffentlich-rechtlichen Medien nicht. Ihr eigentlicher Programmauftrag – "Der Pluralismus in den Medien soll durch die Präsentation verschiedener Meinungen und politischer Alternativen erhalten bleiben." – wird kalt lächelnd übergangen.
Wie bereits im Vorwort dieses Buches erwähnt, handelt es sich bei lediglich acht Prozent der deutschen Bevölkerung um Feministinnen.[938] Was soll man davon halten, wenn diese acht Prozent in unseren Leitmedien vielfach als hundert Prozent und ihre Auffassungen als alternativlos präsentiert werden? Wie kann es ohne fehlende Korrektur *nicht* zu der Masse an Trugschlüssen kommen, wie sie in diesem Lexikon dargestellt werden, zumal vermutlich die Mehrheit der Bevölkerung oft Angst hat, kritische Bedenken zu äußern, weil diese Menschen glauben, in der Minderheit zu sein?
Der Soziologe Dr. Alexander Ulfig machte eine ähnliche Beobachtung, als die ARD das Thema "Frauenquote" behandelte:

"Zu dem ARD-Beitrag äußern sich in einer Bildergalerie 'Entscheidungs- und Meinungsträger'. Was dabei zunächst auffällt, ist das zahlenmäßige Missverhältnis zwischen Quoten-Befürwortern und Quoten-Gegnern. Fünf Personen sprechen sich ausdrücklich für die Frauenquote aus, eine dagegen, eine ist zwar gegen eine starre Quote, aber doch für die Steigerung des Frauenanteils in Führungspositionen um rund dreißig Prozent. Wir haben also letztlich sechs Personen für die Frauenquote und eine dagegen. Und das soll ein ausgewogenes Verhältnis sein? Und das soll eine

ausgewogene Berichterstattung sein? Und dafür zahlen die Bundesbürger monatlich die Rundfunkbeiträge?"[939]

Im März 2014 fragte Elisabeth Raether in der *Zeit*:

"Wo ist denn der Mann, der sich neben Alice Schwarzer in die Talkshows setzt und ihr erklärt, was es heißt, ein Mann zu sein, und der ihren Schauermärchen von Freiern und Pädophilen konsequent etwas entgegenhält? Wo ist der Mann, der sich selbst zum Thema macht? Nein, die Männer schweigen vornehm zum Rollenschlamassel, regieren weiter die Welt, führen die Konzerne, machen die Kohle, als wäre nichts gewesen."[940]

Das muss man auch erst mal hinbekommen: das Unding, dass feminismuskritische Männer von den Leitmedien rigoros ausgegrenzt werden, diesen Männern auch noch zum Vorwurf zu machen! Raether tut hier so, als könne jeder Feminismuskritiker einfach mal bei Anne Will & Co. vorbeikommen, sich dazusetzen und mitplaudern. Wie jemand, der selbst in den Medien tätig ist, derartige Vorstellungen entwickelt, bleibt schleierhaft.
Die auffällige Einseitigkeit kommt nicht von ungefähr: Unter den Journalisten der Redaktionen, das zeigte eine Studie im Jahr 2018, gibt es dreimal so viele Feministen wie in der Gesamtbevölkerung.[941]
Das Blog *Maskulismus für Anfänger* hat mehrere Studien über die politische Zugehörigkeit von Journalisten einer übergreifenden Analyse unterzogen und fasst die Ergebnisse folgendermaßen zusammen:

"Alle Studien liefern ein konsistentes Bild zur Parteineigung von Journalisten in Deutschland: Ca. 30 - 40% dieser Politikjournalisten sind politisch/ideologisch den Grünen zugehörig, weitere ca. 20% der SPD. Linke/PDS, CDU und FDP haben nur den Status von Splitterparteien. In der Summe rechnen sich also ca. 50 - 60% aller Journalisten einer feministischen oder radikalfeministischen Partei zu.
Ca. 30 - 35% ordnen sich keiner Partei zu. Lässt man diese neutralen 'Nichtwähler' einmal außen vor, dann rechnen sich fast alle übrigen Journalisten, die in der Geschlechterfrage überhaupt

eine Meinung vertreten, einer feministischen oder radikalfeministischen Partei zu."[942]

Es ist offenkundig, warum aus diesem enormen Überhang eine ebenso stark tendenziöse Berichterstattung wird, ohne dass man Vokabeln wie "Gleichschaltung" und "Lügenpresse" überhaupt bemühen müsste. Eine seltene Ausnahme aus dem gewohnten Einheitsbrei servierte der Westdeutsche Rundfunk (WDR) am 9. November 2015 in der Rubrik "Gegen den Strich" seiner Sendung "markt" unter der Überschrift "EMANNzipation - Gleichberechtigung bitte auch für Männer". In dem fast 20 Minuten langen Beitrag stellten ausnahmsweise mehrere nicht-feministische Männer ihre Sicht auf die Geschlechterdebatte dar. Die Buchautoren Gunnar Kunz und Bernhard Lassahn wiesen auf die mangelnde öffentliche Unterstützung von Männerorganisationen und das generelle Ausblenden der Männerperspektive in der Geschlechterdebatte hin. Der Publizist Wolfgang Jacobs schilderte seine Erfahrungen als Opfer häuslicher Gewalt durch seine Partnerin. Der Psychotherapeut Professor Matthias Franz machte darauf aufmerksam, dass über 90 Prozent der tödlichen Arbeitsunfälle Männer betreffen und sich Jungen dreimal so oft umbringen wie Mädchen. Wenn es anders wäre, so Franz, "hätten wir schon lange einen Aufschrei in unserer Gesellschaft, dann würde sich eine Talkshow an die andere reihen". Die Soziologin Karin Flake erklärte, wie Väter von Müttern bei der Kindererziehung beiseite gedrückt werden. Auch die Benachteiligung von Jungen im Schulsystem und ausgrenzende Vorurteile gegen Männer in erzieherischen Berufen wurden in dem Beitrag behandelt. Darüber hinaus hinterfragte er den beliebten Mythos, dass Frauen für dieselbe Tätigkeit 22 Prozent weniger als Männer verdienen würden.
Die Reaktion des feministischen Lagers war absehbar: Die Medienfrauen (Mitarbeiterinnen von ARD, ZDF, ORF, Deutscher Welle und DeutschlandRadio) ehrten diesen Beitrag mit der Sauren Gurke des Jahres 2016 – einer Würdigung, die für besonders frauenfeindliche Beiträge verliehen wird.[943] Seitdem haben die Öffentlich-Rechtlichen keinen vergleichbar männerfreundlichen Beitrag mehr gewagt.
Im Sommer 2018 veröffentlichte die akademische Fachzeitschrift *Journal of Information Ethics* Kåre Fogs Beitrag "Feminist

Censorship: The Lace Curtain" über die Unterdrückung maskulistischer und feminismuskritischer Publikationen. In der Zusammenfassung dieses Aufsatzes heißt es:

"Diejenigen, die eine feministische Agenda verkünden, haben guten Zugang zu den Medien, während der Zugang zu den Medien für diejenigen, die sich zwar für die Gleichberechtigung der beiden Geschlechter einsetzen, aber gegen den Feminismus sind, oft stark eingeschränkt wird. Die Analyse von Fernsehsendungen zeigt, dass, sobald eine Person etwas gegen die Agenda führender Feministinnen sagt, der "Spitzenvorhang" [im Original: "Lace Curtain"] fällt und jeder weitere Zugang zu den Medien gestoppt wird. Wenn eine Person ein Buch schreibt, das den Feminismus kritisiert, ist es oft sehr schwierig, einen Verlag zu finden, der das Buch veröffentlicht. Wenn ein Buch nach zahlreichen Ablehnungen endlich einen Verlag gefunden hat, wird es oft nicht in den Medien besprochen, so dass es in Vergessenheit gerät und keine Wirkung hat. Dies gilt auch für Bücher, die ausgewogen und moderat sind, und für wissenschaftliche Bücher mit vielen Quellenangaben."[944]

Ich weiß beispielsweise nicht, wie Sie auf das Buch gestoßen sind, das Sie jetzt gerade lesen. Aber ich bin mir sicher, dass Ihre Aufmerksamkeit keineswegs durch breite, positive Berichterstattung in unseren Leitmedien geweckt worden ist.
"In den letzten 15-20 Jahren hat sich eine Uniformität in der Berichterstattung entwickelt, die es zuvor in dem Ausmaße nicht gegeben hat" berichtet der Politikwissenschaftler Thomas Meyer und erläutert weiter:

"Journalisten orientieren sich nur noch an dem, was andere Medien bringen. In der Wissenschaft nennen wir das Selbstreferenz. Alles, was nicht in die Wirklichkeitsvorstellungen der Journalisten passt, wird aus der Berichterstattung ausgeblendet. Ihre eigentliche Realitätsprüfung besteht immer mehr in der wechselseitigen Bestätigung. Viele Menschen, die anders denken als Journalisten, die andere Vorstellungen von der Welt haben, die andere politische Meinungen und Interessen haben, fühlen, dass ihre Sicht von den Medien nicht mehr aufgenommen wird. Da sie nicht mehr einbezogen werden, fühlen sie sich ausgeschlossen."[945]

Die ehemaligen NDR-Mitarbeiter Friedhelm Klinkhammer und Volker Bräutigam bezeichnen die Berichterstattung der Öffentlich-Rechtlichen dementsprechend als "tendenziös, defizitär, agitatorisch, propagandistisch und desinformativ".[946] Das gilt für die gedruckten Leitmedien allerdings nicht weniger. Als beispielsweise der Evolutionsbiologe Professor Ulrich Kutschera vom Institut für Biologie an der Universität Kassel eine Kritik an der Gender-Ideologie und dem seiner Auffassung nach geistesverwandten Kreationismus veröffentlichte, in der er gegen beide Felder Stellung bezog, hagelte es aus dem Genderlager persönliche Angriffe gegen ihn. In der *Zeit* etwa veröffentlichte Marion Detjen von der Berliner Humboldt-Universität eine Polemik, in der sie "Ulrich K." – ein Kritiker der Gender-Ideologie ist offenbar derart unappetitlich, dass man nicht einmal seinen Namen schreiben möchte – nicht etwa fachlich widerlegte, sondern "persönliche Ressentiments" als Motiv für seine Kritik unterstellte. Bei dieser Gelegenheit wetterte sie gegen die Kritik mit weiteren persönlichen Unterstellungen wie "Schwäche", "Egoismus", "Gleichgültigkeit", "Überheblichkeit", "Mangel an Souveränität und Erziehung", "Misogynie" sowie "Angst vor einem anderen Leben".[947]
In einem weiteren *Zeit*-Artikel ätzten Christina Schildmann und Anna-Katharina Meßmer nicht weniger auf der persönlichen Ebene: "Im Internet wie im Feuilleton suhlen sich rechte Meinungskrieger in ihren Ressentiments" schreiben sie dort.[948] In der Kommentarspalte zeigte sich, dass es so, wie man in den Wald hineinrief, auch herausschallte. Jetzt aber war der zuständige Redakteur über diesen Stil hochgradig pikiert und löschte die nicht genehmen Erwiderungen:

"Gekürzt. Bitte beteiligen Sie sich mit weniger provokativen Beiträgen. Danke, die Redaktion"

"Entfernt. Bitte verzichten Sie auf überzogene Polemik. Danke, die Redaktion"

"Entfernt. Bitte bleiben Sie sachlich beim konkreten Artikelthema. Danke, die Redaktion"

"Entfernt. Kritik ist durchaus willkommen, wenn sie sachlich und respektvoll formuliert wird. Danke, die Redaktion"

Es gab derart viele dieser Eingriffe, dass ein Leser schließlich folgenden parodistischen Kommentar abgab:

"Liebe Zeit-Redaktion

Bitte verzichten Sie in Artikeln künftig auf undifferenzierte, provozierende Behauptungen und persönliche Beschuldigungen. Danke, ein Leser."

Polemik geht für manche Journalisten offenkundig in Ordnung, wenn sie aus dem eigenen Lager erfolgt, aber sobald aus dem Wald zurückschallt, wie hineingerufen wurde, fällt der Widerspruch der Zensur zum Opfer. Stephan Schleim, Professor für Psychologie, analysiert dieses bizarre Verhalten der *Zeit*-Redaktion:

"Der Artikel wird als Beitrag zur Gender-Debatte beworben. Von einer Debatte erwartet man, dass dort debattiert wird. Im Text wird jedoch nur provoziert, psychologisiert, emotionalisiert und stigmatisiert: So führen die Autorinnen eine ganze Typologie ein, um ihre Diskussionsgegner zu charakterisieren beziehungsweise zu diffamieren. (...) Was vermeintliche Mitglieder dieser Spezies eigentlich behaupten, was für und gegen ihre Gründe spricht, das wird den Leserinnern und Lesern mitnichten erklärt. Stattdessen werden die Standpunkte der anderen emotionalisiert: Die zornigen weißen Journalisten etwa hätten ein Bedürfnis zur Abrechnung, bedienten lustvoll Ressentiments, betrieben Vergangenheitsbewältigung voller Abscheu, sie tobten und polemisierten.
(...) Der Zweck dieser Strategie ist offensichtlich: Mit Wutmännern und weißen Zornjournalisten braucht man sich nicht mehr inhaltlich auseinanderzusetzen, ebenso wenig wie mit Putinverstehern, Trollen, Verfassungsfeinden oder Verschwörungstheoretikern. Dass diese Wutmänner Opfer persönlicher Schicksale sind, das billigen ihnen die Autorinnen Meßmer und Schildmann noch zu; dass es nach Scheidung, Arbeits- und Familienverlust vielleicht gute Gründe für

ihre Wut gibt, jedoch nicht. Es sei schlicht das Gefühl ihrer Niederlage, das sie zu politischen Kriegern mache.
Eigentlich fehlt nur noch der Vorschlag, diese Typologie in die gängigen psychiatrischen Diagnosehandbücher aufzunehmen und die so identifizierten Individuen einer Zwangsbehandlung zu unterziehen, vielleicht so wie Gustl Mollath (...) oder viele farbige Bürgerrechtler in den USA, die in den 1960er Jahren auch als Wutmänner charakterisiert wurden und reihenweise Schizophrenien diagnostiziert bekamen - mit den entsprechenden psychiatrischen Konsequenzen (...).
(...) Einer ernsthaften Debatte über Geschlechterrollen, soziale Erwartungen und Zwang, für Männer, Frauen, Xe, erweisen die Autorinnen durch ihre Emotionalisierung, Psychologisierung, Stigmatisierung, ja Diskriminierung einen Bärendienst. Auch Feministinnen darf man kritisieren und nicht jeder, der es tut, ist darum ein Wutmann oder eine Wutfrau, ein zorniger Journalist."[949]

Das Poltern auf niedrigstem Niveau ist bei der *Zeit* jedoch Standard, sobald es um die Geschlechterdebatte geht. Da fabuliert Robin Detje von einem "antifeministischen Untergrund", beschimpft seinen Kollegen Matthias Matussek als "Gott und Guru seines eigenen Gaga-Universums" und läuft sich damit erst warm.[950] Ebenfalls auf den Seiten der *Zeit* erklärt Mirna Funk, die "alten weißen Männer" bäumten sich gerade noch mal auf "wie ein Tier kurz vorm Tod".[951] Der Satz "Wir müssen eine feministische Terror-Gruppe gründen und die alten weißen Männer aus dem Weg schaffen." wurde nach Protesten zwar offenbar aus dem Interview gekürzt, findet sich aber als Zitat noch immer in den Kommentaren unter dem Artikel (und auf mehreren anderen Websites). Ebenso findet sich in der Kommentarspalte der *Zeit* die bekannte Mischung aus Zensur und gouvernantenhafter Ermahnung: "Entfernt. Bitte bleiben Sie sachlich. Die Redaktion."
Im Oktober 2019 mochte es vielen Leser erscheinen, als ob *Die Zeit* einen Lernprozess gemacht und einen Schritt nach vorne getan habe. "Noch ist Zeit genug, das zugewandte Gespräch von Lagerfeuer zu Lagerfeuer neu zu beginnen", erklärte damals Holger Stark, Leiter des Investigativ-Reports der *Zeit* in einem Artikel darüber, dass inzwischen eine deutliche Mehrheit der Deutschen den Eindruck gewonnen hat, dass man seine Meinung zu bestimmten Themen

nicht mehr frei äußern dürfe. "Diese Aufgabe", so führt Stark weiter aus, "kommt den Universitäten ebenso zu wie den Parteien, Vereinen und Medien, und sie sollte mit einer Selbstverpflichtung zu Pluralität und Diversität bei der Zusammensetzung von Podien, Kongressen oder Talkshows einhergehen".[952]
Das ist freilich nur ein scheinheiliges Lippenbekenntnis: Wenige Wochen zuvor hatte ich einer Reihe von *Zeit*-Redakteuren Exemplare des von mir herausgegebenen wissenschaftlichen Sammelbandes "Gleichberechtigung beginnt zu zweit" zugesandt, in dem Feministinnen und Maskulisten miteinander den Dialog aufnehmen. Von niemandem in der *Zeit*-Redaktion habe ich daraufhin auch nur eine Antwort erhalten. Vielleicht darf ich aber dafür bald schon einen weiteren *Zeit*-Artikel von Elisabeth Raether lesen, in dem sie uns Männern vorwirft, in der Geschlechterdebatte vornehm zu schweigen. Nein, wir schweigen nicht, wir setzen uns mit Feministinnen auseinander, diskutieren mit ihnen über die besten Lösungen und ziehen bei verschiedenen Fragen längst am selben Strang. Aus Blättern wie der *Zeit* indes werden Sie all das nie erfahren. Für sie ist Geschlechterpolitik Frauensache – heute wie vor fünfzig Jahren.
Dabei ist sexistischer Journalismus nicht ein Problem der *Zeit* allein. "Männer sind Idioten – aber warum" titelt n-tv,[953] "Männer sind eben doch die größeren Idioten" die *Welt*.[954] "Hört auf zu flennen, ihr Memmen!" herrscht die Schweizer Feministin Michele Binswanger Kritiker ihrer Ideologie in einer Schlagzeile des *Tages-Anzeigers* an.[955] In einem Hit Piece gegen den Bundesrichter Thomas Fischer, nachdem sich *Die Zeit* in einem heftigen Konflikt von ihm getrennt hatte, ätzte die Journalistin Silke Burmester beim Deutschlandfunk gegen Autoren wie Fischer als "alternde Herren", die vielleicht wegen "abnehmender Potenz" plötzlich "die weibliche Emanzipationsbewegung nicht länger aushalten, schräges Zeug schreiben und destruktiv werden".[956] Bernd Ulrich, stellvertretender Chefredakteur der *Zeit*, zeigte sich auf Twitter über diesen "heiter-klugen Text" begeistert.[957]
Nicht anders sieht es in der Berliner *tageszeitung (taz)* aus. Dort kommentiert Daniel Kretschmar einen Aufruf gegen das Genderdeutsch, den der Verein Deutsche Sprache gestartet hat, damit, es handele sich bei den Initiatoren um "bezahlte Witzfiguren wie Nuhr und Hallervorden" aus dem "Wutbürgertum", um

"nervtötend besserwisserische Gestalten wie Bastian Sick" und insgesamt eine "jämmerliche Parade kleinbürgerlicher Würstchen", wenn nicht gar "Stehpinkler".[958] Das gilt in unseren Leitmedien inzwischen als "Qualitätsjournalismus", für den die Leser bezahlen sollen, während sie selbst gemaßregelt werden, sich besser zu benehmen und die Netiquette einzuhalten.
Der Leserwunsch, von journalistischer Einseitigkeit abzulassen, führt bei *Spiegel-Online*-Mitarbeiter Georg Diez gar zu einem regelrechten Wutanfall:

"Sag zum Beispiel, dass Männer unterdrückt werden, egal, ob du es glaubst oder nicht. Du wirst sehen, auch hier brennen die Internetforen. Denn das Internet ist gemacht für Reaktionäre: Für jede Wahrheit gibt es hier eine Gegenwahrheit. Eine richtige reaktionäre Kirmes, dort im Internet. (...) Der Reaktionär ist hier in seinem Element, im Zirkus der Argumente, wo jeder Trick beklatscht wird - am Ende zählt nicht das, was gesagt wurde, am Ende zählt nur das, was am krassesten gesagt wurde. (...) Was für opportunistische Arschlöcher."[959]

Warum bringt die Forderung von Lesern, sich auch einmal aus den bekannten Echokammern hinauszuwagen, Menschen wie Georg Diez derart zum Austicken? Der Medienberater Klaus Eck ist inzwischen zu dem Befund gelangt, dass Journalisten in der Regel gar nicht mit ihren Lesern sprechen möchten: "Redaktionen schaffen sogar Möglichkeiten zum Diskutieren ab, es werden weniger Themen zur Diskussion gestellt, siehe etwa Süddeutsche.de, in deren Forum es nur noch drei, vier Themen pro Tag gibt." (Inzwischen hat die *Süddeutsche* die Möglichkeit für Leserkommentare vollends abgeschafft.[960]) Nach Ecks Einschätzung ist die mangelnde Ausbildung daran schuld. Journalisten werde nie beigebracht, mit Kommunikation umzugehen. "Niemand wird an Journalistenschulen oder im Volontariat im Kundendialog geschult."[961]
Den Interessen des Gender-Lagers kommt dies entgegen: Man solle Lesern nicht länger die Möglichkeit geben, unter Online-Artikeln Kommentare zu hinterlassen, forderte die Feministin Jessica Valenti im britischen *Guardian*.[962] Peter Mühlbauer kommentierte diese Forderung von einer Frau, die selbst der Polemik zuneigt ("Ich mag

meine Männer, so wie ich meinen Müll mag: zusammengebunden und draußen"), auf *Telepolis*:

"Ihr reicht die Möglichkeit des Ignorierens von Leserkommentaren nicht - denn wenn sie die ihrer Meinung nach 'sexistischen' Kommentare nicht liest, warum sollte es sie dann überhaupt geben? Auch wenn es unter Kommentatoren unzweifelhaft Stalker-artige Figuren mit immer wieder identischen Formulierungen und offenbaren psychischen Problemen gibt, verweist Valentis bemerkenswert egozentrischer Anspruch doch darauf, dass das Problem nicht nur bei den Sozialen Medien und den Lesern der Portale zu suchen sein könnte - auch deshalb, weil nicht nur [Jessica Valenti], sondern auch andere scharfe Zensurbefürworter oftmals selbst durch Formulierungen auffallen, die man - neutral betrachtet - durchaus als 'Hasskommentare' werten kann."[963]

Durch derart autoritären Frontalunterricht nehmen sich Journalisten natürlich die Möglichkeit, dass Menschen, die sich besser mit einem Thema auskennen, ihre Artikel korrigieren. Wo es noch Kommentarspalten gibt, sorgt die Zensur der Kommentare für denselben Effekt. So schrieb mir einer meiner Leser, er habe unter einem Artikel der *Zeit* über eine WHO-Studie zu Gewaltopfern folgenden Kommentar hinterlassen:

"Wie kommt es, dass sich die Studie allein mit Gewalt an Frauen befasst, wenn es nun einmal ein Fakt ist, dass der mit Abstand überwiegende Teil von Gewalt an Männern verübt wird, welches auch in dem Artikel kein einziges Mal erwähnt wird? Allein das lässt sowohl die Studie als auch die Berichterstattung darüber hier bei der Zeit absolut unseriös erscheinen. Das ist eine Verzerrung der Wirklichkeit."

Darauf habe die Redaktion der *Zeit* mit folgender Erwiderung reagiert:

"Es handelt sich um eine Studie über gegen Frauen gerichtete Gewalt. Die Gewalt an Männern wird darin deswegen nicht behandelt, weil es in der Studie um sie nicht geht. Ihr Kommentar

relativiert das Berichtete. Alle weiteren Kommentare dieser Art werden von der Moderation entfernt."[964]

Dem für die Löschung zuständigen *Zeit*-Redakteur ist die enge Verknüpfung von Gewalt gegen Männer und Gewalt gegen Frauen offenkundig nicht bekannt. Gleichzeitig ist er offenbar der Ansicht, dass er nichts mehr dazulernen kann und dass es seine Pflicht ist, zuwiderlaufende Auffassungen und Informationen zu eliminieren. Man hat hier unweigerlich den Eindruck eines Kleinkindes, dem ein Minimum an Macht gegeben wird, woraufhin es diese Macht radikal ausnutzt, weil es emotional unerträglich wäre, wenn das eigene Weltbild ernsthaft erschüttert würde. Eine ganz ähnliche Reaktion dieser Art hatte ich im Hauptteil dieses Lexikons anhand der Publizistin Meike Lobo gezeigt.
Wenn jemand dieses Vorgehen der *Zeit*-Redaktion hinterfragt, wird auch das gelöscht – verbunden mit folgendem Hinweis:

Entfernt. Kritik und Fragen zu Redaktionsempfehlungen richten Sie bitte an community@zeit.de. Danke, die Redaktion

Ein anderer Leser berichtete mir von einer ähnlichen Erfahrung in der Kommentarspalte unter einem Artikel mit gleicher Stoßrichtung in der *Frankfurter Rundschau*. Er habe dort die hohe Zahl männlicher Opfer von Gewalt in der Partnerschaft erwähnt und sei daraufhin von anderen Lesern als Phantast hingestellt worden. Daraufhin postete er Links, die auf die Hunderte von Studien über die Gleichverteilung der häuslichen Gewalt unter den Geschlechtern hinwiesen. Diese wurden von der Redaktion augenblicklich gelöscht. Das führte in der Kommentarspalte natürlich zu einer erst recht verzerrten Diskussion, wo komplett uninformierte Leute jemanden, der sich im Gegensatz zu ihnen in der Materie auskannte, als jemanden hinstellten, der krude Behauptungen streute, ohne den Hauch eines Beleges dafür bieten zu können. Diese Männerrechtler halt, komplett ahnungslos und durchgeknallt, kennt man ja.[965] Dass ein wohlinformierter Männerrechtler oder Feminismuskritiker von der *Frankfurter Rundschau* zum Interview eingeladen würde und vieles klar stellen könnte, ist undenkbar.
Der Publizist Matthias Heitmann kommentiert diese Art von Redaktionen, mit ihren Lesern umzugehen:

"Medien (...) reagieren (...) zunehmend dünnhäutig auf Kritik 'von unten', also von den Lesern. (...) Heute (...) gefallen sich große Teile der zunehmend eingeebneten Medienwelt in Selbstmitleid, zeigen sich schockiert angesichts der Ablehnung, die sie gelegentlich erfahren, und küren beleidigt und eingeschnappt – quasi zur Bestätigung ihrer eigenen Opferrolle – den Begriff 'Lügenpresse' zum Unwort des Jahres 2014. Hieran zeigt sich die vollständige Auflösung des einstigen Selbstverständnisses von Medien und dem daraus abgeleiteten Recht auf Meinungsfreiheit. Ursprünglich ging es bei dessen Verteidigung darum, sich selbst – und damit auch den Bürgern – die eigene Meinung durch herrschende Kräfte, also durch die weltliche oder religiöse Macht im Staat, nicht verbieten zu lassen. Heute hingegen verstehen sich Medien als Bestandteil des Herrschaftsapparates und meinen nun, sich gegen den etwaigen Leserzorn abschotten zu müssen. Die größte Gefahr für die Debattenkultur im Lande geht dieser Sichtweise folgend nicht mehr von 'den Mächtigen' aus, sondern von sogenannten 'Trollen'."[966]

Dabei wird das Abwürgen von Widerspruch für Journalisten immer mehr zum Bumerang. Nur noch 40 Prozent der Deutschen halten die Presse für objektiv. Vor allem Gebildete und Gutverdienende glauben, die Berichterstattung sei einseitig und politisch gelenkt, Sachverhalte würden verdreht oder verheimlicht.[967] Fehlinformation, Einseitigkeit und schlechte Recherche sind nur einige Kritikpunkte an der politischen Berichterstattung.[968] Bei der Frage, welchen Berufsgruppen die Bürger vertrauen, liegen Journalisten mit 37 Prozent weit hinten (noch abgeschlagener landeten lediglich Werbefachleute, Versicherungsvertreter und Politiker).[969] Von einer "Kernschmelze des Vertrauens" berichtet der Edelman Trust Barometer 2017.[970] Dieser Vertrauensverlust trägt zum Sterben der Printmedien vermutlich entscheidend bei, was dazu führt, dass Journalisten mit ihrer autoritären Strategie ebenfalls nicht glücklicher werden. "Ich sehe weinende Menschen", berichtet einer von ihnen über die Stimmung in seiner Branche. "Höre tränenerstickte Stimmen in diesen Redaktionen. Kollegen beim Bauer Verlag berichten von ängstlichen Zuständen. Von Furcht. Von Stille."[971] Die Möchtegern-Tyrannen, die ihre Untertanen aus eigener

Sicht doch nur zum guten und richtigen Denken erziehen wollen, sind dem Nervenzusammenbruch nahe.
Von einem Umdenken fehlt trotzdem jede Spur. In dem von mir herausgegebenen wissenschaftlichen Sammelband "Gleichberechtigung beginnt zu zweit" analysiere ich in einem eigenen Kapitel, wie ein Journalist der *Frankfurter Allgemeinen*, Sebastian Eder, mich und meine Veröffentlichungen derart bösartig verzerrend und rufmörderisch darstellte, dass dies mit den Grundsätzen journalistischer Ethik nichts mehr zu tun hat – wobei er sogar so weit ging, mir "Wahnsinn" vorzuwerfen.[972] Wenn Ihnen Informationen, wie sie etwa in diesem Lexikon enthalten sind, bisher unbekannt waren, dann liegt das auch an den Sebastian Eders im deutschen Journalismus. So sehr es mich ehrt, dass die *Frankfurter Allgemeine* eine volle Seite darauf verwendet, ihren Lesern mitzuteilen, dass man mir wirklich nicht zuhören solle, so bedenklich ist es auch: Früher verstanden sich die Medien als vierte Gewalt zur kritischen Überprüfung der Regierung – heute versuchen sie, abweichende Meinungen und Dissidenten zu diskreditieren. Viele Leser kennen aber nur die irreführenden Darstellungen solcher Artikel – und die, die es besser wissen, dürfen diese Artikel als Warnung verstehen: So können wir auch dich niedermachen, wenn du aus der Reihe zu tanzen wagst. Bestrafe einen, erziehe hunderte. Mehrere Leser wiesen unter anderem in offenen Briefen auf die Falschdarstellungen hin, die in dem Artikel enthalten waren[973] – das wurde von der *Frankfurter Allgemeinen* ebenso ignoriert wie Menschen, die die *Spiegel*-Redaktion auf die problematische Arbeit von Claas Relotius hingewiesen hatten. Dies ist umso befremdlicher, als der Deutsche Journalisten-Verband unlängst erklärte, der Leserdialog dürfe kein Abfallprodukt der journalistischen Berichterstattung sein: "Spätestens seit der 'Lügenpresse'-Diskussion ist klar, dass wir nicht weniger, sondern mehr Dialog mit unseren Lesern, Zuhörern und Zuschauern brauchen".[974]
Insbesondere wenn es um Menschen geht, die sich außerhalb vorgegebener feministischer Leitlinien äußern, scheint in unseren Leitmedien die Devise zu lauten: Totschweigen oder Verleumden. Ein Beispiel für das Totschweigen: Ein Journalist des *Spiegel* führte mehrstündige Interviews sowohl mit einem Vertreter von MANNdat als auch mit Gerd Riedmeier, dem Sprecher der "IG Jungen Männer Väter". Im entstandenen Artikel wurde keines dieser Interviews

erwähnt.[975] Er erweckt den Eindruck, dass Deutschland eine Männerrechtsbewegung gut täte, es aber keine gibt.
Ein Beispiel für Verleumdung beziehungsweise üble Nachrede: Am 13. bis 15. April 2018 richtete der Professor für Soziologie Professor Gerhard Amendt an der Frankfurter Goethe-Universität den Wissenschafts-Kongress "Familienkonflikte gewaltfrei austragen" aus. Dort beleuchteten Vorträge internationaler Experten den aktuellen Stand der Gewaltforschung, dem zufolge häusliche Gewalt oft in Form einer wechselseitigen Eskalation erfolgt, was das sexistische Vorurteil vom "Prügler Mann" widerlegt.[976] Noch vor seinem Beginn wurde der Kongress von mehreren Leitmedien als "Anti-Homo-Kongress" dargestellt. "Männerrechtler und 'Homo-Heiler' an der Uni" titelte beispielsweise die Frankfurter Rundschau,[977] "Protest gegen 'Homo-Therapeuten' auf Uni-Campus" die Hessenschau.[978] Der kollektive Rufmord endete erst, als Professor Amendt, dagegen juristisch tätig wurde. Eine im folgenden Jahr veröffentlichte Pressemitteilung blickt auf diese Kontroverse zurück:

"Schlagworte wie 'Homoheiler' oder 'Konversationstherapie' (sic!) reichten den Medien aus, um daraus reißerische Schlagzeilen zu fertigen. Gefahr sei im Verzug. Minderheiten seien gefährdet. Die Universität müsse den Mietvertrag für das Tagungsgebäude wegen Homophobie, Antifeminismus und gruppenbezogener Menschenfeindlichkeit kündigen. All das wurde ungeprüft abgedruckt, verbreitete sich wie ein Buschfeuer rasend schnell und das Präsidium der Universität wähnte sich als Vermieter unter Druck.
(...) Letztlich haben nahezu alle Medien von Merkurist, Frankfurter Rundschau, Hessenschau bis hin zu der Fraktion der Grünen im Römer Unterlassungserklärungen abgegeben oder eine einstweilige Verfügung der Pressekammer des Landgerichts Frankfurt am Main hinnehmen müssen und diese als endgültige Regelung akzeptiert. (...) Alle Behauptungen waren ungeprüfte Unterstellungen und Schmähungen, die [Professor Amendts] Persönlichkeitsrechte verletzten."[979]

So erfreulich dieser Sieg auch ist, bleibt doch die ärgerliche Frage: Muss man wirklich erst juristisch tätig werden, um Rufmord durch unsere Leitmedien unterbinden zu können?

Ein Grundproblem scheint in derart problematischen Fällen zu sein, dass die primäre Zielgruppe vieler Journalisten in erster Linie nicht eine heterogene Leserschaft darstellt, sondern die eigene In-Group. "Viele Journalisten sind getrieben davon, bei den Kollegen gut anzukommen" berichtet Matthias Döpfner, Präsident des Bundesverbandes Deutscher Zeitungsverleger.

"Sie verhalten sich damit zutiefst unjournalistisch: Sie wollen das Juste Milieu ihrer eigenen Branche bedienen, anstatt nonkonformistisch die andere Seite der Medaille zu beleuchten. Man will der eigenen Crowd gefallen, und das führt zu Herdenverhalten, Mainstream-Denken, Konformismus in der journalistischen Darstellung und immer mehr auch zu Intoleranz gegenüber Freidenkern."[980]

Der bis hierher skizzierte Verfall journalistischer Ethik und journalistischer Professionalität schadet mehrfach: Er schadet dem wissenschaftlichen und politischen Diskurs, er schadet den Opfern beispielsweise von Gewalt und er schadet nicht zuletzt den Journalisten selbst, die in ihren Redaktionsstuben darüber heulen, dass sie von Menschen, die sie entweder durch den Dreck ziehen oder als störenden Pöbel betrachten, nicht geliebt und verehrt werden.
Als Reaktion auf Sebastian Eders rufmörderischen Artikel in der Frankfurter Allgemeinen habe ich schon von mehreren Seiten gehört: "Wenn ich sehe, was für ein dummes Zeug hier über ein Thema geschrieben wird, bei dem ich mich auskenne, frage ich mich natürlich, was mir auch bei Themen aufgetischt wird und wie ich dort manipuliert werde, bei denen ich mich *nicht* auskenne." Von einer Mitarbeiterin der Berliner *tageszeitung* höre ich, dass viele Menschen gar nicht mehr erst mit ihr sprechen möchten; Gleiches berichtet die Journalistin Ingrid Brodnig.[981] Es müsste Medienmacher zumindest nachdenklich stimmen, wenn in einer Studie der Uni Mainz mehr als ein Drittel der Befragten findet: "Themen, die mir wichtig sind, werden von den Medien gar nicht ernst genommen."[982]
Wie können Journalisten dieser fatalen Entwicklung am besten entgegenwirken?

Die geeigneten Tipps und Ratschläge liegen schon seit einiger Zeit auf dem Tisch; man müsste sie nur befolgen. Ich zitiere hier nur einmal vier Menschen, die sich intensiv mit dieser Medienkrise beschäftigt haben.
Der Kognitionsforscher Professor Rainer Mausfeld etwa erklärt hierzu wesentliche Punkte: Seinen Ausführungen zufolge muss eine Demokratie

"den Einzelnen zu einer solidarischen aktiven Teilhabe am Gemeinwesen befähigen. Sie setzt mündige Bürger voraus – also über alle relevanten Belange des Gemeinwesens informierte Bürger, die sich eigenständig und sozialverantwortlich ein angemessenes Urteil zu bilden vermögen. Da dieses Gemeinwesen weit über den jeweils individuellen Erfahrungsbereich hinausreicht, werden Medien benötigt, um einen kollektiven Erfahrungsraum herzustellen und dadurch ein bewusstes Erleben und Verstehen von Gesellschaft überhaupt erst zu ermöglichen. Sie dienen also dazu, uns indirekte, nämlich medial vermittelte Erfahrungen über sozial relevante Aspekte der Welt und der Gesellschaft bereitzustellen, durch die erst unser Bild von der gesellschaftlichen und politischen Realität erzeugt und geformt wird. Auf diese Weise sollen sie einen wesentlichen Beitrag dazu leisten, uns zu einer solidarischen Teilhabe an allen politisch relevanten Aspekten des Gemeinwesens zu befähigen. Eine wirkliche Demokratie stellt also höhere Anforderungen an die Qualität ihrer Medien und ihres Bildungswesens als andere Staatsformen. Um diese normative Funktion erfüllen zu können, darf das durch die Medien vermittelte Bild der politischen Realität nicht in systematischer Weise zugunsten bestimmter Interessengruppen verzerrt sein. Da Medien den öffentlichen Diskussionsraum erst schaffen, müssen sie allen gesellschaftlichen Gruppen ein Sprachrohr bieten, mit dem sich diese gleichberechtigt in den öffentlichen Diskussionsraum einbringen können."[983]

Bezogen auf die Geschlechterdebatte bedeutet das, dass unsere Leitmedien auch Menschen mit Informationen, die der herrschenden Geschlechterpolitik zuwiderlaufen, zu Wort kommen lassen sollten. In jede Talkshow – ja, selbst bei Anne Will – gehört neben jede Feministin, die dort auftritt, auch ein Männerrechtler. Dazu muss

dann eben dem breiten und wirkmächtigen Netzwerk feministischer Journalistinnen "ProQuote" verdeutlicht werden, dass selbst ihre Ansichten nicht den Status unhinterfragbarer Wahrheiten genießen.[984] Erst wenn auch hier Gleichberechtigung hergestellt ist, erfüllen die Leitmedien wieder ihre verfassungsgemäße Aufgabe.
Für den bekannten Medienkritiker Stefan Niggemeier ist es hingegen "Heuchelei", wenn die Medien plötzlich die Gefahr der "Fake News" erkennen und mit großem Einsatz dagegen kämpfen wollen. Aufrichtiger wäre es, vor der eigenen Tür zu kehren:

"Nur mal so rausgegriffen, glaubt irgendjemand, dass Alice Schwarzer all das, was in ihrem Artikel über die Kölner Silvesternacht 2016 entweder von Anfang an falsch war oder sich inzwischen als falsch entpuppt hat, je richtigstellen wird? (...) Wenn die etablierten Medien diesen Kampf nicht als einen Kampf gegen Desinformationen aller Art führen, sondern als einen Kampf Wir gegen Die; wenn sie den Eindruck erwecken, dass sich Kollegen untereinander nicht wehtun, aber keine Hemmungen gegenüber dubiosen amerikanischen Seiten, Anti-Mainstream-Medien und Einzelpersonen im Netz haben; wenn es scheint, als sei das Haupt-Problem von 'Fake News' womöglich gar nicht der Inhalt, sondern der Absender – dann haben sie keine Chance, diesen Kampf zu gewinnen."[985]

Die Journalistin Tara Hill sieht die Journalisten der Leitmedien einem "Aufstand ihrer Nutzer" ausgesetzt:

"Dass viele 'Leit- oder Qualitätsmedien' den Fehler nach wie vor nicht bei der eigenen Berichterstattung, sondern ausschließlich beim aufmüpfigen Rezipienten suchten und (...) dazu übergingen, ihre Foren nicht nur massiv stärker zu moderieren, sondern teilweise nur noch bei einzelnen, weniger kontroversen Themen zu öffnen oder gleich ganz zu schließen, konnte diesen Konflikt nur verschärfen: 'Liebe Leser ihr seid uns eigentlich egal', spottete 'Telepolis' am 2. September über diese Kurzschlussreaktion, welche nicht nur der eigenen, engagierten Stammklientel sauer aufstieß, sondern von vielen als Rechtfertigung für Zensur interpretiert wurde. (...) Die 'Alpha-Journalisten' täten daher gut daran, schnellstmöglich jenen 'Autopilot'-Modus zu beenden, der sie in einer gefährlichen 'Filter

Bubble' dazu verleitet, ihre Peer Group ernster zu nehmen als ihre Nutzer."

Der beste Weg, so Tara Hill, den "klassischen Journalismus vor der möglicherweise größten Vertrauenskrise seiner Geschichte zu bewahren", bestünde unter anderem darin, Kritik konstruktiv anzunehmen, ein größeres Themen- und Meinungsspektrum zuzulassen und den Dialog mit allen Segmenten der Gesellschaft wieder aufzunehmen.[986]
Und auch der Journalist Fritz Wolf, der für die Otto Brenner Stiftung die Studie *Wir sind das Publikum!* ausgearbeitet hat, macht deutlich, dass die Medien ihre bisherige "kommunikative Einbahnstraße" verlassen müssen, wenn sie überleben möchten:

"Natürlich wird es vielen Journalisten und Redaktionen nicht gefallen, aus ihrer alten Rolle herausgeholt zu werden - auch in ihren Überzeugungen, die Wahrheit gepachtet zu haben und die Gatekeeper der Informationen zu sein. Aber es wird ihnen nichts anderes übrig bleiben. Sie müssen sich damit beschäftigen. Das Publikum in seiner neuen Rolle ist da, es bleibt da und es wird sich nicht wieder in seine passive Rolle zurückziehen. (...) Einen Weg zurück zu den 'guten alten Zeiten', wo die Medien alles wissen und das Publikum den Medien zu glauben hat, wird es nicht geben."[987]

Das alles ist klug und wahr, aber es hakt noch an einer Sache: Hier wird so getan, als bräuchten Journalisten per Willenskraft nur einen Schalter umzulegen, damit sie ihre Leser wieder zu Wort kommen lassen. Aber entsteht der herrische Unterton vieler Journalisten gegenüber ihren Lesern aus dem Nichts heraus? Wie kommt es überhaupt, dass beispielsweise Georg Diez Menschen mit anderen Auffassungen als "Arschlöcher" bepöbelt, und er bei *Spiegel-Online* offenbar auch keinen Vorgesetzten hat, der ihm rät, seinen Artikel erst mal beiseite zu legen, bis er ruhig durchgeatmet und seine Fassung wiedergewonnen hat?
Erhellend ist hier eine Studie, für die das Team um die Neurowissenschaftlerin Tara Swart 40 Journalisten aus Zeitungen, Zeitschriften, Rundfunk und Online-Plattformen über einen Zeitraum von sieben Monaten analysierte.[988] Die Teilnehmer nahmen an Tests teil, die sich auf ihren Lebensstil, ihre Gesundheit

und ihr Verhalten bezogen. Das Resultat der Untersuchung: Die Journalistengehirne wiesen ein unterdurchschnittliches Niveau an exekutiven Funktionen auf, was bedeutet, dass sie eine unterdurchschnittliche Fähigkeit besitzen, ihre Emotionen zu regulieren, Vorurteile zu unterdrücken, komplexe Probleme zu lösen sowie kreatives und flexibles Denken zu zeigen.[989] Offenbar können einige von ihnen deswegen nur mit einem Wutanfall oder mit Zensur reagieren, sobald sie auf Meinungen und Informationen treffen, die ihren gewohnten Denkschablonen widersprechen.

Diese Erkenntnisse bedeuten *nicht*, dass vor allem unterbelichtete Menschen Journalisten würden. Das mag zwar auf den ersten Blick so klingen, ist aber offenkundig absurd: Warum sollten ausgerechnet Minderbemittelte einen derart anspruchsvollen Beruf ergreifen? Journalisten zeigten in bestimmten mentalen Bereichen sogar besonders hohe Werte und kommen besser als beispielsweise Menschen im Sektor Bank und Verkauf mit hohem Druck zurecht. Aber sie sind auch kontinuierlich hohem Stress ausgesetzt – durch eine ganze Reihe von Faktoren wie knappe Abgabetermine, eine hohe und oft unvorhersehbare Arbeitsbelastung bei (im Unterschied zu Bankern) schlechter Bezahlung, sowie ständige Rechenschaftspflicht gegenüber der Öffentlichkeit, wobei die Überprüfung dieser Arbeit durch soziale Medien zunehmend stärker wird. Ich kenne selbst mehrere Journalisten, die entweder schon von einem Burnout betroffen sind oder darauf hin zu steuern scheinen. Tara Swart fand mittels ihrer aufwändigen Untersuchungen heraus, dass die Gehirne der Journalisten nicht nur infolge der Überlastung schlechter arbeiteten als die der Durchschnittsbevölkerung, sondern auch, weil die Journalisten einer Dehydration ausgesetzt waren und sich auf bedenkliche Weise einer "Selbstmedikation" unterzogen: nämlich mit Alkohol, Koffein und hochgradig zuckerhaltiger Nahrung.

Die Ratschläge, die die Neurologin den Journalisten gibt, liegen daher auf der Hand: mehr Wasser trinken, Alkohol und Koffein reduzieren, sich besser ernähren, mehr schlafen, mehr meditieren (oder auf andere Weise den unruhigen Geist beruhigen), mehr Bewegung. Die Belohnung dürfte darin liegen, dass man kritische Leser weniger als Feinde wahrnimmt, sich auch neuen Gedanken öffnet und entspannt genug ist, um souverän eine offene Debatte zuzulassen: auch mit Ansichten, die nicht die eigenen sind. Davon

profitieren schließlich die Journalisten ebenso wie ihre Leser, mithin die gesamte Gesellschaft.
Mit klarerem Kopf dürfte man auch wieder professionelle Distanz zu einem Thema gewinnen – und die Souveränität, sich damit auch gegenüber der eigenen Peer-Gruppe zu behaupten.
Mir ist klar, dass nicht jeder mit dieser letztlich recht positiven Einschätzung des Journalismus mitgehen wird. Viele sind überzeugt davon, dass es sich längst um ein erhebliches Problem der Korruption journalistischer Ethik handelt, wenn in unseren Leitmedien Beiträge immer wieder so manipuliert werden, dass sie vor allem das Weltbild der verantwortlichen Journalisten zu bestätigen scheinen. Wenn diese ungnädigere Einschätzung weiter Teile des Gegenwartsjournalismus zutreffen sollte, liegt hier allerdings ein derart schwerwiegendes Problem vor, das ich im Rahmen dieses Lexikons nicht mal eben mit ein paar einfachen Ratschlägen lösen kann. Dann sind nicht zuletzt die Konsumenten solcher Medien gefragt – womit wir bei der abschließenden Frage dieses Buches wären.

Was kann jeder von uns tun?

Die meisten Leser dieses Lexikons dürften weder Feministinnen noch Journalisten sein. Insofern seien zumindest ein paar Hinweise gegeben, wie jeder von uns scheinbar naheliegende, aber falsche Schlussfolgerungen beim Geschlechterthema vermeiden kann – auch wenn viele die Dinge, die ich gleich nennen werde, ohnehin längst praktizieren.
Wie ich schon im Vorwort dieses Lexikons angesprochen habe, ist die Beharrlichkeit, mit der viele Irrtümer in der Geschlechterdebatte bestehen, dem Umstand zu verschulden, dass Menschen, die darüber aufklären, oft angefeindet und ausgegrenzt werden. Um dagegen vorzugehen gibt der linksliberale Philosoph Russell Blackford in seinem Buch "The Tyranny of Opinion" (Bloomsbury Academic 2019) 15 Tipps, mit denen man zu einer liberaleren und damit aufgeklärteren Gesellschaft gelangen kann. Drei davon passen wunderbar auch in die Geschlechterdebatte, sodass ich sie hier gerne zitiere:

** "Die Nachrichtenquellen, die sich als institutionalisierte Presse betrachten, sind nicht unantastbar. Unter Presse versteht man alle Druckerzeugnisse - und darüber hinaus zumindest alle öffentlich zugänglichen Druckerzeugnisse - nicht eine Reihe von besonders privilegierten Institutionen. Große Medienkonzerne bis hin zu großen Zeitungen und Fernsehsendern setzen oft Konformität durch, statt die Regierungsmacht herauszufordern und für liberale Werte zu stehen. Betrachten Sie sie mit einem kritischen Blick.*

** Einen Gerichtsprozess von den Medien (einschließlich der sozialen Medien) durchführen zu lassen ist in der Regel eine schlechte Idee. Vieles wird dabei gesagt, das sehr nachteilig für Menschen ist, die keines Fehlverhaltens schuldig geworden sind.*

** Wir sollten unsere Ideen und Worte niemals zurückziehen oder uns dafür entschuldigen, nur weil dies von einem Cybermob lauthals gefordert wird. Auf diese Weise setzen Mobs Konformität durch. Je mehr Einzelpersonen und Organisationen bereit sind, Mobs im Cyberspace oder anderswo zu bekämpfen, desto mehr verlieren diese Mobs ihre Macht."*[990]

Ich möchte weitere Ratschläge hinzufügen:

* Informieren Sie sich so oft wie möglich aus verschiedenen Quellen, die weltanschaulich auseinander liegen. Tun Sie das vor allem, wenn Sie den Eindruck haben, dass Ihnen Medien bei einem Thema einen angeblichen Konsens, eine Einheitsmeinung vermitteln möchten. Dabei sind Blogs gegenüber dem selbsterklärten "Qualitätsjournalismus" längst nicht mehr automatisch minderwertig. Ich persönlich vertraue beim Geschlechterthema Expertenblogs wie Christian Schmidts *Alles Evolution*, die feministische Meldungen zerpflücken, weil sie sich intensiv mit den Originalstudien beschäftigen, inzwischen weit mehr als den Leitmedien, die oft nur Presseerklärungen umformulieren. Schnell lernt man zu erkennen, wie vertrauenswürdig ein Blog ist: Werden die Quellen für bestimmte Behauptungen transparent verlinkt? Gibt der Blogger den Inhalt der Originalquelle zutreffend wieder? Wie stark wird das Blog von anderen Blogs und Medien zur Kenntnis

genommen? Klingt der Schreibstil dort sachlich oder so, als ob der Verfasser ein fundamentalistischer Fanatiker ist?

* Wenn Sie Lust und Zeit haben, beteiligen Sie sich selbstbewusst an der Debatte. Leserbriefe und öffentliche Beiträge werden von vielen Journalisten durchaus gelesen. Man nimmt Sie umso ernster, je sachlicher Sie klingen und je eher Sie den einen oder anderen nachvollziehbaren Beleg liefern. (Wie Sie einen wirkungsvollen Leserbrief verfassen, erkläre ich in einem eigenen Kapitel mit Tipps für politischen Aktivismus in meinem Buch "Männerbeben".)

* Auch über soziale Medien wie Twitter können Sie versuchen, mit Journalisten und Politikern zu diskutieren. Stellen Sie sich das aber nicht zu einfach vor, denn was ideologisch nicht in den Kram passt, wird auch dort schnell ausgeblendet. So erging es etwa dem Ersteller des Blogs *Lotoskraft*, männliches Opfer von sexuellem Missbrauch, der das Jugend- und Familienministerium unter Franziska Giffey (SPD) darauf aufmerksam machen wollte, dass männliche Opfer von sexueller Gewalt mehr Hilfe benötigen. Das Ministerium blockierte ihn daraufhin auf Twitter. Auch der bayrischen Grünen-Abgeordneten Katharina Schulze wird vorgeworfen, Menschen zu blocken, die Informationen liefern, die nicht in ihr Weltbild passen.[991]
Sie sehen: Manchmal müssen Sie dicke Bretter bohren, aber je mehr Menschen das tun, desto besser sind die Erfolgschancen. Erwarten Sie dabei nicht unbedingt eine sofortige Antwort mit dem Inhalt "Jetzt, da Sie mir das erklären, muss ich sagen, Sie haben Recht". Meinungsänderungen brauchen Zeit und erfolgen selten so radikal, dass eine öffentlich geäußerte Meinung sofort in das Gegenteil umschlägt.
Vielleicht haben Sie sogar Lust, einen Youtube-Kanal oder ein eigenes Blog ins Leben zu rufen? Längst können nicht mehr nur die viel gelesenen sogenannten Alpha-Blogs Wirkung erzeugen. Ende 2016 beispielsweise beanstandete das *Stapel-Chips-Blog* die unkritische Wiedergabe einer Behauptung der Feministin Anne Wizorek durch den Hessischen Rundfunk: Während sich Wizorek dort als Heldin eines Dialogs auf Augenhöhe brüste, würden zahllose Menschen, die ihr auf Twitter widersprechen oder eine kritische Frage stellen, von ihr in Wahrheit konsequent blockiert.[992]

Nun handhabt es der öffentlich-rechtliche Rundfunk in der Regel so, dass er Männerrechtler unter Beschuss nimmt, während Feministinnen völlig unkritisch eine Plattform erhalten, um ihre Behauptungen zu verbreiten. In den Kommentaren unter dem HR-Beitrag mit Wizoreks Behauptung, sie pflege eine "Gesprächsbereitschaft auf Augenhöhe", gab es nach dem zitierten Blogbeitrag entschiedenen Widerspruch. Erwartungsgemäß wurden diese Kommentare prompt von der Website des Hessischen Rundfunks entfernt. Der Blogger Lucas Schoppe unterstützte daraufhin das *Stapel-Chips-Blog* und richtete einen offenen Brief an den Hessischen Rundfunk.

"Frau Wizorek ist sehr interessiert am Austausch mit Menschen anderer Meinung – und wer das anders sieht, soll die Klappe halten? (...) Menschen zu täuschen, sie zu verarschen und ihnen dafür dann auch noch Gebühren abzuverlangen, die sie gar nicht verweigern dürfen: Ich glaube, Ihnen selbst fällt auf, dass das ein unanständiges Verhalten ist. Gerade weil Sie die Gebühren ja durch einen 'Bildungsauftrag' legitimieren, haben Sie bei vielen Menschen noch das Image, dass Ihre Informationen verlässlicher sind als die in irgendeinem privaten Blog. Dass Sie als Öffentlich-Rechtliche dem nicht gerecht werden (...), finde ich schwerwiegend."[993]

Der Hessische Rundfunk stellte daraufhin die entfernten Kommentare wieder unter dem fraglichen Beitrag online.[994]

* In einem Artikel der Neurowissenschaftlerin Debra Soh findet sich eine etwas längere Passage über Wissenschaftsfeindlichkeit im Feminismus. Diese Passage ist es wert, vollständig zitiert zu werden:

"Einer Bewegung, die stolz darauf ist, progressiv und integrativ zu sein, kann nicht erlaubt werden, jene Ideen zu ersticken und auszuschließen, die sie für eine Bedrohung hält, vor allem, wenn dies Kosten für unser aller Wohlbefinden mit sich bringt. Das biologische Geschlecht ist nicht hinfällig geworden, da es uns über nicht-triviale Dinge wie unsere physische und psychische Gesundheit informiert. Etwa dass Herzerkrankungen häufiger sind bei Männern und Schlaganfall bei Frauen.

(...) Abgesehen von der Verleugnung der Wissenschaft bereitet mir auch die Art und Weise Sorge, wie sich diese Debatte entwickelt. Meinungsverschiedenheiten sind wichtig, weil sie einen dazu ermutigen, auch nur für einen Moment eine andere Perspektive als die eigene zu betrachten. Durch gemeinsames Herumtüfteln werden erst Fortschritte gemacht und selbst wenn Sie beide immer noch nicht derselben Meinung sind, entwickeln Sie ein größeres Verständnis für die Position Ihres Gesprächspartners und Ihre eigene. Stattdessen sind wir an einem Punkt angelangt, an dem wir nicht mehr über dieses Thema sprechen können, ohne dass sich die Leute fanatisch um die Labels 'sexistisch' und 'bigott' herumschlagen, bevor sie prompt ihre Köpfe in den Sand stecken. (...) Und weil das politische Klima für die meisten wissenschaftlichen Experten zu feindselig geworden ist, um diese Dinge laut zu sagen, ist der öffentliche Diskurs stark verzerrt. Ich bekomme regelmäßig E-Mails und Tweets von Leuten, die sagen, wie erleichtert sie sind, weil sie dachten, sie seien die Einzigen, die sich so fühlten, und sie kämen sich vor, als seien sie verrückt. Wenn du deine Gedanken zensieren musst, wird dir das passieren. Sie fragen mich auch, was sie tun sollen.
Ich sage, sprecht es aus. Jedes Mal, wenn eine dieser fehlinformierten Analysen erscheint, sage ich den Leuten, was ich wirklich darüber denke. Binden Sie die Menschen um Sie herum in die Diskussion ein, vor allem diejenigen, die anderer Meinung sind. Wenn sie herausgefordert werden, können und werden Menschen, die Ideen aus blindem Glauben folgen, nicht bereit sein, sie mit Ihnen zu debattieren. Aber im Laufe der Zeit werden so fundamentale Überzeugungen, die kein festes Fundament haben, erschüttert."[995]

Ganz ähnlich äußert sich der Professor für Geschichte und Philosophie Markus Meier in einem Interview mit der Nichtregierungsorganisation MANNdat, das den Titel trägt "Wir brauchen eine Geschlechterforschung, die diesen Namen auch verdient". Meier zufolge haben sich einige Intellektuelle "in eine Anti-Männer-Utopie verrannt, die immer absurdere Züge" annehme:

"'Das weibliche Zeitalter bricht an, der große Mittag steht bevor, endlich wird alles gut und heil, frohlocket ...' Und wie so oft in der

Geschichte töten Utopien Mitmenschlichkeit – wo so viel Großartiges wächst, da darf man/Mann nicht zimperlich sein. Die Jungen sollen es sportlich nehmen, sobald der Feminismus die Welt verwandelt (konservativ) und revolutioniert (progressiv) hat, ist sowieso alles für alle gut, bis dahin ist es jetzt nur noch eine kleine Zeit ... Und wer dann die Propheten und Prophetinnen der Neuen Zeit kritisch befragt, der ist dann schnell nicht nur kritisch, sondern 'hate-speecher', Menschenverachter, Rechtsradikaler, ein Feind Gottes fast.
(...) Insgesamt gilt: Männer müssen sich solidarisieren und bei diesem Thema und für ihre Söhne (und Töchter), ihre Schüler (und Schülerinnen), ihre Studenten (und Studentinnen) zusammenstehen. Männer müssen Jungenthemen genauso selbstbewusst und selbstverständlich artikulieren, wie dieses für Frauen und Mädchenthemen inzwischen comme il faut ist. Der Vorteil der Feministen bei dem Thema ist ihr 40-jähriger Vorsprung, ihre Bereitschaft, wissenschaftliche Standards politischer Agitation unterzuordnen, ihre Utopiebeseeltheit mit entsprechendem Marschiertrieb und, damit zusammenhängend, inzwischen ihre pure Masse aus Überzeugten und Mitläufern."[996]

Das ist zwar wahr, stellt das Problem aber auch arg verkürzt dar. Und es gibt kein besseres Schlusswort für dieses Buch als zu erklären warum.
Bekanntlich bin ich Männerrechtler und kein Antifeminist. Der Unterschied ist: Für uns Männerrechtler ist "der Feminismus", sind Feministinnen nicht der Hauptfeind. Der Hauptfeind ist viel schwerer greifbar und zugleich tief in unserer Psyche verankert: der hartnäckige Unwille, über Männer als Opfer zu sprechen. Zigfach habe ich in diesem Lexikon gezeigt, dass Männer ähnlich häufig Opfer (von Gewalt, sexuellen Übergriffen, Online-Mobbing und so weiter) werden wie Frauen, aber solche Informationen werden bestenfalls kurz zur Kenntnis genommen und dann wieder vergessen. Man spricht nicht darüber, nicht über längere Zeit und mit einer politischen Zielsetzung, so wie man über Frauen als Opfer spricht. Dafür gibt es inzwischen die Bezeichnung "Gender Empathy Gap". Aber über diese Kluft in Sachen Empathie und Zuwendung wird in den Leitmedien, der hohen Politik und dem akademischen Bereich *auch* kaum gesprochen – genauso wenig wie über die

politische Bewegung, die diese Kluft überwinden möchte, uns Männerrechtler. Wenn ausnahmsweise doch, werden wir bestenfalls abwertend erwähnt. Es herrscht eine Kultur des Schweigens. Feministinnen können, auch das hat dieses Lexikon gezeigt, stark dazu beitragen, diese Kultur aufrechtzuerhalten, wobei sie mitunter auch Frauen schaden. Deshalb war es sinnvoll, neben all meinen männerpolitischen Büchern ("Not am Mann", "Plädoyer für eine linke Männerpolitik" etcetera) auch einmal ein feminismuskritisches Buch zu schreiben. Aber natürlich ist erstens nicht jede Feministin desinteressiert am Leiden von Männern (wiewohl das auf die bekanntesten Feministinnen zuzutreffen scheint); mit manchen Feministinnen habe ich geschlechterpolitisch sogar wunderbar zusammengearbeitet. Und zweitens geht das Desinteresse an den Anliegen von Männern weit über die feministische Bewegung hinaus.
Es gibt andere zentrale gesellschaftliche Probleme, über die es sich lange Zeit förmlich nicht zu sprechen gehörte. Das galt beispielsweise auch für den Klimawandel, wie der britische Publizist George Marshall in seinem Buch "Don't Even Think About it. Why Our Brains Are Wired to Ignore Climate Change" (Bloomsbury 2014) eindrucksvoll nachzeichnet. Dabei führt Marshall aus, dass Klimawandel nicht das einzige Thema ist, bei dem öffentliches Bewusstsein dafür überhaupt erst erkämpft werden musste, dass hier ein Problem besteht:

"Im Laufe meines Lebens gab es bemerkenswerte (und hoffentlich unaufhaltsame) Veränderungen in der öffentlichen Einstellung zu ethnischer Zugehörigkeit, Homosexualität, Kindesmissbrauch und Behinderung. Nichts davon geschah jedoch ohne einen längeren Kampf durch engagierte lokale Bewegungen, oft mit einer zentralen Taktik, sich mit einem sozial konstruierten Schweigen auseinanderzusetzen. Die Lehren der Geschichte zeigen, dass man diesen Kampf gewinnen kann, aber dies könnte lange Zeit dauern."[997]

Fünf Jahre nachdem Marshall diese Zeilen veröffentlichte, ist Klimawandel von dem Thema, über das kaum jemand spricht, zu einem der Themen geworden, die die öffentliche Debatte beherrschen. Zumindest diese Schlacht wurde gewonnen. Das gilt für den Kampf um eine weniger einseitige Geschlechterdebatte leider noch nicht. Obwohl auch hier alle Fakten auf unserer Seite sind, werden wir diesen Kampf wohl noch lange Zeit führen müssen.

Eine Bitte zum Schluss

Ein Buch wie dieses wird erfahrungsgemäß nicht in den Leitmedien vorgestellt und rezensiert. Deshalb freue ich mich, falls es Ihnen gefallen hat, über Ihre Unterstützung: etwa durch eine freundliche Kundenrezension bei Amazon oder eine Empfehlung auf Facebook, Twitter und anderen sozialen Medien des Internets.
Für Kritik sowie weiterführende Gedanken und Anregungen stehe ich Ihnen gerne persönlich als Ansprechpartner zur Verfügung unter geschlechterdialog@gmail.com.

Vom selben Autor bereits erschienen:

Gleichberechtigung beginnt zu zweit: Können Feminismus und Maskulismus für eine ganzheitliche Geschlechterpolitik zusammenwirken?

Herausgegeben von Arne Hoffmann
Tectum Wissenschaft 2019

Wie können Feminismus und Maskulismus zusammenwirken, um beide Geschlechter voranzubringen? Welche Chancen und Vorteile würden so entstehen? Warum stehen sich die beiden Bewegungen bislang oft als verfeindete Lager gegenüber, statt gemeinsam Synergien zu erzeugen? Und wie kann man als Frauen- oder Männerrechtler sein soziales Engagement beibehalten, ohne die immer stärker werdende Polarisierung unserer Gesellschaft noch zu fördern?
Statt wie bisherige Bücher ein Plädoyer nur für die Anliegen eines Geschlechts zu führen, stoßen Feministen und Maskulisten sowie Mediatoren, Konfliktforscher und Paartherapeuten hier einen zukunftsweisenden, ganzheitlichen Ansatz an. Dabei reichen die facettenreichen Beiträge thematisch von der Berliner Regierungspolitik über Konflikte in den sozialen Medien bis zu Menschenrechtsverletzungen wie geschlechtsbezogener Gewalt. Auf dieser Grundlage entsteht konstruktive Diversität in einer Debatte, in der auch interkulturelle Blickwinkel nicht zu kurz kommen.

Mit Beiträgen von
Arne Hoffmann, Lucas Schoppe, Mithu Sanyal, Gerd Riedmeier, Sandra Hermann, Ingbert Jüdt, Maike Wolf, Wendy McElroy, Robin Urban, Dr. Hanna Milling, Monika Ebeling, Eilert Bartels, Professor Christina Hoff Sommers, Astrid von Friesen, Elinor Petzold, Dr. Katja Kurz und Jeannette Hagen.

Feindbild weiße Männer. Der rassistische Sexismus der identitätspolitischen Linken

Arne Hoffmann 2019

Der alte weiße Mann ist "die große Hassfigur der Gegenwart" (Der Spiegel) und "für viele der neue Lieblingsfeind" (Süddeutsche Zeitung). "Fürchtet den weißen Mann" schlagzeilt die "Zeit". Wie ist diese krude Mischung aus Rassismus und Sexismus derart einflussreich geworden? Welche Schäden richtet sie an? Welche Parallelen gibt es zu anderen Formen gruppenbezogener Menschenfeindlichkeit? Wie versuchen Ideologen, ihre Diffamierungen zu rechtfertigen – und warum überzeugen diese Versuche nicht?

"Feindbild weiße Männer" beantwortet nicht nur diese Fragen, sondern zeigt auch, wie sich Menschen aus der Zivilgesellschaft dem Hass entgegenstellen. Damit leistet dieses Buch eine wertvolle Argumentationshilfe gegen den neuen Schreibtisch-Sexismus und –Rassismus, um ihn so bald wie möglich zu überwinden.

[1] Vgl.Foucault, Michel: Die Sorge um die Wahrheit, 1984. In: Foucault, Michel: Dits et Ecrits. Schriften 1980 – 1988, Vierter Band, Suhrkamp, 2005, S. 836.
[2] Vgl. Lehmann, Claire im Interview mit Debra Soh: Interview with Debra W. Soh, Sex Neuroscientist. Online seit dem 24.1.2017 unter https://quillette.com/2017/01/24/interview-with-debra-w-soh-sex-researcher-and-neuroscientist.
[3] Vgl. Sommer, Christina Hoff: "Die Welt braucht eine realitätsbezogene Frauenbewegung" (Interview). Online veröffentlicht am 13.8.2018 unter https://www.novo-argumente.com/artikel/extremisten_haben_den_feminismus_in_ihre_gewalt_gebracht.
[4] Vgl. Scheu, René: Niall Ferguson über die Kultur an Unis: "Als Rechter bist du ein potenzieller Nazi. Kommunisten hingegen sind moralisch einwandfreie Sozialdemokraten". In: Neue Zürcher Zeitung vom 20.3.2019, online unter https://www.nzz.ch/feuilleton/niall-ferguson-als-rechter-bist-du-ein-potenzieller-nazi-sozialisten-und-kommunisten-hingegen-sind-moralisch-einwandfreie-sozialdemokraten-ld.1467954.
[5] Zitiert nach Schär, Markus: Wer das Falsche postet, den werfen die grossen Tech-Firmen von ihren Plattformen. Doch was ist falsch? In: Neue Zürcher Zeitung vom 27.2.2019, online unter https://www.nzz.ch/feuilleton/willkuer-im-netz-ld.1462024.
[6] Vgl. beispielsweise Teuffel, Friedhard: Donald Trump und seine Wahrheiten aus dem Versandhandel. In: Tagesspiegel vom 23.1.2017, online unter http://www.tagesspiegel.de/politik/alternative-fakten-donald-trump-und-seine-wahrheiten-aus-dem-versandhandel/19294080.html.
[7] Vgl. Wieduwilt, Hendrik: Justizminister gegen Falschnachrichten. In: Frankfurter Allgemeine vom 18.6.2017. Online unter http://www.faz.net/aktuell/wirtschaft/netzwirtschaft/gesetzesvorhaben-zu-fake-news-ist-umstritten-15063982.html.
[8] Vgl. Heying, Heather: First, They Came for the Biologists. In: Wall Street Journal vom 2.10.2017. Online unter https://www.wsj.com/articles/first-they-came-for-the-biologists-1506984033.
[9] Vgl. Soh, Debra: We need to protect free speech on campus. In: The Globe and Mal vom 28.6.2017, online unter https://www.theglobeandmail.com/opinion/we-need-to-protect-free-speech-on-campus/article35476933.
[10] Vgl. Pluckrose, Helen: When Intersectionality Silences Women. Online seit dem 7.11.2017 unter https://areomagazine.com/2017/11/07/when-intersectionality-silences-women.
[11] Vgl. N.N.: Ryerson instructor tells student to only rely on feminist journals. In: Toronto Sun vom 10.3.2017, online unter http://torontosun.com/2017/03/09/ryerson-instructor-tells-student-to-only-rely-on-feminist-journals/wcm/82d43d86-1013-4d6e-9377-bb4dca2e5365.
[12] Vgl. Agarwal, Rajshree: Afraid to speak up: In the era of trigger warnings, a tenured professor stays silent. In: Washington Post vom 4.10.2016, online unter

https://www.washingtonpost.com/news/grade-point/wp/2016/10/04/afraid-to-speak-up-in-the-era-of-trigger-warnings-a-tenured-professor-stays-silent/?utm_term=.11ba7af46e1c.
[13] Vgl. Soave, Robby: Reed College Professor on Social Justice Left: 'I Am a Gay Mixed-Race Woman. I Am Intimidated By These Students'. In: Reason vom 13.12.2016. Online unter http://reason.com/blog/2016/12/13/reed-college-professor-on-social-justice.
[14] Vgl. Köhler, Andrea: "Microaggression" löst bei US-Professoren Angst aus. In: Neue Zürcher Zeitung vom 24.5.2017, online unter https://www.nzz.ch/feuilleton/redefreiheit-in-den-usa-empfindsamkeits-terror-auf-dem-campus-ld.1296096.
[15] Vgl. Reynolds, Glenn: Bros are people, too. In: USA Today vom 23.5.2017. Online unter https://www.usatoday.com/story/opinion/2017/05/23/universities-have-become-hostile-to-men-glenn-reynolds-column/102015432.
[16] Vgl. Freeman, James: Ivy League Profs vs. 'The Tyranny of Public Opinion'. In: Wall Street Journal vom 29.8.2017, online unter https://www.wsj.com/articles/ivy-league-profs-vs-the-tyranny-of-public-opinion-1504042387.
[17] Vgl. Illinger, Patrick: Kapitulation vor der Wissenschaftsfeindlichkeit. In: Süddeutsche Zeitung vom 17.11.2018, online unter https://www.sueddeutsche.de/wissen/fachzeitschrift-anonymes-publizieren-1.4212143.
[18] Vgl. Woolcock, Nicola: Universities warned over free speech by Jo Johnson. In: Times vom 26.12.2017, online unter https://www.thetimes.co.uk/edition/news/universities-warned-over-free-speech-by-jo-johnson-bqp2d5np0.
[19] Vgl. Mühlbauer, Peter: Deutscher Hochschulverband kritisiert "Erosion der Debatten- und Streitkultur an Universitäten". Online seit dem 19.4.2017 unter https://www.heise.de/tp/features/Deutscher-Hochschulverband-kritisiert-Erosion-der-Debatten-und-Streitkultur-an-Universitaeten-3687599.html.
[20] Vgl. Kraus, Josef: Gender-Mainstream und Pädagogik – Wie passt das zusammen? Online seit dem 24.1.2017 unter http://www.i-daf.org/aktuelles/aktuelles-einzelansicht/archiv/2017/01/24/artikel/gender-mainstream-und-paedagogik-wie-passt-das-zusammen.html.
[21] Vgl. Rehder, Stefan im Interview mit Dr. Alexander Korte: "Wir erleben einen regelrechten Hype". In: Die Tagespost vom 21.8.2019, online unter online unter https://www.die-tagespost.de/gesellschaft/feuilleton/Wir-erleben-einen-regelrechten-Hype;art310,200632.
[22] Vgl. Klein, Hans Peter: Heldenhafte Spermien und wachgeküsste Eizellen. In: Frankfurter Allgemeine vom 30.5.2015, online unter https://www.faz.net/aktuell/politik/inland/gender-studies-genderforschung-auch-in-der-biologie-13603216.html.
[23] Diese Passage findet man auch online unter http://docplayer.org/27171134-Josef-christian-aigner-hg-der-andere-mann.html.
[24] Vgl. Liessmann, Konrad Paul: Woher dieser fanatische Hass auf jene, die für sich die Freiheit des Denkens noch in Anspruch nehmen wollen? In: Neue Zürcher

Zeitung vom 30.4.2019, online unter https://www.nzz.ch/meinung/kolumnen/woher-dieser-fanatische-hass-auf-jene-die-fuer-sich-die-freiheit-des-denkens-noch-in-anspruch-nehmen-wollen-ld.1478273.

[25] Vgl. Theinert, Jürgen: Bornierte Pseudo-Linke. In: Weser-Kurier vom 30.11.2016, online unter https://www.weser-kurier.de/bremen/bremen-stadt_artikel,-Kommentar-Bornierte-PseudoLinke-_arid,1505771.html.

[26] Vgl. Hoffmann, Arne: Was Gegner des Genderkongresses verpassten. In: Freitag vom 2.12.2015, online unter https://www.freitag.de/autoren/ahoffmann/was-gegner-des-genderkongresses-verpassten-1.

[27] Vgl. Nellessen, Monika: Harald Martenstein im Interview über Political Correctness, Mainzer Fastnacht und Feminismus. In: Allgemeine Zeitung vom 30.6.2017, online unter http://www.allgemeine-zeitung.de/vermischtes/leben-und-wissen/harald-martenstein-im-interview-ueber-political-correctness-mainzer-fastnacht-und-feminismus_18002225.htm.

[28] Vgl. Meyer, Rainer ("Don Alphonso"): Datenreichtum und Kritik: Böll-Stiftung nimmt Onlinepranger Agentin vom Netz. In: Frankfurter Allgemeine vom 4.8.2017, online unter http://blogs.faz.net/deus/2017/08/04/datenreichtum-und-kritik-boell-stiftung-nimmt-onlinepranger-agentin-vom-netz-4509.

[29] Vgl. Matthies, Bernd: Eine Art Verfassungsschutzbericht der Gender-Szene. In: Tagesspiegel vom 24.7.2017, online unter http://www.tagesspiegel.de/politik/feminismus-eine-art-verfassungsschutzbericht-der-gender-szene/20101430.html.

[30] Vgl. Kanthak, Dietmar: Am digitalen Pranger. In: General-Anzeiger vom 31.7.2017. Online unter http://www.general-anzeiger-bonn.de/news/kultur-und-medien/Am-digitalen-Pranger-article3617662.html.

[31] Vgl. Keller, Lukas im Interview mit Marlis Prinzing: "Der digitale Pranger führt zurück ins Mittelalter". Online seit dem 16.8.2017 unter https://www.srf.ch/kultur/gesellschaft-religion/der-digitale-pranger-fuehrt-zurueck-ins-mittelalter.

[32] Vgl. Jäckel, Karin: Offener Brief von Dr. Karin Jäckel zu feministischen Attacken auf Andersdenkende. Online seit dem 19.9.2017 unter http://genderama.blogspot.de/2017/09/offener-brief-von-dr-karin-jackel-zu.html.

[33] Vgl. Antifaschistische Initiative Mainz_Wiesbaden: Antifeministen an der Uni Mainz stören! Online seit dem 14.01.2013 unter http://animawi.blogsport.de/2013/01/09/14-01-2013-antifeministen-an-der-uni-mainz-stoeren/ sowie Ebeling, Monika: Offener Brief ohne Titel, online unter http://geschlechterdemokratie.files.wordpress.com/2013/01/offener-brief.pdf.

[34] Vgl. Ebeling, Monika: Warum wird Herr Wendt von der Polizeigewerkschaft wieder ausgeladen – Erfahrungen. Online seit dem 25.1.2018 unter https://geschlechterdemokratie.wordpress.com/2018/01/25/warum-wird-herr-wendt-von-der-polizeigewerkschaft-wieder-ausgeladen-erfahrungen.

[35] Der entsprechende Mailwechsel mit den Staatsorganen liegt mir in Kopie vor.

[36] Vgl. N.N.: U of T Event Thursday on Sexual Exploitation of Boys Requires Police Presence. Online seit dem 7.10.2014 unter

http://equalitycanada.com/media-advisory-u-of-t-event-thursday-on-sexual-exploitation-of-boys-requires-police-presence.

[37] Vgl. Smeenk, Dan: Arrest, assaults overshadow "men's issues" lecture. In: The Varsity vom 17.11.2012. Online unter http://thevarsity.ca/2012/11/17/arrest-assaults-overshadow-mens-issues-lecture.

[38] Vgl. Elam, Paul: Militants threaten violence at University of Toronto Thursday. Online seit dem 2.4.2013 unter http://www.avoiceformen.com/university-of-toronto-and-men/militants-threaten-violence-at-university-of-toronto-thursday.

[39] Vgl. Buchholz, Günter: "Die Allmacht der Frauen". Online seit dem 26.7.2012 unter https://cuncti.net/geschlechterdebatte/339-die-allmacht-der-frauen.

[40] Vgl. Schoppe, Lucas: Der Hass im Netz – Eine kleine Typenlehre. Online seit dem 2.5.2017 unter https://man-tau.com/2017/05/02/der-hass-im-netz-eine-kleine-typenlehre/.

[41] Vgl. Mühlenkamp, Christina: "Anti-Feminismus spaltet die Gesellschaft". Pressemitteilung der Stabstelle Hochschulkommunikation der Philipps-Universität Marburg vom 9.11.2017, online unter https://idw-online.de/de/news684356.

[42] Vgl. Wakabayashi, Daisuke: Google Fires Engineer Who Wrote Memo Questioning Women in Tech. In: New York Times vom 7.8.2017, online unter https://www.nytimes.com/2017/08/07/business/google-women-engineer-fired-memo.html.

[43] Vgl. beispielsweise N.N.: Google entlässt Mitarbeiter wegen sexistischem Text. In: Die Zeit vom 8.8.2017, online unter http://www.zeit.de/digital/2017-08/sexismus-google-entwickler-antifeminismus-kuendigung sowie Lindner, Roland: Google feuert Mitarbeiter nach umstrittenem Manifest. In: Frankfurter Allgemeine vom 8.8.2017, online unter http://www.faz.net/aktuell/wirtschaft/google-feuert-mitarbeiter-nach-sexistischem-manifest-15141175.html

[44] Vgl. Bovensiepen, Nina: Die weißen Männer von Google. In: Süddeutsche Zeitung vom 9.8.2017, online unter https://www.sueddeutsche.de/politik/gleichberechtigung-die-weissen-maenner-von-google-1.3620497.

[45] Vgl. Spengler, Tilman im Gespräch mit Marcus Pindur: "Ich hätte den Kerl schon aus Gründen der Dummheit gefeuert". Online seit dem 8.8.2017 unter https://www.deutschlandfunkkultur.de/rausschmiss-bei-google-ich-haette-den-kerl-schon-aus.2950.de.html?dram:article_id=392985.

[46] Vgl. Gruber, Angela: Natürlich besser. Online seit dem 4.8.2017 unter https://www.spiegel.de/netzwelt/web/google-sexistisches-pamphlet-eines-mitarbeiters-kommentar-a-1161878.html.

[47] Vgl. Soh, Debra: No, the Google manifesto isn't sexist or anti-diversity. It's science. In: The Globe and Mail vom 8.8.2017, online unter https://www.theglobeandmail.com/opinion/no-the-google-manifesto-isnt-sexist-or-anti-diversity-its-science/article35903359.

[48] Vgl. Friedersdorf, Conor: The Most Common Error in Media Coverage of the Google Memo. In: The Atlantic vom 8.8.2017, online unter https://www.theatlantic.com/politics/archive/2017/08/the-most-common-error-in-

coverage-of-the-google-memo/536181.
[49] Vgl. N.N.: Was wirklich im "sexistischen" Google-Manifest steht. Online seit dem 9.8.2017 unter https://www.ruhrbarone.de/das-google-manifest-im-volltext/145458.
[50] Vgl. Schmidt, Christian: Normalverteilungen, Unterschiede im Schnitt und das fehlende Verständnis dafür. Online seit dem 10.8.2017 unter https://allesevolution.wordpress.com/2017/08/10/normalverteilungen-unterschiede-im-schnitt-und-das-fehlende-verstaendnis-dafuer.
[51] Vgl. Merlot, Julia: Physiker beleidigt Kolleginnen und wird suspendiert. Online seit dem 2.10.2018 unter https://www.spiegel.de/wissenschaft/mensch/cern-physiker-beleidigt-kolleginnen-und-wird-suspendiert-a-1230982.html.
[52] Vgl. Young, Cathy: Alessandro Strumia: Another Politically-Correct Witch-Hunt, or a More Complicated Story? Online seit dem 22.4.2019 unter https://quillette.com/2019/04/22/alessandro-strumia-another-politically-correct-witch-hunt-or-a-more-complicated-story.
[53] Vgl. Strumia, Alessandro: Why Are Women Under-Represented in Physics? Online seit dem 16.4.2019 unter https://quillette.com/2019/04/16/why-are-women-under-represented-in-physics.
[54] Vgl. Scharff, Christina: Why so many young women don't call themselves feminist. Online seit dem 6.2.2019 unter https://www.bbc.com/news/uk-politics-47006912.
[55] Vgl. Russell Blackford: The Tyranny of Opinion. Bloomsbury 2019, S. 2-3.
[56] Vgl. Russell Blackford: The Tyranny of Opinion. Bloomsbury 2019, S. 192.
[57] Vgl. Stegemann, Bernd: Die Moralfalle. Für eine Befreiung linker Politik. Matthes & Seitz 2018, S. 117.
[58] Vgl. Bernd Stegemann: Die Moralfalle. Für eine Befreiung linker Politik. Matthes & Seitz 2018, S. 185.
[59] Vgl. Windmüller, Gunda: "Widerspruch ist gut" – Das ist Mithu Sanyal. Online seit dem 16.3.2019 unter https://www.watson.de/frauen/31%20tage%20-%2031%20frauen/899507152-frauentag-mithu-sanyal-im-portraet.
[60] Vgl. Haltung zeigen – Antifeminismus solidarisch begegnen. Online ohne Datum unter https://calendar.boell.de/de/event/haltung-zeigen-antifeminismus-solidarisch-begegnen.
[61] Vgl. die Analyse "Die OECD, die Armut und das Frauenministerium", veröffentlicht unter https://manndat.de/wp-content/uploads/2009/02/stellungnahme_zu_oecd-studie.pdf.
[62] Ebenda.
[63] Vgl. Kaiser, Tobias: "Deutschland bekommt ein Problem mit Altersarmut". Veröffentlicht am 23.5.2014 in der WELT, online unter https://www.welt.de/wirtschaft/article128319368/Deutschland-bekommt-ein-Problem-mit-Altersarmut.html.
[64] Vgl. Janssen, Hauke: Münchhausen-Check: "Weiblich, alt, arm". Online seit dem 25.10.2013 unter http://www.spiegel.de/politik/deutschland/muenchhausen-check-gibt-es-die-weibliche-altersarmut-wirklich-a-929980.html.

[65] Vgl. Mulke, Wolfgang: Rentenversicherung: Angst vor Altersarmut oft unbegründet. In: Westfalenpost vom 5.7.2018, online unter https://www.wp.de/wirtschaft/rentenversicherung-angst-vor-altersarmut-oft-unbegruendet-id214769369.html.
[66] Vgl. N.N.: Hunderttausende Arbeitslose gehen leer aus. Online veröffentlicht am 14.7.2014 unter http://www.n-tv.de/politik/Hunderttausende-Arbeitslose-gehen-leer-aus-article13209546.html.
[67] Vgl. N.N.: Arm, männlich, jung - sucht eine Wohnung. Online veröffentlicht am 1.8.2013 unter http://www.stern.de/panorama/wohnungsnot-steigt-dramatisch-arm-maennlich-jung-sucht-eine-wohnung-2046087.html
[68] Vgl. Malyssek, Jürgen und Störch, Klaus: Wohnungslose Menschen. Ausgrenzung und Stigmatisierung. Lambertus 2009, S. 17.
[69] Vgl. Malyssek, Jürgen und Störch, Klaus: Wohnungslose Menschen. Ausgrenzung und Stigmatisierung. Lambertus 2009, S. 122-123.
[70] Vgl. Lutz, Ronald und Simon, Titus: Lehrbuch der Wohnungslosenhilfe. 2., überarbeitete Auflage. Beltz Juventa 2012, S. 159. Das Kapitel, in dem sich die zitierte Passage findet (Geschlechtersensibilität im Hilfesystem: Hilfen für wohnungslose Frauen), beschäftigt sich allerdings selbst fast durchgehend mit der Situation des weiblichen Geschlechts.
[71] Vgl. Klein, Michael: Obdachlosigkeit – ein männliches Schicksal, online seit dem 17.9.2012 unter http://cuncti.net/haltbar/272-obdachlosigkeit-ein-maennliches-schicksal, sowie Griese, Karl: Obdachlosenasyl. Beobachtungen in einem Wohnheim für obdachlose Männer. Köster 2000.
[72] Vgl. Köppen, Ruth: Armut und Sexismus. Berlin 1994, S. 9.
[73] Vgl. Köppen, Ruth: Armut und Sexismus. Berlin 1994, S. 273.
[74] Hier beispielhaft zitiert aus der Hannoverschen Allgemeinen vom 29.1.2013, online unter http://www.haz.de/Nachrichten/Medien/Netzwelt/Aufschrei-ueber-sexuelle-Belaestigung-im-Netz.
[75] Vgl. Bönt, Ralf: Tausendschön im Neopatriarchat. In: Anmerkungen zur Sexismus-Debatte. Aus Politik und Zeitgeschichte Band 8/2014. Online unter http://www.bpb.de/apuz/178666/tausendschoen-im-neopatriarchat.
[76] Vgl. Sexuelle Belästigung am Arbeitsplatz Ergebnisse einer repräsentativen Umfrage unter Beschäftigten in Deutschland Im Auftrag der Antidiskriminierungsstelle des Bundes durchgeführt von
SUZ – Sozialwissenschafliches Umfragezentrum GmbH Duisburg. Online unter http://www.antidiskriminierungsstelle.de/SharedDocs/Downloads/DE/publikationen/Umfragen/Handout_Umfrage_sex_Belaestigung_am_ArbPlatz_Beschaeftigte.pdf?__blob=publicationFile&v=4.
[77] Vgl. Drexler, Peggy: Sexist Women Bosses. In: Forbes vom 23.5.2013, online veröffentlicht unter http://www.forbes.com/sites/peggydrexler/2013/05/23/sexist-women-bosses/. Drexler ihrerseits bezieht sich auf Paludi, Michele (Hrsg.): Women and Management. Global Issues and Promising Solutions. Praeger 2013, S. 51.
[78] Die Studie steht online unter http://www.aauw.org/learn/research/upload/DTLFinal.pdf.

[79] Vgl. American Education Research Journal, Sommer 1996, zitiert nach Cook, Philip und Hodo, Tammy: When Women Sexually Abuse Men. Praeger 2013, S. 113.
[80] Vgl. Zaslawski, Valerie: Auch Frauen sind Täter. In: Neue Zürcher Zeitung vom 4.12.2013, online veröffentlicht unter http://www.nzz.ch/aktuell/schweiz/jeder-zweite-wird-belaestigt-1.18197847.
[81] Vgl. Quecke, Franca im Interview mit Sylvia Gaßner: "Lange Haare, Dutt und Hütchen - das wird als Firmenidentität verkauft". Online seit dem 16.8.2019 unter https://www.spiegel.de/karriere/sexuelle-belaestigung-von-flugbegleitern-warum-das-problem-so-gross-ist-a-1282061.html.
[82] Vgl. Freitag, Lin: Männer häufiger von Übergriffen im Job betroffen als Frauen. In: Wirtschaftswoche vom 3.3.2015, online unter http://www.wiwo.de/erfolg/beruf/sexuelle-belaestigung-maenner-haeufiger-von-uebergriffen-im-job-betroffen-als-frauen/11450472.html.
[83] Vgl. Antidiskriminierungsstelle des Bundes: Sexuelle Belästigung am Arbeitsplatz. Ergebnisse einer repräsentativen Umfrage unter Beschäftigten in Deutschland. Online unter http://www.antidiskriminierungsstelle.de/SharedDocs/Downloads/DE/publikationen/Umfragen/Handout_Umfrage_sex_Belaestigung_am_ArbPlatz_Beschaeftigte.pdf.
[84] Vgl. Antidiskriminierungsstelle des Bundes: Was tun bei sexueller Belästigung am Arbeitsplatz? Leitfaden für Beschäftigte, Arbeitgeber und Betriebsräte. Online unter https://www.antidiskriminierungsstelle.de/SharedDocs/Downloads/DE/publikationen/Leitfaden_Was_tun_bei_sexueller_Belaestigung.pdf.
[85] Vgl. Hoffmann, Arne: Vermischtes vom 13. Januar 2016. Online unter http://genderama.blogspot.de/2016/01/vermischtes-vom-13-januar-2016.html.
[86] Vgl. N.N.: Haben Sie Übergriffe im Job erlebt? Online seit dem 12.1.2016 unter http://www.spiegel.de/karriere/sexismus-im-alltag-was-haben-sie-schon-erleben-muessen-a-1071567.html.
[87] Vgl. Bruckner, Johanna: "Männer werden kaum als Opfer wahrgenommen". In: Süddeutsche Zeitung vom 19.12.2013, online unter http://www.sueddeutsche.de/karriere/sexuelle-belaestigung-am-arbeitsplatz-maenner-werden-kaum-als-opfer-wahrgenommen-1.1846785.
[88] N.N.: Wurden Sie als Mann sexuell belästigt? In: 20 Minuten vom 19.10.2017, online unter http://www.20min.ch/schweiz/news/story/Wurden-Sie-als-Mann-sexuell-belaestigt—23081543.
[89] N.N.: "Sexuelle Belästigung am Mann wird verharmlost". In: 20 Minuten vom 20.10.2017, online unter http://www.20min.ch/schweiz/news/story/28864480.
[90] Vgl. N.N.: Nach #MeToo rufen Männer zu #MenToo auf. Online seit dem 18.10.2017 unter http://www.heute.at/timeout/virale_videos/story/Maenner-machen--MeToo-zu--MenToo-54982286.
[91] Vgl. Ryan, Patrick: Jodie Foster: 'Every man over 30 has to start thinking about their part' in sexual misconduct. In: USA Today vom 20.12.2017, online unter https://www.usatoday.com/story/life/movies/2017/12/20/jodie-foster-every-man-

over-30-has-start-thinking-their-part-sexual-misconduct/970017001.
[92] Vgl. Hollstein, Walter: In Vergessenheit geraten. In: Basler Zeitung vom 10.11.2017, online unter https://bazonline.ch/leben/gesellschaft/in-vergessenheit-geraten/story/14989308.
[93] Vgl. Krause-Burger, Sibylle: Schuldig, schuldig, schuldig. In: Stuttgarter Zeitung vom 6.11.2017. Online unter http://www.stuttgarter-zeitung.de/inhalt.kolumne-von-sibylle-krause-burger-schuldig-schuldig-schuldig.d0cfb134-6b8c-4d83-a455-a4a9b78d7eaf.html.
[94] Vgl. Kurianowicz, Tomasz: Der verunsicherte Mann. In: Die Zeit vom 25.10.2017, online unter http://www.zeit.de/kultur/2017-10/sexismus-maenner-feminismus-empathie.
[95] Vgl. Sichtermann, Barbara: "Verunsicherte Männer sind in einem guten Zustand". In: Tagesspiegel vom 13.11.2017, online unter http://www.tagesspiegel.de/medien/tv-talk-anne-will-zur-sexismus-debatte-verunsicherte-maenner-sind-in-einem-guten-zustand/20573920.html, und natürlich den unsäglichen Anne-Will-Talk vom Vortag selbst.
[96] Vgl. Gutsch, Jochen-Martin: Männer. In: Spiegel Nr. 44/2017, S. 54-55.
[97] Vgl. Seager, Martin und Barry, John: Cognitive Distortion in Thinking About Gender Issues: Gamma Bias and and the Gender Distortion Matrix. In: Barry, John und andere (Hrsg.): The Palgrave Handbook of Male Psychology and Mental Health. Palgrave Machmillan 2019, S. 87-105, hier S. 91.
[98] Vgl. Soh, Debra: We Can't Let a Sex Scandal Give Sexuality a Bad Name. In: Playboy vom 19.10.2017, online unter http://www.playboy.com/articles/sex-scandal-male-sexuality.
[99] Vgl. Walsh, Debra und Hewitt, Joe: Giving men the come-on: Effect of eye contact and smiling in a bar environment. In: Perceptual and Motor Skills, 61/1985, S. 873-874.
[100] Vgl. Gill, Charlotte: Lads! Britain needs you to do your duty and get flirting. In: Telegraph vom 24.8.2016, online unter http://www.telegraph.co.uk/news/2016/08/24/lads-britain-needs-you-to-do-your-duty-and-get-flirting.
[101] Vgl. Ramani, Madhvi: Welchen Tinder-Typen du in Berlin begegnest. Online seit dem 4.10.2016 unter http://www.bento.de/gefuehle/tinder-diesen-typen-begegnest-du-in-berlin-898647.
[102] Vgl. Blewer, Audrey und andere: Präsentation 17. American Heart Association Scientific Sessions, 11. bis -15. November 2017, Anaheim. Die Studie steht nicht online und wurde zitiert nach zahlreichen Artikeln, darunter Uhlmann, Berit: Frauen werden seltener wiederbelebt. In: Süddeutsche Zeitung vom 14.11.2017, online unter http://www.sueddeutsche.de/gesundheit/kreislaufstillstand-frauen-werden-seltener-wiederbelebt-1.3747220.
[103] Vgl. N.N.: After a year of #MeToo, American opinion has shifted against victims. In: The Economist vom 15.10.2018, online unter https://www.economist.com/graphic-detail/2018/10/15/after-a-year-of-metoo-american-opinion-has-shifted-against-victims.
[104] Vgl. Bailey-Millado, Rob: Men are afraid to mentor women after #MeToo and

it hurts us all: study. In: New York Post vom 17.5.2019, online unter https://nypost.com/2019/05/17/men-are-afraid-to-mentor-women-after-metoo-and-it-hurts-us-all-study sowie Peck, Emily: Me Too Backlash Is Getting Worse. In: Huffington Post vom 17.5.2019, online unter https://www.huffpost.com/entry/me-too-backlash-getting-worse_n_5cddd96de4b00e035b8ce786.

[105] Vgl. Farrell, Warren: Mythos Männermacht. Frankfurt am Main 1995, S. 129, 144 und 243 sowie Vilar, Esther: Der dressierte Mann. Das polygame Geschlecht. Das Ende der Dressur. München 1987, S. 327-331.

[106] Vgl. Farrell, Warren: Mythos Männermacht. Frankfurt am Main 1995, S. 130.

[107] Vgl. beispielsweise Siems, Dorothea: Die meisten Frauen wollen keine männliche Karriere. In: Die Welt vom 24.4.2013, online unter https://www.welt.de/debatte/kommentare/article115572446/Die-meisten-Frauen-wollen-keine-maennliche-Karriere.html

[108] Vgl. N.N.: Führungspositionen machen nur Männer zufriedener. In: Spiegel Nr. 4/2011, online seit dem 22.1.2011 unter http://www.spiegel.de/spiegel/vorab/a-741013.html.

[109] Vgl. Baumli, Francis: Men Freeing Men. Exploding the Myth of the Traditional Male. Jersey City 1985, S. 285; Halper, Janice: Die andere Seite des erfolgreichen Mannes. Landsberg 1992, S. 10-25; Mischke, Roland: Nur Mut, Männer! Zum neuen Selbstverständnis einer gefährdeten Spezies. Bergisch Gladbach 1990, S. 171-172.

[110] Vgl. Köpf, Peter und Provelegios, Alexander: Der Winterschlaf der Männer ist vorbei. Für eine neue Allianz von Adam und Eva. Stuttgart 2000, S. 75.

[111] Vgl. Farrell, Warren: Mythos Männermacht. Frankfurt am Main 1995, S. 241.

[112] Vgl. Brandes, Holger und Bullinger, Hermann (Hg.): Handbuch Männerarbeit. Weinheim 1996, S. 55.

[113] Vgl. Mischke, Roland: Nur Mut, Männer! Zum neuen Selbstverständnis einer gefährdeten Spezies. Bergisch Gladbach 1990, S. 51.

[114] Vgl. N.N.: Randstad Arbeitsbarometer Q3/2015: Immer mehr Männer fühlen sich im Job diskriminiert. Online seit dem 18.9.2015 unter https://www.presseportal.de/pm/13588/3125430.

[115] Vgl. Hinsliff, Gaby: Bias against men in the workplace. In: The Guardian vom 22.1.2006, online veröffentlicht unter http://www.guardian.co.uk/money/2006/jan/22/discriminationatwork.workandcareers.

[116] Vgl. Belot, Henry: Blind recruitment trial to boost gender equality making things worse, study reveals. Online seit dem 30.6.2017 unter http://www.abc.net.au/news/2017-06-30/bilnd-recruitment-trial-to-improve-gender-equality-failing-study/8664888.

[117] Vgl. Lerner, Aline: We built voice modulation to mask gender in technical interviews. Here's what happened. Online unter http://blog.interviewing.io/we-built-voice-modulation-to-mask-gender-in-technical-interviews-heres-what-happened.

[118] Vgl. Chakrabarti, Kushal: The Science of The Job Search, Part I: 13 Data-Backed Ways to Win. Online seit dem 8.1.2018 unter

https://talent.works/blog/2018/01/08/the-science-of-the-job-search-part-i-13-data-backed-ways-to-win.

119 Vgl. Ali, Aftab: Graduate Jobs: Women More Likely to Land a Top Role than Men, But Less Likely to Apply, Report Finds. Online seit dem 25.7.2016 unter http://www.independent.co.uk/student/career-planning/graduate-jobs-gender-equality-in-the-workplace-association-of-graduate-recruiters-a7154696.html.

120 Vgl. Weiguny, Bettina: Lauter verlorene Männer. In: Frankfurter Allgemeine Zeitung vom 2.6.2012, online veröffentlicht unter http://www.faz.net/aktuell/wirtschaft/menschen-wirtschaft/frauenquote-lauter-verlorene-maenner-11771952.html.

121 Vgl. Seibel, Andrea: Wie Männer nur noch zur Sättigungsbeilage werden. In: Die Welt vom 15.6.2012, online veröffentlicht unter http://www.welt.de/wirtschaft/article106606495/Wie-Maenner-nur-noch-zur-Saettigungsbeilage-werden.html.

122 Vgl. Jahn, Joachim: Diskriminierung von Männern beklagt. In: Frankfurter Allgemeine Zeitung vom 18.2.2011, online veröffentlicht unter http://www.faz.net/s/Rub0E9EEF84AC1E4A389A8DC6C23161FE44/Doc~EF2C9D543BBED435A864F649343B7FFDE~ATpl~Ecommon~Scontent.html.

123 Vgl. N.N.: Frauen streben seltener in Spitzenjobs. Online seit dem 30.4.2018 unter http://www.spiegel.de/karriere/frauen-bewerben-sich-seltener-auf-spitzenjobs-a-1205550.html.

124 Vgl. Liebert, Nicla: Nichts für Sensibelchen. In: tageszeitung vom 7.3.2006, online unter http://www.taz.de/1/archiv/?dig=2006/03/07/a0170.

125 Vgl. Bierach, Barbara: Das dämliche Geschlecht. Wiley-VCH Verlag 2002.

126 Vgl. Hucht, Margarete: Höhenflüge – nichts für Frauen? In: Die Welt vom 9.10.2004, online unter https://www.welt.de/print-welt/article345091/Hoehenfluege-nichts-fuer-Frauen.html.

127 Vgl. Ochsenfeld, Fabian: Gläserne Decke oder goldener Käfig: Scheitert der Aufstieg von Frauen in erste Managementpositionen an betrieblicher Diskriminierung oder an familiären Pflichten? In: Kölner Zeitschrift für Soziologie und Sozialpsychologie Vol. 64, Nr. 3/2012, S. 507-534. zitiert nach Klein, Michael: Ende einer Genderphantasie: Die "Gläserne Decke" in Scherben. Online seit dem 15.9.2012 unter https://sciencefiles.org/2012/09/15/ende-einer-genderphantasie-die-glaserne-decke-in-scherben.

128 Vgl. vom Lehn, Birgitta: Starre Geschlechtergrenzen. In: Frankfurter Allgemeine Zeitung vom 18.7.2012, online unter http://www.faz.net/aktuell/beruf-chance/studienfachwahl-starre-geschlechtergrenzen-11818674.html.

129 Vgl. Gino, Francesco und andere: Compared to men, women view professional advancement as equally attainable, but less desirable. In: Proceedings of the National Academy of Sciences of the United States of America (PNAS) Vol. 112, Nr. 6/2015, S. 12354-12359, online unter http://www.pnas.org/content/early/2015/09/15/1502567112.full.pdf.

130 Vgl. N.N.: Viele junge Frauen scheuen Führungsrolle. In: Wirtschaftswoche vom 15.1.2015, online unter http://www.wiwo.de/erfolg/management/aengstliche-generation-y-viele-junge-frauen-scheuen-fuehrungsrolle/11232458.html.

[131] Vgl. N.N.: Führungspositionen machen nur Männer zufriedener. In: Spiegel Nr. 4/2011, online seit dem 22.1.2011 unter http://www.spiegel.de/spiegel/vorab/a-741013.html

[132] Vgl. Sicking, Marzena: Frauen planen Karriere passiver. Online seit dem 20.3.2013 unter https://www.heise.de/resale/artikel/Frauen-planen-Karriere-passiver-1821943.html.

[133] Vgl. beispielsweise Bohnensteffen, Marcel: Deutschland und das Problem Teilzeit-Arbeit - wenn Frauen mit Kindern aus dem Job gedrängt werden. Online seit dem 14.4.2014 unter https://www.huffingtonpost.de/2014/04/14/deutschland-teilzeitarbeit-frauen-kinder-job_n_5146272.html.

[134] Vgl. Marschall, Birgit: Mütter stecken in der Teilzeitfalle. Online seit dem 28.7.2018 unter https://rp-online.de/politik/deutschland/rueckkehrrecht-muetter-stecken-in-der-teilzeitfalle_aid-24105023.

[135] Vgl. Seith, Anne: Die meisten Frauen in Teilzeitjobs sind zufrieden. Online seit dem 14.12.2018 unter http://www.spiegel.de/karriere/teilzeit-die-meisten-frauen-in-teilzeit-jobs-sind-zufrieden-a-1243712.html.

[136] Vgl. Schäfer, Holger und Schmidt, Jörg: Arbeitszeitwünsche von Frauen und Männern. Online seit dem 17.1.2017 unter https://www.iwkoeln.de/studien/iw-kurzberichte/beitrag/holger-schaefer-joerg-schmidt-arbeitszeitwuensche-von-frauen-und-maennern-319256.html.

[137] Vgl. Hillebrand, Annette: Macht Arbeit Frauen wirklich glücklich? Hamburg 1997, S. 19.

[138] Vgl. zu einer kritischen Analyse der Kinsey-Studie N.N.: Höhere Gewinne dank der Frauenquote? Online seit dem 9.3.2011 unter https://manndat.de/feministische-mythen/berufsleben/hoehere-gewinne-dank-der-frauenquote.html.

[139] Vgl. Balzter, Sebastian: Weibliche Chefs machen weniger Gewinn. In: Frankfurter Allgemeine vom 12.3.2014 unter http://www.faz.net/aktuell/beruf-chance/beruf/weibliche-chefs-machen-weniger-gewinn-12842136.html.

[140] Vgl. Russell, Jonathan: Woman's work is never done – as profitably as man's. In: Telegraph vom 6.8.2009, online unter http://www.telegraph.co.uk/finance/jobs/5984656/Womans-work-is-never-done-as-profitably-as-mans.html.

[141] Vgl. Brönstrup, Carsten: Sind Frauen risikofreudiger? In: Tagesspiegel vom 27.3.2012, online unter http://www.tagesspiegel.de/wirtschaft/studie-zu-weiblichen-vorstaenden-sind-frauen-risikofreudiger/6440528.html.

[142] Vgl. Ahern, Kenneth und Dittmar, Amy: The Changing of the Boards: The Impact on Firm Valuation of Mandated Female Board Representation. In: The Quarterly Journal of Economics, Vol. 127, Nr. 1/2012, S. 137–197.

[143] Vgl. Bøhren, Øyvind & Strøm, Øyvind (2010): Governance and Politics: Regulating Independence and Diversity in the Board Room. In: Journal of Business Finance & Accounting Vol. 37, Nr. 9-10/2010, S. 1281–1308, online unter http://onlinelibrary.wiley.com/doi/10.1111/j.1468-5957.2010.02222.x/abstract. Zitiert nach Klein, Michael: Alles Lüge – Feministisches Rent Seeking durch Frauenquoten. Online seit dem 2.10.2012 unter

https://sciencefiles.org/2012/10/02/alles-luge-feministisches-rent-seeking-durch-frauenquoten.

[144] Vgl. Fillion, Kate: Lip Service: The Truth About Women's Darker Side in Love, Sex and Friendship. New York 1996, S. 73-74.

[145] Vgl. Bierach, Barbara: Hyänen im Hosenanzug. In: Welt am Sonntag vom 23.10.2005. Online unter https://www.welt.de/print-wams/article133706/Hyaenen-im-Hosenanzug.html.

[146] Vgl. N.N.: Extrovertiert und machtbesessen: Frauen im Chefsessel sind unverträglicher als männliche Kollegen. Online seit dem 31.7.2015 unter https://wiso.uni-hohenheim.de/109544?&L=0&tx_ttnews%5Btt_news%5D=28668&cHash=8b62d381d27837fda51c23b5821921e4.

[147] Vgl. zu diesem Interview und allen Zitaten Tödtmann, Claudia: "Chefinnen sind keine Bereicherung". In: Die Zeit vom 1.8.2015, online unter http://www.zeit.de/karriere/2015-07/chefin-management-interview-marion-buettgen.

[148] Vgl. N.N.: Frauen sind als Führungskräfte genauso narzisstisch, machiavellistisch und psychopathisch wie Männer. Online seit dem 16.1.2017 unter http://www.spiegelgruppe.de/spiegelgruppe/home.nsf/PMWeb/A9A37240041F774CC12580AA004A7339

[149] Vgl. Michler, Inga: Frauen verlieren als Chefs Sozialkompetenz. In: Welt am Sonntag vom 24.1.2016, online unter https://www.welt.de/wirtschaft/karriere/article151378828/Frauen-verlieren-als-Chef-Sozialkompetenz.html.

[150] Vgl. Michler, Inga: Frauen verlieren als Chefs Sozialkompetenz. In: Welt am Sonntag vom 24.1.2016, online unter https://www.welt.de/wirtschaft/karriere/article151378828/Frauen-verlieren-als-Chef-Sozialkompetenz.html.

[151] Vgl. Siering, Frank: Frauen fahren ihre Krallen aus. In: Handelsblatt vom 10.5.2007. Online unter http://www.handelsblatt.com/karriere/nachrichten/chefetage-frauen-fahren-ihre-krallen-aus/2806828.html.

[152] Vgl. Benenson, Joyce und Markovits, Henry: Rank influences human sex differences in dyadic cooperation. In: Current Biology Vol. 24, Nr. 5/2014, S. 190-191, online unter http://www.cell.com/current-biology/fulltext/S0960-9822(13)01606-0?_returnURL=http%3A%2F%2Flinkinghub.elsevier.com%2Fretrieve%2Fpii%2FS0960982213016060%3Fshowall%3Dtrue sowie Benenson, Joyce und andere: High status males invest more than high status females in lower status same-sex collaborators. Online seit dem 27.9.2017 unter http://journals.plos.org/plosone/article?id=10.1371/journal.pone.0185408 sowie Willie, Joel: Als Chefs sind Frauen offenbar fieser als Männer. In: Die Welt vom 15.10.2017, online unter https://www.welt.de/kmpkt/article169601681/Als-Chefs-sind-Frauen-offenbar-fieser-als-Maenner.html.

[153] Vgl. Töpper, Verena: Schöne Frau, schick besser kein Foto. Online seit dem 10.4.2012 unter http://www.spiegel.de/karriere/diskriminierung-bei-bewerbungsfotos-a-826089.html.
[154] Vgl. N.N.: Frauen arbeiten lieber für einen Mann. In: Frankfurter Allgemeine Zeitung vom 4.11.2014. Online unter http://www.faz.net/aktuell/beruf-chance/arbeitswelt/fuehrungspositionen-frauen-13239813.html
[155] Vgl. Wong, Vanessa und Kitroeff, Natalie: Women Prefer Male Bosses Even More Than Men Do. Online unter http://www.businessweek.com/articles/2014-10-16/women-dislike-having-female-bosses-more-than-men-do
[156] Vgl. Griswold, Alison: Women And Republicans Prefer Male Bosses. Online seit dem 13.11.2013 unter http://www.businessinsider.com/women-and-republicans-prefer-male-bosses-2013-11.
[157] Vgl. N.N.: Most women prefer working for men. In: The Telegraph vom 13.8.2009, online unter http://www.telegraph.co.uk/news/uknews/6020123/Most-women-prefer-working-for-men.html.
[158] Vgl. N.N.: Frauen arbeiten lieber für einen Mann. In: Frankfurter Allgemeine Zeitung vom 4.11.2014. Online unter http://www.faz.net/aktuell/beruf-chance/arbeitswelt/fuehrungspositionen-frauen-13239813.html.
[159] Vgl. Artz, Benjamin und Taengnoi, Sarinda: Do women prefer female bosses? In: Labour Economis Vol. 42, Oktober 2016, S. 194-202, online unter http://www.sciencedirect.com/science/article/pii/S0927537116301129 sowie Kilsdonk-Gervais, Nicolas: Research finds that women, but not men, dislike female bosses. Online seit dem 22.9.2016 unter https://nkilsdonkgervais.wordpress.com/2016/09/22/research-finds-that-only-women-dislike-female-bosses.
[160] Vgl. Gabriel, Allison und andere: Further understanding incivility in the workplace: The effects of gender, agency, and communion. In: Journal of Applied Psychology Nr. 4/2018, S. 362-382, online unter https://www.ncbi.nlm.nih.gov/pubmed/29239641 sowie N.N.: Is the 'Queen Bee Syndrome' getting worse? Online seit dem 15.2.2018 unter https://azbigmedia.com/queen-bee-syndrome-getting-worse.
[161] Vgl. Sutton, Robert: Der Arschloch-Faktor. Hanser Wirtschaft 2006.
[162] Vgl. Fritzen, Florentine: Die Quotenwalze. In: Frankfurter Allgemeine vom 8.3.2015. Online unter http://www.faz.net/aktuell/politik/frauenfoerderung-die-quotenwalze-13470099.html.
[163] Vgl. Schulze-Eisentraut, Harald und andere (Hrsg.) Die Quotenfalle. Warum Genderpolitik in die Irre führt. FinanzBuch Verlag 2017
[164] Vgl. N.N.: Quota system failing to bridge Norway's corporate gender gap. Online seit dem 9.10.2013 unter http://business.financialpost.com/executive/executive-women/quota-system-failing-to-bridge-norways-corporate-gender-gap.
[165] Vgl. Weiguny, Bettina: Gescheiterte Vorstandsfrauen. Wurden sie in die Falle gelockt? In: Frankfurter Allgemeine vom 12.2.2015, online unter http://www.faz.net/aktuell/beruf-chance/beruf/frauen-im-vorstand-scheitern-

haeufiger-als-maenner-13415920.html.
[166] Vgl. Klein, Michael: Fiktion und Fakt: Einmal mehr erweist sich die Frauenquoten-Saga als Lüge. Online seit dem 3.1.2013 unter https://sciencefiles.org/2013/01/03/fiktion-und-fakt-einmal-mehr-erweist-sich-die-frauenquoten-saga-als-luge/
[167] Vgl. Taylor, Cheryl und andere: The Hillary Clinton effect: When the same role model inspires or fails to inspire improved performance under stereotype threat. In: Group Processes & Intergroup Relations Vol. 14, Nr. 4/2011, S. 447-456, online unter http://journals.sagepub.com/doi/10.1177/1368430210382680.
[168] Vgl. Shemla, Meir und Kreienberg, Anja: Gender Quotas in Hiring Drive Away Both Women and Men. In: Forbes vom 16.10.2014. Online unter http://www.forbes.com/sites/datafreaks/2014/10/16/gender-quotas-in-hiring-drive-away-both-women-and-men.
[169] Vgl. Institute of Labor Economics: Frauenquote in Norwegen: Keine Karrierevorteile für Frauen unterhalb der Führungsebene. Online seit dem 30.7.2014 unter http://newsroom.iza.org/de/2014/07/30/frauenquote-in-norwegen/ sowie Freitag, Lin: Wird Norwegen vom Vorbild zum Versager? In: Die Zeit vom 13.8.2014, online unter http://www.zeit.de/karriere/2014-08/frauenquote-fuehrungskraft-unternehmen-norwegen.
[170] Vgl. Bös, Nadine: Die Frauenquote wirkt – anders als gedacht. In: Frankfurter Allgemeine vom 6. februar 2019, online unter https://www.faz.net/aktuell/beruf-chance/beruf/glaeserne-decke-die-frauenquote-wirkt-anders-als-gedacht-16018893.html.
[171] Vgl. Teusch, Ulrich: Lückenpresse. Westend 2016, S.79.
[172] Vgl. Ott, Friederike: "Frauen haben es hier einfach, Karriere zu machen". Online seit dem 22.12.2012 unter http://www.spiegel.de/wirtschaft/unternehmen/tuerkei-frauen-machen-karriere-und-erobern-chefposten-a-869015.html.
[173] Vgl. Heyne, Claudia: Täterinnen: offene und versteckte Aggressionen von Frauen. Zürich 1993, S. 43; Rutschky, Katharina: Emma und ihre Schwestern, Ausflüge in den real existierenden Feminismus. München/Wien 1999, S. 9.
[174] Vgl. "Sir Galahad": Mütter und Amazonen. Ein Umriss weiblicher Reiche. Berlin 1962, S. 171.
[175] Vgl. Schenk, Roy: The Other Side of the Coin. Causes and Consequences of Men's Oppression. Madison 1982, S. 113.
[176] Vgl. Shell-Duncan, Bettina und Hernlund, Ylva (Hrsg.): Female "Circumcision" in Africa: Culture, Controversy, and Change. Lynne Rienner Publishers 2001, S. 283-312.
[177] Vgl. Shweder, Richard A.: What about "Female Genital Mutilation?" And Why Understanding Culture
Matters in the First Place.. In: Daedalus Vol. 129 Nr .4 (2000), S. 209-232, hier S. 217. Online unter https://edre.uark.edu/_resources/pdf/zimmerman-2.pdf.
[178] Vgl. Ruch, Matthias: Gericht stellt religiöse Beschneidung unter Strafe. In: Financial Times Deutschland vom 25.6.2012, online veröffentlicht unter http://www.ftd.de/politik/deutschland/:koerperverletzung-gericht-stellt-religioese-

beschneidung-unter-strafe/70054618.html.

[179] Eine Tatsache, die hierbei praktisch durchgehend unterging, ist, dass sich inzwischen auch viele Juden gegen Beschneidung engagieren. Am bekanntesten ist hier die Organisation "Jews against Circumcision" (www.jewsagainstcircumcision.org). Einige weitere Beispiele: Dr. Ronald Goldmans Buch "Questioning Circumcision: A Jewish Perspective" (Vanguard 1997) wurde von mehreren Rabbis empfohlen. Ihrer Freude über das deutsche Anti-Beschneidungsurteil im Sommer 2012 gaben Juden in San Francisco mit einer Kundgebung Ausdruck (siehe http://www.bayareaintactivists.org/node/96). Und der in Israel lebende Jude Eran Sadeh, Gründer der Anti-Beschneidungsgruppe Protect the Child und selbst Opfer dieser Praktik, bat Angela Merkel in einem eindringlichen offenen Brief darum, kein Sondergesetz zu unterstützen, das Genitalverstümmelung bei Jungen weiter möglich mache (vgl. http://die-petition.de/pressemappe/statement-von-eran-sadeh-gruender-von-protect-the-child-israel/).

[180] Vgl. Aresin, Lykke und Starke, Kurt: Lexikon der Erotik. München 1996, S. 52.

[181] Vgl. Love, Brenda: Enzyklopädie der ungewöhnlichsten Sexualpraktiken. Band l und 2. Flensburg 1997, S. 28.

[182] Vgl. Aresin, Lykke und Starke, Kurt: Lexikon der Erotik. München 1996, S. 40 und 233 sowie Love, Brenda: Enzyklopädie der ungewöhnlichsten Sexualpraktiken. Band l und 2. Flensburg 1997, S. 451.

[183] Cialdini, Robert: Die Psychologie des Überzeugens: ein Lehrbuch für alle, die ihren Mitmenschen und sich selbst auf die Schliche kommen wollen- Bern u. a. 1997, S. 111.

[184] Vgl. Goldenson, Robert und Anderson, Kenneth: The Wordsworth Dictionary of Sex. Hertfordshire 1994, S. 11.

[185] Vgl. Love, Brenda: Enzyklopädie der ungewöhnlichsten Sexualpraktiken. Band l und 2. Flensburg 1997, S. 450.

[186] Vgl. Love, Brenda: Enzyklopädie der ungewöhnlichsten Sexualpraktiken. Band l und 2. Flensburg 1997, S. 450.

[187] Vgl. Love, Brenda: Enzyklopädie der ungewöhnlichsten Sexualpraktiken. Band l und 2. Flensburg 1997, S. 451.

[188] Vgl. Real, Terence: Mir geht's doch gut. Männliche Depressionen - warum sie so oft verborgen bleiben, woran man sie erkennt und wie man sie heilen kann. München 1999, S. 170.

[189] Vgl. Real, Terence: Mir geht's doch gut. Männliche Depressionen - warum sie so oft verborgen bleiben, woran man sie erkennt und wie man sie heilen kann. München 1999, S. 170-171.

[190] Real, Terence: Mir geht's doch gut. Männliche Depressionen - warum sie so oft verborgen bleiben, woran man sie erkennt und wie man sie heilen kann. München 1999, S. 171.

[191] Vgl. N.N.: Dutzende Jungen nach Beschneidung gestorben. In: 20 Minuten vom 10.7.2009, online veröffentlicht unter http://www.20min.ch/news/kreuz_und_quer/story/Dutzende-Jungen-nach-

Beschneidung-gestorben-25648377 sowie N.N.: Beschneidungen fordern 30 Todesopfer, online seit dem 7.7.2013 unter http://www.spiegel.de/panorama/gesellschaft/suedafrika-beschneidungszeremonien-fordern-30-todesopfer-a-909906.html.

[192] Vgl. Gonzalez, Laura Lopez: Over half a million initiates maimed under the knife. Online seit dem 25.6.2014 unter https://www.health-e.org.za/2014/06/25/half-million-initiates-maimed-knife.

[193] Vgl. N.N.: Baby boy bled to death after botched home circumcision by nurse who was paid £100 to use scissors, forceps and no anaesthetic. In: Daily Mail vom 14.12.2012, online veröffentlicht unter http://www.dailymail.co.uk/news/article-2248333/Nigerian-nurse-Grace-Adeleye-guilty-manslaughter-after.html.

[194] Vgl. Bollinger, Dan: Lost Boys: An Estimate of U.S. Circumcision-Related Infant Deaths. In: Boyhood Studies, 4/2010, S. 78-90, online veröffentlicht unter http://www.readperiodicals.com/201004/2026622071.html.

[195] Vgl. Warner, David: Philippine city attempts to set Guinness Record for mass circumcision, online veröffentlicht am 9.5.2011 unter http://www.nerve.com/news/current-events/phillipine-city-attempts-to-set-guinness-record-for-mass-circumcision, sowie Rahman, Ray: Oops: 1,500 boys got their penises circumcised for nothing, online veröffentlicht am 22.5.2011 unter http://www.nerve.com/news/current-events/oops-1500-boys-got-their-penis-circumcised-for-nothing.

[196] Vgl. Bernhard, Renate: Plädoyer fürs Hinschauen. Warum gerade Frauen bei der Jungenbeschneidung kritisch hinschauen sollten - und manche es auch schon tun. Online veröffentlicht im März 2016 unter http://blog.monika-ebeling.de/wp-content/uploads/2016/03/Beschneidung-von-Jungen.pdf.

[197] Vgl. Dia, Hannington: Why The Fight To End Female Genital Mutilation Needs To Include Infant Male Circumcision. Online seit dem 31.5.2016 unter https://www.theodysseyonline.com/male-circumcision-and-female-genital-mutliation.

[198] Vgl. N.N.: The Consequences can be worse for Boy than for Girl. Online unter https://www.youtube.com/watch?v=NaEoQVZnN8I.

[199] Vgl. Steinfeld, Rebecca: Like FGM, cut foreskins should be a feminist issue. Online seit dem 18.11.2013 unter https://theconversation.com/like-fgm-cut-foreskins-should-be-a-feminist-issue-20328.

[200] Vgl. beispielhaft zu der Flut von Beiträgen über diese Erkenntnis Bollinger, Dan: Circumcision does not shield men from STD, online seit dem 21.3.2008 unter http://www.icgi.org/2008/03/circumcision-does-not-shield-men-from-std; N.N.: Male Circumcision Overstated As Prevention Tool Against AIDS, online seit dem 20.6.2007 unter https://www.medicalnewstoday.com/releases/74521.php; Narvaez, Dacia: More Circumcision Myths You May Believe: Hygiene and STDs, online seit dem 13.9.2011 unter https://www.psychologytoday.com/blog/moral-landscapes/201109/more-circumcision-myths-you-may-believe-hygiene-and-stds sowie Earp, Brian: A fatal irony: Why the "circumcision solution" to the AIDS epidemic in Africa may increase transmission of HIV, online seit dem 22.5.2012 unter http://blog.practicalethics.ox.ac.uk/2012/05/when-bad-science-kills-or-how-

to-spread-aids.
[201] Vgl. Kangwele, Mike: Malawian circumcised men most likely to be infected by HIV, research shows. Online seit dem 25.7.2015 unter https://malawi24.com/2015/07/25/malawian-circumcised-men-most-likely-to-be-infected-by-hiv-research-shows.
[202] Vgl. N.N.: Ärzteverband besorgt über Kindergesundheit - Kritik an Beschneidung. In: Kölnische Rundschau vom 14.10.2013, online unter https://www.rundschau-online.de/aerzteverband-besorgt-ueber-kindergesundheit---kritik-an-beschneidung-5943252 sowie Zöllich, Miriam: Ist Beschneidung Kindesmisshandlung? Online seit dem 13.10.2014 unter https://web.de/magazine/gesundheit/beschneidung-kindesmisshandlung-30137066.
[203] Vgl. Zöllich, Miriam: Ist Beschneidung Kindesmisshandlung? Online seit dem 13.10.2014 unter https://web.de/magazine/gesundheit/beschneidung-kindesmisshandlung-30137066.
[204] Vgl. N.N.: Babies feel pain 'like adults'. Online seit dem 21.4.2015 unter http://www.ox.ac.uk/news/2015-04-21-babies-feel-pain-adults sowie McIntosh, James: World-first MRI study shows babies experience pain 'like adults'. Online seit dem 21.4.2015 unter https://www.medicalnewstoday.com/articles/292717.php.
[205] Vgl. Lander, J. und andere: Comparison of Ring Block, Dorsal Penile Nerve Block, and Topical Anesthesia for Neonatal Circumcision. In: JAMA, Vol. 278, Nr. 24/1997, S. 2157-2162. Zitiert nach Narvaez, Darcia: Myths about Circumcision You Likely Believe. In: Psychology Today vom 11.9.2011, online unter https://www.psychologytoday.com/blog/moral-landscapes/201109/myths-about-circumcision-you-likely-believe.
[206] Vgl. Anand K.J. und andere: Can Adverse Neonatal Experiences Alter Brain Development and Subsequent Behavior? In: Biol Neonate Vol. 77, Nr. 2/2000, S. 69-82, online unter https://www.ncbi.nlm.nih.gov/pubmed/10657682; Boyle, Gregory und andere:.Male Circumcision: Pain, Trauma, and Psychosexual Sequelae. In: Journal of Health Psychology Vol. 7, Nr. 3/2002, S. 329-343, online unter http://www.cirp.org/library/psych/boyle6; Goldman, R.: The Psychological Impact of Circumcision. In: BJU International Vol. 83, 1999, S. 93-102, online unter http://www.cirp.org/library/psych/goldman1; Hammond, T.: A Preliminary Poll of Men Circumcised in Infancy or Childhood. In: BJU International Vol. 83, 1999, S. 85-92, online unter http://www.noharmm.org/bju.htm sowie Taddio, A. und andere: Effect of neonatal circumcision on pain response during subsequent routine vaccination. In: Lancet Vol. 349, 1997, S. 599-603, online unter https://www.ncbi.nlm.nih.gov/pubmed/9057731. Alle Studien zitiert nach Narvaez, Darcia: Myths about Circumcision You Likely Believe. In: Psychology Today vom 11.9.2011, online unter https://www.psychologytoday.com/blog/moral-landscapes/201109/myths-about-circumcision-you-likely-believe.
[207] Vgl. Lehrke, Gerhard: Forschung Vorhaut macht Tierversuche überflüssig. In: Berliner Kurier vom 5.11.2015, online unter http://www.berliner-kurier.de/kiez-stadt/forschung-vorhaut-macht-tierversuche-ueberfluessig,7169128,32341052.html.

[208] Vgl. Weiland, Severin: Wer? Wie viele? Wohin? Online seit dem 30.11.2017 unter http://www.spiegel.de/politik/deutschland/afd-parteitag-machtkampf-um-parteispitze-in-hannover-erwartet-a-1180757.html.
[209] Vgl. Erdogan, Bülent: "Es gibt keine Frauenbeschneidung ohne Männerbeschneidung". In: Rheinisches Ärzteblatt 8/2015, S. 23-25, online unter https://www.aekno.de/downloads/archiv/2015.08.023.pdf.
[210] Vgl. http://www.doctorsopposingcircumcision.org.
[211] Vgl. Darby, Robert und Svoboda, Steven: A Rose by Any Other Name? Rethinking the Similarities and Differences between Male and Female Genital Cutting. In: Medical Anthropology Quarterly, Vol. 21, Nr. 3/2007, S. 301–323, hier S. 304. Ich danke meiner guten Freundin Dr. Katja Kurz, die ebenfalls im Menschenrechtsbereich tätig ist, für das Zusenden dieses Aufsatzes. Siehe zum selben Thema auch Hammond, Timm: Der Zusammenhang zwischen weiblicher und männlicher Genitalverstümmelung. In: Terres Des Femmes (Hrsg.): Schnitt in die Seele – Weibliche Genitalverstümmelung – Eine fundamentale Menschenrechtsverletzung. Mabuse 2003, S. 269-295. Hammond ist Begründer der Anti-Beschneidungsorganisation Noharmm (www.noharmm.org), die sich speziell den Kampf gegen männliche Genitalverstümmelung auf die Fahnen geschrieben hat.
[212] Vgl. Darby, Robert und Svoboda, Steven: A Rose by Any Other Name? Rethinking the Similarities and Differences between Male and Female Genital Cutting. In: Medical Anthropology Quarterly, Vol. 21, Nr. 3/2007, S. 301–323, hier S. 302.
[213] Vgl. zu einer eindrucksvollen Auflistung vieler an dieser Koalition beteiligten Gruppen und Einzelpersonen http://manndat.de/gewalt-gegen-maenner/grosse-koalition-gegen-beschneidung-von-kinderrechten.html.
[214] Vgl. Schwarzer, Alice: Soll die Beschneidung verboten werden? Online zu finden unter https://tinyurl.com/yccuclhv.
[215] Vgl. Kessler, Glenn: The zombie statistic about women's share of income and property. In der Washington Post vom 33.2015, online unter https://www.washingtonpost.com/news/fact-checker/wp/2015/03/03/the-zombie-statistic-about-womens-share-of-income-and-property.
[216] Vgl. Cohen. Philip: 'Women Own 1% of World Property': A Feminist Myth That Won't Die. In The Atlantic vom 8.3.2013, online unter https://www.theatlantic.com/sexes/archive/2013/03/women-own-1-of-world-property-a-feminist-myth-that-wont-die/273840.
[217] Vgl. Real, Terence: Mir geht's doch gut. Männliche Depressionen - warum sie so oft verborgen bleiben, woran man sie erkennt und wie man sie heilen kann. München 1999, S. 18.
[218] Vgl. Farrell, Warren: Mythos Männermacht. Frankfurt am Main 1995, S. 213.
[219] Vgl. Tavris, Carol: The Mismeasure of Woman. New York u. a, 1992, S. 259.
[220] Vgl. Real, Terence: Mir geht's doch gut. Männliche Depressionen - warum sie so oft verborgen bleiben, woran man sie erkennt und wie man sie heilen kann. München 1999, S. 34.
[221] Vgl. Real, Terence: Mir geht's doch gut. Männliche Depressionen - warum sie

so oft verborgen bleiben, woran man sie erkennt und wie man sie heilen kann. München 1999, S. 31.

[222] Vgl. Tavris, Carol: The Mismeasure of Woman. New York u. a, 1992, S. 261.

[223] Vgl. Cose, Ellis: A Man's World. How Real Is Male Privilege - and How High Is the Price? New York 1995, S. 192; Meryn, Siegfried; Metka, Markus und Kindel, Georg: Der Mann 2000. Die Hormon-Revolution. Wien 1999, S. 327; Real, Terence: Mir geht's doch gut. Männliche Depressionen - warum sie so oft verborgen bleiben, woran man sie erkennt und wie man sie heilen kann. München 1999, S. 16; Tavris, Carol: The Mismeasure of Woman. New York u. a, 1992, S. 260.

[224] Real, Terence: Mir geht's doch gut. Männliche Depressionen - warum sie so oft verborgen bleiben, woran man sie erkennt und wie man sie heilen kann. München 1999, S. 84-85.

[225] Real, Terence: Mir geht's doch gut. Männliche Depressionen - warum sie so oft verborgen bleiben, woran man sie erkennt und wie man sie heilen kann. München 1999, S. 17.

[226] Real, Terence: Mir geht's doch gut. Männliche Depressionen - warum sie so oft verborgen bleiben, woran man sie erkennt und wie man sie heilen kann. München 1999, S. 59-64.

[227] Cose, Ellis: A Man's World. How Real Is Male Privilege - and How High Is the Price? New York 1995, S. 128.

[228] Cose, Ellis: A Man's World. How Real Is Male Privilege - and How High Is the Price? New York 1995, S. 193.

[229] Vgl. Stokowski, Margarete: Die Krux mit der Diskriminierung. Weiße und Männer können alles haben, aber das nicht. Online seit dem 6.11.2018 unter http://www.spiegel.de/kultur/gesellschaft/warum-es-keinen-sexismus-gegen-maenner-oder-rassismus-gegen-weisse-gibt-a-1236954.html.

[230] Vgl. Stoet, Gijsbert und Geary, David: A simplified approach to measuring national gender inequality, online seit dem 3.1.2019 unter https://journals.plos.org/plosone/article?id=10.1371/journal.pone.0205349; Pinkstone, Joe: Men 'face MORE discrimination than women': Global study claims males receive the raw end of the deal with harsher punishments for the same crime, compulsory military service and more deaths at work. In: Daily Mail vom 7.1.2019, online unter https://www.dailymail.co.uk/sciencetech/article-6564767/Men-face-discrimination-women.html sowie Hamill, Jasper: Men are more disadvantaged than women in the UK, US and most of Europe, scientists claim. In: Metro vom 4.1.2019, online unter https://metro.co.uk/2019/01/04/men-disadvantaged-women-uk-us-europe-scientists-claim-8309361.

[231] Vgl. Herrmann, Sebastian: Wo Männer leiden. In: Süddeutsche Zeitung vom 9.1.2019, online unter https://www.sueddeutsche.de/wissen/index-gleichberechtigung-geschlechter-1.4279237.

[232] Vgl. hierzu und zu allen Zitaten Dobbin, Frank und Kalev, Alexandra: Why Diversity Programs Fail. In: Harvard Business Review von Juli/August 2016, online unter https://hbr.org/2016/07/why-diversity-programs-fail.

[233] Vgl. Dover, Tessa, Major, Brenda und Kaiser, Cheryl: Diversity Policies Rarely

Make Companies Fairer, and They Feel Threatening to White Men. In: Harvard Business Review vom 4.1.2016. Online unter https://hbr.org/2016/01/diversity-policies-dont-help-women-or-minorities-and-they-make-white-men-feel-threatened.

[234] Vgl. N.N.: Die Frauenquote hemmt die Teamarbeit. In: FernUni Perspektive. Zeitung für Angehörige, Freundinnen und Freunde der FernUniversität Hagen. Ausgabe 59, Frühjahr 2017, S. 5. Online unter https://www.fernuni-hagen.de/imperia/md/content/presse/perspektive/perspektive59.pdf auf Seite 5 unten.

[235] Vgl. Waldfogel, Joel: Couch Entitlement. Surprise—men do just as much work as women do. Online unter http://www.slate.com/id/2164268/.

[236] Vgl. die Pressemitteilung von Eltern in Deutschland e.V., online seit dem 19.9.2006 unter https://www.openpr.de/news/100544/Maenner-investieren-mehr-Zeit-in-ihre-Familie.html.

[237] Vgl. Collins, Nick: Why men can shirk housework. In: Telegraph vom 4.8.2010, online unter http://www.telegraph.co.uk/women/mother-tongue/7926441/Why-men-can-shirk-housework.html.

[238] Farrell, Warren: Mythos Männermacht. Frankfurt am Main 1995, S. 88-90.

[239] Vgl. Higgins, Kate: Men twice as likely to have flexible work hours requests knocked back: study. Online seit dem 3.2.2016 unter http://www.abc.net.au/news/2016-02-03/men-more-likely-to-have-flexible-work-requests-knocked-back/7137208.

[240] Vgl. A.T. Kearney: Familienstudie - Väter bei Vereinbarkeit noch frustrierter als Mütter. Online seit dem 3.10.2016 unter http://www.presseportal.de/pm/15196/3445789.

[241] Vgl. Rexer, Andrea: Kinder und Karriere – auch für Männer. In: Süddeutsche Zeitung vom 17.12.2015. Online unter http://www.sueddeutsche.de/karriere/vereinbarkeit-von-job-und-familie-kind-und-karriere-fuer-frauen-schwer-fuer-maenner-schwerer-1.2786942.

[242] Vgl. Herrmann, Sebastian: Väter stöhnen lieber nicht. In: Süddeutsche Zeitung vom 28.7.2017, online unter http://www.sueddeutsche.de/karriere/beruf-und-familie-vaeter-stoehnen-lieber-nicht-1.3605709.

[243] Eine Zusammenfassung von Ergebnissen der Studie steht online unter https://www.mpicc.de/files/pdf1/honourkillings_summary_deutsch.pdf.

[244] Die Studie steht online unter https://www.bka.de/SharedDocs/Downloads/DE/Publikationen/Publikationsreihen/PolizeiUndForschung/1_42_EhrenmordeInDeutschland.pdf?__blob=publicationFile&v=3.

[245] Vgl. N.N.: Mothers 'an unseen force' in 'honour' abuse. Veröffentlicht am 27.6.2017 unter http://www.bbc.com/news/uk-england-bradford-west-yorkshire-40367910.

[246] Sommers, Christina Hoff: Who Stole Feminism? How Women Have Betrayed Women. New York 1994, S. 11-12.

[247] Farrell, Warren: Women Can't Hear, What Men Don't Say. New York 1999, S. 228.

[248] Wardetzki, Bärbel: "Iß doch endlich mal normal." Hilfen für Angehörige von eßgestörten Frauen. München 1996, S. 34.
[249] Jansen, Paul u.a. (Hg.): Klinik der Ess-Störungen - Magersucht und Bulimie. München 1997, S. 35-39.
[250] Vgl. Real, Terence: Mir geht's doch gut. Männliche Depressionen - warum sie so oft verborgen bleiben, woran man sie erkennt und wie man sie heilen kann. München 1999, S. 33.
[251] Grammer, Karl: Signale der Liebe. Die biologischen Gesetze der Partnerschaft. München 1995, S. 172-173.
[252] Vgl. Campbell, Denis: Body image concerns more men than women, research finds. In: The Guardian vom 6.6.2012. Online unter https://www.theguardian.com/lifeandstyle/2012/jan/06/body-image-concerns-men-more-than-women.
[253] Vgl. Windmüller, Gunda: Warum Onlinedating nichts für Männer mit geringem Selbstbewusstsein ist. Online seit dem 1.11.2016 unter http://ze.tt/warum-online-dating-nichts-fuer-maenner-mit-geringem-selbstbewusstsein-ist.
[254] Vgl. Rudman, L.A. und Goodwin, S.A.: Gender differences in automatic in-group bias: why do women like women more than men like men? In: Journal of Personality and Social Psychology 87/2004: 494–509. Der Abstract, also die Zusammenfassung der Studie steht online unter http://www.ncbi.nlm.nih.gov/pubmed/15491274.
[255] Vgl. Kucklick, Christoph: Das verteufelte Geschlecht. In: Die Zeit vom 8.5.2012, online veröffentlicht unter http://www.zeit.de/2012/16/DOS-Maenner.
[256] Vgl. Synnott, Anthony: Rethinking Men. In: Psychology Today vom 6.10.2010, online veröffentlicht unter http://www.psychologytoday.com/blog/rethinking-men/201010/why-some-people-have-issues-men-misandry.
[257] Vgl. für die folgenden Absätze Macnamara, Jim: Media and Male Identity. The Making and Remaking of Men. Palgrave MacMillan 2006, wobei sich Kapitel 6 des Buches mit der Zusammenfassung seiner Erkenntnisse online findet unter http://mhaweb.squarespace.com/storage/files/Mass%20media%20reps%20of%20 males%20Ch6.pdf. Siehe ebenso Macnamara, Jim: Men in the media. The manufacture of contempt. Online unter http://www.archipelagopress.com/images/ResearchPapers/Men%20in%20Media% 20Paper.pdf.
[258] Vgl. Woods, M.: Masculinities and discourse. Paper presented to the 3rd National Men's Health Conference. Sydney 1999. Zitiert nach Macnamara.
[259] Vgl. Macdonald, J. und andere: Making it OK to be Male. Paper presented to 8th National Australian Suicide Prevention Conference. Sydney 2000. Zitiert nach Macnamara.
[260] Vgl. Bock, Andrew: Dumb and dumber stereotypes take the heart out of boy's hopes. In: The Sydney Morning Herald vom 19.9.2003, S. 13, online veröffentlicht unter http://www.cads.com.au/cads-articles/2003/9/19/dumb-and-dumber-stereotypes-take-the-heart-out-of-boys-hopes.
[261] Vgl. Mischke, Roland: Die Volltrottel in der Vaterrolle. In: Wiesbadener Kurier vom 27.10.2006. Vgl. zu der behandelten Studie Ponocny-Seliger, Elisabeth und

andere: Männer in den Medien. Eigenverlag des österreichischen Bundesministeriums für soziale Sicherheit, Generationen und Konsumentenschutz. Eingehender berichte ich über die Ergebnisse dieser Studie in meinem Buch Männerbeben, S. 65-67.

[262] Vgl. Kucklick, Christoph: Das unmoralische Geschlecht. Zur Genese der negativen Andrologie. Suhrkamp 2008, S. 12.

[263] Vgl. Kucklick, Christoph: Das unmoralische Geschlecht. Zur Genese der negativen Andrologie. Suhrkamp 2008, S. 13.

[264] Vgl. Kucklick, Christoph: Das unmoralische Geschlecht. Zur Genese der negativen Andrologie. Suhrkamp 2008, S. 15.

[265] Vgl. Kucklick, Christoph: Das unmoralische Geschlecht. Zur Genese der negativen Andrologie. Suhrkamp 2008, S. 17.

[266] Vgl. Kucklick, Christoph: Das unmoralische Geschlecht. Zur Genese der negativen Andrologie. Suhrkamp 2008, S. 56.

[267] Vgl. Kucklick, Christoph: Das unmoralische Geschlecht. Zur Genese der negativen Andrologie. Suhrkamp 2008, S. 73.

[268] Vgl. Kucklick, Christoph: Das unmoralische Geschlecht. Zur Genese der negativen Andrologie. Suhrkamp 2008, S. 334-335.

[269] Vgl. FeldmanHall, Oriel und andere: Moral Chivalry: Gender and Harm Sensitivity Predict Costly Altruism. In: Social Psychological and Personality Science, 2016; DOI: 10.1177/1948550616647448. Eine Zusammenfassung der Studie steht auch online unter https://www.sciencedaily.com/releases/2016/06/160608143955.htm.

[270] Vgl. Hammond, Matthew und andere: The Allure of Sexism: Psychological Entitlement Fosters Women's Endorsement of Benevolent Sexism Over Time. In: Social Psychological and Personality Science Vol 5, Issue 4, 2014, online unter http://journals.sagepub.com/doi/abs/10.1177/1948550613506124.

[271] Vgl. Seager, Martin und Barry, John: Positive Masculinity: Including Masculinity as a Valued Aspect of Humanity. In: Barry, John und andere (Hrsg.): The Palgrave Handbook of Male Psychology and Mental Health. Palgrave Machmillan 2019, S. 105-,122, hier S. 108.

[272] Vgl. Seager, Martin und Barry, John: Positive Masculinity: Including Masculinity as a Valued Aspect of Humanity. In: Barry, John und andere (Hrsg.): The Palgrave Handbook of Male Psychology and Mental Health. Palgrave Machmillan 2019, S. 105-,122, hier S. 109-110.

[273] Vgl. Eckert, Daniel: Die große Illusion der Ganztagsschule. In: Die Welt vom 10.4.2017, online unter https://www.welt.de/wirtschaft/article163561028/Die-grosse-Illusion-der-Ganztagsschule.html. Die zitierte Studie ist unter dem Titel "The Effects of After-School Programs on Maternal Employment" erschienen.

[274] Vgl. Eckert, Daniel: Die große Illusion der Ganztagsschule. In: Die Welt vom 10.4.2017, online unter https://www.welt.de/wirtschaft/article163561028/Die-grosse-Illusion-der-Ganztagsschule.html.

[275] Vgl. N.N.: Mütter arbeiten trotz Ganztags nicht Vollzeit. In: WAZ vom 25.4.2017, online unter http://www.waz.de/staedte/essen/muetter-arbeiten-trotz-ganztags-nicht-vollzeit-id210355567.html.

[276] Vgl. Beeger, Britta: Warum kostenlose Kita-Plätze ihr Ziel verfehlen. In: Frankfurter Allgemeine vom 29.1.2018, online unter http://www.faz.net/aktuell/wirtschaft/kostenlose-kitaplaetze-bringen-nicht-mehr-frauen-in-arbeit-15421579.html.
[277] Vgl. Thier, Jenni: Feministinnen, regt euch ab! In: Frankfurter Allgemeine vom 1.7.2016, online unter http://www.faz.net/aktuell/beruf-chance/frauen-werden-im-berufsleben-nicht-diskriminiert-14308455.html.
[278] Vgl. N.N.: Schon wieder: Zwei statt 21 Prozent: SPD übertreibt Lohnlücke zwischen Männern und Frauen. Online seit dem 10.9.2017 unter http://www.focus.de/finanzen/videos/schon-wieder-zwei-statt-21-prozent-spd-uebertreibt-lohnluecke-zwischen-maennern-und-frauen_id_7574252.html.
[279] Vgl. N.N.: "Lohndiskriminierung": Das Frauenministerium klärt auf. Online veröffentlicht am 15.8.2008 unter http://manndat.de/feministische-mythen/lohndiskriminierung/lohndiskriminierung-das-frauenministerium-klaert-auf.html.
[280] Vgl. Schow, Ashe: White House: The '77 cents' wage gap figure isn't accurate, but they'll use it anyway. In: Washington Examiner vom 7.4.2014, online unter http://www.washingtonexaminer.com/white-house-the-77-cents-wage-gap-figure-isnt-accurate-but-theyll-use-it-anyway/article/2546914.
[281] Vgl. Finke, Claudia: Verdienstunterschiede zwischen Männern und Frauen - eine Ursachenanalyse auf Grundlage der Verdienststrukturerhebung 2006. In: Wirtschaft und Statistik, Heft 1/2011, S. 36-50. Online veröffentlicht unter https://www.destatis.de/DE/Publikationen/WirtschaftStatistik/VerdiensteArbeitskosten/VerdiensteMaennerFrauen111.pdf?__blob=publicationFile. Siehe dazu auch die Pressemitteilung des Statistischen Bundesamtes unter https://www.destatis.de/DE/PresseService/Presse/Pressemitteilungen/2010/10/PD10_384_621.html.
[282] Vgl. Mischler, Frauke: Drei Viertel des Gender Pay Gap lassen sich mit Strukturunterschieden erklären. Pressemitteilung des Statistischen Bundesamtes vom 14.3.2017, online unter https://www.destatis.de/DE/PresseService/Presse/Pressemitteilungen/2017/03/PD17_094_621.html.
[283] Vgl. Bernau, Patrick: Was Frauen wirklich wollen. In: Frankfurter Allgemeine vom 3.4.2018, online unter https://blogs.faz.net/fazit/2018/04/03/was-frauen-wirklich-wollen-9836.
[284] Einen mit entsprechenden Verlinkungen übersehenen Überblick über fehlerhafte Berichterstattung bietet N.N.: Fake News zum bereinigten GPG 2016. Online seit dem 14.3.2017 unter http://maninthmiddle.blogspot.de/2017/03/fake-news-gpg2016-destatis.html.
[285] Vgl. Menkens, Sabine: Arbeitgeber fürchten Schwesigs nächsten Streich. In: Die Welt vom 25.2.2015, online unter https://www.welt.de/politik/deutschland/article137820632/Arbeitgeber-fuerchten-Schwesigs-naechsten-Streich.html.
[286] Vgl. N.N.: Kein Geld, kein Freizeitausgleich: Nur jede zweite Überstunde wird deutschen Arbeitnehmern vergütet. In: Focus Money vom 25.10.2012, online

veröffentlicht unter http://www.focus.de/finanzen/karriere/kein-geld-kein-freizeitausgleich-nur-jede-zweite-ueberstunde-wird-deutschen-arbeitnehmern-verguetet_aid_845932.html.

[287] Vgl. Pressemitteilung des Instituts der deutschen Wirtschaft Köln: Nur zwei Prozent Gehaltsunterschied. Online veröffentlicht unter http://www.iwkoeln.de/de/presse/pressemitteilungen/beitrag/102500.

[288] Vgl. Rettig, Daniel: Frauen verdienen zwei Prozent weniger als Männer. In: Wirtschaftswoche vom 5.12.2013, online veröffentlicht unter http://www.wiwo.de/erfolg/beruf/gehalt-frauen-verdienen-zwei-prozent-weniger-als-maenner/9173308.html.

[289] Vgl. Moser, Thomas: Ten Years Gender Pay Gap-Mistake - Ein Irrtum wird zehn Jahre alt. Online seit dem 18.3.2017 unter https://www.heise.de/tp/features/Ten-Years-Gender-Pay-Gap-Mistake-Ein-Irrtum-wird-zehn-Jahre-alt-3652060.html.

[290] Vgl. Hessler, Markus: Lügen mit Statistik: Die Tricks beim Gender Pay Gap und der Armutsgefährdung. Online seit dem 27.3.2015 unter http://www.insm-oekonomenblog.de/12173-luegen-mit-statistik-die-tricks-beim-gender-pay-gap-und-der-armutsgefaehrdung.

[291] Vgl. Timcke, Marie-Louise und andere: Wo Frauen mehr verdienen als Männer. Online seit Dezember 2017 unter https://interaktiv.morgenpost.de/gender-pay-gap.

[292] Vgl. N.N.: Reverse wage gap: Pay for new female college graduates tops men in many fields. In: The Kansas City Star vom 5.8.2015. Online unter http://www.kansascity.com/news/business/workplace/article30023976.html.

[293] Vgl. Friedrichsen, Heike: Die Legende von den armen Frauen. Online veröffentlicht am 13.10.2005 unter http://www.spiegel.de/unispiegel/jobundberuf/gehaltsreport-die-legende-von-den-armen-frauen-a-379444.html.

[294] Die zitierte Passage des Reports steht online unter tinyurl.com/bq3emlz.

[295] Vgl. Heinrichs, Julius:Frauen verdienen mehr. In: Ostsee-Zeitung vom 15.12.2017, online unter http://www.ostsee-zeitung.de/Sonntag/Top-Thema/Frauen-verdienen-mehr.

[296] Vgl. Bauer, Gernot und Treichler, Robert: Löhne: Die Wahrheit über die Ungleichheit. In: Profil 14/2012, online veröffentlicht am 12.5.2012 unter http://www.profil.at/articles/1213/560/323607/einkommen-loehne-die-wahrheit-ungleichheit.

[297] Vgl. US Department of Labor und CONSAD Research Corporation: An Analysis of Reasons for the Disparity
in Wages Between Men and Women, Washington 2009. Online veröffentlicht unter
http://www.consad.com/content/reports/Gender%20Wage%20Gap%20Final%20Report.pdf.

[298] Vgl. N.N.: Frauen bescheiden sich beim Einkommen. Online veröffentlicht am 6.7.2010 unter http://www.spiegel.de/wirtschaft/soziales/gehaelterdebatte-frauen-bescheiden-sich-beim-einkommen-a-704847.html.

[299] Vgl. Sicking, Marzena: Frauen planen Karriere passiver. Online veröffentlicht am 20.3.2013 unter http://www.heise.de/resale/artikel/Frauen-planen-Karriere-passiver-1821943.html.
[300] Vgl. Silverstein, Michael und Sayre Kate: The Boston Consulting Group Global Inquiry into Women and Consumerism 2008. Ergebnisse der Studie flossen ein in Silverstein, Michael und Sayre Kate: Zielgruppe: Frau. Wie Sie die anspruchsvollsten Konsumenten der Welt erreichen. Finanzbuch Verlag 2010.
[301] Vgl. Brown, Belinda: From Hegemonic to Responsive Masculinity: The Transformative Power of the Provider Role. In: Barry, John und andere (Hrsg.): The Palgrave Handbook of Male Psychology and Mental Health. Palgrave Machmillan 199, S. 183-204, hier S. 185. Weiterführende Studien siehe dort.
[302] Vgl. Brown, Belinda: From Hegemonic to Responsive Masculinity: The Transformative Power of the Provider Role. In: Barry, John und andere (Hrsg.): The Palgrave Handbook of Male Psychology and Mental Health. Palgrave Machmillan 199, S. 183-204, hier S. 187. Weiterführende Studien siehe dort.
[303] Vgl. Mika, Bascha: Die Feigheit der Frauen: Rollenfallen und Geiselmentalität. - Eine Streitschrift wider den Selbstbetrug. Goldmann 2012, S. 126 und 26.
[304] Vgl. Hollersen, Wiebke und andere: Männerdämmerung. In: Der Spiegel Nr. 1/2013, S. 98-105, hier S. 101-102.
[305] Vgl. Stein, Hannes: Wo Frauen mehr verdienen als Männer. In: Die Welt vom 8.10.2007, online veröffentlicht unter http://www.welt.de/wirtschaft/article1244246/Wo-Frauen-mehr-verdienen-als-Maenner.html.
[306] Liza Mundys Buch wurde leider nicht ins Deutsche gesetzt, wohl aber das Buch "Das Ende der Männer und der Aufstieg der Frauen" (Berlin-Verlag 2013) der Feministin Hanna Rosin, das zwar einen männerfeindlichen Unterton enthält, aber die Beobachtungen Mundys teilt.
[307] Vgl. Tavris, Carol: Battle Hymn of the Slacker Father. In: Wall Street Journal vom 7.9.2012, online veröffentlicht unter http://online.wsj.com/article/SB10000872396390443686004577633320434651682.html?mod=googlenews_wsj.
[308] Vgl. Dougherty, Conor: Young Women's Pay Exceeds Male Peers. In: Wall Street Journal vom 1.9.2010, online unter http://online.wsj.com/article/SB10001424052748704421104575463790770831192.html.
[309] Vgl. Mundy, Liza: The Richer Sex. How the new majority of female breadwinners is transforming sex, love and family. Simon & Schuster 2012, S. 52. Mundy bezieht sich auf den Bericht "Highlights of Women's Earnings in 2010" des Bureau of Labor Statistics vom Juli 2011, online unter http://www.bls.gov/cps/cpswom2010.pdf.
[310] Vgl. Mundy, Liza: The Richer Sex. How the new majority of female breadwinners is transforming sex, love and family. Simon & Schuster 2012, S. 197. Mundy bezieht sich auf Chung, James und Johnstone, Sally: A Glimpse into the Postcrash Enviroment. In: Urband Land von März/April 2010, S. 42-44, online unter http://urbanland.uli.org/Articles/2010/MarApr/Chung.

[311] Vgl. Mundy, Liza: The Richer Sex. How the new majority of female breadwinners is transforming sex, love and family. Simon & Schuster 2012, S. 66. Mundy bezieht sich auf Fry, Richard und Cohn, D'Vera: Women, Men and the New Economics of Marriage. Veröffentlicht vom Pew Research Center im Januar 2010, online unter http://www.pewsocialtrends.org/2010/01/19/women-men-and-the-new-economics-of-marriage/.
[312] Vgl. Mundy, Liza: The Richer Sex. How the new majority of female breadwinners is transforming sex, love and family. Simon & Schuster 2012, S. 6. Mundy bezieht sich auf die Zahlen des Bureau of Labor Statistics, genauer gesagt Table 25: Wives Who Earn More than their Husbands, 1987-2008, online unter www.bls.gov/cps/wlftable25-2010.htm.
[313] Vgl. Mundy, Liza: The Richer Sex. How the new majority of female breadwinners is transforming sex, love and family. Simon & Schuster 2012, S. 6. Ausführliche weiterführende Quellenangaben siehe dort.
[314] Vgl. Mundy, Liza: The Richer Sex. How the new majority of female breadwinners is transforming sex, love and family. Simon & Schuster 2012, S. 53-54. Ausführliche Quellenangaben siehe dort.
[315] Vgl. Mundy, Liza: The Richer Sex. How the new majority of female breadwinners is transforming sex, love and family. Simon & Schuster 2012, S. 54-55. Mundy bezieht sich auf Autor, David: The Polarization of Job Opportunities in the U.S.Labor Market: Implications for Employment and Earnings. The Hamilton Project and Center for American Progress 2010, online unter www.brookings.edu/papers/2010/04_jobs_autor.aspx.
[316] Vgl. als vermutlich besten Überblicksartikel Ove, Torsten: Women at the top of business outearn men. In: Pittsburgh Post-Gazette vom 13.12.2008, online veröffentlicht unter http://www.post-gazette.com/pg/08348/934974-28.stm. Vgl. speziell zur Studie der Corporate Library Graybow, Martha: Female U.S. corporate directors out-earn men: study, online veröffentlicht am 7.11.2007 unter http://www.reuters.com/article/2007/11/07/us-boardroom-women-idUSN0752118220071107?feedType=R.
[317] Vgl. Krantz, Matt: Surprise! Women trump men on CEO pay. In: USA Today vom 30.4.2015, online unter https://www.usatoday.com/story/news/nation-now/2015/04/30/women-trump-men-ceo-pay-yahoo-marissa-mayer/26622717.
[318] Vgl. Zarya, Valentina: Female CEOs of the Largest Public Companies Are Actually Out-Earning the Men. In: Fortune vom 10.5.2016, online unter http://fortune.com/2016/05/10/female-ceos-out-earn-men.
[319] Vgl. N.N.: In Vorständen verdienen Frauen mehr als Männer. In: Frankfurter Allgemeine vom 29.9.2017. Online unter http://www.faz.net/aktuell/wirtschaft/dax-vorstandsfrauen-ueberholen-maenner-beim-gehalt-15223760.html.
www.faz.net/aktuell/wirtschaft/dax-vorstandsfrauen-ueberholen-maenner-beim-gehalt-15223760.html
[320] Vgl.Bennett, Jessica und Ellison, Jesse: Women Will Rule the World. In: The Daily Beast vom 5.7.2010, online veröffentlicht unter http://www.thedailybeast.com/newsweek/2010/07/06/women-will-rule-the-

world.html.

[321] Vgl. Geiger, Friedrich: Junge Chefinnen verdienen mehr als junge Chefs. In: Financial Times vom 21.6.2006, online veröffentlicht unter http://www.ftd.de/karriere/karriere/:junge-chefinnen-verdienen-mehr-als-junge-chefs/87482.html.

[322] Vgl. Doughty, Steve: Young women move ahead of men in the salary stakes as pay gap shrinks. In: Daily Mail vom 10.12.2010, online veröffentlicht unter http://www.dailymail.co.uk/femail/article-1337294/Young-women-ahead-men-pay-shrinks.html.

[323] Vgl. Doughty, Steve: Pay gap? Women earn MORE than men till their 40s: 20-something woman have been paid more than men in the same age group over the last decade. In: Daily Mail vom 29.8.2015, online unter http://www.dailymail.co.uk/news/article-3214854/Pay-gap-Women-earn-men-till-40s-20-woman-paid-men-age-group-decade.html.

[324] Vgl. Hans, Barbara und Reimann, Anna im Interview mit Manuela Schwesig: "Es ist legitim, dass Politik Menschen emotional berührt". Online seit dem 30.3.2017 unter http://www.spiegel.de/politik/deutschland/manuela-schwesig-es-ist-legitim-dass-politik-die-menschen-emotional-beruehrt-a-1140940.html.

[325] Vgl. Stokowski, Margarete: Mythen zur Lücke. Online seit dem 12.9.2017 unter http://www.spiegel.de/kultur/gesellschaft/gehaelter-von-frauen-mythen-zur-luecke-kolumne-a-1167246.html.

[326] Vgl. https://www.ausbildung.de/berufe/kfz-mechatroniker/gehalt/.

[327] Vgl. https://www.ausbildung.de/berufe/altenpfleger/gehalt/.

[328] Vgl. https://www.ausbildung.de/berufe/erzieherin/gehalt/.

[329] Vgl. https://www.ausbildung.de/berufe/krankenpfleger/gehalt/.

[330] Vgl. https://www.ausbildung.de/berufe/zimmerer/gehalt/.

[331] Vgl. https://www.ausbildung.de/berufe/maurer/gehalt/.

[332] Vgl. Haug, Kristin und Greiner, Lena: Deutschlands Lehrer - älter, weiblich, gut bezahlt. Online seit dem 12.9.2017 unter http://www.spiegel.de/lebenundlernen/schule/lehrer-in-deutschland-laut-oecd-bericht-aelter-weiblich-gut-bezahlt-a-1167094.html.

[333] Vgl. Blindert, Ute: Einstiegsgehalt Informatik, IT, Wirtschaftsinformatik & Co. (mit aktuellen Zahlen!), online seit dem 8.2.2017 unter https://www.karriereletter.de/einstiegsgehalt-informatik.

[334] Vgl. Schoppe, Lucas: Rot-grüner Rechtspopulismus. Online seit dem 18.9.2017 unter https://man-tau.com/2017/09/18/rot-gruener-rechtspopulismus.

[335] Vgl. Dahlkamp, Silvia: Forsche Frauen kriegen am meisten. Online seit dem 12.11.2014 unter http://www.spiegel.de/karriere/berufsleben/gehaltserhoehung-mann-oder-frau-wer-verhandelt-erfolgreicher-a-1001583.html.

[336] Vgl. N.N.: Studie: Frauen verhandeln seltener über mehr Gehalt. In: Die Presse vom 5.9.2017. Online unter http://diepresse.com/home/wirtschaft/economist/5280565/Studie_Frauen-verhandeln-seltener-ueber-mehr-Gehalt.

[337] Vgl. Whipple, Tom: Patriarchy paradox: how equality reinforces stereotypes. In: Times vom 15.9.2018, online unter

https://www.thetimes.co.uk/article/patriarchy-paradox-how-equality-reinforces-stereotypes-96cx2bsrp.
[338] Vgl. Falk, Armin und Hermle, Johannes: Relationship of gender differences in preferences to economic development and gender equality. In: Science vom 19.10. 2018, Vol. 362, online unter http://science.sciencemag.org/content/362/6412/eaas9899.full sowie N.N.: Geschlechterunterschiede bei Präferenzen nehmen in fortschrittlichen Gesellschaften zu. Pressemitteilung, online seit dem 18.10.2018 unter https://news.briq-institute.org/de/2018/10/18/gender-differences-increase-with-economic-development-and-gender-equality.
[339] Vgl. Stoet, Gijsbert und Geary, David: The Gender-Equality Paradox in Science, Technology, Engineering, and Mathematics Education. In: Psychological Science Vol 29, Issue 4/2018, online unter https://journals.sagepub.com/doi/10.1177/0956797617741719 sowie Bernau, Patrick: Was Frauen wirklich wollen. In: Frankfurter Allgemeine vom 3.4.2018, online unter https://blogs.faz.net/fazit/2018/04/03/was-frauen-wirklich-wollen-9836.
[340] Vgl. Schmitt, Christian: Downdaten ist tabu. Online bei Deutschlandfunk Nova seit dem 25.8.2016 unter https://www.deutschlandfunknova.de/beitrag/partnerwahl-downdaten-ist-fuer-frauen-tabu.
[341] Vgl. Matuschek, Milosz: Die weibliche Sehnsucht nach Unterwerfung. In: Die Welt vom 23.7.2012, online veröffentlicht unter http://www.welt.de/debatte/kommentare/article108365232/Die-weibliche-Sehnsucht-nach-Unterwerfung.html sowie Götting, Markus und Lache, Anette: Auf der Suche nach Mr. Big. In: Stern vom 22.6.2008, online veröffentlicht unter http://www.stern.de/lifestyle/leute/supersingles-auf-der-suche-nach-mr-big-624196.html.
[342] Vgl. Erdmann, Nicola: Sie will wirklich nur sein Geld. In: Die Welt vom 29.7.2014, online unter http://www.welt.de/icon/article130675859/Sie-will-wirklich-nur-sein-Geld.html.
[343] Vgl. das Interview Thomas Vitzthums mit Jutta Allmendinger: Neue Männer braucht das Land. In: Die Welt vom 12.4.2008, online veröffentlicht unter http://www.welt.de/politik/article1892971/Neue-Maenner-braucht-das-Land.html#reqNL.
[344] Vgl. http://www.kas.de/publikationen/2002/1088_dokument.html.
[345] Vgl. Schulman, Dan: No finance? No romance: income and education linked to marriage plans. In: Psychology Today vom 1.3.2003.
[346] Vgl. Appleyard, Diana: "Househusband backlash as high-flying wives ditch men *they* wanted to stay at home." In: *Daily Mail* vom 10. Juli 2007, online veröffentlicht unter: www.dailymail.co.uk/pages/live/femail/article.html?in_article_id=467390&in_page_id=1879
[347] Vgl. N.N.: Frauen lassen Investmentbanker einfach fallen. In: Die Welt vom 5.2.2009, online veröffentlicht unter

http://www.welt.de/finanzen/article3152302/Frauen-lassen-Investmentbanker-einfach-fallen.html.

[348] Zitiert nach Garrison, Shawn: Unemployment Poses Huge Divorce Risk For Men. Online ohne Datum unter https://dadsdivorce.com/articles/unemployment-poses-huge-divorce-risk-men.

[349] Vgl. Etzold, Sabine: Auch Frauen sind zu allem fähig. In: Die Zeit vom 8. November 2001, online unter https://www.zeit.de/2001/46/200146_aggressionen.xml.

[350] Vgl. Etzold, Sabine: Auch Frauen sind zu allem fähig. In: Die Zeit vom 8. November 2001, online unter https://www.zeit.de/2001/46/200146_aggressionen.xml.

[351] Döge, Peter: Geschlechterdemokratie als Männlichkeitskritik, Kleine 2001, S. 58-59. Döge bezieht sich bei diesen Zahlen seinerseits auf Ulrike Popp u.a.: Es gibt auch Täterinnen: Zu einem bisher vernachlässigten Aspekt der schulischen Gewaltdiskussion. In: Zeitschrift für Soziologie der Erziehung und Sozialisation, Heft 2 (2001), S. 170-191.

[352] Vgl. Jäckel, Karin: Deutschland frisst seine Kinder. Reinbek 2000, S. 151.

[353] Vgl. http://science.orf.at/science/news/140679. Hydes Studie "The Gender Similiarities Hypothesis" ist im Fachjournal "American Psychologist" (Band 60, S. 581-592; 10.1037/0003-066X.60.6.581) erschienen.

[354] Real, Terence: Mir geht's doch gut. Männliche Depressionen - warum sie so oft verborgen bleiben, woran man sie erkennt und wie man sie heilen kann. München 1999, S. 121.

[355] Vgl. Cook, Philip: Abused Men: the Hidden Side of Domestic Violence. Westport 1997, S. 32.

[356] Vgl. Farrell, Warren: Women Can't Hear, What Men Don't Say. New York 1999, S. 21.

[357] Björkqvist, Kaj und Niemelä, Pirkko: Of Mice and Women: Aspects of Female Aggression. San Diego 1992, S. 5.

[358] Vgl. Beall, Anne und Sternberg, Robert: The Psychology of Gender. New York 1993, S. 143 sowie Björkqvist, Kaj und Niemelä, Pirkko: Of Mice and Women: Aspects of Female Aggression. San Diego 1992.

[359] Vgl. Schmerl, Christiane: Wenn Frauen zu Hyänen werden. In: Psychologie heute compact, Thema: Frauen, 1998, S. 92-97, hier S. 93-94.

[360] Vgl. Denfeld, Rene: Kill the Body, the Head Will Fall. A Closer Look at Women, Violence and Aggression. New York 1997, S. 335 sowie Kirsta, Alix: Deadlier than the Male. Violence and Aggression in Women. London 1994, S. 48.

[361] Vgl. Real, Terence: Mir geht's doch gut. Männliche Depressionen - warum sie so oft verborgen bleiben, woran man sie erkennt und wie man sie heilen kann. München 1999, S. 126 sowie Farrell, Warren: Women Can't Hear, What Men Don't Say. New York 1999, S. 22.

[362] Vgl. Cose, Ellis: A Man's World. How Real Is Male Privilege - and How High Is the Price? New York 1995, S. 185.

[363] Vgl. Real, Terence: Mir geht's doch gut. Männliche Depressionen - warum sie so oft verborgen bleiben, woran man sie erkennt und wie man sie heilen kann.

München 1999, S. 127.
[364] Vgl. Baumli, Francis: Men Freeing Men. Exploding the Myth of the Traditional Male. Jersey City 1985, S. 14.
[365] Vgl. Björkqvist, Kaj und Niemelä, Pirkko: Of Mice and Women: Aspects of Female Aggression. San Diego 1992, S. 11.
[366] Vgl. Young, Cathy: Ceasefire! Why Women and Men Must Join Forces to Achieve True Equality. New York 1999, S. 91.
[367] Pearson, Patricia; When She Was Bad: Violcnt Women and the Myth of Innocence. New York 1997, S. 210.
[368] Evatt, Cris: Männer sind vom Mars, Frauen von der Venus: tausend und ein kleiner Unterschied zwischen den Geschlechtern. Landsberg am Lech 1998, S. 115.
[369] Farrell, Warren: Mythos Männermacht. Frankfurt am Main 1995, S. 96.
[370] N.N.: Der große Unterschied. In: Spiegel 1/2018, S. 104.
[371] Die Polizeiliche Kriminalstatistik des Jahres 2018 ist online einsehbar unter https://www.bka.de/DE/AktuelleInformationen/StatistikenLagebilder/Polizeiliche Kriminalstatistik/PKS2018/pks2018_node.html.
[372] Vgl. Cose, Ellis: A Man's World. How Real Is Male Privilege - and How High Is the Price? New York 1995, S. 89 und 243.
[373] Vgl. Schleim, Stephan: Wer ist hier eigentlich das typische Opfer? Online seit dem 16.5.2016 unter http://www.heise.de/tp/artikel/48/48221/1.html.
[374] Vgl. Farrell, Warren: Women Can't Hear, What Men Don't Say. New York 1999, S. 220.
[375] Vgl. Young, Cathy: Ceasefire! Why Women and Men Must Join Forces to Achieve True Equality. New York 1999, S. 85.
[376] Vgl. N.N.: Acht von zehn Mordopfern sind Männer. Online seit dem 10.4.2014 unter http://www.spiegel.de/panorama/gesellschaft/uno-untersuchung-zu-toetungsdelikten-2012-a-963708.html.
[377] Vgl. Slade, Stephanie: Stop Saying Women Are More Likely Than Men to Be Murdered at Work. In: Reason vom 27.8.2015, online unter http://reason.com/blog/2015/08/27/stop-saying-women-are-more-likely-than-m.
[378] Vgl. Knobbe, Martin: Zu viel des Guten. In: Spiegel-Online vom 25.4.2015, online unter http://www.spiegel.de/lebenundlernen/schule/girls-day-in-der-kritik-erfolge-sind-nicht-in-sicht-a-1030271.html.
[379] Vgl. ebenda.
[380] Vgl. Wefing, Heinrich: Freiheit oder Quote. in: Die Zeit 6/2019, online seit dem 30.1.2019 unter https://www.zeit.de/2019/06/gleichstellung-frauen-parlamente-quote.
[381] Vgl. die entsprechende Bundesratsdrucksache 800/93, online unter http://starweb.hessen.de/elbib/bundesrat_bericht_verfassungsreform800_93.pdf.
[382] Greer, Friedan und Miles zitiert nach Synnott, Anthony: Why Some People Have Issues With Men: Misandry. In: Psychology Today vom 6.10.2010, online veröffentlicht unter http://www.psychologytoday.com/blog/rethinking-men/201010/why-some-people-have-issues-men-misandry.

[383] Vgl. Tigges, Klaus: Das Unglück der Frauen. In: Frankfurter Allgemeine Sonntagszeitung vom 8.10.2007, online unter http://www.faz.net/aktuell/wirtschaft/wirtschaftswissen/wirtschaftswissen-das-unglueck-der-frauen-1492195.html mit Bezug auf aktuelle US-amerikanische Studien.

[384] Vgl. Dunford, Daniel und Bingham, John: Women no longer the happier sex. In: Telegraph vom 7.6.2017. Online unter http://www.telegraph.co.uk/news/2016/07/07/the-chart-that-shows-how-feminism-is-ruining-womens-lives.

[385] Vgl. Doughty, Steve: The job that makes us happiest? Housewife! Survey finds stay-at-home mothers are more satisfied than any other profession. In: Daily Mail vom 10.6.2016, online unter http://www.dailymail.co.uk/news/article-3634473/The-job-makes-happiest-Housewife-Survey-finds-stay-home-mothers-satisfied-profession.html#ixzz4xZCDxueK.

[386] Vgl. Beauvoir, Simone de: Sex, Society, and the Female Dilemma. In: Saturday Review, June 14, 1975, S. 18.

[387] Vgl. N.N.: Jährlich werden in Deutschland 100 000 Frauen Opfer häuslicher Gewalt. In: Süddeutsche Zeitung vom 25.11.2017. Online unter http://www.sueddeutsche.de/panorama/internationaler-tag-gegen-gewalt-an-frauen-jaehrlich-werden-in-deutschland-frauen-opfer-haeuslicher-gewalt-1.3765670.

[388] Vgl. Stoldt, Till-Reimer: NRW wirft Blick ins Dunkel von Beziehungen. In: Die Welt vom 18.12.2018, online unter https://www.welt.de/regionales/nrw/article185677676/Gewaltstudie-NRW-wirft-Blick-ins-Dunkel-der-Beziehungen.html.

[389] Martin Fieberts Bibliographie steht online unter https://web.csulb.edu/~mfiebert/assault.htm.

[390] Vgl. Farrell, Warren: Women Can't Hear, What Men Don't Say. New York 1999, S. 129.

[391] Vgl. Cook, Philip: Abused Men: the Hidden Side of Domestic Violence. Westport 1997, S. 8.

[392] Vgl. Pearson, Patricia; When She Was Bad: Violcnt Women and the Myth of Innocence. New York 1997, S. 119-120; Cook, Philip: Abused Men: the Hidden Side of Domestic Violence. Westport 1997, S. 8-9; Cose, Ellis: A Man's World. How Real Is Male Privilege - and How High Is the Price? New York 1995, S. 224-226; Matussek, Matthias: Die vaterlose Gesellschaft. Überfällige Anmerkungen zum Geschlechterkampf. Reinbek bei Hamburg 1998, S. 178-179 sowie Sommers, Christina Hoff: Who Stole Feminism? How Women Have Betrayed Women. New York 1994, S. 194.

[393] Vgl. Cook, Philip: Abused Men: the Hidden Side of Domestic Violence. Westport 1997, S. 11; Fillion, Kate: Lip Service: The Truth About Women's Darker Side in Love, Sex and Friendship. New York 1996, S. 230 sowie Pearson, Patricia; When She Was Bad: Violcnt Women and the Myth of Innocence. New York 1997, S. 120.

[394] Vgl. Farrell, Warren: Women Can't Hear, What Men Don't Say. New York

1999, S. 129.
[395] Vgl. Cook, Philip: Abused Men: the Hidden Side of Domestic Violence. Westport 1997, S. 9.
[396] Vgl. Farrell, Warren: Women Can't Hear, What Men Don't Say. New York 1999, S. 139-140 sowie Fillion, Kate: Lip Service: The Truth About Women's Darker Side in Love, Sex and Friendship. New York 1996, S. 231.
[397] Vgl. zu den letztgenannten Studien Farrell, Warren: Women Can't Hear, What Men Don't Say. New York 1999, S. 130-134.
[398] Vgl. Farrell, Warren: Women Can't Hear, What Men Don't Say. New York 1999, S. 145-146.
[399] Vgl. Petersen, Austin: "Relationship Terrorists" Study Finds Women More Likely To Be Physically Abusive Than Men. Online seit dem 25.6.2014 unter https://thelibertarianrepublic.com/relationship-terrorists-study-finds-women-likely-physically-abusive-men/#.U6ssDvl_vcx.
[400] Cose, Ellis: A Man's World. How Real Is Male Privilege - and How High Is the Price? New York 1995, S. 225.
[401] Vgl. Cook, Philip: Abused Men: the Hidden Side of Domestic Violence. Westport 1997, S. 112 sowie Sommers, Christina Hoff: Who Stole Feminism? How Women Have Betrayed Women. New York 1994, S. 200.
[402] Vgl. Cose, Ellis: A Man's World. How Real Is Male Privilege - and How High Is the Price? New York 1995, S. 227 sowie Pearson, Patricia; When She Was Bad: Violcnt Women and the Myth of Innocence. New York 1997, S. 121.
[403] Vgl. Cook, Philip: Abused Men: the Hidden Side of Domestic Violence. Westport 1997, S. 10-11 sowie Pearson, Patricia; When She Was Bad: Violcnt Women and the Myth of Innocence. New York 1997, S. 122.
[404] Vgl. Cook, Philip: Abused Men: the Hidden Side of Domestic Violence. Westport 1997, S. 114.
[405] Vgl. Cook, Philip: Abused Men: the Hidden Side of Domestic Violence. Westport 1997, S. 112 sowie Sommers, Christina Hoff: Who Stole Feminism? How Women Have Betrayed Women. New York 1994, S. 200.
[406] Vgl. Cook, Philip: Abused Men: the Hidden Side of Domestic Violence. Westport 1997, S. 115.
[407] Vgl. Cook, Philip: Abused Men: the Hidden Side of Domestic Violence. Westport 1997, S. 118-119.
[408] Vgl. Sommers, Christina Hoff: Who Stole Feminism? How Women Have Betrayed Women. New York 1994, S. 13-14.
[409] Vgl. Sommers, Christina Hoff: Who Stole Feminism? How Women Have Betrayed Women. New York 1994, S. 188-192.
[410] Vgl. Farrell, Warren: Mythos Männermacht. Frankfurt am Main 1995, S. 143.
[411] Vgl. Matussek, Matthias: Die vaterlose Gesellschaft. Überfällige Anmerkungen zum Geschlechterkampf. Reinbek bei Hamburg 1998, S. 179.
[412] Vgl. Thomas, David: Auch Männer wollen aufrecht gehen, oder Warum es heute so schwierig ist, ein Mann zu sein. Bergisch Gladbach 1993, S. 310.
[413] Vgl. Huber, Marius: Mädchen, die ihren Freund schlagen. In: Tages-Anzeiger vom 6.5.2015. Online unter

https://www.tagesanzeiger.ch/zuerich/region/Maedchen-die-ihren-Freund-schlagen/story/31532839.

[414] Vgl. Baumgartner, Fabian: So viele Teenager erleben Gewalt in Beziehungen. In: Neue Zürcher Zeitung vom 10.7.2018, online unter https://www.nzz.ch/zuerich/maedchen-schlagen-und-schubsen-in-der-beziehung-haeufiger-als-knaben-ld.1401524.

[415] Vgl. Huber, Marius: Mädchen, die ihren Freund schlagen. In: Tages-Anzeiger vom 6.5.2015. Online unter https://www.tagesanzeiger.ch/zuerich/region/Maedchen-die-ihren-Freund-schlagen/story/31532839.

[416] Vgl. Hoyle, Antonia: Why ARE modern women so aggressive? It's been called the dark side of equality - a surge in respectable women flying into violent rages for the most trivial reasons. in: Daily Mail vom 14.9.2016. Online unter http://www.dailymail.co.uk/femail/article-3789957/Why-modern-women-aggressive-s-called-dark-equality-surge-respectable-women-flying-violent-rages-trivial-reasons.html.

[417] Vgl. Morrissey, Tracie Egan: Have You Ever Beat Up A Boyfriend? Cause, Uh, We Have. Online seit dem 28.8.2007 unter https://jezebel.com/294383/have-you-ever-beat-up-a-boyfriend-cause-uh-we-have.

[418] Vgl. Pearson, Patricia; When She Was Bad: Violcnt Women and the Myth of Innocence. New York 1997, S. 117 sowie Young, Cathy: Ceasefire! Why Women and Men Must Join Forces to Achieve True Equality. New York 1999, S. 95.

[419] Vgl. Pearson, Patricia; When She Was Bad: Violcnt Women and the Myth of Innocence. New York 1997, S. 117.

[420] Vgl. Young, Cathy: Ceasefire! Why Women and Men Must Join Forces to Achieve True Equality. New York 1999, S. 95.

[421] Vgl. Cook, Philip: Abused Men: the Hidden Side of Domestic Violence. Westport 1997, S. 15-17.

[422] Vgl. Davis, Richard: Domestic violence-related deaths. In: Journal of Aggression, Conflict and Peace Research, Vol. 2, Nr. 2/2010, S. 44-52. Online unter http://www.emeraldinsight.com/journals.htm?articleid=1932362.

[423] Vgl. Döge, Peter: Männer - die ewigen Gewalttäter? Verlag für Sozialwissenschaften 2011. Die Kurzfassung steht online unter http://www.ekir.de/maenner/Downloads/sonderauswertung.pdf. Allerdings wird in Döges Studie schwere Gewalt gegen Frauen häufiger verzeichnet (was kein Konsens in den Studien zur häuslichen Gewalt ist).

[424] Mehrere Medien berichteten über diese Studie, darunter das ZDF-Frauenmagazin "Mona Lisa" am 14.7.2012. Die Website zu diesem Beitrag steht noch online unter http://monalisa.zdf.de/ZDF/zdfportal/web/ZDF.de/ML-mona-lisa/2942178/23434128/7f2198/Wenn-Frauen-zuschlagen.html.

[425] Vgl. N.N.: Unprecedented Domestic Violence Study Affirms Need to Recognize Male Victims. Online veröffentlicht am 21.5.2013 unter http://www.prweb.com/releases/2013/5/prweb10741752.htm mit Verweis auf das Partner Abuse State of Knowledge Project unter http://domesticviolenceresearch.org. Vgl. speziell dazu, dass einseitig ausgeübte

häusliche Gewalt häufiger von Frauen als von Männern ausgeht, Hamels, John und Nicolls, Tonia: Familiäre Gewalt im Fokus, Ikaru 2014, S. 172.
[426] Vgl. Ternieden, Hendrik und Schulz, Benjamin: Gewalt gegen Männer: "Ich habe die Messer im Haus versteckt", veröffentlicht am 28.5.2013 unter http://www.spiegel.de/panorama/gesellschaft/degs-studie-auch-maenner-werden-in-beziehungen-opfer-von-gewalt-a-902153.html.
[427] Vgl. Schwithal, Bastian: Weibliche Gewalt in Partnerschaften: Eine synontologische Untersuchung. Books on Demand 2005, S. 136.
[428] Vgl. Ard, Kevin und Makadon, Harvey: Addressing Intimate Partner Violence in Lesbian, Gay, Bisexual, and Transgender Patients. In: Journal of General Internal Medicine. Vol. 26, Nr. 8/2011, S. 930-933. Online unter https://www.ncbi.nlm.nih.gov/pmc/articles/PMC3138983.
[429] Vgl. Walters, Mikel und andere: The National Intimate Partner and Sexual Violence Survey (NISVS): 2010 Findings on Victimization by Sexual Orientation, S. 18-19. Herausgegeben im Jahr 2013. Online unter https://www.cdc.gov/violenceprevention/pdf/nisvs_sofindings.pdf.
[430] Vgl. Balsam, Kimberly und andere: Victimization Over the Life Span: A Comparison of Lesbian, Gay, Bisexual, and Heterosexual Siblings. In: Journal of Consulting and Clinical Psychology Vol. 73, Nr. 3/2005, S. 477– 487.
[431] Vgl. Janjigian, Lori: Men and women are equally vulnerable to domestic abuse online. Online seit dem 19.1.2017 unter https://www.businessinsider.com.au/study-men-women-equally-vulnerable-to-domestic-abuse-online-2017-1.
[432] Der von mir zitierte Absatz entstammt der Pressemitteilung zur Studie, online zu finden unter http://www.ots.at/presseaussendung/OTS_20100816_OTS0008/jeder-zweite-trennungsvater-wird-opfer-haeuslicher-gewalt. Die Studie selbst steht unter http://www.vaterverbot.at/fileadmin/downloads/gewaltbericht_vaterverbot_2010.pdf online.
[433] Vgl. Hollstein, Walter: Was vom Manne übrig blieb. Aufbau 2008, S. 253.
[434] Vgl. Vukovic, Sonja: "Erzählen Sie mal als Mann, dass Ihre Frau Sie geschlagen hat". Spiegel-Online vom 22.7.2008, online unter http://www.spiegel.de/panorama/gesellschaft/haeusliche-gewalt-erzaehlen-sie-mal-als-mann-dass-ihre-frau-sie-geschlagen-hat-a-552331.html.
[435] Vgl. Klonovsky, Michael und Wendt, Alexander: Benachteiligt? Wer denn? In: Focus Nr. 38/2009. online unter http://www.focus.de/panorama/boulevard/gesellschaft-benachteiligt-wer-denn_aid_435162.html.
[436] Vgl. Trudslev, Alexandra und Briseno, Cinthia: Die verdrängte Gewalt. Spiegel-Online vom 22.9.2010 unter http://www.spiegel.de/wissenschaft/mensch/weibliche-uebergriffe-die-verdraengte-gewalt-a-718585.html.
[437] Vgl. https://www.berlin.de/ba-neukoelln/politik-und-verwaltung/beauftragte/gleichstellung/artikel.149628.php.
[438] Vgl. https://sozial.de/haeusliche-gewalt-als-eines-der-groessten-

gesundheitsrisiken-fuer-frauen-bekaempfen.html.
[439] Vgl. Liedel, Hans: Justizstaatssekretär Dr. Rudolf Kriszeleit: Anti-Aggressionstraining für Männer,die Frauen schlagen. Online ohne Datum unter http://bit.ly/2iMnvww.
[440] Vgl. Schleim, Stephan: Sexuelle Gewalt: Neue Studien belegen geringe Unterschiede zwischen männlichen und weiblichen Opfern. Online seit dem 13.10.2016 unter https://www.heise.de/tp/features/Sexuelle-Gewalt-Neue-Studien-belegen-geringe-Unterschiede-zwischen-maennlichen-und-weiblichen-Opfern-3347411.html.
[441] Vgl. Peter, Katharina: Das Tabu der geprügelten Männer. Online unter https://web.archive.org/web/20161220164536/http://www.news.de/gesundheit/797996049/das-tabu-der-gepruegelten-maenner/1/.
[442] Vgl. Peter, Katharina: Das Tabu der geprügelten Männer. Online unter https://web.archive.org/web/20161220164536/http://www.news.de/gesundheit/797996049/das-tabu-der-gepruegelten-maenner/1/.
[443] Vgl. Pizzey, Erin: How feminists tried to destroy the family. In: Daily Mail vom 12.1.2007. Online unter http://www.dailymail.co.uk/news/article-430702/How-feminists-tried-destroy-family.html.
[444] Hoffmann, Arne im Interview mit Burkhard Oelemann: "Die Lynchaufrufe sind ein logisches Produkt jahrzehntelanger Dämonisierung". Online seit dem 9.4.2012 unter https://www.cuncti.net/geschlechterdebatte/27-burkhard-oelemann-qdie-lynchaufrufe-sind-ein-logisches-produkt-jahrzehntelanger-daemonisierungq.
[445] Vgl. Döge, Peter: Wer die Macht hat, muss nicht lernen – Bericht aus den Höhen und Tiefen langjähriger Gender-Beratung. In: Kuhla, Eckhard (Hrsg.): Schlagseite. Sich 2011, S. 268-285, hier S. 280-281.
[446] Vgl. Rosenkranz, Tristan: Thüringer Gewaltschutz aus humanistischer Perspektive: ein ernüchterndes Fazit. Online seit dem 3.7.2017 unter https://gleichmass.wordpress.com/2017/07/03/thueringer-gewaltschutz-aus-humanistischer-perspektive-ein-ernuechterndes-fazit.
[447] Vgl. König, Jürgen im Interview mit Hans-Joachim Lenz: "Wenn er nicht zurückschlägt, dann gilt er als Weichei". Online seit dem 13.9.2010 unter http://www.deutschlandfunkkultur.de/wenn-er-nicht-zurueckschlaegt-dann-gilt-er-als-weichei.954.de.html?dram:article_id=145609.
[448] Vgl. Hinz, Nicole: Wenn Frauen ihre Männer terrorisieren. Online seit dem 13.12.2008 unter http://www.nordbayern.de/2.242/2.229/wenn-frauen-ihre-manner-terrorisieren-1.492814.
[449] Vgl. Dowideit, Anette: Fast jedes dritte Prügel-Opfer im Haushalt ist ein Mann. In: Die Welt vom 11.9.2016 unter https://www.welt.de/vermischtes/article158041327/Fast-jedes-dritte-Pruegel-Opfer-im-Haushalt-ist-ein-Mann.html.
[450] Vgl. Sacks, Glenn: Researcher Says Women's Initiation of Domestic Violence Predicts Risk to Women. Online seit dem 6.8.2009 unter https://www.huffingtonpost.com/glenn-sacks/researcher-says-womens-in_b_222746.html.
[451] Vgl. Feldrapp, Margita: 150 Millionen Euro für mehr Professorinnen. In: Die

Welt vom 4.9.2008. Online unter https://www.welt.de/welt_print/article2393042/150-Millionen-Euro-fuer-mehr-Professorinnen.html.

[452] Vgl. Klein, Michael: LMU-München zahlt Kopfprämie. Online seit dem 2.6.2013 unter https://sciencefiles.org/2013/06/02/lmu-munchen-zahlt-kopfpramie.

[453] Vgl. Klein, Michael: Blacklist: Männerdiskriminierung an Hochschulen (#MenDiscrimination). Online seit dem 30.5.2013 unter https://sciencefiles.org/2013/05/30/blacklist-mannerdiskriminierung-an-hochschulen-mendiscrimination.

[454] Vgl. Lutter, Mark und Schröder, Martin: Who Becomes a Tenure Professor, and Why? Max-Planck-Institut für Gesellschaftsforschung, Discussion Paper 14/19, online unter http://www.mpifg.de/pu/mpifg_dp/dp14-19.pdf.

[455] Vgl. Klein, Michael: Erstmals klar belegt: systematische Diskriminierung von Männern an Universitäten. Online seit dem 17.1.2015 unter http://sciencefiles.org/2015/01/17/erstmals-klar-belegt-systematische-diskriminierung-von-mannern-an-universitaten.

[456] Vgl. N.N.: Frauen im Vorteil. Wie man zu einer Soziologie-Professur kommt. In: Frakfurter Allgemeine vom 29.1.2015 unter http://www.faz.net/aktuell/beruf-chance/campus/wie-man-zu-einer-soziologie-professur-kommt-13391969.html.

[457] Vgl. Williams, Wendy und Ceci, Stephen: National hiring experiments reveal 2:1 faculty preference for women on STEM tenure track. In: Proceedings of the National Academy of Sciences Vol. 112, Nr. 17/2015, online unter http://www.pnas.org/content/112/17/5360.abstract.

[458] Vgl. Williams, Wendy und Ceci, Stephen: The myth about women in science. Online seit dem 13.4.2015 unter http://edition.cnn.com/2015/04/13/opinions/williams-ceci-women-in-science/index.html.

[459] Vgl. Williams, Wendy und Ceci, Stephen: Passions Supplant Reason in Dialogue on Women in Science. In: The Chronicle of Higher Education. Online seit dem 10.9.2015 unter http://chronicle.com/article/Passions-Supplant-Reason-in/232989.

[460] Vgl. Wente, Margaret: Ladies, check your privilege. In: The Globe and Mail vom 28.1.2017. Online unter http://www.theglobeandmail.com/opinion/ladies-check-your-privilege/article33797846.

[461] Vgl. Jussim, Lee: Gender Bias in Science? In: Psychology Today vom 14.7.2017. Online unter https://www.psychologytoday.com/blog/rabble-rouser/201707/gender-bias-in-science.

[462] Vgl. Lloyd, Margaret: Gender Factors In Reviewer Recommendations for Manuscript Publication. In: Journal of Applied Behavior Analysis Nr. 4/1990, S. 539-543. Online unter https://www.ncbi.nlm.nih.gov/pmc/articles/PMC1286270/pdf/jaba00090-0150.pdf

[463] Vgl. Veldkamp, Coosje: Who Believes in the Storybook Image of the Scientist? In: Accountability in Research Vol. 24, Nr. 3/2017, S. 127-151, online unter http://www.tandfonline.com/doi/full/10.1080/08989621.2016.1268922.

[464] Vgl. Auspurg, Katrin und Hinz, Thomas: Wer beruft Professorinnen? Online

seit Juni 2008 unter https://www.academics.de/wissenschaft/wer_beruft_professorinnen_30737.html.

[465] Vgl. Breda, Thomas und Hillion, Mélina: Teaching accreditation exams reveal grading biases favor women in male-dominated disciplines in France. In: Science, Vol 353, Issue 6298 vom 29. Juli 2016, S. 474-478. Online unter http://science.sciencemag.org/content/353/6298/474.

[466] Vgl. Hirschauer, Stefan: Der Diskriminierungsdiskurs und das Kavaliersmodell universitärer Frauenförderung. In: Soziale Welt Nr. 67 (2016), S. 119–137.

[467] Vgl. Dörhöfer, Pamela: Die unerreichbare Spitze. In: Frankfurter Rundschau vom 27.11.2015. Online unter http://www.fr-online.de/wissenschaft/frauenquote-die-unerreichbare-spitze,1472788,32654608.html

[468] Vgl. Sommers, Christina Hoff: Is Science Saturated with Sexism? New Evidence Suggests the Opposite. Online seit dem 15.2.2011 unter http://www.nationalreview.com/article/259744/science-saturated-sexism-christina-hoff-sommers.

[469] Vgl. Neil, Aaron: Why It's Time To Stop Worrying About First World 'Gender Gaps'. Online seit dem 15.7.2017 unter http://quillette.com/2017/07/15/time-stop-worrying-first-world-gender-gaps.

[470] Vgl. etwa Lippa, Richard: Gender Differences in Personality and Interests: When, Where, and Why? In: Social and Personality Psychology Compass Vol. 4, Nr. 11/2010, S. 1098–1110. Online unter http://onlinelibrary.wiley.com/doi/10.1111/j.1751-9004.2010.00320.x/abstract.

[471] Vgl. Schmitt, David und andere: Why Can't a Man Be More Like a Woman? Sex Differences in Big Five Personality Traits Across 55 Cultures. In: Journal of Personality and Social Psychology Vol. 94, Nr. 1/2008, S. 168–182, online unter https://www.bradley.edu/dotAsset/165918.pdf.

[472] Vgl. etwa Su, Rong und andere: Men and Things, Women and People: A Meta-Analysis of Sex Differences in Interests. In: Psychological Bulletin Vol. 135, Nr. 6/2009, online unter https://www.ncbi.nlm.nih.gov/pubmed/19883140.

[473] Vgl. Geary, David: Straight Talk About Sex Differences in Occupational Choices and Work-Family Tradeoffs. Online seit dem 9.8.2017 unter https://ifstudies.org/blog/straight-talk-about-sex-differences-in-occupational-choices-and-work-family-tradeoffs.

[474] Vgl. Nuber, Ursula: Furcht vor abstrakten Themen. In: Psychologie heute compact, Thema: Frauen, 1998, S. 37.

[475] Vgl. Ribnitzky, Simon und andere: Physik macht ohne Jungs mehr Spaß - oder? Online seit dem 13.9.2016 unter http://www.spiegel.de/lebenundlernen/schule/zweibruecken-gymnasium-mit-geschlechtertrennung-in-physik-a-1112041.html.

[476] Vgl. Card, David und Payne, Abigail: High School Choices and the Gender Gap in STEM. Arbeitspapier des Natural Bureau of Economic Research, online unter http://www.nber.org/papers/w23769.pdf sowie Todd, Douglas: Men do well in science and tech, but lag elsewhere. In: Vancouver Sun vom 22.9.2017, online unter http://vancouversun.com/opinion/columnists/douglas-todd-men-do-well-in-science-and-tech-but-lag-elsewhere. Siehe zu ähnlichen Schlussfolgerungen auch

Wang, Ming-Te und andere: Not Lack of Ability but More Choice: Individual and Gender Differences in Choice of Careers in Science, Technology, Engineering, and Mathematics. In: Psychological Science Vol. 24, Nr. 5/2013, online unter http://journals.sagepub.com/doi/abs/10.1177/0956797612458937.

[477] Vgl. N.N.: Schwarzer beklagt "ungehemmten Frauenhass" im Netz. Online seit dem 28.1.2017 unter https://www1.wdr.de/nachrichten/frauen-schwarzer-internet-100.html.

[478] Vgl. N.N.: Land fordert mehr Schutz für Frauen vor Gewalt im Netz. Online seit dem 23.8.2016 unter https://www.derwesten.de/politik/land-fordert-mehr-schutz-fuer-frauen-vor-gewalt-im-netz-id12126181.html.

[479] Vgl. N.N.: Grüne wollen Frauen Prozesse gegen Hassposter erleichtern. Online seit dem 3.8.2016 unter http://derstandard.at/2000042234121/Gruene-wollen-Frauen-Prozesse-gegen-Hassposter-erleichtern.

[480] Vgl. Dewey, Caitlin: The United Nations has a radical, dangerous vision for the future of the Web. In: The Washington Post vom 24.9.2015. Online unter https://www.washingtonpost.com/news/the-intersect/wp/2015/09/24/the-united-nations-has-a-radical-dangerous-vision-for-the-future-of-the-web/?utm_term=.a9488346995a sowie Alter, Charlotte: U.N. Says Cyber Violence Is Equivalent to Physical Violence Against Women. in: Time vom 25.9.2015, online unter http://time.com/4049106/un-cyber-violence-physical-violence.

[481] Vgl. Young, Cathy: All writers, not just feminists, are targets on the Web. Online seit dem 9.3.2015 unter http://www.newsday.com/opinion/columnists/cathy-young/all-writers-not-just-feminists-are-targets-on-the-web-1.10038030.

[482] Vgl. Nühm, Anne: Elfhundertzwanzig. Online seit dem 18.11.2015 unter https://breakpt.wordpress.com/2015/11/18/elfhundertzwanzig sowie N.N.: Anne Nühm: "Welcher Mann will denn schon 'belästigen'?" Online seit dem 25.6.2016 unter http://der-juengling.blogspot.de/2016/06/anne-nuhm-interview.html.

[483] Vgl. Young, Cathy: Men as Likely To Be Harassed Online as Women. In: Reason vom 18.7.2017, online unter http://reason.com/archives/2017/07/18/men-as-likely-to-be-harassed-online-as-w.

[484] Vgl. Young, Cathy: Men Are Harassed More Than Women Online. Online seit dem 9.4.2014 unter http://www.thedailybeast.com/articles/2014/09/04/men-are-harassed-more-than-women-online.html.

[485] Vgl. N.N.: Women troll each other online: How females are just as likely to be abused by their own sex as by men. In: Daily Mail vom 15.5.2014. Online unter http://www.dailymail.co.uk/news/article-2628755/Women-troll-online-How-females-just-likely-abused-sex-men.html#ixzz4zL8kpyKc.

[486] Vgl. N.N.: Twitter abuse - '50% of misogynistic tweets from women'. Online seit dem 26.5.2016 unter http://www.bbc.com/news/technology-36380247.

[487] Vgl. Agerholm, Harriet: Women most likely to use misogynistic language on Twitter, report finds. In: Independent vom 16.10.2016. Online unter http://www.independent.co.uk/news/uk/home-news/women-most-likely-use-misogynistic-language-twitter-report-finds-a7364226.html.

[488] Vgl. Gorrell, Genevieve: Online Abuse of UK MPs in 2015 and 2017: Perpetrators, Targets, and Topics. Online unter https://arxiv.org/pdf/1804.01498.pdf.
[489] Vgl. Young, Cathy: Online Harassment Affects Men Too. In: Time vom 4.11.2014, online unter http://time.com/3546044/online-harassment-affects-men-too.
[490] Vgl. Zolfagharifard, Ellie: Men on Tinder are NOT as terrible as you think: Fake profile receives over 1,000 polite comments - and no abuse. In: Daily Mail vom 11.2.2015, online unter http://www.dailymail.co.uk/sciencetech/article-2949530/Men-Tinder-NOT-terrible-think-Fake-profile-receives-1-000-polite-comments-no-abuse.html.
[491] Vgl. Glasgow, Brad: United Nations Apologizes for Fault-Ridden Cyberviolence Report. Online seit dem 7.10.2015 unter http://motherboard.vice.com/en_ca/read/united-nations-apologizes-for-fault-ridden-cyberviolence-report.
[492] Vgl. Sommers, Christina Hoff: Fact-checking the UN: Is the Internet dangerous for women? Online seit dem 13.10.2015 unter https://www.youtube.com/watch?feature=youtu.be&v=Uo01-NHoeBk&app=desktop.
[493] Vgl. Kießling, Thomas und Tillack, Anna: Politikerinnen besonders oft Ziel von Hass. Online seit dem 8.10.2019 unter https://www.tagesschau.de/investigativ/report-muenchen/hass-politikerinnen-101.html.
[494] Vgl. Klein, Michael: Die tägliche ARD-Lüge: "Politikerinnen besonders oft Ziel von Hass". Online seit dem 8.10.2019 unter https://sciencefiles.org/2019/10/08/die-tagliche-ard-luge-politikerinnen-besonders-oft-ziel-von-hass.
[495] Vgl. Marcum, Catherine: Battle of the sexes: An examination of male and female cyber bullying. In: International Journal of Cyber Criminology, Januar bis Juni 2012, Vol. 6/1, S. 904–911, online unter http://www.cybercrimejournal.com/marcumetal2012janijcc.pdf. Angaben zu weiterführenden Studien siehe dort.
[496] Vgl. Young, Cathy: Men as Likely To Be Harassed Online as Women. In: Reason vom 18.7.2017, online unter http://reason.com/archives/2017/07/18/men-as-likely-to-be-harassed-online-as-w.
[497] Vgl. Rasker, Rachel: The typical victim of 'revenge porn' probably isn't who you think it is. Online seit dem 26.6.2019 unter https://www.abc.net.au/life/the-typical-victim-of-revenge-porn-isnt-who-you-think-it-is/11240576.
[498] Vgl. Perkel. Colin: Focus on traumatized boys critical to gender equality, new research shows. in: National Post vom 20.5.2019, online unter https://nationalpost.com/news/canada/focus-on-traumatized-boys-critical-to-gender-equality-new-research-shows.
[499] Vgl. Schwarzer, Alice: Männerjustiz: Wie vor 25 Jahren. In: Emma von Januar/Februar 1977, online unter http://www.emma.de/artikel/maennerjustiz-wie-vor-25-jahren-265212.

[500] Vgl. Stange, Jennifer: Warum Frauen weniger kriminell werden. Online seit dem 23.10.2017 unter http://www.deutschlandfunkkultur.de/auffallend-unauffaellig-warum-frauen-weniger-kriminell.976.de.html?dram:article_id=398928.
[501] Vgl. Zeitschrift für Rechtspolitik 3/2008 vom 11. April 2008.
[502] Vgl. N.N.: Men Sentenced To Longer Prison Terms Than Women For Same Crimes, Study Says. In: Huffington Post vom 11.9.2012, online veröffentlicht unter http://www.huffingtonpost.com/2012/09/11/men-women-prison-sentence-length-gender-gap_n_1874742.html.
[503] Vgl. Dughty, Steve: Judges ordered to show more mercy on women criminals when deciding sentences. In: Daily Mail vom 11.11.2010, online veröffentlicht unter http://www.dailymail.co.uk/news/article-1311004/Judges-ordered-mercy-women-criminals-deciding-sentences.html.
[504] Vgl. Signorell, Gian: Frauen kommen besser weg. In: Beobachter Nr. 24/2012, online veröffentlicht unter http://www.beobachter.ch/justiz-behoerde/buerger-verwaltung/artikel/strafrecht_frauen-kommen-besser-weg.
[505] Vgl. Angelucci, Marc: Males Get Longer Sentences than Females for Same Crime. Online veröffentlicht am 23.4.2002 unter http://www.ifeminists.com/introduction/editorials/2002/0423a.html.
[506] Vgl. Mischke, Roland: Nur Mut, Männer! Zum neuen Selbstverständnis einer gefährdeten Spezies. Bergisch Gladbach 1990, S. 138.
[507] Vgl. Mealey, Linda: Linda Mealeys Sex Differences. Developmental and Evolutionary Strategies. Academic Press 2000, S. 372-373. Weiterführende Quellen siehe dort.
[508] Vgl. Embry, Randa und Lyons, Phillip: Sex-Based Sentencing: Sentencing Discrepancies between Male and Female Sex Offenders. In: Feminist Criminology April 2012, S. 146-162 (eine Zusammenfassung findet man online unter http://www.eurekalert.org/pub_releases/2012-05/sp-fso053012.php); Rodriguez, S. Fernando und andere: Gender Differences in Criminal Sentencing: Do Effects Vary Across Violent, Property, and Drug Offenses? In: Social Science Quarterly, Volume 87, Nr. 2/2006, S. 318 – 339, online veröffentlicht unter http://digitalcommons.utep.edu/cgi/viewcontent.cgi?article=1001&context=gang_1ee sowie Spohn, Cassia: How Do Judges Decide? Sentencing Disparity and Discrimination. A focus on gender. Sage 2009.
[509] Mischke, Roland: Nur Mut, Männer! Zum neuen Selbstverständnis einer gefährdeten Spezies. Bergisch Gladbach 1990, S. 139.
[510] Vgl. Björkqvist, Kaj und Niemelä, Pirkko: Of Mice and Women: Aspects of Female Aggression. San Diego 1992, S. 92.
[511] Vgl. Thomas, David: Auch Männer wollen aufrecht gehen, oder Warum es heute so schwierig ist, ein Mann zu sein. Bergisch Gladbach 1993, S. 117.
[512] Vgl. Young, Cathy: Ceasefire! Why Women and Men Must Join Forces to Achieve True Equality. New York 1999, S. 37.
[513] Vgl. Pearson, Patricia; When She Was Bad: Violcnt Women and the Myth of Innocence. New York 1997, S. 37.
[514] Vgl. Jones, Adam: Gender Inclusive. Essays on violence, men and feminist

international relations. Routledge 2009, S. 41.
[515] Vgl. Benatar, David: The Second Sexism. Discrimination Against Men and Boys. Wiley-Blackwell 2012, S. 60.
[516] Vgl. Carpenter, Charli: "Innocent Women and Children". Gender, Norms and the Protection of Civilians. Ashgate 2006, S. 34. Weiterführende Quellen siehe dort.
[517] Vgl. Fillion, Kate: Lip Service: The Truth About Women's Darker Side in Love, Sex and Friendship. New York 1996, S. 229.
[518] Vgl. Young, Cathy: Ceasefire! Why Women and Men Must Join Forces to Achieve True Equality. New York 1999, S. 98-102.
[519] Vgl. Cook, Philip: Abused Men: the Hidden Side of Domestic Violence. Westport 1997, S. 21.
[520] Vgl. Farrell, Warren: Mythos Männermacht. Frankfurt am Main 1995, S. 317.
[521] Vgl. Farrell, Warren: Mythos Männermacht. Frankfurt am Main 1995, S. 318-319.
[522] Vgl. Pearson, Patricia; When She Was Bad: Violcnt Women and the Myth of Innocence. New York 1997, S. 57.
[523] Vgl. Farrell, Warren: Mythos Männermacht. Frankfurt am Main 1995, S. 188.
[524] Vgl. Schenk, Roy: The Other Side of the Coin. Causes and Consequences of Men's Oppression. Madison 1982, S. 37.
[525] Vgl. O'Callaghan, Jonathan: What is war good for? Getting a DATE: Women are most attracted to military heroes, study claims. In: Daily Mail vom 11.3.2015, online unter http://www.dailymail.co.uk/sciencetech/article-2989589/Women-attracted-war-heroes.html.
[526] Vgl. Bourke, Joanna: Dismembering the Male. University of Chicago Press 1996, S. 38, 77, 83ff.
zitiert nach Benatar, David: The Second Sexism, S. 27.
[527] Vgl. Grossman, David: On Killing. The Psychological Cost of Learning to Kill in War and Society. Back Bay Books 1995, S. 277. Zitiert nach Benatar, David: The Second Sexism, S. 63.
[528] Vgl. Collins, Nathan: Queens on Attack. In: Pacific Standard vom 8.9.2015. Online unter https://psmag.com/news/queens-on-attack.
[529] Vgl. Ngari, Allan: Male victims of sexual violence: war's silent sufferers. Online seit dem 10.6.2016 unter https://issafrica.org/iss-today/male-victims-of-sexual-violence-wars-silent-sufferers.
[530] Vgl. Jones, Adam: Effacing the Male: Gender, Misrepresentation, and Exclusion in the Kosovo War. In: Transitions. The Journal of Men's Perspectives, 21: 1-3 (2001). Online veröffentlicht unter http://www.adamjones.freeservers.com/effacing.htm.
[531] Vgl. Nguyen, Katie: Powerful myths silence male victims of rape in war. Online seit dem 15.5.2014 unter http://news.trust.org//item/20140515154437-het27.
[532] Vgl. N.N.: Physisch und psychisch verletzt. Sexuelle Gewalt gegen Männer wird in vielen Ländern als Kriegswaffe eingesetzt. In: Greenpeace Magazin vom November 2011, S. 6, online unter

http://s337251796.online.de/2011/KW44/pages/10006.jpg.
533 Vgl. Stemple, Lara: The Hidden Victims of Wartime Rape. In: New York Times vom 1.3.2011, online veröffentlicht unter http://www.nytimes.com/2011/03/02/opinion/02stemple.html?_r=2partner=rss&emc=rss&.
534 Vgl. Perras, Arne: Die unaussprechliche Katastrophe. In: Süddeutsche Zeitung vom 12.1.2012, online veröffentlicht unter http://www.sueddeutsche.de/panorama/vergewaltigung-von-maennern-in-kriegsgebieten-die-unaussprechliche-katastrophe-1.1255767 sowie Human Security Report Project: Human Security Report 2012. Sexual Violence, Education and War: Beyond the Mainstream Narrative, S. 30, wo es des weiteren heißt: "A gender perspective on wartime sexual violence in practice usually means focusing on the incidence, causes, and consequences of sexual violence against women and girls." Der Bericht wurde im Oktober 2012 online gestellt unter http://hsrgroup.org/docs/Publications/HSR2012/2012HumanSecurityReport-FullText-LowRes.pdf.
535 Vgl. Böhm, Andrea: Die unaussprechliche Tat. In: Die Zeit vom 20.8.2009, online veröffentlicht unter http://www.zeit.de/online/2009/35/kongo-maenner-vergewaltigung sowie Human Security Report Project: Human Security Report 2012. Sexual Violence, Education and War: Beyond the Mainstream Narrative, S. 32.
536 Vgl. Human Security Report Project: Human Security Report 2012. Sexual Violence, Education and War: Beyond the Mainstream Narrative, S. 31-32.
537 Vgl. Misra, Amalendu: The Landscape of Silence. Sexual Violence against Men in War. Hurst & Company 2015, S. 143.
538 Vgl. Misra, Amalendu: The Landscape of Silence. Sexual Violence against Men in War. Hurst & Company 2015, S. 199-200.
539 Vgl. Hoffmann, Arne: Sind Frauen bessere Menschen? Schwarzkopf & Schwarzkopf 2001, S. 598 sowie 600-601.
540 Vgl. Misra, Amalendu: The Landscape of Silence. Sexual Violence against Men in War. Hurst & Company 2015, S. 226.
541 Vgl. Gettleman, Jeffrey: Symbol of Unhealed Congo: Male Rape Victims. In: New York Times vom 4.8.2009, online veröffentlicht unter http://www.nytimes.com/2009/08/05/world/africa/05congo.html?_r=0.
542 Die Dokumentation steht online unter http://www.youtube.com/watch?v=mJSl99HQYXc.
543 Vgl. Storr, Will: The rape of men. In: The Guardian vom 17.7.2011, online veröffentlicht unter http://www.guardian.co.uk/society/2011/jul/17/the-rape-of-men.
544 Ebenda.
545 Vgl. für nähere Informationen Böge, Friederike: Die Tanzknaben vom Hindukusch. In: Frankfurter Allgemeine Zeitung vom 23.5.2011, online unter http://www.faz.net/aktuell/politik/ausland/missbrauch-in-afghanistan-die-tanzknaben-vom-hindukusch-1635406.html, sowie N.N.: Boys in Afghanistan Sold Into Prostitution, Sexual Slavery. In: Digital Journal vom 20.11.2007, online

veröffentlicht unter http://www.digitaljournal.com/article/246409/Boys_in_Afghanistan_Sold_Into_Prostitution_Sexual_Slavery.

546 Vgl. N.N.: The Ignored Victims of Wartime Rape. In: Toy Soldier vom 13.10.2011, online veröffentlicht unter http://toysoldier.wordpress.com/2011/10/13/the-ignored-victims-of-wartime-rape.

547 Vgl. Fensom, Eve: It's not just women who get raped. In: The Mancunion vom 13.3.2012, online unter http://www.student-direct.co.uk/2012/03/13/its-not-just-women-who-get-raped.

548 Vgl. Human Rights Watch: "We Will Teach You a Lesson" Sexual Violence against Tamils by Sri Lankan Security Forces, S. 2. Online veröffentlicht am 26.2.2013 unter http://www.hrw.org/reports/2013/02/26/we-will-teach-you-lesson.

549 Vgl. Human Rights Watch: "We Will Teach You a Lesson" Sexual Violence against Tamils by Sri Lankan Security Forces, S. 45. Online veröffentlicht am 26.2.2013 unter http://www.hrw.org/reports/2013/02/26/we-will-teach-you-lesson.

550 Vgl. Human Security Report Project: Human Security Report 2012. Sexual Violence, Education and War: Beyond the Mainstream Narrative, S. 32-33.

551 Vgl. Pomfret, Emma: How to counter rape as a weapon of war. In: The Guardian vom 30.7.2010, online unter http://www.guardian.co.uk/katine/2010/jul/30/katine-health-war-rape.

552 Vgl. Poschardt, Ulf: "Sexuelle Gewalt kann eine Kriegswaffe sein". In: Die Welt vom 16.1.2016, online unter https://www.welt.de/print/die_welt/politik/article151078183/Sexuelle-Gewalt-kann-eine-Kriegswaffe-sein.html.

553 Vgl. Schacht, Ryan: Marriage Markets and Male Mating Effort: Violence and Crime Are Elevated Where Men Are Rare. In: Human Nature vom Dezember 2016, Volume 27, Issue 4, S. 489–500 online unter https://link.springer.com/article/10.1007%2Fs12110-016-9271-x sowie Coghlan, Andy: Men are more violent when there are more women around. In: New Scientist vom 3.10.2016, online unter https://www.newscientist.com/article/2107806-men-are-more-violent-when-there-are-more-women-around.

554 Vgl. Sander, Lalon: Das Jahr des weißen Mannes. In: tageszeitung vom 5.1.2016, online unter http://www.taz.de/Kolumne-Dumme-weisse-Maenner/!5266052.

555 Die Langfassung der Studie steht online unter http://www.clubofvienna.org/assets/Uploads/PK-Meiners-2.pdf, eine Kurzfassung unter http://www.clubofvienna.org/assets/Uploads/PK-Meiners-Kurzfassung-2.pdf.

556 Vgl. Haffner, Katharina: What The Media Fails To Tell Us About The Men's Rights Movement. Online seit dem 28.12.2015 unter http://theodysseyonline.com/wwu/is-the-media-fair-towards-mras/240603.

557 Eine Aufzeichnung der Rede, die Jaye auf dem TEDx-Panel hielt, steht online unter https://www.youtube.com/watch?v=3WMuzhQXJoY.

558 Vgl. zu den letzten beiden Zitaten Cassie Jayes ihr Interview mit Michele

Carroll in der Reihe "Exploring Minds", online unter https://www.youtube.com/watch?v=KQ44TjFiuqY.

[559] Vgl. Bondy, Dianne und Higginson, Alicia: Men's Rights and Feminism. Online ohne Datum unter https://podcasts.apple.com/us/podcast/13-mens-rights-and-feminism/id1305361627?i=1000417064825.

[560] Vgl. Roberts, Carey: Half-Truths About Human Trafficking. Veröffentlicht am 12.7.2006 unter http://www.ifeminists.net/introduction/editorials/2006/0712roberts.html. Links zu den von Roberts angeführten Quellen siehe dort.

[561] Vgl. Batty, David: Two-fifths of UK trafficking victims are male, survey reveals. In: Guardian vom 26.4.2012, online veröffentlicht unter http://www.guardian.co.uk/law/2012/apr/26/two-fifths-human-trafficking-male.

[562] Vgl. etwa Lorscheid, Helmut: Wie im Lager. In: Telepolis vom 28.5.2003, online veröffentlicht unter http://www.heise.de/tp/artikel/14/14880/1.html. Lorscheid berichtet über Arbeiter aus Rumänien, die 14 Stunden und länger pro Tag schuften müssen, aber den vereinbarten Lohn nie erhalten. Als die Männer streiken wollen, werden sie zusammengeprügelt: Eines der Opfer musste mit Knochenbrüchen ins Krankenhaus, mit dem Kopf eines anderen Arbeiters wurde ein Waschbecken zerschlagen.

[563] Mit weiblichen Opfern von Zwangsprostitution beschäftige ich mich im Nachwort meines Buches Die Sklavenmädchen von Wiesbaden, Nehren 2006, S. 177-183.

[564] Vgl. The Commercial Sexual Exploitation of Children in New York City. Report Submitted to the National Institute of Justice, United States Department of Justice. Online veröffentlicht unter https://www.ncjrs.gov/pdffiles1/nij/grants/225083.pdf sowie Hinman, Kristen: Lost Boys. In: Village Voice vom 2.11.2011, online veröffentlicht unter http://www.villagevoice.com/2011-11-02/news/lost-boys. Über das Thema und die angeführten Quellen berichtet das zur Männerechtsbewegung zählende Blog "Toy Soldiers" unter http://toysoldier.wordpress.com/2011/12/13/the-lost-boys-of-child-prostitution.

[565] Vgl. Strochlic, Nina: The Sex Industry's Shadow Victims. In: The Daily Beast vom 16.9.2013, online veröffentlicht unter http://www.thedailybeast.com/witw/articles/2013/09/16/combatting-the-hidden-scourge-of-boys-in-the-sex-industry.html. Die Studie "And Boys Too" steht online unter http://ecpatusa.org/wp/wp-content/uploads/2013/08/AndBoysToo_FINAL_single-pages.pdf.

[566] Vgl. Carroll, Susan: Traffickers force more men into servitude. In: Houston Chronicle vom 6.7.2009, online veröffentlicht unter http://www.chron.com/news/houston-texas/article/Traffickers-force-more-men-into-servitude-1730660.php sowie Clawson, Heather und andere: Human Trafficking Into and Within the United States: A Review of the Literature. Online veröffentlicht im August 2009 unter http://aspe.hhs.gov/hsp/07/HumanTrafficking/LitRev/index.shtml#Trafficking.

[567] Vgl. Minder, Raphael: Spain Breaks Up a Trafficking Ring for Male

Prostitution. In: New York Times vom 31.8.2010, online veröffentlicht unter http://www.nytimes.com/2010/09/01/world/europe/01iht-spain.html?_r=2&partner=rss&emc=rss&.

[568] Vgl. Brown, Annie: Campaigner's warning as first cases of men being trafficked into Scotland as sex slaves are revealed. In: Daily Record vom 13.4.2010, online veröffentlicht unter http://www.dailyrecord.co.uk/news/scottish-news/campaigners-warning-as-first-cases-of-men-1056022.

[569] Vgl. das Interview "Are there male victims of child sex trafficking? Do they need help too?", bei dem Fernanda Mejia (Project For Healing Humanity) Blair Corbett (Ark of Hope for Children) befragte, online unter https://www.youtube.com/watch?v=GM8Ml5hxkOg.

[570] Vgl. Under the Radar. The Sexual Exploitation of Young Men. Online als Google-Dokument unter http://tinyurl.com/8cevtjk.

[571] Vgl. Gummow, Jodie: Demystifying the Commercial Sexual Exploitation of Boys - Our Forgotten Victims. Online veröffentlicht am 18.10.2013 unter http://www.alternet.org/gender/demystifying-commercial-sexual-exploitation-boys-our-forgotten-victims.

[572] Vgl. N.N.: Male Victims of Sex Trafficking. In: Toy Soldiers vom 17.5.2011, online veröffentlicht unter http://toysoldier.wordpress.com/2012/10/25/male-victims-of-sex-trafficking.

[573] Vgl. N.N.: North Carolinia Couple Serves as Important Reminder That Men and Boys Are Victims, Too. Online veröffentlicht am 2.2.2016 vom Villanova Law Institute to Address Commercial Sexual Exploitation unter http://cseinstitute.org/north-carolinian-couple-serves-important-reminder-men-boys-victims.

[574] Vgl. Agbulos, Nelli: What about the boys? Online seit dem 7.7.2014 unter http://restoreonelife.wordpress.com/2014/07/07/what-about-the-boys.

[575] Vgl. Österreicher, Milena: Aktivistin Reiterer über Frauenhandel: Viele Täterinnen waren Opfer. Online seit dem 30.7.2016 unter derstandard.at/2000042026842/Aktivistin-Adesuwa-Reiterer-Die-meisten-Menschenhaendler-sind-Frauen.

[576] Vgl. Schmalenbach, Merle: Frauen mischen im Menschenhandel mit. Online seit dem 13.2.2009 unter http://www.spiegel.de/politik/ausland/uno-bericht-frauen-mischen-im-menschenhandel-mit-a-607364.html.

[577] Vgl. Kaiser, Susanne: Wenn Frauen Frauen verkaufen. In: Die Zeit vom 19.6.2014, online unter http://www.zeit.de/politik/ausland/2014-06/zwangsprostitution-nigeria-europa
Menschenhandel.

[578] Vgl. Rojkov, Alexandra: Die Mütter des Menschenhandels. In: Frankfurter Allgemeine Zeitung vom 30.3.2015, online unter http://faz.net/aktuell/gesellschaft/kriminalitaet/frauen-versklaven-frauen-die-muetter-des-menschenhandels-13483415.html.

[579] Vgl. Schleim, Stephan: Weg mit den Mikroaggressionen. Online seit dem 5.5.2016 unter https://www.heise.de/tp/features/Weg-mit-den-Mikroaggressionen-3211191.html.

[580] Vgl. Kilian, Martin: Jetzt kommt die Sprachpolizei. In: Tages-Anzeiger vom 19.8.2015, online unter https://www.tagesanzeiger.ch/ausland/amerika/Die-neue-politische-Korrektheit-in-den-USA/story/22631883.
[581] Vgl. N.N.: Die Debatten-Polizei. In: Die Zeit vom 28.1.2016, online unter http://www.zeit.de/2016/03/diskriminierung-universitaeten-usa-kulturelle-aneignung-minderheiten-studenten-protest.
[582] Vgl. Lilienfeld, Scott: Microaggressions. Strong Claims, Inadequate Evidence. In: Perspectives on Psychological Science, Volume: 12 issue: 1, S. 138-169. Online seit dem 11.1.2017 unter http://journals.sagepub.com/doi/full/10.1177/1745691616659391. Siehe dazu auch Nagai, Althea: The Pseudo-Science of Microaggressions. In: Academic Questions Volume 30, Nr. 1, Frühling 2017. Online seit dem 29.3.2017 unter https://www.nas.org/articles/the_pseudo_science_of_microaggressions.
[583] Vgl. Baum, Carla: Diese Fraktionen haben den geringsten Frauenanteil. In: Die Welt vom 27.9.2017, online unter https://www.welt.de/politik/deutschland/article169078778/Diese-Fraktionen-haben-den-geringsten-Frauenanteil.html.
[584] Vgl. die Statistik "Anteil der Frauen an den Mitgliedern der politischen Parteien in Deutschland am 31. Dezember 2016 online unter https://de.statista.com/statistik/daten/studie/192247/umfrage/frauenanteil-in-den-politischen-parteien.
[585] Vgl. Becker, Kim Björn: Plötzlich Kanidatin. In: Frankfurter Allgemeine vom 10.4.2019, online unter https://edition.faz.net/faz-edition/politik/2019-04-10/95ecbeabe751259d86644b18f7556d20/?GEPC=s3.
[586] Vgl. Becker, Kim Björn: Plötzlich Kanidatin. In: Frankfurter Allgemeine vom 10.4.2019, online unter https://edition.faz.net/faz-edition/politik/2019-04-10/95ecbeabe751259d86644b18f7556d20/?GEPC=s3.
[587] Vgl. etwa Fischer, Thomas: Mr. Spacey und wir. In: Die Zeit vom 10.11.2017, online unter http://www.zeit.de/gesellschaft/2017-11/sexismus-debatte-kevin-spacey-metoo-gesetze.
[588] Vgl. Kam, Cindy und andere: Courting the Women's Vote: The Emotional, Cognitive and Persuasive Effects of Gender-based Appeals in Campaign Advertisements. Political Behavior 39 (1) 2017, S. 51-75. Zitiert nach Klein, Michael: Frauen hofieren lohnt sich nicht: Warum die SPD die Wahl verloren hat. Online seit dem 3.11.2017 unter https://sciencefiles.org/2017/11/03/frauen-hofieren-lohnt-sich-nicht-warum-die-spd-die-wahl-verloren-hat.
[589] Vgl. Stark, Jürgen: No Sex: Die neue Prüderie in Deutschland. Moralapostel und Lustfeinde auf dem Vormarsch. Reinbek bei Hamburg 1996, S. 220.
[590] Vgl. McElroy, Wendy: XXX: AWoman's Right to Pornography. New York 1995, S. 43.
[591] Vgl. Rave, Marion: Befreiungsstrategien. Der Mann als Feindbild in der feministischen Literatur. Bielefeld 1991, S. 151.
[592] Vgl. Strossen, Nadine: Zur Verteidigung der Pornographie, Für die Freiheit des Wortes, Sex und die Rechte der Frauen. Zürich 1997, S. 131.
[593] Vgl. Dworkin, Andrea: Pornographie. Männer beherrschen Frauen. Mit einem

Vorwort von Alice Schwarzer. Frankfurt am Main 1990, S. 24.
[594] Vgl. Rave, Marion: Befreiungsstrategien. Der Mann als Feindbild in der feministischen Literatur. Bielefeld 1991, S. 148.
[595] Vgl. Schwarzer, Alice: Mörderischer Männerwahn. Online seit dem 15.3.2009 unter http://derstandard.at/1234509532073/Amoklauf-in-Deutschland-Moerderischer-Maennerwahn sowie Schwarzer, Alice: Pornografie ist geil, online veröffentlicht unter https://www.emma.de/artikel/alice-schwarzer-pornografie-ist-geil-263688.
[596] Vgl. Oppong, Marvin: Dubioser Professor, unglaubliche Studien. Online seit dem 10.9.2008 unter http://www.spiegel.de/wissenschaft/mensch/anzeige-gegen-psychologieexperten-dubioser-professor-unglaubliche-studien-a-577236.html.
[597] Vgl. Paulus, Jochen: Für dumm verkauft. In: Die Zeit vom 9.7.2008, online unter http://www.zeit.de/zeit-wissen/2008/04/Institut-fuer-Volksverdummung.
[598] Vgl. Assiter, Alison und Carol, Avedon: Bad Girls and Dirty Pictures. The Challenge to Reclaim Feminism. London 1993, S. 59 sowie Strossen, Nadine: Zur Verteidigung der Pornographie, Für die Freiheit des Wortes, Sex und die Rechte der Frauen. Zürich 1997, S. 311-312.
[599] Vgl. Assiter, Alison und Carol, Avedon: Bad Girls and Dirty Pictures. The Challenge to Reclaim Feminism. London 1993, S. 59.
[600] Vgl. Mealey, Linda: Sex Differences. Development and Evolutionary Strategies. Academic Press 2000, S. 369.
[601] Vgl. Christensen, F. M.: Pornography. The Other Side. New York 1990, S. 147-148; Groth, Nicholas: Men Who Rape. New York 1979, S.9; Pally, Marcia: Sex & Sensibility. Reflections on Forbidden Mirrors and the Will to Censor. Hopewell 1994, S. 51 sowie Strossen, Nadine: Zur Verteidigung der Pornographie, Für die Freiheit des Wortes, Sex und die Rechte der Frauen. Zürich 1997, S. 310.
[602] Vgl. Thompson, Bill: Soft Core. Moral Crusades against Pornography in Britain and America. New York 1994, S. 189.
[603] Vgl. Saad, Gad: Pornography: Beneficial or Detrimental? It turns out that pornography is good for you. In: Psychology Today vom 22.1.2010, online unter https://www.psychologytoday.com/blog/homo-consumericus/201001/pornography-beneficial-or-detrimental. Quellenangaben zu den angeführten Studien siehe dort.
[604] Vgl. N.N.: Pascha: Der Pornokonsument. Online seit dem 24.6.2014 unter https://www.emma.de/artikel/pascha-der-pornokonsument-317311.
[605] Beide Studien zitiert nach Brown, Elizabeth Nolan: People Who Watch Porn Hold More Feminist Views. Study shows greater support for gender equality among men and women who watch adult films. In: Reason vom 10.9.2015, online veröffentlicht unter https://reason.com/blog/2015/09/10/porn-viewers-hold-more-egalitarian-views. Siehe im Original Kohut, Taylor: Is Pornography Really about "Making Hate to Women"? Pornography Users Hold More Gender Egalitarian Attitudes Than Nonusers in a Representative American Sample. In: The Journal of Sex Research Nr. 23, 1/2016, S. 1-11, online unter http://www.tandfonline.com/doi/full/10.1080/00224499.2015.1023427?src=recsys &.

[606] Vgl. Grammer, Karl: Signale der Liebe. Die biologischen Gesetze der Partnerschaft. München 1995, S. 273.
[607] Vgl. Nauert, Rick: Pornography's Effect on Men Under Study. Online ohne Datum unter http://psychcentral.com/news/2009/12/02/pornographys-effect-on-men-under-study/9884.html.
[608] Vgl. Moalem, Sharon: How Sex Works. Harper Collins 2009, S. 98-100.
[609] Vgl. Khamsi, Roxanne: Women become sexually aroused as quickly as men. Online seit dem 18.8.2002 unter http://www.newscientist.com/article/dn10213-women-become-sexually-aroused-as-quickly-as-men.html.
[610] Vgl. Rupp, Heather und Wallen, Kim: Sex differences in viewing sexual stimuli: An eye tracking study in men and women. In: Hormones and Behavior Nr. 51/2007, S. 524-533 sowie N.N.: Gesichter erregen Männer. Online seit dem 13.4.2007 unter http://www.scienceticker.info/2007/04/13/gesichter-erregen-maenner und Podbregar, Nadja: Wo Männer und wo Frauen zuerst hinachauen. In: Die Welt vom 3.12.2012, online unter https://www.welt.de/wissenschaft/article111778436/Wo-Maenner-und-wo-Frauen-zuerst-hinschauen.html.
[611] Vgl. Roach, Mary: Bonk. Fischer 2009, S. 254-255.
[612] Vgl. Loftus, David: Watching Sex. How Men Really Respond to Pornography. Da Capo Press 2002.
[613] Vgl. Kalle, Matthias: "Klug und haushaltend". In: Die Zeit vom 16.7.2009, online unter http://www.zeit.de/2009/30/Jugend-Erstes-Mal-Interview-30.
[614] Vgl. Ortgies, Lisa: Sexsucht online. Online seit dem 1.5.2008 unter https://www.emma.de/artikel/titelgeschichte-sexsucht-online-263759.
[615] Vgl. Gantner, Martin: Porno, na und? In: Die Zeit vom 15.12.2008, online unter http://www.zeit.de/online/2008/50/porno-hysterie/komplettansicht.
[616] Vgl. Kendall, Todd: Pornography, Rape, and the Internet. Clemson University 2006. Online unter http://idei.fr/sites/default/files/medias/doc/conf/sic/papers_2007/kendall.pdf.
[617] Vgl. Seth Stephens-Davidowitz: Everybody Lies. Big Data, New Data, and What the Internet Can Tell Us About Who We Really Are. Dey Street Books, S. 131.
[618] Vgl. Shor, Eran und Seida, Kimberly: "Harder and Harder"? Is Mainstream Pornography Becoming Increasingly Violent and Do Viewers Prefer Violent Content? In: The Journal of Sex Research, Volume 56, 1/2019, S. 16-28.
[619] Vgl. Dolan, Eric: Study finds pornography is not becoming increasingly violent. Online seit dem 12.5.2018 unter https://www.psypost.org/2018/05/study-finds-not-becoming-increasingly-violent-51220.
[620] Vgl. Shor, Eran und Seida, Kimberly: "Harder and Harder"? Is Mainstream Pornography Becoming Increasingly Violent and Do Viewers Prefer Violent Content? In: The Journal of Sex Research, Volume 56, 1/2019, S. 16-28.
[621] Vgl. Griffith, James D. und andere: Pornography Actresses: An Assessment of the Damaged Goods Hypothesis. In: The Journal of Sex Research, Volume 50, Nr. 7/2013, S. 621-632. Online unter http://www.tandfonline.com/doi/abs/10.1080/00224499.2012.719168?journalCode

=hjsr20.

[622] Die Sendung steht bis zum 18.10.2020 online unter https://www.zdf.de/dokumentation/zdfinfo-doku/bordell-deutschland-milliardengeschaeft-prostitution-102.html.

[623] Vgl. Der Spiegel Nr. 22/2013.

[624] Vgl. Doña Carmen e.V.: Wie das ZDF-Publikum verschaukelt wird. Mit Fake News Stimmung gegen
'freiwillige Prostitution'. Online seit dem 17.11.2017 unter https://www.donacarmen.de/zdf-doku-bordell-deutschland.

[625] Vgl. Doña Carmen e.V.: SPIEGEL verschärft Medienhetze gegen die Legalisierung von Prostitution. Online seit dem 26.5. 2013 unter https://www.donacarmen.de/stellungnahme-von-dona-carmen-e-v-zur-spiegel-titelgeschichte-bordell-deutschland.

[626] Vgl. beispielsweise Ruzicka, Mona: Prostitution? Das ist gegen die Menschenrechte! In: Die Welt vom 29.7.2015, online unter http://www.welt.de/kultur/article144593032/Prostitution-Das-ist-gegen-die-Menschenrechte.html.

[627] Vgl. Shire, Emily: Prostitutes Tell Lena Dunham to Stop Grandstanding About Sex Work. Online seit dem 29.7.2015 unter https://www.thedailybeast.com/prostitutes-tell-lena-dunham-to-stop-grandstanding-about-sex-work.

[628] Vgl. Brown, Elizabeth Nolan: Sex Workers From Around the World Tell Hollywood to Mind Its Own Business. in: Reason vom 31.7.2015, online unter http://reason.com/blog/2015/07/31/sex-workers-push-back-against-hollywood.

[629] Vgl. Fendt, Robert: Prostitution: warum Amnesty Recht hat und EMMA nicht. Online seit dem 16.8.2015 unter http://www.rm-f.de/site/node/344.

[630] Vgl. Weitzer, Ronald: Prostitution: Facts and Fictions. Contexts 6, Nr. 4/2007, S. 28-33.

[631] Vgl. Romans, Sarah E. und andere: The Mental and Physical Health of Female Sex Workers: a Comparative Study. In: Australian and New Zealand Journal of Psychiatry 35, Nr. 1/200), S. 75-80.

[632] Vgl. Aaron, Michael: Modern Sexuality. The Truth About Sex and Relationships. Rowman & Littlefield 2016, Kapitel 4.

[633] Vgl. Grant, Melissa Gira: Don't Trust "Feminists" Fighting To Keep Sex Work Illegal. Online seit dem 8.10.2013 unter http://talkingpointsmemo.com/cafe/don-t-trust-feminists-fighting-to-keep-sex-work-illegal.

[634] Vgl. Enjeti, Saagar: 1,500 Acid Attacks Hit London Since 2011. In: Daily Caller vom 16.3.2017, online unter http://dailycaller.com/2017/03/16/1500-acid-attacks-hit-london-since-2011.

[635] Vgl. N.N.: Acid attacks 'hidden' by fearful victims, say police. Online seit dem 22.4.2017 unter http://www.bbc.com/news/uk-39678059.

[636] Vgl. Behn, Sharon: Use of Acid Attacks for Punishment Persists in Pakistan. Online seit dem 20.2.2014 unter https://www.voanews.com/a/practice-of-punishing-with-acid-attacks-persists-in-pakistan/1855836.html.

[637] Vgl. Perrins, Dan: Acid Attacks: Telling Only Half the Story. Online seit dem

26.62014 unter http://www.avoiceformen.com/feminism/feminist-lies-feminism/acid-attacks-telling-only-half-the-story.
[638] Vgl. Khandelwal, Heena: Men at the receiving end. Online seit dem 12.2.2017 unter http://www.dnaindia.com/lifestyle/report-men-at-the-receiving-end-2320064.
[639] Vgl. N.N.: Acid Queens: Women Who Throw Acid. Online seit dem 9.3.2014 unter http://unknownmisandry.blogspot.de/2011/08/acid-queens-women-who-throw-acid.html.
[640] Vgl. Wright, Peter: Acid-throwing: Almost exclusively a women's crime? Online seit dem 30.12.2014 unter https://www.avoiceformen.com/series/unknown-history-of-misandry/acid-throwing-almost-exclusively-a-womens-crime. Der Beitrag dokumentiert eine Passage aus dem 1912 erschienenen Buch "Women and Crime" des Journalisten Adam Lee Hargrave.
[641] Vgl. Barnes, James: New Study Proves That Men Don't Slut Shame, Rich Women Do. Online seit dem 17.9.2014 unter https://thoughtcatalog.com/james-b-barnes/2014/09/new-study-proves-that-men-dont-slut-shame-rich-women-do.
[642] Vgl. als beispielhafte Zurechtweisung an Männer den Artikel "How not to be a sexist jerk on Halloween: No slut-shaming or offensive costumes" von Marie Solis in Newsweek vom 31.10.2017 unter http://www.newsweek.com/how-not-be-sexist-jerk-halloween-696433.
[643] Vgl. Baumeister, Roy und Twenge, Jean: Cultural Suppression of Female Sexuality. In: Review of General Psychology Vol. 6/2002, No. 2, S. 166 – 203, online unter http://www.femininebeauty.info/suppression.pdf.
[644] Vgl. Khazan, Olga: The Evolution of Bitchiness. In: The Atlantic vom 20.11.2013. Online unter https://www.theatlantic.com/health/archive/2013/11/the-evolution-of-bitchiness/281657.
[645] Vgl. ebenda.
[646] Vgl. Armstrong, Elizabeth und andere: Good Girls: Gender, Social Class, and Slut Discourse on Campus. In: Social Psychology Quarterly, 77 (2) 2014, S. 100-122, online unter http://journals.sagepub.com/doi/10.1177/0190272514521220.
[647] Vgl. Barnes, James: New Study Proves That Men Don't Slut Shame, Rich Women Do. Online seit dem 17.9.2014 unter https://thoughtcatalog.com/james-b-barnes/2014/09/new-study-proves-that-men-dont-slut-shame-rich-women-do.
[648] Vgl. N.N.: Männer gewichten Intelligenz der Frauen höher als Schönheit. In: Neue Zürcher Zeitung vom 10.2.2016, online unter https://www.nzz.ch/panorama/alltagsgeschichten/maenner-gewichten-intelligenz-der-frauen-hoeher-als-schoenheit-1.18693139.
[649] Vgl. Rötzer, Florian: Schöne haben Vorteile bei Bewerbungsgesprächen. Online seit dem 7.12.2007 unter https://www.heise.de/tp/news/Schoene-haben-Vorteile-bei-Bewerbungsgespraechen-2015736.html.
[650] Vgl. Bauer, Gernot: Bildungspolitik: "Gender Gap" in Mathematik. In: Profil vom 15.8.2015 unter http://www.profil.at/oesterreich/bildungspolitik-gender-gap-mathematik-5809810.
[651] Vgl. Löwenstein, Stephan: Klare Erfolgsgeschichte von Mädchen. Frankfurter Allgemeine Zeitung vom 13. Juni 2008, Nr. 136, S. 2

[652] Vgl. Dammasch, Frank: Die Krise der Jungen. Statistische, sozialpsychologische und psychoanalytische Aspekte. In: Dammasch, Frank (Hg.): Jungen in der Krise. Frankfurt am Main 2008, S. 9–28, hier S. 12.
[653] Vgl. als einen von zahlreichen Presseartikeln nach Veröffentlichung der PISA-Studie 2008 Wildeisen, Sarah: "Die Vorleserinnen." In: tageszeitung vom 19. November 2008.
[654] Vgl. Peter, Joachim: "Warum Kinder in Sachsen besser lesen als in Berlin." In: Die Welt vom 18. November 2008, online unter: www.welt.de/politik/article2744353/Warum-Kinder-in-Sachsen-besser-lesen-als-in-Berlin.html
[655] Vgl. Köhler, Bruno: Der faule WDR oder wie "Qualitätsjournalismus" Fake News liefert. Online seit dem 20.1.2017 unter https://manndat.de/medien/der-faule-wdr-oder-wie-qualitaetsjournalismus-fake-news-liefert.html.
[656] Vgl. N.N.: Mathe ist ein Problem für deutsche Grundschüler. In: Die Zeit vom 29.11.2016 unter http://www.zeit.de/gesellschaft/schule/2016-11/timss-studie-mathematik-naturwissenschaften-schulvergleich-kenntnisse.
[657] Vgl. Louis, Chantal: Prügelknaben oder prügelnde Knaben? In: Emma, 1/2008, online unter: https://www.emma.de/artikel/arme-jungs-pruegelknaben-oder-pruegelnde-knaben-263721.
[658] Vgl. N.N.: Iglu-Studie: Jungen werden in der Grundschule benachteiligt. In: Die Welt vom 8.11.2005, online unter http://www.welt.de/print-welt/article176401/Iglu_Studie_Jungen_werden_in_der_Grundschule_benachteiligt.html.
[659] Vgl. N.N.: Schlechtere Noten für Jungen. Veröffentlicht am 7.11.2005 auf Spiegel-Online unter http://www.spiegel.de/schulspiegel/iglu-studie-schlechtere-noten-fuer-jungen-a-383709.html.
[660] Vgl. Bundesministerium für Bildung und Forschung, Referat Chancengleichheit in Bildung und Forschung: Bildungs(miss)erfolge von Jungen und Berufswahlverhalten bei männlichen Jugendlichen. Online unter: www.bmbf.de/pub/Bildungsmisserfolg.pdf.
[661] Vgl. N.N.: Schule: Jungen sind die Verlierer im deutschen Bildungssystem. Online veröffentlicht am 12.3.2009 unter http://www.focus.de/schule/schule/bildungspolitik/schule-jungen-sind-die-verlierer-im-deutschen-bildungssystem_aid_379677.html.
[662] Vgl. N.N.: Schulen benachteiligen Jungen massiv. Veröffentlicht am 12.3.2009 unter http://www.spiegel.de/schulspiegel/wissen/geschlechter-studie-schulen-benachteiligen-jungen-massiv-a-612997.html.
[663] Vgl. N.N.: Mädchen und Reiche bei Schulnoten bevorzugt. In: Kleine Zeitung vom 25.7.2013, online unter http://www.kleinezeitung.at/nachrichten/chronik/3364053/geringer-zusammenhang-zwischen-schulnoten-leistung.story.
[664] Vgl. N.N.: "Buben in Schulen benachteiligt." Online unter: http://salzburg.orf.at/stories/190947.
[665] Vgl. Scheebeli, Daniel: Schlaue Jungs schaffen es nicht ans Gymi. Online veröffentlicht am 1.7.2009 unter

http://www.tagesanzeiger.ch/zuerich/kanton/Schlaue-Jungs-schaffen-es-nicht-ans-Gymi/story/11277933.

666 Vgl. Perricone, Michael: Mädchen lassen Jungs stehen! Online veröffentlicht am 7.12.2010 unter http://www.blick.ch/news/schweiz/maedchen-lassen-jungs-stehen-162202.

667 Vgl. Terrier, Camille: Giving a Little Help to Girls? Evidence on Grade Discrimination and its Effect on Students' Achievement. Die Studie steht online unter http://cep.lse.ac.uk/pubs/download/dp1341.pdf. Siehe auch Bryce, Lina: Study: Math Teachers Give Girls Higher Grades Over Boys For Same Answers. Online seit dem 15.4.2015 unter https://thelibertarianrepublic.com/study-math-teachers-give-girls-higher-grades-for-same-answers.

668 Vgl. Couglan, Sean: Teachers 'give higher marks to girls'. Online seit dem 5.3.2015 unter http://www.bbc.com/news/education-31751672.

669 Vgl. Hollstein, Walter: Was vom Manne übrig blieb. Aufbau 2008, S. 235-236.

670 Vgl. Jäckel, Karin: Störfall Schule. Beltz 2010, S. 194-195.

671 Vgl. Diefenbach, Heike und Klein, Michael: "Bringing Boys Back In". Soziale Ungleichheit der Geschlechter im Bildungssystem zuungunsten von Jungen am Beispiel der Sekundärabschlüsse. In: Zeitschrift für Pädagogik (48), Heft 6/2002, S. 938-958.

672 Vgl. Preuss-Lausitz, Ulf: Der hilflose Umgang mit Jungen in Schule und Pädagogik. in: Hurrelmann, Klaus und Schultz, Tanjev (Hrsg.): Jungen als Bildungsverlierer. Beltz 2012, S. 34.

673 Vgl. N.N.: Boys 'being held back by women teachers' as gender stereotypes are reinforced in the classroom. In: Daily Mail vom 1.9.2010, online veröffentlicht unter http://www.dailymail.co.uk/news/article-1307856/Boys-held-women-teachers-gender-stereotypes-reinforced-classroom.html.

674 Vgl. Thomas, David: Auch Männer wollen aufrecht gehen. Oder warum es heute so schwierig ist, ein Mann zu sein. Bergisch Gladbach 1993, S. 54 f.

675 Vgl. Fisher, Gabriel: Study: Girls do better in school when taught by women. Online seit dem 31.6.2015 unter https://qz.com/466246/study-girls-do-better-in-school-when-taught-by-women.

676 Vgl. N.N.: Mädchen geben den Ton an. Online seit dem 15.4.2015 unter http://www.spiegel.de/schulspiegel/schule-maedchen-bestimmen-das-klassenklima-a-1028745.html.

677 Vgl. Pasic, Ana Marija: Der Widerstand der Frauen. Online seit dem 11. Januar 2017 unter http://www.zeit.de/kultur/2017-01/donald-trump-frauen-widerstand-abtreibungsverbot-pasic-10nach8.

678 Vgl. N.N.: Diese Beschlüsse zeigen: So frauenfeindlich ist Trumps Politik. Online seit dem 17.10.2017 unter http://www.brigitte.de/fmag/welt/donald-trump--so-frauenfeindlich-ist-seine-politik-10971122.html.

679 Vgl. Mancini, Jeanne: Poll Finds Most Women Back Abortion Restrictions. Online seit dem 27.1.2017 unter https://www.realclearpolitics.com/articles/2017/01/27/poll_finds_most_women_back_abortion_restrictions_132913.html.

680 Vgl. Robbins, Martin: Why are women more opposed to abortion? In: Guardian

vom 30.4.2014, online unter https://www.theguardian.com/science/the-lay-scientist/2014/apr/30/why-are-women-more-opposed-to-abortion.

[681] Vgl. https://twitter.com/antjeschrupp/status/966759092881588225.

[682] Vgl. als ein Beispiel für viele Blaß, Simone: So leiden die Frauen. Seelische Folgen einer Abtreibung sind ein Tabu-Thema. Online seit dem 2.7.2013 unter http://www.t-online.de/leben/familie/schwangerschaft/id_42838656/abtreibung-seelische-folgen-von-schwangerschaftsabbruechen.html.

[683] Vgl. Tolin, Lisa: The Effects of Abortion. In: Psychology Today 7/8 1997, S. 12

[684] Vgl. Major, Brenda und andere: Report of the APA Task Force on Mental Health and Abortion. Online unter http://www.apa.org/pi/women/programs/abortion/mental-health.pdf.

[685] Vgl. Coyle/Enright: Forgiveness Intervention with Postabortion Men. In: Journal of Consulting and Clinical Psychology, 65,(6), 1042-1046, Dezember 1997.

[686] Vgl. Barnett, Michael und andere: Enjoyment of Sexualization and Feminism: Relationships with Sexual Self-Schema and Psychosexual Health. In: Sexuality & Culture, September 2018, Volume 22, Issue 3, Seiten 669–68, online unter https://link.springer.com/article/10.1007/s12119-018-9515-5.

[687] Vgl. Gül, Pelin und Kupfer, Tom R.: Benevolent Sexism and Mate Preferences: Why Do Women Prefer Benevolent Men Despite Recognizing That They Can Be Undermining? In: Personality and Social Psychology Bulletin Vol. 45, 1/2019, online unter https://journals.sagepub.com/doi/abs/10.1177/0146167218781000 sowie Gül, Pelin und Kupfer, Tom R.: Why women – including feminists – are still attracted to ‘benevolently sexist’ men. Online seit dem 19.9.2018 unter https://theconversation.com/why-women-including-feminists-are-still-attracted-to-benevolently-sexist-men-101067.

[688] Vgl. Airaksinen, Toni: Researchers say masculinity training 'ignores human nature. Online seit dem 18.7.2018 unter https://www.campusreform.org/?ID=11134.

[689] Vgl. Hetzel, Helmut: Immer mehr Sex-Tourismus bei älteren Frauen. In: Der Westen vom 21.8.2009, online unter https://www.derwesten.de/reise/immer-mehr-sex-tourismus-bei-aelteren-frauen-id132728.html.

[690] Vgl. Phillips, Joan: Female sex tourism in Barbados: a postcolonial perspective. In:
Brown Journal of World Affairs XIV (2), 2008, S. 201–210.

[691] Vgl. Hetzel, Helmut: Immer mehr Sex-Tourismus bei älteren Frauen. In: Der Westen vom 21.8.2009, online unter https://www.derwesten.de/reise/immer-mehr-sex-tourismus-bei-aelteren-frauen-id132728.html.

[692] Vgl. Gwaambuka, Tatenda: Served, Serviced and Pampered: How Female Sex Tourists are Exploiting African Men. Online seit dem 20. Juli 2016 unter https://www.africanexponent.com/post/7580-how-female-sex-tourists-are-exploiting-african-men.

[693] Vgl. N.N.: "Nordafrikaner haben miserables Bild von Frauen". Online seit dem 26.1.2016 unter http://www.nachrichten.at/oberoesterreich/Nordafrikaner-haben-

miserables-Bild-von-Frauen;art4,2096026.
[694] Vgl. Jacobs, Harrison: Wealthy Older Women Are Hiring Men In Kenya To Romance Them. Online seit dem 21.10.2014 unter http://www.businessinsider.com/wealthy-older-women-are-hiring-men-in-kenya-to-romance-them-2014-10?IR=T.
[695] Vgl. Williams, Erica: Romance Tourism. In: Ritzer, George (Hrsg.): The Wiley-Blackwell Encyclopedia of Globalization. Blackwell Publishing 2012. Online unter https://www.academia.edu/1640168/Romance_Tourism.
[696] Vgl. Gwaambuka, Tatenda: Served, Serviced and Pampered: How Female Sex Tourists are Exploiting African Men. Online seit dem 20. Juli 2016 unter https://www.africanexponent.com/post/7580-how-female-sex-tourists-are-exploiting-african-men.
[697] Vgl. N.N.: Vom Missbrauchsprozess zum Justizskandal. Online seit dem 17.6.2017 unter https://www.swr.de/swraktuell/rp/wormser-prozesse-endeten-vor-20-jahren-vom-missbrauchsprozess-zum-justizskandal/-/id=1682/did=19724476/nid=1682/1o2rkwg/index.html.
[698] Ich habe diesen Irrsinn in meinem 2001 erschienenen Buch "Sind Frauen bessere Menschen?" auf den Seiten 234 bis 289 ausführlich dargestellt und analysiert.
[699] Vgl. Rueckert, Sabine: Die Keimzelle der Gewalt. In: Die Zeit vom 7.4.1995. Online unter http://www.zeit.de/1995/15/Die_Keimzelle_der_Gewalt.
[700] Vgl. Schulz, Berndt: Wenn Männer in der Falle sitzen. Düsseldorf 1998, S. 71.
[701] Vgl. Schwarzer, Alice: Der große Unterschied. Kiepenheuer & Witsch 2000, S. 109.
[702] Vgl. Elliott, Michelle (Hg.): Frauen als Täterinnen: sexueller Missbrauch an Mädchen und Jungen. Ruhnmark 1995, S. 99.
[703] Vgl. Fritz, G. S., Stoll, K. und Wagner N. N.: A comparison of males and females who were sexually molested as children. In: Journal of Sex and Marital Therapy Nr. 7/1981,S. 54-59.
[704] Vgl. Heyne, Claudia: Täterinnen: offene und versteckte Aggressionen von Frauen. Zürich 1993, S. 272.
[705] Vgl. van den Brock, Jos: Verschwiegene Not: Sexueller Missbrauch an Jungen. Zürich 1993, S. 36.
[706] Vgl. Love, Brenda: Enzyklopädie der ungewöhnlichsten Sexualpraktiken. Band 1 und 2. Flensburg 1997, S. 434.
[707] Vgl. Heyne, Claudia: Täterinnen: offene und versteckte Aggressionen von Frauen. Zürich 1993, S. 272.
[708] Vgl. van den Brock, Jos: Verschwiegene Not: Sexueller Missbrauch an Jungen. Zürich 1993, S. 36.
[709] Vgl. Townsend, Mark und Syal, Rajeev: Up to 64,000 women in UK 'are child-sex offenders'. In: Guardian vom 4.10.2009. Online unter https://www.theguardian.com/society/2009/oct/04/uk-female-child-sex-offenders.
[710] Vgl. Sapien, Joaquin: Boys in Custody and the Women Who Abuse Them. Online seit dem 2.7.2013 unter https://www.propublica.org/article/boys-in-custody-and-the-women-who-abuse-them.

[711] Vgl. Gödtel, Reiner: Sexualität und Gewalt. Hamburg 1992, S. 247.
[712] Vgl. Cose, Ellis: A Man's World. How Real Is Male Privilege - and How High Is the Price? New York 1995, S. 244-245 sowie Fillion, Kate: Lip Service: The Truth About Women's Darker Side in Love, Sex and Friendship. New York 1996, S. 298-299.
[713] Vgl. Julius, Henri und Boehme, Ulfert: Sexuelle Gewalt gegen Jungen. Göttingen 1997, S. 74-76.
[714] Vgl. Kirsta, Alix: Deadlier than the Male. Violence and Aggression in Women. London 1994, S. 291.
[715] Vgl. Fillion, Kate: Lip Service: The Truth About Women's Darker Side in Love, Sex and Friendship. New York 1996, S. 237.
[716] Vgl. Davis, John: How do Boys Act When they Are Raped or Molested? Online seit dem 17.4.2018 unter https://medium.com/@jimpreston_36730/how-do-boys-act-when-they-are-raped-or-molested-d50590e8585e.
[717] Vgl. Jäckel, Karin: Wer sind die Täter? Die andere Seite des Kindesmissbrauchs. München 1996, S. 56.
[718] Vgl. Jäckel, Karin: Wer sind die Täter? Die andere Seite des Kindesmissbrauchs. München 1996, S. 66-67.
[719] Vgl. Kirsta, Alix: Deadlier than the Male. Violence and Aggression in Women. London 1994, S. 297.
[720] Vgl. Elliott, Michelle (Hrsg.): Frauen als Täterinnen: sexueller Missbrauch an Mädchen und Jungen. Ruhnmark 1995, S. 104 sowie Kirsta, Alix: Deadlier than the Male. Violence and Aggression in Women. London 1994, S. 282.
[721] Vgl. Denfeld, Rene: Kill the Body, the Head Will Fall. New York 1997, S. 59.
[722] Vgl. Heyne, Claudia: Täterinnen: offene und versteckte Aggressionen von Frauen. Zürich 1993, S. 278.
[723] Vgl. Kirsta, Alix: Deadlier than the Male. Violence and Aggression in Women. London 1994, S. 292.
[724] Vgl. Gödtel, Reiner: Sexualität und Gewalt. Hamburg 1992, S. 247.
[725] Vgl. Mayer, Adele: Women Sex Offenders. Holmes Beach 1992, S. 49.
[726] Vgl. Banning, Peter: Female Child Molesters/Offenders, online ohne Datum unter http://www.shatterdmen.com/Female%20Child%20Molesters.htm.
[727] Vgl. Mayer, Adele: Women Sex Offenders. Holmes Beach 1992, S. 45-47.
[728] Vgl. Thomas, David: Auch Männer wollen aufrecht gehen, oder Warum es heute so schwierig ist, ein Mann zu sein. Bergisch Gladbach 1993, S. 214-215.
[729] Vgl. Kirsta, Alix: Deadlier than the Male. Violence and Aggression in Women. London 1994, S. 283.
[730] Vgl. Elliott, Michelle (Hg.): Frauen als Täterinnen: sexueller Missbrauch an Mädchen und Jungen. Ruhnmark 1995, S. 102.
[731] Vgl. Denfeld, Rene: Kill the Body, the Head Will Fall. New York 1997, S. 57-58.
[732] Vgl. Kirsta, Alix: Deadlier than the Male. Violence and Aggression in Women. London 1994, S. 282.
[733] Vgl. Elliott, Michelle (Hg.): Frauen als Täterinnen: sexueller Missbrauch an Mädchen und Jungen. Ruhnmark 1995, S. 46-47 sowie Kirsta, Alix: Deadlier than

the Male. Violence and Aggression in Women. London 1994, S. 282.

[734] Vgl. Friedersdorf, Conor: The Understudied Female Sexual Predator. In: The Atlantic vom 28.11.2016. Online unter https://www.theatlantic.com/science/archive/2016/11/the-understudied-female-sexual-predator/503492.

[735] Vgl. Kirsta, Alix: Deadlier than the Male. Violence and Aggression in Women. London 1994, S. 282, S. 283 sowie Matussek, Matthias: Die vaterlose Gesellschaft. Überfällige Anmerkungen zum Geschlechterkampf. Reinbek bei Hamburg 1998, S. 189.

[736] Vgl. Bange, Dirk und Enders, Ursula: Auch Indianer kennen Schmerz. Sexuelle Gewalt gegen Jungen. Köln 1995, S. 77; Brandes, Holger und Bullinger, Hermann (Hg.): Handbuch Männerarbeit. Weinheim 1996, S. 282; Fillion, Kate: Lip Service: The Truth About Women's Darker Side in Love, Sex and Friendship. New York 1996, S. 234; Heyne, Claudia: Täterinnen: offene und versteckte Aggressionen von Frauen. Zürich 1993, S. 274-276 sowie Ottar, Buchzeitschrift über Sexualität, Zusammenleben und Gesellschaft: Lust ... träumen ... erleben ... genießen. Reinbek bei Hamburg 1998, S. 308.

[737] Vgl. Thomas, David: Auch Männer wollen aufrecht gehen, oder Warum es heute so schwierig ist, ein Mann zu sein. Bergisch Gladbach 1993, S. 211-212.

[738] Fillion, Kate: Lip Service: The Truth About Women's Darker Side in Love, Sex and Friendship. New York 1996, S. 298-299.

[739] Vgl. Denfeld, Rene: Frech, emanzipiert und unwiderstehlich. Die Töchter des Feminismus. München 1996, S. 58-59.

[740] Vgl. Matthews, Ruth u. a.: Female Sexual Offenders. An Exploratory Study. Orwell 1989, S. 69.

[741] Vgl. Hauschild, Jana: Die Kinder schützen – und die potentiellen Täter. Online seit dem 4.2.2016 unter http://www.spiegel.de/gesundheit/psychologie/sexueller-missbrauch-wo-praevention-ansetzen-kann-a-1061921.html.

[742] Vgl. Rathcke, Julia im Interview mit Safiye Tozdan: Kindesmissbrauch: "Anteil weiblicher Täter liegt bei 30 Prozent". In: Hannoversche Allgemeine vom 16.3.2019, online unter http://www.haz.de/Nachrichten/Panorama/Uebersicht/Kindesmissbrauch-Taeter-sind-in-30-Prozent-der-Faelle-weiblich.

[743] Vgl. Elliott, Michelle (Hg.): Frauen als Täterinnen: sexueller Missbrauch an Mädchen und Jungen. Ruhnmark 1995, S. 12 und 24.

[744] Vgl. N.N.: When the face of evil is female. In: The Scotsman vom 3.10.2009, online unter https://www.scotsman.com/news/when_the_face_of_evil_is_female_1_1361397.

[745] Vgl. Emma vom November/Dezember 1998, S. 11.

[746] Vgl. Allen, C. M.: Women as perpetrators of child sexual abuse: recognition barriers. In: The Incest Perpetrator: A Family Member No One Wants to Tread. Hg.: A. L. Horton und andere, Newbury Park 1990.

[747] Vgl. FitzRoy, Lee: Mother/Daughter Rape: A Challenge for Feminism. In: Cook, S. und Bessant, J. (Hrsg.): Women's Encounters with Violence: Australian Experiences. Sage 1997.

[748] Vgl. Rainer, Elisabeth und Tescher, Alfons Benito: Talking statt Stalking. Möglichkeiten und Grenzen der Mediation bei Stalking. VDM 2008, S. 185.
[749] Vgl. Williams, Ian: Men more likely to be cyber-stalking victims. Online veröffentlicht am 11.9.2007 unter http://www.v3.co.uk/v3-uk/news/1940758/men-cyber-stalking-victims.
[750] Vgl. hierzu und zu den anderen Zitaten dieses Eintrags Christensen, Björn und Christensen, Sören: Hauptsache spektakulär. Online seit dem 27.7.2016 unter http://www.spiegel.de/wissenschaft/mensch/taschengeld-gibt-es-wirklich-einen-gender-pay-gap-a-1100475.html.
[751] Vgl. Hollersen, Wiebke: Den "testosterongesteuerten Mann" gibt es nicht. In: Die Welt vom 7.10.2015, online veröffentlicht unter https://www.welt.de/gesundheit/article147330051/Den-testosterongesteuerten-Mann-gibt-es-nicht.html.
[752] Vgl. Dabble, James und andere: Exploring the Mind of Testosterone: A Beeper Study. In: Journal of Research in Personality, Volume 31, Issue 4, Dezember 1997, S. 577-587, online unter https://www.sciencedirect.com/science/article/abs/pii/S0092656697922030.
[753] Vgl. Eisenegger, Christoph u. a.: Prejudice and truth about the effect of testosterone on human bargaining behaviour. In: Nature vom 21.1. 2010, Online unter http://www.nature.com/nature/journal/v463/n7279/full/nature08711.html. Siehe dazu auch Schäfer, Susanne: Testosteron macht männlich, aber nicht aggressiv. In: Die Zeit vom 23.9.2015, online unter http://www.zeit.de/zeit-wissen/2015/05/testosteron-maenner-hormon-wirkung sowie N.N.: Testosteron macht doch nicht streitlustig unter http://www.scinexx.de/wissen-aktuell-10928-2009-12-09.html.
[754] Vgl. N.N: Testosteron hemmt aggressives Verhalten bei Frauen. In: Ärzteblatt vom 12.1.2017, online unter http://www.aerzteblatt.de/nachrichten/72424.
[755] Vgl. N.N.: Hoher Östrogenspiegel macht asozial. Online seit dem 16.9.2015 unter http://derstandard.at/2000022310880/Hoher-Oestrogenspiegel-macht-asozial.
[756] Vgl. Bellet, Benjamin und andere: Trigger warning: Empirical evidence ahead. In: Journal of Behavior Therapy and Experimental Psychiatry, Volume 61, Dezember 2018, Seiten 134-141, online unter https://www.sciencedirect.com/science/article/pii/S0005791618301137; Paresky, Pamela: Harvard Study: Trigger Warnings Might Coddle the Mind. In: Psychology Today vom 3.8.2018, online unter https://www.psychologytoday.com/intl/blog/happiness-and-the-pursuit-leadership/201808/harvard-study-trigger-warnings-might-coddle-the; Dolan, Eric: Study finds evidence that 'trigger warnings' can be psychologically harmful, online seit dem 19.8.2018 unter https://www.psypost.org/2018/08/study-finds-evidence-that-trigger-warnings-can-be-psychologically-harmful-52007; Herrmann, Sebastian: Vorsicht, Dostojewski. In: Süddeutsche Zeitung vom 4.8.2018, online unter https://www.sueddeutsche.de/bildung/psychologie-vorsicht-dostojewski-1.4075728.
[757] Vgl. Jones, Payton und andere: Helping or Harming? The Effect of Trigger

Warnings on Individuals with Trauma Histories. OSF Preprints. July 10. doi:10.31219/osf.io/axn6z.
[758] Vgl. Brand, Katrin: Ein Jahr Trümmerfrau. Online seit dem 22.4.2019 unter https://www.tagesschau.de/inland/ein-jahr-nahles-101.html.
[759] Vgl. als weitere Beispiele etwa N.N.: Trümmerfrau der SPD: Das sind die fünf großen Herausforderungen für Andrea Nahles, online seit dem 12.2.2018 unter https://www.focus.de/politik/deutschland/sozialdemokraten-unter-druck-truemmerfrau-der-spd-das-sind-die-fuenf-grossen-herausforderungen-fuer-andrea-nahles_id_8452594.html sowie N.N.: Andrea Nahles: "Trümmerfrau" der SPD, online seit dem 22.4.2018 unter https://www.welt.de/newsticker/dpa_nt/afxline/topthemen/hintergruende/article175694195/Andrea-Nahles-Truemmerfrau-der-SPD.html.
[760] Vgl. Prantl, Heribert: Andrea Nahles, die Trümmerfrau der SPD. In: Süddeutsche Zeitung vom 12.2.2018, online unter https://www.sueddeutsche.de/politik/spd-andrea-nahles-herkulesaufgabe-1.3862726.
[761] Vgl. Burmester, Silke: Gehen Sie in die Politik, meine Damen! Online seit dem 15.1.2012 unter http://www.spiegel.de/kultur/gesellschaft/s-p-o-n-helden-der-gegenwart-gehen-sie-in-die-politik-meine-damen-a-809013.html.
[762] Vgl. Lueg, Andrea: Wer Deutschland wirklich vom Schutt befreite. Online seit dem 9.2.2015 unter https://www.deutschlandfunk.de/truemmerfrauen-studie-wer-deutschland-wirklich-vom-schutt.1310.de.html?dram:article_id=311180.
[763] Vgl. Kostka, Beate: Mythos Trümmerfrau: Den Kriegsschutt räumten andere weg. Online seit dem 30.10.2014 unter https://idw-online.de/de/news610756 sowie Lueg, Andrea: Wer Deutschland wirklich vom Schutt befreite. Online seit dem 9.2.2015 unter https://www.deutschlandfunk.de/truemmerfrauen-studie-wer-deutschland-wirklich-vom-schutt.1310.de.html?dram:article_id=311180.
[764] Vgl. Lueg, Andrea: Wer Deutschland wirklich vom Schutt befreite. Online seit dem 9.2.2015 unter https://www.deutschlandfunk.de/truemmerfrauen-studie-wer-deutschland-wirklich-vom-schutt.1310.de.html?dram:article_id=311180.
[765] Vgl. so ziemlich jede Talkshow zum Geschlechterthema von Sandra Maischberger und Anne Will sowie zahllose weitere Sendebeiträge.
[766] Vgl. Hartmann, Bastian: Unterhaltsansprüche und deren Wirklichkeit. Deutsches Institut für Wirtschaftsforschung 2014, S. 14. Online unter https://www.diw.de/documents/publikationen/73/diw_01.c.466460.de/diw_sp0660.pdf.
[767] Vgl. Lenze, Anne und Funcke, Antje: Alleinerziehende unter Druck. Bertelsmann-Stiftung 2016, S. 21. Online unter http://www.bertelsmann-stiftung.de/fileadmin/files/Projekte/Familie_und_Bildung/Studie_WB_Alleinerziehende_Aktualisierung_2016.pdf.
[768] Vgl. Klein, Michael: ARD-Schmierenjournalismus: Die Erfindung der unterhaltsprellenden Väter. Online seit dem 6.7.2016 unter https://sciencefiles.org/2016/07/06/ard-schmierenjournalismus-die-erfindung-der-unterhaltsprellenden-vaeter.
[769] Zitiert nach Klein, Michael: Nach ScienceFiles-Bericht: ARD zu

Richtigstellung gezwungen. Online seit dem 8.7.2016 unter https://sciencefiles.org/2016/07/08/nach-sciencefiles-bericht-ard-zu-richtigstellung-gezwungen.

[770] Vgl. Dowideit, Anette: Wenn der Vater selbst am Existenzminimum krebst. In: Die Welt vom 10.3.2014, online unter https://www.welt.de/wirtschaft/article125636512/Wenn-der-Vater-selbst-am-Existenzminimum-krebst.html.

[771] Vgl. Creutzburg, Dietrich: Viele Unterhaltsverweigerer kommen durch. In: Frakfurter Allgemeine Zeitung vom 10.4.2017, online unter http://www.faz.net/aktuell/wirtschaft/wirtschaftspolitik/alimente-viele-unterhaltsverweigerer-kommen-durch-14964901.html.

[772] Vgl. N.N.: SPD-Chef fordert Knallhart-Strafe. Wer keinen Unterhalt zahlt, soll den Führerschein abgeben. In: Bild vom 8.8.2016 unter http://www.bild.de/politik/inland/sigmar-gabriel/fordert-fuehrerschein-entzug-fuer-vaeter-die-keinen-unterhalt-zahlen-47215202.bild.html.

[773] Vgl. N.N.: SPD will säumigen Vätern den Führerschein entziehen. In: Focus vom 10.8.2016, online unter http://www.focus.de/politik/deutschland/wer-geld-fuer-ein-auto-hat-muss-auch-geld-fuer-sein-kind-haben-unterhalt-nicht-gezahlt-spd-will-saeumigen-vaetern-den-fuehrerschein-entziehen_id_5804793.html

[774] Vgl. Bundesministerium für Familie, Senioren, Frauen und Jugend: Neue Statistik zur Unterstützung Alleinerziehender durch das Unterhaltsvorschussgesetz (UVG). Online unter https://www.bmfsfj.de/blob/138166/4c4ec28b9ed03cbd5034b773b751d4f7/statistik-unterhaltsvorschussgesetz-data.pdf.

[775] Vgl. https://www.facebook.com/permalink.php?story_fbid=2572940689430479&id=240590505998854.

[776] Vgl. Menkens, Sabine: Staat springt für Hunderttausende säumige Väter ein. In: Die Welt vom 22.8.2018, online unter https://www.welt.de/politik/deutschland/article181269948/Unterhaltsvorschuss-Staat-springt-fuer-Hunderttausende-saeumige-Vaeter-ein.html.

[777] Vgl. N.N.: Mutter zahlt kein Unterhalt: Warum immer mehr Frauen ihre Familie verlassen. Online seit dem 24.2.2015 unter http://www.frauenzimmer.de/cms/mutter-zahlt-kein-unterhalt-warum-immer-mehr-frauen-ihre-familie-verlassen-2216097.html.

[778] Vgl. Jeffers, Susan:... aber lieb sind sie doch. Die notwendige Demontage des Feindbilds Mann. Düsseldorf 1989, S. 94.

[779] Vgl. Jäckel, Karin: Der gebrauchte Mann. Abgeliebt und abgezockt - Väter nach der Trennung. München 1997, S. 203-205 sowie Matussek, Matthias: Die vaterlose Gesellschaft. Überfällige Anmerkungen zum Geschlechterkampf. Reinbek bei Hamburg 1998, S. 134-135.

[780] Vgl. Becker, Lisa: Vätermonate bringen wenig. In Frankfurter Allgemeine vom 12.11.2014. Online unter http://www.faz.net/aktuell/wirtschaft/wirtschaftswissen/keine-wirkung-von-vaetermonaten-nur-kinder-werden-schlauer-13262396.html.

[781] Vgl. Wisdorff, Flora: Zu viele Vätermonate sind ein Karriererisiko. In: Die Welt vom 11.3.2015, online unter https://www.welt.de/wirtschaft/article138292547/Zu-viele-Vaetermonate-sind-ein-Karriere-Risiko.html.
[782] Vgl. Lobo, Meike: Schreiende Lämmer – das Nachspiel. Online seit dem 27.1.2013 unter http://www.fraumeike.de/2013/schreiende-laemmer-das-nachspiel.
[783] Vgl. Stemple, Lara und Meyer, Ilan: The sexual victimization of men in America: new data challenge old assumptions. In: Am J Public Health, Vol. 104, Nr. 6/2014, S. e19–e26. Online unter https://www.ncbi.nlm.nih.gov/pmc/articles/PMC4062022 sowie Stemple, Lara und andere: Sexual Victimization Perpetrated by Women: Federal Data Reveal Surprising Prevalence. In: Aggression and Violent Behavior vom 11. Januar 2016, online unter https://www.researchgate.net/publication/308844135_Sexual_Victimization_Perpetrated_by_Women_Federal_Data_Reveal_Surprising_Prevalence sowie Stemple, Lara: Sexual Victimization by Women Is More Common Than Previously Known. In: Scientific American vom 10.10.2017. Online unter https://www.scientificamerican.com/article/sexual-victimization-by-women-is-more-common-than-previously-known sowie Salcuni, Erica: Rape Happens Almost Just as Often to Men. Online seit dem 30.4.2014 unter http://guardianlv.com/2014/04/rape-happens-almost-just-as-often-to-men.
[784] Vgl. Hoffmann, Arne: Sind Frauen bessere Menschen? Schwarzkopf und Schwarzkopf 2001, S. 356-366.
[785] Vgl. Muehlenhard, Charlene: Men's Self-Reports of Unwanted Sexual Activity. In: Journal of Sex Research Vol. 24, Nr. 1/1988, S. 58-72, online unter https://www.jstor.org/stable/3812822?seq=1#page_scan_tab_contents.
[786] Vgl. Rine, Abigail: Don Draper Was Raped. In: The Atlantic vom 18.6.2013, online veröffentlicht unter http://www.theatlantic.com/sexes/archive/2013/06/don-draper-was-raped/276937/.
[787] Vgl. N.N.: NISVS 2011 Released – Increased Male Victimization And Rape Is Still Not Rape. Online seit dem 9.9.2014 unter http://www.feministcritics.org/blog/2014/09/09/nisvs-2011-released-increased-male-victimization-and-rape-is-still-not-rape-noh.
[788] Vgl. Fischl, Jack: There's a Rape Epidemic in America That No One Is Talking About: Debunking 4 Myths About Male Survivors. Online seit dem 24.12.2014 unter https://everydayfeminism.com/2014/12/male-rape-epidemic.
[789] Vgl. Tyler, Brittany: National Intimate Partner and Sexual Violence Survey 2011 Released: Sexual Violation of Men Higher Than Expected. Online seit dem 9.9.2014 unter http://equalitycanada.com/national-intimate-partner-and-sexual-violence-survey-2011-released.
[790] Vgl. Basu, Tanya: Study: 10 Percent of U.S. Youths Cause Sexual Violence. Females are just as likely to be perpetrators as males. In: National Geographic vom 7.10.2013. Online veröffentlicht unter http://news.nationalgeographic.com/news/2013/10/131007-sexual-violence-rape-

teenagers-sociology. Während weibliche Sexualtäter und ihre Opfer in der Forschung vernachlässigt wurden und werden, gibt es aber doch weit mehr Literatur zu diesem Thema, als wohl viele ahnen – vgl. zu einer umfangreichen Bibliographie http://www.female-offenders.com/Safehouse/bibliography-by-year.

[791] Vgl. French, Bryana und andere: Sexual Coercion Context and Psychosocial Correlates Among Diverse Males. In: Psychology of Men and Masculinity Vol. 16, Nr. 1/2016, S. 42-45, online unter https://www.apa.org/pubs/journals/releases/men-a0035915.pdf. Siehe auch die zusammenfassende Pressemeldung zu dieser Untersuchung, "Coerced Sex Not Uncommon for Young Men, Teenage Boys, Study Finds", online unter http://www.apa.org/news/press/releases/2014/03/coerced-sex.aspx.

[792] Vgl. Alter, Charlotte: Nearly Half of Young Men Say They've Had 'Unwanted' Sex. In: Time vom 25.3.2014. Online unter http://time.com/37337/nearly-half-of-young-men-say-theyve-had-unwanted-sex.

[793] Vgl. Reynolds, Glenn: A rape epidemic — by women? in: USA Today vom 22.9.2014. Online unter http://www.usatoday.com/story/opinion/2014/09/22/rape-cdc-numbers-misleading-definition-date-forced-sexual-assault-column/16007089.

[794] Vgl. May, Michael: Why do 96pc of male sexual assaults go unreported? In: Telegraph vom 18.11.2015, online unter http://www.telegraph.co.uk/men/thinking-man/why-do-96pc-of-male-sexual-assaults-go-unreported.

[795] Vgl. Döge, Peter: Männer - die ewigen Gewalttäter? Verlag für Sozialwissenschaften 2011. Die Kurzfassung steht online unter http://iaiz.aim-site.de/fileadmin/PDF/Publikationen/Doege/Maenner_d_ewigen_Gewalttaeter.pdf.

[796] Vgl. Schwithal, Bastian: Weibliche Gewalt in Partnerschaften. Eine synontologische Untersuchung. Books on Demand 2005, S. 138.

[797] Vgl. Schleim, Stephan: Sexuelle Gewalt: Neue Studien belegen geringe Unterschiede zwischen männlichen und weiblichen Opfern. Online seit dem 13.10.2016 unter https://www.heise.de/tp/features/Sexuelle-Gewalt-Neue-Studien-belegen-geringe-Unterschiede-zwischen-maennlichen-und-weiblichen-Opfern-3347411.html.

[798] Nadine Strossen weist darauf hin, "dass die meisten Vergewaltigungsopfer Männer sind - und die Tatsache, dass eine beträchtliche Anzahl dieser männlichen Opfer dazu prädestiniert ist, wiederum Gewalttaten gegenüber Frauen zu begehen. Laut vorsichtigen Schätzungen sind mehr als 290.000 Männer pro Jahr in Gefängnissen und Strafanstalten sexuellen Übergriffen ausgesetzt, während das Statistische Bundesamt des Justizministeriums die Zahl der jährlich vergewaltigten Frauen mit 135.000 angibt." Da viele Männer mehrfach und durch Gruppen vergewaltigt werden, rechneten Fachleute mit bis zu 45.000 Vergewaltigungen pro Tag. Vgl. Strossen, Nadine: Zur Verteidigung der Pornographie. Für die Freiheit des Wortes, Sex und die Rechte der Frauen. Haffmans 1997, S. 328-329. Siehe dazu auch Donaldson, Stephen: The Rape Crisis Behind Bars. In: The New York Times vom 29.12. 1993, online veröffentlicht unter http://www.nospank.net/rape2.htm.

[798] Vgl. N.N.: Niedersachsens Justizminister: "Ein Knast ist keine

Mädchenpension". In: Der Tagesspiegel vom 16.8.2012, online veröffentlicht unter http://www.tagesspiegel.de/weltspiegel/mobbing-vergewaltigung-pruegel-niedersachsens-justizminister-ein-knast-ist-keine-maedchenpension/7009056.html. Vgl. zur kompletten Studie Bieneck, Steffen und Pfeiffer, Christian: Viktimisierungserfahrungen im Justizvollzug, online unter http://www.kfn.de/versions/kfn/assets/fob119.pdf.

[799] Vgl. N.N.: More men are raped in the US than women, figures on prison assaults reveal. In: Daily Mail vom 8.10.2013. Online unter http://www.dailymail.co.uk/news/article-2449454/More-men-raped-US-women-including-prison-sexual-abuse.html#ixzz50kw5Aa1Z.

[800] Vgl. Lytton, Charlotte: There's No Ignoring New Prison Rape Statistics. Online seit dem 17.9.2014 unter http://www.thedailybeast.com/articles/2014/09/17/there-s-no-ignoring-new-prison-rape-statistics.html.

[801] Vgl. Vgl. Beck, Allen und Johnson, Candace: Sexual victimization reported by former state prisoners, 2008. Bureau of Justice Statistics 2012, S. 15. Online unter http://www.bjs.gov/content/pub/pdf/svrfsp08.pdf.

[802] Siehe den Eintrag zur häuslichen Gewalt im vorliegenden Lexikon.

[803] Vgl. N.N.: Niedersachsens Justizminister: "Ein Knast ist keine Mädchenpension". In: Der Tagesspiegel vom 16.8.2012, online veröffentlicht unter http://www.tagesspiegel.de/weltspiegel/mobbing-vergewaltigung-pruegel-niedersachsens-justizminister-ein-knast-ist-keine-maedchenpension/7009056.html. Vgl. zur kompletten Studie Bieneck, Steffen und Pfeiffer, Christian: Viktimisierungserfahrungen im Justizvollzug, online unter http://www.kfn.de/versions/kfn/assets/fob119.pdf.

[804] Vgl. Moore, Martha: Study: Youths sexually abused in juvenile prisons. In: USA Today vom 7.1.2010, online veröffentlicht unter http://www.usatoday.com/news/nation/2010-01-07-juvenile-prison-sexual-abuse_N.htm. Zahlreiche weitere Texte über sexuelle Gewalt in Haftanstalten der USA findet man unter http://www.justdetention.org/en/fact_sheets.aspx.

[805] Vgl. Friedersdorf, Conor: The Understudied Female Sexual Predator. In: The Atlantic vom 28.11.2016, online unter https://www.theatlantic.com/science/archive/2016/11/the-understudied-female-sexual-predator/503492.

[806] Vgl. Smith, A. und andere: Against the odds. A profile of marginalized and street-involved youth in BC. Vancouver 2007. Zitiert nach Duncan, Karen: Female Sexual Predators. Praeger 2010, S. 3.

[807] Vgl. Sizemore, Bill: Military men are silent victims of sexual assault. In: The Virginian Pilot vom 5.10.2009, online veröffentlicht unter http://hamptonroads.com/2009/10/military-men-are-silent-victims-sexual-assault.

[808] Vgl. Evans, Heidi: Majority of sexual assaults and rapes committed in military in 2011 were against men. In: New York Daily News vom 2.9.2012. Online unter http://www.nydailynews.com/majority-sexual-assaults-rapes-committed-military-2011-men-article-1.1150235.

[809] Vgl. Kümmel, Gerhard: Truppenbild ohne Dame? Eine sozialwissenschaftliche Begleituntersuchung zum aktuellen Stand der Integration von Frauen in die

Bundeswehr. Zentrum für Militärgeschichte und Sozialwissenschaften der Bundeswehr, Potsdam 2014.

[810] Vgl. Weare, Siobhan: From Coercion to Physical Force: Aggressive Strategies Used by Women Against Men in "Forced-to-Penetrate" Cases in the UK. In: Archives of Sexual Behavior Volume 47, Issue 8/2018, S. pp 2191–2205, online unter https://link.springer.com/article/10.1007/s10508-018-1232-5 sowie http://eprints.lancs.ac.uk/87216/7/Forced_to_Penetrate_Cases_Lived_Experiences_of_Men_Project_Report.pdf. Siehe auch Hurst, Pat: Male rape: Men 'forced into sex with threats, lies and blackmail' by women, survey finds. In: Independent vom 29.7.2017, online unter http://www.independent.co.uk/news/uk/home-news/male-rape-survey-threats-blackmail-lies-lying-compelled-penetrate-rumours-sexual-violence-a7867121.html.

[811] Die Sendung stand über Jahre hinweg online unter http://www.vaeterradio.de/index.php?id=67.

[812] Vgl. Duncan, Karen: Female Sexual Predators. Praeger 2010, S. xv.

[813] Vgl. Duncan, Karen: Female Sexual Predators. Praeger 2010, S. 10.

[814] Vgl. Duncan, Karen: Female Sexual Predators. Praeger 2010, S. 81.

[815] Vgl. http://www.rechtslexikon.net/d/vergewaltigung/vergewaltigung.htm.

[816] Artikel 190, Vergewaltigung, des Schweizer Strafgesetzbuchs lautet: "Wer eine Person weiblichen Geschlechts zur Duldung des Beischlafs nötigt, namentlich indem er sie bedroht, Gewalt anwendet, sie unter psychischen Druck setzt oder zum Widerstand unfähig macht, wird mit Freiheitsstrafe von einem Jahr bis zu zehn Jahren bestraft."

[817] Vgl. Clements-Schreiber, Michele u.a.: Women's sexual pressure tactics and adherence to related attitudes: A step toward prediction. In: The Journal of Sex Research, Mai 1998, S. 197-205; Cochran, Donald und Brown, Marjorie: Women Who Rape. Boston 1984, S. 2; Friday, Nancy: Women on Top: How Real Life Has Changed Women's Sexual Fantasies. New York 1991, S. 150-151; Mayer, Adele: Women Sex Offenders. Holmes Beach 1992, S. 45-46; Struckmann-Johnson, Cindy und David: Men Pressured and Forced Into Sexual Experience. In: Archives of Sexual Behavior, Vol. 23, No. 1, 1994, S. 93-111.

[818] Vgl. N.N.: Study finds 'sexism' in sexual assault research, but this time men are the target. Online ohne Datum unter https://scienmag.com/study-finds-sexism-in-sexual-assault-research-but-this-time-men-are-the-target.

[819] Vgl. Landrith, James A.: Male Rape Survivors and Victim Blaming, online veröffentlicht am 23.4.2012 unter http://goodmenproject.com/on-rape-and-sexual-violence/male-rape-survivors-and-victim-blaming.

[820] Vgl. King, Michael u. a.: Sexually Assaulted Males: 115 Men Consulting a Counseling Service. In: Archives of Sexual Behavior, Vol. 26, Nr. 6/1997, S. 584-587 sowie Seabrook, Jeremy: Power lust. Male rape is the subject of ridicule and pub jokes - because we can't cope with the idea of men as victims. In: New Statesman and Society vom 27.4.1990, S. 20-22.

[821] Vgl. Friedersdorf, Conor: The Understudied Female Sexual Predator. In: The Atlantic vom 28.11.2016, online unter https://www.theatlantic.com/science/archive/2016/11/the-understudied-female-

sexual-predator/503492.
822 Vgl. Watson, Sydney: All Sex Welcome: The growing prevalence of male victimization. Online seit dem 17.11.2017 unter https://medium.com/@sydneylyonswatson/all-sex-welcome-the-growing-prevalence-of-male-victimization-f8490261587e.
823 Vgl. Duncan, Karen: Female Sexual Predators. Praeger 2010, S. 80.
824 Vgl. Cook, Philip und Hodo, Tammy: When Women Sexually Abuse Men. Praeger 2013, S. 159.
825 Vgl. Schleim, Stefan: Sexuelle Gewalt: Neue Studien belegen geringe Unterschiede zwischen männlichen und weiblichen Opfern. Online seit dem 13.10.2016 unter https://www.heise.de/tp/features/Sexuelle-Gewalt-Neue-Studien-belegen-geringe-Unterschiede-zwischen-maennlichen-und-weiblichen-Opfern-3347411.html.
826 Vgl. Schoppe, Lucas: Ja: Nein heißt Nein. Online seit dem 7.11.2018, online unter https://man-tau.com/2018/11/07/nein-heisst-nein.
827 Vgl. Salinger, J.D: Der Fänger im Roggen/The Catcher in the Rye, Kapitel 13.
828 Vgl. Nühm, Anne: Nein heißt <undefined>. Online seit dem 15.10.2017 unter https://auschfrei.wordpress.com/2017/10/15/nein-heisst-undefined.
829 Vgl. Farrell, Warren: Mythos Männermacht. Frankfurt am Main 1995, S. 375 sowie Nuber, Ursula: Intime Fragen. Die amerikanische Sexualforschung. In: Nuber, Ursula: Frauen und Sexualität. Weinheim/Basel 1991, S. 125-134, hier S. 131-132. Vgl. zur angeführten Studie Muehlenhard, Charlene und Hollabaugh, Lisa: Do women sometimes say no when they mean yes? The prevalence and correlates of women´s token resistance to sex. Journal of personality and social psychology Volume 54, Issue 5/1988, S. 872-879, online unter https://www.ncbi.nlm.nih.gov/pubmed/3379584.
830 Fillion, Kate: Lip Service: The Truth About Women's Darker Side in Love, Sex and Friendship. New York 1996, S. 256.
831 Vgl. Young, Cathy: Ceasefire! Why Women and Men Must Join Forces to Achieve True Equality. New York 1999, S. 143-144.
832 Vgl. Young, Cathy: Ceasefire! Why Women and Men Must Join Forces to Achieve True Equality. New York 1999, S. 143-144.
833 Vgl. Young, Cathy: Ceasefire! Why Women and Men Must Join Forces to Achieve True Equality. New York 1999, S. 144.
834 Fillion, Kate: Lip Service: The Truth About Women's Darker Side in Love, Sex and Friendship. New York 1996, S. 222.
835 Vgl. Nuber, Ursula: Intime Fragen. Die amerikanische Sexualforschung. In: Nuber, Ursula: Frauen und Sexualität. Weinheim/Basel 1991, S. 125-134, hier S. 132.
836 Vgl. Nuber, Ursula: Intime Fragen. Die amerikanische Sexualforschung. In: Nuber, Ursula: Frauen und Sexualität. Weinheim/Basel 1991, S. 125-134, hier S. 132; Fillion, Kate: Lip Service: The Truth About Women's Darker Side in Love, Sex and Friendship. New York 1996, S. 256 sowie Thomas, David: Auch Männer wollen aufrecht gehen, oder Warum es heute so schwierig ist, ein Mann zu sein. Bergisch Gladbach 1993, S. 275.

[837] Nuber, Ursula: Intime Fragen. Die amerikanische Sexualforschung. In: Nuber, Ursula: Frauen und Sexualität. Weinheim/Basel 1991, S. 125-134, hier S. 132.
[838] Vgl. Batten, Mary: Natürlich Damenwahl. Die Paarungsstrategien in der Natur. München 1994, S. 331; Nuber, Ursula: Intime Fragen. Die amerikanische Sexualforschung. In: Nuber, Ursula: Frauen und Sexualität. Weinheim/Basel 1991, S. 125-134, hier S. 132; sowie Thomas, David: Auch Männer wollen aufrecht gehen, oder Warum es heute so schwierig ist, ein Mann zu sein. Bergisch Gladbach 1993, S. 281-282.
[839] Nuber, Ursula: Intime Fragen. Die amerikanische Sexualforschung. In: Nuber, Ursula: Frauen und Sexualität. Weinheim/Basel 1991, S. 125-134, hier S. 132 sowie Thomas, David: Auch Männer wollen aufrecht gehen, oder Warum es heute so schwierig ist, ein Mann zu sein. Bergisch Gladbach 1993, S. 274.
[840] Nuber, Ursula: Intime Fragen. Die amerikanische Sexualforschung. In: Nuber, Ursula: Frauen und Sexualität. Weinheim/Basel 1991, S. 125-134, hier S. 132.
[841] Young, Cathy: Ceasefire! Why Women and Men Must Join Forces to Achieve True Equality. New York 1999, S. 144.
[842] Vgl. Sprecher, Susan und andere: Token resistance to sexual intercourse and consent to unwanted sexual intercourse: College students' dating experiences in three countries. In: The Journal of Sex Research, Volume 31, 2/1994, S. 125-132, online unter https://www.tandfonline.com/doi/abs/10.1080/00224499409551739.
[843] Vgl. Dörr, Julian: Der Mythos der falschen Beschuldigung. In: Süddeutsche Zeitung vom 12.10.2018, online unter https://www.sueddeutsche.de/kultur/sexualisierte-gewalt-der-mythos-der-falschen-beschuldigung-1.4166540.
[844] Vgl. Köhler, Bruno: Anleitung zur Falschbeschuldigung. Online seit dem 12.1.2019 unter https://www.cuncti.net/geschlechterdebatte/1105-anleitung-zur-falschbeschuldigung.
[845] Online abrufbar unter http://www.polizei.bayern.de/content/4/3/7/vergewaltigung_und_sexuelle_n_tigung_in_bayern_bpfi.pdf.
[846] Vgl. Farrell, Warren: Mythos Männermacht. Frankfurt am Main 1995, S. 385.
[847] Vgl. Young, Cathy: Ceasefire! Why Women and Men Must Join Forces to Achieve True Equality. New York 1999, S. 150.
[848] Vgl. Kanin, Eugene: False Rape Allegations. In: Archives of Sexual Behavior, Vol. 23, No.1,1994, S. 81-90 sowie kommentierend Young, Cathy: Ceasefire! Why Women and Men Must Join Forces to Achieve True Equality. New York 1999, S. 150-151.
[849] Vgl. Rückert, Sabine: Zwei blaue Flecke und ein Nullbefund. Online seit dem 24.2.2011 unter http://www.zeit.de/2011/09/WOS-Kachelmann.
[850] Vgl. Köhnken, Günter im Interview mit Sabine Rückert: Böse Eloquenz. In: Die Zeit vom 3.4.2008, online unter https://www.zeit.de/2008/15/Interview-Koehnken/komplettansicht.
[851] Vgl. Signorell, Gian: Opfer der Anlage. Online seit dem 23.10.2012 unter https://www.beobachter.ch/gesetze-recht/vergewaltigungsvorwurfe-opfer-der-anklage.

[852] Vgl. Wohlmann, Gila: Echt oder vorgetäuscht? Online seit dem 13.6.2011 unter http://www.noen.at/niederoesterreich/chronik-gericht/echt-oder-vorgetaeuscht/4.881.734.
[853] Vgl. Gensler, Paulette: Bitte melden! In: Jungle World vom 16.11.2017, online unter https://jungle.world/artikel/2017/46/bitte-melden.
[854] Vgl. Patai, Daphne: Heterophobia, Sexual Harrassment and the Future of Feminism. New York u. a, 1998, S. 225.
[855] Zitiert nach Malkin, Michelle: Beware the Rape Allegation Bandwagon. Online seit dem 18.10.2017 unter https://www.creators.com/read/michelle-malkin/10/17/beware-the-rape-allegation-bandwagon. Ausführlich schildert auch Edward Greer in einem Artikel für den Los Angeles Law Review die ergebnislose Suche nach einer stichhaltigen Quelle für den kontinuierlich weiter verbreiteten Mythos von den zwei Prozent Falschbeschuldigungen, vgl. Greer, Edward: The Truth behind Legal Dominance Feminism's Two Percent False Rape Claim Figure, L.A. Law Rev. 947 (2000), online unter https://digitalcommons.lmu.edu/cgi/viewcontent.cgi?article=2216&context=llr. Eine andere dubiose Methode, mit der man irrtümlich zu einer sehr niedrigen Rate an Falschbeschuldigungen gelangt, erklärt die ehemalige Oberstaatsanwältin Gabriele Wolff in ihrem Blog unter https://gabrielewolff.wordpress.com/2012/11/06/jorg-miriam-kachelmann-recht-und-gerechtigkeit-mehr-als-eine-rezension-iv. Auch die Rechtsanwälte Mirko Laudon und Christiane Rusch, die eine Kanzlei für Sexualstrafrecht betreiben, erklären, aufgrund welcher Fehlschlüsse manche fälschlich zu einer sehr niedrigen Zahl von Falschbeschuldigungen gelangten, vgl. https://www.sexualstrafrecht.hamburg/falschbeschuldigung/falschbeschuldigung-statistik.
[856] Vgl. Spilbor, Jonna M.: What If Kobe Bryant Has Been Falsely Accused? Why the Law of Acquaintance and Date Rape Should Seriously Penalize False Reports. Online seit dem 11.8.2003 unter http://writ.news.findlaw.com/commentary/20030811_spilbor.html.
[857] Vgl. Köhler, Bruno: Anleitung zur Falschbeschuldigung. Online seit dem 12.1.2019 unter https://www.cuncti.net/geschlechterdebatte/1105-anleitung-zur-falschbeschuldigung.
[858] Vgl. Young, Cathy: Blame Gamergate's Bad Rep on Smears and Shoddy Journalism. In: Observer vom 13.10.2015, online unter http://observer.com/2015/10/blame-Gamergates-bad-rep-on-smears-and-shoddy-journalism.
[859] Vgl. Freidel, Morten: Wenn Kritik kommt, hört das Spiel auf. In: Frankfurter Allgemeine vom 28.10.2014, online unter http://www.faz.net/aktuell/feuilleton/medien/Gamergate-wenn-kritik-kommt-hoert-das-spiel-auf-13232818.html.
[860] Vgl. Kleinz, Torsten: Sexismus in der Spieleszene: Streit über Gamergate in der Wikipedia. Online seit dem 28.1.2015 unter https://www.heise.de/newsticker/meldung/Sexismus-in-der-Spieleszene-Streit-ueber-Gamergate-in-der-Wikipedia-2530371.html.

[861] Der SWR berichtete am 16.8.2015 weitaus weniger einseitig als die von mir erwähnten Zeitungen über die Kontroverse sowie gegen die Bombendrohung gegen Gamergate in Miami. Der Beitrag ist nur noch per Archiv aufrufbar unter http://archive.is/psXlG.
[862] Vgl. Fudge, James: Gamergate D.C. gathering targeted by bomb threat. In: GamePolitics vom 4.5.2015, online unter https://archive.fo/WAJ4W#selection-167.1-167.49.
[863] Vgl. Good, Owen: Bomb threat clears out Gamergate gathering in Washington D.C. Online seit dem 3.5.2015 unter https://www.polygon.com/2015/5/3/8539733/Gamergate-bomb-threat-washington-ggindc-milo-yiannopoulos-christina-hoff-summers.
[864] Vgl. Frye, Patrick: Gamergate Meeting Evacuated After Bomb Threat. Online seit dem 2.5.2015 unter https://www.inquisitr.com/2060700/Gamergate-meeting-evacuated-after-bomb-threat.
[865] Vgl. Maguire, Matt: Bomb threat halts Gamergate event. Online seit dem 4.5.2015 unter https://www.gameplanet.com.au/news/g55468fa583954/Bomb-threat-halts-Gamergate-event.
[866] Vgl. Young, Cathy: Bomb Threat Targets Gamergate Meetup (Hear From Somebody Who Was There). In: Reason vom 4.5.2015, online unter http://reason.com/archives/2015/05/04/bomb-threat-targets-Gamergate-meetup-hea#.m3yztk:2l0Q.
[867] Vgl.McDonald, Kevin: There Is No Real Evidence That Gamergate Is A Sexist Movement. In: Rise: Miami News vom 16.8.2015. Online unter https://archive.is/k6TLl#selection-439.0-439.61.
[868] Diese Unterstellung verbreitete etwa der feministische Guardian, vgl. Stone, Jon: Gamergate's vicious right-wing swell means there can be no neutral stance, in: Guardian vom 13.10.2014, online unter https://www.theguardian.com/technology/2014/oct/13/gamergate-right-wing-no-neutral-stance.
[869] Vgl. Glasgow, Brad: No, Gamergate is Not Right Wing. Online seit dem 21.11.2016 unter http://www.gameobjective.com/2016/11/21/no-gamergate-is-not-right-wing.
[870] Vgl. N.N.: "Satirisch, nicht frauenfeindlich". In: Der Spiegel Nr.2/2015, online seit dem 5.1.2015 unter http://www.spiegel.de/spiegel/print/d-131147815.html.
[871] Vgl. Breuer, J. und andere: Sexist games=sexist gamers? A longitudinal study on the relationship between video game use and sexist attitudes. Cyberpsychology, Behavior, and Social Networking. 4/2015, S. 197-202, online unter http://online.liebertpub.com/doi/abs/10.1089/cyber.2014.0492.
[872] Vgl. Billy D.: Anti-Gamergate Critic, Stuart Campbell, Arrested for Harassment. Online seit dem 23.8.2017 unter https://www.oneangrygamer.net/2017/08/anti-Gamergate-critic-stuart-campbell-arrested-for-harassment/37848/. Weiterführende Quellen siehe dort. Siehe auch: Billy D.: Anti-#Gamergate Developer John Kane Apologizes for Sexual Misconduct. Online seit dem 21.3.2019 unter https://www.oneangrygamer.net/2019/03/anti-gamergate-developer-john-kane-

apologizes-for-sexual-misconduct/80616. Weiterführende Quellen siehe dort.
[873] Vgl. zusammenfassend N.N.: Researchers Shocked by Findings of Post-Gamergate Study: Female Gamers Are More Sexist, online seit dem 20.6.2019 unter https://pluralist.com/gamergate-study-female-gamers-sexist, sowie zur Studie selbst Burnay, Jonathan und andere: Effects of sexualized video games on online sexual harassment. In: Aggress Behavior 45, 2/2019, S. 214-223, online unter https://orbi.uliege.be/bitstream/2268/231494/1/Burnay%2c%20Bushman%20%26%20Laroi%20-%202019.pdf.
[874] Vgl. Brügger, Nadine: "Haben Männerproblem": Die Tragödie von Frankfurt wird zum Politikum. Online seit dem 4.8.2019, online unter https://www.nau.ch/news/europa/haben-mannerproblem-die-tragodie-von-frankfurt-wird-zum-politikum-65562844.
[875] Vgl. Whipple, Tom: Sexism fears hamper brain research. In: Times vom 29.11.2016. Online unter https://www.thetimes.co.uk/article/sexism-fears-hamper-brain-research-rx6w39gbw.
[876] Vgl. Meyer, Axel: Die Geschlechterillusion. In: Neue Zürcher Zeitung vom 4.4.2017, online unter https://www.nzz.ch/feuilleton/gender-studies-die-geschlechterillusion-ld.155119.
[877] Vgl. Ulfig, Alexander und Schulze-Eisentraut, Harald: Gender Studies – Wissenschaft oder Ideologie? Deutscher Wissenschaftsverlag 2019, S. 7, dort mit Verweis auf Schnell, Rainer u.a. (Hrsg.): Methoden der empirischen Sozialfoschung, München 2011, S. 109.
[878] Vgl. Sommers, Christina Hoff: Persistent Myths in Feminist Scholarship. In: The Chronicle of Higher Education vom 29.6.2009. Online unter https://www.chronicle.com/article/Persistent-Myths-in-Feminist/46965. Bei den erwähnten Büchern handelt es sich um Patai, Daphne und Koertge, Noretta: Professing Feminism: Education and Indoctrination in Women's Studies. Lexington 2003 sowie Stolba, Christine: Lying in a room of one's own: How women's studies textbooks miseducate students. Independent Women's Forum 2002.
[879] Vgl. Meiritz, Annett: Warum ich keine Feministin sein will. Online seit dem 19.12.2014 unter http://www.spiegel.de/politik/deutschland/feminismus-warum-aggressivitaet-nicht-funktioniert-a-1008804.html
[880] Vgl. Visscher, Marco im Interview mit Christina Hoff Sommers: "Feministinnen interessieren sich nicht für die Wahrheitsfindung." In: Novo vom 14.6.2016. Online unter https://www.novo-argumente.com/artikel/feministinnen_interessieren_sich_nicht_fuer_wahrheitsfindung.
[881] Vgl. Kahan, Dan: Why Smart People Are Vulnerable to Putting Tribe Before Truth. In: Scientific American vom 3.12.2018, online unter https://blogs.scientificamerican.com/observations/why-smart-people-are-vulnerable-to-putting-tribe-before-truth.
[882] Vgl. als Grundlagentext zum Gruppendenken Janis, Irving: Victims of Groupthink: A Psychological Study of Foreign-Policy Decisions and Fiascoes.

Houghton Mifflin, 1972.
[883] Vgl. Fromm, Erich: Die Antwort der Liebe – Die Kunst des richtigen Lebens. Herder 2003, S. 137-149.
[884] Vgl. Hollstein, Walter: Die weibliche Definitionsmacht. In: Tages-Anzeiger vom 12.6.2013. Online unter http://blog.tagesanzeiger.ch/mamablog/index.php/32008/frauenmanner.
[885] Vgl. Iken, Matthias: Heinrich Böll würde sich für seine Stiftung schämen. In: Abendblatt vom 5.8.2017. Online unter http://www.abendblatt.de/meinung/article211479991/Heinrich-Boell-wuerde-sich-fuer-seine-Stiftung-schaemen.html.
[886] Vgl. Meyer, Axel: Adams Apfel und Evas Erbe. Bertelsmann 2015, S. 351-352.
[887] Vgl. Wewetzer, Hartmut: Der kleine und der große Unterschied. In: Tagesspiegel vom 3.11.2016. Online unter http://www.tagesspiegel.de/wissen/gender-und-wissenschaft-der-kleine-und-der-grosse-unterschied/14768464.html.
[888] Vgl. Schmidt, Christian: Studien, zu denen ich gerne eine Stellungnahme von den Gender Studies hätte, wenn sie eine Wissenschaft sind. Online seit dem 18.12.2017 unter https://allesevolution.wordpress.com/2017/12/18/4genderstudies-studien-zu-denen-ich-gerne-eine-stellungnahme-von-den-gender-studies-haette-wenn-sie-eine-wissenschaft-sind.
[889] Vgl. Stöcker, Christian: Radikal dank Facebook. Online veröffentlicht am 25.1.2016 unter http://www.spiegel.de/netzwelt/netzpolitik/filterblase-radikalisierung-auf-facebook-a-1073450.html.
[890] Vgl. die Sendung "Das akademische Geschlecht – Wie ideologisch ist die Genderforschung?", in der Reihe SWR2-Forum, ausgestralt am 5. Oktober 2018, online als Podcast unter https://www.swr.de/swr2/programm/sendungen/swr2-forum/swr2-forum-das-akademische-geschlecht/-/id=660214/did=22300912/nid=660214/1qi700u/index.html.
[891] Mailwechsel mit Professor Stefan Hirschauer am 7. Oktober 2018.
[892] Vgl. Seager, Martin und Barry, John: Cognitive Distortion in Thinking About Gender Issues: Gamma Bias and and the Gender Distortion Matrix. In: Barry, John und andere (Hrsg.): The Palgrave Handbook of Male Psychology and Mental Health. Palgrave Machmillan 2019, S. 87-105, hier S. 93.
[893] Vgl. Barry, John: Is there an alternative to the new APA guidelines for working with men and boys? Online seit dem 10.1. 2019 unter https://malepsychology.org.uk/2019/01/10/is-there-an-alternative-to-the-new-apa-guidelines-for-working-with-men-and-boys. Vgl. zu dem Begriff "Gamma Bias" Seager, Martin und Barry, John: Can we discuss gender issues rationally? Yes, if we can stop gamma bias. Online seit dem 4.12.2018 unter https://malepsychology.org.uk/2018/12/04/why-are-there-so-many-disagreements-about-gender-issues-its-usually-down-to-gamma-bias.
[894] Vgl. Seager, Martin und Barry, John: Can we discuss gender issues rationally? Yes, if we can stop gamma bias. Online seit dem 4.12.2018 unter https://malepsychology.org.uk/2018/12/04/why-are-there-so-many-disagreements-about-gender-issues-its-usually-down-to-gamma-bias.

[895] Vgl. Stern, Felix: Penthesileas Töchter. Was will der Feminismus? Universitas 1996, S. 234-235.
[896] Vgl. Shermer, Michael, Maidhof-Christig, Benno und Traynor, Lee: Argumente und Kritik. Skeptisches Jahrbuch 1997. Rassismus, die Leugnung des Holocaust, AIDS ohne HIV und andere fragwürdige Behauptungen. Lenz 1996, S. 303.
[897] Vgl. Sommers, Christina Hoff: Who Stole Feminism? How Women Have Betrayed Women. Simon & Schuster 1994, S. 50.
[898] Vgl. Sommers, Christina Hoff: Who Stole Feminism? How Women Have Betrayed Women. Simon & Schuster 1994, S. 65.
[899] Vgl. Sommers, Christina Hoff: Who Stole Feminism? How Women Have Betrayed Women. Simon & Schuster 1994, S. 83.
[900] Vgl. Sommers, Christina Hoff: Who Stole Feminism? How Women Have Betrayed Women. Simon & Schuster 1994, S. 66.
[901] Vgl. Goldberg, Steven: When Wish Replaces Thought. Why So Much of What You Believe Is False. Prometheus 1991, S. 170.
[902] Vgl. Sommers, Christina Hoff: Who Stole Feminism? How Women Have Betrayed Women. Simon & Schuster 1994, S. 107.
[903] Vgl. Sommers, Christina Hoff: Who Stole Feminism? How Women Have Betrayed Women. Simon & Schuster 1994, S. 252-253.
[904] Pizzey, Erin: "From the Personal to the Political - What is the Women's Movement for?" Online unter http://www.backlash.com/content/gender/2000/12dec00/epiz1200.html.
[905] Vgl. Lukianoff, Greg und Haidt, Jonathan: The Coddling of the American Mind. Penguin 2018, S. 228-229.
[906] Vgl. Lukianoff, Greg und Haidt, Jonathan: The Coddling of the American Mind. Penguin 2018, S. 229.
[907] Vgl. Sagan, Carl: Der Drache in meiner Garage oder die Kunst der Wissenschaft, Unsinn zu entlarven. Droemer 1997, S. 213.
[908] Watzlawick, Paul: Wie wirklich ist die Wirklichkeit? Wahn, Täuschung, Verstehen. Piper 1994, S. 63.
[909] Vgl. Sommers, Christina Hoff: Who Stole Feminism? How Women Have Betrayed Women. Simon & Schuster 1994, S. 96.
[910] Vgl. Kaminer, Wendy: Sieeping with Extra-Terrestrials. The Rise of Irrarionalism and Perils of Piety. Pantheon 1999, S. 216.
[911] Vgl. Weingarten, Susanne und Wellershoff, Marianne: "Wir brauchen Frauenbündelei". "Emma"-Herausgeberin Alice Schwarzer über Feminismus und Karriere. In: Der Spiegel Nr. 47/1999, S. 105-109, hier S. 108, online unter http://www.spiegel.de/spiegel/print/d-15118788.html.
[912] Vgl. Dörner, Dietrich: Die Logik des Misslingens. Strategisches Denken in komplexen Situationen. Rowohlt 1989, S. 133-134 sowie 275.
[913] Vgl. McElroy, Wendy: XXX: AWoman's Right to Pornography. St. Martin's Press 1995, S. 122.
[914] Vgl. Winn, Denise: The Manipulated Mind. Brainwashing, Conditioning and Indoctrinarion. Octagon 1983, S. 43.
[915] Vgl. Dörner, Dietrich: Die Logik des Misslingens. Strategisches Denken in

komplexen Situationen. Rowohlt 1989, S. 135..
[916] Tavris, Carol: The Mismeasure of Woman. Touchstone 1992, S. 90.
[917] Vgl. Piatelli-Palmarini, Massimo: Die Illusion zu wissen. Was hinter unseren Irrtümern steckt. Rowohlt 1997, S. 115.
[918] Vgl. Schetsche, Michael: "I want to believe". Zur soziologischen Erklärung abweichender Realitätswahrnehmungen. In: Skeptiker, Heft 2/1998, S. 60.
[919] Vgl. N.N.: #Faktenfuchs: Führen Berichte zu Beziehungsgewalt in die Irre? Online seit dem 3.12.2018 unter https://www.br.de/nachrichten/deutschland-welt/faktenfuchs-fuehren-berichte-zu-beziehungsgewalt-in-die-irre,RAUiXkf.
[920] Vgl. Rutschky, Katharina: Emma und ihre Schwestern. Ausflüge in den real existierenden Feminismus. Hanser 1999, S. 9.
[921] Scholten, Daniel: Der Führerin entgegen! In: Meinunger, André und Baumann, Antje (Hrsg.): Die Teufelin steckt im Detail. Zur Debatte um Gender und Sprache. Kulturverlag Kaadmos 2017, S. 101-120, hier S. 119.
[922] Scholten, Daniel: Der Führerin entgegen! In: Meinunger, André und Baumann, Antje (Hrsg.): Die Teufelin steckt im Detail. Zur Debatte um Gender und Sprache. Kulturverlag Kaadmos 2017, S. 101-120, hier S. 115.
[923] Vgl. zu dem geschilderten Streich etwa Stöcker, Christian: Hitler, feministisch gelesen, online seit dem 7.10.2018 unter http://www.spiegel.de/wissenschaft/mensch/sozialer-konstruktivismus-forschungsstreich-in-den-usa-a-1231820.html sowie als ausführlichen Grundlagentext zu dieser Aktion Pluckrose, Helen und andere: Academic Grievance Studies and the Corruption of Scholarship. Online seit dem 2.10.2018 unter https://areomagazine.com/2018/10/02/academic-grievance-studies-and-the-corruption-of-scholarship.
[924] Vgl. Schoppe, Lucas: Betrogene Betrüger: Was korrumpiert akademische Forschung? Online seit dem 4.10.2018 unter https://man-tau.com/2018/10/04/betrug-grievance-studies.
[925] Vgl. Herrmann, Sebastian: Männer in Ketten? In: Süddeutsche Zeitung vom 7.10.2018, online unter https://www.sueddeutsche.de/wissen/gendertheorie-maenner-in-ketten-1.4157366.
[926] Knauss, Ferdinand: Feministinnen erforschen sich selbst. In: Handelsblatt vom 19.9.2007, online unter https://www.handelsblatt.com/technik/forschung-innovation/gender-studies-feministinnen-erforschen-sich-selbst/2863394-all.html.
[927] Vgl. Dummitt, Christopher: 'I Basically Just Made It Up': Confessions of a Social Constructionist. Online seit dem 17.9.2019 unter https://quillette.com/2019/09/17/i-basically-just-made-it-up-confessions-of-a-social-constructionist.
[928] Vgl. Schwithal, Bastian: Weibliche Gewalt in Partnerschaften: Eine synontologische Untersuchung. Books on Demand 2005, S. 307.
[929] Ich zitiere hier ausnahmsweise einmal aus dem Gedächtnis, da die betreffende Sendung online nicht mehr aufzutun ist. Der exakte Wortlaut kann also leicht abweichen.
[930] Vgl. Klöckner, Markus im Interview mit Norbert Bolz: "Die größte und dichteste Echokammer ist der Journalismus". Online seit dem 28.3.2017 unter

https://www.heise.de/tp/features/Die-groesste-und-dichteste-Echokammer-ist-der-Journalismus-3664584.html.

[931] Vgl. Klöckner, Marcus im Interview mit Thomas Meyer: "Die große Meinungsvielfalt in der deutschen Presse ist Geschichte". Online seit dem 2.6.2015 unter https://www.heise.de/tp/features/Die-grosse-Meinungsvielfalt-in-der-deutschen-Presse-ist-Geschichte-3373110.html.

[932] Vgl. N.N.: 44 Prozent der Deutschen teilen den "Lügenpresse"-Vorwurf von Pegida. In: Stern vom 28.10.2015, online unter https://www.stern.de/politik/deutschland/pegida--luegenpresse-vorwurf-teilen-44-prozent-der-deutschen---forsa-umfrage-fuer-den-stern-6524244.html.

[933] Vgl. Köcher, Renate: Interessen schlagen Fakten. In: Frankfurter Allgemeine Zeitung vom 22.2.2017. Online unter http://www.faz.net/aktuell/politik/inland/allensbach-umfrage-interessen-schlagen-fakten-14889066.html.

[934] Vgl. Schade, Marvin: "Wir lügen nicht – wir sind schlampig und denkfaul": Hans-Ulrich Jörges über Meinungsmache, Hass und AfD. Online seit dem 15.6.2016 unter http://meedia.de/2016/06/15/wir-luegen-nicht-wir-sind-schlampig-und-denkfaul-hans-ulrich-joerges-ueber-meinungsmache-hass-und-afd.

[935] Vgl. die "Anne-Will"-Sendung vom 12.11.2017: Die Sexismus-Debatte – Ändert sich jetzt etwas?

[936] Vgl. Rückert, Sabine: Der Sexismus-Talk. In: Zeit vom 15.11.2017. Online unter http://www.zeit.de/2017/47/anne-will-metoo-sexismus-feminismus sowie Fischer, Thomas: Im Medienrausch der Sexismus-Debatte. In: Zeit vom 5.12.2017. Online unter http://www.zeit.de/gesellschaft/zeitgeschehen/2017-12/sexualstrafrecht-sexismus-debatte-zahlen.

[937] Die Sendung wurde am 9. März 2017 ausgestrahlt, die Website dazu findet man unter http://www.3sat.de/page/?source=/scobel/190748/index.html&cx=60.

[938] Vgl. Scharff, Christina: Why so many young women don't call themselves feminist. Online seit dem 6.2.2019 unter https://www.bbc.com/news/uk-politics-47006912.

[939] Vgl. Ulfig, Alexander: Eine Stimme der Vernunft. Online seit dem 20.5.2014 unter https://www.cuncti.net/geschlechterdebatte/233-eine-stimme-der-vernunft.

[940] Vgl. Raether, Elisabeth: Was will der Kerl? In: Die Zeit vom 13.3.2014. Online unter http://www.zeit.de/2014/12/feminismus-frauen-maenner-antworten.

[941] Vgl. Feusi, Dominik: Journalisten sind grün und links. In: Basler Zeitung vom 6.6.2018, online unter https://bazonline.ch/leben/gesellschaft/journalisten-sind-gruen-und-links/story/17603575.

[942] Vgl. den Originaltext samt den darin verlinkten Studien unter http://maninthmiddle.blogspot.com/p/medien.html#journalisten.

[943] Vgl. Koller, Kaspar: 39. Herbsttreffen der Medienfrauen – Die "Saure Gurke 2016" geht an den WDR. Online seit dem 7.11.2016 unter https://www.media-news-blog.de/2016/11/07/39-herbsttreffen-der-medienfrauen-die-saure-gurke-2016-geht-an-den-wdr.

[944] Vgl. Fog, Kåre: Feminist Censorship: The Lace Curtain. In: Journal of Information Ethics Vol, 27, Nr.1/2018, S. 95-118.

[945] Vgl. Klöckner, Marcus im Interview mit Thomas Meyer: "Die große Meinungsvielfalt in der deutschen Presse ist Geschichte". Online seit dem 2.6.2015 unter https://www.heise.de/tp/features/Die-grosse-Meinungsvielfalt-in-der-deutschen-Presse-ist-Geschichte-3373110.html.

[946] Vgl. Klöckner, Marcus im Interview mit Friedhelm Klinkhammer und Volker Bräutigam: "Bleiben Sie ARD-aktuell gewogen". Online seit dem 3.4.2016 unter https://www.heise.de/tp/features/Bleiben-Sie-ARD-aktuell-gewogen-3379301.html.

[947] Vgl. Detjen, Marion: Schafft doch gleich die Geisteswissenschaften ab! In: Zeit vom 7.8.2015, online unter http://www.zeit.de/kultur/2015-08/gender-studies-mangelnde-solidaritaet-geisteswissenschaften-10nach8.

[948] Vgl. Schildmann, Christina und Meßmer, Anna-Katharina: Vom Zorn abgehängter Männer. In: Zeit vom 12.9.2014, online unter http://www.zeit.de/2014/38/online-kommentare-digitale-oeffentlichkeit.

[949] Vgl. Schleim, Stephan: Die Feminismusdebatten-Versteherinnen. Online seit dem 16.9.2014 unter https://www.heise.de/tp/features/Die-Feminismusdebatten-Versteherinnen-3303673.html.

[950] Vgl. Detje, Robin: Anschwellender Ekelfaktor: In: Zeit vom 23.11.2014, online unter http://www.zeit.de/kultur/2014-11/lann-hornscheidt-feminismus-gender-maenner-polemik.

[951] Vgl. Follmann, Silvia im Interview mit Mirna Funk: "Die alten weißen Männer bäumen sich noch mal auf". In: Zeit vom 22.4.2017, online unter http://www.zeit.de/karriere/2017-04/female-future-force-interview-mirna-funk.

[952] Vgl. Stark. Holger: Wer brüllt, gewinnt. In: Die Zeit vom 31.10.2019, S. 13.

[953] Vgl. Garms, Anja: Männer sind Idioten – aber warum? Online seit dem 12.12.2014 unter https://www.n-tv.de/wissen/Maenner-sind-Idioten-aber-warum-article14132686.html.

[954] Vgl. Garms, Anja: Männer sind eben doch die größeren Idioten. In: Die Welt vom 12.12.2014, online unter https://www.welt.de/gesundheit/psychologie/article135274403/Maenner-sind-eben-doch-die-groesseren-Idioten.html.

[955] Vgl. Binswanger, Michele: Hört auf zu flennen, ihr Memmen! In: Tages-Anzeiger vom 18.10.2016, online unter https://www.tagesanzeiger.ch/leben/gesellschaft/hoert-auf-zu-flennen-ihr-memmen/story/31808295#overlay.

[956] Vgl. Burmester, Silke: Kolumnisten muss man sich auch leisten können. Online seit dem 29.3.2018 unter https://www.deutschlandfunk.de/silke-burmester-kolumnisten-muss-man-sich-auch-leisten.2907.de.html?dram:article_id=414300.

[957] Vgl. https://twitter.com/berndulrich/status/979642796813570049.

[958] Vgl. Kretschmar, Daniel: Oh, fuck off. In: tageszeitung vom 7.3.2019, online unter http://www.taz.de/!5578851.

[959] Vgl. Diez, Georg: Ein Typ will dir an die T...? Mach doch die Bluse zu! Online seit dem 6.3.2015 unter http://www.spiegel.de/kultur/gesellschaft/georg-diez-ueber-reaktionaere-frank-plasberg-genderwahn-a-1022149.html.

[960] Vgl. Kosok, Jan Jasper: Die "SZ" schließt ihre Kommentarfunktion. In: Freitag

vom 11.9.2014, online unter https://www.freitag.de/autoren/jan-jasper-kosok/die-sz-schliesst-ihre-kommentarfunktion.

961 Vgl. N.N.: Medienberater Klaus Eck zu Leserdialogen: "Journalisten wollen in der Regel nicht mit Lesern sprechen". Online seit dem 10.3.2015 unter https://www.presseportal.de/pm/66148/2968566.

962 Vgl. Valenti, Jessica: Not all comments are created equal: the case for ending online comments. In: Guardian vom 10.9.2015, online unter https://www.theguardian.com/commentisfree/2015/sep/10/end-online-comments.

963 Vgl. Mühlbauer, Peter: Ende der Diskussion. Viele Medien möchten keine Leserkommentare mehr. Online seit dem 17.9.2015 unter https://www.heise.de/tp/features/Ende-der-Diskussion-3375503.html.

964 In der Kommentarspalte unter N.N.: Jede dritte Frau leidet unter körperlicher Gewalt, in: Zeit vom 20.6.2013, online unter http://www.zeit.de/gesellschaft/2013-06/gewalt-frauen-studie-who lassen sich die zitierten Passagen offenbar aufgrund umfassender Löschungen leider nicht mehr nachweisen. Allerdings habe ich zeitnah und damit für meine Leser überprüfbar über die Zensur der in den Kommentaren vorgebrachten Forschungslage berichtet, vgl. Hoffmann, Arne: JournalistInnen am Rand der Verzweiflung: Leser lassen sich nicht mehr verarschen, online seit dem 21.6.2013 unter http://genderama.blogspot.de/2013/06/journalistinnen-am-rand-der.html. Liest man Jahre später die redigierte Kommentarspalte der "Zeit", zeigt sich aber auch, dass die Redaktion dort ihre Zensur letztlich nicht durchsetzte, weil Diskutanten immer wieder neu auf die tatsächliche Forschungslage und ihre mangelhafte Thematisierung in den Letmedien zu sprechen kamen. Irgendwann stellte der zuständige Redakteur seine Löschungen offenkundig ein.
Die mangelnde Wissenschaftlichkeit der von der "Zeit" angeführten WHO-Studie analysiert im übrigen Christian Schmidt unter https://allesevolution.wordpress.com/2013/06/21/jede-dritte-frau.

965 Vgl. Reinsch, Melanie: Jede dritte Frau mit Gewalterfahrung. In: Frankfurter Rundschau vom 25.11.2015, online unter http://www.fr.de/politik/gewalt-gegen-frauen-jede-dritte-frau-mit-gewalterfahrung-a-411507 sowie Hoffmann, Arne: Vermischtes vom 26.11.2015, online unter http://genderama.blogspot.de/2015/11/vermischtes-vom-26-november-2015.html.

966 Vgl. Heitmann, Matthias: Von Charlie Hebdo bis Giovanni di Lorenzo: Vom Aufstieg der Selbstmit-Leid-Medien. Online seit dem 13.3.2015 unter http://www.zeitgeisterjagd.de/von-charlie-hebdo-bis-giovanni-di-lorenzo-vom-aufstieg-der-selbstmit-leid-medien/#.Wjqe71Xia71.

967 Vgl. N.N.: Fast jeder Zweite misstraut den Medien. In: Zeit vom 22.12.2014, online unter http://www.zeit.de/politik/deutschland/2014-12/umfrage-medien-russland-putin-kriegsgefahr sowie Pörksen, Bernhard: Das gefährliche Raunen. In: Zeit vom 1.11.2017, online unter http://www.zeit.de/kultur/2017-10/medienkritik-ideologie-journalismus-gesellschaft/komplettansicht.

968 Vgl. N.N.: Deutsche haben wenig Vertrauen in die Medien. In: Zeit vom 24.6.2015, online unter http://www.zeit.de/gesellschaft/2015-06/medienkritik-journalismus-vertrauen?utm.

[969] Vgl. N.N.: Diesen Berufen vertrauen die Deutschen. Online seit dem 21.2.2014 unter http://www.spiegel.de/wirtschaft/soziales/vertrauensvolle-berufe-die-meisten-vertrauen-feuerwehrmaennern-a-954481.html.
[970] Vgl. zu dieser Studie der internationalen PR-Agentur Edelman https://www.edelman.com/trust2017.
[971] Vgl. Mischke, Thilo: Wie es sich dieser Tage anfühlt, ein Journalist zu sein. Online ohne Datum unter http://mitvergnuegen.com/2014/wie-es-sich-dieser-tage-anfuehlt-ein-journalist-zu-sein.
[972] Vgl. Hoffmann, Arne: Frankfurter Allgemeine & Co: Denunziation statt Aufklärung. In: Hoffmann, Arne (Hrsg.): Gleichberechtigung beginnt zu zweit. Tectum 2019, S. 251-308.
[973] Vgl. etwa Schoppe, Lucas: Die Gewalt der vierten Gewalt – ein Fallbeispiel. Online seit dem 28.8.2017 unter https://man-tau.com/2017/08/28/vierte-gewalt-fas-arne-hoffmann.
[974] Vgl. Zörner, Hendrik: Mehr Personal nötig. Pressemitteilung des Deutschen journalisten-Verbandes, online seit dem 14.8.2018 unter https://www.djv.de/startseite/profil/der-djv/pressebereich-download/pressemitteilungen/detail/article/mehr-personal-noetig.html.
[975] Vgl. Gutsch, Jochen-Martin: Wann ist ein Mann ein Mann? In: Der Spiegel Nr. 23/2018.
[976] Vgl. https://familyconflict.eu.
[977] Vgl. Majic, Danijel: Männerrechtler und "Homoheiler" an der Uni. In: Frankfurter Rundschau vom 28. März 2018, online archiviert unter https://familyconflict.eu/wp-content/uploads/FR_28Mrz2018.pdf.
[978] Vgl. N.N.: Protest gegen "Homo-Therapeuten" auf Uni-Campus. In: Hessenschau vom 27.3.2018, online archiviert unter https://familyconflict.eu/wp-content/uploads/Hessenschau_27Mrz2018.pdf.
[979] Vgl. Pressemitteilung der AG Familienkonflikt vom 31. Januar 2019: "Wir müssen der politischen Denunziation Einhalt gebieten!" Online unter https://man-tau.com/wp-content/uploads/2019/02/PM-Amendt-31Jan2019-1.pdf.
[980] Vgl. Döpfner, Matthias im Interview mit Benedict Neff und René Scheu: Springer-CEO Mathias Döpfner: "Viele Journalisten verhalten sich zutiefst unjournalistisch". In: Neue Zürcher Zeitung vom 9.2.2019, online unter https://www.nzz.ch/feuilleton/medien/springer-ceo-doepfner-viele-verhalten-sich-unjournalistisch-ld.1457143.
[981] Vgl. Brodnig, Ingrid: Hass im Netz. Was wir gegen Hetze, Mobbing und Lügen tun können. Brandstätter 2016, S. 7.
[982] Vgl. Hülsen, Isabell: "... dass ich ständig belehrt werde, was ich zu denken habe". Online seit dem 25.2.2018 unter http://www.spiegel.de/spiegel/journalismuskrise-warum-viele-leser-den-medien-misstrauen-a-1195175.html.
[983] Vgl. Wernicke, Jens im Interview mit Rainer Mausfeld: Massenmediale Ideologieproduktion. Online seit dem 10.9.2017 unter https://www.rubikon.news/artikel/massenmediale-ideologieproduktion.
[984] Wie mächtig die feministischen Seilschaften von ProQuote & Co. durch die

Besetzung vieler Schlüsselstellen in den Leitmedien inzwischen geworden sind, analysiert Gunnar Kunz in seinem Beitrag "Feministische Netzwerke in ARD und ZDF", online seit dem 23.3.2016 unter https://alternativlos-aquarium.blogspot.de/2016/03/feministische-netzwerke-in-ard-und-zdf.html.

[985] Vgl. Niggemeier, Stefan: "Fake News" und der blinde Fleck der Medien. Online seit dem 18.1.2017 unter https://uebermedien.de/11899/fake-news-und-der-blinde-fleck-der-medien.

[986] Vgl. Hill, Tara: Die Revolution des Publikums. In: Tageswoche vom 10.12.2014, online unter https://tageswoche.ch/allgemein/die-revolution-des-publikums.

[987] Vgl. Klöckner, Marcus im Interview mit Fritz Wolf: "Speziell die Öffentlich-Rechtlichen können Druck von außen gebrauchen". Online seit dem 16.12.2015 unter https://www.heise.de/tp/features/Speziell-die-Oeffentlich-Rechtlichen-koennen-Druck-von-aussen-gebrauchen-3377123.html.

[988] Vgl. Swart, Tara: Study into the mental resilience of journalists. Veröffentlicht im Mai 2017 unter http://www.taraswart.com/wp-content/uploads/2017/05/Report-Study-into-the-mental-resilience-of-journalists-Dr-Tara-Swart.pdf.

[989] Vgl. Dodgson, Lindsey: Journalists drink too much, are bad at managing emotions, and operate at a lower level than average, according to a new study. Online seit dem 19.5.2017 unter http://www.businessinsider.de/journalists-brains-function-at-a-lower-level-than-average-2017-5?r=US&IR=T.

[990] Vgl. Blackford, Russell: The Tyranny of Opinion. Bloomsbury 2019, S. 202-204

[991] Vgl. Schoppe, Lucas: Sascha Lobo und die Freude am Blocken. Online seit dem 8.1.2019 unter https://man-tau.com/2019/01/08/lobo-blocken.

[992] Vgl. N.N.: Argumente statt Populismus. Online seit dem 26.10.2016 unter https://stapelchipsblog.wordpress.com/2016/10/26/argumente-statt-populismus.

[993] Vgl. Schoppe, Lucas: Klappehalten auf Augenhöhe. Online seit dem 27.10.2016 unter https://man-tau.com/2016/10/27/klappehalten-auf-augenhohe.

[994] Er wurde inzwichen vom Netz genommen und fand sich unter der URL https://www.besserstreiten.info/argumente-statt-populismus-gerade-beim-feminismus.

[995] Vgl. Soh, Debra: Stop Politicizing the Science Around Biological Sex Differences. In: Playboy vom 24.2.2017. Online unter http://www.playboy.com/articles/stop-politicizing-biological-sex-differences.

[996] Vgl. Köhler, Bruno im Interview mit Markus Meier: Wir brauchen eine Geschlechterforschung, die diesen Namen auch verdient. Online seit dem 29.6.2015 unter http://manndat.de/jungen/bildung/wir-brauchen-eine-geschlechterforschung-die-diesen-namen-auch-verdient.html.

[997] Vgl.Marshall, George: Don't Even Think About it. Why Our Brains Are Wired to Ignore Climate Change. Bloomsbury 2014, S. 89-90.

Printed in Germany
by Amazon Distribution
GmbH, Leipzig

21190340R00263